Q&A
不動産の
時効取得・
瑕疵担保責任に
関する法律と実務

占有・援用・登記・売買・契約不適合・現況有姿

司法書士　末光 祐一 著

日本加除出版株式会社

推薦のことば

　本書は，「時効取得」と「瑕疵担保責任」をテーマとしている。

　不動産の時効取得に係る諸問題は，不動産登記手続に係る諸問題でもあり，司法書士であれば誰でも実務対応に頭を悩ませた経験があろうと思われる。占有の開始や完成の時期，あるいは相続を挟む占有の承継等について，実務の運用が統一されていない部分も多々あるが，本書はそれらについて様々な類型に分類した上で様々な角度から考察を加えたものとなっており，実務対応はもちろん時効取得を学習する面においても有益である。

　司法書士が行う広範な業務の中で不動産登記がその中核であることは，誰しも認めるところである。そして，不動産登記業務の中でも不動産の売買による所有権の移転の登記に係る業務がその中心であることも論を待たない。したがって，司法書士は不動産売買契約（あるいは不動産取引）に対してその専門性を発揮することが求められているが，瑕疵担保責任に係る問題に直面することは意外に多くないというのも事実である。本書は，不動産売買における物理的及び法的瑕疵から心理的瑕疵まで，あらゆる瑕疵について判例を踏まえた上で網羅した解説がなされており，比較的馴染みの薄い問題について再考する機会を与えてくれるものである。

　2020年4月1日に施行予定の改正民法（債権法）は司法書士の実務に対して大きな影響を与えることは間違いない。現在日本司法書士会連合会においても，あらゆる角度から検討をし，研修会等を開催して会員の理解と施行への準備を促しているところである。改正法においては，「時効取得」と「瑕疵担保責任」についても「時効の完成猶予，更新」や「契約不適合責任」という新たな概念が導入されることとなっており，本書はその改正点についても新旧比較表等を駆使することによりわかりやすく解説されている。

　本書は，不動産登記や民法及びその周辺分野に関して判例，先例等の集積と分析を行い研究成果を発信し続けている著者が，実務に資する書籍として

i

推薦のことば

まとめたものである。司法書士のみならず不動産関係の専門家や不動産に関わる自治体担当者等多くの方に活用され，実務上の良き参考書となることを祈念して，ここに本書を推薦する。

　平成30年7月

日本司法書士会連合会

会長　今　川　嘉　典

は し が き

　本書では，不動産にまつわる二つのテーマを取り上げている。

　一つには「時効取得」，そして，もう一つは「瑕疵担保責任」である。

　あらかじめ断っておくが，前者は契約によらずに，占有の継続という法律
事実と援用によって不動産の所有権を原始的に取得することとなる場合の諸
問題，後者は主に売買契約によって引き渡された不動産の不具合に関する諸
問題が主なテーマとなり，いうまでもなく，その両者に直接の関係はない。
奇異に感じる方々もおられるに違いない。にもかかわらず，あえて，この二
つのテーマを取り上げたものである。なぜか。

　それは，どちらも不動産に関連する重要な問題であり，時効取得，売買は，
相続以外で不動産を取得することとなる原因の多くを占めるものと思われ，
日常生活，社会生活の中で発生した，これらの諸問題について，その不動産
に関する登記手続や，訴訟手続の依頼を受ける司法書士にとっては，欠くこ
とのできない重要な法知識であると考えるからである。この二つのテーマに
直接の関係はないと言いつつも，一冊のものとして公刊することは，不動産
に関する諸課題を民法（改正）を通して解決するためのものとして，意義が
あるのではないかと考えたからである。

　不動産の時効取得に関しては，不動産の登記手続に直結し，また，訴訟に
よって解決することも想定に入れつつ実務に対応する場面も多いことから，
司法書士界にあっても，従来から議論が深められてきたところである。本書
では，第2編において，占有の発生と移転から始まり，占有の態様，占有の
瑕疵と承継，性質の変更，相続と占有，占有による推定と登記による推定，
時効の援用，時効取得と対抗関係，場面別の登記手続，訴状における場面別
の請求の趣旨，訴状における請求の原因（要件事実）と立証，取得時効の中断，
完成猶予，更新，占有物の返還，所有権以外の財産権の時効取得までを，数
多くの判例，先例，実例を踏まえながら解説をしている。

　場面別の登記手続（第2編第9章），訴状における場面別の請求の趣旨（第2

はしがき

編第10章）では，不動産の所有者，占有者に，各々，相続等がある場合とない場合，ある場合には，その時期，つまり，占有開始の前後，時効完成の前後，時効援用の前後に分けて，さらに，相続の場合には単独相続か共同相続かを区別しながら，想定されるパターン別に，その登記手続や訴状における請求の趣旨について検討を加えてみた。とくに，占有，援用に相続が絡む場面においては，その射程にある判例，先例等も乏しく，実務上の取扱いも確定しているとは言い難いケースもあると思われる。したがって，本書における解説には現時点における筆者の考えにすぎないところがあることはご容赦いただきたいが，実体法上，手続法上，そして税法上の観点からも今後の議論を進展させるきっかけとなればと考えている。

　不動産の瑕疵担保責任に関しては，本書では，主に売買契約によるものを取り上げ，請負契約によるものは取り上げていない。不動産の売買については，司法書士が日々，その取引の決済に立ち会い，その登記手続に関わっているが，通常，その瑕疵担保責任の問題に関わることはない。ただ，昨今，買い受けた土地に土壌汚染が見つかった，あるいは地中に廃棄物が埋設されていたなどで，売主買主間のトラブルとなるケースも少なくなく，ニュース報道で目にし，耳にすることもある。我が国有数の市場の移転先の土地の土壌汚染の問題は記憶に新しいところであり，社会的な関心は日増しに高まっていると感じている。今後，司法書士も不動産の売買の手続に携わる者として，不動産の瑕疵担保責任に関する相談に対応することや，そのトラブルに応じた簡裁訴訟代理，裁判書類作成に携わる機会も増加するものと思わる。

　そこで，本書では，第3編において，売主の瑕疵担保責任，隠れた瑕疵をもとに，不動産の瑕疵として，土地の物理的な瑕疵，建物の物理的な瑕疵，周辺の環境，土地の現況と瑕疵（物理的な瑕疵以外），環境基準と瑕疵，心理的な瑕疵，法令上の制限と瑕疵，　売買代金等と瑕疵，流通と瑕疵，収益の不足又は金銭の負担と瑕疵，品質・性能の保証と瑕疵，権利の瑕疵，その他の瑕疵，数量不足，強制競売における担保責任，担保責任の請求期間，現況有姿と担保責任を負わない旨の特約について，数多くの判例を踏まえながら解説をしている。

はしがき

　さらに，本書では，第1編において，今般の民法改正（主に債権法の改正）の経緯と概要について触れている。改正された民法は，平成32年4月21日から施行されることになっているところ（詳細は，第1編第2章第3節），時効取得に関しては，不動産の時効取得の要件そのものの改正はないが，その時効について，主に，時効の中断が時効の完成猶予，更新とされるなどの改正がなされ，瑕疵担保責任に関しては，物の隠れた瑕疵を対象としていた売主の瑕疵担保責任が，引き渡された目的物が種類，品質又は数量に関して契約の内容に適合しないものが対象となる契約不適合責任とされ，数量の不足又は物の一部滅失の場合における売主の担保責任も，新たな契約不適合責任に吸収され，特定物，不特定物にかかわらず，買主の追完請求権が認められるなどの改正がなされている。各々の改正事項は，第2編，第3編で解説しているが，加えて，本書では，新旧対照条文ではなく，関連する改正前の条文と改正後の条文を比較する新旧条文比較表を掲載した。これは，条文番号を基準に対照するものではなく，概ね，内容を基準に比較したものであり，今後の実務において活用していただきたい。なお，新旧条文比較表において，「削除」，「削る」という用語を使用しているが，「削除」は，改正後の条文においても「第○条　削除」として削除されたことが明らかにされ，「削る」は改正法（民法の一部を改正する法律）において「第○条を削る」とされ，改正後の条文には消されたことが明らかにされないことを指している。さらに，本書では，「削除」でも「削る」でもないものの，改正前の条文の内容に相当するものが，改正後の他の条文に盛り込まれているなど（整理，吸収されているなど）によって改正前の条文が改正後は消えているように見える場合を「消滅」と表記した。また，本書に掲載した判例は，あくまでも要旨であり，詳細は原典に当たっていただきたいが，時効取得，瑕疵担保責任に関する判例の性質上，要旨であっても長文にならざるを得ないものが多く，各判例には見出しを付し，さらに，重要な論点部分にはアンダーラインを引いている。

　これまで述べたとおり，時効取得の問題，瑕疵担保責任の問題は，不動産に関連する重要な位置を占めるものであり，それらの知識は，司法書士はもとより，不動産に関する業務に携わる土地家屋調査士，宅地建物取引士等に

はしがき

おいても，必要不可欠のものといえるのではないだろうか。

昨年９月以降，国土交通省国土審議会土地政策分科会特別部会（部会長山野目章夫早稲田大学大学院法務研究科教授）において所有者不明土地に関する課題と対応等が検討され，本年３月には所有者不明土地の利用の円滑化等に関する特別措置法案が閣議決定を経て国会に提出され，６月に成立し，同月13日法律第49号として公布された。また，昨年10月以降，登記制度・土地所有権の在り方等に関する研究会（座長　山野目章夫同教授）においては，変則型登記，登記手続の簡略化（時効取得を原因とする登記手続についても含まれている。）などの登記制度の在り方や，土地所有権の民事基本法制上の位置付けなど土地所有権等の在り方等が，引き続き議論されているなど，所有者不明土地の問題が全国的，全国民的な関心事として，その予防，解消に向けたスキーム作りが期待され，今後，実務家の対応力が試されてくる。

所有者不明土地への対応としては，一番に，相続登記の促進が挙げられるが，登記名義を現在の所有者の名義とするためには，時効取得による登記手続等を活用し，より使い勝手の良い手続を検討することも求められているのではないか。公共事業や復興，減災事業等において，買収にかかる土地の瑕疵担保（契約不適合）責任の問題についても，想定しておかなければならない。

まさに，官民を問わず，現在の実務においても，今後の検討課題としても，時効取得の問題，瑕疵担保（契約不適合）責任の問題は，迅速かつ適切に取り組むべき課題となっている。

本書が，司法書士のみならず，不動産に関わる様々な実務家にとって有益かつ実用的な書籍として社会に貢献することができるものとなれば，著者として望外の喜びである。

最後に本書の出版に当たり，貴重な示唆をいただいた愛媛県司法書士会の池田誠治会長，企画から校正まで終始お世話になった日本加除出版株式会社の佐伯寧紀氏には心から感謝を申し上げる。

平成30年８月

末　光　祐　一

凡　例

凡　例

1　本書中，法令名等の表記については，原則として省略を避けたが，括弧
　内においては以下の略号を用いた。

【法令等】

民	民法	民訴	民事訴訟法
不登	不動産登記法	民保	民事保全法
不登令	不動産登記令	建基	建築基準法
不登規	不動産登記規則	区画整理	土地区画整理法

裁判外　裁判外紛争解決手続の利用の促進に関する法律
不登準則　平成17年2月25日法務省民二第456号民事局長通達「不動産登記事務
　　　　　取扱手続準則」

【裁判例・先例】

・大二民判昭10・9・3大民集14巻18号1640頁
　→大審院第二民事部判決昭和10年9月3日大審院民事判例集14巻18号1640頁
・大連判大14・7・8大民集4巻9号412頁
　→大審院民事連合部判決大正14年7月8日大審院民事判例集4巻9号412頁
・最三小判昭46・3・30裁集民102号371頁
　→最高裁判所第三小法廷判決昭和46年3月30日最高裁判所判例集民事102号
　　371頁
・横浜地小田原支判昭62・3・31訟月34巻2号311頁
　→横浜地方裁判所小田原支部判決昭和62年3月31日訟務月報34巻2号311頁
・大阪高決昭34・8・27下民10巻8号1789頁
　→大阪高等裁判所決定昭和34年8月27日下級裁判所民事裁判例集10巻8号
　　1789頁
・昭46・4・28民事甲1453号民事局長通達
　→昭和46年4月28日民事甲第1453号民事局長通達

vii

凡 例

2　出典の表記につき，以下の略号を用いた。

大民集	大審院民事判例集	高民	高等裁判所民事判例集
大刑集	大審院刑事判例集	家月	家庭裁判月報
民録	大審院民事判決録	判タ	判例タイムズ
民集	最高裁判所民事判例集	判時	判例時報
裁時	裁判所時報	民月	民事月報
判例拾遺	大審院判例拾遺	金判	金融・商事判例
裁判集民	最高裁判所裁判集民事	金法	金融法務事情
下民	下級裁判所民事裁判例集	登研	登記研究
行集	行政事件裁判例集	登情	登記情報
訟月	訟務月報	労民	労働関係民事裁判例集
判決全集	大審院判決全集(法律新報付録)	新聞	法律新聞
評論全集	法律〔学説判例〕評論全集	法学	法学〔東北大学法学会
東高民時報	東京高等裁判所判決時報(民事)		誌)

『注釈(5)』	川島武宜『注釈民法　第5巻　総則(5)』（有斐閣，1967）
『注釈(6)』	舟橋諄一＝徳本鎮『新版注釈民法(6)物権(1)』（有斐閣，1997）
『注釈(7)』	川島武宜＝川井健『新版注釈民法(7)物権(2)』（有斐閣，2007）
『基本物権』	遠藤浩＝鎌田薫『基本法コンメンタール［第五版］新条文対照補訂版／物権（別冊法学セミナーNo.188)』（日本評論社，2005）
『基本総則』	遠藤浩＝良永和隆『基本法コンメンタール［第六版］／民法総則（別冊法学セミナーNo.215)』（日本評論社，2012）
『我妻』	我妻榮『新訂　民法総則（民法講義1）』（岩波書店，1965）
『先例土地』	後藤浩平＝宇山聡『先例から読み解く！　土地の表示に関する登記の実務』（日本加除出版，2017）
『農地森林』	末光祐一『Q&A　農地・森林に関する法律と実務』（日本加除出版，2013）
『道路』	末光祐一『Q&A　道路・通路に関する法律と実務』（日本加除出版，2015）
『隣地』	末光祐一『Q&A　隣地・隣家に関する法律と実務』（日本加除出版，2016）
『権利登記Ⅳ』	小池信行＝藤谷定勝『Q&A　権利に関する登記の実務Ⅳ』（日本加除出版，2008）

目　次

目　次

第1編　民法改正

第1章　今次民法改正の経緯と概要 —————————— *1*

第1節　改正の趣旨及び経緯 ……………………………………… *1*

第2節　改正の概要 ………………………………………………… *4*

　表1　民法の主な改正事項　*4*

第3節　附帯決議 …………………………………………………… *9*

第2章　不動産の時効取得・瑕疵担保責任に関する民法改正の概要と施行 —— *11*

第1節　不動産の時効取得に関する民法改正の概要 ………………… *11*

　表2　不動産の取得時効に関する民法の新旧条文比較表　*11*

　図1　時効取得関連の新旧条文移動・変更図　*26*

第2節　不動産の瑕疵担保責任に関する民法改正の概要 ……………… *28*

　表3　不動産の瑕疵担保責任に関する民法の新旧条文比較表　*28*

　図2　瑕疵担保責任関連の新旧条文移動・変更図　*48*

第3節　その他の法律の改正 ……………………………………… *50*

　表4　その他の法律の改正新旧条文比較表　*50*

第4節　不動産の時効取得・瑕疵担保責任に関する改正民法の施

　　　　行と経過措置 ……………………………………………… *57*

第3章　民法改正の歴史と動向 —————————————— *59*

第1節　民法改正の歴史 …………………………………………… *59*

　表5　民法改正の歴史の概要　*60*

第2節　民法改正の動向 …………………………………………… *68*

第2編　不動産の時効取得

第1章　不動産の時効取得と民法改正 ————————————— *83*

ix

目　次

Ｑ１　不動産の取得時効に関する事項は改正されたか。　*83*
Ｑ２　不動産の所有権を時効取得する場合の要件は改正されていないか。　*83*
Ｑ３　不動産の所有権以外の財産権を時効取得する場合の要件は改正されていないか。　*84*

第2章　占有の発生と移転 ————————————————— *86*

第1節　占有・所持 ·· *86*

Ｑ４　どのような状態を占有というか。　*86*
Ｑ５　どのような状態を所持というか。　*87*
Ｑ６　どのような状態であれば不動産を所持しているといえるか。　*89*

第2節　占有意思 ·· *99*

Ｑ７　自己のためにする意思とは，どのような意思をいうか。　*99*
Ｑ８　未成年者が占有意思を主張するには，親権者が代理又は同意しなければならないか。　*100*

第3節　代理占有，占有補助者 ···································· *102*

Ｑ９　地上権者が土地を占有している場合は，土地の所有者自身は当該土地に占有権を有しないか。　*102*
Ｑ10　建物所有者が旅行中は，同居する家族が代理占有しているとみられるか。　*106*

第4節　占有の移転 ·· *115*

Ｑ11　土地の譲渡の際に登記済権利証を交付したときは，当該土地を引き渡したといえるか。　*115*
Ｑ12　借家を借家人に譲渡する場合にも，家主から借家人に引渡しをしなければ占有権は移転しないか。　*118*
Ｑ13　家屋を売った者が契約により引き続き居住し続ける場合は，買主は家屋の占有権は取得しないか。　*119*
Ｑ14　入居者のいる賃貸マンションを売却した場合には，買主がマンションの占有権を取得することになるか。　*121*

第3章　占有の態様 ————————————————————— *123*

第1節　自主占有，他主占有 ·· *123*

Ｑ15　賃料を支払って借家を占有している者が，内心では自己が所有者であると思っている場合は，所有の意思をもって占有しているといえるか。　*123*
Ｑ16　賃貸借，寄託，地上権設定，質権設定，任意の財産管理など契約の性質から原則として自主占有とは認められない占有の他にも，通常は自主占有とは認められない占有はあるか。　*133*
Ｑ17　共有者の一人が共有地全体を占有することで，自主占有をしていると認められるか。　*136*

x

目　次

Q18　土地の買主は所有権の移転の登記をしなければ，所有の意思のある占
有者とは認められないか。　*137*

Q19　農地の買主は農地法所定の許可を得ていなければ，所有の意思のある
占有者とは認められないか。　*140*

第2節　平穏，公然の占有 ··· *143*

Q20　占有中に所有者と主張する者から抗議を受けていたときは，平穏の占
有とはいえないか。　*143*

Q21　公然の占有とは，どのような占有をいうか。　*144*

第3節　善意，無過失の占有 ·· *146*

Q22　自己の土地であることに疑いを有して占有している者であっても，他
人所有の土地であるとの断定もしていないときは，善意の占有をして
いるといえるか。　*146*

Q23　所有権の登記名義人から土地を買い受けて自主占有を始めたが，売主
が真の所有者でなかったときは過失のある占有となるか。　*148*

Q24　売主の代理人と称する者から土地を買い受けて占有を始めたものの，
その代理人と称する者が真の代理人でなかった場合は過失のある占有
となるか。　*155*

Q25　農地について農地法の許可を得なければならないことを知らずに売買
契約を締結して，買主が自己の所有となったと誤信して占有を始めた
ときは，無過失の占有であるといえるか。　*157*

Q26　農地法所定の許可を受けずに譲渡を受けて始めた占有が無過失とされ
る特段の事情とは，どのような事情か。　*159*

第4節　代理占有と占有の態様 ·· *164*

Q27　占有代理人が悪意で占有を始めた場合でも，本人が善意であれば，善
意の占有となるか。　*164*

第5節　占有の態様に関する推定と立証責任 ···················· *165*

Q28　自己の占有が自主占有であることは，占有者自身が証明しなければな
らないか。　*165*

Q29　自己の占有が平穏の占有であること，公然の占有であることは，占有
者自身が証明しなければならないか。　*169*

Q30　自己の占有が善意の占有であることは，占有者自身が証明しなければ
ならないか。　*169*

Q31　自己の占有が無過失の占有であることは，占有者自身が証明しなけれ
ばならないか。　*170*

Q32　10年の占有期間をもって土地の時効取得を主張する際は，何時の無過
失を立証しなければならないか。　*172*

第4章　占有の瑕疵と承継，性質の変更 ─────────── *173*

第1節　占有の承継 ··· *173*

xi

目　次

Q33　「甲→乙→丙」と譲渡された土地について，丙が所有権の時効取得を
主張する場合は，丙自身の占有期間を主張することになるか。　*173*

第2節　占有の瑕疵 ……………………………………………………… *176*

Q34　「甲→乙→丙」と譲渡された土地について，丙が乙の占有期間をも通
算して所有権の時効取得を主張する場合に，乙の占有に過失があって
も丙自身の占有が無過失であったときは，丙は無過失の占有を主張す
ることはできるか。　*176*

Q35　管理人が本人のために悪意で占有を開始した後に，善意の本人自身が
現実に占有をしたときは，本人は善意の占有であることを主張するこ
とができるか。　*179*

第3節　占有の性質の変更 ………………………………………………… *181*

Q36　土地の賃借人が賃料を支払わずに占有を続ける場合に，賃借人が賃借
地の所有権を時効取得することはないか。　*181*

Q37　土地の賃借人が当該土地を購入した場合であっても，他主占有である
ことには変わりはないか。　*184*

Q38　土地の賃借人が当該土地を購入した場合に，当該売買契約に瑕疵が
あったときは，自主占有には転換しないか。　*185*

Q39　新権原によって自主占有への転換を主張する場合には，当該土地につ
いて所有権移転登記を経なければならないか。　*188*

第5章　相続と占有 ————————————————————— *189*

第1節　占有の相続 ………………………………………………………… *189*

Q40　占有権は相続されるか。　*189*

Q41　相続によって占有権が承継される場合は，現実に占有物を所持してい
る相続人に限って承継されるか。　*190*

Q42　占有者の相続人が取得時効の成立を主張する場合は，被相続人の占有
を基準に通算して主張することとなるか。　*191*

Q43　他主占有者の相続人は，自主占有を主張することはできないか。　*193*

Q44　他主占有者の相続人の占有は，所有者の反証がない限り自主占有であ
ると推定されるか。　*198*

第2節　共同相続と占有 …………………………………………………… *201*

Q45　共同相続人の一人が相続開始後に，被相続人の遺産である土地を単独
で占有している場合には，土地の所有権の全部について自主占有を主
張することができるか。　*201*

第6章　占有による推定と登記による推定 ————————— *207*

Q46　登記された不動産の所有権が争われる場合に，所有権の登記名義人が
自己が真の所有者であると主張するには，当該登記名義人自身が自己
の所有権を証明しなければならないか。　*207*

Q47　不動産の現在の所有権の登記名義人が前登記名義人に対して所有権を

目　次

主張する場合には，現在の所有権登記名義人であることを証明するだけでは足りないか。　*211*

第7章　時効の援用 ―――――――――――――――――― *214*

第1節　時効取得の対象となる不動産 ………………………………… *214*

Q48　1筆の土地の一部を時効取得することができるか。　*214*

Q49　時効取得の対象となる不動産は，他人の物でなければならないか。　*215*

Q50　公道の敷地も時効取得することができるか。　*218*

Q51　長年通行されていない里道は，時効取得することができるか。　*224*

Q52　里道を占有した者が里道敷地に建物を建築してから長期間一般の通行がなくなったような場合，その里道を，黙示的な公用廃止によって時効取得することができるのか。　*234*

Q53　公道の道路管理者が，管理している公道の敷地について時効取得をすることができるか。　*235*

第2節　占有の期間 ……………………………………………………… *237*

Q54　時効取得が成立するために必要とされる占有の20年又は10年の期間は，連続していなければならないか。　*237*

Q55　時効取得が成立するために必要とされるために20年間又は10年間連続して占有を継続していることは，占有者自身が証明しなければならないか。　*237*

Q56　時効取得を主張する場合に，実際に占有を継続している期間であれば，起算日はいつの時点を選択することもできるか。　*239*

第3節　時効取得の援用と効力 ………………………………………… *241*

Q57　不動産について短期取得時効又は長期取得時効の要件を満たしたときは，直ちに占有者が所有権を取得するか。　*241*

Q58　農地については取得時効が完成し，時効を援用しても，農地法所定の許可がなければ占有者が所有権を取得することにはならないか。　*244*

Q59　不動産について，時効取得の援用は，裁判上においてしなければならないか。　*245*

Q60　取得時効の要件を具備した後は，いつでも時効の援用をすることができるか。　*246*

Q61　不動産について所有権の時効取得が成立した場合は，占有期間が満了した時から所有者とされるか。　*248*

Q62　不動産を時効取得したときは，不動産に設定されていた他人の権利は消滅するか。　*248*

第4節　時効の援用権者 ………………………………………………… *251*

Q63　建物の賃借人は，敷地の所有権の取得時効を援用することができるか。　*251*

第5節　援用権の相続 …………………………………………………… *255*

xiii

目　次

Q64 土地の占有を継続して取得時効が完成したが，時効を援用することなく死亡した場合に，占有者の相続人は時効の援用をすることができるか。　*255*

第8章　時効取得と対抗関係 ———————————————— *257*

第1節　時効取得の登記 ……………………………………………………… *257*

Q65 土地の占有を継続して取得時効が完成し，時効を援用した場合，どのような登記をするか。　*257*

Q66 丙が甲乙共有の土地の占有を継続して取得時効が完成し，時効を援用した場合に甲が所有権移転の登記に協力しないときは，丙に対する所有権（共有者全員持分全部）の移転の登記をすることができないか。　*261*

Q67 時効取得による所有権の移転の登記申請には，取得時効が成立した旨の第三者の証明書を添付しなければならないか。　*263*

Q68 農地の時効取得による所有権の移転の登記申請には，農地法所定の許可書を添付しなければならないか。　*266*

Q69 1筆の土地の一部分を時効取得した場合は，どのような登記手続をするか。　*267*

第2節　時効取得と対抗力 ………………………………………………… *269*

Q70 甲が乙所有地を占有し，取得時効完成によって時効を援用した結果，その所有権を取得した場合は，登記をしなければ乙に対抗することができないか。　*269*

Q71 甲が乙所有地を占有し，取得時効完成によって時効を援用した結果，その所有権を取得したが，登記をしない間に乙が当該土地を丙に譲渡した場合でも，甲は丙に対して自己の所有権を対抗することができるか。　*271*

Q72 甲が乙所有地を占有し，取得時効完成前，乙が当該土地を丙に譲渡した後に甲が取得時効の完成によって時効を援用した結果，その所有権を取得した場合は登記をしなければ丙に対抗することができないか。　*273*

Q73 甲が乙所有地を占有し，取得時効完成によって時効を援用した結果，その所有権を取得したが，登記をしない間に乙が当該土地を丙に譲渡し，登記をした後さらに甲が引き続き占有し，新たな取得時効完成によって時効を援用した結果，その所有権を取得した場合は，登記をしなければ丙に対抗することができないか。　*275*

Q74 甲が乙所有地を譲り受け，占有を開始したが，登記をしない間に乙が当該土地を丙に譲渡した後，甲が取得時効完成によって時効を援用した結果，その所有権を取得した場合は，登記をしなければ丙に対抗することができないか。　*279*

Q75 甲が乙所有地を占有し，取得時効完成によって時効を援用した結果，その所有権を取得したが，登記をしない間に乙が当該土地を丙に譲渡したとき，甲は登記がなければ，いかなる場合も，丙に対して自己の

xiv

目　次

所有権を対抗することができないか。　*280*

第9章　場面別の登記手続 ──────────── *283*

第1節　所有者，占有者に変動がない場合 ················· *283*

Q76　甲が乙所有地を占有し，取得時効完成によって時効を援用した場合，甲はどのような登記手続をするか。　*283*

第2節　所有者に変動（相続）があったが，占有者に変動がない場合 ················· *284*

Q77　甲が乙所有地を占有した後に，乙が死亡し，丙が乙を相続し，その相続登記の未了の間に，取得時効完成によって甲が時効を援用した場合，甲はどのような登記手続をするか。　*284*

Q78　Q77において，時効完成前に丙が相続登記をしていた場合，甲はどのような登記手続をするか。　*285*

Q79　Q78において，時効完成後，時効援用前に丙が相続登記をしていた場合，甲はどのような登記手続をするか。　*288*

Q80　Q79において，丙の相続登記が，甲が時効を援用した後であった場合，甲はどのような登記手続をするか。　*289*

Q81　Q77において，乙の死亡が時効完成後であった場合，甲はどのような登記手続をするか。　*290*

Q82　Q81において，時効援用前に丙が相続登記をしていた場合，甲はどのような登記手続をするか。　*291*

Q83　Q82において，時効援用後に丙が相続登記をしていた場合，甲はどのような登記手続をするか。　*292*

Q84　Q77において，乙の死亡が時効援用後であった場合，甲はどのような登記手続をするか。　*293*

Q85　Q84において，丙が相続登記をしていた場合，甲はどのような登記手続をするか。　*294*

第3節　所有者に変動（譲渡）があったが，占有者に変動がない場合 ················· *296*

Q86　Q77において，相続ではなく，丙が乙から譲渡を受けていたとした場合，甲はどのような登記手続をするか。　*296*

Q87　Q86において，時効完成前に丙が所有権の移転の登記をしていた場合，甲はどのような登記手続をするか。　*297*

Q88　Q87において，時効完成後，時効援用前に丙が所有権の移転の登記をしていた場合，甲はどのような登記手続をするか。　*298*

Q89　Q88において，丙の所有権の移転の登記が，甲が時効を援用した後であった場合，甲はどのような登記手続をするか。　*299*

Q90　Q86において，乙から丙の譲渡が時効完成後であった場合，甲はどのような登記手続をするか。　*300*

Q91　Q90において，時効援用前に，丙への所有権の移転登記がなされてい

xv

目 次

る場合，甲はどのような登記手続をするか。　*301*

Q92 Q91において，時効援用後に，丙への所有権の移転登記がなされている場合，甲はどのような登記手続をするか。　*303*

Q93 Q90において，丙への譲渡が時効援用後であった場合，甲はどのような登記手続をするか。　*304*

Q94 Q93において，丙への所有権の移転登記がなされていた場合，甲はどのような登記手続をするか。　*305*

第4節　所有者に変動（相続人が複数）があったが，占有者に変動がない場合 ··· *307*

Q95 甲が乙所有地を占有した後に，乙が死亡し，丙及び丁が乙を相続し，その相続登記の未了の間に，取得時効完成によって甲が時効を援用した場合，甲はどのような登記手続をするか。　*307*

Q96 Q95において，時効完成前に丙が相続登記をしていた場合，甲はどのような登記手続をするか。　*308*

第5節　所有者に変動はないが，占有者に変動（相続）があった場合 ·· *310*

Q97 甲が乙所有地を占有した後に，甲が死亡し，戊が甲を相続して後，取得時効完成によって戊が時効を援用した場合，戊はどのような登記手続をするか。　*310*

Q98 Q97において，取得時効完成後に，甲が死亡し，戊が甲を相続して，戊が時効を援用した場合，戊はどのような登記手続をするか。　*311*

Q99 Q98において，甲が取得時効を援用した後に死亡し，戊が甲を相続した場合，戊はどのような登記手続をするか。　*313*

第6節　所有者に変動はないが，占有者に変動（相続人が複数）があった場合 ·· *315*

Q100 Q97において，甲が死亡し，戊及び己が甲を相続した後，取得時効完成によって戊が時効を援用した場合，戊はどのような登記手続をするか。　*315*

Q101 Q100において，取得時効完成後に，甲が死亡し，戊及び己が甲を相続して，戊が時効を援用した場合，戊はどのような登記手続をするか。　*316*

Q102 Q101において，甲が取得時効を援用した後に死亡し，戊及び己が甲を相続した場合，戊はどのような登記手続をするか。　*317*

第7節　占有開始前に所有者に変動（相続）があったが，占有者に変動がない場合 ·· *320*

Q103 甲が登記上乙名義の土地を占有し，取得時効完成によって時効を援用したが，甲の占有開始の前に乙が死亡し，丙が乙を相続していた場合，甲はどのような登記手続をするか。　*320*

xvi

目　次

Q104 Q103において，甲の占有開始後，時効期間満了までに，丙が相続登
　　　記を了していた場合，甲はどのような登記手続をするか。　*322*

■第10章　訴状における場面別の請求の趣旨 ─────────── *324*

Q105 土地について取得時効の完成によって時効を援用したものの，登記義
　　　務者が応じない，あるいは行方不明などの事情によって時効取得の登
　　　記の共同申請をすることができない場合において，登記権利者が登記
　　　義務者を被告として当該登記を求める民事訴訟を提起する際の訴状に
　　　記載する請求の趣旨は，どのようになるか。　*324*

■第11章　訴状における請求の原因（要件事実）────────── *332*

Q106 時効取得による所有権の登記手続を求める訴訟を提起する場合におい
　　　て，原告が，請求の原因に記載すべきことは，どのような事実か。　*332*

Q107 原告が被告に対して時効取得による所有権の登記手続を求める訴訟を
　　　提起したが，被告が口頭弁論の期日に出頭しない場合は，原告の主張
　　　が認容されるか。　*334*

■第12章　取得時効の中断，完成猶予，更新 ───────────── *336*

第1節　自然中断 ·· *336*

Q108 土地の占有を継続中に，当該土地の占有を他人に奪われたときは，当
　　　初の占有者の取得時効は中断するか。　*336*

第2節　占有の訴え ··· *340*

Q109 土地を占有する者が他人に占有を奪われた場合は，当初の占有者は所
　　　有権などの本権がなければ，その土地の返還請求に関する訴訟を提起
　　　することはできないか。　*340*

Q110 占有者が占有する土地内に，隣地の樹木が倒れ込んだ場合，あるいは，
　　　倒れ込もうとしている場合，その排除や，予防のため，占有の訴えを
　　　提起することはできるか。　*350*

Q111 占有回収の訴えは，占有を侵奪されている間，いつでも提起すること
　　　ができるか。　*355*

Q112 無権利の占有者の占有地が，真の所有者に侵奪された場合でも，当初
　　　の占有者は所有者に対して占有回収の訴えを提起することができる
　　　か。　*358*

第3節　法定中断，停止（改正後：時効の完成猶予，更新）············ *361*

Q113 改正前の「請求」による時効中断は，どのように改正されたか。　*361*

Q114 土地の所有者が占有者に対して所有権の確認の訴訟を提起すること
　　　は，「裁判上の請求」に当たるか。　*362*

Q115 土地境界確定訴訟を提起することは，「裁判上の請求」に当たるか。*369*

Q116 改正後の「裁判上の請求等」に該当するものは，「裁判上の請求」の
　　　他，どのようなものがあるか。　*373*

xvii

目　次

Q117 改正後の「裁判上の請求等」による時効の完成猶予及び更新は，改正
　　　前の「裁判上の請求」による時効中断と，どこが変わったか。　*373*

Q118 改正前の「催告」による時効の中断は，改正後は，どのように変わっ
　　　たか。　*378*

Q119 改正前の「差押え，仮差押え及び仮処分」による時効の中断は，改正
　　　後は，どのように変わったか。　*382*

Q120 改正前の「承認」による時効の中断は，改正後は，どのように変わっ
　　　たか。　*386*

Q121 時効完成後に承認があったときは，時効完成前に遡って時効が中断
　　　（更新）するか。　*390*

Q122 「裁判上の請求等」，「催告」，「強制執行等」，「仮差押え等」，「承認」
　　　以外で，改正後に，新たに時効の完成猶予の事由とされたものは，ど
　　　のような事由か。　*393*

Q123 改正前の時効の中断の効力が及ぶ者の範囲は，改正後の時効の完成猶
　　　予又は更新の効力が及ぶ者の範囲と変わらないか。　*394*

Q124 改正前の未成年者に対する時効の停止は，改正後は，どのように変
　　　わったか。　*396*

Q125 改正前の天災等による時効の停止は，改正後は，どのように変わった
　　　か。　*398*

第13章　占有物の返還 ———————————————————— *400*

第1節　果実の返還 ·· *400*

Q126 借地されている土地を自己の所有であると誤信して占有し，借地料を
　　　受け取っていた場合に，真の所有者から土地の返還を求められた訴訟
　　　で敗訴が確定したときは，当該土地を返還する際には受領済みの借地
　　　料をも返還しなければならないか。　*400*

Q127 借地されている土地を他人の所有であるとの疑いを有しながら占有
　　　し，借地料を受け取っていた場合に，真の所有者から土地の返還を求
　　　められた訴訟で敗訴が確定したときは，当該土地を返還する際には受
　　　領済みの借地料をも返還しなければならないか。　*403*

第2節　占有物の滅失，既存 ·· *406*

Q128 借家されている建物を自己の所有であると誤信して占有していた場合
　　　に，真の所有者から建物の返還を求められた訴訟で敗訴が確定したと
　　　きは，当該建物を返還する際に当該建物が占有中に毀損していると
　　　きには，損害も賠償しなければならないか。　*406*

第3節　占有者による費用の償還請求 ·· *407*

Q129 占有者が占有地を返還する際に，占有地について支出した費用は，回
　　　復者から償還してもらえるか。　*407*

第14章　所有権以外の財産権の時効取得 ————————————— *410*

xviii

目 次

第1節 用益権の時効取得 ··· *410*

Q130 地上権も時効取得することができることは，改正の前後を通して変わりないか。 *410*

第2節 地役権の時効取得 ··· *414*

Q131 地役権も，地上権と同様の要件を備えると時効取得することができるか。 *414*

Q132 要役地たるべき土地が共有であって，その共有者の一人が，隣地通路部分に通行地役権を時効取得したときは，他の共有者は自ら要件を満たさなければ，その通路部分において通行地役権を行使することができないか。 *418*

Q133 承役地が他の者に時効取得されたときは，地役権は消滅するか。 *419*

第3編 不動産の瑕疵担保責任（契約不適合責任）

▮ 第1章 瑕疵担保責任と民法改正 ──────────────── *421*

Q134 瑕疵担保責任に関する条項は，どのように改正されたか。 *421*

▮ 第2章 関連する項目と民法改正 ──────────────── *422*

Q135 債務不履行の責任等に関する規定は改正されたか。 *422*

Q136 契約の解除に関する規定は改正されたか。 *422*

Q137 錯誤に関する条項は改正されているか。 *423*

Q138 詐欺又は強迫に関する条項は改正されているか。 *424*

▮ 第3章 売主の責任 ─────────────────────── *426*

Q139 特定物の現状による引渡しに関する条項は改正されているか。 *426*

Q140 危険負担に関する条項は改正されているか。 *427*

Q141 不動産に関する売買契約の売主は，買主名義に登記をするための義務を負うことは，民法に規定されているか。 *428*

Q142 他人の権利の売買における売主の義務に関する条項は改正されているか。 *429*

Q143 抵当権等がある場合における売主の担保責任に関する条項は改正されているか。 *430*

Q144 買い受けた不動産が，引渡しを受けた後に，天災などの不可抗力で滅失した場合は，買主は代金の支払いを免れるか。 *431*

Q145 強制競売における担保責任に関する条項は改正されているか。 *432*

Q146 権利を失うおそれがある場合の買主による代金の支払の拒絶に関する条項は改正されているか。 *433*

Q147 抵当権等の登記がある場合の買主による代金の支払の拒絶に関する条項は改正されているか。 *434*

xix

目　次

▌第4章　売主の瑕疵担保責任（改正後：売主の契約不適合責任）—— *435*

Q148 売主の担保責任（瑕疵担保責任を含む。）など売買の効力に関する規定は，どのように改正されているか。　*435*

表6　瑕疵担保責任等・契約不適合責任の差異　*438*

▌第5章　隠れた瑕疵 ———————————————————— *445*

Q149「隠れた瑕疵」とは，どのような状態をいうか。　*445*

Q150 買主が目的物について瑕疵担保責任を請求するには，買主自身が，隠れた瑕疵があることを立証する必要があるか。　*453*

▌第6章　不動産の瑕疵 ———————————————————— *455*

第1節　土地の物理的な瑕疵 ·························· *455*

Q151 土地の物理的な不具合は，どのような基準で瑕疵と認められるか。*455*
　　◎　土地の瑕疵に関する基準　*455*

Q152 土地の物理的な瑕疵には，どのような瑕疵が考えられるか。　*456*
　　◎　耐震性能の不備（震度との関係）　*458*　　◎　土地の液状化 *460*　　◎　地下水の湧出　*462*　　◎　土壌汚染　*463*　　◎　地盤沈下　*467*　　◎　地中埋設物・廃棄物の存在　*472*　　◎　井戸の存在　*484*　　◎　擁壁の強度不足　*485*　　◎　冠水　*487*

第2節　建物の物理的な瑕疵 ·························· *489*

Q153 建物の物理的な不具合は，どのような基準で瑕疵と認められるか。*489*
　　◎　居住用建物の瑕疵に関する基準　*489*

Q154 中古の建物の物理的な不具合がある場合の瑕疵は，新築された建物の物理的な不具合がある場合と同様の基準によって判断されるか。　*490*
　　◎　中古建物の瑕疵に関する基準　*490*

Q155 建物の物理的な瑕疵には，どのような瑕疵が考えられるか。　*492*
　　◎　雨漏り　*494*　　◎　漏水　*497*　　◎　浸水　*498*　　◎　地中からの浸水　*498*　　◎　汚水の存在　*499*　　◎　傾斜　*499*　　◎　構造の不具合　*500*　　◎　ひび割れ・コーキング材の老化　*501*　　◎　変色　*502*　　◎　シロアリ被害 *502*　　◎　悪臭の発生　*503*　　◎　不快な生物の存在　*504*　　◎　化学物質の存在（シックハウス）　*506*　　◎　火災があったこと　*506*

Q156 換気設備や防火設備などの建築設備の不具合があることは，建物の瑕疵に該当することにはならないか。　*506*
　　◎　建築設備の不具合　*507*

Q157 マンションの外壁など共用部分の不具合があっても，その各室に瑕疵があるとは認められないか。　*509*
　　◎　区分建物の共用部分の瑕疵　*509*

目　次

第3節　周辺の環境 ……………………………………………… *512*

Q158　買い受けた不動産について，大気汚染や眺望・日照の不足，騒音・振動など周辺の環境に不具合がある場合，その不動産に瑕疵があるとはいえないか。　*512*

◎　大気汚染　*512*　　◎　眺望・日照　*514*　　◎　騒音・振動　*517*

第4節　土地の現況と瑕疵（物理的な瑕疵以外） ……………… *520*

Q159　買い受けた土地について，公図と現況が相違する場合や，ブロック塀が越境している場合，その土地に瑕疵があるといえないか。　*520*

◎　公図と現況の相違等　*521*　　◎　越　境　*524*

Q160　十分な通行ができる進入路があるとして買い受けた土地について，その進入路の通行に支障があった場合でも，買い受けた土地には物理的な欠陥はないときは，その土地に瑕疵があるといえないか。　*525*

◎　進入路に関する瑕疵　*526*　　◎　ガス管の埋設に関する瑕疵　*530*

第5節　環境基準と瑕疵 …………………………………………… *531*

Q161　買い受けた土地に，環境基準を超える土壌汚染があったときは，その土地には瑕疵があるといえるか。　*531*

第6節　心理的な瑕疵 ……………………………………………… *538*

Q162　買い受けた不動産内で，過去に，自殺，あるいは他殺があったことがわかっても，その不動産自体に物理的な欠陥がない場合には，瑕疵があるとはいえないのか。　*538*

◎　自　殺　*538*　　◎　殺人事件等死亡事件　*544*

Q163　買い受けた不動産内，あるいは近隣に，暴力団事務所があることがわかっても，その不動産自体に物理的な欠陥がない場合には，瑕疵があるとはいえないか。　*547*

◎　暴力団　*547*

Q164　自殺や他殺，暴力団関係者の存在以外にも，買い受けた不動産について，心理的な瑕疵があるとされる事情はないか。　*549*

◎　性風俗特殊営業　*550*　　◎　振り込め詐欺の振込先　*551*
◎　隣人関係　*552*

第7節　法令上の制限と瑕疵 ……………………………………… *554*

Q165　買い受けた建物に建ぺい率違反があったときや，買い受けた土地が建築基準法上の接道義務を満たしていないような場合，不動産自体に物理的な欠陥がないときには，瑕疵があるとはいえないか。　*554*

◎　建築基準法（建ぺい率）　*554*　　◎　建築基準法（接道義務）　*557*　　◎　建築基準法（建築制限）　*560*　　◎　建築基準法（その他）　*563*　　◎　都市計画法（建築制限）　*568*　　◎　都市計画法（建物収去）　*569*　　◎　都市計画法（都市計画街路の境域）　*571*　　◎　土地区画整理法（仮換地）　*573*　　◎　文化財保護法　*573*　　◎　森林法（保安林）　*575*　　◎　電気工作物規程（建築

xxi

目 次

制限） 576 ◎ 条例（建築制限） 577 ◎ 営業許可 577

第8節 売買代金等と瑕疵 ……………………………………………………… 579

Q166 買い受けた不動産に不都合があった場合，売買代金の額によっては，その瑕疵の有無の判断に影響を与えることがあるか。 579

第9節 流通と瑕疵 ……………………………………………………………… 584

Q167 居住用で買い受けたマンションの住戸（専有部分）については，そのマンションの外壁に大規模の補修の事実があり，売却するとすると，通常のものより価格が低くなるようなときであっても，投機目的ではなく，居住するのに不都合はないときは，瑕疵があるとはいえないか。 584

第10節 収益の不足又は金銭の負担と瑕疵 ……………………………………… 587

Q168 買い受けた賃貸アパート自体に物理的な欠陥や，法令上の問題点などもない場合には，たとえ予定していた賃料収益を得られない場合であっても，瑕疵があるとはいえないか。 587

第11節 品質・性能の保証と瑕疵 ……………………………………………… 590

Q169 売主が通常の性能以上の性能を請け負っていた場合であっても，その目的物に通常の性能があれば，瑕疵はないか。 590

第12節 権利その他の瑕疵 ……………………………………………………… 594

Q170 買い受けた不動産に処分禁止の仮処分が付されていた場合，その不動産に瑕疵があるといえるか。 594

第13節 数量不足 ………………………………………………………………… 599

Q171 登記簿上の地積が記載された契約書をもって買い受けた土地について，買い受け後に実測した地積が，登記簿上の地積より少ないときは，買主は代金の減額を請求することができるか。 599

第7章 強制競売における担保責任 ———————————————— 620

Q172 強制競売の競落人は，競落した不動産に隠れた瑕疵があったときは，瑕疵担保責任に関する規定を適用することができるか。 620

第8章 担保責任の請求期間 ——————————————————— 624

Q173 買主は，売主に対して瑕疵担保責任を，いつでも請求することができるか。 624

第9章 現況有姿と担保責任を負わない旨の特約 ——————————— 629

Q174 売買契約の特約によって，売主が瑕疵担保責任を負わないとすることはできるか。 629

第10章 民法以外の法律の改正 —————————————————— 640

xxii

目　次

第1節　商法の改正 ……………………………………………… 640

　Q175 瑕疵担保責任に関する民法の改正によって，商法も改正されたか。640

第2節　その他の法律の改正 …………………………………… 644

　Q176 瑕疵担保責任に関する民法の改正によって，商法以外の法律で改正されたのものはあるか。　644

付　録

資　料

取得時効事務取扱要領 …………………………………………… 649

索　引

事項索引 …………………………………………………………… 669

条文索引 …………………………………………………………… 673

判例索引 …………………………………………………………… 677

先例索引 …………………………………………………………… 684

xxiii

第1編 民法改正

第1章 今次民法改正の経緯と概要

第1節　改正の趣旨及び経緯

　平成29年6月2日法律第44号民法の一部を改正する法律が公布された。

　民法，つまり明治29年4月27日法律第89号民法第1編第2編第3編は，明治31年6月21日法律第9号民法第4編第5編を加え，明治31年7月16日に施行された。その後，昭和22年12月22日法律第222号民法の一部を改正する法律によって第4編（親族），第5編（相続）の全面改正がなされ，平成16年12月1日法律第147号民法の一部を改正する法律によって第1編（総則），第2編（物権），第3編（債権）が現代語化され，その他，後述のとおり，種々の改正がなされてきたが，その第1編（総則），第2編（物権），第3編（債権）については，ある程度の改正はあったものの，内容の全面的な見直しがされることはなかった。

　それが，今般の平成29年6月2日法律第44号民法の一部を改正する法律によって民法が改正され，特に，その第3編（債権）の内容が，約120年ぶりに大幅に見直された。

　この民法改正は，法務大臣から発せられた民法（債権関係）の改正に関する諮問第88号「民事基本法典である民法のうち債権関係の規定について，同法制定以来の社会・経済の変化への対応を図り，国民一般に分かりやすいものとする等の観点から，国民の日常生活や経済活動にかかわりの深い契約に関する規定を中心に見直しを行う必要があると思われるので，その要綱を示されたい。」を受けて，平成21年10月28日に開催された法制審議会第160回会

1

第1章　今次民法改正の経緯と概要

議──総会において，民法（債権関係）部会を新設することとされ，民法の
うち債権関係の規定について，契約に関する規定を中心に，民法第3編「債
権」の規定のほか，同法第1編「総則」のうち第5章（法律行為），第6章
（期間の計算）及び第7章（時効）の規定が見直しの検討対象とされた。

　この趣旨は，「民法のうち第1編から第3編までの財産法部分は，明治29
年に制定された後，ほとんどの規定が制定当時のまま改正されていないとい
う状態が続いておりましたが，比較的最近になりまして重要な改正が行われ
てまいりました。すなわち，第1編総則につきましては，平成11年に成年後
見制度の見直しによる改正が，また，平成18年に法人制度改革に伴う改正が
行われました。第2編物権につきましても，平成15年に担保・執行法制の見
直しによる改正が行われました。これらに対しまして，第3編債権につきま
しては，平成16年に第1編及び第2編とともに条文表現を現代語化した際に
保証制度に関する部分的な見直しが行われたほかは，これまで全般的な見直
しが行われることなく，おおむね明治29年の制定当時のまま現在に至ってお
ります。

　しかしながら，この間に我が国の社会・経済情勢は，通信手段や輸送手段
が高度に発達し，市場のグローバル化が進展したことなど，様々な面におい
て著しく変化しており，現在の国民生活の様相は，民法の制定当時とは大き
く異なっております。民法は国民生活の最も重要な基本法典でありますので，
債権関係の規定につきましても，この変化に対応させる必要があります。そ
して，その中でも特に契約に関する規定につきましては，国民の日常生活や
経済活動にかかわりの深いものでありますので，早急な対応が求められてい
るものと思います。

　また，裁判実務は，民法制定以来110年余りの間に，解釈・適用を通じて
膨大な数の判例法理を形成してまいりましたが，その中には，条文からは必
ずしも容易に読み取ることのできないものも少なくありません。そこで，民
法を国民一般に分かりやすいものとするという観点から，現在の規定では必
ずしも明確でないところを判例法理等を踏まえて明確化する必要があります。

　このような事情を考慮いたしますと，民法の債権関係の諸規定について，

その内容を現代社会に適合させるとともに，国民一般に分かりやすいものとするなどの観点から，国民の日常生活や経済活動にかかわりの深い契約に関する規定を中心に見直しを行う必要があると思われますので，諮問第88号に記載の事項につきまして法制審議会の意見を求めるものであります。」という同第160回会議議事録中の幹事の説明により理解することができる。

　法制審議会民法（債権関係）部会は，平成21年11月24日に第１回会議が開催され，以後，平成23年４月12日開催の第26回会議後の「民法（債権関係）の改正に関する中間的な論点整理」，平成25年２月26日開催の第71回会議後の「民法（債権関係）の改正に関する中間試案（平成25年７月４日補訂）」，平成26年８月26日第96回会議後の「民法（債権関係）の改正に関する要綱仮案」を経て，平成27年２月10日開催の第99回会議において「民法（債権関係）の改正に関する要綱案」が決定された。同要綱案は，平成27年２月24日開催の法制審議会第174回会議 ── 総会において原案どおり採択され，直ちに法務大臣に答申することとされた。

　これにより，内閣は，平成27年３月31日，閣法第63号民法の一部を改正する法律案を第189回国会に提出した。提出の理由は，「社会経済情勢の変化に鑑み，消滅時効の期間の統一化等の時効に関する規定の整備，法定利率を変動させる規定の新設，保証人の保護を図るための保証債務に関する規定の整備，定型約款に関する規定の新設等を行う必要がある。これが，この法律案を提出する理由である。」とされている。

　法案は，第192回国会，平成28年11月16日の衆議院法務委員会での趣旨説明から審議が始まり，第193回国会，平成29年４月12日の同委員会の採決（修正），平成29年４月14日の同院本会議の採決（修正）を経て，参議院に送られ，平成29年４月20日の参議院法務委員会での趣旨説明，平成29年５月25日に同委員会で採決，平成29年５月26日同院本会議で採決され，成立した。

第1章　今次民法改正の経緯と概要

第2節　改正の概要

　今般の民法改正は，債権法の改正と言われているとおり，民法の第3編
（債権）の改正が主な内容となっているが，第3編（債権）だけでなく，第1
編（総則），第2編（物権）及び第5編（相続）も少なからず改正されている。
　各編の主な改正事項は，次のとおりである。

〈表1　民法の主な改正事項〉

編	章	概　要
第1編 総則	第2章 人	意思能力に関する規定を新設した。 　保佐人の同意等を要する行為等を追加し，制限行為能力者の相手方の催告権に関する規定を改めた。
	第4章 物	無記名債権が無記名証券と改められることに伴い，無記名債権を動産とみなす規定を削った。
	第5章 法律行為	心裡留保，錯誤，詐欺又は強迫に関する規定などを改め，隔地者に対する意思表示に関する規定を意思表示の効力発生時期等に関する規定として改め，意思表示の受領能力に関する規定を改めた。 　代理行為の瑕疵，代理人の行為能力，復代理人を選任した代理人の責任に関する規定を削り，法定代理人による復代理人の選任，復代理人の権限等に関する規定などを改め，代理権の濫用に関する規定を新設した。 　行為が無効の場合において，原状回復の義務に関する規定を新設し，追認の要件に関する規定などを改めた。 　条件の成就の妨害を条件の成就の妨害等として改めた。
	第7章 時効	時効の援用，時効の中断が完成猶予及び更新と，停止が完成猶予とされたことは本書で解説している。 　消滅時効に関する諸規定は，債権等の消滅時効，人の生命又は身体の侵害による損害賠償請求権の消滅時効，定期金債権の消滅時効，判決で確定した権利の消滅時効に関する規定に整理され，消滅時効の期間が改められた。
第2編 物権	第6章 地役権	地役権の取得時効，消滅時効に関する規定を改めた。
	第8章 先取特権	不動産賃貸の先取特権の被担保債権の範囲について敷金を受け取っている場合の規定を改めた。
	第9章 質権	有価証券に関する規定の整備等に伴い，債権質の設定，指図債権を目的とする質権の対抗要件に関する規定を削除し，指名

4

第2節　改正の概要

		債権を目的とする質権の対抗要件を債権を目的とする質権の対抗要件として改めた。
	第10章 抵当権	抵当権の効力の及ぶ範囲に関する規定のうち，文言（詐害行為取消請求）を改めた。 根抵当権の範囲として電子記録債権を追加するなどし，根抵当権の被担保債権の譲渡等に関する規定に免責的債務引受けがあった場合，債権者・債務者の交替による更改に関する規定を新設した。
第3編 債権	第1章 総則	特定物の引渡しの場合の注意義務に関する規定を改め，法定利率に関する規定に変動利率制を取り入れ，不能による選択債権の特定に関する規定を改めた。 履行期と履行遅滞，受領遅滞，履行の強制，債務不履行による損害賠償，損害賠償の範囲などに関する規定を改め，履行不能，履行遅滞中又は受領遅滞中の履行不能と帰責事由，中間利息の控除，代償請求権に関する規定を新設した。 債権者代位権に関して，代位行使の範囲，債権者への支払又は引渡し，相手方の抗弁，債務者の取立てその他の処分の権限等，被代位権利の行使に係る訴えを提起した場合の訴訟告知，登記又は登録の請求権を保全するための債権者代位権に関する規定を新設するなどした。 詐害行為取消権の要件に関する規定を改め，相当の対価を得てした財産の処分行為の特則，特定の債権者に対する担保の供与等の特則，過大な代物弁済等の特則，転得者に対する詐害行為取消請求に関する規定を新設し，詐害行為取消権の行使の方法等に関する諸規定，詐害行為取消権の行使の効果に関する諸規定を新設し，詐害行為取消権の期間の制限に関する規定を改めた。 不可分債権，不可分債務に関する規定を改めた。 連帯債権に関する諸規定を新設した。 連帯債務に関し，履行の請求を連帯債務者に対する履行の請求として改め，連帯債務者の一人に対する履行の請求，連帯債務者の一人に対する免除，連帯債務者の一人についての時効の完成に関する規定などを削り，連帯債務者の一人による相殺等，相対的効力の原則，連帯債務者間の求償権に関する規定などを改めた。 保証人の責任等，主たる債務者について生じた事由の効力，連帯保証人について生じた事由の効力，委託を受けた保証人の求償権などに関する規定を改め，保証人の負担が主たる債務より重い場合に関する規定を保証人の負担と主たる債務の目的又は態様に関する規定として改め，主たる債務の履行状況に関する情報の提供義務，主たる債務者が期限の利益を喪失した場合

第1編　民法改正

5

における情報の提供義務，委託を受けた保証人が弁済期前に弁済等をした場合の求償権に関する規定などを新設した。

貸金等根保証契約を個人根保証契約に拡大し，諸規定を改めた。

事業に係る債務についての保証契約の特則に関する諸規定を新設した。

債権の譲渡について，債権の譲渡性に関する規定などを改め，譲渡制限の意思表示がされた債権に係る債務者の供託，譲渡制限の意思表示がされた債権の差押え，預金債権又は貯金債権に係る譲渡制限の意思表示の効力，将来債権の譲渡性に関する規定などを新設し，指図債権の債務者の調査の権利等，記名式所持人払債権の債務者の調査の権利等，指図債権の譲渡における債務者の抗弁の制限，無記名債権の譲渡における債務者の抗弁の制限に関する規定を削った。

債務の引受け（併存的債務引受け，免責的債務引受け）に関する規定を新設した。

弁済について，債務の弁済によって債権が消滅する旨の規定を新設し，第三者の弁済に関する規定などを改め，預金又は貯金の口座に対する払込みによる弁済に関する規定を新設し，債権の準占有者に対する弁済，受領権者以外の者に対する弁済，受領する権限のない者に対する弁済に関する規定を受領権者としての外観を有する者に対する弁済，受領権者以外の者に対する弁済に改め，受取証書の持参人に対する弁済に関する規定を削除し，法定充当に関する規定を元本，利息及び費用を支払うべき場合の充当として改めた。

相殺に関する諸規定を改めた。

更改に関する諸規定を改めた。

有価証券（指図証券，記名式所持人払証券，その他の記名証券，無記名証券）に関する諸規定を新設した。

| 第2章 契約 | 契約の締結及び内容の自由，契約の成立と方式に関する規定を新設し，承諾の期間の定めのある申込みに関する規定を改め，承諾の通知の延着，申込みの撤回の通知の延着に関する規定を削り，申込者の死亡又は行為能力の喪失に関する規定を申込者の死亡等に関する規定として改め，承諾の到達主義化に伴い，隔地者間の契約の成立時期に関する規定を承諾の通知を必要としない場合における契約の成立時期として改め，指定した行為をする期間の定めのある懸賞広告に関する規定を新設するなどした。

同時履行の抗弁に関する規定，第三者のためにする契約に関する規定を改め，債権者の危険負担，停止条件付双務契約にお |

ける危険負担に関する規定を削除し，債務者の危険負担等に関する規定を改めた。

契約上の地位の移転に関する規定を新設した。

契約の解除について，履行遅滞等による解除権，定期行為の履行遅滞による解除権，履行不能による解除権に関する規定を催告による解除，催告によらない解除，債権者の責めに帰すべき事由による場合に関する規定に整理するなどした。

定型約款に関する規定を新設した。

贈与について，書面によらない贈与の撤回に関する規定を書面によらない贈与の解除に関する規定として，贈与者の担保責任に関する規定を贈与者の引渡義務等に関する規定として改めた。

売買について，手付に関する規定を改め，権利移転の対抗要件に係る売主の義務に関する規定を新設した。売主の担保責任（瑕疵担保責任を含む。）に関する諸規定を買主の追完請求権など売主の契約不適合責任に関する規定に改めたことは本書で解説している。買戻しの特約，買戻しの特約の対抗力に関する規定を改めた。

消費貸借について，書面でする消費貸借等，利息に関する規定を新設し，消費貸借の予約と破産手続の開始の規定を削り，貸主の担保責任に関する規定を貸主の引渡義務等に関する規定として改めるなどした。

使用貸借について，諾成契約に改め，借用物受取り前の貸主による使用貸借の解除に関する規定を新設するなどした。

賃貸借について，その規定を改め，短期賃貸借，賃貸借の存続期間，不動産賃貸借の対抗力，転貸の効果に関する規定などを改め，不動産の賃貸人たる地位の移転，合意による不動産の賃貸人たる地位の移転，不動産の賃借人による妨害の停止の請求等，賃借人による修繕，賃貸物の全部滅失等による賃貸借の終了，敷金に関する規定を新設し，賃貸物の修繕等に関する規定を賃貸人による修繕等に関する規定として，賃借物の一部滅失による賃料の減額請求等に関する規定を賃借物の一部滅失等による賃料の減額等として改めるなどした。

雇用について，履行の割合に応じた報酬に関する規定を新設し，期間の定めのある雇用の解除，期間の定めのない雇用の解約の申入れに関する規定を改めた。

請負について，注文者が受ける利益の割合に応じた報酬に関する規定を新設し，請負人の担保責任，請負人の担保責任に関する規定の不適用，請負人の担保責任の存続期間，担保責任の存続期間の伸長，担保責任を負わない旨の特約に関する規定を請負人の担保責任の制限，目的物の種類又は品質に関する担保

		責任の期間の制限に関する規定に整理するなどした。 　委任について，復受任者の選任等，成果等に対する報酬に関する規定を新設し，受任者の報酬，委任の解除に関する規定を改めた。 　寄託について，その規定を改め，寄託物受取り前の寄託者による寄託の解除等，損害賠償及び費用の償還の請求権についての期間の制限，混合寄託に関する規定を新設し，寄託物の使用及び第三者による保管，消費寄託に関する規定などを改めるなどした。 　組合について，他の組合員の債務不履行，組合員の一人についての意思表示の無効等，組合の代理，組合員の加入，脱退した組合員の責任等に関する規定を新設し，組合員の持分の処分及び組合財産の分割，組合の解散事由に関する規定などを改め，組合員に対する組合の債権者の権利の行使に関する規定を組合の債権者の権利の行使に関する規定として，組合の債務者による相殺の禁止に関する規定を組合財産に対する組合員の債権者の権利の行使の禁止に関する規定として，清算人の業務の執行の方法に関する規定を清算人の業務の決定及び執行の方法として改めるなどした。
	第5章 不法行為	損害賠償の方法及び過失相殺に関する規定を損害賠償の方法，中間利息の控除及び過失相殺に関する規定として，不法行為による損害賠償請求権の期間の制限に関する規定を不法行為による損害賠償請求権の消滅時効に関する規定として改め，人の生命又は身体を害する不法行為による損害賠償請求権の消滅時効に関する規定を新設した。
第5編 相続	第7章 遺言	遺言執行者の権利義務・復任権・報酬に関する規定を改めた。

第3節　附帯決議

　民法の一部を改正する法律は平成29年6月2日に公布され，原則として，平成32年4月1日から施行されるが（本編第2章第4節），衆参両院の法務委員会において，附帯決議がなされている。

　それらの内容は，概ね，次の事項について，政府は格段の配慮をすべきであるとされている。

○　「暴利行為」は公序良俗に反し無効であると明示することについて，検討すること

○　書面によらない契約により生じた少額債権に係る消滅時効について，検討すること

○　中間利息控除に用いる利率の在り方について，検討すること

○　保証意思宣明公正証書に記載すること等が適切な事項についての実務上の対応について検討すること，保証意思宣明公正証書に執行認諾文言を付すことはできないことについて公証人に対し十分に注意するよう周知徹底するよう努めること，代表権のない取締役等及び「主たる債務者が行う事業に現に従事している主たる債務者の配偶者」について検討すること，事業用融資に係る保証の在り方について検討することについて，留意すること

○　譲渡禁止特約付債権の譲渡を認めることについては，資金調達の拡充にはつながらないのではないかという懸念や，想定外の結果が生じ得る可能性などの懸念等を解消するよう努めること

○　定型約款について，不当条項及び不意打ち条項の規制の在り方について検討すること，定型約款準備者が定型約款における契約条項を変更することができる場合の合理性の要件について適切に解釈，運用されるよう努めることについて，留意すること

○　今回の改正が，国民各層のあらゆる場面と密接に関連し，重大な影響を及ぼすものであることから，国民全般，事業者，各種関係公的機関，各種の裁判外紛争処理機関及び各種関係団体に早期に浸透するよう，積

第1章　今次民法改正の経緯と概要

　極的かつ細やかな広報活動を行い，その周知徹底に努めること

○　諾成的消費貸借における交付前解除又は消費貸借における期限前弁済
　の際に損害賠償請求をすることができる旨の規定について，借手側への
　手厚い周知はもちろん，貸手側にも十分に周知徹底を図ること

○　諾成的消費貸借における交付前解除又は消費貸借における期限前弁済
　の際に損害賠償請求をすることができる旨の規定について，検討するこ
　と

○　公証人及び公証役場の透明化及び配置の適正化，公証役場の経営状況
　の把握，民間等多様な人材の登用等，公証制度が国民に更に身近で利用
　しやすいものとなるよう努めること

○　消費者契約法その他の消費者保護に関する法律について検討を加え，
　その結果に基づいて所要の措置を講ずること

第1節　不動産の時効取得に関する民法改正の概要

第2章　不動産の時効取得・瑕疵担保責任に関する民法改正の概要と施行

第1節　不動産の時効取得に関する民法改正の概要

　今般の民法改正では，本書のテーマの一つである不動産の時効取得に関連する条文も改正されている。

　不動産の時効取得の要件そのものの改正はないが，その時効について，主に，時効の中断が時効の完成猶予，更新とされるなどの改正がなされている（第2編参照）。

　以下，時効取得に関連する条文について，新旧条文比較表及び新旧条文移動・変更図を掲載する。

〈表2　不動産の取得時効に関する民法の新旧条文比較表〉

【改正前】	【改正後】
(代理行為の瑕疵) 第101条　意思表示の効力が意思の不存在，詐欺，強迫又はある事情を知っていたこと若しくは知らなかったことにつき過失があったことによって影響を受けるべき場合には，その事実の有無は，代理人について決するものとする。 (新設)	(代理行為の瑕疵) 第101条　代理人が相手方に対してした意思表示の効力が意思の不存在，錯誤，詐欺，強迫又はある事情を知っていたこと若しくは知らなかったことにつき過失があったことによって影響を受けるべき場合には，その事実の有無は，代理人について決するものとする。 2　相手方が代理人に対してした意思表示の効力が意思表示を受けた者がある事情を知っていたこと又は知らなかったことにつき過失があったことによって影響を受けるべき場合には，その事実の有無は，代理人について決するものとする。
2　特定の法律行為をすることを委	3　特定の法律行為をすることを委

11

第2章　不動産の時効取得・瑕疵担保責任に関する民法改正の概要と施行

託された場合において，代理人が本人の指図に従ってその行為をしたときは，本人は，自ら知っていた事情について代理人が知らなかったことを主張することができない。本人が過失によって知らなかった事情についても，同様とする。	託された代理人がその行為をしたときは，本人は，自ら知っていた事情について代理人が知らなかったことを主張することができない。本人が過失によって知らなかった事情についても，同様とする。
（時効の効力） **第144条**　時効の効力は，その起算日にさかのぼる。	（同左）
（時効の援用） **第145条**　時効は，当事者が援用しなければ，裁判所がこれによって裁判をすることができない。	**（時効の援用）** **第145条**　時効は，当事者（消滅時効にあっては，保証人，物上保証人，第三取得者その他権利の消滅について正当な利益を有する者を含む。）が援用しなければ，裁判所がこれによって裁判をすることができない。
（時効の利益の放棄） **第146条**　時効の利益は，あらかじめ放棄することができない。	（同左）
（時効の中断事由） **第147条**　時効は，次に掲げる事由によって中断する。 　一　請求 　二　（省略） 　三　（省略）	**（裁判上の請求等による時効の完成猶予及び更新）** **第147条**　次に掲げる事由がある場合には，その事由が終了する（確定判決又は確定判決と同一の効力を有するものによって権利が確定することなくその事由が終了した場合にあっては，その終了の時から6箇月を経過する）までの間は，時効は，完成しない。 　一　裁判上の請求 　二　支払督促 　三　民事訴訟法第275条第1項の
（裁判上の請求） **第149条**　裁判上の請求は，訴えの却下又は取下げの場合には，時効の中断の効力を生じない。	
（支払督促） **第150条**　支払督促は，債権者が民	

12

第1節　不動産の時効取得に関する民法改正の概要

事訴訟法第392条に規定する期間
内に仮執行の宣言の申立てをしな
いことによりその効力を失うとき
は，時効の中断の効力を生じな
い。

（和解及び調停の申立て）
第151条　和解の申立て又は民事調
　　停法（昭和26年法律第222号）若
　　しくは家事事件手続法（平成23年
　　法律第52号）による調停の申立て
　　は，相手方が出頭せず，又は和解
　　若しくは調停が調わないときは，
　　1箇月以内に訴えを提起しなけれ
　　ば，時効の中断の効力を生じな
　　い。

（破産手続参加等）
第152条　破産手続参加，再生手続
　　参加又は更生手続参加は，債権者
　　がその届出を取り下げ，又はその
　　届出が却下されたときは，時効の
　　中断の効力を生じない。

（中断後の時効の進行）
第157条　（省略）
2　裁判上の請求によって中断した
　　時効は，裁判が確定した時から，
　　新たにその進行を始める。

**（時効の中断の効力が及ぶ者の範
　囲）**
第148条　前条の規定による時効の
　　中断は，その中断の事由が生じた
　　当事者及びその承継人の間におい
　　てのみ，その効力を有する。

和解又は民事調停法（昭和26年
法律第222号）若しくは家事事
件手続法（平成23年法律第52
号）による調停
　四　破産手続参加，再生手続参加
　　又は更生手続参加

2　前項の場合において，確定判決
　　又は確定判決と同一の効力を有す
　　るものによって権利が確定したと
　　きは，時効は，同項各号に掲げる
　　事由が終了した時から新たにその
　　進行を始める。

**（時効の完成猶予又は更新の効力が
　及ぶ者の範囲）**
第153条　第147条又は第148条の規
　　定による時効の完成猶予又は更新
　　は，完成猶予又は更新の事由が生
　　じた当事者及びその承継人の間に
　　おいてのみ，その効力を有する。

第1編　民法改正

13

	2　第149条から第151条までの規定による時効の完成猶予は，完成猶予の事由が生じた当事者及びその承継人の間においてのみ，その効力を有する。 3　前条の規定による時効の更新は，更新の事由が生じた当事者及びその承継人の間においてのみ，その効力を有する。
（催告） **第153条**　催告は，6箇月以内に，裁判上の請求，支払督促の申立て，和解の申立て，民事調停法若しくは家事事件手続法による調停の申立て，破産手続参加，再生手続参加，更生手続参加，差押え，仮差押え又は仮処分をしなければ，時効の中断の効力を生じない。	**（催告による時効の完成猶予）** **第150条**　催告があったときは，その時から6箇月を経過するまでの間は，時効は，完成しない。 2　催告によって時効の完成が猶予されている間にされた再度の催告は，前項の規定による時効の完成猶予の効力を有しない。
（時効の中断事由） **第147条**　（前出） 　一　（省略） 　二　差押え，仮差押え又は仮処分 　三　（省略） **（中断後の時効の進行）** **第157条**　中断した時効は，その中断の事由が終了した時から，新たにその進行を始める。 　2　（省略）	**（強制執行等による時効の完成猶予及び更新）** **第148条**　次に掲げる事由がある場合には，その事由が終了する（申立ての取下げ又は法律の規定に従わないことによる取消しによってその事由が終了した場合にあっては，その終了の時から6箇月を経過する）までの間は，時効は，完成しない。 　一　強制執行 　二　担保権の実行 　三　民事執行法（昭和54年法律第4号）第195条に規定する担保権の実行としての競売の例による競売 　四　民事執行法第196条に規定する財産開示手続

第1節　不動産の時効取得に関する民法改正の概要

（差押え，仮差押え及び仮処分） **第154条**　差押え，仮差押え及び仮処分は，権利者の請求により又は法律の規定に従わないことにより取り消されたときは，時効の中断の効力を生じない。	2　前項の場合には，時効は，同項各号に掲げる事由が終了した時から新たにその進行を始める。ただし，申立ての取下げ又は法律の規定に従わないことによる取消しによってその事由が終了した場合は，この限りでない。
	（※　改正前第154条のうち仮差押え及び仮処分にかかるものは消滅）
（時効の中断事由） **第147条**　（前出） 　一　（省略） 　二　差押え，仮差押え又は仮処分 　三　（省略）	**（仮差押え等による時効の完成猶予）** **第149条**　次に掲げる事由がある場合には，その事由が終了した時から6箇月を経過するまでの間は，時効は，完成しない。 　一　仮差押え 　二　仮処分
第155条　差押え，仮差押え及び仮処分は，時効の利益を受ける者に対してしないときは，その者に通知をした後でなければ，時効の中断の効力を生じない。	**第154条**　第148条第1項各号又は第149条各号に掲げる事由に係る手続は，時効の利益を受ける者に対してしないときは，その者に通知をした後でなければ，第148条又は第149条の規定による時効の完成猶予又は更新の効力を生じない。
（新設）	**（協議を行う旨の合意による時効の完成猶予）** **第151条**　権利についての協議を行う旨の合意が書面でされたときは，次に掲げる時のいずれか早い時までの間は，時効は，完成しない。 　一　その合意があった時から1年を経過した時 　二　その合意において当事者が協議を行う期間（1年に満たない

第1編　民法改正

15

	ものに限る。）を定めたときは，その期間を経過した時 三　当事者の一方から相手方に対して協議の続行を拒絶する旨の通知が書面でされたときは，その通知の時から6箇月を経過した時 2　前項の規定により時効の完成が猶予されている間にされた再度の同項の合意は，同項の規定による時効の完成猶予の効力を有する。ただし，その効力は，時効の完成が猶予されなかったとすれば時効が完成すべき時から通じて5年を超えることができない。 3　催告によって時効の完成が猶予されている間にされた第1項の合意は，同項の規定による時効の完成猶予の効力を有しない。同項の規定により時効の完成が猶予されている間にされた催告についても，同様とする。 4　第1項の合意がその内容を記録した電磁的記録（電子的方式，磁気的方式その他人の知覚によっては認識することができない方式で作られる記録であって，電子計算機による情報処理の用に供されるものをいう。以下同じ。）によってされたときは，その合意は，書面によってされたものとみなして，前三項の規定を適用する。 5　前項の規定は，第1項第3号の通知について準用する。
（時効の中断事由） 第147条　（前出） 　一　（省略） 　二　（省略）	**（承認による時効の更新）** 第152条　時効は，権利の承認があったときは，その時から新たにその進行を始める。

第1節　不動産の時効取得に関する民法改正の概要

三　承認	
（中断後の時効の進行） 第157条　（前出） 2　（省略）	
（承認） 第156条　時効の中断の効力を生ずべき承認をするには，相手方の権利についての処分につき<u>行為能力又は権限</u>があることを要しない。	2　前項の承認をするには，相手方の権利についての処分につき<u>行為能力の制限を受けていないこと又は権限</u>があることを要しない。
	第155条　削除
	第156条　削除
	第157条　削除
（未成年者又は成年被後見人と時効の<u>停止</u>） 第158条　時効の期間の満了前6箇月以内の間に未成年者又は成年被後見人に法定代理人がないときは，その未成年者若しくは成年被後見人が行為能力者となった時又は法定代理人が就職した時から6箇月を経過するまでの間は，その未成年者又は成年被後見人に対して，時効は，完成しない。 2　未成年者又は成年被後見人がその財産を管理する父，母又は後見人に対して権利を有するときは，その未成年者若しくは成年被後見人が行為能力者となった時又は後任の法定代理人が就職した時から6箇月を経過するまでの間は，その権利について，時効は，完成しない。	（未成年者又は成年被後見人と時効の<u>完成猶予</u>） （同左）
（夫婦間の権利の時効の<u>停止</u>）	（夫婦間の権利の時効の<u>完成猶予</u>）

17

第2章　不動産の時効取得・瑕疵担保責任に関する民法改正の概要と施行

第159条　夫婦の一方が他の一方に対して有する権利については，婚姻の解消の時から6箇月を経過するまでの間は，時効は，完成しない。	（同左）
（相続財産に関する時効の**停止**） **第160条**　相続財産に関しては，相続人が確定した時，管理人が選任された時又は破産手続開始の決定があった時から6箇月を経過するまでの間は，時効は，完成しない。	（相続財産に関する時効の**完成猶予**） （同左）
（天災等による時効の**停止**） **第161条**　時効の期間の満了の時に当たり，天災その他避けることのできない事変のため時効を中断することができないときは，その障害が消滅した時から**2週間**を経過するまでの間は，時効は，完成しない。	（天災等による時効の**完成猶予**） **第161条**　時効の期間の満了の時に当たり，天災その他避けることのできない事変のため**第147条第1項各号又は第148条第1項各号に掲げる事由に係る手続を行うこと**ができないときは，その障害が消滅した時から**3箇月**を経過するまでの間は，時効は，完成しない。
（所有権の取得時効） **第162条**　20年間，所有の意思をもって，平穏に，かつ，公然と他人の物を占有した者は，その所有権を取得する。 2　10年間，所有の意思をもって，平穏に，かつ，公然と他人の物を占有した者は，その占有の開始の時に，善意であり，かつ，過失がなかったときは，その所有権を取得する。	（同左）
（所有権以外の財産権の取得時効） **第163条**　所有権以外の財産権を，自己のためにする意思をもって，	（同左）

第1節　不動産の時効取得に関する民法改正の概要

平穏に，かつ，公然と行使する者は，前条の区別に従い20年又は10年を経過した後，その権利を取得する。	
（占有の中止等による取得時効の中断） 第164条　第162条の規定による時効は，占有者が任意にその占有を中止し，又は他人によってその占有を奪われたときは，中断する。	（同左）
第165条　前条の規定は，第163条の場合について準用する。	（同左）
（占有権の取得） 第180条　占有権は，自己のためにする意思をもって物を所持することによって取得する。	（同左）
（代理占有） 第181条　占有権は，代理人によって取得することができる。	（同左）
（現実の引渡し及び簡易の引渡し） 第182条　占有権の譲渡は，占有物の引渡しによってする。 2　譲受人又はその代理人が現に占有物を所持する場合には，占有権の譲渡は，当事者の意思表示のみによってすることができる。	（同左）
（占有改定） 第183条　代理人が自己の占有物を以後本人のために占有する意思を表示したときは，本人は，これによって占有権を取得する。	（同左）
（指図による占有移転） 第184条　代理人によって占有をす	（同左）

19

第2章　不動産の時効取得・瑕疵担保責任に関する民法改正の概要と施行

る場合において，本人がその代理人に対して以後第三者のためにその物を占有することを命じ，その第三者がこれを承諾したときは，その第三者は，占有権を取得する。	
（占有の性質の変更） 第185条　権原の性質上占有者に所有の意思がないものとされる場合には，その占有者が，自己に占有をさせた者に対して所有の意思があることを表示し，又は新たな権原により更に所有の意思をもって占有を始めるのでなければ，占有の性質は，変わらない。	（同左）
（占有の態様等に関する推定） 第186条　占有者は，所有の意思をもって，善意で，平穏に，かつ，公然と占有をするものと推定する。 2　前後の両時点において占有をした証拠があるときは，占有は，その間継続したものと推定する。	（同左）
（占有の承継） 第187条　占有者の承継人は，その選択に従い，自己の占有のみを主張し，又は自己の占有に前の占有者の占有を併せて主張することができる。 2　前の占有者の占有を併せて主張する場合には，その瑕疵をも承継する。	（同左）
（占有物について行使する権利の適法の推定） 第188条　占有者が占有物について行使する権利は，適法に有するものと推定する。	（同左）

第1節　不動産の時効取得に関する民法改正の概要

（善意の占有者による果実の取得等） **第189条**　善意の占有者は，占有物から生ずる果実を取得する。 2　善意の占有者が本権の訴えにおいて敗訴したときは，その訴えの提起の時から悪意の占有者とみなす。	（同左）
（悪意の占有者による果実の返還等） **第190条**　悪意の占有者は，果実を返還し，かつ，既に消費し，過失によって損傷し，又は収取を怠った果実の代価を償還する義務を負う。 2　前項の規定は，暴行若しくは強迫又は隠匿によって占有をしている者について準用する。	（同左）
（占有者による損害賠償） **第191条**　占有物が占有者の責めに帰すべき事由によって滅失し，又は損傷したときは，その回復者に対し，悪意の占有者はその損害の全部の賠償をする義務を負い，善意の占有者はその滅失又は損傷によって現に利益を受けている限度において賠償をする義務を負う。ただし，所有の意思のない占有者は，善意であるときであっても，全部の賠償をしなければならない。	（同左）
（占有者による費用の償還請求） **第196条**　占有者が占有物を返還する場合には，その物の保存のために支出した金額その他の必要費を回復者から償還させることができる。ただし，占有者が果実を取得	（同左）

第1編　民法改正

21

第2章　不動産の時効取得・瑕疵担保責任に関する民法改正の概要と施行

したときは，通常の必要費は，占有者の負担に帰する。 2　占有者が占有物の改良のために支出した金額その他の有益費については，その価格の増加が現存する場合に限り，回復者の選択に従い，その支出した金額又は増価額を償還させることができる。ただし，悪意の占有者に対しては，裁判所は，回復者の請求により，その償還について相当の期限を許与することができる。	
（占有の訴え） 第197条　占有者は，次条から第202条までの規定に従い，占有の訴えを提起することができる。他人のために占有をする者も，同様とする。	（同左）
（占有保持の訴え） 第198条　占有者がその占有を妨害されたときは，占有保持の訴えにより，その妨害の停止及び損害の賠償を請求することができる。	（同左）
（占有保全の訴え） 第199条　占有者がその占有を妨害されるおそれがあるときは，占有保全の訴えにより，その妨害の予防又は損害賠償の担保を請求することができる。	（同左）
（占有回収の訴え） 第200条　占有者がその占有を奪われたときは，占有回収の訴えにより，その物の返還及び損害の賠償を請求することができる。 2　占有回収の訴えは，占有を侵奪	（同左）

第1節　不動産の時効取得に関する民法改正の概要

した者の特定承継人に対して提起することができない。ただし、その承継人が侵奪の事実を知っていたときは、この限りでない。	
（占有の訴えの提起期間） 第201条　占有保持の訴えは、妨害の存する間又はその消滅した後1年以内に提起しなければならない。ただし、工事により占有物に損害を生じた場合において、その工事に着手した時から1年を経過し、又はその工事が完成したときは、これを提起することができない。 2　占有保全の訴えは、妨害の危険の存する間は、提起することができる。この場合において、工事により占有物に損害を生ずるおそれがあるときは、前項ただし書の規定を準用する。 3　占有回収の訴えは、占有を奪われた時から1年以内に提起しなければならない。	（同左）
（本権の訴えとの関係） 第202条　占有の訴えは本権の訴えを妨げず、また、本権の訴えは占有の訴えを妨げない。 2　占有の訴えについては、本権に関する理由に基づいて裁判をすることができない。	（同左）
（占有権の消滅事由） 第203条　占有権は、占有者が占有の意思を放棄し、又は占有物の所持を失うことによって消滅する。ただし、占有者が占有回収の訴えを提起したときは、この限りでない。	（同左）

第2章　不動産の時効取得・瑕疵担保責任に関する民法改正の概要と施行

（代理占有権の消滅事由） **第204条**　代理人によって占有をする場合には，占有権は，次に掲げる事由によって消滅する。 　一　本人が代理人に占有をさせる意思を放棄したこと。 　二　代理人が本人に対して以後自己又は第三者のために占有物を所持する意思を表示したこと。 　三　代理人が占有物の所持を失ったこと。 2　占有権は，代理権の消滅のみによっては，消滅しない。	（同左）
第205条　この章の規定は，自己のためにする意思をもって財産権の行使をする場合について準用する。	（同左）
（地役権の不可分性） **第282条**　土地の共有者の一人は，その持分につき，その土地のために又はその土地について存する地役権を消滅させることができない。 2　土地の分割又はその一部の譲渡の場合には，地役権は，その各部のために又はその各部について存する。ただし，地役権がその性質により土地の一部のみに関するときは，この限りでない。	（同左）
（地役権の時効取得） **第283条**　地役権は，継続的に行使され，かつ，外形上認識することができるものに限り，時効によって取得することができる。	（同左）
第284条　土地の共有者の一人が時効によって地役権を取得したときは，他の共有者も，これを取得す	**第284条**　土地の共有者の一人が時効によって地役権を取得したときは，他の共有者も，これを取得す

第1節　不動産の時効取得に関する民法改正の概要

る。 2　共有者に対する時効の<u>中断</u>は，地役権を行使する各共有者に対してしなければ，その効力を生じない。 3　地役権を行使する共有者が数人ある場合には，その一人について時効の<u>停止の原因</u>があっても，時効は，各共有者のために進行する。	る。 2　共有者に対する時効の<u>更新</u>は，地役権を行使する各共有者に対してしなければ，その効力を生じない。 3　地役権を行使する共有者が数人ある場合には，その一人について時効の<u>完成猶予</u>の事由があっても，時効は，各共有者のために進行する。
（承役地の時効取得による地役権の消滅） **第289条**　承役地の占有者が取得時効に必要な要件を具備する占有をしたときは，地役権は，これによって消滅する。	（同左）
第290条　前条の規定による地役権の消滅時効は，地役権者がその権利を行使することによって中断する。	（同左）
（抵当不動産の時効取得による抵当権の消滅） **第397条**　債務者又は抵当権設定者でない者が抵当不動産について取得時効に必要な要件を具備する占有をしたときは，抵当権は，これによって消滅する。	（同左）

第1編　民法改正

第2章 不動産の時効取得・瑕疵担保責任に関する民法改正の概要と施行

〈図1 時効取得関連の新旧条文移動・変更図〉

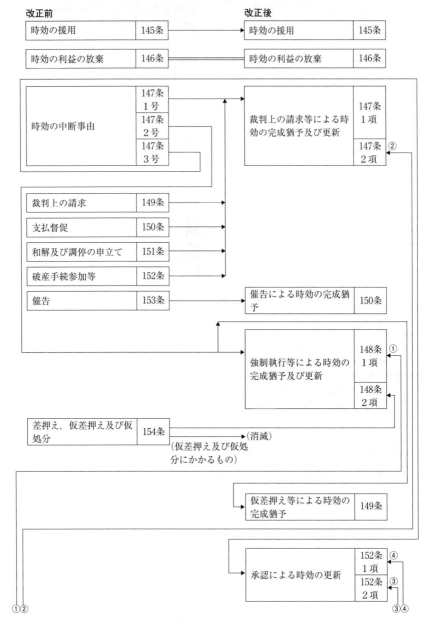

第1節　不動産の時効取得に関する民法改正の概要

第2章　不動産の時効取得・瑕疵担保責任に関する民法改正の概要と施行

第2節　不動産の瑕疵担保責任に関する民法改正の概要

　今般の民法改正では，本書のテーマの一つである不動産の瑕疵担保責任に関連する条文も改正されている。

　物の隠れた瑕疵を対象としていた売主の瑕疵担保責任は，改正後は，引き渡された目的物が種類，品質又は数量に関して契約の内容に適合しないものが対象となる「契約不適合責任」とされ，数量の不足又は物の一部滅失の場合における売主の担保責任も，新たな契約不適合責任に吸収されている。改正後は，特定物，不特定物にかかわらず，買主の追完請求権が認められるなどしている（第3編参照）。

　以下，瑕疵担保責任に関連する条文について，新旧条文比較表及び新旧条文移動・変更図を掲載する。

〈表3　不動産の瑕疵担保責任に関する民法の新旧条文比較表〉

【改正前】	【改正後】
（錯誤） 第95条　意思表示は，<u>法律行為の要素に錯誤があったときは，無効とする。ただし，表意者に重大な過失があったときは，表意者は，自らその無効を主張することができない。</u>	（錯誤） 第95条　意思表示は，<u>次に掲げる錯誤に基づくものであって，その錯誤が法律行為の目的及び取引上の社会通念に照らして重要なものであるときは，取り消すことができる。</u> 　<u>一　意思表示に対応する意思を欠く錯誤</u> 　<u>二　表意者が法律行為の基礎とした事情についてのその認識が真実に反する錯誤</u> 　<u>2　前項第二号の規定による意思表示の取消しは，その事情が法律行為の基礎とされていることが表示されていたときに限り，することができる。</u> 　<u>3　錯誤が表意者の重大な過失によるものであった場合には，次に掲</u>

28

第2節　不動産の瑕疵担保責任に関する民法改正の概要

	げる場合を除き，第1項の規定による意思表示の取消しをすることができない。 一　相手方が表意者に錯誤があることを知り，又は重大な過失によって知らなかったとき。 二　相手方が表意者と同一の錯誤に陥っていたとき。 4　第1項の規定による意思表示の取消しは，善意でかつ過失がない第三者に対抗することができない。
（詐欺又は強迫） **第96条**　詐欺又は強迫による意思表示は，取り消すことができる。 2　相手方に対する意思表示について第三者が詐欺を行った場合においては，相手方がその事実を知っていたときに限り，その意思表示を取り消すことができる。 3　前二項の規定による詐欺による意思表示の取消しは，善意の第三者に対抗することができない。	**（詐欺又は強迫）** **第96条**　詐欺又は強迫による意思表示は，取り消すことができる。 2　相手方に対する意思表示について第三者が詐欺を行った場合においては，相手方がその事実を<u>知り，又は知ることができた</u>ときに限り，その意思表示を取り消すことができる。 3　前二項の規定による詐欺による意思表示の取消しは，善意で<u>かつ過失がない</u>第三者に対抗することができない。
（履行期と履行遅滞） **第412条**　債務の履行について確定期限があるときは，債務者は，その期限の到来した時から遅滞の責任を負う。 2　債務の履行について不確定期限があるときは，債務者は，その期限の到来したことを知った時から遅滞の責任を負う。 3　債務の履行について期限を定めなかったときは，債務者は，履行の請求を受けた時から遅滞の責任	**（履行期と履行遅滞）** **第412条**　（同左） 2　債務の履行について不確定期限があるときは，債務者は，その期限の到来した<u>後に履行の請求を受けた時又はその期限の到来したことを知った時のいずれか早い時</u>から遅滞の責任を負う。 3　（同左）

29

第2章　不動産の時効取得・瑕疵担保責任に関する民法改正の概要と施行

	を負う。
（新設）	**（履行不能）** **第412条の2**　債務の履行が契約その他の債務の発生原因及び取引上の社会通念に照らして不能であるときは，債権者は，その債務の履行を請求することができない。 2　契約に基づく債務の履行がその契約の成立の時に不能であったことは，第415条の規定によりその履行の不能によって生じた損害の賠償を請求することを妨げない。
（受領遅滞） **第413条**　債権者が債務の履行を受けることを拒み，又は受けることができないときは，その債権者は，履行の提供があった時から遅滞の責任を負う。	**（受領遅滞）** **第413条**　債権者が債務の履行を受けることを拒み，又は受けることができない場合において，その債務の目的が特定物の引渡しであるときは，債務者は，履行の提供をした時からその引渡しをするまで，自己の財産に対するのと同一の注意をもって，その物を保存すれば足りる。 2　債権者が債務の履行を受けることを拒み，又は受けることができないことによって，その履行の費用が増加したときは，その増加額は，債権者の負担とする。
（新設）	**（履行遅滞中又は受領遅滞中の履行不能と帰責事由）** **第413条の2**　債務者がその債務について遅滞の責任を負っている間に当事者双方の責めに帰することができない事由によってその債務の履行が不能となったときは，その履行の不能は，債務者の責めに帰すべき事由によるものとみなす。 2　債権者が債務の履行を受けることを拒み，又は受けることができ

30

第2節 不動産の瑕疵担保責任に関する民法改正の概要

第1編 民法改正

	ない場合において，履行の提供があった時以後に当事者双方の責めに帰することができない事由によってその債務の履行が不能となったときは，その履行の不能は，債権者の責めに帰すべき事由によるものとみなす。
（履行の強制） 第414条　債務者が任意に債務の履行をしないときは，債権者は，<u>その強制履行を裁判所に請求する</u>ことができる。ただし，債務の性質がこれを許さないときは，この限りでない。	（履行の強制） 第414条　債務者が任意に債務の履行をしないときは，債権者は，<u>民事執行法その他強制執行の手続に関する法令の規定に従い，直接強制，代替執行，間接強制その他の方法による履行の強制を裁判所に</u>請求することができる。ただし，債務の性質がこれを許さないときは，この限りでない。
<u>2　債務の性質が強制履行を許さない場合において，その債務が作為を目的とするときは，債権者は，債務者の費用で第三者にこれをさせることを裁判所に請求することができる。ただし，法律行為を目的とする債務については，裁判をもって債務者の意思表示に代えることができる。</u>	（削る）
<u>3　不作為を目的とする債務については，債務者の費用で，債務者がした行為の結果を除去し，又は将来のため適当な処分をすることを裁判所に請求することができる。</u>	（削る）
<u>4　前三項の</u>規定は，損害賠償の請求を妨げない。	<u>2　前項の</u>規定は，損害賠償の請求を妨げない。
（債務不履行による損害賠償） 第415条　債務者がその債務の本旨に従った履行をしないときは，債権者は，これによって生じた損害の賠償を請求することができる。<u>債務者の責めに帰すべき事由に</u>	（債務不履行による損害賠償） 第415条　債務者がその債務の本旨に従った履行をしないとき<u>又は債務の履行が不能であるとき</u>は，債権者は，これによって生じた損害の賠償を請求することができる。

31

第2章　不動産の時効取得・瑕疵担保責任に関する民法改正の概要と施行

よって履行をすることができなくなったときも，同様とする。	ただし，その債務の不履行が契約その他の債務の発生原因及び取引上の社会通念に照らして債務者の責めに帰することができない事由によるものであるときは，この限りでない。 2　前項の規定により損害賠償の請求をすることができる場合において，債権者は，次に掲げるときは，債務の履行に代わる損害賠償の請求をすることができる。 一　債務の履行が不能であるとき。 二　債務者がその債務の履行を拒絶する意思を明確に表示したとき。 三　債務が契約によって生じたものである場合において，その契約が解除され，又は債務の不履行による契約の解除権が発生したとき。
（損害賠償の範囲） **第416条**　債務の不履行に対する損害賠償の請求は，これによって通常生ずべき損害の賠償をさせることをその目的とする。 2　特別の事情によって生じた損害であっても，当事者がその事情を予見し，又は予見することができたときは，債権者は，その賠償を請求することができる。	**（損害賠償の範囲）** **第416条**　（同左） 2　特別の事情によって生じた損害であっても，当事者がその事情を予見すべきであったときは，債権者は，その賠償を請求することができる。
（損害賠償の方法） **第417条**　損害賠償は，別段の意思表示がないときは，金銭をもってその額を定める。	（同左）
（新設）	**（中間利息の控除）** **第417条の2**　将来において取得すべき利益についての損害賠償の額

32

第2節　不動産の瑕疵担保責任に関する民法改正の概要

	を定める場合において，その利益を取得すべき時までの利息相当額を控除するときは，その損害賠償の請求権が生じた時点における法定利率により，これをする。 2　将来において負担すべき費用についての損害賠償の額を定める場合において，その費用を負担すべき時までの利息相当額を控除するときも，前項と同様とする。
（過失相殺） 第418条　債務の不履行に関して債権者に過失があったときは，裁判所は，これを考慮して，損害賠償の責任及びその額を定める。	（過失相殺） 第418条　債務の不履行又はこれによる損害の発生若しくは拡大に関して債権者に過失があったときは，裁判所は，これを考慮して，損害賠償の責任及びその額を定める。
（金銭債務の特則） 第419条　金銭の給付を目的とする債務の不履行については，その損害賠償の額は，法定利率によって定める。ただし，約定利率が法定利率を超えるときは，約定利率による。 2　前項の損害賠償については，債権者は，損害の証明をすることを要しない。 3　第1項の損害賠償については，債務者は，不可抗力をもって抗弁とすることができない。	（金銭債務の特則） 第419条　金銭の給付を目的とする債務の不履行については，その損害賠償の額は，債務者が遅滞の責任を負った最初の時点における法定利率によって定める。ただし，約定利率が法定利率を超えるときは，約定利率による。 2　（同左） 3　（同左）
（賠償額の予定） 第420条　当事者は，債務の不履行について損害賠償の額を予定することができる。この場合において，裁判所は，その額を増減することができない。 2　賠償額の予定は，履行の請求又は解除権の行使を妨げない。	（賠償額の予定） 第420条　当事者は，債務の不履行について損害賠償の額を予定することができる。 2　（同左）

33

第2章　不動産の時効取得・瑕疵担保責任に関する民法改正の概要と施行

3　違約金は，賠償額の予定と推定する。	3　（同左）
第421条　前条の規定は，当事者が金銭でないものを損害の賠償に充てるべき旨を予定した場合について準用する。	（同左）
（損害賠償による代位） **第422条**　債権者が，損害賠償として，その債権の目的である物又は権利の価額の全部の支払を受けたときは，債務者は，その物又は権利について当然に債権者に代位する。	（同左）
（新設）	**（代償請求権）** **第422条の2**　債務者が，その債務の履行が不能となったのと同一の原因により債務の目的物の代償である権利又は利益を取得したときは，債権者は，その受けた損害の額の限度において，債務者に対し，その権利の移転又はその利益の償還を請求することができる。
（特定物の現状による引渡し） **第483条**　債権の目的が特定物の引渡しであるときは，弁済をする者は，その引渡しをすべき時の現状でその物を引き渡さなければならない。	**（特定物の現状による引渡し）** **第483条**　債権の目的が特定物の引渡しである場合において，契約その他の債権の発生原因及び取引上の社会通念に照らしてその引渡しをすべき時の品質を定めることができないときは，弁済をする者は，その引渡しをすべき時の現状でその物を引き渡さなければならない。
（同時履行の抗弁） **第533条**　双務契約の当事者の一方は，相手方がその債務の履行を提供するまでは，自己の債務の履行を拒むことができる。ただし，相手方の債務が弁済期にないときは，	**（同時履行の抗弁）** **第533条**　双務契約の当事者の一方は，相手方がその債務の履行（債務の履行に代わる損害賠償の債務の履行を含む。）を提供するまでは，自己の債務の履行を拒むこと

第2節　不動産の瑕疵担保責任に関する民法改正の概要

この限りでない。	ができる。ただし，相手方の債務が弁済期にないときは，この限りでない。
（債権者の危険負担） **第534条**　特定物に関する物権の設定又は移転を双務契約の目的とした場合において，その物が債務者の責めに帰することができない事由によって滅失し，又は損傷したときは，その滅失又は損傷は，債権者の負担に帰する。 2　不特定物に関する契約については，第401条第2項の規定によりその物が確定した時から，前項の規定を適用する。	**第534条**　削除
（停止条件付双務契約における危険負担） **第535条**　前条の規定は，停止条件付双務契約の目的物が条件の成否が未定である間に滅失した場合には，適用しない。 2　停止条件付双務契約の目的物が債務者の責めに帰することができない事由によって損傷したときは，その損傷は，債権者の負担に帰する。 3　停止条件付双務契約の目的物が債務者の責めに帰すべき事由によって損傷した場合において，条件が成就したときは，債権者は，その選択に従い，契約の履行の請求又は解除権の行使をすることができる。この場合においては，損害賠償の請求を妨げない。	**第535条**　削除
（債務者の危険負担等） **第536条**　前二条に規定する場合を除き，当事者双方の責めに帰することができない事由によって債務	**（債務者の危険負担等）** **第536条**　当事者双方の責めに帰することができない事由によって債務を履行することができなくなっ

第1編　民法改正

35

を履行することができなくなったときは，債務者は，反対給付を受ける権利を有しない。 2　債権者の責めに帰すべき事由によって債務を履行することができなくなったときは，債務者は，反対給付を受ける権利を失わない。この場合において，自己の債務を免れたことによって利益を得たときは，これを債権者に償還しなければならない。	たときは，債権者は，反対給付の履行を拒むことができる。 2　債権者の責めに帰すべき事由によって債務を履行することができなくなったときは，債権者は，反対給付の履行を拒むことができない。この場合において，債務者は，自己の債務を免れたことによって利益を得たときは，これを債権者に償還しなければならない。
（解除権の行使） **第540条**　契約又は法律の規定により当事者の一方が解除権を有するときは，その解除は，相手方に対する意思表示によってする。 2　前項の意思表示は，撤回することができない。	（同左）
（履行遅滞等による解除権） **第541条**　当事者の一方がその債務を履行しない場合において，相手方が相当の期間を定めてその履行の催告をし，その期間内に履行がないときは，相手方は，契約の解除をすることができる。	**（催告による解除）** **第541条**　当事者の一方がその債務を履行しない場合において，相手方が相当の期間を定めてその履行の催告をし，その期間内に履行がないときは，相手方は，契約の解除をすることができる。ただし，その期間を経過した時における債務の不履行がその契約及び取引上の社会通念に照らして軽微であるときは，この限りでない。
（定期行為の履行遅滞による解除権） **第542条**　契約の性質又は当事者の意思表示により，特定の日時又は一定の期間内に履行をしなければ契約をした目的を達することができない場合において，当事者の一方が履行をしないでその時期を経過したときは，相手方は，前条の	**（催告によらない解除）** **第542条**　次に掲げる場合には，債権者は，前条の催告をすることなく，直ちに契約の解除をすることができる。 一　債務の全部の履行が不能であるとき。 二　債務者がその債務の全部の履

第2節　不動産の瑕疵担保責任に関する民法改正の概要

催告をすることなく，直ちにその契約の解除をすることができる。	行を拒絶する意思を明確に表示したとき。 三　債務の一部の履行が不能である場合又は債務者がその債務の一部の履行を拒絶する意思を明確に表示した場合において，残存する部分のみでは契約をした目的を達することができないとき。 四　契約の性質又は当事者の意思表示により，特定の日時又は一定の期間内に履行をしなければ契約をした目的を達することができない場合において，債務者が履行をしないでその時期を経過したとき。 五　前各号に掲げる場合のほか，債務者がその債務の履行をせず，債権者が前条の催告をしても契約をした目的を達するのに足りる履行がされる見込みがないことが明らかであるとき。 2　次に掲げる場合には，債権者は，前条の催告をすることなく，直ちに契約の一部の解除をすることができる。 一　債務の一部の履行が不能であるとき。 二　債務者がその債務の一部の履行を拒絶する意思を明確に表示したとき。
（履行不能による解除権） **第543条**　履行の全部又は一部が不能となったときは，債権者は，契約の解除をすることができる。ただし，その債務の不履行が債務者の責めに帰することができない事由によるものであるときは，この限りでない。	**（債権者の責めに帰すべき事由による場合）** **第543条**　債務の不履行が債権者の責めに帰すべき事由によるものであるときは，債権者は，前二条の規定による契約の解除をすることができない。

第2章　不動産の時効取得・瑕疵担保責任に関する民法改正の概要と施行

（解除権の不可分性） **第544条**　当事者の一方が数人ある場合には，契約の解除は，その全員から又はその全員に対してのみ，することができる。 2　前項の場合において，解除権が当事者のうちの一人について消滅したときは，他の者についても消滅する。	（同左）
（解除の効果） **第545条**　当事者の一方がその解除権を行使したときは，各当事者は，その相手方を原状に復させる義務を負う。ただし，第三者の権利を害することはできない。 2　前項本文の場合において，金銭を返還するときは，その受領の時から利息を付さなければならない。 3　解除権の行使は，損害賠償の請求を妨げない。	**（解除の効果）** **第545条**　（同左） 2　（同左） 3　第1項本文の場合において，金銭以外の物を返還するときは，その受領の時以後に生じた果実をも返還しなければならない。 4　解除権の行使は，損害賠償の請求を妨げない。
（契約の解除と同時履行） **第546条**　第533条の規定は，前条の場合について準用する。	（同左）
（催告による解除権の消滅） **第547条**　解除権の行使について期間の定めがないときは，相手方は，解除権を有する者に対し，相当の期間を定めて，その期間内に解除をするかどうかを確答すべき旨の催告をすることができる。この場合において，その期間内に解除の通知を受けないときは，解除権は，消滅する。	（同左）

第2節　不動産の瑕疵担保責任に関する民法改正の概要

（解除権者の行為等による解除権の消滅） **第548条**　解除権を有する者が<u>自己</u>の行為若しくは過失によって契約の目的物を著しく損傷し，若しくは返還することができなくなったとき，又は加工若しくは改造によってこれを他の種類の物に変えたときは，解除権は，消滅する。 2　契約の目的物が解除権を有する者の行為又は過失によらないで滅失し，又は損傷したときは，解除権は，消滅しない。	**（解除権者の故意による目的物の損傷等による解除権の消滅）** **第548条**　解除権を有する者が故意若しくは過失によって契約の目的物を著しく損傷し，若しくは返還することができなくなったとき，又は加工若しくは改造によってこれを他の種類の物に変えたときは，解除権は，消滅する。ただし，解除権を有する者がその解除権を有することを知らなかったときは，この限りでない。 （削る）
（新設）	**（権利移転の対抗要件に係る売主の義務）** **第560条**　売主は，買主に対し，登記，登録その他の売買の目的である権利の移転についての対抗要件を備えさせる義務を負う。
（他人の権利の売買における売主の義務） **第560条**　他人の権利を売買の目的としたときは，売主は，その権利を取得して買主に移転する義務を負う。	**（他人の権利の売買における売主の義務）** **第561条**　他人の権利（権利の一部が他人に属する場合におけるその権利の一部を含む。）を売買の目的としたときは，売主は，その権利を取得して買主に移転する義務を負う。
（他人の権利の売買における売主の担保責任） **第561条**　前条の場合において，売主がその売却した権利を取得して買主に移転することができないときは，買主は，契約の解除をすることができる。この場合において，契約の時においてその権利が	（消滅）

第2章　不動産の時効取得・瑕疵担保責任に関する民法改正の概要と施行

売主に属しないことを知っていたときは，損害賠償の請求をすることができない。	
（他人の権利の売買における善意の売主の解除権） 第562条　売主が契約の時においてその売却した権利が自己に属しないことを知らなかった場合において，その権利を取得して買主に移転することができないときは，売主は，損害を賠償して，契約の解除をすることができる。 2　前項の場合において，買主が契約の時においてその買い受けた権利が売主に属しないことを知っていたときは，売主は，買主に対し，単にその売却した権利を移転することができない旨を通知して，契約の解除をすることができる。	（消滅）
（権利の一部が他人に属する場合における売主の担保責任） 第563条　売買の目的である権利の一部が他人に属することにより，売主がこれを買主に移転することができないときは，買主は，その不足する部分の割合に応じて代金の減額を請求することができる。 2　前項の場合において，残存する部分のみであれば買主がこれを買い受けなかったときは，善意の買主は，契約の解除をすることができる。 3　代金減額の請求又は契約の解除は，善意の買主が損害賠償の請求をすることを妨げない。	**（移転した権利が契約の内容に適合しない場合における売主の担保責任）** 第565条　前三条の規定は，売主が買主に移転した権利が契約の内容に適合しないものである場合（権利の一部が他人に属する場合においてその権利の一部を移転しないときを含む。）について準用する。
第564条　前条の規定による権利	（消滅）

40

第2節　不動産の瑕疵担保責任に関する民法改正の概要

は，買主が善意であったときは事実を知った時から，悪意であったときは契約の時から，それぞれ1年以内に行使しなければならない。

（数量の不足又は物の一部減失の場合における売主の担保責任）
第565条　前二条の規定は，数量を指示して売買をした物に不足がある場合又は物の一部が契約の時に既に減失していた場合において，買主がその不足又は減失を知らなかったときについて準用する。

（買主の追完請求権）
第562条　引き渡された目的物が種類，品質又は数量に関して契約の内容に適合しないものであるときは，買主は，売主に対し，目的物の修補，代替物の引渡し又は不足分の引渡しによる履行の追完を請求することができる。ただし，売主は，買主に不相当な負担を課するものでないときは，買主が請求した方法と異なる方法による履行の追完をすることができる。
2　前項の不適合が買主の責めに帰すべき事由によるものであるときは，買主は，同項の規定による履行の追完の請求をすることができない。

（買主の代金減額請求権）
第563条　前条第1項本文に規定する場合において，買主が相当の期間を定めて履行の追完の催告をし，その期間内に履行の追完がないときは，買主は，その不適合の程度に応じて代金の減額を請求することができる。
2　前項の規定にかかわらず，次に掲げる場合には，買主は，同項の催告をすることなく，直ちに代金の減額を請求することができる。
一　履行の追完が不能であるとき。
二　売主が履行の追完を拒絶する意思を明確に表示したとき。

第1編　民法改正

41

第2章　不動産の時効取得・瑕疵担保責任に関する民法改正の概要と施行

	三　契約の性質又は当事者の意思表示により，特定の日時又は一定の期間内に履行をしなければ契約をした目的を達することができない場合において，売主が履行の追完をしないでその時期を経過したとき。 四　前三号に掲げる場合のほか，買主が前項の催告をしても履行の追完を受ける見込みがないことが明らかであるとき。 3　第1項の不適合が買主の責めに帰すべき事由によるものであるときは，買主は，前二項の規定による代金の減額の請求をすることができない。
	（買主の損害賠償請求及び解除権の行使） 第564条　前二条の規定は，第415条の規定による損害賠償の請求並びに第541条及び第542条の規定による解除権の行使を妨げない。
（地上権等がある場合等における売主の担保責任） 第566条　売買の目的物が地上権，永小作権，地役権，留置権又は質権の目的である場合において，買主がこれを知らず，かつ，そのために契約をした目的を達することができないときは，買主は，契約の解除をすることができる。この場合において，契約の解除をすることができないときは，損害賠償の請求のみをすることができる。 2　前項の規定は，売買の目的である不動産のために存すると称した地役権が存しなかった場合及びその不動産について登記をした賃貸	**（移転した権利が契約の内容に適合しない場合における売主の担保責任）** 第565条　（前出40頁）

第2節　不動産の瑕疵担保責任に関する民法改正の概要

借があった場合について準用する。 3　前二項の場合において，契約の解除又は損害賠償の請求は，買主が事実を知った時から1年以内にしなければならない。	3　（消滅）
（抵当権等がある場合における売主の担保責任） **第567条**　売買の目的である不動産について存した先取特権又は抵当権の行使により買主がその所有権を失ったときは，買主は，契約の解除をすることができる。 2　買主は，費用を支出してその所有権を保存したときは，売主に対し，その費用の償還を請求することができる。 3　前二項の場合において，買主は，損害を受けたときは，その賠償を請求することができる。	**（抵当権等がある場合の買主による費用の償還請求）** （消滅） **第570条**　買い受けた不動産について契約の内容に適合しない先取特権，質権又は抵当権が存していた場合において，買主が費用を支出してその不動産の所有権を保存したときは，買主は，売主に対し，その費用の償還を請求することができる。 （消滅）
（新設）	**（目的物の滅失等についての危険の移転）** **第567条**　売主が買主に目的物（売買の目的として特定したものに限る。以下この条において同じ。）を引き渡した場合において，その引渡しがあった時以後にその目的物が当事者双方の責めに帰することができない事由によって滅失し，又は損傷したときは，買主は，その滅失又は損傷を理由として，履行の追完の請求，代金の減額の請求，損害賠償の請求及び契約の解除をすることができない。この場合において，買主は，代金

第1編　民法改正

43

	の支払を拒むことができない。 2　売主が契約の内容に適合する目的物をもって，その引渡しの債務の履行を提供したにもかかわらず，買主がその履行を受けることを拒み，又は受けることができない場合において，その履行の提供があった時以後に当事者双方の責めに帰することができない事由によってその目的物が滅失し，又は損傷したときも，前項と同様とする。
（強制競売における担保責任） **第568条**　強制競売における買受人は，第561条から前条までの規定により，債務者に対し，契約の解除をし，又は代金の減額を請求することができる。	**（競売における担保責任等）** **第568条**　民事執行法その他の法律の規定に基づく競売（以下この条において単に「競売」という。）における買受人は，第541条及び第542条の規定並びに第563条（第565条において準用する場合を含む。）の規定により，債務者に対し，契約の解除をし，又は代金の減額を請求することができる。
2　前項の場合において，債務者が無資力であるときは，買受人は，代金の配当を受けた債権者に対し，その代金の全部又は一部の返還を請求することができる。 3　前二項の場合において，債務者が物若しくは権利の不存在を知りながら申し出なかったとき，又は債権者がこれを知りながら競売を請求したときは，買受人は，これらの者に対し，損害賠償の請求をすることができる。	2　（同左） 3　（同左）
第570条ただし書　（後出）	4　前三項の規定は，競売の目的物の種類又は品質に関する不適合については，適用しない。
（債権の売主の担保責任）	（同左）

44

第2節　不動産の瑕疵担保責任に関する民法改正の概要

第569条　債権の売主が債務者の資力を担保したときは，契約の時における資力を担保したものと推定する。 2　弁済期に至らない債権の売主が債務者の将来の資力を担保したときは，弁済期における資力を担保したものと推定する。	
（売主の瑕疵担保責任） **第570条**　売買の目的物に隠れた瑕疵があったときは，第566条の規定を準用する。ただし，強制競売の場合は，この限りでない。	（買主の追完請求権） **第562条**　（前出） （買主の代金減額請求権） **第563条**　（前出） （買主の損害賠償請求及び解除権の行使） **第564条**　（前出） （目的物の種類又は品質に関する担保責任の期間の制限） **第566条**　売主が種類又は品質に関して契約の内容に適合しない目的物を買主に引き渡した場合において，買主がその不適合を知った時から1年以内にその旨を売主に通知しないときは，買主は，その不適合を理由として，履行の追完の請求，代金の減額の請求，損害賠償の請求及び契約の解除をすることができない。ただし，売主が引渡しの時にその不適合を知り，又は重大な過失によって知らなかったときは，この限りでない。
（売主の担保責任と同時履行） **第571条**　第533条の規定は，第563条から第566条まで及び前条の場合について準用する。	**第571条**　削除
（担保責任を負わない旨の特約）	（担保責任を負わない旨の特約）

45

第2章　不動産の時効取得・瑕疵担保責任に関する民法改正の概要と施行

第572条　売主は，第560条から前条までの規定による担保の責任を負わない旨の特約をしたときであっても，知りながら告げなかった事実及び自ら第三者のために設定し又は第三者に譲り渡した権利については，その責任を免れることができない。	第572条　売主は，第562条第1項本文又は第565条に規定する場合における担保の責任を負わない旨の特約をしたときであっても，知りながら告げなかった事実及び自ら第三者のために設定し又は第三者に譲り渡した権利については，その責任を免れることができない。
（代金の支払期限） 第573条　売買の目的物の引渡しについて期限があるときは，代金の支払についても同一の期限を付したものと推定する。	（同左）
（代金の支払場所） 第574条　売買の目的物の引渡しと同時に代金を支払うべきときは，その引渡しの場所において支払わなければならない。	（同左）
（果実の帰属及び代金の利息の支払） 第575条　まだ引き渡されていない売買の目的物が果実を生じたときは，その果実は，売主に帰属する。 2　買主は，引渡しの日から，代金の利息を支払う義務を負う。ただし，代金の支払について期限があるときは，その期限が到来するまでは，利息を支払うことを要しない。	（同左）
（権利を失うおそれがある場合の買主による代金の支払の拒絶） 第576条　売買の目的について権利を主張する者があるために買主がその買い受けた権利の全部又は一部を失うおそれがあるときは，買主は，その危険の限度に応じて，代金の全部又は一部の支払を拒む	（権利を取得することができない等のおそれがある場合の買主による代金の支払の拒絶） 第576条　売買の目的について権利を主張する者があることその他の事由により，買主がその買い受けた権利の全部若しくは一部を取得することができず，又は失うおそれがあるときは，買主は，その危

第2節　不動産の瑕疵担保責任に関する民法改正の概要

ことができる。ただし，売主が相当の担保を供したときは，この限りでない。	険の程度に応じて，代金の全部又は一部の支払を拒むことができる。ただし，売主が相当の担保を供したときは，この限りでない。
（抵当権等の登記がある場合の買主による代金の支払の拒絶） **第577条**　買い受けた不動産について抵当権の登記があるときは，買主は，抵当権消滅請求の手続が終わるまで，その代金の支払を拒むことができる。この場合において，売主は，買主に対し，遅滞なく抵当権消滅請求をすべき旨を請求することができる。 2　前項の規定は，買い受けた不動産について先取特権又は質権の登記がある場合について準用する。	**（抵当権等の登記がある場合の買主による代金の支払の拒絶）** **第577条**　買い受けた不動産について契約の内容に適合しない抵当権の登記があるときは，買主は，抵当権消滅請求の手続が終わるまで，その代金の支払を拒むことができる。この場合において，売主は，買主に対し，遅滞なく抵当権消滅請求をすべき旨を請求することができる。 2　前項の規定は，買い受けた不動産について契約の内容に適合しない先取特権又は質権の登記がある場合について準用する。
（売主による代金の供託の請求） **第578条**　前二条の場合においては，売主は，買主に対して代金の供託を請求することができる。	（同左）

第1編　民法改正

47

第2章 不動産の時効取得・瑕疵担保責任に関する民法改正の概要と施行

〈図2 瑕疵担保責任関連の新旧条文移動・変更図〉

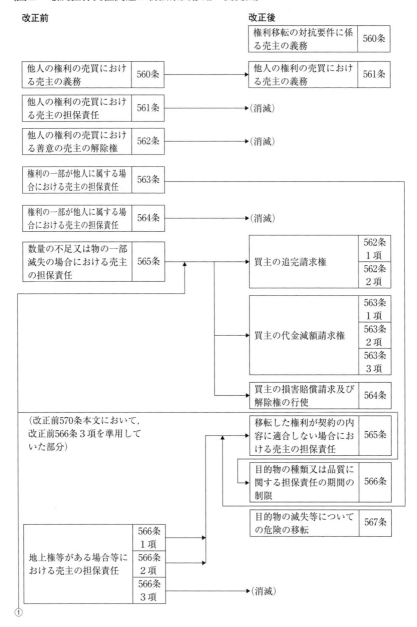

第2節 不動産の瑕疵担保責任に関する民法改正の概要

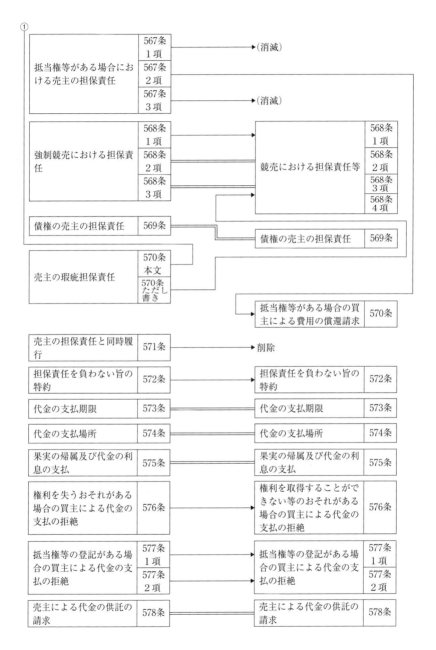

第2章　不動産の時効取得・瑕疵担保責任に関する民法改正の概要と施行

第3節　その他の法律の改正

〈表4　その他の法律の改正新旧条文比較表〉

〈商法〉

【改正前】	【改正後】
（買主による目的物の検査及び通知） 第526条　商人間の売買において，買主は，その売買の目的物を受領したときは，遅滞なく，その物を検査しなければならない。 2　前項に規定する場合において，買主は，同項の規定による検査により売買の目的物に瑕疵があること又はその数量に不足があることを発見したときは，直ちに売主に対してその旨の通知を発しなければ，その瑕疵又は数量の不足を理由として契約の解除又は代金減額若しくは損害賠償の請求をすることができない。売買の目的物に直ちに発見することのできない瑕疵がある場合において，買主が6箇月以内にその瑕疵を発見したときも，同様とする。 3　前項の規定は，売主がその瑕疵又は数量の不足につき悪意であった場合には，適用しない。	（買主による目的物の検査及び通知） 第526条　商人間の売買において，買主は，その売買の目的物を受領したときは，遅滞なく，その物を検査しなければならない。 2　前項に規定する場合において，買主は，同項の規定による検査により売買の目的物が種類，品質又は数量に関して契約の内容に適合しないことを発見したときは，直ちに売主に対してその旨の通知を発しなければ，その不適合を理由とする履行の追完の請求，代金の減額の請求，損害賠償の請求及び契約の解除をすることができない。売買の目的物が種類又は品質に関して契約の内容に適合しないことを直ちに発見することができない場合において，買主が6箇月以内にその不適合を発見したときも，同様とする。 3　前項の規定は，売買の目的物が種類，品質又は数量に関して契約の内容に適合しないことにつき売主が悪意であった場合には，適用しない。

第3節　その他の法律の改正

〈宅地建物取引業法〉

【改正前】	【改正後】
（重要事項の説明等） **第35条**　宅地建物取引業者は，宅地若しくは建物の売買，交換若しくは貸借の相手方若しくは代理を依頼した者又は宅地建物取引業者が行う媒介に係る売買，交換若しくは貸借の各当事者（以下「宅地建物取引業者の相手方等」という。）に対して，その者が取得し，又は借りようとしている宅地又は建物に関し，その売買，交換又は貸借の契約が成立するまでの間に，宅地建物取引士をして，少なくとも次に掲げる事項について，これらの事項を記載した書面（第5号において図面を必要とするときは，図面）を交付して説明をさせなければならない。 一～十二　（省略） 十三　当該宅地又は建物の_か_し<u>瑕疵</u>を担保すべき責任の履行に関し保証保険契約の締結その他の措置で国土交通省令・内閣府令で定めるものを講ずるかどうか，及びその措置を講ずる場合におけるその措置の概要 十四　（省略） 2～7　（省略）	（重要事項の説明等） **第35条**　宅地建物取引業者は，宅地若しくは建物の売買，交換若しくは貸借の相手方若しくは代理を依頼した者又は宅地建物取引業者が行う媒介に係る売買，交換若しくは貸借の各当事者（以下「宅地建物取引業者の相手方等」という。）に対して，その者が取得し，又は借りようとしている宅地又は建物に関し，その売買，交換又は貸借の契約が成立するまでの間に，宅地建物取引士をして，少なくとも次に掲げる事項について，これらの事項を記載した書面（第5号において図面を必要とするときは，図面）を交付して説明をさせなければならない。 一～十二　（省略） 十三　当該宅地又は建物<u>が種類又は品質に関して契約の内容に適合しない場合におけるその不適合</u>を担保すべき責任の履行に関し保証保険契約の締結その他の措置で国土交通省令・内閣府令で定めるものを講ずるかどうか，及びその措置を講ずる場合におけるその措置の概要 十四　（省略） 2～7　（省略）
（書面の交付） **第37条**　宅地建物取引業者は，宅地又は建物の売買又は交換に関し，自ら当事者として契約を締結したときはその相手方に，当事者を代	（書面の交付） **第37条**　宅地建物取引業者は，宅地又は建物の売買又は交換に関し，自ら当事者として契約を締結したときはその相手方に，当事者を代

理して契約を締結したときはその相手方及び代理を依頼した者に，その媒介により契約が成立したときは当該契約の各当事者に，遅滞なく，次に掲げる事項を記載した書面を交付しなければならない。 一〜十　（省略） 十一　当該宅地若しくは建物の<u>瑕疵</u>を担保すべき責任又は当該責任の履行に関して講ずべき保証保険契約の締結その他の措置についての定めがあるときは，その内容 十二　（省略） 2〜3　（省略）	理して契約を締結したときはその相手方及び代理を依頼した者に，その媒介により契約が成立したときは当該契約の各当事者に，遅滞なく，次に掲げる事項を記載した書面を交付しなければならない。 一〜十　（省略） 十一　当該宅地若しくは建物が<u>種類若しくは品質に関して契約の内容に適合しない場合におけるその不適合</u>を担保すべき責任又は当該責任の履行に関して講ずべき保証保険契約の締結その他の措置についての定めがあるときは，その内容 十二　（省略） 2〜3　（省略）
（<u>瑕疵担保責任</u>についての特約の制限） **第40条**　宅地建物取引業者は，自ら売主となる宅地又は建物の売買契約において，その目的物の<u>瑕疵</u>を担保すべき責任に関し，民法（明治29年法律第89号）<u>第570条において準用する同法第566条第3項</u>に規定する期間についてその目的物の引渡しの日から2年以上となる特約をする場合を除き，同条に規定するものより買主に不利となる特約をしてはならない。 2　前項の規定に反する特約は，無効とする。	（<u>担保責任</u>についての特約の制限） **第40条**　宅地建物取引業者は，自ら売主となる宅地又は建物の売買契約において，その目的物が<u>種類又は品質に関して契約の内容に適合しない場合におけるその不適合</u>を担保すべき責任に関し，民法（明治29年法律第89号）<u>第566条</u>に規定する期間についてその目的物の引渡しの日から2年以上となる特約をする場合を除き，同条に規定するものより買主に不利となる特約をしてはならない。 2　前項の規定に反する特約は，無効とする。

第3節　その他の法律の改正

〈借地借家法〉

【改正前】	【改正後】
（借地権の対抗力等） 第10条　借地権は，その登記がなくても，土地の上に借地権者が登記されている建物を所有するときは，これをもって第三者に対抗することができる。 2　前項の場合において，建物の滅失があっても，借地権者が，その建物を特定するために必要な事項，その滅失があった日及び建物を新たに築造する旨を土地の上の見やすい場所に掲示するときは，借地権は，なお同項の効力を有する。ただし，建物の滅失があった日から2年を経過した後にあっては，その前に建物を新たに築造し，かつ，その建物につき登記した場合に限る。 3　民法（明治29年法律第89号）第566条第1項及び第3項の規定は，前二項の規定により第三者に対抗することができる借地権の目的である土地が売買の目的物である場合に準用する。 4　民法第533条の規定は，前項の場合に準用する。	（借地権の対抗力） 第10条　借地権は，その登記がなくても，土地の上に借地権者が登記されている建物を所有するときは，これをもって第三者に対抗することができる。 2　前項の場合において，建物の滅失があっても，借地権者が，その建物を特定するために必要な事項，その滅失があった日及び建物を新たに築造する旨を土地の上の見やすい場所に掲示するときは，借地権は，なお同項の効力を有する。ただし，建物の滅失があった日から2年を経過した後にあっては，その前に建物を新たに築造し，かつ，その建物につき登記した場合に限る。 （削る） （削る）
（建物賃貸借の対抗力等） 第31条　建物の賃貸借は，その登記がなくても，建物の引渡しがあったときは，その後その建物について物権を取得した者に対し，その効力を生ずる。 2　民法第566条第1項及び第3項の規定は，前項の規定により効力を有する賃貸借の目的である建物が売買の目的物である場合に準用する。 3　民法第533条の規定は，前項の場合に準用する。	（建物賃貸借の対抗力） 第31条　建物の賃貸借は，その登記がなくても，建物の引渡しがあったときは，その後その建物について物権を取得した者に対し，その効力を生ずる。 （削る） （削る）

第1編　民法改正

第2章　不動産の時効取得・瑕疵担保責任に関する民法改正の概要と施行

〈農地法〉

【改正前】	【改正後】
（農地又は採草放牧地の賃貸借の対抗力） 第16条　農地又は採草放牧地の賃貸借は，その登記がなくても，農地又は採草放牧地の引渡があつたときは，これをもつてその後その農地又は採草放牧地について物権を取得した第三者に対抗することができる。	（農地又は採草放牧地の賃貸借の対抗力） 第16条　農地又は採草放牧地の賃貸借は，その登記がなくても，農地又は採草放牧地の引渡があつたときは，これをもつてその後その農地又は採草放牧地について物権を取得した第三者に対抗することができる。
2　民法第566条第1項及び第3項（用益的権利による制限がある場合の売主の担保責任）の規定は，登記をしてない賃貸借の目的である農地又は採草放牧地が売買の目的物である場合に準用する。	（削る）
3　民法第533条（同時履行の抗弁）の規定は，前項の場合に準用する。	（削る）

〈消費者契約法〉

【改正前】	【改正後】
（事業者の損害賠償の責任を免除する条項の無効） 第8条　次に掲げる消費者契約の条項は，無効とする。 　一　事業者の債務不履行により消費者に生じた損害を賠償する責任の全部を免除する条項 　二　事業者の債務不履行（当該事業者，その代表者又はその使用する者の故意又は重大な過失によるものに限る。）により消費者に生じた損害を賠償する責任の一部を免除する条項	（事業者の損害賠償の責任を免除する条項の無効） 第8条　次に掲げる消費者契約の条項は，無効とする。 　一　事業者の債務不履行により消費者に生じた損害を賠償する責任の全部を免除する条項 　二　事業者の債務不履行（当該事業者，その代表者又はその使用する者の故意又は重大な過失によるものに限る。）により消費者に生じた損害を賠償する責任の一部を免除する条項

第3節　その他の法律の改正

三　消費者契約における事業者の債務の履行に際してされた当該事業者の不法行為により消費者に生じた損害を賠償する責任の全部を免除する条項	三　消費者契約における事業者の債務の履行に際してされた当該事業者の不法行為により消費者に生じた損害を賠償する責任の全部を免除する条項
四　消費者契約における事業者の債務の履行に際してされた当該事業者の不法行為（当該事業者，その代表者又はその使用する者の故意又は重大な過失によるものに限る。）により消費者に生じた損害を賠償する責任の一部を免除する条項	四　消費者契約における事業者の債務の履行に際してされた当該事業者の不法行為（当該事業者，その代表者又はその使用する者の故意又は重大な過失によるものに限る。）により消費者に生じた損害を賠償する責任の一部を免除する条項
五　消費者契約が有償契約である場合において，当該消費者契約の目的物に隠れた瑕疵があるとき（当該消費者契約が請負契約である場合には，当該消費者契約の仕事の目的物に瑕疵があるとき。次項において同じ。）に，当該瑕疵により消費者に生じた損害を賠償する事業者の責任の全部を免除する条項	（削る）
2　前項第5号に掲げる条項については，次に掲げる場合に該当するときは，同項の規定は，適用しない。	2　前項第1号又は第2号に掲げる条項のうち，消費者契約が有償契約である場合において，引き渡された目的物が種類又は品質に関して契約の内容に適合しないとき（当該消費者契約が請負契約である場合には，請負人が種類又は品質に関して契約の内容に適合しない仕事の目的物を注文者に引き渡したとき（その引渡しを要しない場合には，仕事が終了した時に仕事の目的物が種類又は品質に関して契約の内容に適合しないとき。）。以下この項において同じ。）に，これにより消費者に生じた損

第2章　不動産の時効取得・瑕疵担保責任に関する民法改正の概要と施行

害を賠償する事業者の責任を免除するものについては，次に掲げる場合に該当するときは，同項の規定は，適用しない。

一　当該消費者契約において，当該消費者契約の目的物に隠れた瑕疵があるときに，当該事業者が瑕疵のない物をもってこれに代える責任又は当該瑕疵を修補する責任を負うこととされている場合

二　当該消費者と当該事業者の委託を受けた他の事業者との間の契約又は当該事業者と他の事業者との間の当該消費者のためにする契約で，当該消費者契約の締結に先立って又はこれと同時に締結されたものにおいて，当該消費者契約の目的物に隠れた瑕疵があるときに，当該他の事業者が，当該瑕疵により当該消費者に生じた損害を賠償する責任の全部若しくは一部を負い，瑕疵のない物をもってこれに代える責任を負い，又は当該瑕疵を修補する責任を負うこととされている場合

一　当該消費者契約において，引き渡された目的物が種類又は品質に関して契約の内容に適合しないときに，当該事業者が履行の追完をする責任又は不適合の程度に応じた代金若しくは報酬の減額をする責任を負うこととされている場合

二　当該消費者と当該事業者の委託を受けた他の事業者との間の契約又は当該事業者と他の事業者との間の当該消費者のためにする契約で，当該消費者契約の締結に先立って又はこれと同時に締結されたものにおいて，引き渡された目的物が種類又は品質に関して契約の内容に適合しないときに，当該他の事業者が，その目的物が種類又は品質に関して契約の内容に適合しないことにより当該消費者に生じた損害を賠償する責任の全部若しくは一部を負い，又は履行の追完をする責任を負うこととされている場合

第4節　不動産の時効取得・瑕疵担保責任に関する改正民法の施行と経過措置

第4節　不動産の時効取得・瑕疵担保責任に関する改正民法の施行と経過措置

　今般の民法改正は，その附則第1条本文において，「公布の日から起算して3年を超えない範囲内において政令で定める日から施行する。」とされ，ただし，附則第37条の規定については公布の日（同条1号：政令委任），附則第33条第3項の規定については公布の日から起算して1年を超えない範囲内において政令で定める日（同条第2号：定型約款に関する経過措置のうち，当事者の一方の書面による反対の意思表示），附則第21条第2項及び第3項の規定については公布の日から起算して2年9月を超えない範囲内において政令で定める日とされた（同条3号：保証債務に関する経過措置のうち，改正法施行前における公正証書の作成の委嘱及び公証人による作成）。具体的には，平成29年12月20日政令第309号民法の一部を改正する法律の施行期日を定める政令によって，その施行期日が平成32年4月1日とされ（原則），同法附則第1条第2号に掲げる規定の施行期日は平成30年4月1日とし，同条第3号に掲げる規定の施行期日は平成32年3月1日とされた。

　これにより，不動産の時効取得・瑕疵担保責任に関する改正事項については，原則どおり，平成32年4月1日から施行される。

　今般の民法改正では，経過措置が定められている。

　不動産の時効取得に関しては，施行日前に，改正前の規定による時効の中断の事由（旧法（改正前）147条）又は時効の停止の事由（旧法158条～161条）が生じた場合におけるこれらの事由の効力については，なお従前の例により（旧法附則10条2項），協議を行う旨の合意による時効の完成猶予（新法151条）の規定は，施行日前に権利についての協議を行う旨の合意が書面でされた場合におけるその合意については，適用しないとされている（新法附則10条2項）。

　不動産の瑕疵担保責任に関しては，施行日前に契約が締結された場合におけるその契約の解除については，なお従前の例により（新法附則32条），施行

第1編　民法改正

第2章　不動産の時効取得・瑕疵担保責任に関する民法改正の概要と施行

日前に売買契約が締結された場合におけるこれらの契約及びこれらの契約に付随する買戻しその他の特約については，なお従前の例によるとされている（新法附則34条）。

第3章　民法改正の歴史と動向

第1節　民法改正の歴史

　我が国において，「民法」と呼ばれる最初の成文法典は，明治23年4月21日法律第28号民法中財産編財産取得編債権担保編証拠編である。

　明治維新以来，それまでは，「民法」に相当する規定は，個別事項ごとに太政官布告等によって発せられてきたものもあったが，民事に関する規律を包括的，統一的に規定したものはなかった。

　明治23年4月21日法律第28号民法中財産編財産取得編債権担保編証拠編は，明治23年10月7日法律第98号民法中財産取得編人事編と一体化され，明治26年1月1日から施行される予定であったが，明治25年11月24日法律第8号民法及商法施行延期法律によって明治29年12月31日まで施行が延期され，前者は後出の明治29年4月27日法律第89号民法第1編第2編第3編の発布によって，施行されないまま廃止された。さらに後者は，明治29年12月29日法律第94号法典ノ施行延期ニ関スル法律によって明治31年6月30日まで施行が延期され，結局，後出の明治31年6月21日法律第9号民法第4編第5編の発布によって，施行されないまま廃止された。

　この民法が，現在に至る民法であり，その後，種々の改正を重ね，今般の改正を迎えている。

　以下，明治23年4月21日法律第28号民法中財産編財産取得編債権担保編証拠編から今般の改正までの民法の改正の歴史について，それらの概要を掲げておく。

第3章　民法改正の歴史と動向

〈表5　民法改正の歴史の概要〉

法令番号及び件名	明治23年4月21日法律第28号民法中財産編財産取得編債権担保編証拠編
概要	・民法財産編財産取得編債権担保編証拠編の制定 　　**財産編**（主に，物権，債権に相当） 　　**財産取得編**（主に，契約に相当） 　　**債権担保編**（主に，保証，担保物権に相当） 　　**証拠編**（主に，証拠方法，時効に相当） ・未施行のまま，明治29年4月27日，民法第1編第2編第3編の発布により廃止
法令番号及び件名	明治23年10月7日法律第98号民法中財産取得編人事編
概要	・民法財産取得編人事編の制定 　　**財産取得編**（主に，相続に相当） 　　**人事編**（主に，国籍，親族に相当） ・未施行のまま，明治31年6月21日，法律第9号民法第4編第5編の発布により廃止
法令番号及び件名	明治29年4月27日法律第89号民法中修正ノ件
概要	・民法第1編第2編第3編の制定 　　**第1編　総則** 　　**第2編　物権** 　　**第3編　債権** ・明治31年7月16日施行
法令番号及び件名	明治31年6月21日法律第9号民法中修正ノ件
概要	・民法第4編第5編の制定 　　**第4編　親族編** 　　**第5編　相続編** ・明治31年7月16日施行
法令番号及び件名	明治34年4月13日法律第36号民法中改正法律
概要	・民法の改正 　　**抵当権の被担保債権の範囲の改正** ・明治34年5月3日施行
法令番号及び件名	明治35年4月5日法律第37号民法中改正法律
概要	・民法の改正 　　**分家に伴う携帯入籍制度の創設** ・明治35年4月25日施行
法令番号及び件名	大正14年4月1日法律第42号外国人土地法
概要	・同法附則第11条による民法の改正

第1節　民法改正の歴史

要	国籍喪失による家督相続の特例に関する規定の改正 ・大正15年11月10日
法令番号及び件名	大正15年4月24日法律第69号民法中改正法律
概 要	・民法の改正 　支払命令による時効中断の効力に関する改正 ・昭和4年10月1日
法令番号及び件名	昭和13年3月22日法律第18号民法中改正法律
概 要	・民法の改正 　法人登記に関する事項の改正 ・昭和13年6月1日施行
法令番号及び件名	昭和16年3月3日法律第21号民法中改正法律
概 要	・民法の改正 　戸主による家族の離籍に関する規定の改正 ・昭和16年3月3日施行
法令番号及び件名	昭和17年2月12日法律第7号民法中改正法律
概 要	・民法の改正 　私生子を非嫡出子（庶子を包含する。）と称する改正，家督相続において胎児にも代襲相続の規定を適用 ・昭和17年3月1日施行
法令番号及び件名	昭和22年4月16日法律第61号検察庁法
概 要	・同法附則第42条による民法の改正 　検事を検察官とする改正 ・昭和22年5月3日施行
法令番号及び件名	昭和22年4月19日法律第74号日本国憲法の施行に伴う民法の応急的措置に関する法律
概 要	・同法による民法の応急的措置 　家に関する規定，妻又は母の能力等を制限する規定，家督相続に関する規定等の不適用，遺産相続に関する規定等の改正 ・昭和22年5月3日施行
法令番号及び件名	昭和22年12月22日法律第222号民法の一部を改正する法律
概 要	・民法の改正 　第4編親族，第5編相続の全面改正，総則に基本原則，解釈の基準を新設する等の改正 ・昭和23年1月1日施行
法令番号及び件名	昭和23年12月21日法律第260号裁判所法の一部を改正する等の法律

第3章　民法改正の歴史と動向

概要	・同法第9条による民法の改正 　家事審判所を家庭裁判所と改正 ・昭和24年1月1日施行
法令番号及び件名	昭和24年5月28日法律第115号民法等の一部を改正する法律
概要	・民法の改正 　先取特権に関する規定の整理 ・昭和24年5月28日施行
法令番号及び件名	昭和24年5月31日法律第141号公証人法等の一部を改正する法律
概要	・同法第2条による民法の改正 　公証人の筆生を書記と改正 ・昭和24年6月1日施行
法令番号及び件名	昭和25年5月1日法律第123号精神保健及び精神障害者福祉に関する法律
概要	・同法附則第4項による民法の改正 　禁治産者の私宅監置に関する規定を消除 ・昭和25年5月1日施行
法令番号及び件名	昭和33年3月10日法律第5号遺失物法等の一部を改正する法律
概要	・同法第3条による民法の改正 　遺失物の拾得の期間の改正 ・昭和33年7月1日施行
法令番号及び件名	昭和33年4月15日法律第62号計量単位の統一に伴う関係法律の整備に関する法律
概要	・同法第3条による民法の改正 　長さの単位を尺貫法からメートル法へ改正 ・昭和34年1月1日施行
法令番号及び件名	昭和37年3月29日法律第40号民法の一部を改正する法律
概要	・民法の改正 　特別失踪に関する期間の改正，同時死亡の推定規定の新設，養子縁組代諾に関する規定の改正，後見人の解任に関する規定の改正，相続人中「直系卑属」を「子」へ改正，代襲相続に関する規定の改正，相続放棄に関する規定の改正 ・昭和37年7月1日施行
法令番号及び件名	昭和37年4月4日法律第69号建物の区分所有等に関する法律
概要	・同法附則第3条による民法の改正 　区分所有に関する規定の同法への移動，整備 ・昭和38年4月1日施行

第1節　民法改正の歴史

法令番号及び件名	昭和38年7月9日法律第126号商業登記法の施行に伴う関係法令の整理等に関する法律
概要	・同法3条による民法の改正 　**法人の主たる事務所の移転にかかる登記手続に関する規定の整理** ・昭和39年4月1日施行
法令番号及び件名	昭和39年6月10日法律第100号遺言の方式の準拠法に関する法律
概要	・同法附則第4項による民法の改正 　**日本に住所を有しない者の日本における住所に関する規定の整理** ・昭和39年8月2日施行
法令番号及び件名	昭和41年6月30日法律第93号借地法等の一部を改正する法律
概要	・同法第4条による民法の改正 　**区分地上権に関する規定の新設** ・昭和41年7月1日施行
法令番号及び件名	昭和41年7月1日法律第111号執行官法
概要	・同法附則第16条による民法の改正 　**執行吏を消除** ・昭和41年12月31日施行
法令番号及び件名	昭和46年6月3日法律第99号民法の一部を改正する法律
概要	・民法の改正 　**根抵当権制度の明定** ・昭和47年4月1日施行
法令番号及び件名	昭和51年6月15日法律第66号民法等の一部を改正する法律
概要	・同法第1条による民法の改正 　**婚氏続称制度の創設** ・昭和51年6月15日施行
法令番号及び件名	昭和54年3月30日法律第5号民事執行法の施行に伴う関係法律の整理等に関する法律
概要	・同法第2条による民法の改正 　**競落人を買受人と改正するなどの整理** ・昭和55年10月1日施行
法令番号及び件名	昭和54年12月20日法律第68号民法及び民法施行法の一部を改正する法律
概要	・同法第1条による民法の改正 　**準禁治産者の範囲から聾唖盲者の除外，法人に関する規定の改正** ・昭和55年6月20日施行
法令番号及び件名	昭和55年5月17日法律第51号民法及び家事審判法の一部を改

第1編　民法改正

第3章　民法改正の歴史と動向

	正する法律
概要	・同法第1条による民法の改正 　配偶者と子，直系尊属，兄弟姉妹の相続分の割合の改正，兄弟姉妹の代襲相続を甥姪までに制限，寄与分の制度の創設，遺産分割の基準の改正，遺留分の割合の改正 ・昭和56年1月1日施行
法令番号及び件名	昭和62年9月26日法律第101号民法等の一部を改正する法律
概要	・同法第1条による民法の改正 　子の氏の変更に関する規定の整備，夫婦共同縁組の原則を配偶者のある者の未成年者縁組の場合に限定，縁氏続称制度の創設，特別養子縁組制度の創設 ・昭和63年1月1日施行
法令番号及び件名	平成元年6月28日法律第27号法例の一部を改正する法律
概要	・同法附則第3項による民法の改正 　法例の改正に伴う準拠法等の整備，夫婦財産契約の対抗要件に関する規定の削除 ・平成2年1月1日施行
法令番号及び件名	平成元年12月22日法律第91号民事保全法
概要	・同法附則第24条による民法の改正 　理事の職務の執行停止・代行者も選任にかかる仮処分に関する登記手続の規定の新設 ・平成3年1月1日施行
法令番号及び件名	平成2年6月29日法律第65号商法等の一部を改正する法律の施行に伴う関係法律の整備に関する法律
概要	・同法第1条による民法の改正 　指名債権を目的とする質権の対抗要件に対する除外規定中の株式に関する規定の整備 ・平成3年4月1日施行
法令番号及び件名	平成3年5月21日法律第79号行政事務に関する国と地方の関係等の整理及び合理化に関する法律
概要	・同法第6条民法の改正 　主務官庁の権限の委任に関する規定の整理 ・平成4年5月20日施行
法令番号及び件名	平成8年6月26日法律第110号民事訴訟法の施行に伴う関係法律の整備等に関する法律
概要	・同法第1条による民法の改正 　支払命令を支払督促にする等の改正 ・平成10年1月1日施行

第 1 節　民法改正の歴史

法令番号及び件名	平成11年 7 月16日法律第87号地方分権の推進を図るための関係法律の整備等に関する法律
概要	・同法第93条による民法の改正 　主務官庁の権限の委任に関する規定を整備 ・平成12年 4 月 1 日施行
法令番号及び件名	平成11年12月 8 日法律第149号民法の一部を改正する法律
概要	・民法の改正 　新しい成年後見，保佐，補助制度の創設，口がきけない者の公正証書遺言に関する規定の新設 ・平成12年 4 月 1 日（一部，平成12年 1 月 8 日施行）施行
法令番号及び件名	平成11年12月22日法律第225号民事再生法
概要	・同法附則第 4 条による民法の改正 　和議開始を再生手続開始と改正 ・平成12年 4 月 1 日施行
法令番号及び件名	平成12年 5 月31日法律第91号商法等の一部を改正する法律の施行に伴う関係法律の整備に関する法律
概要	・同法第 1 条による民法の改正 　根抵当権者又は債務者である会社分割に関連する規定の新設 ・平成13年 4 月 1 日施行
法令番号及び件名	平成13年 6 月 8 日法律第41号弁護士法の一部を改正する法律
概要	・同法附則第 2 条による民法の改正 　弁護士に弁護士法人を加える改正 ・平成14年 4 月 1 日施行
法令番号及び件名	平成15年 7 月16日法律第109号人事訴訟法
概要	・同法附則第12条による民法の改正 　人事訴訟の管轄を地方裁判所から家庭裁判所へ変更 ・平成16年 4 月 1 日施行
法令番号及び件名	平成15年 8 月 1 日法律第134号担保物権及び民事執行制度の改善のための民法等の一部を改正する法律
概要	・同法第 1 条による民法の改正 　滌除制度を抵当権消滅請求制度へ変更，短期賃貸借制度の廃止と建物明渡猶予制度の創設等の改正 ・平成16年 4 月 1 日施行
法令番号及び件名	平成15年 8 月 1 日法律第138号仲裁法
概要	・同法附則第10条による民法の改正 　仲裁契約を仲裁合意と改正 ・平成16年 3 月 1 日施行

第 1 編　民法改正

第3章　民法改正の歴史と動向

法令番号及び件名	平成16年6月2日法律第76号破産法の施行に伴う関係法律の整備等に関する法律
概要	・同法第6条による民法の改正 　**破産の宣告を破産手続開始の決定とする等の改正** ・平成17年1月1日施行
法令番号及び件名	平成16年6月18日法律第124号不動産登記法の施行に伴う関係法律の整備等に関する法律
概要	・同法第2条による民法の改正 　**登記簿の謄本を登記事項証明書と改正** ・平成17年3月7日施行
法令番号及び件名	平成16年12月1日法律第147号民法の一部を改正する法律
概要	・民法の改正 　**第1編から第3編の現代語化，各条へ見出しの付加** ・平成17年4月1日施行
法令番号及び件名	平成17年7月26日法律第87号会社法の施行に伴う関係法律の整備等に関する法律
概要	・同法第116条による民法の改正 　**会社法の施行に伴う整備** ・平成18年5月1日施行
法令番号及び件名	平成18年6月2日法律第50号一般社団法人及び一般財団法人に関する法律及び公益社団法人及び公益財団法人の認定等に関する法律の施行に伴う関係法律の整備等に関する法律
概要	・同法第38条による民法の改正 　**法人に関する主な規定を民法から移動，整備** ・平成20年12月1日施行
法令番号及び件名	平成18年6月15日法律第73号遺失物法
概要	・同法附則第3条による民法の改正 　**遺失物の拾得の期間の改正** ・平成19年12月10日施行
法令番号及び件名	平成18年6月21日法律第78号法の適用に関する通則法
概要	・同法附則第4条による民法の改正 　**法例その他を消除** ・平成19年1月1日施行
法令番号及び件名	平成23年5月25日法律第53号非訟事件手続法及び家事事件手続法の施行に伴う関係法律の整備等に関する法律
概要	・同法第8条による民法の改正 　**家事審判法を家事事件手続法と改正** ・平成25年1月1日施行

第1節　民法改正の歴史

法令番号及び件名	平成23年6月3日法律第61号民法等の一部を改正する法律
概要	・同法第1条による民法の改正 　**親権制限制度の創設** ・平成24年4月1日施行

法令番号及び件名	平成25年12月11日法律第94号民法の一部を改正する法律
概要	・民法の改正 　**嫡出子と非嫡出子の相続分の平等化** ・平成25年12月11日施行（平成25年9月5日以後適用）

法令番号及び件名	平成28年4月13日法律第27号成年後見の事務の円滑化を図るための民法及び家事事件手続法の一部を改正する法律
概要	・同法第1条による民法の改正 　**成年後見人による一定の死後事務及び郵便転送に関する規定の新設** ・平成28年10月13日施行

法令番号及び件名	平成28年6月7日法律第71号民法の一部を改正する法律
概要	・民法の改正 　**女子の再婚禁止期間の改正** ・平成28年6月7日施行

法令番号及び件名	平成29年6月2日法律第44号民法の一部を改正する法律
概要	・民法の改正 　**主に債権法の改正** ・平成32年4月1日施行（一部，平成29年6月2日，平成30年4月1日，平成32年3月1日施行）

法令番号及び件名	平成30年6月20日法律第59号民法の一部を改正する法律
概要	・民法の改正 　**成人年齢の引下げ，女子の婚姻適齢の引上げ** ・平成34年4月1日施行

法令番号及び件名	平成30年7月13日法律第72号民法及び家事事件手続法の一部を改正する法律
概要	・民法の改正 　**相続法の改正** ・公布の日から1年以内に施行（一部，平成31年1月13日，公布の日から2年以内）

第1編　民法改正

第3章　民法改正の歴史と動向

第2節　民法改正の動向

　平成30年3月13日，民法の一部を改正する法律案と，民法及び家事事件手続法の一部を改正する法律案が閣議決定され，同日第196回通常国会に提出され，いずれも成立した。

　これらは国民の生活に大きな影響を及ぼすこととなり，前者は民法上の成人年齢を18歳に引き下げるもので，平成30年6月20日法律第59号をもって公布され，平成34年4月1日から施行される。

　後者は相続法を改正するもので，平成30年7月13日法律第72号をもって公布され，原則として，公布の日から1年以内に施行される（政令で施行期日が指定される。）ところ，遺言書の方式緩和については，平成31年1月13日から，また，配偶者の居住の権利については，公布の日から2年以内に施行される（政令で施行期日が指定される。）こととされている。

　次に，それらの要綱を掲げておく。

〈民法の一部を改正する法律案要綱〉

第一　成年
　　年齢18歳をもって，成年とするものとすること。（第4条関係）

第二　婚姻適齢
　一　婚姻は，18歳にならなければ，することができないものとすること。（第731条関係）
　二　民法第737条を削除するものとすること。
　三　民法第753条を削除するものとすること。

第三　養親となる者の年齢
　一　20歳に達した者は，養子をすることができるものとすること。（第792条関係）
　二　第792条の規定に違反した縁組について，養親が，20歳に達した後6箇月を経過し，又は追認をしたときは，養親又はその法定代理人から，その取消しを家庭裁判所に請求することができないものとすること。（第804条関係）

第四　その他
　　その他所要の規定を整備するものとすること。

68

第2節　民法改正の動向

第五　附則
一　施行期日等
　　1　この法律は，原則として，平成34年4月1日から施行するものとすること。（附則第1条関係）
　　2　この法律の施行に伴う所要の経過措置について定めるものとすること。（附則第2条から第5条まで関係）
二　関係法律の整備
　　この法律の施行に伴い，未成年者喫煙禁止法等の関係法律の規定を整備すること。（附則第6条から第26条まで関係）

〈民法及び家事事件手続法の一部を改正する法律案要綱〉
第一　民法の一部改正
一　配偶者の居住の権利
　1　配偶者居住権
　　㈠　配偶者居住権
　　　⑴　被相続人の配偶者（以下一において単に「配偶者」という。）は，被相続人の財産に属した建物に相続開始の時に居住していた場合において，次のア又はイのいずれかに該当するときは，その居住していた建物（以下1において「居住建物」という。）の全部について無償で使用及び収益をする権利（以下一において「配偶者居住権」という。）を取得するものとすること。ただし，被相続人が相続開始の時に居住建物を配偶者以外の者と共有していた場合にあっては，この限りでないものとすること。（第1028条第1項関係）
　　　　ア　遺産の分割によって配偶者居住権を取得するものとされたとき。
　　　　イ　配偶者居住権が遺贈の目的とされたとき。
　　　⑵　居住建物が配偶者の財産に属することとなった場合であっても，他の者がその共有持分を有するときは，配偶者居住権は，消滅しないものとすること。（第1028条第2項関係）
　　　⑶　二1の規定は，配偶者居住権の遺贈について準用するものとすること。（第1028条第3項関係）
　　㈡　審判による配偶者居住権の取得
　　　遺産の分割の請求を受けた家庭裁判所は，次に掲げる場合に限

69

り，配偶者が配偶者居住権を取得する旨を定めることができるものとすること。(第1029条関係)

(1) 共同相続人間に配偶者が配偶者居住権を取得することについて合意が成立しているとき。

(2) 配偶者が家庭裁判所に対して配偶者居住権の取得を希望する旨を申し出た場合において，居住建物の所有者の受ける不利益の程度を考慮してもなお配偶者の生活を維持するために特に必要があると認めるとき ((1)に掲げる場合を除く。)。

(三) 配偶者居住権の存続期間

配偶者居住権の存続期間は，配偶者の終身の間とするものとすること。ただし，遺産の分割の協議若しくは遺言に別段の定めがあるとき，又は家庭裁判所が遺産の分割の審判において別段の定めをしたときは，その定めるところによるものとすること。(第1030条関係)

(四) 配偶者居住権の登記等

(1) 居住建物の所有者は，配偶者（配偶者居住権を取得した配偶者に限る。以下 1 において同じ。）に対し，配偶者居住権の設定の登記を備えさせる義務を負うものとすること。(第1031条第 1 項関係)

(2) 民法第605条の規定は配偶者居住権について，同法第605条の 4 の規定は配偶者居住権の設定の登記を備えた場合について準用するものとすること。(第1031条第 2 項関係)

(五) 配偶者による使用及び収益

(1) 配偶者は，従前の用法に従い，善良な管理者の注意をもって，居住建物の使用及び収益をしなければならないものとすること。ただし，従前居住の用に供していなかった部分について，これを居住の用に供することを妨げないものとすること。(第1032条第 1 項関係)

(2) 配偶者居住権は，譲渡することができないものとすること。(第1032条第 2 項関係)

(3) 配偶者は，居住建物の所有者の承諾を得なければ，居住建物の改築若しくは増築をし，又は第三者に居住建物の使用若しくは収益をさせることができないものとすること。(第1032条第 3 項関係)

(4) 配偶者が(1)又は(3)の規定に違反した場合において，居住建物の

所有者が相当の期間を定めてその是正の催告をし，その期間内に
是正がされないときは，居住建物の所有者は，当該配偶者に対す
る意思表示によって配偶者居住権を消滅させることができるもの
とすること。(第1032条第4項関係)

(六) 居住建物の修繕等

(1) 配偶者は，居住建物の使用及び収益に必要な修繕をすることが
できるものとすること。(第1033条第1項関係)

(2) 居住建物の修繕が必要である場合において，配偶者が相当の期
間内に必要な修繕をしないときは，居住建物の所有者は，その修
繕をすることができるものとすること。(第1033条第2項関係)

(3) 居住建物が修繕を要するとき((1)の規定により配偶者が自らそ
の修繕をするときを除く。)，又は居住建物について権利を主張す
る者があるときは，配偶者は，居住建物の所有者に対し，遅滞な
くその旨を通知しなければならないものとすること。ただし，居
住建物の所有者が既にこれを知っているときは，この限りでない
ものとすること。(第1033条第3項関係)

(七) 居住建物の費用の負担

(1) 配偶者は，居住建物の通常の必要費を負担するものとすること。
(第1034条第1項関係)

(2) 民法第583条第2項の規定は，(1)の通常の必要費以外の費用に
ついて準用するものとすること。(第1034条第2項関係)

(八) 居住建物の返還等

(1) 配偶者は，配偶者居住権が消滅したときは，居住建物の返還を
しなければならないものとすること。ただし，配偶者が居住建物
について共有持分を有する場合は，居住建物の所有者は，配偶者
居住権が消滅したことを理由としては，居住建物の返還を求める
ことができないものとすること。(第1035条第1項関係)

(2) 民法第599条第1項及び第2項並びに第621条の規定は，(1)本文
の規定により配偶者が相続の開始後に附属させた物がある居住建
物又は相続の開始後に生じた損傷がある居住建物の返還をする場
合について準用するものとすること。(第1035条第2項関係)

(九) 使用貸借及び賃貸借の規定の準用

民法第597条第1項及び第3項，第600条，第613条並びに第616条
の2の規定は，配偶者居住権について準用するものとすること。
(第1036条関係)

2 配偶者短期居住権

(一) 配偶者短期居住権

(1) 配偶者は，被相続人の財産に属した建物に相続開始の時に無償で居住していた場合には，次のア又はイに掲げる区分に応じてそれぞれ当該ア又はイに定める日までの間，その居住していた建物（以下2において「居住建物」という。）の所有権を相続又は遺贈により取得した者（以下2において「居住建物取得者」という。）に対し，居住建物について無償で使用する権利（居住建物の一部のみを無償で使用していた場合にあっては，その部分について無償で使用する権利。以下2において「配偶者短期居住権」という。）を有するものとすること。ただし，配偶者が，相続開始の時において居住建物に係る配偶者居住権を取得したとき，又は民法第891条の規定に該当し若しくは廃除によってその相続権を失ったときは，この限りでないものとすること。（第1037条第1項関係）

ア 居住建物について配偶者を含む共同相続人間で遺産の分割をすべき場合 遺産の分割により居住建物の帰属が確定した日又は相続開始の時から6箇月を経過する日のいずれか遅い日

イ アに掲げる場合以外の場合 (3)の申入れの日から6箇月を経過する日

(2) (1)本文の場合においては，居住建物取得者は，第三者に対する居住建物の譲渡その他の方法により配偶者の居住建物の使用を妨げてはならないものとすること。（第1037条第2項関係）

(3) 居住建物取得者は，(1)アに掲げる場合を除くほか，いつでも配偶者短期居住権の消滅の申入れをすることができるものとすること。（第1037条第3項関係）

(二) 配偶者による使用

(1) 配偶者（配偶者短期居住権を有する配偶者に限る。以下2において同じ。）は，従前の用法に従い，善良な管理者の注意をもって，居住建物の使用をしなければならないものとすること。（第1038条第1項関係）

(2) 配偶者は，居住建物取得者の承諾を得なければ，第三者に居住建物の使用をさせることができないものとすること。（第1038条第2項関係）

(3) 配偶者が(1)又は(2)の規定に違反したときは，居住建物取得者は，

当該配偶者に対する意思表示によって配偶者短期居住権を消滅させることができるものとすること。（第1038条第3項関係）

　㈢　配偶者居住権の取得による配偶者短期居住権の消滅
　　　配偶者が居住建物に係る配偶者居住権を取得したときは，配偶者短期居住権は，消滅するものとすること。（第1039条関係）

　㈣　居住建物の返還等
　　⑴　配偶者は，㈢に規定する場合を除き，配偶者短期居住権が消滅したときは，居住建物の返還をしなければならないものとすること。ただし，配偶者が居住建物について共有持分を有する場合は，居住建物取得者は，配偶者短期居住権が消滅したことを理由としては，居住建物の返還を求めることができないものとすること。（第1040条第1項関係）
　　⑵　民法第599条第1項及び第2項並びに第621条の規定は，⑴本文の規定により配偶者が相続の開始後に附属させた物がある居住建物又は相続の開始後に生じた損傷がある居住建物の返還をする場合について準用するものとすること。（第1040条第2項関係）

　㈤　使用貸借等の規定の準用
　　　民法第597条第3項，第600条，第616条の2，1㈤⑵，1㈥及び1㈦の規定は，配偶者短期居住権について準用するものとすること。（第1041条関係）

二　遺産分割等に関する見直し
　1　婚姻期間が20年以上の夫婦間における居住用不動産の遺贈又は贈与
　　　婚姻期間が20年以上の夫婦の一方である被相続人が，他の一方に対し，その居住の用に供する建物又はその敷地について遺贈又は贈与をしたときは，当該被相続人は，その遺贈又は贈与について民法第903条第1項の規定を適用しない旨の意思を表示したものと推定するものとすること。（第903条第4項関係）

　2　遺産の分割前における預貯金債権の行使
　　　各共同相続人は，遺産に属する預貯金債権のうち相続開始の時の債権額の3分の1に当該共同相続人の法定相続分を乗じた額（同一の金融機関に複数の口座を有している場合には，標準的な当面の必要生計費，平均的な葬式の費用の額その他の事情を勘案して金融機関ごとに法務省令で定める額を限度とする。）については，単独でその権利を行使することができるものとすること。この場合において，当該権利の行使をした預貯金債権については，当該共同相続人が遺産の一部の

第3章　民法改正の歴史と動向

分割によりこれを取得したものとみなすものとすること。(第909条の
2関係)

3　遺産の一部分割

㈠　共同相続人は，民法第908条の規定により被相続人が遺言で禁じ
た場合を除き，いつでも，その協議で，遺産の全部又は一部の分割
をすることができるものとすること。(第907条第1項関係)

㈡　遺産の分割について，共同相続人間に協議が調わないとき，又は
協議をすることができないときは，各共同相続人は，その全部又は
一部の分割を家庭裁判所に請求することができるものとすること。
ただし，遺産の一部を分割することにより他の共同相続人の利益を
害するおそれがある場合におけるその一部の分割については，この
限りでないものとすること。(第907条第2項関係)

4　遺産の分割前に遺産に属する財産が処分された場合の遺産の範囲

㈠　遺産の分割前に遺産に属する財産が処分された場合であっても，
共同相続人は，その全員の同意により，当該処分された財産が遺産
の分割時に遺産として存在するものとみなすことができるものとす
ること。(第906条の2第1項関係)

㈡　㈠の規定にかかわらず，共同相続人の一人又は数人により㈠の財
産が処分されたときは，当該共同相続人については，㈠の同意を得
ることを要しないものとすること。(第906条の2第2項関係)

三　遺言制度に関する見直し

1　自筆証書遺言の方式の緩和

㈠　民法第968条第1項の規定にかかわらず，自筆証書にこれと一体
のものとして相続財産(同法第997条第1項に規定する場合におけ
る同項に規定する権利を含む。)の全部又は一部の目録を添付する
場合には，その目録については，自書することを要しないものとす
ること。この場合において，遺言者は，その目録の毎葉(自書によ
らない記載がその両面にある場合にあっては，その両面)に署名し，
印を押さなければならないものとすること。(第968条第2項関係)

㈡　自筆証書(㈠の目録を含む。)中の加除その他の変更は，遺言者
が，その場所を指示し，これを変更した旨を付記して特にこれに署
名し，かつ，その変更の場所に印を押さなければ，その効力を生じ
ないものとすること。(第968条第3項関係)

2　遺贈義務者の引渡義務等

㈠　遺贈義務者は，遺贈の目的である物又は権利を，相続開始の時

第2節　民法改正の動向

（その後に当該物又は権利について遺贈の目的として特定した場合にあっては，その特定した時）の状態で引き渡し，又は移転する義務を負うものとすること。ただし，遺言者がその遺言に別段の意思を表示したときは，その意思に従うものとすること。（第998条関係）

㈡　民法第1000条を削除するものとすること。

3　遺言執行者の権限の明確化
　㈠　遺言執行者の任務の開始
　　遺言執行者は，その任務を開始したときは，遅滞なく，遺言の内容を相続人に通知しなければならないものとすること。（第1007条第2項関係）

　㈡　遺言執行者の権利義務
　　⑴　遺言執行者は，遺言の内容を実現するため，相続財産の管理その他遺言の執行に必要な一切の行為をする権利義務を有するものとすること。（第1012条第1項関係）
　　⑵　遺言執行者がある場合には，遺贈の履行は，遺言執行者のみが行うことができるものとすること。（第1012条第2項関係）

　㈢　特定財産に関する遺言の執行
　　⑴　遺産の分割の方法の指定として遺産に属する特定の財産を共同相続人の一人又は数人に承継させる旨の遺言（以下「特定財産承継遺言」という。）があったときは，遺言執行者は，当該共同相続人が五1㈠に規定する対抗要件を備えるために必要な行為をすることができるものとすること。（第1014条第2項関係）
　　⑵　⑴の財産が預貯金債権である場合には，遺言執行者は，⑴に規定する行為のほか，その預金又は貯金の払戻しの請求及びその預金又は貯金に係る契約の解約の申入れをすることができるものとすること。ただし，解約の申入れについては，その預貯金債権の全部が特定財産承継遺言の目的である場合に限るものとすること。（第1014条第3項関係）
　　⑶　⑴及び⑵の規定にかかわらず，被相続人が遺言で別段の意思を表示したときは，その意思に従うものとすること。（第1014条第4項関係）

　㈣　遺言執行者の行為の効果
　　遺言執行者がその権限内において遺言執行者であることを示してした行為は，相続人に対して直接にその効力を生ずるものとするこ

75

第3章　民法改正の歴史と動向

と。(第1015条関係)

　(五)　遺言執行者の復任権

　　(1)　遺言執行者は，自己の責任で第三者にその任務を行わせること
　　ができるものとすること。ただし，遺言者がその遺言に別段の意
　　思を表示したときは，その意思に従うものとすること。(第1016
　　条第1項関係)

　　(2)　(1)本文の場合において，第三者に任務を行わせることについて
　　やむを得ない事由があるときは，遺言執行者は，相続人に対して
　　その選任及び監督についての責任のみを負うものとすること。
　　(第1016条第2項関係)

四　遺留分制度の見直し

　1　遺留分の帰属及びその割合

　(一)　兄弟姉妹以外の相続人は，遺留分として，2(一)に規定する遺留分
　　を算定するための財産の価額に，次の(1)又は(2)に掲げる区分に応じ
　　てそれぞれ当該(1)又は(2)に定める割合を乗じた額を受けるものとす
　　ること。(第1042条第1項関係)

　　(1)　直系尊属のみが相続人である場合　3分の1

　　(2)　(1)に掲げる場合以外の場合　2分の1

　(二)　相続人が数人ある場合には，(一)(1)又は(2)に定める割合は，これら
　　にその各自の法定相続分を乗じた割合とするものとすること。(第
　　1042条第2項関係)

　2　遺留分を算定するための財産の価額

　(一)　遺留分を算定するための財産の価額は，被相続人が相続開始の時
　　において有した財産の価額にその贈与した財産の価額を加えた額か
　　ら債務の全額を控除した額とするものとすること。(第1043条第1
　　項関係)

　(二)　条件付きの権利又は存続期間の不確定な権利は，家庭裁判所が選
　　任した鑑定人の評価に従って，その価格を定めるものとすること。
　　(第1043条第2項関係)

　3　遺留分を算定するための財産の価額に算入する贈与の範囲

　(一)　贈与は，相続開始前の1年間にしたものに限り，2の規定により
　　その価額を算入するものとすること。当事者双方が遺留分権利者に
　　損害を加えることを知って贈与をしたときは，1年前の日より前に
　　したものについても，同様とするものとすること。(第1044条第1
　　項関係)

第2節　民法改正の動向

　　㈡　民法第904条の規定は，㈠に規定する贈与の価額について準用するものとすること。（第1044条第2項関係）

　　㈢　相続人に対する贈与についての㈠の規定の適用については，㈠中「1年」とあるのは「10年」と，「価額」とあるのは「価額（婚姻若しくは養子縁組のため又は生計の資本として受けた贈与の価額に限る。）」とするものとすること。（第1044条第3項関係）

4　負担付贈与がされた場合における遺留分を算定するための財産の価額に算入する贈与の価額等

　　㈠　負担付贈与がされた場合における2㈠に規定する贈与した財産の価額は，その目的の価額から負担の価額を控除した額とするものとすること。（第1045条第1項関係）

　　㈡　不相当な対価をもってした有償行為は，当事者双方が遺留分権利者に損害を与えることを知ってしたものに限り，当該対価を負担の価額とする負担付贈与とみなすものとすること。（第1045条第2項関係）

5　遺留分侵害額の請求

　　㈠　遺留分権利者及びその承継人は，受遺者（特定財産承継遺言により財産を承継し又は相続分の指定を受けた相続人を含む。以下四において同じ。）又は受贈者に対し，遺留分侵害額に相当する金銭の支払を請求することができるものとすること。（第1046条第1項関係）

　　㈡　遺留分侵害額は，1の規定による遺留分から次の(1)及び(2)に掲げる額を控除し，これに(3)に掲げる額を加算して算定するものとすること。（第1046条第2項関係）

　　　(1)　遺留分権利者が受けた遺贈又は民法第903条第1項に規定する贈与の価額

　　　(2)　民法第900条から第902条まで，第903条及び第904条の規定により算定した相続分に応じて遺留分権利者が取得すべき遺産の価額

　　　(3)　被相続人が相続開始の時において有した債務のうち，民法第899条の規定により遺留分権利者が承継する債務（6㈢において「遺留分権利者承継債務」という。）の額

6　受遺者又は受贈者の負担額

　　㈠　受遺者又は受贈者は，次の(1)から(3)までの定めるところに従い，遺贈（特定財産承継遺言による財産の承継又は相続分の指定による遺産の取得を含む。以下四において同じ。）又は贈与（遺留分を算

第3章　民法改正の歴史と動向

定するための財産の価額に算入されるものに限る。以下四において
同じ。）の目的の価額（受遺者又は受贈者が相続人である場合に
あっては，当該価額から1の規定による遺留分として当該相続人が
受けるべき額を控除した額）を限度として，遺留分侵害額を負担す
るものとすること。（第1047条第1項関係）

(1)　受遺者と受贈者とがあるときは，受遺者が先に負担する。

(2)　受遺者が複数あるとき，又は受贈者が複数ある場合においてそ
の贈与が同時にされたものであるときは，受遺者又は受贈者がそ
の目的の価額の割合に応じて負担する。ただし，遺言者がその遺
言に別段の意思を表示したときは，その意思に従う。

(3)　受贈者が複数あるとき（(2)に規定する場合を除く。）は，後の
㋺贈与に係る受贈者から順次前の贈与に係る受贈者が負担する。

㋺　民法第904条，2㋺及び4の規定は，㋑に規定する遺贈又は贈与
の目的的価額について準用するものとすること。（第1047条第2項
関係）

㋩　5㋑の請求を受けた受遺者又は受贈者は，遺留分権利者承継債務
について弁済その他の債務を消滅させる行為をしたときは，消滅し
た債務の額の限度において，遺留分権利者に対する意思表示によっ
て㋑の規定により負担する債務を消滅させることができるものとす
ること。この場合において，当該行為によって遺留分権利者に対し
て取得した求償権は，消滅した当該債務の額の限度において消滅す
るものとすること。（第1047条第3項関係）

㋥　受遺者又は受贈者の無資力によって生じた損失は，遺留分権利者
の負担に帰するものとすること。（第1047条第4項関係）

㋭　裁判所は，受遺者又は受贈者の請求により，㋑の規定により負担
する債務の全部又は一部の支払につき相当の期限を許与することが
できるものとすること。（第1047条第5項関係）

7　遺留分侵害額請求権の期間の制限

遺留分侵害額の請求権は，遺留分権利者が，相続の開始及び遺留分
を侵害する贈与又は遺贈があったことを知った時から1年間行使しな
いときは，時効によって消滅するものとすること。相続開始の時から
10年を経過したときも，同様とするものとすること。（第1048条関係）

8　その他

民法第1044条を削るものとすること。

五　相続の効力等に関する見直し

第2節　民法改正の動向

1　共同相続における権利の承継の対抗要件
　㈠　相続による権利の承継は，遺産の分割によるものかどうかにかか
　　わらず，法定相続分を超える部分については，登記，登録その他の
　　対抗要件を備えなければ，第三者に対抗することができないものと
　　すること。（第899条の2第1項関係）
　㈡　㈠の権利が債権である場合において，法定相続分を超えて当該債
　　権を承継した共同相続人が当該債権に係る遺言の内容（遺産の分割
　　により当該債権を承継した場合にあっては，当該債権に係る遺産の
　　分割の内容）を明らかにして債務者にその承継の通知をしたときは，
　　共同相続人の全員が債務者に通知をしたものとみなして，㈠の規定
　　を適用するものとすること。（第899条の2第2項関係）
2　相続分の指定がある場合の債権者の権利の行使
　　被相続人が相続開始の時において有した債務の債権者は，民法第
　902条の規定による相続分の指定がされた場合であっても，各共同相
　続人に対し，法定相続分に応じてその権利を行使することができるも
　のとすること。ただし，その債権者が共同相続人の一人に対してその
　指定された相続分に応じた債務の承継を承認したときは，この限りで
　ないものとすること。（第902条の2関係）
3　遺言執行者がある場合における相続人の行為の効果等
　㈠　遺言執行者がある場合には，民法第1013条第1項の規定に違反し
　　てした行為は，無効とするものとすること。ただし，これをもって
　　善意の第三者に対抗することができないものとすること。（第1013
　　条第2項関係）
　㈡　民法第1013条第1項及び㈠の規定は，相続人の債権者（相続債権
　　者を含む。）が相続財産についてその権利を行使することを妨げな
　　いものとすること。（第1013条第3項関係）
六　特別の寄与
1　被相続人に対して無償で療養看護その他の労務の提供をしたことに
　より被相続人の財産の維持又は増加について特別の寄与をした被相続
　人の親族（相続人，相続の放棄をした者及び民法第891条の規定に該
　当し又は廃除によってその相続権を失った者を除く。以下六において
　「特別寄与者」という。）は，相続の開始後，相続人に対し，特別寄与
　者の寄与に応じた額の金銭（以下六において「特別寄与料」という。）
　の支払を請求することができるものとすること。（第1050条第1項関
　係）

第3章　民法改正の歴史と動向

　　2　1の規定による特別寄与料の支払について，当事者間に協議が調わ
　　　ないとき，又は協議をすることができないときは，特別寄与者は，家
　　　庭裁判所に対して協議に代わる処分を請求することができるものとす
　　　ること。ただし，特別寄与者が相続の開始及び相続人を知った時から
　　　6箇月を経過したとき，又は相続開始の時から1年を経過したときは，
　　　この限りでないものとすること。（第1050条第2項関係）
　　3　2本文の場合には，家庭裁判所は，寄与の時期，方法及び程度，相
　　　続財産の額その他一切の事情を考慮して，特別寄与料の額を定めるも
　　　のとすること。（第1050条第3項関係）
　　4　特別寄与料の額は，被相続人が相続開始の時において有した財産の
　　　価額から遺贈の価額を控除した残額を超えることができないものとす
　　　ること。（第1050条第4項関係）
　　5　相続人が数人ある場合には，各相続人は，特別寄与料の額に当該相
　　　続人の法定相続分（相続分の指定がある場合は指定相続分）を乗じた
　　　額を負担するものとすること。（第1050条第5項関係）
　七　その他
　　　その他所要の規定の整備をするものとすること。
第二　家事事件手続法の一部改正
　一　遺産分割前の預貯金債権の仮分割の仮処分
　　　家事事件手続法第200条第2項に規定するもののほか，家庭裁判所
　　は，遺産の分割の審判又は調停の申立てがあった場合において，相続財
　　産に属する債務の弁済，相続人の生活費の支弁その他の事情により遺産
　　に属する預貯金債権（民法第466条の5第1項に規定する預貯金債権を
　　いう。）を当該申立てをした者又は相手方が行使する必要があると認め
　　るときは，その申立てにより，遺産に属する特定の預貯金債権の全部又
　　は一部をその者に仮に取得させることができるものとすること。ただ
　　し，他の共同相続人の利益を害するときは，この限りでないものとする
　　こと。（第200条第3項関係）
　二　特別の寄与に関する審判事件
　　1　管轄
　　　　特別の寄与に関する処分の審判事件は，相続が開始した地を管轄す
　　　る家庭裁判所の管轄に属するものとすること。（第216条の2関係）
　　2　給付命令
　　　　家庭裁判所は，特別の寄与に関する処分の審判において，当事者に
　　　対し，金銭の支払を命ずることができるものとすること。（第216条の

第2節　民法改正の動向

　　3 関係）
　3　即時抗告
　　　次の㈠又は㈡に掲げる審判に対しては，当該㈠又は㈡に定める者
　　は，即時抗告をすることができるものとすること。（第216条の4関
　　係）
　　㈠　特別の寄与に関する処分の審判　申立人及び相手方
　　㈡　特別の寄与に関する処分の申立てを却下する審判　申立人
　4　特別の寄与に関する審判事件を本案とする保全処分
　　　家庭裁判所（家事事件手続法第105条第2項の場合にあっては，高
　　等裁判所）は，特別の寄与に関する処分についての審判又は調停の申
　　立てがあった場合において，強制執行を保全し，又は申立人の急迫の
　　危険を防止するため必要があるときは，当該申立てをした者の申立て
　　により，特別の寄与に関する処分の審判を本案とする仮差押え，仮処
　　分その他の必要な保全処分を命ずることができるものとすること。
　　（第216条の5関係）
　三　その他
　　その他所要の規定の整備をするものとすること。
第三　附則
　一　施行期日等
　　1　この法律は，公布の日から起算して1年を超えない範囲内において
　　政令で定める日から施行するものとすること。ただし，第一の三1に
　　ついては公布の日から起算して6月を経過した日，第一の一について
　　は公布の日から起算して2年を超えない範囲内において政令で定める
　　日から施行するものとすること。（附則第1条関係）
　　2　この法律の施行に伴う所要の経過措置を定めるものとすること。
　　（附則第2条から第12条まで及び第31条関係）
　二　関係法律の整備等
　　この法律の施行に伴い，刑法等の関係法律の規定の整備等をするもの
　とすること。（附則第13条から第30条まで関係）

第1章　不動産の時効取得と民法改正

第2編
不動産の時効取得

第1章　不動産の時効取得と民法改正

Q1　不動産の取得時効に関する事項は改正されたか。

時効の中断が，時効の完成猶予，更新と改められるなどしている。

解説　今般の民法改正では，時効について，取得時効に関する部分は，主に，時効の中断が時効の完成猶予，更新と改められるなどした。
　これにより，自然中断の場合を除いて，「中断」という用語は，使われなくなっている。
　詳細は，以下で解説する（時効の中断に関しては第12章のとおり）。

Q2　不動産の所有権を時効取得する場合の要件は改正されていないか。

改正はなく，従来どおり，20年の占有期間，所有の意思，平穏かつ公然の占有であることが要件とされ，さらに，善意かつ無過失の占有

第1章　不動産の時効取得と民法改正

である場合の占有期間が10年とされている。

解説　不動産の取得時効について，その所有権に関しては民法第162条に規定されているが，今般の民法改正に伴う改正はなく，20年の占有期間，所有の意思，平穏かつ公然の占有であることが要件とされ，さらに，善意かつ無過失の占有である場合の占有期間が10年とされている。

関連条文：民法第162条（所有権の取得時効）→18頁へ

　民法第162条の第1項が長期取得時効，第2項が短期取得時効の場合の規定であり，各々の要件は，以下で詳述する。
　不動産は，即時取得の対象とはならない（民192条）。

Q3　不動産の所有権以外の財産権を時効取得する場合の要件は改正されていないか。

A　改正はなく，従来どおり，20年の占有期間，自己のためにする意思，平穏かつ公然の占有であることが要件とされ，さらに，善意かつ無過失の占有である場合の占有期間が10年とされている。

解説　不動産の取得時効について，所有権以外の財産権に関しては民法第163条に規定されているが，今般の民法改正に伴う改正はなく，自己のためにする意思をもって，平穏に，かつ，公然と行使する者は，民法第162条の区別に従って，20年又は10年を経過した後，その権利を取得するとされている。

第 1 章　不動産の時効取得と民法改正

関連条文：民法第163条（所有権以外の財産権の取得時効）→18頁へ

　所有権以外の財産権についても，長期取得時効又は短期取得時効によって時効取得される。

第2章　占有の発生と移転

第2章　占有の発生と移転

第1節　占有・所持

Q4 どのような状態を占有というか。

 客観的に明確な程度に，排他的な支配状態が継続している状態にあることをいう。

解説　占有という事実を基に占有権が発生することは，次のように規定されている。

関連条文：民法第180条（占有権の取得）→19頁へ

つまり，物を所持することと，その所持が自己のためにする意思（占有意思）をもってなされていることで占有が成立し，占有権が発生する。特に，不動産の所有権について取得時効が成立するためには，所有の意思が認められなければならない。

不動産の取得時効が成立する要件として，占有しているということは，占有をしているという部分を，客観的に明確な程度に，排他的な支配状態が継続している状態になければならない。

【判　例】
◎　所有権の時効取得が認められるための占有
■客観的に明確な程度に排他的な支配

土地に対する所有権の時効取得を認めるにつき，一定範囲の土地の占有を継続したというためには，その部分につき，客観的に明確な程度に排他的な支配状態を続けなければならない（最三小判昭46・3・30裁判集民102号371頁，判時628号52頁）。

第1節　占有・所持

Q5 どのような状態を所持というか。

 人が物について，事実上の支配をしていると社会通念上認められるような，人と物の事実関係をいう。

解説　人が物を所持するということは，現実に「持っている」ということを意味しようが，法律上は，社会通念上，その物を，事実上支配している状態をいう。

したがって，現実に物理的に確保していなくても，例えば，自分の居室に置いてある物は，たとえその場にいなくても，一般に，その物を所持しているといえよう。

他方，現実に物理的に確保しているときであっても，一時的に借りているだけであるような場合は（友人から，ちょっと，ペンを借りるような場合），所持しているとはいえない。

【判　例】
◎　物の所持
■実力的支配の及ぼす範囲
　他人より財物の寄託を受けた者が自宅内において，その財物の所在を見失い，現実に握持し，若しくは監視することができないときであっても，その財物について，主人の実力的支配を及ぼすことができる屋内に存する限り，なお，主人の自宅内に存することは明らかである（大一刑判大15・10・8大刑集5巻440頁）。
■事実上の支配
　所持とは，人が物について事実上の支配をしていることが社会通念上認められるような人と物の事実関係をいう（大判昭15・10・24新聞4637号10頁，『注釈(7)』14頁）。

第2章　占有の発生と移転

■単なる使用と事実上の支配

　事実的支配があるか否かについて考えるのに，物に対する事実上の支配関係の存在は結局，場所的関係，時間的関係，法律関係，支配意思の存在等を考慮し，社会通念によりこれを定むべきもので，<u>単なる使用をもって直ちに物に対する事実上の支配があるものとすることはできない</u>（大阪高決昭34・8・27下民10巻8号1789頁）。

■社会規範と事実上の支配

　所持は，社会的に認められている対物関係であると考えられているところ，その社会通念を生む社会そのものは既に法による秩序づけを受けているものであるから，<u>社会通念からして事実上の支配であると認められるということは，社会規範的に意味があるところの生活現象のなかでこれを捉えていかねばならない</u>（熊本地判昭39・12・23下民15巻12号3050頁，訟月11巻1号33頁，判時399号8頁）。

■他人の支配を排する支配

　所持とはすなわち，<u>他人の力を排して支配していることをいう</u>（東京地判昭41・7・29判時461号46頁）。

■社会秩序の力によりある者の支配

　占有の要素となる所持とは，<u>実力ではなく社会秩序の力によりある者の支配に属すると認められる関係を意味する</u>（千葉地判平5・10・29判時1485号102頁）。

第1節　占有・所持

Q6 どのような状態であれば不動産を所持しているといえるか。

A 一般に，家屋に居住したり，土地を利用したりすることが所持に当たるが，そのような物理的状況にないときでも，社会通念上支配していると認められる状況にあれば，所持しているといえる。

解説 人が不動産を所持するということは，現実に，居住したり，利用したりしていることを意味するが，そのような物理的状況にないときでも，社会通念上支配していると認められる状況にあれば，所持しているといえる。

家屋に居住したり，店舗として営業しているような状況のほか，田畑を耕作していたり，駐車場として貸し出しているような場合も所持していることとなり，また，旅行中の住居や，休日の店舗も，所持中であるといえる。

この場合も，一時的な利用であるような場合には，所持が認められないこともある。とくに，単に通行をしているということだけでは，長年通行しているとしても，排他的支配が認められない限り，通行者が，その土地を所持しているということは困難である（Q131参照）。

【判　例】

◎　**不動産の所持**

■泉水の利用だけでは土地の占有とは認められなかった事例

地所を占有することと，同地所にある泉水を引用することとは別個の事実であるから，泉水利用を理由に土地自体を占有しているとは認められない（大判大8・5・5評論全集8巻（民訴）324頁，『注釈(5)』189頁）。

■借地上の建物を賃貸している借地人が敷地を占有していると認められた事例

借地上に所有する建物を他に賃貸する者は，敷地の占有を有しているといえる（東京地判昭元・12・27法律新報119号25頁，『注釈(7)』15頁）。

第2編　不動産の時効取得

89

第 2 章　占有の発生と移転

■建物の所有者であるだけでは敷地を占有しているとは認められなかった事
　例
　　建物の所有者であるということだけで，その敷地の占有者であるという
　ことはできない（大判昭 9・5・5 判決全集 1 輯 5 号 8 頁，『注釈(7)』15 頁）。
■建物の所有者かつ占有者であることで敷地を占有していると認められた事
　例
　　建物所有者が建物の占有を有する場合は，その敷地の占有を有している
　とされる（大判昭15・10・24新聞4637号10頁，『注釈(7)』15 頁）。
■屋根の下の土地が建物所有者の支配に属すると認められた事例
　　家屋の突出した屋根の下の土地は，（樹木の枝が境界を超えた場合と異なり）
　通常，建物所有者の支配に属するものとされる（大判昭16・12・12新聞4753号
　9 頁，『基本物権』42 頁，『注釈(5)』187 頁）。
■ 1 年に 1 回の下苅りや立木の処分等によって山林を占有していると認めら
　れた事例
　　山林等の占有は家屋とか畑地とかのように間断なくなされているもので
　はなく，1 年に 1 回下苅りをするとか雑木の下払いをするとかという程度
　のものであって，ことにこれを他人をしてやらしたり，また他人に売却し
　たりすることは，そもそもこの山林を占有していればこそなされるもので，
　これを占有に非ずとすることはできず，山林の立木全部又はそれに近い程
　度を伐採するとか植林するというような場合のみに占有を認めるというよ
　うなことは実際上少ないことであって，下苅りをするのもその必要程度及
　び個所にてするものであり，立木処分行為も山林の状況を視察し，必要な
　程度若くは可能な程度にて行うのを通例とするものであり，また炭の原木
　として処分する様な場合も適材のみを売却するのであるからして，1 筆の
　山林に対する占有として認められる基礎たる事実はこの程度の事実があれ
　ば必要かつ充分と解するのが正当である（大阪高判昭24・2・16高民 2 巻 1 号
　1 頁）。

90

第1節　占有・所持

■転居した賃借人の残置物について当該賃借人の占有が継続しているとされた事例

　　ある部屋の賃借人が他に転居しても，寝具，鍋，釜等を残置している以上はその後の賃料を支払わず，残置品も僅少無価値に等しくその部屋に対する所持を喪失したものとみられる事情のない限り，なおその部屋の占有を継続しているものと解すべきであり，転後1年を経て他人を5日間その部屋に居住せしめ，その他人が，貸主の要求に基づき自己の携行した布団と若干の日用品とを携えて任意その部屋より退去したとしても，その他人が賃借人の残置した寝具，鍋，釜等まで搬出したのでない限り賃借人のその部屋に対する占有はなお存続するものと解される（東京高判昭29・4・27東高民時報5巻4号92頁）。

■建物を占有使用している者が敷地をも占有していると認められた事例

　　建物は，その敷地を離れて存在し得ないのであるから，建物を占有使用する者は，おのずからこれを通じてその敷地をも占有するものと解すべきである（最三小判昭34・4・15訟月5巻6号733頁，裁判集民36号61頁）。

■植林や下苅り，雑木の処分等によって山林を占有していると認められた事例

　　山林について，植林し，以来年々下刈りなどして保護育成に努め，また，枯損木や雑木を他に売却するなどして山林の使用，収益を続けているときは，占有を継続しているといえる（最一小判昭36・7・20民集15巻7号1903頁，『注釈(5)』188頁）。

■井戸1箇所の水を汲み上げる権利を有していたとしても当該土地を占有しているとは認められなかった事例

　　当該土地上の柿の木1本，井戸1箇所について，水路敷設定の際なんらかの事情で所有することを許されていたものとしても，公共用地は私有地と異なり，必ずしもその占有管理が充分でないことは公知の事実であり，それは，我国古来より里道畔道や道路脇（道路敷内）に種々の樹木が植えられていることが多く且又干天旱魃等の際田畑に水を汲み上げる為，水路内や水路敷内に井戸を堀ることがしばしば行われていた事実よりすれば，

第2編　不動産の時効取得

91

第2章　占有の発生と移転

特段の事由がない限り，その基盤区域たる当該土地の占有まで認定する必要はなく，井戸1箇所の水を汲み上げる権利を有したと考えるのが相当である（大阪高判昭49・3・26高民27巻1号46頁，判時749号68頁）。

■ 時折，木払い，間伐などを行っていたことだけで山林の占有とは認められなかった事例

　　時折，当該地内に入り木払い，間伐などを行っていたことを認めることができるものの，山林の時効取得の要件としての占有は，成長した杉立木の年数回の見回り，木払いとか，数年に1回の間伐などをなしたのみでは足りず，適当な場所に標木を立て，これに目印をするなどしていわゆる明認方法を施すとか，立木周辺に柵を認けるなどのように，立木が何人の支配に属するかを他人が知り得るような施設をなし，もって排他的支配の意思を明確に表示するなどして客観的に明確な程度に排他的な支配状態を続けることを要すると解すべきである（宮崎地判昭59・4・16判タ530号206頁）。

■ 分譲ハウスの入居者に駐車場の事実上の支配が認められた事例

　　ハウス分譲の際，相手方の配付したパンフレットには駐車場利用について「別途賃貸契約」と，また契約書の表題が「駐車場賃貸借契約証書」とそれぞれ「賃貸借契約」と明記されているとき，その契約の内容，利用形態を総合すれば，ハウス入居者は，相手方との間に駐車場として使用することを目的とした土地賃貸借契約が成立し，それら賃借人らの間に自然に土地区画割による自己使用区分の割振りが黙示に成立しており，当該土地区画について自己のためにする意思をもって事実上これを支配し本件土地区画を占有しているものと認められ，これは，民法第180条所定の「物ヲ所持スル」とは必ずしも物理的に物を把握していることを要せず，社会通念上認められるような事実上の支配があれば足りるため，当該土地は団地敷地内に黄線によって一見駐車場として区画がなされ，ハウス入居者が，前記経緯から事実上これに駐車することを継続してこれを事実上の支配をしていると認めるのが相当であって，車を運転している間は当該土地は空地のような観を呈するけれども，なお団地敷地内にある以上，団地住民以外の者が自由に使用できるものでもないし，一時不在者でも留守宅の家・

財につき所持を有するのと同様，ハウス入居者になおその所持があるとみて差し支えない（大阪高決昭62・1・9判タ644号133頁）。

◎　**建物焼失と敷地の所持**

■**震災で建物が焼失しても敷地の所持が失われたとはされなかった事例**
　　震災で建物が焼失し，建物所有者が一時的に行方不明になったからといって，それだけで敷地の所持が失われたことにはならない（大判昭5・5・6新聞3126号16頁，『基本物権』42頁，『注釈(7)』283頁）。

◎　**土地に存する動産の所持**

■**海岸地域の貝殻払下げの許可を受けた者に当該区域内の貝殻の占有が認められた事例**
　　知事より海岸地域に散在する貝殻払下げの許可を受けた者が，その所定区域に標識を設置した，かつ，監視人を配置したときは，その区域内に打ち上げられた貝殻について，当然に，その占有を取得する（大二民判昭10・9・3大民集14巻18号1640頁）。

◎　**標識の有無と不動産の所持**

■**標木又は樹木の極印等によって山林の事実上の支配が認められた事例**
　　山林の立木のようなものにあっては，適当の箇所に標木を立て，又は樹木に極印を施す等，他人をして立木が何人かの支配に属するものであることを推測させる施設をなすにおいては，他人の干渉を排する意思が明確に表示され，一般取引の観念上，事実上の支配関係を設定し得たものとされる（大判大14・12・12判例拾遺㈠民11頁，『基本物権』42頁，『注釈(5)』162頁）。

■**鍵の所持，標札等がなくても監視体制によって家屋の所持が認められた事例**
　　家屋に錠をかけてその鍵を所持するとか標札や貼紙などで現に占有することが第三者にも分かるようにしておくというような方法を講じなかったとて，必ずしも所持なしとはいえず，隣家であるため，家屋の裏口を常に監視して容易に侵入を制止し得る状況であれば，家屋の所持があったといい得る（最三小判昭27・2・19民集6巻2号95頁，裁判集民6号157頁，判タ19号62頁）。

第2章　占有の発生と移転

◎　**換地と占有**
■仮換地の占有と従前の土地における時効取得の成否

　　土地区画整理法による区画整理事業の施行地域内の土地について，同法による仮換地の指定があった後に当該仮換地を従前の土地所有の意思をもって占有し始めた者は，換地処分が施行され土地区画整理法第103条第4項所定の公告がなされる日までに民法第162条所定の要件を満たしたときは，時効によって，従前の土地の所有権を取得するものと解するのが相当であり，そして，この理は，1筆の従前の土地の特定の一部分を所有する意思をもって，その1筆の従前の土地の仮換地であって従前の土地の当該特定の一部分に含まれた特定の一部分の占有を開始し，後に，従前の土地の当該特定の一部分が分筆され，これに対応して仮換地も分割による変更指定がなされ，その占有の開始された部分が分筆後の従前の土地に対応する仮換地として指定された場合には，占有者が所有の意思をもって，平穏公然に仮換地を占有した期間が，その分割による変更指定の前後を通じ民法第162条所定の期間に達し，その期間の満了が土地区画整理法第103条第4項所定の公告前であるときは，占有者は，時効によって，分筆後の従前の土地の所有権を取得すると解するのが相当である。対応する従前の土地部分が確定するまでは，仮換地の当該占有部分は従前の土地のいずれの部分にも対応する可能性があり，したがって，仮換地の特定の一部分を排他的に占有することにより，従前の土地のいずれの部分についても単独の所有権者たりうる外形をそなえているものというべきであり，そして，後に仮換地の変更指定処分がなされることによって，これに対応する従前の土地部分も特定し，所有権者としての外形をそなえた範囲が確定するに至るのであり，このような場合には，その占有の当初より，後に確定された従前の土地部分について支配の外形が存在しているものとみなして妨げず，また，時効取得に必要な要件たる所有の意思についてみても，従前の土地の特定の一部を所有する意思をもって仮換地の一部の占有がなされる限り，当該従前の土地部分についての時効による所有権取得に必要な要件たる所有の意思を肯定して妨げないと解すべきものであるからである（最二

小判昭45・12・18民集24巻13号2118頁，裁判集民101号761頁，判タ257号136頁，金判249号13頁，判時617号50頁）。

■ 換地に占有が継続しているとされた事例

　土地改良法に基づく交換分合により農用地の所有権の得喪が生じる場合には特定の所有者が取得すべき土地と失うべき土地とは別異のものであるが，同法が，両土地の同等性を保障しており，両土地を所有権その他の権利関係について同一のものに準じて取り扱っていることに鑑みれば，農用地の交換分合の前後を通じ両土地について自主占有が継続しているといえる（最二小判昭54・9・7民集33巻5号640頁，裁判集民127号431頁，裁時774号2頁，判タ399号118頁，金判584号10頁，判時943号54頁，金法919号30頁）。

◎　不動産の一時的な使用等と所持

■ 薪を置いたり，藁を乾かすなどによっても土地の事実上の支配とは認められなかった事例

　空地の一隅に薪を置いたり，牧穫時期には地上に藁などを乾すこともあっただけでは，この土地に，これ以上の事実上の支配をしていることは認められない（水戸地判昭25・6・22下民1巻6号969頁）。

■ マーケットの敷地の一部をなす空地の占有がマーケット運営企業にあるとされた事例

　自己の支配内におかれているか否か判別し難いときは社会通念によりこれを定むべきものと解すべきところ，マーケットの敷地の一部をなす空地については，マーケット運営企業が，この土地を特に，マーケット内の建物の一部を賃借してマーケット内で営業を自主的に営んでいる者の利用に提供する等の特段の事情のない限り，この土地の占有は，マーケット内で営業する者にはなく，即ちこの土地は，マーケット内で営業する者だけでなく，マーケットを利用する顧客，マーケットに出入する問屋等一般に企業としてのマーケットの繁栄のため，必要時まで一般的に開放されていると認めるべきであるから，社会通念上このような場合における土地の占有は依然として，マーケット運営企業にあるものと認めるべきである（東京地判昭30・10・27下民6巻10号2246頁，判時67号13頁）。

第2章　占有の発生と移転

■道路の清掃や看板，空箱などを置いているだけでは排他的な占有権の成立が認められなかった事例

　　店舗の経営者が店舗前面の道路を清掃したり，看板や空ビン，空箱などを置いてこれを占用している事実があるからといって，これによって占用場所に店舗経営者の排他的な占有権が成立するものとみることは到底できず，これは，清掃は社会人として当然なすべき務めの一種にすぎないし，看板や空ビンや空箱などの置場としての占用も一般公衆の従来を妨げない限度で道路の一部を一時自己の便益に使用しているだけのことであって，当該道路に対して道路としての機能を廃絶せしめて，そこに排他的な自己の事実支配を及ぼしているものと解することはできないからである（東京地判昭36・3・24判時255号27頁）。

■道路の一部の事実上の独占使用によっても占有権の成立が認められなかった事例

　　道路の一部の事実上の独占使用（事実上の占有）は，私法上においても占有権の成立を認めることができないものと解するのを相当とする（大阪地判昭43・11・4判タ228号193頁，判時566号76頁）。

■壁面の広告用工作物によっても当該壁面の事実支配があるとは認められなかった事例

　　建物の壁面の広告用工作物を所有することによって，当該壁面について客観的外部的な事実支配があるものとは認められない（最二小判昭59・1・27裁判集民141号123頁，判タ524号206頁，金判697号27頁，判時1113号63頁，金法1060号35頁）。

◎　通行と所持

■通行地の所有者が通行を放任しているだけでは通行者に占有権が認められなかった事例

　　自己の賃借地に隣接する他人所有地が，空地の一部を時々自己の建物への出入又は便所くみ取りのため通行し，土地所有者がこれを放任していたという事情があったとしても，その土地の一部について，通行者が占有権を有しているとはいえない（東京高判昭30・11・25東高民時報6巻12号282頁，判

第1節　占有・所持

タ56号64頁）。

■ **マーケットの私道がマーケット構成員の共同占有に属するとは認められなかった事例**

　営業上の必要から設けられたマーケットの私道であっても，すべて当然にマーケット構成員の共同占有に属するものとは断じがたく，要はその私道に対する管理方法如何によるものであって，常時何らの制限もなく一般公衆の通行の用に供されている道路（私道）は，他に特段の事情がない限り何人（道路管理者を除く。）の占有にも属しないものと判断するのが相当である（東京高判昭37・7・5東高民時報13巻7号103頁）。

■ **通路としての利用について当該土地所有者の黙認だけでは通路利用者の土地の所持が認められなかった事例**

　土地を通路として利用していることを土地所有者が黙認しているからといって，その土地を所持，すなわち他人の力を排して支配していたということはできない（東京地判昭41・7・29判時461号46頁）。

◎ **通路施設のある土地の通行と所持**

■ **通路施設のある通路について通行者に占有が認められた事例**

　公道に出るには当該通路を通るほかなく，もともと，この通路は沿道の居住者のために特に設けたもので，ほとんどその家屋の玄関口に直線に延びていて，家屋の正式の門（観音開き），表札を掲げた門柱，竹垣があり，常時，玄関口，勝手口，くみ取口等へ通るのに使用していたような場合は，その通路部分を占有していたことを認めることができる（東京地判昭25・12・14下民1巻12号1978頁）。

◎ **道路管理者による所持**

■ **道路管理者の機能管理権をもっては占有権が認められなかった事例**

　道路管理者が，自己の管理する道路について民法上の占有権を有すると主張する場合にあっては，単に機能管理権を行使していることを主張立証するだけでは足りず，機能管理権とは別個に，民法上の占有権の取得原因事実を主張立証する必要があるというべきである（東京高判平13・10・30判時1781号102頁）。

第2章　占有の発生と移転

■ 地方公共団体が道路を事実的支配している客観的関係があるとして占有権
が認められた事例

　　地方公共団体が，道路を一般交通の用に供するために管理しており，そ
の管理の内容，態様によれば，社会通念上，当該道路が当該地方公共団体
の事実的支配に属するものというべき客観的関係にあると認められる場合
には，当該地方公共団体は，道路法上の道路管理権を有するか否かにかか
わらず，自己のためにする意思をもって当該道路を所持するものというこ
とができるから，当該道路を構成する敷地について占有権を有するという
べきである（最二小判平18・2・21民集60巻2号508頁，裁時1406号126頁，判タ1222
号147頁，判時1947号50頁）。

◎　空間の占有

■ 電気事業者による特別高圧架空電線下の空間に対する占有の成否

　　占有権の客体は物であることを必要とし，物とは法律上の排他的支配可
能な物理的実体を指称すると解するのが相当であるところ，空間は独立し
てそれ自体占有権の客体と認めることは困難であるが，物理的実体を媒体
としてそれとともに，社会的秩序に照らし排他的支配が可能であるとされ
る限り，占有権の客体たるに妨げなく，この場合空間に対する占有権を容
認すべきであり，特別高圧架空電線を架設占有し，これに7万ボルトの高
圧電流を送電使用している場合，電気工作物規程の認める空間は電気事業
者が現実に支配しているという客観的な関係があるから，その者はその空
間を占有し，占有権を行使していると認めるのが相当であり，一般の空間
の占有は塀，柵，屋根その他外枠的構造の内側として知覚されるがこれと
趣を異にし，電線を中核として規程の定める距離内の空間がその外延とし
て知覚されるのであり，これは特別高圧電流の特性上定められた法的秩序
であり，これに鑑みれば，当該空間は，その者の支配下にあると判定すべ
き道理であるからである（大阪高判昭38・7・4高民16巻6号423頁，判タ154号63
頁，判時354号30頁）。

第2節　占有意思

Q7 自己のためにする意思とは、どのような意思をいうか。

A 所持による事実上の利益を自己に帰せしめようとする意思をいう。

解説　占有といえるためには、物の所持と、その所持が自己のためにする意思（占有意思）をもってなされていることが必要とされるが、占有意思とは、所持による事実上の利益を自己に帰せしめようとする意思をいい、それは、所持を生じさせた原因たる事実（占有の権原）の性質によって純粋に客観的・抽象的に判断され、所持者の主観的な意思とは関係がない（『注釈(7)』12頁、『基本物権』43頁）。

所有者として占有する者や、用益権者として占有する者はもちろん、窃取した者であっても、その所持には占有意思があるといえる。

例えば、不動産の賃借人は、賃借人として自己のためにする占有意思と、賃貸人のためにする占有意思が併存する。また、法定代理人が、その法定代理の本人の財産を管理することは、法定代理人自身にも占有意思があるものといえる（所有の意思とは異なる。）。

占有意思に関しては、次のような判例がある（不動産以外の所持に関するものも含む。）。

【判　例】
◎　運送人の占有意思
■自己のための占有と他人のための占有の併存
　運送人が運送品を所持するということは、一面、自己のためにするもので、他面においては、荷送人のためにするということができる（大一民判明42・3・18民録15輯245頁）。

第2章　占有の発生と移転

■自己のための占有と他人のための占有の併存と占有権の存続期間
　　運送人が貨物引換証を発行したときは，運送貨物に対し，貨物引換証の所持者のためにする占有（代理占有）と同時に，自己のためにする占有を有し，この占有権は，到達地において貨物引換証と引換えに運送品を引き渡すまで継続する（大二民判大9・10・14民録26輯1485頁）。

◎　借家を一時的に管理する賃貸人の占有意思
■借家を一時的に管理する賃貸人の占有意思が認められなかった事例
　　借家について，賃貸人として，賃借人のため一時的管理をしている場合は，賃貸人に，自己のためにする意思がないとはいえない（最三小判昭27・2・19民集6巻2号95頁，裁判集民6号157頁，判タ19号62頁）。

◎　未成年者の財産を管理する親権者の占有意思
■親権者による子のためにする占有と自己のためにする占有の併存
　　未成年の子の財産を管理する親権者が，その子の所有物を所持する場合には，子のためにする意思をもってするのと同時に，自己のためにする意思をもって所持するものと認めることが相当であり，子は，代理人である親権者によって占有権を有すると同時に，親権者自身もまた占有権を有する（大五民判昭6・3・31大民集10巻3号150頁）。

Q8　未成年者が占有意思を主張するには，親権者が代理又は同意しなければならないか。

A　意思能力がある限り，未成年者であっても，自ら占有意思を主張することができる。

　　占有意思には，行為能力は必要とされていない。
　　したがって，未成年者であっても，意思能力がある限り，占有

意思をもって物を所持することによって，占有権を取得する。

　他方，意思能力のない者は，物理的に所持することはできても，占有意思を認めることはできないため，所持者自身が占有権を取得することにはならない。この場合は，親権者等の法定代理人の代理占有を通して占有権を有することとなる。

【判　例】

◎　未成年者の占有意思

■15歳の未成年者の占有意思が認められた事例

　占有を開始した当時，15歳位であったとしても，その年齢からみて，特段の事情のない限り，当時所有の意思をもって占有をすることができたものというべきである（最二小判昭41・10・7民集20巻8号1615頁，裁判集民84号563頁，判タ199号124頁，判時465号42頁）。

■11歳の未成年者の占有意思が認められた事例

　11歳ぐらいに達した者は，特段の事情のない限り，不動産について，所有権の時効取得の要件である自主占有をすることができるものと解される（仙台高判平4・7・24判タ824号172頁，金判957号28頁，判時1494号108頁）。

【実　例】

◎　所有権移転登記の際の親権者の同意書の要否

■未成年者を登記義務者とする時効取得による所有権移転登記の際の親権者の同意書の添付不要

　満19歳の未成年者が，登記義務者として，時効取得を原因とする所有権移転の登記を申請する際には，親権者の同意書の添付を要しない（登研529号162頁）。

第2章　占有の発生と移転

第3節　代理占有，占有補助者

Q9 地上権者が土地を占有している場合は，土地の所有者自身は当該土地に占有権を有しないか。

 地上権者を占有代理人として，土地の所有者は自ら占有権を有する。

解説

> 関連条文：民法第181条（代理占有）→19頁へ

　占有は，占有権を取得する者自身が現実に所持する場合（直接占有）だけでなく，代理人や賃借人等の占有代理人の所持を通しても成立する（間接占有）。
　この関係は，必ずしも，民法上の法定代理や委任代理の関係になければならないということではなく，法定代理人や任意代理人との関係のほか，賃借人や地上権者の用益権者との関係（外形関係）においても認められる（必ずしも，正当な権限のある関係であるとは限らない。）。さらに，例えば，土地の売買契約が解除された場合，なお，占有している買主も，その返還義務の関係において，当該土地の所有者（売主）の占有代理人であるといえる。また，売買契約後も売主が売却した不動産を引き続き占有する場合，売主には善良なる管理者の注意をもって保管する義務があるため，売主は買主の占有代理人とされるが，事例によっては，売主自身の自主占有が認められる場合もある（Q15中【判例】広島高判昭23・7・21参照）。
　例えば，親権者や地上権者が不動産を現実に所持することによって，親権者，地上権者自身が占有代理人としての占有権を有すると同時に，その未成

年者，所有者（本人）も占有権を取得することとなる。

　不動産が転貸借されている場合には，転借人の占有代理人としての直接占有によって，転貸人（賃借人）の間接占有が成立し，転貸人（賃借人）の占有代理人としての間接占有によって，賃貸人の間接占有が成立する。

　占有代理人の占有は，所有の意思のない他主占有（Q15）となるが，他主占有であることは，実質的に他人（本人）のためにするものであれば，外形的に表示されていることは必要なく，本人も占有代理人も，各々，占有権を有していることとなる。

【判　例】

◎　占有代理関係

■代理占有の成立と存続

　間接占有（代理占有）の成立に必要な，いわゆる占有代理関係は，占有代理人が本人に対し目的物を返還すべき関係が，占有代理人による目的物所持取得の原因たる事実から外形的に認められる限り，存在する（大阪地判昭47・9・14判タ298号394頁，金判367号11頁，判時705号85頁，金法686号31頁）。

◎　占有代理人の例

■地上権者による代理占有

　地上権者が，地上権に基づき，その土地を占有することは，所有権については地上権設定者のために代理占有をするものである（大二民判大10・11・3民録27輯1875頁）。

■賃借権者による代理占有

　賃貸借関係において賃借人が物を所持することは，一面，自己のために占有すると同時に，他面においては賃貸人を代理して占有するものにして，すなわち占有代理人によって物を占有することに該当する（大二民判大11・11・27大民集1巻692頁）。

■無断転借者による代理占有

　土地の賃借人によって無断で賃借権が第三者に譲渡されたときは，当該第三者は，賃貸人を本人とする占有代理人となる（東京地判大14・3・14，『注釈(7)』29頁）。

第2章　占有の発生と移転

■賃借権者による代理占有

　売主が買主に買戻特約付きで売り渡し，同時に買主より賃借した場合，売主は，買戻しの意思表示をするまでは，当該土地を，賃借人として占有すると同時に，所有者である買主のために代理占有をしたものである（大一民判昭5・6・12大民集9巻8号532頁）。

■親権者による代理占有

　未成年の子の財産を管理する親権者が，その子の所有物を所持する場合には，子のためにする意思をもってするのと同時に，自己のためにする意思をもって所持するものと認めることが相当であり，子は，代理人である親権者によって占有権を有すると同時に，親権者自身もまた占有権を有する（大五民判昭6・3・31大民集10巻3号150頁）。

■連合国占領軍による代理占有

　国が連合国占領軍の接収通知に応じ建物をその所有者より借り受けた場合においては，たとえこれを同軍の使用に供し，同軍が事実上，当該建物を占有支配している場合においても，国は依然としてなお，当該建物の賃借人であることに変りはなく，したがってまた，当該建物についても当然に間接占有を有するものと解さなければならない（最三小判昭31・12・18民集10巻12号1559頁，裁判所ウェブサイト）。

■売主の買主のための代理占有

　一般に売主は売買契約後引渡し（又は所有権移転登記）までの間，目的物を善良なる管理者の注意をもって保存する義務があり（民400条），引渡しまでの間の売主の目的物に対する占有は，いわば買主のための占有であり，この占有は権原の性質上自主占有とは解されないから，仮に売主が当該土地を占有してきたとしても，これを時効取得するに由はない（鹿児島地鹿屋支判昭48・12・3訟月20巻5号15頁）。

■米国駐留軍による代理占有

　米国駐留軍が，接収地を国に返還するまで，当該土地を継続して占有使用していたことがそれぞれ認められる場合，接収は連合国軍による日本国占領の一環として，その権利に基づき行われるものであり，接収した土地

に対する占領管理は，連合軍最高司令官が国に対し指令を発し，国がこれ
に基づいて統治を行う間接管理方式であり，国は，連合国軍の一つである
米国駐留軍が当該土地の占有を始めたときからこれが返還されるまで，米
国駐留軍を介して当該土地を間接占有していたものと認められる（東京地
判昭57・9・17下民35巻1〜4号197頁，判タ483号83頁，判時1060号96頁）。

◎　中間に介する占有代理人の例

■法定代理人を介する委任代理人による代理占有
　　法定代理人より管理を委任された代理人において占有していることは，
本人のために代理占有しているといえる（大三民判大11・10・25大民集1巻604
頁）。

■借地人を介する借地上の家屋の賃借人による代理占有
　　借地上に家屋を建てて，その家屋を賃貸している場合，家屋の賃借人の
直接占有は，借地人による当該土地の間接占有を介して，土地の賃貸人の
間接占有となる（大判昭3・6・11新聞2890号13頁，『注釈(7)』27頁）。

■賃借人を介する転借人の代理占有
　　転貸借の場合は，転借人の直接占有については，更に転貸人及び所有者
たる賃貸人が間接占有しているものと認められる（大阪高判昭29・3・4下民
5巻3号287頁）。

◎　占有代理人の他主占有であることの表示の要否

■占有代理人について他主占有であることの表示の不要
　　他人の物を代理して占有するに当たって，特に外形上，他人の物である
ことを表示しなければ占有の効力が生じないということはなく，他人のた
めにする代理占有であることの実質があることで足りる（大二民判明38・
2・13民録11輯120頁）。

第 2 章　占有の発生と移転

> **Q 10**　建物所有者が旅行中は，同居する家族が代理占有しているとみられるか。

　原則として，同居中の家族が占有権を有してるとはみられず，建物所有者自身が家族を占有補助者として占有権を有している。

解説　現実に物を持っている者が占有代理人であるときには，その本人は，占有代理人の直接占有を通して間接占有し，この場合，本人も，占有代理人も占有権を有するが，現実に物を持っている者が占有代理人としては認められない場合もある。

建物所有者が旅行中に，同居する家族が現実に当該建物に居住していても，それは，社会通念上は，同居者が独立して建物を支配しているとはいえないものであり，あくまでも，建物所有者の占有を補助しているに過ぎない。このように，本人の占有を補助する者を，占有補助者又は占有機関という。

一般に，同居する家族のほか，使用人，役員などが該当する。

占有補助者が現実に物を持っている場合は，占有補助者は代理占有人にも当たらないため占有権すら有しているとはいえず，本人のみが占有権を有しているということになる。そのため，占有補助者は，その占有されている物の返還請求の相手方にはならず，仮に明渡執行の債務者とされた場合であっても，執行異議を主張することができるため，結局，明渡しを請求する者は，他に，占有権を有している者に対して行わなければならないこととなる。

なお，一般に占有補助者であろう者であっても，その者が占有の機関として物を所持するにとどまらず，自己のためにも所持するものと認めるべき特別の事情がある場合には，個人として占有を有すると解することができる場合もある。

第3節　代理占有，占有補助者

【判　例】

◎　占有補助者の例

■妻の占有補助

　我国の社会事情に顧みれば，特別の事情がない限り，妻は単に夫に従って同居するに過ぎないと推認され，このような場合においては，妻の居住は夫の占有の範疇内において行われ，独立の占有をなすということはできない（大一民判昭10・6・10大民集14巻12号1077頁）。

■戸主の家族の占有補助

　戸主所有の家屋に居住する戸主の家族は，戸主の生前は，その家族として，その死後は，次の戸主の家族として，何れも，占有補助者として居住するものと認むべきである（最二小判昭28・4・24民集7巻4号414頁，裁判集民8号805頁，判タ30号40頁）。

■組合の理事長・被用者の占有補助

　特別の事情の認められない場合においては，組合の理事長として，また，同組合の被用者としての建物占拠は，いずれも組合の占有のうちに包含されるもので，組合の占有機関もしくは占有補助者としての占有ともいうことができるものであって，組合と別個独立の占有ではなく，それは，組合がすでに事実上解散したとほとんど同様な状態である場合であっても左右されるものではない（東京高判昭30・9・19下民6巻9号2032頁，東高民時報6巻9号216頁）。

■借地上の建物の賃借人の占有補助

　借地人上の建物の賃借人は，その賃貸借契約により，当該建物を賃借し，占有使用しているに過ぎないのであって，直接，借地の所有者の当該土地に対する使用収益を妨げているとはいえず，それは，借地の所有者が当該土地を使用収益できないのは，この建物が存在するからであって，賃借人が建物を占有使用していることと，借地の所有者が当該本件土地を使用収益できないこととの間には，特段の事情（例えば，借地人が，この建物の収去，土地の明渡しをしようとする場合に，賃借人が，ことさらに退去せず，これを妨害する等）のない限り相当因果関係がないと認めるを相当とする（最三小判

107

第2章　占有の発生と移転

昭31・10・23民集10巻10号1275頁，裁時220号176頁，判タ65号82頁，判時93号8頁）。

■ 組合の理事・支部長の占有補助

　　組合の理事であり本所支部長として建物の一部を支部の事務所に使用している場合，組合とは別に個人として独立の占有を有するものではない（最一小判昭31・12・27裁判集民24号661頁，判タ68号81頁）。

■ 代表取締役の占有補助

　　株式会社の代表取締役であって同会社の代表機関として土地を占有している場合，当該土地の占有者は同会社であって，代表取締役は同会社の機関としてこれを所持するに止まり，したがって，この関係においては，代表取締役が単に同会社の機関として所持するに止まらず，個人のためにも所持するものと認めるべき特別の事情がない限り，当該土地の直接占有者は同会社であって，代表取締役は直接占有者ではないものといわなければならない（最二小判昭32・2・15民集11巻2号270頁，判タ69号62頁，判時104号18頁，旬刊商事法務72号12頁）。

■ 使用人の占有補助

　　使用人が雇主と対等の地位において，共同してその居住家屋を占有しているものというのには，特段の事情があることを要し，ただ単に使用人としてその家屋に居住するに過ぎない場合においては，その占有は雇主の占有の範囲内で行われているものと解するのが相当であり，雇主と共同し，独立の占有をなすものと解すべきではない（最一小判昭35・4・7民集14巻5号751頁，判時219号22頁）。

■ 家族，使用人の占有補助

　　特別の事情がない限り，家族，家事使用人は，独立の占有者とはみなされない（東京地判昭35・9・14法曹新聞156号17頁，『注釈(7)』22頁）。

■ 子の占有補助

　　通常の場合には，父の所有する家屋に父と共に居住する息子は，父子共同の家計を維持する収入を得る者が息子で父の生活費の一切が息子の収入から支給され，その家屋の敷地の地代が息子によって息子の名義で息子の収入の中から支払われる場合においても，別段の事情がない限り，父の占

108

有補助者として家屋を占有しているに過ぎず，父から，この家屋を賃借している者でも，父とは関係なく独立して家屋を占有している者でもないと認めるが相当であり，何となれば，この場合に息子が父のために父の生活費，小使い，ないし家屋敷地の地代等を支出するのは親子関係に基づく扶養行為であって，家屋の占有使用に対する代償の支払と認むべきではなく，したがって，息子による家屋の占有使用は父の家屋所有権に基づく家屋の占有使用の補助行為と認むるが相当である（大阪高決昭41・7・6下民17巻7～8号606頁，金法456号9頁）。

■ **内縁の妻の占有補助**

他人所有の建物に女子が居住していたところ，事実上の婚姻によって，当該内縁の夫と同居をはじめた場合，通常の家庭で夫が生計の責任者であれば夫が借主となるが，特殊の事情により妻が生計の責任者であれば妻が借主と解すべきであり，このことは正規の婚姻関係にあると内縁関係にあると事実上の同棲関係にある男女であると問はないところであるため，夫婦関係にあった者達が別れ，妻のみが残り，この者が更に他の者と夫婦関係に入り引き続き居住する場合も同様に生計の責任者が借主であると解すべきであり，内縁の夫と事実上の夫婦となった後，その内縁の夫が生業を営み，その内縁の妻がその手助けをしているときには，建物の占有は内縁の夫に移り，その内縁の妻にはない（東京高判昭43・3・13判時522号32頁）。

■ **権利能力のない団体の構成員の占有補助**

空港反対同盟の構成員らが土地を占拠している場合，構成員のうちから選ばれた者が，それぞれ占有していると主張する土地ごとに責任者となって土地の管理をしてきていることがあっても，その管理はあくまでも空港反対同盟の構成員としての立場からのそれであり，構成員としての地位を離れて別に個人としての立場からこれらを管理し，土地を占拠しているものでないことは明らかであって，あくまで反対同盟のいわゆる占有補助者として土地を占拠し，管理しているものといえるから，各土地につき独立の占有を有しないものというべきである（千葉地決昭46・7・14判タ265号117頁，判時641号33頁）。

第2章　占有の発生と移転

■ **権利能力のない団体の構成員の占有補助**

　空港反対同盟の構成員によって土地が占拠されていることは，その構成員のうちからそれぞれ3名程度を責任者として選出し，実際にはこれらの者が管理にあたっている場合であっても，これらの者が空港反対同盟の構成員としての地位を離れて全く個人的に本件各妨害物件の管理をしているものでないことは明らかであって，土地の事実上の支配が排他的にこれらの者に帰属しているものとは認め難いから，特段の事情のない限り，当該土地の占有者は空港反対同盟自身であるということになる（千葉地決昭46・7・14判タ265号117頁，判時641号26頁）。

■ **本家の墓地について分家による占有補助**

　昭和22年法律第222号による改正前の民法第987条は「系譜，祭具及ヒ墳墓ノ所有権ハ家督相続ノ特権ニ属ス」と規定していたのであるから，前戸主が隠居し，新戸主が家督相続したことにより，その家の墓地の所有権と占有権及び，その隠居時点までに建立設置されていた墓碑等の所有権と占有権は，前戸主から新戸主に承継取得されたことが明らかであり，その後，前戸主が分家してもなお，本家であるかのような観を呈し，新たな墓碑を建立したことに対して，了解を与えたりはしていなかったが，特に抗議もしなかったとしても，前戸主は，新戸主の補助者として，これらの管理を継続してきたのにすぎないというべきである（仙台高判昭56・10・20判タ462号113頁）。

■ **労働組合の下部組織の占有補助**

　労働組合の分会が，会社から，分会のために組合事務所を無償提供することなどを内容とする労働協約を締結し，これに基づき分会が当該建物を組合事務所として提供を受け，組合活動のために利用するようになっていたとき，当該分会は当該労働組合の下部組織であって，その構成分子にすぎないことが明らかであるから，当該労働組合は，当該分会による事実上の支配を媒介として組合事務所に対する占有を取得したものということができる（名古屋地判昭59・2・20判タ538号197頁，判時1123号133頁，労民431号112頁）。

第3節　代理占有，占有補助者

■ 妻の占有補助

　　住民票上，夫が世帯主であり，マンションには同人の表札がかかっている場合，他に特段の事情がない限り，夫が当該マンションの占有者であり，妻は同人の占有補助者として居住しているものと見るべきものと考えられるところである（東京地八王子支決平11・7・19判時1691号115頁）。

◎　占有補助者に当たらないとされる特別の事情

■ 内縁の夫のみ退去し長期間が経過した場合の内縁の妻が占有補助者に当たらないとされた事例

　　婚姻関係のない男女が同棲し，その間に生まれた子を養育してきたところ，その男が他市に転居後は，数度，その女を訪ね，又数回にわたり数千円を送金している反面において，同男は，同棲していた建物における住居を廃止し，同女との同棲生活をやめ，その他市において就職をなし，妻及びその子と同棲し，その後満3年以上を経過した後も，なお同女は当該建物に居住している場合には，同男の転出と同時に同人と別個独立の生活に移ったものと認めるほかなく，かかる場合においては，同女は同男の同居人又はその留守番として当該建物を占有するものと解することはできない（東京地判昭26・3・30下民2巻3号448頁）。

■ 戦時中，店主が渡航した場合において店の手伝いが占有補助者に当たらないとされた事例

　　昭和20年6月中頃空襲がはげしくなってきたので，家族を朝鮮に疎開させるため，この家屋に帰る予定で家族とともに朝鮮におもむいたが，その際，営業を手伝わせていた者に，留守中の家屋に居住して家屋ならびに営業の管理をすることを頼み，同人が渡鮮後，家屋に居住するに至った場合，当時戦況は緊迫して交通通信機関の機能は漸次麻痺状態となり，ことに内地と朝鮮との交通通信は極度に困難となっていたこと，空襲はますます激しさを加えて都会地及びその周辺の家屋は常時爆撃の危険にさらされていたこと等の事情の下，当該居住者は，所持の機関としてではなく，占有代理人として家屋を占有することになったとみるべきである（大阪地判昭26・6・16下民2巻6号776頁）。

第2章　占有の発生と移転

■農地について農業経営の親族団体の代表者としての占有

　　農業経営に供されている農地は端的にいって，当該世帯換言すれば当該所有者と住居及び生計を一にする親族の団体の耕作し占有するところであり，いわゆる耕作名義人として事実上耕作の業務につき主宰者たる地位にある者が，その団体のなす占有につきその代表者たる立場にあり，所有者とは別個に，このような立場において外部に対し，自己の名において占有訴権の如きを行使し得るのであると考えるのが，実質的な考え方でなかろうかとも思われる（水戸地判昭29・5・18下民5巻5号711頁）。

■夫が収監中の場合において妻が占有補助者に当たらないとされた事例

　　夫が収監中である場合は，その妻は，夫の占有補助者ではなく，（代理）占有者とみることができる（大阪高判昭32・3・1判時111号12頁，『基本物権』45頁）。

■社会観念上妻が夫と別個独立の占有を有すると認められる場合における夫に対する債務名義による妻に対する明渡しの執行の付加

　　独立の占有を有するものであるか否かは，妻が夫と同居していない場合とか，あるいは同居していても，例えば妻が美容院を経営し，夫がこれにより生活している場合のごとく，社会観念上妻が夫と別個独立の占有を有すると認められる場合は，夫に対する債務名義によって妻に対する明渡しの執行をなすことを得ず，妻に対して執行するには更に妻に対する債務名義を要するものと解すべきである（東京高判昭32・9・11東高民時報8巻9号220頁，判タ75号42頁，判時132号14頁）。

■夫婦関係が正常を欠き，妻が独自にその経営に従事していること等によって，妻に独立の占有権が認められた事例

　　夫が女道楽で外泊が多く，家業にも失敗したため，夫との間が漸次円滑を欠くに至り，妻が独断で家主の承諾を得たうえ，借家である建物において麻雀営業を営むことの許可申請をし，その許可を得，爾来，妻のみでその経営をし，その間夫はいよいよ外泊の度がはげしく，全く帰宅せず，夫婦関係は破綻して，遂に離婚の調停事件にまで発展しているところ，このように建物貸借人たる夫が多く外泊して建物に常住せず，夫婦関係が正常

112

第3節　代理占有，占有補助者

を欠くに至り，ために妻が自ら建物内の営業主体となって独自にその経営
に従事し，家主もその情を知って，その妻の営業開始に同意を与えたよう
な場合には，夫の貸借権に関係なく，その妻に建物の独自の使用を許した
ものであって，その妻は建物につき独立の占有権を取得したものと認める
を相当とする（東京高判昭44・10・16東高民時報20巻10号209頁，判タ244号255頁，
判時575号37頁）。

■ **夫婦関係が決定的に破綻した後，妻に占有権があると認められた事例**

　夫婦関係が決定的に破綻した後，暗黙の合意に基づくにせよ，同一建物
内で夫婦の居住部分を妻は母屋の部分，夫は離れの部分と協定して別居す
るに至ったときは，妻の居住部分とされた部分について妻も占有権を有す
るに至るものと解するのが相当である（東京高判昭48・6・19判タ298号219頁，
判時714号189頁）。

■ **包括宗教法人の代表者住職に，特段の事情によって住職自身の占有が認め
られた事例**

　寺院の住職が，当初は包括宗教法人の代表者として建物等の所持を開始
したのであり，包括宗教法人から，同住職が僧籍はく奪処分を受けたこと
に伴い建物の占有権原を喪失したとしてその明渡しを求める訴えを提起さ
れたときにも，その処分の効力を失うと共に，その包括宗教法人の代表者
として建物を占有し得る旨主張していたところ，和解をし，同住職が建物
を占有していることを確認し，別途，訴訟の帰すうに従って当該建物を占
有すべき者を決め，その者に占有させることに合意した後も，同住職は，
包括宗教法人との間の別途の訴訟を争いつつ，自ら直接，当該建物等を所
持していたものということができる場合には，同住職が自身のためにも当
該建物等を所持する意思を有し，現にこれを所持していたということがで
きるのであって，正に，特別の事情がある場合に当たると解するのが相当
である（最三小判平10・3・10裁判集民187号269頁，裁時1215号49頁，判タ1007号
259頁，金判1076号13頁，判時1683号95頁）。

第2編　不動産の時効取得

113

第2章　占有の発生と移転

■宗教法人の代表役員に，特段の事情によって代表役員自身の占有が認められた事例

　法人の代表者が法人の業務として行う物の所持は，法人の機関としてその物を占有しているものであって，法人自体が直接占有を有するというべきであり，代表者個人は，特別の事情がない限り，その物の占有を有しているわけではないが，代表者が法人の機関として物を所持するにとどまらず，代表者個人のためにもこれを所持するものと認めるべき特別の事情がある場合には，これと異なり，代表者は，その物について個人としての占有をも有することになり，当初は代表者として旧寺院の所持を開始した者が，旧寺院建物から新寺院建物へ転居した後も旧寺院の管理を継続して，これを所持していたのであり，包括宗教法人から新寺院の占有権原を喪失したとしてその明渡しを求める訴えを提起されたときにも，代表役員等の地位にあることの確認を求める訴えを提起するなどして争っていただけでなく，別件訴訟終了後にされた旧寺院建物の撤去についての話合いの際にも，旧寺院を管理，所持していることを前提として，建物撤去後の敷地の占有継続を主張するなどしていた事情のもとでは，その者自身のためにも旧寺院を所持する意思を有し，現にこれを所持していたということができるのであって，前記特別の事情がある場合に当たると解するのが相当である（最二小判平12・1・31裁判集民196号427頁，裁時1261号113頁，判タ1027号95頁，金判1094号44頁，判時1708号94頁）。

第4節 占有の移転

> **Q 11** 土地の譲渡の際に登記済権利証を交付したときは，当該土地を引き渡したといえるか。

 譲渡の際，土地の登記済権利証を交付すると，通常，土地を引き渡したものと推定される。

解説　占有権は，占有意思をもって所持することにより原始的に取得することのほか，既に発生している占有権を承継することによっても取得することができる。そこで，占有権も移転の対象となるが，例えば所有権の移転には売買等の譲渡による移転（特定承継）と，相続等による移転（一般承継・包括承継）とがあるところ，占有権も，前者に相当するものとして譲渡によって移転し，後者に相当するものとして相続等によっても移転し得る（Q40）。

ここでは，譲渡による占有権の移転について解説する。

関連条文：民法第182条（現実の引渡し及び簡易の引渡し）→19頁へ

占有権の譲渡は，「物権の設定及び移転は，当事者の意思表示のみによって，その効力を生ずる。」という民法第176条に規定する物権変動の原則の特例となっている。占有権を移転させるという合意と，物を現実に引き渡すことによって，占有権は譲渡によって移転する。

動産であれば，実際に物を渡したり，物を移動させたり，ということができるが，不動産にあっては同様にはいかず，社会通念上，不動産の実力的支配を譲受人に移すことで引渡しを行うこととなる。具体的には，建物の鍵を渡したり，表札を改めたり，現地で立ち会って譲渡人から確認，説明を受けるようなことが考えられよう。特に，登記されている不動産を譲渡した際は，

その登記済権利証が譲受人に交付されると，通常，引渡しがあったものと推定される。

【判　例】

◎　不動産の引渡しの要件

■ 引渡し，つまり所持の移属

　　物の引渡しとは，当事者の一方が，その所持すなわち実力的支配に係る物を他の一方の実力的支配に移属させることをいうため，事実問題に属する（大二民判大9・12・27民録26輯2087頁）。

■ 所持の移転

　　所持の移転とは，目的物を相手方の実力的支配に移属させることであり，その方法は場合によって異なる（大判昭2・10・19新聞2761号5頁，『注釈⑺』34頁）。

◎　不動産の引渡しの成否

■ 実地に臨むことなく，実力的支配に移属させることの合意によって引渡しが認められた事例

　　不動産については所在を確定してするだけでなく，双方ともに目的物を熟知している場合は，実地に臨むことなく，実力的支配に移属させることの合意をなすことで引渡しを完了させることも法律上の妨げはなく，薪炭用の雑木売買の場合，買主が既に目的雑木の状態を知悉しているときは，別に実地において当該山林を見分することなく，売買契約を締結し，代金全部の授受を了するときに，事後は，当該山林の監視，手入れ，伐採等は買主が行い，売主は一切関与しないという地方慣習がある下では，引渡しを完了したといえる（大二民判大9・12・27民録26輯2087頁）。

■ 居住する土地建物の贈与で合意により引渡しがされたと認められた事例

　　内縁の夫から妻への両名が居住する土地建物贈与に当たって，実力的支配を移転する合意を行うことで，引渡しは完了する（大判昭2・12・17新聞2811号15頁，『基本物権』47頁）。

■ 権利証の交付により引渡しが推定された事例

　　占有を移転するため，権利証を交付することは，通常の状態であるため，

第4節 占有の移転

その証書を交付したときは，その引渡しがあったと推定されるべきものである（大判昭6・5・7評論全集20巻民683頁，『基本物権』47頁）。

■立木及び伐採木の譲渡担保契約について，現地につき現実の支配をなし得る場合において，意思表示をもって現実の引渡しがあったと認められた事例

　　立木及び伐採木の譲渡担保契約について，その伐採木の所有権を移転せられた場合，立木が現地において伐採せられてその場に放置せられている状態にあり，譲受人においていつでも現地につき現実の支配をなし得る場合にあっては，譲渡担保契約における意思表示をもって現実の引渡しがあったものと認めて差し支えがないであろう（東京高判昭31・10・31民集12巻12号1890頁，下民7巻10号3074頁，東高民時報7巻10号249頁，判タ65号91頁，判時97号17頁）。

■立木の売買において，検収の完了をもって，目的物の引渡しがあったと認められた事例

　　立木の売買において，買主に対しては，伐採後においても，玉詰（切りそろえ）の後，双方立会いの検収を完了しない限り，伐木は搬出できないとの制限がある上は，代金を完済することによって，いわば検収のための準備段階ともいえる伐採及び玉詰行為を，買主に許しているからといって，その時点で，目的物に対する事実的支配が売主から買主に完全に移転したと見ることは早計であって，このような立木売買においては，代金額を最終的に確定するという重要な意義を有し，かつ，買主の搬出行為をはじめて可能ならしめるところの検収の完了をもって，目的物の引渡しがあるものと解するのが相当である（松山地判昭40・2・24下民16巻2号330頁）。

◎ **換地予定地と占有権移転**

■換地予定地の指定による占有権移転の成否

　　単に，換地予定地に指定されただけで，事実上の占有状態に変更がない限り，当然には占有権の変動，移転は生じない（最三小判昭30・7・19民集9巻9号1110頁）。

117

第2章　占有の発生と移転

Q 12 借家を借家人に譲渡する場合にも，家主から借家人に引渡しをしなければ占有権は移転しないか。

 譲渡人である家主と，譲受人である借家人の合意のみで占有権が移転する。

解説 占有権を譲渡によって移転させるには，Q11の現実の引渡しのほか，簡易の引渡しによっても移転する。

関連条文：民法第182条（現実の引渡し及び簡易の引渡し）→19頁へ

借家人のように，既に物を占有している者（他主占有である直接占有者）に対して，家主の占有権（自主占有）を譲渡するには，引渡行為がなくても，当事者の合意のみで占有権が移転し，これを簡易の引渡しという。

占有代理人に対する譲渡のほか，占有補助者に対しても簡易の引渡しによって占有権を移転することができる。

【判　例】
◎　不動産の簡易の引渡し
■小作人に売却した際に意思表示のみにより引渡しがあったと認められた事例

　　小作人として土地を占有している場合，小作地について売買契約を履行するにつき，現実に土地の引渡しをなすことを要せず，当事者間の意思表示のみによって，土地の引渡しがあったと認むべきである（大一民判明44・12・16民録17輯819頁）。

■内縁の夫から妻への同棲中の家屋の贈与の際に契約書と実印を交付することにより占有移転が認められた事例

　　内縁の夫帰として家屋において同棲してきたところ，その夫が妻に，この家屋を土地とともに贈与し，その際，当該土地家屋の買受けに関する契

第4節　占有の移転

約書をその実印とともに妻に交付したときは，この贈与がなされるまでは，妻の当該家屋に居住する法律関係は，夫の占有補助者としての立場にあったと解せられ，この家屋の贈与がなされ，かつ，その権利の表象ともいうべき家屋の買受けに関する契約書がその実印とともに妻に交付されることによって，夫から妻に対して簡易の引渡しによる家屋の占有移転が行われたものとみるべきである（最三小判昭39・5・26民集18巻4号667頁，裁判集民73号645頁，判タ163号79頁，判時377号56頁）。

Q 13　家屋を売った者が契約により引き続き居住し続ける場合は，買主は家屋の占有権は取得しないか。

　買主は，売主を占有代理人として，占有権を取得する。

解説　土地建物の所有者が，自己が居住している当該土地建物を売却し，所有権を移転したが，同時に，買主から借り受けて，引き続き前所有者である売主が居住をする場合，売主は買主の占有代理人となり，買主は売主の代理占有を通して自主占有としての占有権を取得する（移転を受ける。）。この場合，現実の引渡しは行われないが，占有代理人が本人のためにする意思を表示することで足りる。これを，占有改定という。

関連条文：民法第183条（占有改定）→19頁へ

占有改定の場合の代理人は，占有改定以前から占有代理人であることは必要なく，占有改定によって譲受人のために代理占有を始めたものであって足りる。

第2章　占有の発生と移転

【判　例】

◎　占有改定の要件

■占有改定者が予めの代理人であることの不要

　占有改定は，権利に基づき物を占有する改定者が，その権利を本人に譲渡すると同時に，その譲渡した権利に伝来する権利を本人より取得し，その権利に基づいて物の所持を継続し，譲渡人は直接占有者となり，譲受人（本人）は同一物について返還請求権に基づいて，間接占有権を取得する場合を指し，この場合，改定者は直接占有となすと同時に本人（譲受人）のためにする意思を黙示し，本人も，これを取得する意思を黙示したものとすることは当然のことであるが，譲渡人が譲受人の占有機関となる場合には占有改定には含まれず，また，占有改定後における代理人は，改定者が予めの代理人であることを必要とするものではない（大三民判大4・9・29民録21輯1532頁）。

■売渡担保における占有改定

　売渡担保契約がなされ債務者が引き続き担保物件を占有している場合には，債務者は占有の改定により事後，債権者のために占有するものであり，したがって債権者はこれによって占有権を取得する（最一小判昭30・6・2民集9巻7号855頁，判タ51号35頁，判時53号15頁）。

◎　土地の占有改定

■農地の売主が1年間だけ耕作することを承認する売買契約によって引渡しがあったと認められた事例

　農地の売買について，売主が自家用として耕作したいから1年間だけ作らせてくれというので，買主もこれを承認した場合，売主と買主との間に，1年間だけは売主が当該農地を買主から借り受けて耕作することとし，1年後は買主に返還する旨の契約が成立したといえ，その際，両者間に当該農地については，「占有の改定」等による土地の引渡しがあったと解せられないことはない（最二小判昭28・7・3裁判集民9号631頁）。

第4節 占有の移転

Q 14 入居者のいる賃貸マンションを売却した場合には，買主がマンションの占有権を取得することになるか。

A 入居者に売買のことを連絡することで，買主は，マンションの占有権を取得する。

解 説 代理占有されている物を，その占有代理人を通した自主占有者（間接占有者）である所有者が譲渡した場合に，譲渡人が占有代理人に対して，以後は譲受人のために占有することを命じたときは，譲受人は，その占有代理人を通した自主占有者（間接占有者）となる。これによって，譲渡人が有していた占有権は譲受人に移転するが，これを指図による占有移転という。通常，譲渡の合意には，占有権の移転の合意が含まれよう。

関連条文：民法第184条（指図による占有移転）→19頁へ

「命じ」とあるが，要するに，賃借人等の占有人代理人に対して，譲渡の旨を明示的に通知することであり，それは一方的に通知することで足り，当然，占有代理人の承諾を必要としない。

【判 例】

◎ 指図による占有移転の要件

■指図による占有移転の通知先

目的物が転貸されている場合，占有代理関係は重畳して成立しているものと解するのが相当であり，したがって，所有者は，転借人を占有代理人として取得した占有を，賃借人である占有代理人を介して保持しているものといえ，このような場合，占有物を指図による占有移転の方法によって譲渡するには，自己の占有代理人に対する通知をもって足るものと解するのが相当であり，このことは，いわゆる指図による占有移転なるものが，本人と代理人との間の代理占有関係をそのまま存続せしめ，現物を移転させる

121

第2章　占有の発生と移転

ことなくして，単に占有移転の合意のみで，本人の有する間接占有を第三者に譲渡するものであること，換言すれば，観念的占有の単なる移転という性質を高度に具有しているからである（福井地判昭36・4・10下民12巻4号748頁）。

■ 指図による占有移転の通知の方法

　指図による占有移転によって，占有権が移転する場合，その占有移転のための指図も文書によるまでもなく，口頭（電話）によって有効になしうると解され，また，指図による占有移転は，第三者（譲受人）の承諾を要するのであるが，指図者と第三者（譲受人）間の合意に限らず，第三者（譲受人）から直接，物の直接占有者（占有代理人）に対して承諾することもできると解される（大阪地判昭56・5・15判タ450号131頁，金判637号43頁，判時1037号126頁）。

◎　建物の指図による占有移転

■ 建物買取請求により指図による占有移転があったとされた事例

　土地所有者からの借地上の建物収去土地明渡しの請求において，建物所有者が旧借地法第10条により建物の買取請求権を行使した場合，この明渡請求には建物の引渡しを求める申立てをも包含する趣旨と解すべきであり，されば当該建物の買取請求により当該建物の所有権が土地所有者に移転したときは，その日時以後において，土地所有者は借地人に対して当該建物の引渡しを求めているものというべきであり，ここにいう引渡しは，当該建物の占有者が賃借人であるため，買取前の所有者たる借地人が，買取後の所有者に対し現実の引渡しをなし得ない場合においては，指図による占有移転を求める趣旨と解するのが相当である（最三小判昭36・2・28民集15巻2号324頁，判時252号12頁）。

■ 建物の賃貸人の債権者が転貸借契約を締結し，その賃料を債権回収に充てていた場合に指図による占有移転があったと認められた事例

　賃借されている建物の賃貸人の債権者が，当該建物を賃借し，その債権者が転貸人として，当初の賃借人を転借人とする転貸借契約を締結し，その賃料を債権回収に充てていた場合，その債権者は，指図による占有移転によって，当該建物の引渡しを受けていたといえる（最三小判昭61・11・18判時1221号32頁，『基本物権』49頁）。

122

第1節　自主占有，他主占有

第3章　占有の態様

第1節　自主占有，他主占有

Q 15　賃料を支払って借家を占有している者が，内心では自己が所有者であると思っている場合は，所有の意思をもって占有しているといえるか。

A　所有の意思は，占有をすることとなった原因によって外形的に判断されるため，賃借人は，原則として，所有の意思をもって占有しているとはいえない。

解説　所有の意思のある占有を自主占有，所有の意思のない占有を他主占有というが，所有権を時効取得するためには，その占有が自主占有でなければならない。所有の意思のある占有とは，所有者として占有する意思をもってする占有で，通常，買主等の譲受人は自主占有者といえる。
　所有の意思をもっているか否かは，占有者の内心の意思ではなく，占有をすることとなった権原（原因）によって外形的に，客観的に判断される。つまり，売買契約によって買主が所有者として占有を始めたときは自主占有であるとされる。ここで，権原とは，その占有をすることとなった原因としての法律行為等のことであり，まさに，売買，贈与，交換等のことである（行政上の買収，売渡処分等を含む。）。これら売買などを権原とする占有は，客観的に，所有の意思があるものとされる。他方，例えば，賃貸借契約によって賃借人が占有を始めたときは自主占有とはされず，その内心のいかんにかかわらず，所有の意思のない他主占有であるとされ，その他，受寄者や，地上権者，質権者，任意の財産管理人なども他主占有とされる（後記のとおり，占有を開始することとなった原因が必ずしも明確ではないものの，自主占有が認められた判例もある。）。

123

第3章　占有の態様

　この場合，占有をすることとなった原因の瑕疵により実体法上の所有権の移転や賃貸借が生じなかったとしても，引き続き自主占有又は他主占有として占有しているものとされる。

　所有する意思とは，所有者として所有者と同様の排他的支配をする意思であり，必ずしも，他人の所有に属していることを知らない場合に限らない。

　他主占有から自主占有への占有の性質の変更については，Q36で解説する。

【判　例】

◎　所有の意思の決定基準

■所有の意思の判断における所有権を取得すべき実体上の法律関係が具体的な確定の不要

　　自主占有における所有の意思は，所有権を取得すべき実体上の法律関係が具体的に確定することを要せず，外形的な事実関係並びに当事者間の身分関係及び納税関係あるいは継続的使用収益を継続している事実等の事情に鑑みて判断すべきものにして，その判断は，別段の事由のない限り，一般取引上の通念に照合して行われるべきものである（大判昭18・7・26法学13号389頁，『注釈(7)』54頁）。

■占有の根拠となった客観的事実による所有の意思の決定

　　取得時効の要件としての所有の意思の有無は，占有の根拠となった客観的事実によって決定さるべきところである（最一小判昭44・5・22民集23巻6号993頁，裁判集民95号323頁，判タ236号118頁，判時561号38頁）。

■占有開始原因たる事実によって外形的客観的に定められる所有の意思

　　占有が自主占有であるかどうかは，占有開始原因たる事実によって外形的客観的に定められるものである（最三小判昭54・7・31裁判集民127号315頁，判タ399号125頁，金判583号32頁，判時942号39頁，金法923号42頁）。

◎　所有の意思の有無

■信託行為に基づく占有が自主占有であるとは認められなかった事例

　　信託行為に基づく占有は，自主占有をもって始まったものとはいえない（名古屋地判大4・12・24評論全集5民400頁，『注釈(5)』196頁）。

124

第1節　自主占有，他主占有

■賃料を支払って占有している賃借人には所有の意思が認められなかった事例

　賃料を支払って占有している賃借人は，占有の性質の変更がない限り，所有の意思をもってする占有として所有権を時効取得することはできない（大一民判昭13・7・7大民集17巻15号1360頁，『基本総則』239頁）。

■絶家した分家戸主の遺産を自己の所有に帰したと信じて占有した本家戸主の占有が自主占有であると認められた事例

　分家の単身戸主が死亡して絶家した場合，本家の戸主が，分家の単身戸主名義の財産が自己の所有に帰したものと信じて占有したものは，自主占有である（東京控判昭13・11・10評論全集28諸法190頁，『注釈(5)』203頁）。

■寺の所有として山林の管理を青年会に任せたこと等により，寺の自主占有が認められた事例

　当該山林について，寺の所有としてこれを管理，使用，収益し，その公租公課を負担し，その一部の山林については，寺は青年会にこれを賃貸し，青年会が植林し，山林からは寺の住職使用の薪材に充てるため，檀家の者が労力を奉仕して毎年薪をとり寺に納め，なお，寺では地元の者に炭を焼かせたことがあることを認められる客観的状態によると，明らかに寺は平穏公然に当該山林について所有者としての権能を行使していたことが認められる（福島地判昭31・3・30下民7巻3号792頁）。

■絶家戸主の遺産について自己の名をもって公租公課を負担している占有が自主占有であると認められた事例

　明治21年に絶家となった単身戸主の土地を，明治25年頃から自己の所有として税務署等に届け出て，爾来当該土地に対する公租公課を自己の名をもって納入するなど所有の意思をもって占有していた場合，占有者の亡父が当該絶家財産について遺産管理人であったとしても，占有者は亡父の当該土地に対する占有を承継したものではなく，その家督相続前から，自己の権原により原始的に取得したものと認定される場合は，自主占有であると認められる（仙台高判昭33・3・15下民8巻3号478頁）。

125

第3章　占有の態様

■ 買収を自ら解除しながら占有を続ける者に所有の意思が認められなかった事例

買収に基づき土地を占有した者が，その買収を自ら解除したものの，同人が，改めて占有を始めた場合，この占有なるものは，いわゆる権原の性質上，所有の意思をもってする占有とはいえない（東京地八王子支判昭35・6・10訟月6巻7号1373頁）。

■ 親族の債務を肩代わりし，樹木を植える等の行為が所有の意思を推認させるとされた事例

山林の所有者が，事業に失敗して多額の負債を有し，祖先伝来の不動産のほとんど全部に抵当権を設定する有様であったが，なお債務を弁済することができず，その抵当不動産も第三者の手に渡ることが必至の状態となったので同人の親戚が金員を出して，その山林所有者の不動産のうちいくらかを譲り受け（その法律的性質はともかくとして），その財産が親族以外の人手に渡るのを防ぐことができたとして，当該土地に黒松を植え，その後，間伐，補植，下枝払い，下草刈り，根刈り等の処置を施して黒松を育成したこと，更に松樹を伐採して自宅の建築用に充て，その跡には松苗木を植えたこと，ために当該土地の現況は，黒松の林を形造り，いずれも手入れの跡がみられ，自然の成育に委せたものではないことがそれぞれ認められるような場合，証拠上，当該親族がみずから相当の金員を提供して山林所有者の債務を代って弁済したことの代償として当該土地を譲り受けたと認めるには充分ではないときであっても，所有の意思をもって占有を継続したと推認するには充分である（仙台地判昭36・1・24訟月7巻3号655頁）。

■ 売買代金の全額の支払が済まないときであっても自主占有であると認められた事例

昭和20年3月初頃，売主から当該不動産を代金15,005円で買い受ける契約を締結すると共に，その代金内入金として金1,000円をすみやかに支払うが，当時売主が所用で出掛けることにしていたため，その自宅（当該不動産）へ帰宅してから，その所有権移転登記手続をすることとし，その登記が済み次第残代金を支払う旨の約束をし，そして，その金1,000円を支

126

払ったが，所有権移転登記が経由されないままであったところ，買主が当該不動産を引き続き占有使用しており，かつ，特段の事情もなく，長年月にわたり，これを放置して，積極的に取りかえそうとした事跡がないような事情の下，買主に所有の意思が認められる（福岡高判昭39・12・9民集23巻12号2471頁）。

■ 神仏分離処分によって寺所有となった神社境内内の建物について神社の自主占有が認められた事例

　明治4年の神仏分離実施後まもなく，県知事より寺に対して，その境内に移遷すべき旨が命じられているところ，護摩堂については，指令により，神社において，これを仮社務所ないし社務所として使用するに至ったから，そのころに自主独立の占有を開始したとみることができ，旧幕時代には神社の所有するところであったが，明治4年に，その地方において神仏分離が実施された際に，県知事による神仏分離の処分に基づき，その所有権はいずれも寺に移転されたが，それら各物件のうち，護摩堂，鐘楼，鼓楼，および虫喰鐘堂については，取得時効により，神社が再びその所有権を取得するに至ったということができる（宇都宮地判昭45・4・9判時594号35頁）。

■ 賃貸借の効力が生じないものであるとしても他主占有であることが妨げない事例

　占有における所有の意思の有無は，占有取得の原因たる事実によって外形的客観的に定められるべきものであるから，賃貸借が法律上効力を生じない場合にあっても，賃貸借により取得した占有は他主占有というべきであり，その賃貸借が効力が生じないものであるとしても，その占有をもって他主占有というに妨げない（最一小判昭45・6・18裁判集民99号375頁，判タ251号185頁，判時600号83頁）。

■ 交換契約によって所有権が取得し得なかったときでも占有に所有の意思が認められた事例

　占有における所有の意思の有無は，占有取得の原因たる事実によって客観的に定められるべきものであり，土地の所有権を譲り受けることを内容とする交換契約に基づきその引渡しを受けた場合，当該交換契約によって

第3章　占有の態様

当該土地の所有権を取得しえなかったとしても，その占有は，所有の意思
をもってする占有であるといわなければならない（最一小判昭45・10・29裁判
集民101号243頁，判タ255号156頁，判時612号52頁）。

■宗教的活動・民俗的生活により境内地として占有し続けてきたことにより，
神社の自主占有が認められた事例

　神社境内地内の当該土地について，明治の末頃には，拝殿にかけての一
帯の土地が付近の子どもたちの遊び場になっていたこと，当該土地の南側
に近接して井戸・石塔・灯ろうなどがあったこと，当該土地が神社境内地
としての体裁を失っていなかったこと，その頃管理人によって当該土地上
に植樹がなされていること，町内区民の勤労奉仕により当該土地上に子供
の遊戯施設が構築されたこと，一体として神社の境内を形成していること
などを総合すると，以来現在に至るまで祭祀・管理・崇敬者（いわゆる氏
子）の礼拝・享受など宗教的活動・民俗的生活により当該土地を境内地と
して占有し続けてきたことを推認することができ，その境内地として使用
されてきたのに，当該土地の所有者をはじめ何人からもその使用につき異
議がなかったことが認められることなどを総合すると，当該土地の占有は
所有の意思をもってなされたものというべきである（宮崎地判昭47・1・24
下民23巻1～4号5頁，判タ275号231頁，判時658号5頁）。

■物納後も引き続き占有していることが，所有の意思をもって占有を継続し
てきたものと認められた事例

　当該土地について，物納後も，物納されていないと思って，引き続き所
有の意思をもって平穏公然に占有を継続してきたものと認められる場合，
少なくとも物納から20年の経過により，その所有権を時効取得したものと
いうべきである（東京地判昭47・1・26判時671号60頁）。

■国から売渡処分を受ける前に占有者から買い受けて引渡しを受けたが，当
該土地が他の者に対して売渡処分があった場合に，当該引渡しを受けた者
の引渡し当時に開始した占有が自主占有であるとは認められなかった事例

　当該土地が，国から，従前の占有者ではなく，他の者に対して売渡処分
が行われ，従前の占有者に対しては，他の土地についての売渡処分が行わ

128

第1節　自主占有，他主占有

れるに至ったとき，当該引渡しを受けた者の所有に帰したと誤信していた
ものとしても，これに先んじて当該引渡しを受けた者が従前の占有者から
取得した占有は，少なくとも，国から従前の占有者に対して売渡処分の行
われた日までの間は，所有の意思をもってしない他主占有であり，誤信に
基づくにもせよ，それが新権原としての所有の意思をもってする自主占有
に変わり得るのは，その誤信を生じしめる原因となった国からの従前の占
有者に対する売渡処分の時以後のことであるべきである（東京高判昭48・
2・27東高民時報24巻2号31頁，判タ302号199頁，判時697号46頁）。

■ 国が旧海軍燃料廠の用地として買収したとされた土地が一部未買収であっ
た場合に国の自主占有の事実が認められた事例

　　旧海軍省としては当該土地を含む近接周辺一帯の土地について買収手続
が完了したものと信じたこと，第一海軍燃料廠として活動を開始し終戦ま
で続いたこと，その間当該土地を含む旧海軍燃料廠敷地は旧海軍省の所管
国有財産として占有管理されてきたこと，その間，当該土地の使用につき
何らの苦情も異議も申し出られなかったこと，それら土地は終戦に伴い昭
和20年10月31日旧海軍省から大蔵省に所管が移され，関東財務局横浜財務
部所管の国有財産として占有管理されたこと，昭和20年12月1日以降，国
から財団法人に使用が許可され，その後引き続き，共済病院診療用および
職員住宅として使用されてきたような事実関係によれば，国が当該土地を
買収したと認めるには十分ではないが，国は旧海軍燃料廠敷地として買収
した他の土地と同様，当該土地についても買収によりその所有に帰したと
信じて善意で自主占有を開始し，国有地と民有地との境界を明確に区別す
るため，昭和16年春ころ側溝，板塀等の設置工事を進行させ，これを完成
させたと推認される時期，すなわち，同年4月末日以降，当該土地に対す
る自主占有の事実が客観的にも明らかに看取されるから，その後当該土地
を所管する国の機関に変更があっても，終始，国の国有財産として平穏か
つ公然と占有管理されてその占有を継続し，20年後の昭和36年4月末日の
経過をもって取得時効が完成したものと断定できる（横浜地判昭51・1・30
判タ338号230頁）。

第3章　占有の態様

■ 譲渡担保後の譲渡担保権設定者の占有が所有の意思のないものとされた事
例

　譲渡担保権設定者が譲渡担保権者に対して当該土地を譲渡担保に供し，
その譲渡担保契約に基づき譲渡担保権者のために所有権移転登記のなされ
た場合，譲渡担保契約の日以降の譲渡担保設定者の当該土地に対する占有
は，所有の意思のない占有となったものと認める他はない（名古屋高判昭
53・6・12判夕368号235頁，判時913号92頁）。

■ 他人物売買であることを知って買い受けた者の占有に所有の意思が認めら
れた事例

　占有における所有の意思の有無は，占有取得の原因たる事実によって外
形的客観的に定められるべきものであり，土地の買主が売買契約に基づい
て目的土地の占有を取得した場合には，この売買が他人の物の売買である
ため売買によって直ちにその所有権を取得するものでないことを買主が
知っている事実があっても，買主において所有者から土地の使用権の設定
を受けるなど特段の事情のない限り，買主の占有は所有の意思をもってす
るものとすべきであって，その事実は，占有の始め悪意であることを意味
するにすぎないものと解するのが相当である（最三小判昭56・1・27裁判集民
132号33頁，判夕441号107頁，金判621号22頁，判時1000号83頁，金法957号32頁）。

■ 解除条件付きの売買契約であっても買主の占有に所有の意思が認められた
事例

　売買契約に基づいて開始される占有は，当該売買契約に，残代金を約定
期限までに支払わないときは契約は当然に解除されたものとする旨の解除
条件が附されている場合であっても，所有の意思をもってする占有である
というを妨げず，かつ，現に，この解除条件が成就して当該売買契約が失
効しても，それだけでは，この占有が，所有の意思をもってする占有でな
くなるというものではないと解するのが相当である（最一小判昭60・3・28
裁判集民144号297頁，判夕568号58頁，金判730号3頁，判時1168号56頁）。

130

第1節　自主占有，他主占有

■買受地には含まれない隣地の一部について買主の占有に所有の意思が認められた事例

　　占有者は，当該土地（実際は，買受地には含まれない隣地の一部）は当該建物の敷地で当該買受地の一部であると信じ，売買契約に基づき当該買受地及び当該建物の引渡しを受けたものであるから，所有の意思がないものとされる権原に基づき占有を取得したとの事実を認めることができないことは明らかであり，占有者は，当該土地の占有を開始してから時効期間が経過するまでの間，真の所有者であれば通常とらない態度を示し，若しくは所有者であれば当然とるべき行動に出なかったなど，外形的客観的にみて他人の所有権を排斥して占有する意思を有していなかったものと解される事情を認めることは困難であるから，占有者が所有の意思を有していなかったと解することはできない（東京高判平12・3・22判タ1091号263頁）。

◎　所有の意思と他人の所有に属していることを知っていること

■他人の所有に属していることを知っているということと自主占有の両立

　　他人の所有に属していることを知っているということと，所有の意思をもって占有するということは，両立し得ないことではなく，他人の所有に属していることを知ったうえでの占有が，必ずしも他主占有であるとはいえない（大判昭3・5・9裁判例2民1頁，『注釈(5)』194頁）。

■自主占有について必ずしも占有者が所有者であると信ずることの不要

　　占有者（譲渡人）において，当該土地を譲渡した事実を自認しても，そのことだけでは，占有者（譲渡人）が当該土地が譲受人の所有であって占有者（譲渡人）の所有でないことを充分知っていたものであり，従って占有者（譲渡人）が当該土地を所有の意思で占有したものでないと即断することはできず，そればかりでなく，所有の意思をもってする占有とは，物について所有者と同様な支配をなす意思をもってする占有をいうので，必ずしも占有者が所有者であると信ずることを必要としないと解すべきである（広島高判昭23・7・21高民1巻2号142頁）。

第2編　不動産の時効取得

131

第3章 占有の態様

◎ 間接占有について所有の意思の基準となる者

■ 土地の賃貸人が，他人所有地も自己の所有であると信じさせて賃貸していた場合に，賃貸人に所有の意思があるものと認められた事例

　　取得時効の要件としての占有の善意，悪意，過失の有無については，占有代理人および自主占有者についてこれを決すべきであるが，占有代理人が賃借人等「権原ノ性質上占有者ニ所有ノ意思ナキ」（民185条参照）者にあたる場合，所有の意思は，土地所有権を取得すべき自主占有者自身にあることを前提要件とするものというべきであり，一般に，土地賃貸人が賃借人に自己の所有地の範囲を越えて他人の所有地の一部をも賃貸地として占有させ，賃借人をしてその越境部分もまた賃貸人の所有地であると信ぜしめていた場合には，特段の事情のない限り賃貸人に所有の意思があるものと認めるのが相当で，つまり，所有の意思は賃貸人について考えるべきことである（東京地判昭45・12・19判タ261号311頁，判時630号72頁）。

■ 占領軍の接収した土地に対する占領管理を介して，国の自主占有が認められた事例

　　当該土地の接収は連合国軍による日本国占領の一環として，その権利に基づき行われるものであり，国は，連合国軍の一つである米国駐留軍が遅くとも昭和24年12月末に当該土地の占有を始めたときからこれが返還されるまで，米国駐留軍を介して当該土地を間接占有していたものと認められ，連合軍による接収及び占領管理方式についての公知の事実に照らせば，米国駐留軍が当該飛行場建設予定地の接収に伴い当該土地の占有を始めたからといって，その占有が民法の時効取得の基礎たる占有に値しないと言うことはできず，国の米国駐留軍を介しての当該土地に対する占有は，民法第186条第1項により所有の意思をもって善意，平穏かつ公然に始められたものと推定される（東京地判昭57・9・17下民35巻1～4号197頁，判タ483号83頁，判時1060号96頁）。

第1節　自主占有，他主占有

Q 16
賃貸借，寄託，地上権設定，質権設定，任意の財産管理など契約の性質から原則として自主占有とは認められない占有の他にも，通常は自主占有とは認められない占有はあるか。

A 親権者が未成年者の土地を占有していたり，団体の管理者が当該団体の土地を占有していたりしていても，通常は，その占有は自主占有であるとは認められない。

解説　賃貸借契約，寄託契約，地上権設定契約，質権設定契約，任意の財産管理契約などによって占有を開始した賃借人，受寄者，地上権者，質権者などは，それら契約の性質からみて，外形上，客観的に他人（本人）のために代理占有している他主占有であるとされ，内心のいかんにかかわらず，所有の意思は認められない。他主占有者も，自己のためにする意思，占有意思を有するが，あくまでも，他人（本人）のためにする意思であって，その占有者自身の所有の意思ではない。

その他，親権者が未成年者の土地を占有するなど法定代理人が本人の土地を占有することや，団体の管理者が当該団体の土地を占有すること，あるいは共有者の一人が当該共有地を占有することも，占有の性質の変更がない限り，通常は，所有の意思があるとは認められない。占有をすることとなった原因が契約によるものではないが，これら，法定代理人や，団体の管理者が，その本人や団体の土地を占有するということは，当然，その本人や団体のために管理（占有）するとされることが明らかであり，このような占有は，占有の性質の変更が認められる特段の事情がない限り，他主占有であり，自主占有であるとは認められない。

なお，家族が，ともに同居している世帯主所有の住家に居住を続けていても，特段の事情がない限り，その家族は占有補助者に当たるため（Q10），その家族には占有権は（自主占有はおろか，他主占有も）認められない。

第2編　不動産の時効取得

133

第3章　占有の態様

【判　例】

◎　所有の意思が認められない占有

■門前名主による無償使用権に基づく占有に所有の意思が認められなかった
事例

　　土地の占有者の初代が同地上に建物を所有し，当該土地を占有している
ことが，同人が土地の所有者である寺の門前名主である関係上，無償にて
使用権を有したことに起因するときは，その占有には所有の意思は認めら
れない（東京控判大9・3・3新聞1694号21頁，『注釈(5)』191頁）。

■真の所有者に対して所有権移転登記をなすべきことを契約しながら引き続
き占有した場合の占有が所有の意思がないとされた事例

　　元来，占有者の側の所有に属しない土地が，明治21年畦畔丈量の際に
誤って登記簿上占有者の側を所有名義としたが，明治32年に占有者の側は
真の所有者に対して所有権移転登記をなすべきことを契約しながら，その
履行をなさず，引き続き占有した場合，その占有者側の占有は，権原の性
質上，所有の意思のない場合であることは明白である（大判昭6・5・13新
聞3273号11頁，『注釈(5)』193頁）。

■共有者のうちの一人の占有が共有地全体について所有の意思がないものと
された事例

　　漁業の網小屋や網干場に使用していた共有地である海岸について，その
共有者の中の一人が，この共有地を自ら使用し，または他に賃貸していて
も，特別の事情が存しない限り，管理行為としてなしたものにして，権原
の性質上，所有の意思はないものである（大判昭6・6・2裁判例5民99頁，
『注釈(5)』192頁）。

■境内である占有地が国所有であることを承認のうえ使用占有していたこと
が推認される場合に所有の意思を有しなかったものとされた事例

　　従来から寺院敷地であったが，明治初年の官民有区分により官有地へ編
入され，その後，内務省の所管するところとなり，寺院明細帳にも官有地
である旨記載され，占有者が，その境内である占有地が国所有であること
を承認のうえ，これを使用占有していたことが推認される場合，その占有

134

第1節　自主占有，他主占有

するにつき，所有の意思を有しなかったものと認められる（東京地判昭39・
5・28訟月10巻7号939頁）。

■ 神社鎮守の神職・別当職の占有が所有の意思のない占有であるとされた事
例

　　土地の占有者について，その家の戸主は代々神社あるいはその前身であ
る鎮守の神職あるいは別当職であって，その神社あるいは鎮守のために当
該土地を占有してきているが，その占有は，権原の性質上，所有の意思の
ない占有であると判断することは正当であり，このことは当該土地が，い
わゆる神社の境内地ではなく，その地上に土地の占有者の家累代の住宅，
墓地があり，またその所有の貸家があり，後にこれを病院として利用した
ことがあったとしても，その占有の意思が前述のとおり神社あるいは鎮守
のためのものである以上，所有の意思ある占有をなし来ったものとは認め
ることができない（東京高判昭30・2・4東高民時報6巻2号28頁）。

■ 旧民法施行中，妻死亡後に戸主である夫が亡妻名義の土地を占有している
ことは遺産相続人である子供らのための他主占有であるとされた事例

　　妻が，戸主である夫と婚姻してから，自己の姉から当該土地を買い受け
て所有権を取得し，同日，所有権移転登記を経由した後に死亡し，夫は当
該土地の登記名義は妻名義のまま存置していたところ，夫は，妻が買い受
けて所有権を取得し，その登記を経由したものであることを夫として当然
知っていたものと推認しうるから，夫が妻の死亡による遺産相続開始後に
当該土地を占有していたとしても，その占有は亡妻の遺産相続人たる子供
らのためにする占有であったと認めるのが相当であり，夫の当該土地の占
有は自主占有ではなく，他主占有であったというべきである（大阪高判昭
53・1・31下民29巻1〜4号44頁，下民35巻1〜4号181頁，判時906号51頁）。

■ 病気の跡取りの子に代わって，その子の農地を耕作管理する父の占有が他
主占有であるとされた等の事例

　　子の一人が農業の跡取りになることを家族が了解していたが，その子が
一時結核を患い農業に携わることができず，父が農業に精を出し，耕作管
理していたとき，当該土地は跡取りと決めた子の土地であるから，これを

第2編　不動産の時効取得

135

第3章　占有の態様

管理するための占有の域を出ることがなく，他主占有であったと認めるほかなく，また，父死亡後に，他の子が，父の土地を相続し，当該土地を引き続き耕作管理している場合に，当該土地も相続財産として自己に帰したと信じたとすれば，当該他の子が，父の死後，当該土地を占有したのは，その態様，外観において，父時代のそれと著変なく，所有権が自己に帰したと信じたことは簡単に認め難く，たといその様に思ったとしても，著しく軽率な判断であると言わざるを得ないという事情のもとでは，父の地位をそのまま受け継いだものであるから，やはり他主占有となる筋合いである（横浜地判昭59・4・26判タ530号188頁，判時1147号122頁）。

Q17 | 共有者の一人が共有地全体を占有することで，自主占有をしていると認められるか。

A 共有者の一人が，事実上，共有地の全体を占有していたとしても，通常は，その占有が共有地全体に対する自主占有であるとは認められない。

解説　共有者の一人が，事実上，共有地の全体を占有していたとしても，通常は，その占有が共有地全体に対する自主占有であるとは認められない。

つまり，共有地について，他の共有者が使用をやめたのちに，共有者の一人が共有地の全体を事実上の占有をしていたとしても，それは共有地の管理（占有）とみることができるのは明らかであり，このような占有も，占有の性質の変更が認められる特段の事情がない限り，他主占有であり，自主占有であるとは認められない（共同相続の場面については，Q45を参照）。なお，この場合であっても，自己の共有持分に対しては，所有の意思があることはいうま

136

第1節　自主占有，他主占有

でもない。

【判　例】

◎　**共有者の一人による共有地の占有についての所有の意思の存否**

■共有者のうちの一人の占有が共有地全体について所有の意思がないものとされた事例

　共有者の一人が共有物の使用若しくは管理のためになす占有については，他の共有者の持分に関する限り，その者に対し自己に所有の意思のあることを表示しない以上，所有の意思をもって占有しているものでないと認めるのが，共有の本質に鑑み，極めて当然であるというべきである（広島高松江支判昭30・3・18高民8巻2号168頁）。

第2編　不動産の時効取得

Q18 ｜ 土地の買主は所有権の移転の登記をしなければ，所有の意思のある占有者とは認められないか。

A　登記をしなくても，買主の占有が，所有の意思のある占有であると認められないわけではないものの，登記を放置している事情によっては，自主占有であると認められない場合もあり得る。

解説　土地の買主が，売買契約によって引渡しを受けて始めた占有は，通常，当然に自主占有とされる。これらは，贈与の場合も同様であろう。

　例えば，【判例】最一小判昭35年7月27日（Q72）は登記を経ずに売買によって占有を開始したことが自主占有であると認められた事例，最一小判昭和36年7月20日（Q73）は登記を経ずに贈与によって占有を開始したことが自主占有であると認められた事例である。

　しかし，土地の売買取引の常態に反して長期間，登記や公租公課の賦課を

137

第3章　占有の態様

受ける手続をしないで放置していることが，買主の占有が自主占有であると
は認められないこともあるだろう。

　反対に，単に登記名義を有し，公租公課を負担していても，現実にはまっ
たく占有していないときは，自主占有も，他主占有も認められない。

　なお，登記の推定力についてはQ46で解説する。

【判　例】

◎　登記等の放置と所有の意思

■贈与による登記を30年近く放置する等の事情により株式会社の占有が自
主占有であると認められなかった事例

　　贈与によって所有権を取得したという株式会社が，100坪もの宅地の贈
与を受けながら，30年近くになるのに登記を受けずに，また公租公課の賦
課を受ける手続をしないで放置していることは，一般個人に比して資産状
態を明らかにする必要がある株式会社にして，取引の常態に反しており，
その占有は自主占有であるとは認められない（大判昭10・9・18判決全集22号
4頁，『注釈(5)』190頁）。

■国が占有する土地について登記を30年近く放置したまま，地租を徴収して
いた等の事情により国の所有の意思が認められなかった事例

　　占有者の所有の意思の存否は，占有者の内心の意思によってではなくて，
当該占有を生じさせた原因たる客観的事実によって決定されるものである
ところ，広大な当該土地につき，国有財産の状態を常に明瞭にしておく必
要のある国が特段の事情もなく，30年近く当該土地の所有権移転登記を経
由しないまま，何らの措置もとることなく放置し，地租についても国税か
ら地方税に改正されるまでは，土地台帳上も除租処分の記載もされず，督
促までして徴収していたものであり，このように通常の取引（旧陸軍省によ
る買収も売買にすぎず，通常の取引にほかならない。）としては異常の状態にある
場合には，国から，このような異常の事態のやむなきことの事情が明らか
にされない限り，国には所有の意思がなかったものというのが相当である
（東京高判昭50・9・23下民26巻9〜12号804頁）。

138

第1節　自主占有，他主占有

■ 所有権移転登記手続を求めないことが他主占有事情として常に決定的であるとはいえないとされた事例

　　占有者が，その占有する土地の登記簿上の所有名義人に対し長期間にわたって移転登記手続を求めなかったこと，及び当該土地の固定資産税を全く負担しなかったことについては，まず，所有権移転登記手続を求めないことについてみると，この事実は，基本的には占有者の悪意を推認させる事情として考慮されるものであり，他主占有事情として考慮される場合においても，占有者と登記簿上の所有名義人との間の人的関係等によっては，所有者として異常な態度であるとはいえないこともあり，次に，固定資産税を負担しないことについてみると，固定資産税の納税義務者は「登記簿に所有者として登記されている者」であるから，他主占有事情として通常問題になるのは，占有者において登記簿上の所有名義人に対し固定資産税が賦課されていることを知りながら，自分が負担すると申し出ないことであるが，これについても所有権移転登記手続を求めないことと大筋において異なるところはなく，当該不動産に賦課される税額等の事情によっては，所有者として異常な態度であるとはいえないこともあることから，すなわち，これらの事実は，他主占有事情の存否の判断において占有に関する外形的客観的な事実の一つとして意味のある場合もあるが，常に決定的な事実であるわけではなく，占有者は当該土地の登記簿上の所有名義人の弟であり，いわば占有者家が分家，当該土地の登記簿上の所有名義人家が本家という関係にあって，当時経済的に苦しい生活をしていた占有者家が本家に援助を受けることもあったという事実等を総合して考慮するときは，占有者が所有権移転登記手続を求めなかったこと及び固定資産税を負担しなかったことをもって他主占有事情として十分であるということはできない（最二小判平7・12・15民集49巻10号3088頁，裁判集民177号387頁，裁時1161号2頁，判タ898号194頁，金判990号11頁，判時1553号70頁，金法1444号61頁）。

第2編　不動産の時効取得

139

第3章　占有の態様

Q 19　農地の買主は農地法所定の許可を得ていなければ，所有の意思のある占有者とは認められないか。

　　　　農地法所定の許可を得てなくても，買主の占有が，所有の意思のある占有であると認められないわけではない。

　解説　　売買等によって農地の所有権を取得するには農地法所定の許可を要するところ，その必要とされる許可がないままに買主が農地の占有を始めたとき，あるいは買主が農地の占有を始めた後に許可が無効であったことが判明したときなどに，買主の占有が自主占有であることに影響を受けるかが問題となる。

　所有権を時効取得するために必要とされる自主占有とは所有の意思のある占有をいい，所有の意思の有無は占有をすることとなった権原，原因によって外形的に，客観的に判断され，売買契約によって買主が所有者として占有を始めたときは自主占有であるとされる。これは，所有権の移転が許可等を要する行為である場合であっても，売買等の当該原因によって判断されるため，許可等がないこと，許可等が無効であったことで，その占有が自主占有であることが否定されることにはならない。

　許可等がないこと，許可等が無効であったことは占有の開始における過失の有無には影響を与えるが（Q25），特段の事情がない限り，その許可を得るための手続が執られなかったとしても，所有の意思をもって農地を占有したものといえる。

【判　例】
◎　農地法等の許可等のない売買による所有の意思の有無
■監督官庁の許可のない寺院土地の売買による買主の占有について所有の意思が認められた事例
　太政官布告第249号等によって，寺院の基本財産を構成する不動産の処分については，寺院代表者は独立の権限を奪われ，檀信徒総代の同意及び

第1節　自主占有，他主占有

監督官庁の許可を要したものであったところ，契約の解除又は監督官庁の不許可処分確定による契約の失効というが如き特段の事態が生じない限り，寺院は借地人に対し当該宅地の返還を求めず，また確定的に所有権を移転する迄の間は，あたかも所有権者と同様にその無償使用を許す趣旨であったのであり，これを換言すれば，<u>借地人の従来の占有が借地権による他主占有であったのを，新たに停止条件付類似の売買契約により自主占有に変更する約束であったと認めるのが相当であり</u>，その占有の客観的態様並びに売買契約当事者双方の意思等を総合すれば，<u>当該宅地に開始した占有は従前の他主占有を自主占有に変更した占有であると言わねばならない</u>（山形地判昭40・8・31判タ181号171頁）。

■ 買収処分の前提たる買収計画を取り消す旨の確定判決があったとしても，その事実を知らなかった買収人は，当該売渡処分の通知を受けたときから所有の意思をもって占有を始めたものと認められた事例

　　<u>自作農創設特別措置法に基づく買収処分の前提たる買収計画を取り消す旨の確定判決が存し</u>，その判決は，当該土地が近く使用目的を変更すべき状態にあったことを理由としてなされたものである場合に，買収人は，当該売渡処分を受けた当時，当該土地の周辺が将来宅地化することを全く予想していなかったことが認められるときは，<u>買収人が，その事実を知らなかったことについて過失がなかったと認めるのが相当であり，してみると買収人は，当該売渡処分の通知を受けたときから当該土地を所有の意思をもって平穏，公然に占有し，かつ占有の始め善意無過失であったというべきである</u>（大阪地判昭41・1・26訟月12巻4号464頁，判タ188号165頁，判時449号53頁）。

■ 農地の売買において代金を支払ったことで許可手続がとられていなくても，所有の意思をもって占有を始めたものと認められた事例

　　<u>農地を賃借していた者が所有者から当該農地を買い受けその代金を支払ったときは</u>，当時施行の農地調整法第4条によって農地の所有権移転の効力発生要件とされていた<u>都道府県知事の許可又は市町村農地委員会の承認を得るための手続がとられていなかったとしても</u>，買主は，特段の事情

第2編　不動産の時効取得

141

第 3 章　占有の態様

のない限り，売買契約を締結し代金を支払った時に民法第185条にいう<u>新権原により所有の意思をもって当該農地の占有を始めたものというべきである</u>（最一小判昭52・3・3民集31巻2号157頁，裁判集民120号209頁，裁時712号1頁，判タ348号195頁，金判521号19頁，判時848号61頁，金法841号37頁）。

■ **農地法第5条の許可がなくても，代金を支払い，引渡しを受けた時に所有の意思をもって占有を始めたものと認められた事例**

　　農地を農地以外のものにするために買い受けた者は，<u>農地法第5条所定の許可を得るための手続がとられなかったとしても，特段の事情のない限り，代金を支払い当該農地の引渡しを受けた時に，所有の意思をもって同農地の占有を始めたものと解する</u>のが相当であるため，売買契約を締結した直後に当該農地の引渡しを受け，代金を完済して，自らこれを管理し，その後は他に管理を委託し，又は賃貸していたのであるから，その許可を得るための手続がとられなかったとしても，所有の意思をもって当該農地を占有したものというべきである（最二小判平13・10・26民集55巻6号1001頁，裁時1302号11頁，判タ1079号173頁，金判1137号3頁，判時1768号68頁，金法1635号45頁）。

第2節　平穏，公然の占有

Q 20 占有中に所有者と主張する者から抗議を受けていたときは，平穏の占有とはいえないか。

 単に抗議を受けていただけでは，平穏の占有でないとはいえない。

解説　平穏とは，強暴，すなわち暴行又は強迫（民190条2項）の対義語であるため，法律上許されない強暴の行為をもってした占有でない占有を，平穏の占有という。

つまり，単に，他人から，その占有は不法であると抗議や異議を受けていただけで，平穏の占有であることは否定されない。

【判　例】
◎　平穏の占有
■異議を受けただけでは平穏の占有ではないとはされなかった事例
　平穏の占有とは，強暴の占有に対して，すなわち占有者が，その占有を取得又は保持するに，法律上許されない強暴の行為をもってしたのではないことをいい，いやしくも占有者が，このような強暴の行為をもって占有を取得し，又は保持したものでない限りは，その占有は，たとえ不法であると主張する他人より異議を受けたような事実があったとしても，そのために，平穏の占有ではないとはいえない（大一民判大5・11・28民録22輯2320頁）。

■明渡しを求められただけでは平穏の占有ではないとはされなかった事例
　平穏な占有とは強暴な占有に対する語であって，占有者が暴行強迫によらないで占有を取得することを指すものであるから，ただ単に他人がその占有の不法なることを主張し，明渡しを求めただけでは，これがため直ちに平穏でないということはできない（東京高判昭34・12・21東高民時報10巻12号

143

第3章　占有の態様

307頁）。

■ 異議を受け，明渡しを求められても平穏の占有ではないとはされなかった事例

　平穏の占有とは，占有者がその占有を取得し，または，保持するについて，暴行強迫などの違法強暴の行為を用いていない占有を指称するものであり，占有者が，このような強暴の行為をもって占有を取得し，または，保持しているものでない以上は，たとい，不動産所有者その他その占有の不法を主張する者から，異議を受け，不動産の返還，占有者名義の所有権移転登記の抹消手続方の請求を受けた事実があっても，これがためにその占有が平穏を失うに至るものではないと解すべきである（最二小判昭41・4・15民集20巻4号676頁，裁判集民83号211頁，判タ191号79頁，判時448号30頁）。

Q 21　公然の占有とは，どのような占有をいうか。

隠匿によって取得又は保持している占有以外の占有をいう。

解説　　公然とは，隠匿，すなわち隠秘（民190条2項）の対義語である。つまり，占有者が，関係者に対して，占有していることを，ことさら隠蔽している占有が隠匿の占有であり，そうでない占有が公然の占有であるとされる。

　関係者が占有していることを知らない，知り得ないということだけで，公然の占有でないとはいえない。

144

第2節　平穏，公然の占有

【判　例】

◎　公然の占有

■利害関係者が自主占有の事実を知り得なかったからといって公然の占有でないとはいえないとされた事例

　　公然の占有とは，占有の存在を知るにつき利害関係を有する者に対して占有者が占有の事実をことさら隠蔽しないことをいうものと解すべきところ，利害関係を有する者が，占有者が所有の意思をもって占有している事実を知りえなかったからといって，ただちに当該占有に隠秘の瑕疵があるものということはできない（最三小判昭43・12・24民集22巻13号3366頁，裁判集民93号933頁，判タ230号167頁，金判151号18頁，判時545号51頁，金法536号22頁）。

第2編　不動産の時効取得

第3章　占有の態様

第3節　善意，無過失の占有

Q 22 | 自己の土地であることに疑いを有して占有している者であっても，他人所有の土地であるとの断定もしていないときは，善意の占有をしているといえるか。

 　自己の土地であることに疑いを有して占有している者は，善意の占有をしているとはいえない。

解説　　善意の占有とは，占有者が，占有を正当とする本権があると確信してする占有をいい，その確認が持てない，あるいは疑いを有しているようなときには善意の占有ではなく，悪意の占有となる。つまり，占有している土地が他人の物であるとの確信はなくても，他人の物かもしれないという認識があれば，悪意の占有であるといえる。
　占有における善意，悪意は，占有における過失の有無とは関係がない。
【判　例】
◎　善意の占有
■善意の占有について過失の無関係
　善意の占有とは，占有者が，占有を正当とする本権ありと確信してする占有をいい，過失の有無には関係ない（大二民判大8・10・13民録25輯1863頁）。
■善意の占有について抵当権についての悪意の無関係
　善意の占有とは，自己に所有権があると信じて占有をした場合をいうもので，その占有の目的物に対して抵当権の設定があることを知っているか否かを問うものではなく，占有者が抵当権の存在を知っているときは，その抵当権に対しては悪意であるということができるが，所有権に対しては善意の占有者であるということに何らの妨げはない（大一民判大9・7・16民録26輯1108頁）。

146

第3節　善意，無過失の占有

■抵当権の登記があっても善意の占有であると認められた事例

　　占有者の善意・無過失とは，自己に所有権があるものと信じ，かつ，そのように信じるにつき過失がないことをいい，占有の目的物件に対し抵当権が設定されていること，さらには，その設定登記も経由されていることを知り，または，不注意により知らなかったような場合でも，ここにいう善意・無過失の占有というを妨げないものと解すべきである（最三小判昭43・12・24民集22巻13号3366頁，裁判集民93号933頁，判タ230号167頁，金判151号18頁，判時545号51頁，金法536号22頁）。

◎　悪意の占有

■債権担保のため建物の譲渡を受けて開始した占有が善意の占有であるとはされなかった事例

　　売買後の当該建物は譲渡人の所有に属しないのであるが，他面，譲受人も所有権を取得したとはいえ，その所有権は，債権担保の目的にのみこれを行使し得るとの制限を受け，債務者たる譲渡人が債務を弁済し終わるときは譲渡人へ復帰すべきものであるということになるのであるが，譲受人が占有を始めたのは賃借人としてであって，他人たる譲渡人の所有であることを知っていたのであるから，「其ノ占有ノ始善意ニシテ」（民162条2項）とはいえず，かりに，このとき新たな占有を始めたとしても，譲受人は，その取得した所有権を債権担保の目的のためにのみ行い得るとの制限を，前所有者たる譲渡人に対する関係において負担するものであり，当該当事者たる譲受人としては当然かような関係を知っていたものというべく，かような関係を知っていることは，「善意ニシテ」というに当てはまらないと解すべきである（東京高判昭31・4・27下民7巻4号1059頁）。

■他人物の売買であることを知って買い受けた者の占有が悪意の占有であることを意味するとされた事例

　　売買が他人の物の売買であるため売買によって直ちにその所有権を取得するものでないことを買主が知っている事実がある場合，その事実は，占有の始め悪意であることを意味する（最三小判昭56・1・27裁判集民132号33頁，判タ441号107頁，金判621号22頁，判時1000号83頁，金法957号32頁）。

147

第3章　占有の態様

Q 23 所有権の登記名義人から土地を買い受けて自主占有を始めたが，売主が真の所有者でなかったときは過失のある占有となるか。

　所有権の登記名義人を所有者と信じて買い受けて占有を始めたときは，通常，無過失の占有であるとされる。

解説　無過失の占有とは，占有を正当とする本権ありと確信していることについて，過失がない占有をいう。

そこで，無権利者から譲渡を受けた場合，例えば，土地を買い受けて自主占有を始めた場合，その売主が真の所有者でなかった場合，買主は自分が所有者となったことを信じたことに過失があったか否かが問題となる。

この場合，登記との関係においては，特段の事情がない限り，登記簿上の記載を信じて買い受け，占有を始めることは過失があるとはいえないが，登記記録等を調べることなく，売主の言を信じただけで買い受けて占有を始めても，特段の事情がない限り，その占有に過失がないとはいえないと考えられる。

【判　例】
◎　無過失の占有
■取引において登記簿上の所有者から譲り受けたことに過失がないとされた事例

不動産に関する取引は利害関係人が登記簿の記載に信を置くことによって安全かつ迅速に行われるものであれば<u>不動産の買主が登記簿上，その売主が所有名義を有することを認め，登記を経て，その所有権を譲り受けたときは，買主は一般取引上の観念に従って取引をしたものであり，過失の責はないものといえ</u>，故に，不動産の買主は，その売主と売買をするに当たっては，常に必ず，その売買が登記簿上所有名義を有することを調査した上で取引をすることを要するも，その売主が所有権を取得した原因に

第3節　善意，無過失の占有

遡って瑕疵の有無を調査し，又は，その登記手続に関する欠缺遺漏がある
か否かを探究するようなことは，売主の権原について疑いを挟むべき特別
の事情がない限りは，することを要しないものとし，また，他方において
民法第162条第2項のいわゆる「過失」は，相当の注意をするにおいては
権原の瑕疵を発見することができるかにかかわらず，注意の不足によって
発見することができないことを意味することをもって取得時効の利益を援
用する占有者に過失の責があるとするには，その者において権限の瑕疵を
発見することができるべき事情が存在することを必要とし，このような事
情が存在しない限りは，占有者に過失の責はないものとする（大二民判大
2・6・16民録19輯637頁）。

■登記簿を信じたことに過失があるとはされなかった事例

　　いかなる人がいかなる権利を当該不動産に対して有するかの点に関して
は，登記簿の記載はほとんど全幅の信用を置いても差し支えないため，登
記上所有者と表示されている者をもって，その所有者であると信じること
は，特段の事情がない限り，何らの過失があるとはいえないことは，ほと
んど論を待たない（大三民判大15・12・25大民集5巻12号897頁）。

■隠居者が有効に財産留保したと信じてした占有が過失なしと判断された事
例

　　隠居者の財産留保は家督相続人との合意の下に為された時は確定日付が
なくとも少なくとも当事者間においては効力あるものと解するを相当とし，
確定日付は当事者間の効力においては絶対不動の要件ではないため，法律
に通暁しない者が有効に留保を為し得たものと信じ所有の意思をもって当
該不動産を占有した事は無理からぬことというべく，これにつき過失なし
とした判断は正当である（最三小判昭29・12・24民集8巻12号2271頁，判タ46号30頁）。

■相続による占有において登記簿を調査しなかったとしても過失なしと判断
された事例

　　当該土地に対する現占有者の占有の開始は相続によるもので取引による
ものではなく，当該土地は津波によって流失した後に住宅適地造成組合に
よって造成されて，先代所有地と一枚となった土地であり，しかも宅地造

第3章　占有の態様

成の図面，造成組合の関係文書が先代から現占有者に残されている等の事
実関係のもとでは，現占有者が当該土地を自己の所有であると信ずること
はけだし当然のことと考えられ，現占有者が当該土地の登記簿を調査しな
かったことをもってたやすく過失があったものということはできないとし，
現占有者が当該土地の占有の始め無過失であったとする認定もまた肯認す
ることができる（最三小判昭42・6・20裁判集民87号1055頁，判時492号49頁）。

■抵当権の登記があっても無過失の占有であると認められた事例

　　占有者の善意・無過失とは，自己に所有権があるものと信じ，かつ，そ
のように信じるにつき過失がないことをいい，占有の目的物件に対し抵当
権が設定されていること，さらには，その設定登記も経由されていること
を知り，または，不注意により知らなかったような場合でも，ここにいう
善意・無過失の占有というを妨げないものと解すべきである（最三小判昭
43・12・24民集22巻13号3366頁，裁判集民93号933頁，判タ230号167頁，金判151号18頁，
判時545号51頁，金法536号22頁）。

■宅地と一体をなしている境内地についての占有が過失がなかったものと認
められた事例

　　宅地の寄贈を受けた当日から，当該地域を当該宅地の一部に属するもの
と信じて占有を始め，爾来，境内地の管理を青年会に一任し，当該地域の
占有を承継して継続し，青年会は管理を任かされて以来，時折，境内地を
清掃するほか，当該宅地はもと凸凹が著しい台地であったが，その後，整
地され，かつ，盛土して，ほぼ現境内地に近い程度に造地し，境内の地域
は，当該宅地と一体をなして境内となり，このような現況の境内地を当該
宅地と信じて占有を始めたものであることが認められる場合，占有に当た
り過失がなかったものとみることができる（仙台高判昭45・12・16判時631号66頁）。

◎　無過失でない占有

■売主と登記名義人が異なる場合に，登記の虚偽について確かめないことが
無過失ではないとされた事例

　　不動産登記は不動産に関する権利の得喪変更を公示する方法であり，一
応，事実に符合するものであると推定を受けるため，不動産の売買をする

150

第3節 善意，無過失の占有

に当たり，登記簿上所有名義が売主に属せず，第三者が所有名義である場合においては，一般取引上の観念において売主の権原につき疑いを挟むべき事情が存するものといえ，故に，買主は，その所有名義者につき，その登記の虚偽であるか否かの事情を確かめた後でなければ，売主より当該不動産の引渡しを受け，善意をもって占有を始めたときであっても，買主に過失なくして不動産の占有を始めたものということはできない（大一民判大5・3・24民録22輯657頁）。

■ 立木について地盤の登記を調査しなかったことに過失があったとされた事例

　立木に関する法律で定める立木に該当しない立木は，独立の不動産として登記の目的とすることができず，立木の所有権が何人に属するかに関して一般的公示方法を欠いているが，特別の場合でない限り，立木の所有権は，その地盤の所有者に属するのを普通とし，地盤の所有者が何人であるかを認知することによって一応，立木の所有権が何人の所有に属するかを知ることができ，地盤の所有権が既登記の場合にあっては登記簿を調査することによって容易に知ることができると同時に，この調査をすることが取引上必要な注意といえるため，この調査を怠った場合には，立木の所有権が地盤の所有者以外の第三者に属するものと信じたとしても，その善意であることについて，過失があるものといえる（大二民判大10・2・17民録27輯329頁）。

■ 公的な図面を調査することなく，土地を分筆した者ではない前主の指示だけで土地の境界であると信じたことが過失がないとはいえないとされた事例

　土地の譲渡を受けた者が，当該土地を分筆した者ではない前主から一片の指示を受けただけで，隣接所有者又は所轄税務署の図面について調査する等のことなく，その前主からの指示だけで，土地の境界であると信じ，占有を始めた場合，その占有について過失がないとはいえない（大五民判昭17・2・20大民集21巻3号118頁）。

第2編　不動産の時効取得

151

第3章　占有の態様

■登記簿等を調査することなく，土地の境界線を誤認し，隣地の一部を占有したことが過失がないとはいえないとされた事例

　　土地について家督相続により所有権を取得したところ，その境界線を誤信し，隣地の土地の一部を占有していたが，その境界線が両地の登記簿謄本，測量図，検証の結果等によって認められる場合，登記簿に基づいて実地に調査すれば，真の境界線を容易に知り得たことがうかがえるときは，真の境界線を確認することは困難でなかったといわなければならず，そうとすれば，相続により取得した土地に隣地の一部も自分の所有に属すると信じたとしても，それについては，他に特段の事情のない限り，無過失であるとはいえないと解するを相当とする（最二小判昭43・3・1民集22巻3号491頁，裁判集民90号549頁，判タ221号115頁，金判98号2頁，判時516号38頁）。

■自作農創設特別措置法に基づく売渡通知書の交付がないまま占有を始めたことに過失があるとされた事例

　　自作農創設特別措置法に基づく売渡処分によって新権原を取得しようとする場合であれば，地区委員による現地での引渡しのほか，売渡処分の根拠・証憑として最も重要であり，自作農創設特別措置法所定の手続上必ず履践されるはずの売渡通知書の交付を待つべきであり，その交付が通常予定される相当の期間内にないときには，被売渡人においてその売渡処分の真否，手続上の過誤の有無を関係農地委員会あるいは地区委員等に問い合わせるなどして調査，確認すべき注意義務があると解するのが条理上相当であり，近傍の農地の売渡通知書を当該土地のそれと速断したとすれば，それを看過誤信した点に過失があることはいうまでもない（東京高判昭49・12・12金判448号11頁，判時770号44頁）。

■実測を怠ったり，隣接地所有者の立会いを求めないまま売主のいう境界が正しいものと信じて占有したことが過失がないとは認めがたいとされた事例

　　字限図，公簿上の面積と実際の土地の位置関係，実測面積とを比較検討するならば，山林の占有者の主張するような境界線は，当該占有者にとり著しく有利であり，山林の所有者の所有権を侵害するおそれがあることに

152

第3節　善意，無過失の占有

想到するのが当然と考えられ，字限図は正確でないというような理由で一概に無視することは相当でないし，実測を怠ったりあるいは隣接地所有者の意見とか立会いとかを求めないまま売主のいう境界が正しいものと信じこむことも不注意であると認められる場合，その占有は占有の始め過失がないものとは認めがたい（仙台高判昭47・6・19判時677号69頁）。

■ 払下げを受けたと信じて占有した土地が他人所有であった場合に，払下げに当たり，土地の境界を確認する等の調査をしなかったことで過失がなかったとはいえないとされた事例

　賃借地の一部が賃貸人以外の者の所有に属するものであったが，賃借人は，賃借地である賃貸人の土地とともに，その賃借地の一部として占有してきたところ，賃貸人の土地は国に物納され，その後，賃借人が，その土地の払下げを受けその所有権を取得したので，事後，当初，賃借地の一部として占有していた当該他人の土地を，払下げを受けた土地の一部であると信じて，所有の意思をもって善意で平穏かつ公然に占有してきたというとき，当該当初の賃借人が，そのような経緯で国からの土地の払下を受けその所有権を取得するとともに，当該他人の土地も，払下げを受けた土地の一部であると信じたとしても，払下げを受けるに当たって，その払下土地の境界を隣接地所有者や公図等について確認する等の調査をしないでそう信じたとすれば過失がなかったとはいえない（最三小判昭50・4・22民集29巻4号433頁，裁判集民114号549頁，金法760号26頁）。

◎　登記簿等を調査しなかったことに無過失の占有であると認めれる特段の事情

■ 公図を見たとしても，真の境界を知りえたかどうかはきわめて疑わしいような事情の下，その占有に過失があったとは認められなかった事例

　二人の買主が売主所有の土地のうちから50坪ずつを分割して買い受けるに当たっては，測量士が公図をも参照し，南側隣地の所有者からも同土地との境界を聞いたうえで測定した結果に基づき，売主の代理人，二人の買主が立ち会って両土地の間の境界を定め，そこから北へ順次間口7.27メートルずつの部分を二人の買主がそれぞれ取得するものとし，二人の買主は

第2編　不動産の時効取得

153

第3章　占有の態様

売主から土地の引渡しを受けて占有を開始したところ，隣地との真の境界は先に定めた境界よりも道路に面する部分において約0.91メートル北にあって，買主の一人が占有した土地の一部が，他の買主の買い受けた土地に含まれるべきものであったが，その部分を占有している買主が，当時事前に公図を見たとしても，真の境界を知りえたかどうかは極めて疑わしいというべきであるような事情の下においては，その買主が，当時自ら公図を見，あるいは区画整理組合の図面について調査しなかったとしても，その部分を自己の所有に属するものと信ずるにつき過失があったものと認めることはできない（最一小判昭46・11・25裁判集民104号461頁，判時655号26頁）。

■前主と隣地所有者との状況もあり，買主が登記簿等を調査しなかった場合でも，その占有に過失がなかったと判断された事例

　　当該土地を買い受けその占有を始めるに先立ち，その買主の前主は，6年余にわたって当該土地の所有者としてこれを占有し，その間，隣地の所有者との間に境界に関する紛争もないままに経過していたのであって，このような状況の下で，買主が当該土地を買い受け，その自主占有を取得したものである以上，たとえ買主において，その買受けに際し，登記簿等につき調査することがなかったとしても，買主が自主占有を開始するにあたって過失はなかったと判断することができる（最一小判昭52・3・31裁判集民120号363頁，金判535号40頁，判時855号57頁，金法839号32頁）。

◎　**未登記又は登記簿の閲覧が困難である場合の調査と占有につき過失の有無**

■関係書類を調査しないことが過失ありとされた事例

　　耕地整理完了後の土地を買い受けるに当たり，登記簿の閲覧をなすことが困難な事情にある場合においては，少なくとも耕地整理組合の関係書類を閲覧，調査したうえで取引するのでなければ，過失ありとされる（大判昭15・9・11判決全集7輯32号15頁，『注釈(5)』218頁）。

■関係書類を調査しなかったときであっても特段の事情により過失がなかったとされた事例

　　耕地整理施行中の未登記の残地を買い受けた者が，耕地整理組合につい

第3節 善意，無過失の占有

て調査することなく，売主の当該土地は自己の所有であるとの言を信じてその占有を始めたとしても，その売主が真の所有者の実父であり，同人がこれを管理していた等の事実の下においては，買主がその所有権を取得したと信じたことについては過失はないとの判断は正当である（最二小判昭42・7・21裁判集民88号91頁，判時496号30頁）。

Q 24 売主の代理人と称する者から土地を買い受けて占有を始めたものの，その代理人と称する者が真の代理人でなかった場合は過失のある占有となるか。

 売買に当たり，調査のいかんによっては，過失のある占有とされることがある。

解説 委任による代理人と称する者や，法定代理人と称する者が本人を代理したとして，それを信じて，その代理人を介して本人の土地を買い受けて占有を始めたとき，その者が，真の代理人ではなかった場合（無権代理人であった場合），その占有に過失があったか否かが問題となる。あるいは，制限行為能力者が，同意権を有する者の同意を得ずに売却をし，買主が，売主が制限行為能力者であることについて疑いを持たなかった場合に買い受けて占有を始めたときも同様の問題を生じる。

次のような判例によると，任意の代理権の有無を確認しなかったこと，戸籍などで法定代理権の有無を確認しなかったこと，制限行為能力者であるか否かを確認しなかったことによって開始した占有には，過失があるとするが，結局，一概に決することはできず，事例毎の諸事情を総合的に考慮して，占有につき過失の有無を判断することになるだろう。

これに対し，「戸籍上，準禁治産者であることを知る途がないときであっ

第3章　占有の態様

ても」，過失を認めたことに対する批判もある（『注釈(5)』219頁）。

　現行の戸籍法，後見登記等に関する法律等との関連や，また，売買等の取引や所有権の移転の登記に宅地建物取引業者や司法書士が関与しているか否かによっても，結論は変わると考える。

【判　例】

◎　**無権代理人（任意代理人）の譲渡による占有について過失の有無**

■委任による代理人の代理権を確かめなかったことに過失があるとされた事例

　　本人から不動産の処分を任されていると称する者から，本人の不動産を買い取った者が，直接本人に会って代理人と称する者の代理権の有無を確かめなかったのは過失がある（東京地判昭35・9・14法曹新聞155号17頁，『注釈(5)』219頁）。

◎　**無権代理人（法定代理人）の譲渡による占有について過失の有無**

■親権者であるか否かについて戸籍の調査を怠ったことに対して過失がないとはいえないとされた事例

　　幼者（14歳）名義の不動産を売買により取得しようとする場合においては，買主が，幼者に代わって行為をなそうとする者の法定代理権に欠缺がないか否か，その権原に瑕疵がないか否かに留意し，戸籍簿の閲覧等によって調査を怠るべきではないことは，一般取引の観念において普通注意を用いる人が，その当たり通常施すべき注意に属し，このような注意に欠くところがあるために法定代理権欠缺の事実を知らなかったことは，すなわち過失であることを免れず，また，買主が普通の農民で，法律知識に乏しいからといって，このような普通人の用いるべき注意を欠いているときは，なお，過失がないとはいえない（大二民判大2・7・2民録19輯598頁）。

■親権者の法定代理権について調査を怠ったことに対して過失がないとはいえないとされた事例

　　売買により幼者所有の不動産を，その法定代理人より取得しようとする場合においては，買主は，その法定代理権に欠缺がないか否か，その権原に瑕疵がないか否かにつき調査を怠らないことは，普通注意を用いる人の

第3節　善意，無過失の占有

通常施すべき注意に属し，このような注意を欠いたため，法定代理権欠缺の事実を知らなかったことは過失がある（大一民判大4・11・19民録21輯1851頁）。

◎　制限行為能力者の同意のない譲渡による占有について過失の有無

■保佐人の同意のない準禁治産者との取引について，準禁治産者であることを知らなかったことに過失がなかったとはいえないとされた事例

　明治41年の売買契約当時においては戸籍上，準禁治産者であることを知る途がないときであっても，その宣告した決定は公告されたものであり，よく，その素性を探求するにおいては，その宣告を知ることができることから，普通の店舗において物品を購買する場合と異なり，不動産を購求する場合において善良なる管理人である者のすべからく講ずべき手段であることを失わず，なおかつ何らの障礙によって知ることができない場合において，初めて過失がないということができる（大一民判大10・12・9民録27輯2154頁）。

Q 25　農地について農地法の許可を得なければならないことを知らずに売買契約を締結して，買主が自己の所有となったと誤信して占有を始めたときは，無過失の占有であるといえるか。

A　特段の事情がない限り，農地法の許可を得ていないときは，過失のある占有とされる。

解　説　売買，贈与などの譲渡によって農地の所有権の移転を受けるときは，農地法所定の許可を要するが（『農地森林』47頁参照），その許可を得ずに，譲受人としての農地の引渡しを受けて占有を始めた場合，そ

第3章　占有の態様

の占有に過失があるか否かが問題となる。

　この場合，たとえ，買主が農地法所定の許可を得なければならないことを知らなかったとしても，通常の注意義務を尽くすときには，その許可がない限り，当該農地の所有権を取得することができないことを知り得たといえるため，それにより開始した自主占有は，過失のある占有であるといえる。

　特段の事情がある場合には，過失のない占有であると認められる場合もある（Q26）。

【判　例】

◎　農地法所定の許可と占有につき過失の有無

■農地法所定の許可を得なければならなかったことを知らなかったことに過失がなかったとはいえないとされた事例

　農地の譲渡を受けた者は，通常の注意義務を尽くすときには，譲渡を目的とする法律行為をしても，これにつき知事の許可がない限り，当該農地の所有権を取得することができないことを知り得たものというべきであるから，譲渡についてされた知事の許可に瑕疵があって無効であるが，この瑕疵のあることにつき善意であった等の特段の事情のない限り，譲渡（この判例では贈与）を目的とする法律行為をしただけで当該農地の所有権を取得したと信じたとしても，このように信ずるについては過失がないとはいえないというべきである（最二小判昭59・5・25民集38巻7号764頁，裁判集民142号53頁，裁時890号1頁，判タ540号186頁，判時1133号70頁）。

■農地法所定の許可を得なければならなかったことを知らなかったことに過失がなかったとはいえないとされた事例

　農地の譲渡を受けた者は，通常の注意義務を尽くすときには，譲渡を目的とする法律行為をしても，これにつき知事の許可がない限り，当該農地の所有権を取得することができないことを知り得たものというべきであるから，例えば，譲渡についてされた知事の許可に瑕疵があって無効であるが，この瑕疵のあることにつき善意であった等の特段の事情のない限り，譲渡（この判例では贈与及び死因贈与）を目的とする法律行為をしただけで当該農地の所有権を取得したと信じたとしても，そのように信じるにつき過

第3節　善意，無過失の占有

失がないとはいえないものというべきである（最三小判昭63・12・6裁判集民155号187頁）。

◎　農地法以外の譲渡に関する行政上の瑕疵と占有につき過失の有無
■　行政の所定の方式を踏まなければならなかったことを知らなかったことに過失がなかったとはいえないとされた事例

　　土地を処分するにつき明治21年法律第1号市制の規定により市会又は区会の決議を経て県参事会の許可を受けることを要し，その方式を踏まなければ処分することができない場合，財産の処分により権利を取得しようとする者が，その処分につき要する方式及び，その方式の履践の有無等に意を用い調査を怠らないことは，一般取引観念において普通注意を用いる人が，そのあたり通常なすべき注意であるといえ，いやしくも，その注意を欠くところがあるにおいては，当事者が法律制度に通じない僧侶であったとしても，過失があったというべきである（大二民判大2・4・16民録19輯248頁）。

第2編　不動産の時効取得

Q 26　農地法所定の許可を受けずに譲渡を受けて始めた占有が無過失とされる特段の事情とは，どのような事情か。

　譲渡に関する知事の許可に瑕疵があることについて，善意であった場合等が考えられる。

解説　Q25のとおり，譲渡によって農地の所有権の移転を受けるときに，農地法所定の許可を得ていないときは，たとえ，買主が農地法所定の許可を得なければならないことを知らなかったとしても過失のある占有とされるが，特段の事情がある場合には，過失のない占有であるとされる。例えば，農地の売買に当たり，農地法所定の許可を得て，売買による引渡

159

第3章　占有の態様

しを受けて占有を開始したが，当該許可に瑕疵があり，許可が無効となった場合，買主が，その瑕疵があることを知らなかったときは，その占有について瑕疵がなかったとされる場合もある。

　関連して，自作農創設特別措置法等の法令によって国等から売渡しを受けたような場合は，仮に，その売渡処分に瑕疵があったとして，それに気が付くことなく売渡しを受けて自主占有を始めたとき，通常，その占有に過失はなかったとされる。

【判　例】

◎　**農地法所定の許可を得ていない占有の過失について特段の事情**

■農地法所定の許可の瑕疵につき善意であった等の事情が特段の事情とされた事例

　　・　農地の譲渡について占有の過失について，知事の許可に瑕疵があって，この瑕疵のあることにつき善意であった等の場合は，特段の事情といえる（最二小判昭59・5・25民集38巻7号764頁，裁判集民142号53頁，裁時890号1頁，判タ540号186頁，判時1133号70頁）。

　　・　農地の譲渡についてされた知事の許可に瑕疵があって，この瑕疵のあることにつき善意であった等の場合は，特段の事情といえる（最三小判昭63・12・6裁判集民155号187頁）。

◎　**農地の売渡しを受けてした占有の無過失について特段の事情**

■買収手続の無効の瑕疵を知らなかったことに過失はなかったとされた事例

　　行政庁の一般的権限に基づいてなされる行政処分は，重大・明白は無効原因がある場合を除いて適法の推定を受け，相手方を拘束する公定力を有するため，行政処分の違法事由の存否について相手方に注意義務，調査義務を課すことの不合理は明白であり，農地の売渡処分に無効の瑕疵の存することを知らなかったことについて，買受人の過失の責を問うべき特別の事情は認められないときは，このような買収手続における無効の瑕疵を知らず，当該売渡処分を適法有効と信じたことについてはなんらの過失はないというべきである（大阪地判昭35・9・5民集18巻8号1745頁，行集11巻9号2411頁，訟月7巻2号503頁，判時240号19頁，金法254号6頁）。

160

第3節　善意，無過失の占有

■ **買収手続の無効の瑕疵を知らなかったことに過失はなかったとされた事例**
　自作農創設特別措置法の規定により政府から土地の売渡しを受けたものである場合，政府から農地として売渡しを受けた以上，売渡しによって自己が所有者になったと信じるのは当然のことであり，よほど特別の事情のない限り，その売渡処分に無効・取消事由たる瑕疵がないことまで確かめなければ所有者と信じるにつき過失があるというのは，法律知識のない一般人に難きを強いるものといわなければならず，当の政府が農地と認定して買収・売渡しをしているのに，法律的知識が特にあるとは認められない者において，売渡しを受けた当該土地が農地でないことに気付くべきであったというのは無理な話である（最二小判昭41・9・30民集20巻7号1532頁，裁判集民84号513頁，裁時459号2頁，判タ198号132頁，判時461号40頁）。

■ **買収手続の無効の瑕疵を知らなかったことに過失はなかったとされた事例**
　買収農地の売渡しを受けて耕作している者は，当該売渡処分が当然無効である場合においても，特段の事情のない限り，その占有の始め善意，無過失であったと認めるのが相当である（最二小判昭42・3・31民集21巻2号516頁，訟月13巻6号714頁，裁判集民86号847頁，判時482号41頁）。

■ **買収手続の無効の瑕疵を知らなかったことについて，農業用施設としての占有に過失はなかったとされた事例**
　買収農地の売渡しを受けて耕作している者は，当該売渡処分が当然無効である場合においても，特段の事情のない限り，その占有の始め，善意，無過失であったと認めるのが相当であり，この理は，単に耕作しているときのみならず，農業用施設として占有しているときにも異なることはないというべきである（最二小判昭43・9・6裁判集民92号211頁，判時537号41頁）。

■ **宅地の買収買収計画に取消原因が存したことを知らなかったことについて過失はなかったとされた事例**
　買収農地の売渡しを受けてこれを耕作している者は，当該売渡処分が当然無効である場合においても，特段の事情のない限り，その占有の始め，善意・無過失であったと認めるのが相当であり，この理は，自作農創設特別措置法第15条に基づく宅地の買収において，その買収計画に取消原因が

第2編　不動産の時効取得

161

第3章　占有の態様

存した場合においても異なるところはないというべきである（最三小判昭45・5・19裁判集民99号165頁，判時596号39頁）。

◎　**農地以外の場合の無許可の場合の占有の無過失について特段の事情**

■社寺地について所轄官庁の許可のない地上権の設定契約に基づく占有について過失があるとされなかった事例

　社寺有の地所に地上権の設定契約を締結して占有している者が地上権の短期取得時効を主張しているとき，明治6年第249号布告及び明治9年教部省達第3号は，神官僧侶及び氏子檀家において勝手に社寺有の地所建物を処分することを禁じ，所轄官庁の許可を得ない任意処分は無効とする趣旨であり，他人が時効によって地上権を取得するようなことは当該布告及び達の禁止するところではないため，所轄官庁の許可を受けていないことだけで，占有者が時効によって地上権を取得していないとはいえない（大二民判大元・10・30民録18輯931頁）。

■社寺地について許可のない永小作権の設定契約に基づく占有について過失があるとされなかった事例

　社寺地に，官庁の許可なく永小作権の設定を受けて占有する者が永小作権の短期取得時効を主張するとき，法律知識に乏しい普通農民である者が，永小作権取得に際し，当該官庁の許可を欠く事実に心付かず，有効の永小作権と信じるに至るは当然のことであり，これをもって過失があるとはいえない（大阪控判大11・2・28新聞2027号22頁）。

◎　**農地の売渡しを受けてした占有の過失について特段の事情**

■買収手続の無効の瑕疵を知らなかったとしても，その瑕疵を知り得べき身分にあったこと等により，過失があったとされた事例

　売渡当時，買受人の実父が町長で，農地委員をも兼任しており，同人は，この買収に際し，当該土地に公共施設を作り，公共用地として使用する意図を有しており，このような買収，売渡しの際の事情は当時から当該土地の近隣の人々に知られていたこと，および買受人は町長の三男として同人の意図を知りうべき身分にあり，当時から当該土地の脇の道路を日常通行していたので，買収当時の当該土地の状況を知っていたものと認め得ると

162

き，当該買収処分が当然無効であって，当該土地の所有権が売渡処分により買受人に帰属しない事実を知らなかったとしても，これにつき過失があるというべきである（前橋地判昭38・12・26判タ156号165頁）。

■ 買収手続の無効の瑕疵を知らなかったとしても，農地委員会の副会長をしていたこと等により，過失があったとされた事例

　自作農創設特別措置法による売渡処分に当然無効の事由があって，処分の相手方においてその処分の有効性に疑念を抱くのを当然とするような特別の事情のある場合は，そのように信じたことについて過失があったものと認めるのが相当であり，買受人は，当該土地の買収，売渡処分当時，当該土地を借り受けていた会社の重役であって，この処分当時，当該件土地の状況を十分知っており，かつ，この処分当時，農地委員会の副会長をしていたことを認めることができる場合，仮に，買受人が，売渡処分後，売渡処分により当該土地所有権を取得したと信じて当該土地を占有したものとしても，そのように信じたことについて過失があったものと認めるのが相当であるうえ，仮に，買受人が，売渡処分手続完了前に，当該土地を自己の所有と信じて占有を始めたとすれば，その占有の始め，自己の所有と信じたことに，なおさら過失があったものと認められる（京都地判昭39・9・16判タ168号120頁，判時393号45頁，金法387号14頁）。

第3章　占有の態様

第4節　代理占有と占有の態様

> **Q 27** 占有代理人が悪意で占有を始めた場合でも，本人が善意であれば，善意の占有となるか。

占有代理人を基準として，悪意の占有となる。

解　説　　民法には，代理占有の場合において，その占有が悪意であるか善意であるかを定める基準を直接定めた規定はないが，民法第101条の法律行為に関する代理行為の瑕疵に関する規定が類推適用され，占有代理人の善意悪意をもって，悪意の占有，善意の占有が決定される。

例えば，管理人が本人のために占有を開始した場合，占有の開始に管理人が悪意であれば本人が善意であっても悪意の占有となる。

悪意以外の占有の瑕疵（Q34）についても，同様に，占有代理人が基準となろう。

関連条文：民法第101条（代理行為の瑕疵）→改正前，改正後11頁へ

【判　例】
◎　代理占有の場合の善意悪意の基準となる者
■占有における善意悪意を占有代理人を基準として認定することの可否

　　法定代理人より管理を委任された代理人（占有代理人）において占有している場合，占有代理人が占有当時悪意であったときは，民法第101条の場合と異にするべき理由はなく，同条の規定を類推し，<u>占有者が善意であるか，悪意であるかは，代理人について定めるものと解釈することが相当であり</u>，<u>この代理人は，委任による代理人をも包含することは疑いがなく</u>，したがって<u>委任による代理人が占有したときは，その代理人につき善意悪意を定めるべきものとする</u>（大三民判大11・10・25大民集1巻604頁）。

164

第5節　占有の態様に関する推定と立証責任

第5節　占有の態様に関する推定と立証責任

Q 28 自己の占有が自主占有であることは，占有者自身が証明しなければならないか。

A 占有者が証明しなくても，その自主占有であることを否定する者による反証がない限り，自主占有であるとされる。

解説 占有者は，所有の意思をもって，占有をするものと推定されている。つまり，ある占有を，それが自主占有であることを否定する者による反証がない限り，占有者による証明がなくても，自主占有とされる。

なお，占有が所有の意思をもってすることは推定されるものの，占有者が占有しているという事実，つまり，占有者が，排他的な支配状態を継続していること自体は，占有者自身が立証しなければならないことは，いうまでもない。

関連条文：民法第186条（占有の態様等に関する推定）→20頁へ

Q15のような，占有者がその性質上所有の意思のないものとされる権原に基づいて占有を取得した事実や，占有者が占有中，真の所有者であれば通常はとらない態度を示し，あるいは所有者であれば当然とるべき行動に出なかったなど，外形的客観的にみて占有者が他人の所有権を排斥して占有する意思を有していなかったものと解される事情が証明されるならば，自主占有であるとはされない。

165

第3章　占有の態様

【判　例】
◎　自主占有の立証責任
■ 占有者の自主占有の立証責任の不要

　　占有者は，所有の意思をもって占有をするものと推定されるため，この事実については立証する責任はない（大二民判大8・10・13民録25輯1863頁）。

■ 占有者の自主占有を争う者による他主占有であることの立証責任

　　占有者は所有の意思で占有するものと推定されるのであるから，占有者の占有が自主占有に当たらないことを理由に取得時効の成立を争う者は，その占有が他主占有に当たることについての立証責任を負うというべきである（最三小判昭54・7・31裁判集民127号315頁，判タ399号125頁，金判583号32頁，判時942号39頁，金法923号42頁）。

◎　自主占有の否定
■ 他主占有が明確である場合の自主占有の推定の否定

　　他主占有が明確な権原に基づくときは，自主占有であるとの推定は働かない（大判昭13・5・31判決全集5輯12号3頁）。

■ 外形的客観的にみて占有者が他人の所有権を排斥して占有する意思を有していなかったものと解されることによる自主占有の推定の否定

　　占有者は所有の意思で占有するものと推定しており，占有者の占有が自主占有に当たらないことを理由に取得時効の成立を争う者は，この占有が所有の意思のない占有に当たることについての立証責任を負うのであるが，この所有の意思は，占有者の内心の意思によってではなく，占有取得の原因である権原又は占有に関する事情により外形的客観的に定められるべきものであるから，占有者がその性質上所有の意思のないものとされる権原に基づき占有を取得した事実が証明されるか，又は占有者が占有中，真の所有者であれば通常はとらない態度を示し，若しくは所有者であれば当然とるべき行動に出なかったなど，外形的客観的にみて占有者が他人の所有権を排斥して占有する意思を有していなかったものと解される事情が証明されるときは，占有者の内心の意思のいかんを問わず，その所有の意思を否定される（最一小判昭58・3・24民集37巻2号131頁，裁判集民138号373頁，裁時

第5節　占有の態様に関する推定と立証責任

859号1頁，判タ502号95頁，金判676号3頁，判時1084号66頁，金法1055号86頁）。

■ **外形的客観的にみて占有者が他人の所有権を排斥して占有する意思を有していなかったものと解される事情**

　　占有者の占有が自主占有に当たらないことを理由に取得時効の成立を争う者は，その占有が他主占有に当たることについての立証責任を負うべきところ，不動産占有者において，登記簿上の所有名義人に対して所有権移転登記手続を求めず，又は所有名義人に固定資産税が賦課されていることを知りながら自己が負担することを申し出ないといった事実が存在するとしても，これをもって直ちに，占有者が占有中，真の所有者であれば通常はとらない態度を示し，若しくは所有者であれば当然とるべき行動に出なかったなど，外形的客観的にみて占有者が他人の所有権を排斥して占有する意思を有していなかったものと解される事情があるものと断ずることはできない（最三小判平8・11・12民集50巻10号2591頁，裁判集民180号739頁，裁時1183号293頁）。

■ **悪意であることと所有の意思を有することとは明確に区別されるものであり，所有権を有しないことを知っていた旨明言したとしても所有の意思がないものとは認められなかった事例**

　　一般論として，盗人は講学上の悪意占有者でありながら自主占有者でもあるように，占有においては，本権がないことにつき悪意であることと，所有の意思を有することとは，明確に区別されるものであって，その相続人がたとえ当該土地について所有権を有しないことを知っていた旨明言したとしても，そのことをもって，その相続人に当該土地について所有の意思がないものと言うことはできず，一般論として，不動産占有者が所有の意思を有している場合には，自己の所有権を保全するため，積極的に所有権移転登記手続を経由しようとするものであることは疑いないが，他方，相続によって不動産を取得した者がこれを長年にわたり放置し，2次，3次等の相続を経た後に至って，所有権者が登記名義人の相続人全員を相手方として遺産分割調停を申し立て，所有権移転登記手続を求める事例が見受けられるように，登記名義について関心が薄い権利者か少なからず存す

第3章　占有の態様

ることもまた否定できず，土地上に存する建物について所有権移転登記を
経由しており，地上建物については権利保全のための行動をとっていると
認められ，結局のところ，地上建物について所有権者として終始行動して
いることに照らせば，従来の占有者である被相続人同様，その相続人も，
その底地である当該土地についても当然所有の意思を有していた可能性が
高いといえ，被相続人，その相続人が当該土地の所有権移転登記を経由し
ようとしなかったことをもって，両名の占有が他主占有であると認めるこ
とはできず，その相続人が公租公課を負担していないことを根拠に，その
相続人が他主占有者であると認定できるかについては，これを否定するの
が相当である（東京地判平10・2・23判タ1016号158頁）。

■ 売買契約などによって所有権を取得・承継した事実等が全くないことが立
証されたことで所有の意思の推定が覆された事例

　占有者は所有の意思をもって占有するものと推定される（民186条1項）
ものの，土地の占有者が建物のみを買い受け，土地については何の権原も
取得していないことが立証された場合，すなわち不法占拠であることが立
証された場合には，占有者がその性質上所有の意思のないものとされる権
原に基づき占有を取得した事実が立証されたものと解すべきであり，その
占有の推定を覆す事由として他主占有を主張し，その立証として，占有者
あるいはその先代が当該土地上の建物を購入するなどしたものの，当該土
地自体については所有者である国からの売買契約などによって所有権を取
得・承継した事実あるいは貸借権等の設定あるいは承継を受けた事実が全
くないことが立証された場合，所有の意思の推定は覆されたものというべ
きである（大阪高判平15・5・22判タ1151号303頁）。

168

第5節　占有の態様に関する推定と立証責任

> **Q 29** 自己の占有が平穏の占有であること，公然の占有であることは，占有者自身が証明しなければならないか。

A 占有者が証明しなくても，その平穏の占有であること，公然の占有であることを否定する者による反証がない限り，平穏の占有，公然の占有であるとされる。

解説　占有者は，平穏に，かつ，公然と占有をするものと推定されている（民186条1項）。つまり，ある占有を，それが平穏の占有であること，公然の占有であることを否定する者による反証がない限り，占有者による証明がなくても，平穏の占有，公然の占有とされる。

Q20，Q21のような，平穏の占有でなかった，公然の占有でなかったものと解される事情が証明されるならば，平穏の占有，公然の占有であるとはされない。

【判　例】
◎　平穏の占有の立証責任
■占有者の平穏の占有の立証責任の不要
　　占有者は，平穏に，かつ公然と占有をするものと推定されるため，この事実については立証する責任はない（大二民判大8・10・13民録25輯1863頁）。

> **Q 30** 自己の占有が善意の占有であることは，占有者自身が証明しなければならないか。

占有者が証明しなくても，その善意の占有であることを否定する者による反証がない限り，善意の占有であるとされる。

第3章　占有の態様

解説　　占有者は，善意で，占有をするものと推定されている（民186条1項）。つまり，ある占有を，それが善意の占有であることを否定する者による反証がない限り，占有者による証明がなくても，善意の占有とされる。

　Q22のような，善意の占有でなかったものと解される事情が証明されるならば，善意の占有であるとはされない。

【判　例】

◎　善意の占有の立証責任

■占有者の善意の占有の推定

　　占有者の占有は，善意であると推定される（大判大元・10・3新聞827号27頁，『注釈(7)』74頁）。

■占有者の善意の占有の立証責任の不要

　　占有者は，善意に占有をするものと推定されるため，この事実については立証する責任はない（大二民判大8・10・13民録25輯1863頁）。

Q 31　自己の占有が無過失の占有であることは，占有者自身が証明しなければならないか。

A　占有者が無過失の占有であることを証明しない限り，過失のある占有であるとされる。

解説　　民法第186条第1項では，所有の意思，善意，平穏，公然とは異なり，占有者の占有が無過失であるとは推定されていない。

　したがって，例えば，土地の譲渡を受けて占有を開始したが，その譲渡人が真の所有者でなかったような場合に，譲受人である占有者が民法第162条第2項の10年の取得時効（短期取得時効）を主張するときは，当該占有者が，

170

第5節　占有の態様に関する推定と立証責任

その占有が無過失であることを立証しなければならず，その証明がなされなければ，過失のない占有であるとはされない。

【判　例】

◎　無過失の占有の立証責任

■占有者の無過失の占有の立証責任の必要

・　無過失と善意とは同一の意義ではないため，民法第186条第1項の規定は，無過失の場合を包含するとはいえず，時効によって権利を取得したことを主張する者は，無過失については立証する責任があるものとする（大二民判大8・10・13民録25輯1863頁）。

・　善意の占有であっても，その知らなかったことにつき過失がないことは，民法第162条第2項により占有者が立証する責あるは，もとより論を待たない（大一民判大10・12・9民録27輯2154頁）。

・　民法第162条第2項の10年の取得時効を主張するものは，その不動産を自己の所有と信じたことにつき無過失であったことの立証責任を負うものである（最一小判昭43・12・19裁判集民93号707頁）。

・　民法第162条第2項の10年の取得時効を主張する者は，無過失であったことの立証責任を負う（最一小判昭46・11・11判時654号52頁，『基本物権』52頁）。

◎　無過失の占有の立証を要しない事例

■無過失であることが顕著である場合には立証を要しないとされた事例

明治初年において，社寺有の土地について社寺と借地契約を締結するに当たっては官庁の許可を要することは明治6年の布告及び明治9年の教部省達によって明らかであるとするも，当時の普通人としては当該許可の有無も調査をせずして借地契約を締結するも，これによって，普通人の注意を欠いたものということはできず，この無過失の事実は時効の利益を援用する者の立証すべき事項であるといっても，無過失であることは顕著である場合は，裁判所は立証を待たずして認めることは妨げられない（大一民判大9・5・7民録26輯626頁）。

171

第3章　占有の態様

> **Q 32**　10年の占有期間をもって土地の時効取得を主張する際は，何時の無過失を立証しなければならないか。

　占有開始の時点において無過失であったことを立証する必要がある。

　Q31のとおり，短期取得時効を主張する者は，その占有が無過失の占有であることを立証する必要がある。この場合，その10年の占有期間中の，何時の時点において無過失であることを立証する必要があるのかということに関しては，占有の開始の時点において無過失であることが必要とされている。

【判　例】
◎　短期取得時効において無過失であることを要する時期
■占有開始時における過失の有無
　時効によって不動産を取得する場合において，占有者の意思の善悪及び過失の有無は，その占有をする当時において審究すべきところである（大二民判明44・4・7民録17輯187頁）。

第1節　占有の承継

第4章　占有の瑕疵と承継，性質の変更

第1節　占有の承継

Q 33　「甲→乙→丙」と譲渡された土地について，丙が所有権の時効取得を主張する場合は，丙自身の占有期間を主張することになるか。

A　丙自身の占有期間（乙から譲渡を受けた以後の占有期間）を主張することも，丙自身の占有期間に，乙の占有期間（乙が甲から譲渡を受けて，丙に譲渡するまでの間の占有期間）を加えた期間（甲の占有開始以後の期間を通した期間）を主張することもできる。

解説　例えば，X所有の土地について，Xが甲に売り渡し，その5年後に甲が乙に売り渡し，さらに9年後に乙が丙に売り渡した後，それから11年後にX甲間の売買が無効であるとして，Xから現占有者である丙に対して当該土地の返還請求があった場合，丙が自己の所有権をXに対して対抗するため，所有権の取得時効が成立していることを主張することがある。この場合，丙は，自己の選択に従って，自己の占有のみを主張することも，自己の占有に前の占有者の占有を併せて主張することもできる。

ここでは，丙は，丙自身が占有している11年間の占有期間を主張することも，その11年に，乙が占有していた9年間を通算して20年間の占有期間を主張することもできる。これにより，丙は，前者の場合には短期取得時効を，後者の場合には長期取得時効を主張することとなる。

関連条文：民法第187条（占有の承継）→20頁へ

さらに丙は，その直前の占有者である乙だけでなく，乙の前の占有者であ

173

第4章　占有の瑕疵と承継，性質の変更

る甲の占有期間の5年間をも併せて，甲がXから買い受けて占有を始めた時
から通算した占有期間をもって取得時効の成立を主張することもできる。ま
た，一度，前の占有者（前主）の占有を通算した占有期間を主張したとして
も，以後，自己の占有期間だけを主張することができる。

　所有権の取得時効の成立は，占有物が他人の所有に属することが要件とは
されていないため（Q49），前の占有者が真の所有者であったとしても，当該
占有者の占有期間を通算することができる。

　民法第187条の規定は，占有の承継があった場合にのみ適用されるため，
代理占有が本人による直接占有となった場合には適用がない（Q35）。

【判　例】

◎　占有権の承継における前主

■特定の前主以下の占有を併せて主張することの可否

　民法第187条の選択とは明文に示すように，自己の占有のみの主張又は
自己の占有に前主の占有を併せ主張することにつき選択権ありとの意にほ
かならず，前主が数人いる場合において特定の前主以下の占有を併せて主
張することができ，一度，総前主の占有を併せて主張したことがある場合
であっても，それを変更することができることはもちろん，自己の占有の
みを主張することを主張することも妨げられない（大二民判大6・11・8民録
23輯1772頁）。

■真の所有者であった前主の占有期間を併せて主張することの可否

　前主の占有期間を通算する場合において，前主が真の所有者であった時
代があっても，その前主は，自己のために占有をした者であれば，権利な
く占有をした者はもちろん，所有権に基づいて自己占有をした者をも包含
し，その占有者が所有者であった事実は，時効の進行を妨げるものではな
い（大一民判昭9・5・28大民集13巻11号857頁）。

◎　法人化と占有の承継

■権利能力なき社団の法人化が占有の承継であると認められた事例

　民法第187条第1項は，いわゆる権利能力なき社団等の占有する不動産
を法人格を取得した以後，当該法人が引き継いで占有している場合にも適

用されるものと解すべきであるから，当該不動産の時効取得について，その法人格取得の日を起算点と選択することができる（最二小判平元・12・22裁判集民158号845頁，判タ724号159頁，金判844号3頁，判時1344号129頁，金法1254号30頁）。

◎ 占有承継の主張

■ 中間の占有承継人も含めたものと認められた取得時効の期間の主張

第1次の買主が当該建物を買い受けて占有を開始し，次に第2次の買主が買い受けてその占有を承継し，さらに第3次の買主，第4次の買主，最終の買主が順次買い受けて占有を承継し，第1次以下の前主の占有を併せると，最終の買主が占有を開始したときから20年を経過したときには，最終の買主のため取得時効が完成した旨主張しているとき，その主張は，仮に第2次と第3次の買主との間に占有承継人として別の人が介在することが証拠上認められるとするならば，その人の占有をも，前記取得時効の期間として主張する趣旨を含むものと解するのを相当とする（最二小判昭49・11・22裁判集民113号225頁，判タ316号181頁，金法744号28頁）。

第4章　占有の瑕疵と承継，性質の変更

第2節　占有の瑕疵

Q 34　「甲→乙→丙」と譲渡された土地について，丙が乙の占有期間をも通算して所有権の時効取得を主張する場合に，乙の占有に過失があっても丙自身の占有が無過失であったときは，丙は無過失の占有を主張することはできるか。

A　乙の占有期間を通算して時効取得を主張する場合は，無過失の占有を主張することはできない。

解説　Q33のとおり，占有者の承継人は，その選択に従い，自己の占有のみを主張し，又は自己の占有に前の占有者の占有を併せて主張することができるが（民187条1項），前の占有者の占有を併せて主張する場合には，その瑕疵をも承継することとなる（民187条2項）。

そのため，丙が乙の占有期間をも通算して所有権の時効取得を主張する場合には，たとえ丙自身は占有の当時に無過失であったとしても，前主である乙の占有が過失ある占有である以上，丙は占有が無過失であることを主張することは許されず，有過失の占有を主張することとなる。

例えば，乙が甲から譲渡を受けて，5年後に丙に譲渡し，それから5年を経過したとした場合，丙が，乙が占有していた5年間と丙自身が占有している5年間を通算して10年の占有期間とするときは，その占有は有過失となり，したがって，10年間では所有権の取得時効は主張し得ない。

占有の承継によって前主（複数の場合も）の占有期間を併せて主張する場合，通算した占有の過失の有無は，最初の占有者の占有開始の時点において判定されるため，一人の前主の占有期間を通算する場合には当該前主について瑕疵を判定し，二人以上の前主の占有期間を通算する場合には最初の前主について瑕疵を判定する（中間の前主の瑕疵は基準とならない。）。

ここで，占有の瑕疵とは，自主占有でない（他主占有である）こと（Q15），

176

平穏の占有でない（強暴の占有である。）こと（Q20），公然の占有でない（隠秘の占有である。）こと（Q21），善意の占有でない（悪意の占有である。）こと（Q22），又は，無過失の占有でない（有過失の占有である。）こと（Q23）をいい，占有の承継があった場合において前主の占有期間を通算するときには，前主の瑕疵をも承継するのである。

　なお，占有の承継によって前主の占有期間を併せて主張する場合には最初の前主の占有開始の時点において瑕疵が判定されるが，前主の占有が瑕疵のないものであって，占有の承継人自身の占有に瑕疵があるときは，前主の占有期間を通算した占有は，瑕疵のある占有であるとする下級審の判例がある。

　占有の承継があった場合であっても，前主の占有期間を通算せずに，自己の占有期間だけを主張するときは，もちろん，前主の瑕疵は承継しない。例えば，前述の例で，丙が譲渡を受けてから10年を経過していたとして，丙が，丙自身が占有している10年間のみを占有期間として主張するときは，丙は乙の過失を承継することなく，無過失の占有であることを主張することができる。

【判　例】

◎　占有の瑕疵

■占有の瑕疵の内容

　<u>民法第187条の規定する瑕疵とは，占有権が完全な効力を生ずるについて障害となるべき事実を総称するもの</u>であることは無論のことであり，取得時効についていえば，<u>占有をするにつき所有の意思がないこと，強暴あるいは隠秘であること，悪意又は過失があること等を指称するもの</u>にして，占有者が僭称相続人である事実のようなものは包含しないものと解するのを相当とする（大五民判昭13・4・12大民集17巻675頁）。

◎　占有の承継と瑕疵の判定時

■民法第162条第2項の規定を占有者の承継人が前主の占有を併せて主張する場合に適用することの是非

　<u>占有者の意思の善悪及び過失の有無は，その占有をした当時にあって，そのいかんを審究すべき</u>ことは民法第162条第2項の規定するところであ

第4章　占有の瑕疵と承継，性質の変更

り，この規定は，占有者の承継人が，前主の占有を併せて主張する場合に
おいても異なるところはない（大二民判明44・4・7民録17輯187頁）。

■ 前主の占有を通算する場合の占有の瑕疵について最初の占有者の占有開始
時を基準とすることの是非

　10年の取得時効の要件としての占有者の善意・無過失の存否については
占有開始の時点においてこれを判定すべきものとする民法第162条第2項
の規定は，時効期間を通じて占有主体に変更がなく同一人により継続され
た占有が主張される場合について適用されるだけではなく，占有主体に変
更があって承継された2個以上の占有が併せて主張される場合についても
また適用されるものであり，後の場合にはその主張にかかる最初の占有者
につきその占有開始の時点においてこれを判定すれば足りるものと解する
のが相当である（最二小判昭53・3・6民集32巻2号135頁，訟月24巻2号308頁，
裁判集民123号167頁，裁時738号1頁，判タ362号208頁，金判547号19頁，判時886号38
頁，金法858号33頁）。

◎　**占有の承継の場合の瑕疵の非承継**

■ 前主の占有期間を通算しない場合の瑕疵の承継の有無

　前主の占有と切り離して自己の占有を主張するときは，前主の瑕疵は，
現占有の開始時においても，その瑕疵とはならない（大判昭17・4・22法学
12巻62頁，『注釈(7)』79頁）。

◎　**占有の承継の場合の瑕疵でない態様の継受**

■ 瑕疵のない占有を承継した者自身の占有に瑕疵がある場合に，通算した占
有を瑕疵のないものとして主張することの是非

　前主の善意，無過失の占有のほかに，承継後の自己の悪意の占有を併せ
主張する場合には，全体として瑕疵ある占有となるものと解するのが相当
である（釧路地帯広支判昭53・4・17訟月24巻6号1247頁，判時902号91頁）。

第2節 占有の瑕疵

Q 35 管理人が本人のために悪意で占有を開始した後に，善意の本人自身が現実に占有をしたときは，本人は善意の占有であることを主張することができるか。

 占有代理人の占有が悪意であった以上，善意の本人自身が現実に占有をしたときであっても，善意の占有であると主張することはできない。

解説 例えば，管理人（占有代理人）を通じて土地を占有していた者（本人）が，管理人が辞任などし，管理人の占有に関する代理権が消滅したため，以後，本人自身が直接に占有をしたような場合に，管理人は占有の始めに本人の土地でないことを知っていたが，本人は自己の土地であると信じていたとき，その占有は悪意であるのか，善意であるのか。

代理占有の場合の占有の善意悪意は占有代理人を基準として定めるため，前述の例では，その占有は，まず悪意の占有と認められる（Q27）。そこで，本人自身が直接に占有を始めたことは，現実に占有している者に変動はあったものの，同一の帰属主体による占有が継続しているだけで，占有の承継には当たらず，よって，民法第187条の適用はない。したがって，このような場合に善意の本人が直接に占有を始めたからといって，悪意の占有が善意の占有に転換することはない。民法第187条の規定は，あくまでも，前後二つの帰属主体による占有が連続した場合に適用されるからであり，代理占有の本人は，自己が直接に占有を始めた時を基準とする占有期間を主張することはできない。

【判 例】
◎ **代理占有が本人による直接占有となった場合と占有の承継**
■代理占有が本人による直接占有となった場合の民法第187条の適用の有無
　　代理人が占有をしたときは，その代理について善意悪意を定めるべきものとされ，故に，不動産の管理を委任された者が悪意である以上，その本

第4章　占有の瑕疵と承継，性質の変更

人は占有の当時，悪意でなかったとはいえず，したがって，その後，管理人の代理権が消滅し，本人自ら直接占有をしたとしても，元来，同一人の一個の占有が継続したものであり，その間に，中断若しくは承継があるものではないため，たとえ，本人が自己の所有物であると信じて占有したとしても占有の始めに善意であるとはいえず，民法第187条は占有の承継があった場合に関する規定であって，代理人による占有が直接占有に移った場合を想定したものではない（大三民判大11・10・25大民集1巻604頁）。

第3節　占有の性質の変更

第3節　占有の性質の変更

Q 36　土地の賃借人が賃料を支払わずに占有を続ける場合に，賃借人が賃借地の所有権を時効取得することはないか。

A　賃借人が賃借地の所有権を時効取得することは原則としてないが，賃料を支払わずに占有を続けることを賃貸人が容認しているようなときには，所有の意思があることを表示したとして，自主占有に基づいて，当該賃借地の所有権を時効取得することができる場合もある。

解説　賃貸借契約によって賃借人が占有を始めたときは自主占有とはされず，その内心のいかんにかかわらず，所有の意思のない他主占有であるとされる（Q15）。

関連条文：民法第185条（占有の性質の変更）→20頁へ

そこで，その占有者が，自己に占有をさせた者に対して所有の意思があることを表示し，さらに所有の意思をもって占有を始めた場合には，その占有の性質は自主占有に転換される。つまり，他主占有者の占有が自主占有に転換されるには，占有者から代理占有の本人（間接占有者である賃貸人等）に対して所有の意思があることを表示する必要がある。

そのため，土地の賃借人が賃料を支払わないことが継続するだけで，当該賃借人の占有が自主占有となることはない。

ただ，その意思は明示的な表示が原則とされるところ，賃借当初から賃料を支払わず，賃貸人も長期間それを容認しているようなときには，黙示的に所有の意思を表示したと認められる場合もある。

なお，そもそも占有者の占有は自主占有であることが推定されているのであるから，一義的には占有者自身が自主占有であることを立証する必要はな

181

第4章　占有の瑕疵と承継，性質の変更

いが（Q28），占有の始めに，一般に他主占有であると認められる場合において（Q15），自主占有であることを主張するには，占有者自身が民法第185条に規定する要件を備えることを立証する必要があるといえる。

【判　例】

◎　他主占有者による所有の意思のある占有であることの表示

■小作人が地代を支払わずに耕作を続けることを地主が容認していることが，小作人が所有の意思のあることを表示したと認められた事例

　　当該土地を小作していた者が，いわゆる農地解放後に最初に地代を支払うべき時期であった昭和23年12月末にその支払をせず，これ以降，地主は小作人が当該土地につき地代等を一切支払わずに自由に耕作し，占有することを容認していたことが認められる場合は，小作人が遅くとも昭和24年1月1日には地主に対して，当該土地につき所有の意思のあることを表示したものと判断することができる（最三小判平6・9・13裁判集民173号53頁，判夕867号155頁，判時1513号99頁）。

◎　所有の意思の表示の相手方

■相続人不存在の場合の相続財産管理人に対する所有の意思の表示

　　他主占有が自主占有に転換するためには，占有者において，自分に占有をなさしめている所有者が相続人なくして死亡したために占有土地が自分の所有に帰したものと信じた，という事実が存在するだけでは不十分であり，民法第185条所定の「占有者カ自己ニ占有ヲ為サシメタル者ニ対シ所有ノ意思アルコトヲ表示シ又ハ新権原ニ因リ更ニ所有ノ意思ヲ以テ占有ヲ始ムル」事実の存在することを必要とし，占有者に占有をなさしめた者が相続人なくして死亡した場合において，占有者が同条所定の意思を表示しようとするときは，相続財産管理人選任の手続をした上その管理人に対してこれをなすべきものと解する（名古屋高判昭35・8・10下民11巻8号1698頁，家月13巻10号96頁，判時241号28頁）。

第3節　占有の性質の変更

◎　**他主占有が自主占有に転換する理由**

■他主占有が自主占有に転換する場合の占有者と対立する所有者その他真の権利者の知，不知の要否

　　占有制度の目的が社会の現状を一応正しいものと認めこれを保護して平和，秩序を維持しようとすることにあるからであって，そのためには占有者の事実的支配という客観的事実の態様が問題であって，占有者と対立する所有者その他真の権利者の知，不知は問題でなく，このことは占有が取得時効の要件とされる場合にも同様であって，この場合にも社会の法律関係の安定のために，一定の客観的事実状態が永続したならば，その状態が真実の権利関係に合致するものかどうかを問わずに，そしてまた真の権利者がそれを知ると否とを問わずに，その事実状態をそのまま尊重してそれを一定の権利関係にまで高めようとするものなのであり，占有の開始についても真の権利者の知，不知は問題とされず，以上のことは，民法第185条に規定されている，他主占有から自主占有への転換という形によって自主占有が開始する場合においてもなんら事情は異ならないため，同条前段において，他主占有者が自己に占有をなさしめた者に対し所有の意思のあることを表示したときに他主占有が自主占有になる旨規定されていることも，占有をなさしめた者にその占有が他主占有から自主占有に転換することを了知する機会を与えて，その者の利益を保護するのが目的ではなく，その「自己に占有をなさしめた者に対する所有の意思の表示」を自主占有の一の客観的徴憑としてとらえているものと解され，換言すれば，他主占有という客観的事実に，その「所有の意思の表示」という客観的事実が加わることによって自主占有という客観的事実が発生するということなのである（札幌地判昭40・9・24訟月12巻2号267頁）。

■他主占有が自主占有に転換する場合の所有者の保護

　　占有の性質の変更につき民法第185条所定の要件を定めたのは，所有者に占有の性質の変更を知る機会を与えることにより，時効中断の措置を採ることを可能ならしめるなど所有者の利益を保護する趣旨であると解せられる（横浜地判昭50・12・19判タ336号292頁）。

183

第4章　占有の瑕疵と承継，性質の変更

Q 37 | 土地の賃借人が当該土地を購入した場合であっても，他主占有であることには変わりはないか。

A 土地の賃借人が当該土地を購入した場合，引き続き当該土地を占有することは，原則として，新権原によって，以後，自主占有をもって占有するものとされる。

解 説 他主占有は，所有の意思があることの表示（Q36）の他，新たな権原により更に所有の意思をもって占有を始めた場合にも（民185条後段），自主占有に転換する。

いわゆる新権原によって，他主占有が自主占有へ転換する場合である。

売買契約によって買主が所有者として始めた占有は自主占有であるとされることから，土地の賃借人が当該土地を購入した場合に，その占有が他主占有から自主占有に転換することは，新権原の典型である。

この場合の売買は，売主（あるいは，その代理人）に売却について必要とされる権限がなかったとしても，買主の所有する意思とは，所有者として所有者と同様の排他的支配をする意思であり，必ずしも，他人の所有に属していることを知らない場合に限らないため，特段の事情がない限り，新権原が否定されることにはならない。

他主占有である間は所有権の取得時効は進行しないが，自主占有に転換すると，以後，所有権の取得時効が進行する。

【判　例】
◎　**新権原による他主占有から自主占有への転換**
■取締役が会社所有物を自己の債務のために質入れをした場合に，自主占有への転換が認められなかった事例

　　<u>株式会社の取締役が，株式会社所有物を，自己の債務のために質入れをした事実があっても，いまだ，その占有の性質を変更させるに必要な条件を具備するものではない</u>（大一民判明43・5・7民録16輯350頁）。

第3節　占有の性質の変更

■土地を譲渡と同時に賃借した者が当該土地を買い戻した場合，他主占有から自主占有への転換が認められた事例

　売主が買主に買戻特約付きで売り渡し，同時に買主より賃借した場合，売主は，買戻しの意思表示をするまでは，当該土地を，賃借人として占有すると同時に，所有者である買主のために代理占有をしたものであるところ，その買戻しの意思表示をなし，当該土地の所有権を取得したときは，反証がない限り，買戻者は，新権原により，さらに所有の意思をもって占有を始めたものというべきである（大一民判昭 5・6・12大民集 9 巻 8 号532頁）。

第2編　不動産の時効取得

Q 38　土地の賃借人が当該土地を購入した場合に，当該売買契約に瑕疵があったときは，自主占有には転換しないか。

A　買主として（新所有者として），当該土地を買い受け，引渡しを受けた場合は，その売買契約に瑕疵があったとしても，原則として，自主占有に転換する。

解　説　他主占有が自主占有に転換することとなる新権原の権原とは，売買，贈与，交換等（行政上の買収，売渡処分等を含む。）の，占有を開始することとなった原因である法律行為等であり（Q15），その新たな権原が，客観的に所有の意思を有する者と判断されるときは，自主占有に転換する。

　それで，無権代理人から買い受けたり，農地につき所定の許可がなかったりして占有したような場合も，原則として，自主占有に転換する。売買の目的物でない土地を目的物と誤信して占有を始めた場合も同様に考えられるが，自主占有への転換が否定された判例もある。

【判　例】
◎　瑕疵のある売買に基づく他主占有から自主占有への転換

185

第4章　占有の瑕疵と承継，性質の変更

■小作人が土地所有者の管理人のように振る舞っていた者を介して小作地を購入した場合に，他主占有から自主占有への転換が認められた事例

当該土地の所有者から小作人への譲渡につき，土地所有者には，少なくとも，他の者に公然と当該土地の管理人のような行動をする余地を与えた等の点において権利者として当該土地につき適切な管理を怠っていたものといわれてもやむを得ないところがあり，これらの点からすると，その所有権移転登記を経由した者が，管理人のように振る舞っていた当該者を通じて適法に当該土地を譲り受けることができるものと信じ，その代金を支払ったことは無理ではないといえ，従って，管理人のように振る舞っていた当該者に所有者を代理する権限がなかったことを考慮に入れても，当該土地を他主占有していた小作人は，遅くとも，その登記がされた日には民法第185条にいう新権原により所有の意思をもって当該土地の占有を始めたものであり，かつ，その占有の始めに土地所有権を取得したものと信じたことには過失がなかったものというべきである（最一小判昭51・12・2民集30巻11号1021頁，裁判集民119号291頁，裁時706号1頁，判タ346号191頁，金判516号16頁，判時841号32頁）。

■農地の賃借人が所定の許可手続がとられないまま農地を受けて，代金を支払ったことで新権原が認められた事例

農地を賃借していた者が所有者から当該農地を買い受けその代金を支払ったときは，当時施行の農地調整法第4条によって農地の所有権移転の効力発生要件とされていた都道府県知事の許可又は市町村農地委員会の承認を得るための手続がとられていなかったとしても，買主は，特段の事情のない限り，売買契約を締結し代金を支払った時に民法第185条にいう新権原により所有の意思をもって当該農地の占有を始めたものというべきである（最一小判昭52・3・3民集31巻2号157頁，裁判集民120号209頁，裁時712号1頁，判タ348号195頁，金判521号19頁，判時848号61頁，金法841号37頁）。

◎　売買の目的物でない土地を目的物と誤信して占有を始めた場合の新権原

■売買の目的物でない土地を目的物と誤信して占有をした場合に，他主占有から自主占有への転換が認められた事例

第3節　占有の性質の変更

　他主占有から自主占有への変更の要件として民法第185条に定める新権
原とは，当該土地自体について売買等により新たに取得する権原を指すも
のと考えられるが，自作農創設特別措置法により売渡しを受けた土地の一
部と誤信して当該土地を占有耕作し，それに対し他からなんらの抗議も受
けず地代も支払わなかったという場合においても，同条にいう新権原によ
り所有の意思をもって占有を始めた場合に含まれるものと解するのが相当
であり，時効の中断をなしえなかったのはもっぱら所有者の当該土地に対
する管理の怠慢に起因するものというべきであり，また売渡しを受けた隣
接地の一部と誤信して，他から何らの抗議も受けることなく，当該土地を
占有耕作し，地代も支払わなかった事実のうちに占有者の当該土地に対す
る所有の意思が客観化されていると認められるから，たとい実際は当該土
地自体については新権原を取得せず，単に隣接地につき取得した新権原が
当該土地にも及ぶものと誤信したにすぎないような場合にも，新権原によ
り所有の意思をもって占有を始めたものと解して何ら支障はないと考えら
れる（横浜地判昭50・12・19判タ336号292頁）。

■売買の目的物でない土地を目的物と誤信して占有をした場合に，他主占有
から自主占有への転換が認めれなかった事例

　占有者に相続が開始し，当該相続人は当該土地が隣接地と別筆であるの
を知らなかったこと，当該相続人は，所有者から当該土地及び隣接地のほ
か農地約2反2畝歩を賃借し，また他の者からも農地若干を賃借していた
ところ，自作農創設特別措置法に基づき，これらの小作地のうちの大部分
である合計約3反5畝歩の売渡しを受けたが，その際，当該相続人は，こ
れらに関する手続の一切を地区農地委員に委ねていたため，当該土地が，
その売渡から除外されているのに気付かず，同農地委員から売渡証書の交
付を受けたときにも当該土地についてまでも売渡しを受けたものと信じて
いたこと，当該相続人は，その後は小作料の支払いをしなかったことが認
められるとしても，当該相続人の当該土地の占有が他主占有であるとの認
定を覆すことはできない（東京高判昭60・2・14判時1148号119頁）。

第4章 占有の瑕疵と承継, 性質の変更

> **Q 39** 新権原によって自主占有への転換を主張する場合には, 当該土地について所有権移転登記を経なければならないか。

 所有権移転登記を経なくても, 新権原によって自主占有への転換を主張することができないわけではない。

解説 取得時効は, 社会の法律関係の安定のために, 占有という一定の客観的事実状態が永続したならば, その状態が真実の権利関係に合致するものかどうかを問わずに, そしてまた真の権利者がそれを知ると否とを問わずに, その事実状態をそのまま尊重してそれを一定の権利関係にまで高めようとするものであり, これは, 他主占有から自主占有への転換という形によって自主占有が開始する場合においてもなんら事情は異ならない。つまり, 新権原によって他主占有が自主占有に転換する場合には, 新権原の発生ということ以上, 所有者その他真の権利者に対抗するために登記を必要とするとはいえない。

したがって, 土地賃借人などの他主占有者が当該土地を購入し, 新権原によって所有の意思をもって占有をする場合, その所有権移転登記がなされることが望ましいが, その登記がなされていないとしても, 新権原を主張することができないわけではない。

【判 例】
◎ **新権原と対抗要件**
■ 新権原の取得について登記その他の対抗要件の要否

民法第185条後段の場合には, 「新権原」の発生ということを, 既に自主占有の一つの客観的徴憑としてとらえることが可能であり, そうである以上, その外にさらに, <u>所有者その他真の権利者に対抗するために登記その他を必要とする理由を見いだすことはできない</u>（札幌地判昭40・9・24訟月12巻2号267頁）。

第1節　占有の相続

第5章　相続と占有

第1節　占有の相続

Q 40　占有権は相続されるか。

　他の権利と同様，相続人が被相続人の占有権のあることを知っている場合だけでなく，それを知らなくても，その占有権は相続される。

解説　民法には，占有権の譲渡に関する規定はあるものの（Q11〜14），占有権の相続に関する規定はないが，被相続人に相続が開始すると，その占有権は，その他の権利，財産（被相続人の一身に専属するものを除く。）と同様，相続人に包括承継される。相続による承継（移転）であるため，相続人が，被相続人の占有権の存在を知らなかったとしても，当然に相続される。

もちろん，相続開始と同時に，その占有権が消滅すると承継されることはなく，また，旧民法（明治31年7月16日から昭和22年5月2日までの間に適用されていた明治31年6月21日法律第9号民法の民法第4編第5編）では，家督相続にあっては隠居など被相続人の生前に相続が開始することもあり，その場合に，被相続人が相続開始後も自ら占有を継続するときは，占有権は承継されない。

【判　例】
◎　**占有権の相続**
■相続による占有権の承継と隠居

　占有権は相続開始当時，被相続人が占有を有するときは，他の財産権と同じく原則として相続によって相続人に移転するものであるが，隠居によって家督相続が開始し，かつ，隠居者である被相続人が，その相続開始後もなお，依然として占有を継続する場合においては，占有権は相続人に

第5章 相続と占有

移転しないものと解さないことはできず，もし，この場合においても占有権が相続人に移転するものとすると，事実上，隠居者である被相続人が依然として占有を有するにかかわらず，被相続人が占有者でないとするか，相続人の代理占有とするか，若しくは相続人の占有を侵奪した者とみなすというような法律上の仮定を設けないわけにはいかないが故にである（大二民判大4・12・28民録21輯2289頁）。

■相続による占有権の承継
　被相続人の死亡によって開始した家督相続によって，家屋の所有権を取得した相続人は，その家屋に対する被相続人の占有権を承継したものと認めるべきである（最二小判昭28・4・24民集7巻4号414頁，判タ30号40頁）。

■相続による支配，占有権の承継
　被相続人の事実的支配の中にあった物は，原則として，当然に，相続人の支配の中に承継されるとみるべきであるから，その結果として，占有権も承継され，被相続人が死亡して相続が開始するときは，特別の事情のない限り，従前その占有に属したものは，当然相続人の占有に移ると解すべきである（最一小判昭44・10・30民集23巻10号1881頁，家月22巻3号62頁，裁判集民97号111頁，判タ241号72頁，金判189号8頁，判時576号52頁）。

Q 41 ｜ 相続によって占有権が承継される場合は，現実に占有物を所持している相続人に限って承継されるか。

A　相続人は，現実に占有物を所持しているか否かにかかわらず，被相続人の占有権を承継する。

　占有権を有する被相続人について相続が開始した場合，占有権が相続人に移転するが，これは，相続開始という事実による直接

第1節　占有の相続

の効果であって，占有物を引き渡すことによる効果ではない。

つまり，相続人は，現実に占有物を所持しているか否かにかかわらず，被相続人の占有権を承継する。

そのため，被相続人が死亡した時，例えば，被相続人が占有していた家屋に現実に居住していた相続人だけでなく，被相続人から遠隔の地に居住し，その家屋には一度も居住したことがなく，相続開始後も居住することのない相続人も（さらに，当該占有権の存在を知らずとも。），当然に占有権を承継している。

占有権の相続は観念上において成立するのである。

【判　例】
◎　相続による占有権の移転と所持
■相続による占有権の移転における引渡しの要否
　占有権は相続開始当時，被相続人が占有を有するときは，他の財産権と同じく原則として相続によって相続人に移転するものであり，その移転は，必ずしも相続人において物を所持することを必要とせず，それは，占有権が相続人に移転するのは，法律が相続開始の事実に対し直接に付した効力にして，占有物の引渡しによって占有権が相続人に移転するものではないからである（大二民判大4・12・28民録21輯2289頁）。

Q 42　占有者の相続人が取得時効の成立を主張する場合は，被相続人の占有を基準に通算して主張することとなるか。

占有を相続した相続人は，自己の占有に被相続人の占有を併せて主張することも，あるいは，自己の占有だけを主張することもできる。

191

第5章　相続と占有

解　説　民法第187条の規定（Q33）が，相続によって占有権が移転した場合にも適用されるかということについては，大審院の判例では，相続のような包括承継によって占有権を承継する場合には，相続人などの一般承継人は，前主の占有権を承継するのみで，自己固有の占有権を取得するものではなく，一般承継人は，さらに自己固有の占有を始めたものでなければ，常に自己が承継した前主の占有の性質及び瑕疵を離れて主張することはできず，これは，相続人は被相続人の人格を継承し，法律上同一人とみなすべきものであるからであると解されてきた（大三民判大4・6・23民録21輯1005頁）。

　それが，最高裁判所によって，民法第187条の規定は，占有が特定承継によって承継された場合だけでなく，相続のような包括承継によって承継された場合にも適用されると判示された。そのため，占有の相続人は，その選択に従い，自己の占有のみを主張することも，あるいは，被相続人の占有に自己の占有を併せて主張することもできることとなる。

【判　例】

◎　**占有の相続と民法第187条**

■**占有の相続の場合に民法第187条第1項を適用することの適否**

　民法第187条第1項は「占有者ノ承継人ハ其選択ニ従ヒ自己ノ占有ノミヲ主張シ又ハ自己ノ占有ニ前主ノ占有ヲ併セテ之ヲ主張スルコトヲ得」と規定し，それは相続の如き包括承継の場合にも適用せられ，相続人は必ずしも被相続人の占有についての善意悪意の地位をそのまま承継するものではなく，その選択に従い自己の占有のみを主張し又は被相続人の占有に自己の占有を併せて主張することができるものと解するを相当とする（最二小判昭37・5・18民集16巻5号1073頁，裁判集民60号669頁，家月14巻9号81頁，判タ140号86頁，判タ135号65頁，判時307号25頁）。

第 1 節　占有の相続

Q 43 | 他主占有者の相続人は，自主占有を主張することはできないか。

A 　他主占有者の相続人は他主占有を承継する者となるが，相続人自身による新たな占有が自主占有であるときは，相続人は自主占有であることを主張し得る。

解説 　民法第185条の新権原（Q36）が，所有の意思のない占有者に相続が開始し，その相続人自身には所有の意思がある場合にも適用されるかということについては，大審院の判例では，相続によって占有権を承継する者は，前主の占有権そのものを承継する者であるため，前主の占有が所有の意思のないものである場合においては，相続人の占有もまた所有の意思のないものであり，相続をもって新権原であると解することはできないとされてきた（大二民判昭6・8・7大民集10巻10号763頁）。占有の相続に関して，大正4年6月23日大審院判決（Q42）と同様の考えに基づいていると思われる。

　それが，最高裁判所によって，他主占有を承継した相続人による所有の意思をもってする新たな事実上の支配が民法第185条の新権原に包含され得ると判示された。そのため，他主占有者の相続人であっても，その相続人自身が所有の意思をもって新たに事実上の支配をすることで，その被相続人の他主占有を併せて主張することなく，相続開始以後における相続人自らの自主占有を主張することができることとなる。これは，相続人であって現実に占有をする者はすべて自主占有に転換するということを意味するわけではなく，相続人が，他主占有であった被相続人の他主占有地を，自己の所有地と信じて占有を始め，占有の性質の変更に関する民法第185条の要件を具備し（Q44），相続人固有の自主占有が認められる事情を立証することができれば，相続開始以後における相続人自らの自主占有を主張することができることを意味する。

　他方，現実に占有物を所持していない相続人は，新たに独自の自主占有を

第2編　不動産の時効取得

193

第5章　相続と占有

始めない限り，被相続人の他主占有を承継するだけで，仮に，その相続人には所有の意思があったとしても，自主占有を主張することはできないといえよう。

　他主占有である被相続人の占有中には所有権の取得時効は進行しないが，相続人の占有が自主占有に転換すると，以後は，相続人にとって，所有権の取得時効が進行する。

【判　例】

◎　占有の相続と新権原

■他主占有者の相続人が，新たに所有の意思をもってする事実上の支配による新権原の成否

　　相続人が，被相続人の占有の態様からみて相続によって所有権を取得したものと考え，爾後所有の意思をもって現実に占有を始めたときは被相続人が他主占有をしていた場合でも相続人は固有の自主占有をもつことになるものと解するを相当とするため，占有者が当初から当該土地を所有の意思をもって占有していたとは認められないが，その売買が行われてから相当の年月を経た後に占有者を相続した相続人は，当該土地の位置，使用状況からみて自己の所有地と信じて占有を始めたものであり，当該相続人が占有を開始した日から起算した20年の経過により取得時効が完成し，当該土地は当該相続人の所有に帰したと判断したのは正当というべきであり，また，当該相続人は当該土地の租税を納付したことがなかったものの，納税の有無は所有の意思を推認する一事実にはなり得るが，必ずしも決定的なものではない（札幌高判昭43・3・5高民21巻2号160頁，判タ219号98頁，判時513号47頁）。

■他主占有者の相続人が，新たに所有の意思をもってする事実上の支配による新権原の成否

　　土地建物の管理を委託されている者が，当該建物の南半分に居住し，当該土地及び当該建物の北半分の賃料を受領していたところ，同管理者が死亡し，その後も，その相続人である妻，子らにおいて当該建物の南半分に居住するとともに，当該土地及び当該建物の北半分の賃料を受領して取得

194

第1節　占有の相続

しており，当該土地建物の所有者（管理の委託者）もこの事実を了知して，しかも，相続人である子らが，同管理者死亡当時，それぞれ6歳及び4歳の幼女にすぎず，相続人である同管理者の妻は，その母であり親権者であって，その子ら，その母とともに当該建物の南半分に居住していたことという事実関係のもとにおいては，その相続人らは，同管理者の死亡により，当該土地建物に対する同管理者の占有を相続により承継したばかりでなく，新たに当該土地建物を事実上支配することによりこれに対する占有を開始したものというべく，したがって，仮に相続人らに所有の意思があるとみられる場合においては，相続人らは，同管理者の死亡後，民法第185条にいう「新権原」により，当該土地建物の自主占有をするに至ったものと解するのを相当とするところ，相続人が賃料を取得したのは，当該土地建物の管理を委託された関係もあり，同管理者の遺族として生活の援助を受けるという趣旨で特に許されたためであり，相続人は当該土地建物の所有者（管理の委託者）に当該家屋の南半分の家賃を支払っており，相続人らが同管理者の死亡後，当該土地建物を占有するにつき所有の意思を有していたとはいえないというのであるから，相続人らは自己の占有のみを主張しても，当該土地建物を，時効により取得することができないものといわざるをえない（最三小判昭46・11・30民集25巻8号1437頁，家月24巻7号55頁，裁判集民104号503頁，判タ271号179頁，判時652号37頁）。

■ 占有の相続が新権原であると認められた事例

　売買による所有権移転登記がなされた土地について，売主が買主に売却したこと，したがってそれ以来，売主は当該土地を所有の意思なくして占有していたものと認められるようであるものの，しかし，他方，売主は当該登記後も賃借人から賃料を受領し，費消していたことが認められ，果たして売主と買主との間に当該土地の売買があったのかどうか疑わしいものと思われるなか，しかも，仮に売主の占有が所有の意思のないものであったときでも，売主の相続人が，相続により相続財産の占有を承継したばかりでなく，新たに相続財産を事実上支配することによって占有を開始し，その占有に所有の意思があると認められる場合においては，その相続人

第2編　不動産の時効取得

195

第5章　相続と占有

は，民法第185条にいう「新権原」により所有の意思をもって占有を始めたものと解するのが相当であり，売主が死亡し，その相続人が家督相続をし，その相続人は先代の戸主である被相続人（売主）と同名に名を変更し，ところで，売主が当該土地の賃料を受領費消していることについて，同人の生前及び死後を通じて，買主や買主の相続人の方から当該土地が自己の所有であるとして文句が出たことは一度もなく，先代の戸主（売主）名を襲名したので不動産の所有名義を書き換える必要もなかったから，ことさら登記簿により当該土地の所有名義を確認するということもなかったので，家督相続により当該土地の所有権を取得したものと信じ，相続税も納付し，引き続き，各賃借人から賃料を受領費消し，当該土地の公租公課を納付してきたもので，かかる状態は，売主の相続人が売主の死亡により，当該土地に対する同人の占有を相続により承継したばかりでなく，新たに占有代理人たる各賃借人を通じて当該土地を事実上支配することによりこれに対する占有を開始したものというべく，かつ，これを占有するにつき所有の意思を有していたといえるので，その相続人は，売主の死亡後，民法第185条にいう「新権原」により当該土地の自主占有をするに至ったものである（名古屋高判昭49・2・28民集29巻8号1331頁，判時742号65頁）。

■ **占有の相続が新権原であると認められた事例**

　　占有者である被相続人の相続人は，その占有する土地は被相続人が買い受け所有していたものであり，同人の死亡により相続人である自己がその所有権を取得したと信じて，被相続人の死亡直後，他から当該土地上の建物に移住し，その建物に大改築を施し，まさに，同人は相続を契機に新たに相続財産を事実上支配することによって占有を開始し，同人の占有には所有の意思があるとみられるときに当たるというべきであり，その占有が平穏公然裡に始められたことも明らかであるが，占有者である被相続人も相続人も固定資産税を支払ったことはないが，占有者の相続人は，別の土地の固定資産税を当該土地のそれと思い込んで支払ってきた可能性が強く，単に当該土地の固定資産税を負担しなかったとの事実だけから，その所有の意思を否定することは困難であるため，占有者の相続人は，平穏公然裡

196

第1節　占有の相続

に当該土地の自主占有を始めたものであるというべきである（東京高判平元・5・24判タ725号158頁）。

■ 占有の相続が新権原であると認められた事例

　他主占有者であった父が死亡したことにより，その長男は，亡父の占有を承継したのみでなく，自ら当該建物に居住し，これを現実に支配し占有を始め，その後10年以上にわたり平穏かつ公然に当該建物の占有を継続していたこと，亡父の財産のすべてを長男が相続することにつき相続人間で異議はなく，亡父の死後は，その長男が当該建物の固定資産税を納付し，当該建物の修理を自己の費用で行い，当該建物につき損害保険契約を自己の名で締結し保険料を負担していることなどの事実によれば，その長男は，亡父の死亡により同人の相続財産の全部を相続して当該建物の占有を承継したのみでなく，自ら当該建物に居住し，これを現実に事実上支配して占有を開始したもので，その占有の態様からすれば，亡父の占有には所有の意思がないものであっても，その長男の占有は所有の意思がある自主占有であると認めるのが相当であり，すなわち，亡父の相続人である長男は民法第185条にいう「新権原」により所有の意思をもって占有を始めたものというべきであり，その長男が，当該建物の敷地については相続を原因とする自己のための所有権移転登記を了しているのに，当該建物については所有権の登記手続をしていないことがあっても，当該建物の登記は表題部に所有者の前々戸主の住所氏名が記載されているのみでいまだ所有権保存登記もなされていないものであり，当該長男への所有権移転登記を了するためには通常の場合よりも手間が掛かること，及び当該建物は当時，相当老朽化していて，当該長男は建て替える際に登記関係を明確にしようと思っていたことも認められるのであるから，当該長男が相続当時，当該建物につき直ちに所有権移転登記手続をしようとしなかったことをもって，当該長男の占有が新権原により所有の意思をもって占有を始めたことを左右することはできない（大阪高判平3・2・28判時1392号86頁）。

第2編　不動産の時効取得

197

第5章　相続と占有

> ## Q 44 他主占有者の相続人の占有は，所有者の反証がない限り自主占有であると推定されるか。

A 　他主占有者の相続人の占有が自主占有であると推定されることはなく，相続人自身が自主占有であることを立証しなければ，自主占有とされることはない。

解　説　民法第186条第1項の規定によって占有者が自主占有であることが推定されるため（Q28），真の所有者によって，占有者の占有が自主占有ではないことが証明されなければ，占有者の占有は自主占有であることになる。

しかし，この理は，他主占有者の相続人が新権原によって自主占有であることを主張する場合には適用されない。この場合において自主占有への転換は，相続人が新たな事実的支配を開始したことによって従来の占有の性質が変更されたものであり，相続人の所有の意思の有無を相続という占有取得原因事実によって決することはできないため，自主占有への転換の事実は，占有者の相続人自身において立証を要する。

【判　例】

◎　占有の相続に基づく新権原の立証責任

■占有の相続が新権原であるとする立証責任

権原の客観的性質によって決めるべきであり，被相続人の占有の権原の性質上客観的にみて所有の意思が認められない以上，その相続人の占有についても一般に所有の意思がないものといわなければならず，このような占有を自主占有に転換させるためには，民法第185条の要件を具備することが必要であるところ，当該相続人が，相続の際，新権原によって当該土地の占有をはじめたことについてはなんらの主張も立証もないときは，当該土地の占有が自主占有に転換したものとはいえないのである（東京高判昭50・2・19東高民時報26巻2号16頁，判タ326号216頁，金判447号6頁，判時787号69

頁）。

■ 占有の相続に基づく新権原の立証責任と所有の意思の推定との関係

　被相続人の占有が所有の意思のないものであったことが証明された場合において，相続人が被相続人の死亡により，不動産の占有を承継したばかりでなく，新たに当該不動産を事実上支配することによってその占有を開始し，その占有に所有の意思があるとみられる場合においては，相続人は民法第185条にいう「新権原」により所有の意思をもって占有を始めたものというべきところ，相続人が新たに不動産を事実上支配することによって開始した占有に所有の意思があることについては，民法第186条第1項の規定による所有の意思の推定は働かず，相続人においてこれを立証することを要するものと解するのが相当である（新潟地新発田支判昭61・9・17訟月33巻8号2031頁）。

■ 他主占有者の相続人による自主占有への転換についての証明の要否

　他主占有者の相続人が独自の占有に基づく取得時効の成立を主張する場合において，その相続人の占有が所有の意思に基づくものであるといい得るためには，取得時効の成立を争う相手方ではなく，占有者である当該相続人において，その事実的支配が外形的客観的にみて独自の所有の意思に基づくものと解される事情を自ら証明すべきものと解するのが相当であり，つまり，この場合には，相続人が新たな事実的支配を開始したことによって，従来の占有の性質が変更されたものであるから，その変更の事実は取得時効の成立を主張する者において立証を要するものと解すべきであり，また，この場合には，相続人の所有の意思の有無を相続という占有取得原因事実によって決することはできないからであるところ，土地建物の他主占有者の相続人は，他主占有者である被相続人の死亡後，当該土地建物について，被相続人が生前に所有者から贈与を受け，これを相続したものと信じて，その登記済証を所持し，固定資産税を継続して納付しつつ，管理使用を専行し，そのうち一部の土地建物について，賃借人から賃料を取り立ててこれを専ら相続人の生活費に費消してきたものであり，加えて，当該土地建物については，従来から一団のものとして占有管理されていたこ

第5章　相続と占有

とに照らすと，相続人は，被相続人の死亡により，当該土地建物の占有を
相続により承継しただけでなく，新たに当該土地建物全部を事実上支配す
ることにより，これに対する占有を開始したものということができ，他方，
相続人が，このような態様で当該土地建物の事実的支配をしていることに
ついては，所有者及びその法定相続人の認識するところであったところ，
同人らが，占有者の相続人に対して異議を述べたことがうかがわれないば
かりか，占有者の相続人が当該土地建物につき相続人名義への所有権移転
登記手続を求めた際に，所有者の相続人は，これを承諾し，あるいは異議
を述べていないという事情に照らせば，占有者の当該土地建物についての
事実的支配は，外形的客観的にみて独自の所有の意思に基づくものと解す
るのが相当であり，そうすると，占有者の相続人の当該土地建物の占有は
所有の意思に基づくものと解するのが相当であるから，当該相続人は独自
の占有に基づく取得時効の成立を主張することができるというべきである
（最三小判平8・11・12民集50巻10号2591頁，裁判集民180号739頁，裁時1183号293頁）。

第2節　共同相続と占有

第2節　共同相続と占有

Q45 共同相続人の一人が相続開始後に，被相続人の遺産である土地を単独で占有している場合には，土地の所有権の全部について自主占有を主張することができるか。

A 通常は，単独の自主占有を主張することはできないが，その者に単独の所有権があると信ぜられるべき合理的な事由がある場合には，単独の自主占有を主張し得る。

解　説　　共有者の一人が，事実上，共有地の全体を占有していたとしても，その占有が共有地全体に対する自主占有であるとは認められないため（Q17），被相続人の死亡によって共同相続が開始したとき，その共同相続人の一人が単独で当該土地の占有をしていたとしても，通常は，自己の相続分を超える分については他の共同相続人のための占有であって，その土地の所有権の全部について，その単独で占有している共同相続人の自主占有は認められない。

ただ，共同相続人の一人が，他に共同相続人のいることを知らないため，単独で相続権を取得したと信じて当該不動産の占有を始めた場合など，その者に単独の所有権があると信ぜられるべき合理的な事由がある場合には，他の共同相続人が，共同相続人の当該一人に単独で占有されている事実を知る機会がなかったとしても，その単独で占有している共同相続人による単独の自主占有が認められる場合もある。

【判　例】

◎　**遺産である土地につき共同相続人の一人の単独の自主占有の成否**

■遺産である土地につき共同相続人の一人の単独の自主占有が認められた事例（旧民法に基づく遺産相続）

被相続人の死亡により同人所有の土地について，遺産相続が開始し，5

201

第5章　相続と占有

名が共同相続をしたが，そのうち一人は被相続人死亡当時の戸主であった
ので，当時は家督相続制度のもとにあった関係もあり，家族である被相続
人の死亡による相続が共同遺産相続であることに想到せず，当該土地は戸
主たる自己が単独で相続したものと誤信し，自己が単独に所有するものと
して占有使用し，その収益はすべて自己の手に収め，地租も自己名義で納
入してきたが，その後，その戸主の長男に当該土地を贈与して引き渡し，
爾後，その長男において当該戸主同様に単独所有者として占有し，これを
使用収益してきた一方，被相続人の他の遺産相続人らは，いずれもそれぞ
れ遺産相続をした事実を知らず，その戸主及び長男が，このように当該土
地を単独所有者として占有し，使用収益していることについて全く関心を
寄せず，異議を述べなかったという事情がある場合，このように，共同相
続人の一人が，単独に相続したものと信じて疑わず，相続開始とともに相
続財産を現実に占有し，その管理，使用を専行してその収益を独占し，公
租公課も自己の名でその負担において納付してきており，これについて他
の相続人がなんら関心をもたず，もとより異議を述べた事実もなかったよ
うな場合には，現実に占有をしている相続人は，その相続のときから自主
占有を取得したものと解するのが相当である（最二小判昭47・9・8民集26巻
7号1348頁，家月25巻3号91頁，裁判集民106号711頁，判時685号92頁）。

■ 遺産である土地につき共同相続人の一人の単独の自主占有が認められた事
例（民法の応急措置以後の相続）

　養父が養子との養子縁組をするに，養女を勘当する旨言明していたこと
に加えて，手切金として養女に金員を支払ったこともあって，当該養子は，
養父夫婦と養女との間の養親子関係は法律上も全く解消したものと信じて
おり，そして養父が「日本国憲法の施行に伴う民法の応急措置に関する法
律」の施行により旧民法の相続に関する規定の適用がなくなった後間もな
く死亡したときは，旧民法どおり自己が家督相続をしたものと考え，亡養
女の子が亡養女を代襲して共同相続人となるなどということにはもとより
思いも至らず，その後，養母が死亡した際も全く同様であり，したがって
少なくとも養母死亡後は，自己が当該不動産の唯一の所有者であると信

202

じ，そして当該不動産の固定資産税についても，養父名義で，その後は当該養子名義で課税されたが，いずれも当該養子において自己の資金から出捐してこれを支払い，当該養子において当該不動産を担保として他から借金するため登記上の所有名義を自己に変更する必要を生じた際，他から指摘されて初めて，当該養子は，自己と亡養女の子とが当該不動産の共同相続人の関係にあることを知るに至ったのであるも，当該養子は，亡養父夫婦と亡養女との養親子関係は法律上も解消したものと考え，したがって少なくとも亡養母の死亡後は自己が唯一の相続人として当該不動産の単独所有者であると信じてこれを占有していたものであること，亡養女の子の一家は，当該養子の一家とはほとんど全く没交渉に生活し，同家の動向には全く関心がなかったこと等の諸事情を総合するときは，亡養母の死亡とともに開始された当該養子の当該不動産の占有は，当該不動産に対する当該養子の単独所有の意思による自主占有としての性格を帯有するものと認めるのが相当というべきであり，また，共同相続人の一人による単独自主占有の成立を肯定しうるためには，他の共同相続人がその責に帰すべき事由により，その占有に異議を述べなかったという事実の存在を常に必要とするものではなく，当該養子の当該不動産の単独占有に異議を述べる機会をもたなかったのは，ひっきょう，前記のように亡養女の子の一家と当該養子の一家とが互いに全く没交渉かつ無関心な状態のもとで生活してきたためであるから，これらの事情は，かえって当該養子の単独自主占有を肯定する理由にこそなれ，これを否定すべき理由となるものではなく，ただ，当該養子が相当の注意をもって相続関係を調査すれば亡養女の子が当該養子とともに共同相続人であることを知ることができたのに，当該養子はこれを怠り，自己を唯一の相続人であり，したがって当該不動産の単独所有者であると信じたことには過失があるというべきである（東京高判昭52・2・24下民28巻1〜4号106頁，下民35巻1〜4号145頁，東高民時報28巻2号38頁，判タ352号192頁，金判528号26頁，判時851号186頁）。

第5章　相続と占有

■ 遺産である土地につき共同相続人の一人の単独の自主占有が認められな
かった事例（旧民法に基づく遺産相続）

　戸主が，亡妻死亡後に，亡妻名義の土地を占有し，その占有が，遺産相
続人である子供らのためにする他主占有であった場合，その戸主が隠居
し，その長男が家督相続をして当該土地の占有を承継したとき，先代戸主
の占有が所有の意思に基づかないものである以上，その長男の占有もその
性質が変わることはないものというべきであり，遺産相続財産については
家督相続が開始されても新戸主は当然にこれを取得するものでないことは
周知のことであり，当該土地は亡母（前記亡妻）死亡後は先代戸主によっ
て亡母（前記亡妻）の相続人たる子供らのために占有，管理され，他に賃
貸されており，当該長男は，家督相続により先代戸主の賃貸人の地位を承
継したものにすぎないのであるから，当該長男が当該土地を以上のとおり
占有，管理していたことから，当該長男の占有が自己の単独所有の意思を
もってなされたものと認めることはできないし，不動産の共同相続の場合
においては，遺産分割に至るまでの間は共同相続人中の一人が単独で遺産
を管理し，その収益を取得する反面公租公課を自ら負担し，他の共同相続
人も暗黙にこれを承認することは巷間極めて数多く見受ける事態であっ
て，当該長男の家督相続開始後の当該土地の占有は，亡母（前記亡妻）の
共同相続人の一人としての占有であるにとどまり，当該土地についての自
己の相続分を超える分については他の共同相続人のための占有であって，
所有の意思に基づく占有ではないというべきであり，家督相続のときから
民法第185条前段の所有の意思あることを他の共同相続人に対して表示し
たものと認めることもできない（大阪高判昭53・1・31下民29巻1～4号44頁，
下民35巻1～4号181頁，判時906号51頁）。

■ 遺産である不動産につき共同相続人の一人の単独の自主占有が認められな
かった事例

　数人の共同相続人の共有に属する相続財産たる不動産につきそのうちの
一人による単独の自主占有が認められるためには，その一人が他に相続持
分権を有する共同相続人のいることを知らないため単独で相続権を取得し

第2節　共同相続と占有

たと信じて当該不動産の占有を始めた場合など，その者に単独の所有権が
あると信ぜられるべき合理的な事由があることを要するものと解すべきで
あるところ，被相続人の相続財産である不動産について，他の共同相続人
名義の相続放棄がされたとの理由により，占有をしている共同相続人の一
人のみのため，その単独名義の相続を原因とする所有権移転登記がされて
いるが，その相続放棄は，単独名義人となった相続人が他の共同相続人の
承諾を得ることなく，司法書士に他の共同相続人名義で相続放棄の申述を
することを依頼し，その依頼に基づく申述によってされたものであって，
単独名義人となった相続人は他に共同相続人のいることを知りながら，あ
えて，他の共同相続人名義の虚偽の相続放棄の申述をすることによって当
該不動産につき単独名義の相続登記をしたというのであるから，単独名義
人となった相続人の単独の自主占有の成立を疑わせる事実があることが明
らかであるといわなければならない（最三小判昭54・4・17裁判集民126号541頁，
金判575号24頁，判時929号67頁，金法896号41頁）。

■遺産である土地につき共同相続人の一人の単独の自主占有が認められた事
例

　　亡養父は，亡養母との婚姻関係に入る前に，他の家に養子に行き，他の
女性と夫婦になり，一子をもうけたことや，その後，離婚したなどという
ことは聞いたこともなく，また他の者からも，その事情を教えられたこと
もなかったし，従前から，亡養父の他の子とは何らの交際もなかったため，
亡養父亡養母の養子は亡養父の相続財産の処理については自分以外に相続
人が存在するなどということは思いもしなかったため，あえて亡養父の戸
籍簿を調査することなく，自分が唯一の相続人であるということで相続税
を納付し，当該各不動産に課かる公租公課を支払ってたところ，当該土地
を売却するにあたり，亡養父の戸籍簿を調査してみると，初めて亡養父の
他の子の存在を知り，当該養子は亡養父の死亡より現在まで当該土地・建
物を管理し，占有してきたものであり，その始期において当該養子が，相
続人は自分一人であると誤信したことも無理からぬ状況下にあったと言え
るものであり，共同相続人の一人が，単独に相続したものと信じて疑わ

第5章　相続と占有

ず，相続開始とともに相続財産を現実に占有し，その管理，使用を専行してその収益を独占し，公租公課も自己の名でその負担において納付し，これについて他の相続人がなんら関心をもたず，異議も述べないという事情がある場合は，相続のときから相続財産につき単独所有者としての自主占有を取得したものというべきであり，当該養子は自主占有を取得したものと判断される（東京地判昭58・9・27判タ512号149頁，判時1107号83頁）。

第6章 占有による推定と登記による推定

第6章 占有による推定と登記による推定

Q 46 登記された不動産の所有権が争われる場合に，所有権の登記名義人が自己が真の所有者であると主張するには，当該登記名義人自身が自己の所有権を証明しなければならないか。

 反証がなされない限り，所有権の登記名義人が真の所有者であると推定される。

解説　物を占有している者は，通常，本権，すなわち，所有権や地上権，賃借権などのような，その占有を正当なものとする権利を有し，その権利を基に占有をしているであろう。所有者や地上権者，賃借権者などは，それらの権利（本権）に基づいた正当な占有者であり，それらの権利（本権）がないまま占有する者は不法占有者・不法占拠者といえる。

このように，事実としての占有は，必ずしも本権に基づいているとは限らず，占有権は本権の存否とは離れて成立し，占有の訴えは本権の訴えを妨げず（本権の訴えも占有の訴えを妨げない。），占有の訴えについて本権に関する理由に基づいて裁判をすることができないとされている（民202条。Q112参照）。そこで，占有権に物権としての一定の効果を認め，その物に対する事実上の支配を社会における安定性を果たす機能として尊重し，現実の占有者の多くが本権に基づいているとの蓋然性の高さから（例えば，所有者として不動産を占有している者は，ほとんどは，その不動産の真の所有者であろう。），占有者が占有物について行使する権利は正当な権利であると推定される規定が民法に定められている。

関連条文：民法第188条（占有物について行使する権利の適法の推定）→20頁へ

第6章　占有による推定と登記による推定

　この推定によって，占有者が真の所有者であるとみなされることはないものの，真の所有者であると推定されるため，他の者（占有者ではない者）が自己（当該他の者）が所有者であると主張し，所有権の存否について争いが生じた場合，占有者自身が自己（占有者）に所有権があることを証明しなくても，当該他の者が自己（当該他の者）に所有権があり，占有者に所有権がないことを証明（反証）しない限り，占有者が真の所有者であると認められることとなる。例えば，所有者（占有者）の所有物（占有物）について，他の者に占有を妨害されたときにおいて，所有者は占有者であることが明らかであれば，妨害者が占有者に所有権がないことを証明（反証）しない限り，所有者自身は自己の所有権を証明しなくても所有権に基づく妨害排除請求をすることができる。

　また，この推定と，占有者は所有の意思をもって占有するものとの推定（民186条1項。Q28参照）によって，占有者は所有者であると推定されることとなる。

【判　例】

◎　債権を本権として主張する占有者に推定される権利

■賃借権として占有する者について賃借権者であるとの推定の成否

　　民法第180条の規定によれば，占有物の上に行使する権利は適法に有すると推定されるべきため，賃借権を有することを主張して占有する者は，反証がない限り，賃借権者であるとの推定を受ける（大一民判大4・4・27民録21輯590頁）。

◎　占有者が所有者であることの推定

■所有権の登記名義人が所有者であるとの推定の成否

　　民法第186条第1項により占有者は，通常，所有の意思をもって占有するものと推定されるため，したがって，占有者は，通常，所有権を有する者との推定を受けることとなる（大判大13・9・25新聞2323号15頁，『注釈(7)』91頁）。

第6章　占有による推定と登記による推定

◎　占有による権利の推定と登記請求

■不動産の占有による権利の推定に基づく登記請求の可否

　民法第188条は，占有者が占有物の上に行使する権利，すなわち所有権，地上権等を否認し，それを争う者がある場合に，現に物を占有する者を保護し，その地位に案ずることができるため，占有者は適用に占有物の上に行使する権利を有するものと推定され，もって，占有者に，その権利の証明をする責任を免れさせたにとどまり，この規定によって占有者は占有物の上の行使する権利を取得したものと推定し，この推定に基づいて占有物の上に権利の登記をすることを認めるものではなく，不動産の占有者が不動産を占有すると直ちに民法第188条の推定に基づき権利の登記をし，第三者に対しても，その権利を対抗することができるとすると，完全に権利を取得したものとみなされたものと大きく異なるところはなく，法律が，このような不条理な規定を設けるべき理はないからである（大二民判明39・12・24民録12輯1721頁）。

　以上が，占有の効果としての推定についてであるが，不動産については不動産登記制度が準備されているため，登記された不動産については，占有による推定が一義的に働くことにはならない。我が国の不動産登記制度には，いわゆる登記の公信力がないとはいえ，その真実性の担保に関する多くの措置が施されているため，登記名義人が真の当該権利者でないことは，ほとんど考えられないともいえよう。そのため，例えば，所有権の登記名義人は，真の所有者であると推定される。この場合，占有による推定より登記による推定が，より強力に働くこととなる。登記名義人以外に関して，大審院にあっては登記原因についても推定が働くとしたが，最高裁判所にあっては，登記原因である物権変動及び，その原因となった債権行為を推定したものでないとしつつ，登記事項は真実であると推定すべきであるとしている。

　このため，所有者の登記名義人が所有する不動産について，他の者が所有者として占有している場合に，所有権の登記名義人が他の者に対して所

第2編　不動産の時効取得

第6章　占有による推定と登記による推定

有物の返還請求をするときは，所有権の登記名義人が自己の所有権を証明
しなくても，占有者が所有権の登記名義人に所有権がないことを証明（反
証）しない限り，所有権の登記名義人が真の所有者であるとされる。

【判　例】

◎　不動産登記の推定力

■登記原因の推定の成否

　　土地の所有権移転登記の登記原因となっている売買契約は，反証がない
限り，真実に行われたものと推定することを当然とする（大一民判大11・
1・20大民集1巻4頁）。

■占有による推定と登記による推定の優劣

　　占有者が所有権を主張する場合，占有者は適法に所有権を有するものと
推定されることは当然であるが，その主張する相手方が所有権の登記名義
人である等の諸事情を総合すると，占有者に所有権が移転していないと確
定することができ，これによって，占有者が受けるべき推定は覆される
（大判大13・9・25新聞2323号15頁，『注釈(7)』99頁）。

■所有権の登記名義人が所有者であるとの推定の成否

　　不動産の所有名義に登記せられていることは，一応，その名義人の所有
に属するものと推定され，物権変動並びにその原因となった債権行為が有
効に存在することを推定したものでないことは明白であるが，その名義人
の所有を推定したことが正当であることはいうまでもないところであるか
ら，その所有権を否定する者の請求を理由あらしめるには，その所有権を
否定する者において，自己の主張事実を立証して，その推定を覆す責任を
負担することこれまた論を待たず，その所有権を否定する者の先代が当該
山林を買い受けて所有しているところ，所有権の登記名義人が，その不知
の間にほしいままに当該山林が所有権の登記名義人に登記されているもの
であると主張するだけでは，所有権の登記名義人の所有に属するとの推定
を覆すことはできない（最一小判昭34・1・8民集13巻1号1頁，金法202号8頁）。

■登記の記載事項の推定の成否

　　登記は，その記載事項につき事実上の推定力を有するから，登記事項は

第6章　占有による推定と登記による推定

反証のない限り真実であると推定すべきである（最三小判昭46・6・29判タ
264号197頁，金判274号2頁，判時635号110頁，金法621号37頁）。

> ## Q 47
> 不動産の現在の所有権の登記名義人が前登記名義人に対して所有権を主張する場合には，現在の所有権登記名義人であることを証明するだけでは足りないか。

A 現在の所有権の登記名義人自身が，現在は自己に所有権が帰属しているという事実（前所有者から譲渡を受けた等の事実）を立証しなければならない。

解説　Q46で述べた占有による推定は，当事者相互間には働かない。占有をすることとなった権原が生じるべき法律行為等の当事者間においては，立証責任に関する原則が適用され，占有者自身に占有が正当な権原に基づいていることを立証しなければならない。また，この理は，登記による推定にも当てはまる。

　例えば，所有者と賃借人として占有する者（他主占有者）の間において，当該他主占有が正当な権原に基づいているという事実（賃借権を有している事実）は，他主占有者自身が立証しなければならず，また，不動産の現在の所有権の登記名義人と前登記名義人との間で所有権の帰属が争いとなり，現在の所有権の登記名義人が前登記名義人に対して現在は自己に所有権が帰属していると主張する場合には登記による推定は働かず，現在の所有権の登記名義人自身が現在は自己に所有権が帰属しているという事実（前所有者から譲渡を受けた等の事実）を立証しなければならないのである。

211

第6章　占有による推定と登記による推定

【判　例】

◎　正当なる権原に基づく占有である事実の立証責任

■他主占有における正当なる権原に基づく占有である事実の立証責任

　　正当なる権原に基づいて占有しているとの事実は，この事実を主張する者において，その立証の責任があり，建物が建物所有者以外の者に占有されていることが認定されたとき，その占有は正当の権原に基づくものであることを当該占有者が主張していないならば当該占有者は不法占有者と認めるほかはなく，これは，立証責任に関する原則を正当に適用したものである（大一民判大6・11・13民録23輯1776頁）。

■他主占有における正当なる権原に基づく占有である事実の立証責任

　　他人の土地を占有する者が正当の権原に基づくもの，すなわち，その占有は不法ではないことを主張するには，その権原はいかなるものであるかを自ら開示し，その立証をしなければならない（大判昭4・11・18新聞3065号13頁，『注釈(7)』96頁）。

■他主占有における正当なる権原に基づく占有である事実の立証責任

　　土地を所有する者が，その登記を経由し，当該土地上に建物が存在し，当該建物に居住してその敷地を占有している者は，当該建物の所有者が土地所有者から当該土地を使用貸借により借り受けて，その地上に当該建物を建築し，当該居住者が，これを賃借したと主張している場合，居住者の正権原の主張については，当該居住者に立証責任の存することは明らかであり，当該居住者は占有者の権利推定を定めた民法第188条の規定を援用して，自己の正権原を土地所有者に対抗することはできないと解するのが相当である（最三小判昭35・3・1民集14巻3号327頁，判タ103号29頁，判時216号20頁）。

◎　前所有者に対する登記の推定力

■現所有名義人が前所有名義人に対して所有権を主張する場合における推定の成否

　　一般の場合には，登記簿上の不動産所有名義人は反証のない限りその不動産を所有するものと推定すべきであるけれども，登記簿上の不動産の直

第6章　占有による推定と登記による推定

接の前所有名義人が現所有名義人に対し当該所有権の移転を争う場合においては，この推定をなすべき限りでなく，現所有名義人が前所有名義人から所有権を取得したことを立証すべき責任を有するものと解するのが相当である（最三小判昭38・10・15民集17巻11号1497頁，裁判集民68号343頁，判タ157号55頁，判時361号46頁，判時357号36頁）。

第2編　不動産の時効取得

第7章　時効の援用

第7章　時効の援用

第1節　時効取得の対象となる不動産

Q 48　1筆の土地の一部を時効取得することができるか。

A　客観的に明確な程度に，一定の範囲において排他的な支配状態を続けることによって，当該1筆の土地の当該一部を時効取得することができる。

解説　物権は1筆の土地（1個の土地）を対象として成立するため，所有権の時効取得の場面においても1筆の土地の全部を時効取得することが原則となるが，必ずしも土地の全部でなければならないとはされていない。土地の全部ではなく，その一部であっても事実上の支配をすることができる限り，占有の目的物とすることができる。

このため，客観的に明確な程度に，一定の範囲において排他的な支配状態を続けることによって，当該1筆の土地の当該一部を時効取得することができる。

なお，1筆の土地の一部について所有権の取得時効が成立した場合は，当該部分について分筆登記がなされなければ，時効によって所有権を取得した者に所有権の登記をすることはできない（Q69参照）。

【判　例】
◎　1筆の土地の一部を目的とする所有権の時効取得
■ 1筆の土地の一部を目的とする所有権の時効取得の成立

　　占有とは自己のためにする意思をもって，一定の物について事実上の支配をすることをいうため，その支配は必ずしも物の全部に及ぶことを要さず，<u>物の一部であっても事実上の支配をすることができる限り占有の目的物とすることができるものであり</u>，所有権の取得時効においては，占有が

第1節　時効取得の対象となる不動産

物の全部について行われた場合と，その一部について行われた場合とは区別されておらず，その一部の占有があった場合においては，時効の完成と同時に，法律上，その占有部分を区分して1個の物として所有権の時効取得が成立する（大民連判大13・10・7大民集3巻12号509頁）。

■ 土地と独立して立木を目的とする所有権の時効取得の成立

　他人の所有する土地に権原によらずして自己所有の樹木を植え付けた者が，植付けの時から所有の意思をもって平穏かつ公然と当該立木を20年間占有したときは，植付けの時に遡って，当該立木の所有権を時効により取得するものであり，その法理は，1筆の土地の平面的一部分について時効取得の要件を充足した場合，当該一部分が時効により取得されることと別異に取り扱われなければならないような合理的根拠はない（最二小判昭38・12・13民集17巻12号1696頁，裁判集民70号245頁，判タ159号88頁，判時364号25頁）。

　時効取得の対象となる不動産は，他人の物でなければならないか。

A　時効取得される不動産は他人の物であるが，自己の物であっても，時効取得を主張することができる場合がある。

解説　時効取得は，他人の物を占有することが要件とされている（民162条）。

　自己の物を時効取得するということは，通常は無意味であるが，結果的に自己の物であったとしても，所有権の取得を第三者に対抗することができない場合や，その登記を経由していない等のために所有権取得の立証が困難である等の場合には時効取得の主張には意味があるため，自己の物であっても時効取得をなし得る場合もある。

第7章　時効の援用

　例えば，土地が二重譲渡された場合の買主相互間や（Q71），土地の売主と買主との間で売買契約の無効等が争われたようなときには，民法第162条の占有期間を満たすならば，たとえ自己の物であったとしても，占有者が時効取得を主張することが許されることとなる。

【判　例】

◎　所有者による所有権の時効取得の主張の適否

■法律行為により所有権を取得した旨の主張と，時効により所有権を取得した旨を主張の併存

　　時効制度が認められた理由には，当事者の証拠方法の提出を容易にすることを包含するものであることをもって，当事者の一方において法律行為により所有権を取得した旨の抗弁を提出するにかかわらず，他方において時効により所有権を取得した旨を主張することは妨げられない（大一民判大9・7・16民録26輯1108頁）。

■所有者による占有期間も時効期間に算入することが認められた事例

　　民法第162条に規定された占有者は，権利がなく占有をした者はもちろん，所有権に基づき自己占有をした者をも包含するものと解すべきであり，その占有をもって取得時効の基礎とすることができ，法律に定めた期間内，物を占有する者は，その権利に関する証拠を失い，若しくは，その権利の所在が不明な場合においても，その期間に相当する取得時効を援用することができ，後に至り，その者が真の権利者であることの確証を発見したときであっても，その時効の完成は妨げられず，時効期間中ある期間において占有者が所有者であった事実は，時効の進行を妨げるものではない（大一民判昭9・5・28大民集13巻11号857頁）。

■所有者であっても所有権の立証が困難である等の事情により時効取得の成立が認められた事例

　　民法第162条所定の占有者には，権利なくして占有をした者のほか，所有権に基づいて占有をした者をも包含するものと解するのを相当とするため，所有権に基づいて不動産を占有する者についても，民法第162条の適用があるものと解すべきであり，取得時効は，当該物件を永続して占有す

216

第1節　時効取得の対象となる不動産

るという事実状態を，一定の場合に，権利関係にまで高めようとする制度
であるから，所有権に基づいて不動産を永く占有する者であっても，その
登記を経由していない等のために所有権取得の立証が困難であったり，ま
たは所有権の取得を第三者に対抗することができない等の場合において，
取得時効による権利取得を主張できると解することが制度本来の趣旨に合
致するものというべきであり，民法第162条が時効取得の対象物を他人の
物としたのは，通常の場合において，自己の物について取得時効を援用す
ることは無意味であるからにほかならないのであって，同条は，自己の物
について取得時効の援用を許さない趣旨ではないからである（最二小判昭
42・7・21民集21巻6号1643頁，裁判集民88号113頁，裁時480号11頁，判タ210号151頁，
金判77号11頁，判時488号21頁）。

■民法第162条第2項について他人の所有に属することの不要

　民法第162条第2項には明らかに「他人の物を占有した者」と記載され
ていても，同項の規定が適用されるためには，そのように他人の所有に属
することが要件とされるものではない（最二小判昭43・9・6裁判集民92号211
頁，判時537号41頁）。

■買主が売主に対して時効取得を主張することが認められた事例

　所有権に基づいて不動産を占有する者についても，民法第162条の適用
があると解されるため，不動産の所有者が第三者に対しその不動産を売却
した場合においても，その買主が売主から当該不動産の引渡しを受けて，
自ら所有の意思をもって占有を取得し，（その占有開始の時から）民法第162
条所定の期間を占有したときには，買主は売主に対する関係でも，時効に
よる所有権の取得を主張することができると解するのが，相当であり，こ
のような契約当事者においても，その物件を永続して占有するという事実
状態を権利関係にまで高めようとする同条の適用を拒むべき理由はない
（最一小判昭44・12・18民集23巻12号2467頁，裁判所ウェブサイト）。

217

第7章 時効の援用

Q 50 | 公道の敷地も時効取得することができるか。

　　公道の敷地は，公用が廃止されていない限り，時効取得の対象とはならない。

解説　　道路，河川や，公園，海浜等，国等において直接公共の用に供し，又は供するものと決定したものを公共用財産といい，学校用地や官庁の敷地等，国等の事務，事業又はその職員の住居の用に供し，又は供するものと決定したものを公用財産と（国有財産法3条2項），公共用財産及び公用財産を総称して公物という。

　道路法による道路などの公道は，公共用財産としての公物に該当する。

　公物（公共用物及び公用物）は，私権としての所有権の対象とはならず，したがって，私人によって時効取得されるものでもない。

　ただし，その公用が廃止されているものは，時効取得の対象となり得る。

【判　例】
◎　公物を時効取得することの適否
■　里道敷地が時効取得の対象とならないとされた事例
　　里道敷地は，時効取得の対象とならない（大二民判大8・2・24民録25輯336頁，『注釈(5)』208頁）。
■　公有水面が時効取得の対象とならないとされた事例
　　公共の用に供されるべき公有水面については，その公用を廃止した後でなければ，取得時効の目的とはならない（大三刑判昭4・4・10大刑集8巻4号174頁）。
■　下水溝の土地が時効取得の対象とならないとされた事例
　　公用物，ことに道路，下水のような，あまねく公衆に使用させる種類の公用物について，国家又は公法人が公用廃止の意思を表示するときは最も明確であることを要し，したがって，公用廃止については常に管理権を有

第1節　時効取得の対象となる不動産

する官公署の決定を待たなければならず，何ら，このような決定が明示されたことがないにもかかわらず，他人が単なる事情を総合して国家又は公法人に公用廃止の意思表示があったとするようなことは到底認容されるべきではなく，国より下水溝として公共の用に供されている土地に対する時効による所有権の取得を認めることは，公用物に関する法則を誤解して適用したものといえる（大三民判昭4・12・11大民集8巻12号914頁）。

■ **神社の境内地である国有地が時効取得の対象とならないとされた事例**
　神社の境内地である国有地については，その公用を廃止した後でなければ，取得時効の目的とすることができないと解するのを相当とする（大二民判昭5・7・4大民集9巻9号648頁）。

■ **河川の河床が時効取得の対象とならないとされた事例**
　当該土地が，河川法の適用を受ける河川の河床で，その河川流域に属している場合，当該土地は河川法第3条により私権の目的となることができないのであるから，時効により取得することができないものといわなければならず，その川は度々の洪水によりその水路が著しく変わり，当該土地は河川流域より遙かに離れるに至り，もはや河川流域としての特質を失っていても，その河川の所轄行政庁において河川法第2条第2項に定める河川区域変更の処分をなさない限り，河川法の適用から除外するを得ないものと解するを相当とし，したがって，時効により当該土地の所有権を取得したということはできない（東京高判昭31・2・13下民7巻2号318頁）。

■ **海浜が時効取得の対象とならないとされた事例**
　当該土地を含むその付近一帯が海浜の形体を有することが明らかであり，その形体が保持されている以上，自然の状態のままですでに直接一般公衆の共同使用に供せられる実体を具備している講学上のいわゆる自然公物に当たり，国有公物として，国有財産法上にいう行政財産（公共用財産）に属し，このような当該土地は公共の用に供せられている国有の公共用財産にして，講学上いわゆる自然公物たる海浜の一部であるから，これが公用廃止行為のない限り民法上の取得時効の目的とならないと判断するものである（札幌高判昭49・10・30訟月20巻13号22頁）。

第2編　不動産の時効取得

219

第 7 章　時効の援用

■ **違法埋立地が時効取得の対象とならないとされた事例**

　埋立免許を受けないで違法に埋立工事を行って土地を造成した者が，当該埋立工事にかかる埋立地の所有権を時効取得する余地はない（那覇地判昭55・1・22訟月26巻3号456頁）。

■ **市道予定地が時効取得の対象とならないとされた事例**

　旧市道が耕地整理事業によって拡幅されることになり，その拡幅部分の道路敷として国の所有とされたもの，すなわち公共用財産とすることを予定してそれに備えた工事を施行し，ただ，府県道とする認定あるいは拡幅に伴う市道区域の変更，供用の開始の手続だけが未了の状態の土地であったのであり，しかも，既に公共の用に供されていた旧市道の法面ともなっていたのであって，このような土地については，公共用財産に準じて原則として取得時効が成立しないものと解すべきであり，戦時中に防火用水が掘られたとはいっても，それは緊急的一時的なものであって，その土地本来の用法を変更する態のものでないことはいうまでもなく，他に黙示的にもせよ当該土地を道路敷とすることが中止されたことを示すような事情の存在を認めうる証拠はない限り，公共用財産の取得時効に関する法理の趣旨に準じて，当該土地につき私人に占有の開始を根拠として取得時効の成立を認めることはできないものというべきである（東京高判昭63・9・22東高民時報39巻9〜12号61頁，判タ695号191頁，金判815号28頁，判時1291号69頁）。

■ **路線認定予定の市有通路が時効取得の対象とならないとされた事例**

　当該土地は，道路法上の道路としての路線認定は受けていなかったが，私道の時代と同様に公衆の用に供されており，公衆の自由な通行に供されており，道路としての形態及び機能も維持され，そして，将来的には路線認定して道路法上の道路として供用開始する意図を有しつつ，路線認定があるまでの間も道路としての形態及び機能が維持されて公衆の自由な通行に供されることを黙認していたものと推認される場合，市有通路（当該土地を含む。）は，将来的には行政財産（道路法上の道路）となることを予定したいわゆる「予定公物」であり，市有通路を事実上の道路として公衆の自由な通行に供するという内容の黙示の公用開始決定をしたものというべき

220

第1節　時効取得の対象となる不動産

であるため，予定公物であって，現に道路としての形態及び機能を有しており，かつ黙示の公用開始決定があった道路は，取得時効期間の起算点たる占有開始の時までに黙示的に公用が廃止されたと認められるような特段の事情がない限り，取得時効の規定の適用がない（取得時効が成立しない。）と解するべきである（東京高判平26・5・28判時2227号37頁）。

◎　公物に該当しない土地

■ 予定公物について取得時効の適用があると解された事例

　当該土地が，いわゆる予定公物に該当するとしても，元来法定期間の平穏かつ公然たる支配状態の継続を尊重し，これを法律上保護することによって法律生活の安定を図ることを目的とする取得時効の制度の趣旨からみて，当該土地のような，いわゆる予定公物を公物と同一に取り扱って，取得時効の適用を排除すべき合理的理由を見いだしえないから，取得時効の適用があると解するのが相当である（大阪高判昭40・9・27民集20巻7号1544頁）。

■ 児童公園予定地について，現実に外見上児童公園の形態がなく，耕作占有状態が継続している等の事情により，取得時効の適用があると解された事例

　一般に公物（公用又は公共用財産）に私法上の取得時効制度が妥当するか否かは公物の有する公共性（他の一般財産と異なる特殊性）が時効制度によって保護されるべき私的利益に比し大であって，これに替え難いものであるか否かにかかると考えられるところ，いわゆる予定公物とは将来公用又は公共用財産に予定されたものを言うに過ぎないのであって，当該土地を児童公園予定地としたのであるが，もとよりこれを直ちに現実に外見上児童公園の形態を具備させたというわけではなく（公用開始行為がない。），したがって現に公共用財産としてその使命を全うしているのではなく，依然耕作占有状態が継続されてきたことは明らかであるとき，また，公園の社会的機能を考慮にいれて当該土地の公共的必要性を考えても，市としてはどうしてもここに児童公園を設置しなければ他に替え難いほどに当該土地に強い必要性があるとはにわかに認め難いような場合，当該土地のような公

221

第7章　時効の援用

園予定地につき私法上の取得時効制度の適用を排斥すべきであると解する
ことはできない（大阪高判昭43・5・29高民21巻3号294頁，判タ224号157頁，判時
541号41頁）。

■ 都市計画上公園の決定があっても，現実に外見上児童公園の形態がない等
の事情により，取得時効の適用があると解された事例

　　自作農創設特別措置法の規定に基づき，政府から売渡しを受けて現に耕
作していた当該土地に対し，建設大臣が都市計画上公園と決定したとして
も，市は当該土地につき直ちに現実に外見上児童公園の形態を具備させた
わけではなく（公用開始行為もない。），したがって，それは現に公共用財産
としてその使命を果たしているものではなく，依然としてこれにつき耕作
占有状態が継続されてきたというのであるから，かかる事実関係のもとに
おいては，当該土地に対する取得時効の進行が妨げられるものとは認めら
れない（最一小判昭44・5・22民集23巻6号993頁，裁判集民95号323頁，判タ236号
118頁，判時561号38頁，東京高判昭43・5・29高民21巻3号294頁の上告審）。

■ 国が管理すべき農地が取得時効の対象となりうるものと解された事例

　　自作農創設特別措置法第3条に基づいて買収され，国が管理すべき農地
は，自作農創設の目的に供されるものであるとはいえ，その性質上いわゆ
る公物には該当せず，取得時効の対象となりうるものと解するのが相当で
ある（東京高判昭56・11・26判タ465号108頁）。

■ 構築物敷地部分について，道路としての供用開始行為がなされていないこ
と等の事情により，取得時効の対象となり得るとされた事例

　　一口に予定公物といっても，公益性の非常に強いもの，公共用財産とす
ることを予定して形態的要素が完備され，現に公共の用に供されているが，
行政的な供用開始行為のみを欠くもの，公共用財産とする予定がなされた
だけのものなど，その形態や公共性の程度も様々であるから，ある公有財
産が予定公物であることから，直ちに当該予定公物について取得時効の成
立が否定されるものとはいえず，したがって，いわゆる予定公物につい
て，公物に準じて取得時効の成立が否定されるべきか否かは，当該予定公
物が，公物としての形態をどの程度備えたものであるか，当該公物の公共

性の実質，公共的必要性などを総合的に検討して，取得時効の適用を排除するに足りる合理的な理由があるかどうかを個別に検討すべきであると解されるところ，当該構築物敷地部分の公共性の実質について検討するに，当該構築物敷地部分について，道路としての供用開始行為がなされておらず，当該構築物敷地部分と隣地の間には有刺鉄線が存在しており，当該構築物敷地部分から側隣地への通常の通行はできない状態であったこと，当該構築物敷地部分は事実上の袋小路となっていたこと，当該構築物敷地部分は，進入路部分とともに市道部分からの搬入搬出路や荷さばき場として使用されているようなとき，当該構築物敷地部分を含む土地が公道とすることを予定して寄付されたものであることなどを考慮しても，当該構築物敷地部分が当時から公道として現実に使用されていたものとは認め難い（長野地松本支判平25・10・30判時2227号44頁）。

◎　**公用廃止**

■公用廃止の意思表示

　道路のような公用物は，その敷地が私人の所有に属す場合は各別，官の所有に属す場合においては，その公用を廃した後でなければ，取得時効の目的とすることはできず，ここで公用廃止とは，単に私人が一時道路を占有し，事実上，通行する者がいないようになったような場合を指すものではなく，道路を管理する権限を有する官庁が公用廃止の意思を表示した場合をいうと解すべきである（大一民判大10・2・1民録27輯160頁）。

◎　**公用廃止後も公物であることが否定されなかった事例**

■橋，取付道路等について，用途廃止後，運輸省から大蔵省へ引継ぎがされた場合に取得時効の対象とはなりえないとされた事例

　当該土地を含む橋，取付道路等は，「合衆国の軍隊の用に供する国有の財産の取扱手続について」と題する大蔵省管財局長通達に基づき用途廃止がなされ，運輸省から大蔵省へ引継ぎを受け，現にアメリカ合衆国軍隊に提供されているところ，しかしながら，この用途廃止が直ちに当該土地の公物性を払拭し，これについて時効の適用を可能とするとは断じ難く，この用途廃止が，通達によれば，提供財産の使用が廃止されたときは，再度

第 7 章 時効の援用

一般公共の用に供することが予定されていることを意味し，当該土地付近には税関出張所や，民間企業の倉庫が存し，これら施設の利用者に現に従来どおり陸上交通路として一般の利用にも供されているような場合，橋，取付道路等は実質的な行政財産ないし予定された行政財産とみるべきものであって，当該土地は，実質上ないし予定された行政財産とみられる橋及びその取付道路と構造上及び機能上不可分一体のものであり，その管理上必要な土地であることから，私人の所有に委ねることはできないと解せられ，よって取得時効の対象とはなりえないものと解するのを相当とする（横浜地判昭57・8・31訟月29巻2号213頁，判タ487号103頁）。

> **Q 51** 長年通行されていない里道は，時効取得することができるか。

 公用廃止が決定されていない限り，時効取得することはできないが，黙示的に公用が廃止されていると認められることもある。

解説 道路法の認定を受けていない里道も，一般公衆の通行の用に供される公道であるため（『道路』74頁，80頁，95頁参照），公物として，公用が廃止されない限り，時効取得の対象とはならない。単に，長年，通行されることがなくなっているというだけでは足りず，国，自治体によって公用廃止が決定されていなければ時効取得の対象とはならないのである。

ただ，長年の間，事実，上公の目的に供用されることなく放置され，公共用財産としての形態，機能を全く喪失し，その物のうえに他人の平穏かつ公然の占有が継続していても実際上，公の目的が害されるようなこともなく，もはやその物を公共用財産として維持すべき理由がなくなっているような場合には，黙示的に公用が廃止されていると認められることがあり，このような土地であれば，道路敷地であっても時効取得の対象となり得る。

224

第1節　時効取得の対象となる不動産

　国有地に対する時効取得の成否については，訴訟手続の他，財務省の通知である「取得時効事務取扱要領（260頁，巻末資料649頁）」による手続を求めることもできよう。

【判　例】

◎　黙示的な公用廃止

■畦畔として田の耕作の用に供してきたもので事実上公物たる状態を喪失していると同様の状況にあったこと等から黙示的な公用廃止が認められた事例

　　自作農創設特別措置法に基づき売り渡された土地が，当初から，田として耕作されており，<u>国有である当該土地は当該田他に隣接して畦畔として利用されている場合，それは，田の耕作の用に供してきたもので事実上公物たる状態を喪失していると同様の状況にあったものであるから，国有地ではあっても時効取得の目的たり得る</u>土地であったと認められる（仙台地判昭49・1・30民集30巻11号1111頁，訟月20巻13号1頁，金判515号14頁）。

■水路敷について，すでにその形状，規模において水路敷としての形態を具備していないこと等から黙示的な公用廃止が認められた事例

　　公共用物であっても，<u>長年の間事実上公共の目的に供用されず，公共用物としての形態をまったく失い，他人の平穏かつ公然の占有が継続している場合には，もはやこれを公共用物として維持すべき理由はなく，すでに黙示の公用廃止の処分があったものと見なければならず</u>，当該土地は，本来水路敷に含まれ公共用地に属したものであるが，<u>明治34年当時，すでにその形状，規模において現在とほとんど差異がなく，水路敷としての形態を具備していなかったものである場合は，時効取得を認めることができる</u>（大阪高判昭49・3・26高民27巻1号46頁，判時749号68頁）。

■公図上の水路について，その後の年月の経過に伴い水田，畦畔にされ，水路としての外観を失っていること等から黙示的な公用廃止が認められた事例

　　法務局備付けの土地台帳に登載されていない無番地の土地で，元国有地であった当該土地は，公図上青色に塗り分けられて水路として表示されていることが明らかであり，水路としての自然的な性格上当然に公共の用に供されているいわゆる公物とみるべきものであるが，たとえ公物であると

第2編　不動産の時効取得

225

第7章　時効の援用

しても，その公物としての外観が失われ，現に公共用財産としての使命を
果たしていない場合には，時効取得の成否につき一般の私有地と法的取扱
を異にする理由がないから，時効取得の成立を妨げないものと解すべきで
あるところ，当該土地の部分は水田に区分されていたものであり，田を自
作農創設特別措置法に基づいて売渡しを受けた当時の田及び当該土地の状
況は，以前から耕作していた状態と全く同様であったために，田と当該土
地を含めた水田と畦畔全体を売り渡されたものと信じて占有してきた場
合，当該土地は，公図作成時こそ水路としての形状を保っていたかもしれ
ないが，その後の年月の経過に伴いあるいは水田に，あるいは畦畔にと作
りかえられ，水路としての外観を失ってしまっていたものと認定するのが
相当であり，これに対する占有は，このように公物としての外観を失った
当該土地に対してなされてきたものとみられるから，所定の要件を満たす
ことによって時効取得することを妨げる理由はないということになる（仙
台高判昭50・10・6民集30巻11号1117頁，高民28巻4号309頁，訟月21巻11号2185頁，
判タ334号198頁，金判515号11頁，判時810号45頁）。

■公図上の水路について，その後の年月の経過に伴い水田，畦畔にとされ，
　水路としての外観を失ったこと等から黙示的な公用廃止が認められた事例
　　公共用財産が，長年の間事実上公の目的に供用されることなく放置さ
れ，公共用財産としての形態，機能を全く喪失し，その物のうえに他人の
平穏かつ公然の占有が継続したが，そのため実際上公の目的が害されるよ
うなこともなく，もはやその物を公共用財産として維持すべき理由がなく
なった場合には，当該公共用財産については，黙示的に公用が廃止された
ものとして，これについて取得時効の成立を妨げないものと解するのが相
当であり，当該土地は，公図上水路として表示されている国有地であった
が，古くから水田，あるいは畦畔に作りかえられ，田あるいはその畦畔の
一部となり，水路としての外観を全く喪失し，自作農創設特別措置法によ
り田の売渡しを受けた際も，その当時の位置関係及び使用状況は，耕作し
ていた状態と全く同様であったため，当該土地を含んだ水田と畦畔全体を
売り渡されたものと信じ，水田あるいは畦畔として平穏かつ公然に当該土

第1節　時効取得の対象となる不動産

地の占有を続けたというのである場合，当該土地は，公共用財産としての
形態，機能を全く喪失し，引き続き私人に占有されてきたが，そのために
実際上公の目的が害されることもなく，もはやこれを公共用財産として維
持すべき理由がなくなったことは明らかであり，黙示的に公用が廃止され
たものとして，取得時効の対象となりうるものと解すべきである（最二小
判昭51・12・24民集30巻11号1104頁，訟月22巻12号2742頁，裁判集民119号397頁，裁時
706号3頁，判タ345号192頁，金判515号8頁，判時840号55頁，金法815号27頁）。

■市道認定がされた道路について，一度も道路としての形態を具備せず，長
年建物の敷地となっていたこと等から黙示的な公用廃止が認められた事例
　道路のうち，当該土地は，明治時代より引き続いて建物（玄関部分の）敷
地となっていたもので，市道認定がなされ公用が開始されているが，その
当初から当該土地の部分は一度も道路としての形態を具備するに至らな
かった土地といえるとき，また長年建物の敷地となっていたため，黙示的
に道路としての公用が廃止されたとみることもできることから，その建物
を所有することによって当該土地の同部分を占有している者は，当該土地
を時効によって取得することができる（金沢地判昭52・5・13判時881号136頁）。

■河川について，付け替えによって水路としての形態，機能を全く喪失して
いること等から黙示的な公用廃止が認められた事例
　当該土地は公図上水路として記載され，元は普通河川の水路であったと
ころ，その川に沿って存在した曲がりくねった道の幅員を拡げ，直線化し
て，県道が完成し，その工事により，当該土地から北の水路は，完成後の
県道に沿うよう改められ，水路であった当該土地は，以南にある従来の水
路と以北に作られた新水路とを接続する部分として，水路に変更が加えら
れた結果，水路として不要となり，水路でなくなり（当該土地だけは，依然，
未登記のままである。），その後，当該土地を宅地として占有していることに
対して，何らの異議も述べられたこともなく，占有者が利用するままに放
置していたようなとき，当該土地は，水路としての形態，機能を全く喪失
しており，その占有が継続されてきたにもかかわらず，河川管理上何らの
支障も来さなかったことが認められることから，当該土地については，既

第2編　不動産の時効取得

227

第7章　時効の援用

に黙示の公用廃止の意思表示がなされていたものと認めるのが相当であり，その公共用物については，もはや黙示の公用廃止の意思表示がなされたものとして，時効取得の対象となり得るものと解するのが相当である（福岡地判昭54・7・12訟月25巻11号2775頁）。

■国有の特別区道について，長年道路として使用されていないこと等から黙示的な公用廃止が認められた事例

　国有の特別区道について，当該土地は，道路として使用されておらず，他の土地と一体の土地として両土地に接する道路と隔絶した形で使用しており，また，境界線上には，ブロック塀を設置しているため，当該土地だけを道路としても，その道路としての機能を発揮できない状況において，それが東京都の特別区道であるとしても，長年の間事実上公の目的に供用されることなく放置され，道路としての形態，機能を全く喪失し，占有を続けられてきたものであり，そのために実際上公の目的が害されたこともなく，もはやこれを公共用財産として維持すべき理由がなくなったといわざるを得ず，当該土地は，黙示的に公用が廃止されたものとみることができる（東京地判昭59・11・26判タ546号149頁，判時1167号60頁）。

■里道について，長年建物の敷地となっていること等から黙示的な公用廃止が認められた事例

　里道について，明治20年代ごろから引き続いて建物の敷地となっていた場合，長年の間，事実上，公の目的に供されることなく放置され，里道としての形態・機能を全く喪失し，その敷地部分につき平穏公然に占有を継続してきたのであり，そのために実際上公の目的が害されるようなこともなく，もはやこれを公共用財産として維持すべき理由はなくなったものと認められるから，時効取得の対象となり得る（広島高判昭61・3・20訟月33巻4号839頁）。

■里道が完全に住宅地化されたこと等から黙示的な公用廃止が認められた事例

　里道について，付近は完全に住宅化されており，周辺に道路が存在したことをうかがわせる痕跡すらない状況にあり，公共用財産としての形態，

228

機能を全く喪失しており，公然の占有の継続があっても，そのために実際
上公の目的が害されることもなかったことが明らかであるなら，もはやこ
れを公共用財産として維持すべき理由がなくなったものというべきであり，
当該土地については黙示的に公用が廃止されたものとして，取得時効の対
象となりうるものとすべきである（東京地判昭63・8・25判時1307号115頁）。

■ 道路法上の道路について，建物がまたがって建っていたり，石積みの擁壁
が設置されていること等から黙示的な公用廃止が認められた事例

　東京都の特別区が管理者である道路法上の道路について，建物がまた
がって建てられており，かつ，その北側の現実に道路として通行の用に供
されている部分との境に高さ約1メートルの石積みの擁壁が設置されてお
り，区等から道路であることの指摘を受けたり，その明渡しを求められた
りしたことがなかったこと，道路として人の通行の用に供するとしても，
わずか15メートル余の長さの不自然な道路拡幅部分となるにすぎず，その
ままではその道路としての機能を適切に発揮するには至らず，長年の間事
実上公の目的に供用されることなく放置され，道路としての形態，機能を
全く喪失しており，かつ，占有が継続したにもかかわらず，実際上公の目
的が害されることもなかったことが認められる場合，もはやこれを公共用
財産として維持すべき理由がなくなったものというべきであるから，当該
土地について，つとに黙示的に公用が廃止されたものとして取得時効の対
象となりうるものと解するのが相当である（東京地判平2・7・20判時1382号
90頁）。

■ 里道に木が植えられ，品物が置かれ，通行がなくなったこと等から黙示的
な公用廃止が認められた事例

　里道について，南側部分には木が植えられており，北側部分には牛乳箱
や洗い張りの物干しその他の品物が置かれていたこと，ほとんど人が通っ
ていなかったことが認められ，これらの事実からすれば，当該土地は既に
道路としての形態・機能を喪失していたものと認められるから，黙示の公
用廃止があったものとして取得時効の対象となるものと解するのが相当で
ある（東京地判平2・11・13判タ761号219頁）。

第7章　時効の援用

■ 違法埋立地について，長期間植樹や放牧をし，周辺土地の埋立てが追認されたこと等から黙示的な公用廃止が認められた事例

　　当該土地については公有水面埋立法所定の手続がなされておらず，このような場合には，通常であれば取得時効の対象とならないものというべきであるが，埋立てを厳重に規制している公有水面埋立法の趣旨を没却せず，かつ，陸地化した部分を長期間にわたり一般公衆の使用を排除して排他的に占有支配しているなどの場合には，黙示的に公用廃止がなされたとして，取得時効の対象になると解すべきであり，占有者が植樹用地や放牧地等として他の使用を排除して排他的に占有支配し，その後，周辺の土地について埋立ての追認がなされていることや，その後の使用状況からして既に黙示の公用廃止がなされていたものと認められ，当該土地が取得時効の対象になると解しても，公有水面埋立法の趣旨を没却するものでないと認められるため，取得時効の対象になるといえる（大分地佐伯支判平15・3・12民集59巻10号2947頁）。

■ 公図上存在する里道について，新幹線開通に伴う整地後，当初の形態を失い，建築確認通知がなされたこと等から黙示的な公用廃止が認められた事例

　　昭和23年に米極東空軍の撮影した空中写真及び昭和36年に建設省国土地理院の撮影した空中写真には，公図上に当該土地が表示されている位置付近に，当該土地とそれに連なる里道が写っており，少なくとも昭和36年時点においては，当該土地を含む当該道が明瞭な形態を維持して存在していたところ，新幹線開通工事に伴い，新設通路が開設され，当該里道を通ってその通路を経て公道へ出るようになったが，国鉄は，交換地として引き渡す土地について，当該土地を含めた一体の土地として整地した状態で示し，その後の建物の建築に際しては，建築可能な状態に整地されており，里道が存在するような形跡は全くなく，当該里道は，当該土地のすぐ隣に東海道新幹線が高架で通り，保安上の面から高架敷地に沿ってフェンスが設置されたため，通行が不可能になっており，当該里道は，昭和36年頃まではその形態を保持しており，当該土地を経て道路につながっていたこと

230

第1節　時効取得の対象となる不動産

等を考えれば，当該土地付近も含めて里道としての機能を喪失していたとまでは認められないが，当該土地については，遅くとも建築確認通知がされた時頃までには，旧国鉄によって，当該土地とともに一体のものとして整地された結果，里道としての形態，機能を喪失したものと認めることができるとき，里道のうち，当該土地については，いずれ明示の公用廃止をする意思であり，そのために旧国鉄による当該係争地の整地を了承・容認していたものと考えるのが自然かつ合理的であり，黙示の公用廃止がされたものと認めるのが相当である（大阪高判平15・6・24判時1843号77頁）。

■ 公有水面について，事実上陸地となっており，販売用の松を植樹するなどして占有を継続し，原状回復が求められたとの事情はうかがえないこと等から黙示的な公用廃止が認められた事例

　公有水面は，公共の用に供せられる公物であるから，公用廃止がされない限り，その上に私権が成立することはなく，原則的には，公有水面は，事実上埋立てが終了し陸地が完成している場合であっても，竣功認可がない限り，土地として存続することは認められないと解するべきであるが，公有水面の埋立てについて竣功認可がされていない場合であっても，事実上埋立地が完成し，かつ当該公有水面について黙示的な公用廃止がされたと見られるときには，以後，当該埋立地は土地として私権の対象たりうるものとなり，取得時効が成立しうるものと解され，当該土地については，埋立ては完了して事実上陸地となっており，販売用の松を植樹するなどして占有を継続し，この間を含めこれまで原状回復が求められたとの事情はうかがえないことをも併せ考えると，当該土地は長年の間事実上公有水面として公の目的に供用されることなく放置され，公共用財産たる公有水面としての形態，機能を全く喪失し，そのうえに他人の平穏かつ公然の占有が継続していても，そのため実際上公の目的が害されることもなかったものといえ，黙示的な公用廃止がされたものとして取得時効の対象になっていたものといえる（福岡高宮崎支判平15・9・9民集59巻10号2956頁）。

第2編　不動産の時効取得

231

第7章　時効の援用

■公有水面について，事実上陸地となっており，販売用の松を植樹するなどして占有を継続し，原状回復が求められたとの事情はうかがえないこと等から黙示的な公用廃止が認められた事例

　　当該埋立地が存在する場所を含む海面6000坪について知事から旧埋立法第2条に基づく埋立免許を受け，埋立工事を完成し，当該埋立地は陸地となったが，竣功認可がされることなく同免許は失効したものの，販売用の松を植樹するなどして占有を開始し，その後，その埋立地の西側に隣接する一帯の土地も海面が埋め立てられ，これらの土地については埋立ての追認申請がされ，知事によりこれが認可されて，土地の表示に関する登記がされ，当該埋立地についてこれまで原状回復が求められたとの事情はうかがえず，そのために実際上公の目的が害されることもなく，もはやこれを公共用財産として維持すべき理由がなくなっていたということができる場合，当該埋立地は，私法上所有権の客体となる土地として存続することが確定し，同時に，黙示的に公用が廃止されたものとして，取得時効の対象となるものと解すべきである（最二小判平17・12・16民集59巻10号2931頁，訟月52巻4号1187頁，裁時1402号33頁，判タ1202号239頁，判時1921号53頁）。

◎　黙示的な公用廃止が認められなかった事例

■寺の参道について，現況でも竹垣さえ撤去すれば通行の用に供せないともいえないこと等から黙示の公用廃止が認められなかった事例

　　寺院の参道とは，単に通行できればよいのではなく，風致地区として参道と一体となって，通行者に心理的余裕を与えるべき部分も必要であり，現況でも竹垣さえ撤去すれば通行の用に供せないともいえず，これらを総合すると，当該土地は道路としての形態，機能を全面的に喪失したとはいえない（長野地判昭61・4・30訟月33巻7号1753頁）。

■公共用財産を供用された目的に即し，地域的広がりをもった全体として観察し，原状回復が可能か否かを判断して黙示的な公用廃止が認められなかった事例

　　当該土地が道路敷地ではない外観を呈するに至っていても，公共用財産としての形態，機能の喪失が認められるためには，当該部分のみに着目す

るのではなく，公共用財産を供用された目的に即し，地域的広がりをもった全体として観察し，原状回復が可能か否かを判断して決すべきものであるため，建物の敷地とされ，その敷地の端の部分から路面までが急傾斜の法面となっていたとしても，他に連なる部分として全体的にみれば，本来は，道路の法面又は道路の維持保全に必要な道路敷地であると認識することができ，建物を移動するなどして原状回復することが不可能ではない状況にあったものと認められるときは，道路敷地としての形態，機能を回復することが困難なほどに喪失していたものということはできない（東京高判平3・2・26訟月38巻2号177頁）。

■ れんが塀の基礎部分が埋設され，れんが塀の敷地として，公の目的に使用されていること等から黙示の公用廃止が認められなかった事例

　　当該土地である国有の造幣局の敷地は，公物（公共用物）としての性質を有する限りは時効取得の対象とはならないものと解されるが，それが，長期間，事実上，公の目的に使用されることなく放置され，公物としての形態，機能を全く喪失し，その物の上に他人の平穏かつ公然の占有が継続したが，そのために，実際上，公の目的が害されることがなく，もはやその物を公物として維持すべき理由がなくなった場合には，黙示の公用廃止がなされたものとして，これに対する取得時効が成立し得ると解されるところ，当該土地には，れんが塀の基礎部分が埋設され，れんが塀の敷地として，公の目的に使用されているのであって，占有者の占有によっても企業用財産としての機能や形態を喪失したとまではいえず，また，占有者が当該土地上に建物を建築して当該土地を占有することにより，老朽化した当該れんが塀を維持管理することが妨げられ，この結果，当該れんが塀の周囲の安全も害され，現に公の目的が害されていることが認められとき，当該土地については，黙示の公物廃止がなされたとは認められず，占有者が時効によって取得することはできないというべきである（大阪地判平8・8・28訟月43巻7号1615頁）。

※　『道路』112頁参照

第7章　時効の援用

> **Q 52** 里道を占有した者が里道敷地に建物を建築してから長期間一般の通行がなくなったような場合，その里道を，黙示的な公用廃止によって時効取得することができるのか。

A 黙示的な公用の廃止は，自主占有の開始以前に成立していなければならず，里道を占有した者の行為によって一般の通行がなくなった状態が長期間継続したからといって，時効取得が認められることはない。

解 説 公物について，明示的な公用廃止決定がなくても，黙示的な公用廃止が成立していれば時効取得の対象となり得るが，それは，自主占有開始の時点までに成立していると認められなければならない。

したがって，例えば，一般交通の用に供されるべき里道を含む公道の敷地を占有した者が，自ら，そこに建物を建築するなどして，一般交通が行われなくなった状況を作出したような場合には，いかに長期間占有を継続したところで時効取得の対象とはなり得ない。

【判　例】

◎　黙示的な公用廃止の存在時期

■自主占有開始の時点までに存することを要する黙示的な公用廃止

　公共用財産について黙示的に公用が廃止されたものとして，取得時効が成立するためには，公共用財産が長年の間事実上公の目的に供されることなく放置され，公共用財産としての形態，機能を全く喪失し，その物のうえに他人の平穏かつ公然の占有が継続したが，そのため実際上公の目的が害されることもなく，もはやその物を公共用財産として維持すべき理由がなくなったとの要件が必要であり，この要件に適合する客観的状況は，時効の基礎となる自主占有開始の時点までに存在していることを要するものと解するのが相当である（広島高判昭61・3・20訟月33巻4号839頁）。

■自主占有開始の時点までに存することを要する黙示的な公用廃止

　公共用財産が，長年の間事実上公の目的に供用されることなく放置され，

234

第1節　時効取得の対象となる不動産

公共用財産としての形態機能を全く喪失し，その物のうえに他人の平隠かつ公然の占有が継続したが，そのため実際上公の目的が害されることもなく，もはやその物を公共用財産として維持すべき理由がなくなった場合には，その公共用財産について，黙示的に公用が廃止されたものとして，取得時効の成立を妨げないと解されるところ，この基準に適合する客観的状況は，自主占有開始の時点までに存在していることを要するものと解するのが相当である（京都地判昭61・8・8判タ623号106頁）。

■ 自主占有開始の時点までに存することを要する黙示的な公用廃止

　いわゆる黙示的な公用廃止の状況は，自主占有開始の時までに生じていたのでなければ，時効取得は成立しないものと解すべきである（東京高判平3・2・26訟月38巻2号177頁）。

Q 53 　公道の道路管理者が，管理している公道の敷地について時効取得をすることができるか。

A 　公道の道路管理者は，その管理している公道の敷地について時効取得をすることが認められる場合もある。

解説 　公道の道路管理者が道路を管理することは，それが機能管理である限り，占有，時効取得の成立はみないが，公道が適法に成立するために必要とされる公道敷地について，例えば，公道敷地について寄付は受けていたものの，それが明確ではない場合に，寄付について証明することが困難である場合もある。そのようなときに，道路管理者が，所有者としての管理であることを主張し，それが認められることもあり得るだろう。

235

第7章　時効の援用

【判　例】

◎　公法人による公物の時効取得

■ 地方自治体によって国の所有物の時効取得が認められた事例

　　国と地方公共団体とは公法上特別の関係があるからといって，特に両者の間に民法の取得時効に関する規定の適用を全面的に除外すべき正当の理由を見いだすことはできないところ，ただ国の公共用財産は，それが国において直接公共の用に供し，または供すべきものと決定されたものであるということから，いわゆる不融通物として取得時効の規定の適用の外に置かれるのはいうまでもないが，公共用財産といえども，国がその公用を廃止し又は廃止したと認むべき事情の発生した後においては取得時効の目的となり得ると解するのを相当とする（仙台地判昭33・10・15訟月5巻4号481頁）。

■ 国が道路用地として寄付を受けた土地について，国の時効取得が認められた事例

　　国が，寄付を受けて国の所有に帰した土地であるとして，道路の供用開始以来占有し，10年の経過に伴って時効によりその所有権を取得したという判断は是認することができる（最二小判昭42・6・9訟月13巻9号1035頁）。

◎　機能管理を基礎とする道路の時効取得の適否

■ 道路管理者の機能管理だけでは時効取得が認められなかった事例

　　道路管理者が，自己の管理する道路について民法上の占有権を有すると主張する場合にあっては，単に機能管理権を行使していることを主張立証するだけでは足りず，機能管理権とは別個に，民法上の占有権の取得原因事実を主張立証する必要があるというべきである（東京高判平13・10・30判時1781号102頁）。

第2節　占有の期間

> **Q 54** 時効取得が成立するために必要とされる占有の20年又は10年の期間は、連続していなければならないか。

20年間又は10年間、連続して占有していなければならない。

解説　時効取得が成立するためには、20年間又は10年間、連続して占有し続けていなければならない。断続的に占有し、各占有期間を通算して20年間又は10年間を満たせば足りるわけでないことはいうまでもない。

つまり、占有を開始し、20年又は10年の満了前に、占有の継続が途切れたときは時効取得は成立せず、さらに、新たに占有を開始してから20年又は10年の連続した占有期間を要することとなる。

占有継続中に自ら占有を中止し、又は他に占有を奪われた場合はQ108のとおりであり、占有の継続中であっても時効の完成猶予、更新の事由が発生した場合については、Q117のとおりである。

> **Q 55** 時効取得が成立するために必要とされるために20年間又は10年間連続して占有を継続していることは、占有者自身が証明しなければならないか。

占有の開始の時と、その20年後又は10年後の時に占有していることが証明されれば、その間は連続して占有を継続していたと推定され

第7章　時効の援用

る。

解　説　　Q54のように，時効取得の成立を主張するには連続して20年間又は10年間，占有し続けていたことを明らかにする必要があるが，占有開始の時に占有をしていたこと，及び，その20年後又は10年後にも占有をしていたことが証明されると，その間は当該占有者が連続して占有し続けていたものと推定される。

　これにより，時効取得の成立を主張する者が，占有開始の時に占有をしていたこと，及び，その20年後又は10年後にも占有をしていたことを主張し，証明すると，反証（占有の継続が途切れていたこと。）がなされない限り，その間は，時効取得を主張する者が連続して占有し続けていたものとされる。

関連条文：民法第186条（占有の態様等に関する推定）→20頁へ

　占有に承継があった場合に，当初の占有者の占有，例えば，被相続人の占有と，それを承継した占有者の占有，例えば，その相続人の占有が立証された場合にも，この推定は働く。

【判　例】

◎　**承継された占有の継続の推定**

■承継された占有について継続の推定の成立

　　先々代と当代の占有が立証された場合は，その間の占有の継続が推定される（大判昭7・10・14裁判例6民277頁，『注釈(7)』76頁）。

第 2 節　占有の期間

Q 56　時効取得を主張する場合に，実際に占有を継続している期間であれば，起算日はいつの時点を選択することもできるか。

　取得時効起算日を任意に選択することはできず，必ず，占有開始の時点としなければならない。

解説　例えば，土地を10年以上継続して占有しているとき，短期取得時効の要件である期間の10年，あるいは，20年以上継続して占有している場合，長期取得時効の要件である期間の20年は，その期間中の当該10年間又は20年間は，起算日を1日ずつずらせば，複数の期間を考えることができる。この場合に，時効取得を主張する者が，それらの起算日を任意に選択することができるか否かが問題となるが，これについては，必ず，占有の開始した時を起算点としなければならず，任意にその起算点を選択して，時効完成の時期を早めたり，遅くしたりすることはできない。

【判　例】
◎　取得時効の占有期間の起算点
■取得時効の起算点を任意に選択することの不可
　取得時効完成の時期を定めるに当たっては，取得時効の基礎たる事実が法律に定めた時効期間以上に継続した場合においても，<u>必ず時効の基礎たる事実の開始した時を起算点として時効完成の時期を決定すべきものであって，取得時効を援用する者において任意にその起算点を選択し，時効完成の時期をあるいは早め，あるいは遅らせることはできないものと解すべきである</u>（最一小判昭35・7・27民集14巻10号1871頁，判タ107号49頁，判時232号20頁）。
◎　時効の援用における短期又は長期取得時効の選択
■短期又は長期取得時効の選択的援用の可否
　短期時効を援用し得る者が援用しないで，長期時効取得を援用すること

第 7 章　時効の援用

は妨げられず，これは，つまり，当事者が任意に法定の時効期間を延長し，又は時効の起算日を変更するものではないからである（大判昭15・11・20新聞4646号10頁，『注釈(5)』233頁）。

第3節　時効取得の援用と効力

Q 57　不動産について短期取得時効又は長期取得時効の要件を満たしたときは，直ちに占有者が所有権を取得するか。

　占有者が所有権の取得を主張するためには，占有者が時効の援用をする必要がある。

解説　不動産を占有し，短期取得時効又は長期取得時効の要件を満たしたときは，占有者が時効の援用をすることで占有開始の日に遡って所有権を取得したと主張することができる。

> 関連条文：民法第145条（時効の援用）→改正前，改正後12頁へ

　今次の民法改正によって，時効の援用を規定する民法第145条が改められているが，取得時効に関する部分の改正はない。
　時効の援用とは，時効による利益を受けようとする意思表示であるが，時効の効果は時効の要件を具備した時に生じ，裁判所は援用がなければ時効の効果を認定することができないという考え方や，時効の効果は時効の要件を具備した時に一応生じ，援用によって確定するが，援用しないことが確定すると，その効果がなかったものとなるという考え方，時効の効果は時効の要件を具備した時に生じるものではなく，援用によってはじめて生じるという考え方などがある。
　古い判例では，時効の効果は時効の要件を具備した時に生じ，裁判所は，援用がなければ時効の事実を認定することができないに過ぎないとしているが，いずれにしても，時効の成立が裁判上で争われたときは，時効による利益を受けようとする者による時効の援用がなければ，裁判所は時効の成立を認定することはできない。

第 7 章　時効の援用

【判　例】

◎　時効の援用の性質

■時効の援用は裁判上の攻撃防御方法であるとする説

　消滅時効にかかる権利は，当事者が時効を援用することによって初めて
消滅するものではなく，時効成就の時において既に消滅するものであり，
消滅時効については，時効によって利益を享受する者が，抗弁方法として
利用しなければ，裁判所は時効によって権利の消滅した事実を認定するこ
とができないものであるに過ぎず，要するに，裁判所は職権をもって時効
の法則を適用することはできない（大一民判明38・11・25民録11輯1581頁）。

■時効の援用によって確定的に効力が生じる説（消滅時効）

　時効による債権消滅の効果は，時効期間の経過とともに確定的に生ずる
ものではなく，時効が援用されたときにはじめて確定的に生ずるものと解
するのが相当である（最二小判昭61・3・17民集40巻2号420頁，裁判集民147号
371頁，裁時934号2頁，金判743号45頁，金法1135号37頁）。

◎　時効について裁判所の調査と釈明権

■時効の完成に関する裁判所の職権調査の否定

　時効は，当事者が援用しなければ，裁判所は，時効により裁判をするこ
とができないことは民法第145条の明定するところであり，事実，裁判所
の職権上の調査すべき事項でないことは，まことに明らかである（大一民
判明39・3・8民録12輯339頁）。

■時効の援用の有無につき釈明権不行使の違法性の否定（取得時効）

　陳述が，山林の客観的範囲を明らかならしめる事情を陳述したにとどま
り，その取得時効完成の要件事実を陳述したものとは解されないのみなら
ず，仮に，その陳述の真意が取得時効完成の要件事実を陳述するにあった
としても，時効を援用する趣旨の陳述がなかった場合，時効取得の有無を
判断しなかったのは不当でなく，その陳述の足らなかったことの責任を裁
判所に転嫁し，釈明権不行使の違法をもって非難し得べき限りではない
（最二小判昭31・12・28民集10巻12号1639頁，判タ67号68頁）。

第3節　時効取得の援用と効力

■時効の援用の有無につき釈明権不行使の違法性の否定（消滅時効）

　消滅時効について何らこれを主張援用をしていない場合，裁判所は，その消滅時効を援用するか否かを当事者に確かむべき責務はないのであるから，これを確かめなかったからといって，釈明権不行使の違法があるとはいえない（最一小判昭39・7・16裁判集民74号655頁，判タ165号73頁）。

◎　取得時効の援用における短期又は長期

■援用に際し，短期又は長期取得時効の明示の要否

　当事者が時効を援用するに当たり，その10年の時効であるか，はたまた20年の時効であるか，特に明示する必要はないことは，もとより論を待たない（大一民判明45・5・23民録18輯515頁）。

■短期又は長期取得時効の援用があった場合における裁判所の他方の時効の認定の是非

　民法第145条の趣旨からすれば，不動産を時効取得した者は，10年の時効と20年の時効とのいずれをも援用し得る場合においては，そのいずれを援用するかの自由を有するものと解すべく，その結果いずれか一方の時効が援用された場合（その両者はその要件を異にするから，おのずからその基礎となる事実の主張も異なる理である。），裁判所は他方の時効を認定することはできないといわなければならず，援用権者が20年の取得時効を主張し，10年の取得時効を援用していない（したがって善意無過失の事実も主張していない。）ことは明らかであるときは，援用権者ではない者は，援用権者の善意無過失を主張して10年の取得時効の適用を求めることもできないわけである（東京高判昭51・2・9高民29巻1号11頁，下民集35巻1～4号252頁，東高民時報27巻2号32頁，判タ339号267頁）。

◎　時効の援用において時効期間の明示の要否

■時効の援用における時効期間の明示の不要

　およそ，時効の援用とは，援用者が時効完成による利益を享受しようとする表示にほかならず，消滅時効を援用するには，時効により消滅に帰すべき当該権利の性質，発生原因，権利を行使し得べき時期等援用の基準とすべき事実を主張するを要し，かつ，これをもって足り，あえて必ずしも，

243

第7章　時効の援用

その時効期間は明示する必要はない（大二民判昭14・12・12大民集18巻22号1505頁）。

Q 58 農地については取得時効が完成し，時効を援用しても，農地法所定の許可がなければ占有者が所有権を取得することにはならないか。

 農地法所定の許可を要さずに，占有者が所有権を取得する。

解説　通常，農地を売買などによって所有権移転をしようとする場合には農地法所定（農地法3条又は5条）の許可を得なければ，その所有権は移転しないが（実体法上，所有権移転の効力は生じない。），取得時効が完成し，援用することによって占有者が所有権を取得することは原始取得に当たり，また，両当事者の意思によって所有権を移転させる行為ではないため，農地法所定の許可を得なければならない行為には該当しない。そのため，不動産を占有し，短期取得時効又は長期取得時効の要件を満たしたときは，占有者が時効の援用をすると，農地法所定の許可を得ることなく，占有開始の日に遡って，占有者が所有権を原始取得する。

なお，農地を時効取得した場合，農地法所定の許可は要しないが，農地法第3条の3第1項に規定する農地の権利取得に関する届出は行わなければならないなど，農地と時効取得に関する詳細は，拙著『農地森林』50頁，230頁を参照していただきたい。

第3節　時効取得の援用と効力

【判　例】
◎　農地の時効取得と農地法
■農地の時効取得について農地法所定の許可の要否
　　農地法第3条による都道府県知事等の許可の対象となるのは，農地等につき新たに所有権を移転し，又は使用収益を目的とする権利を設定若しくは移転する行為に限られ，時効による所有権の取得は，いわゆる原始取得であって，新たに所有権を移転する行為ではないから，その許可を受けなければならない行為に当たらないものと解すべきである（最一小判昭50・9・25民集29巻8号1320頁，裁判集民116号73頁，判タ329号124頁，判時794号66頁，金法773号27頁）。

Q 59　不動産について，時効取得の援用は，裁判上においてしなければならないか。

　裁判外でも，時効の援用をすることができる。

解説　　時効は，裁判上のみならず，裁判外においても援用することができる。

　実務上も，不動産の時効取得の要件が具備された場合，裁判によらずして，裁判外で時効を援用し，占有者である時効の援用者を登記権利者，時効によって所有権を失った所有権の登記名義人を登記義務者とする所有権の移転の登記を共同で申請することができることは明らかである（Q65）。

　裁判外において時効を援用した場合，後に争いとなり訴訟が係属したときは，占有者は，その訴訟において，裁判外で時効を援用したことを主張することができる。

245

第7章 時効の援用

【判　例】
◎　裁判外における時効の援用
■裁判外における時効の援用の肯定
　取得時効については，直接時効の利益を享ける者は，裁判上，裁判外を問わず，いつでも援用することができ，一旦，その援用があったときは，時効による権利の取得は確定不動のものとなり，事後，契約その他の法律事実と同じく，何人も訴訟において，その主張をすることができると解される（大五民判昭10・12・24大民集14巻24号2096頁）。

Q60　取得時効の要件を具備した後は，いつでも時効の援用をすることができるか。

A　裁判上においては，事実審の口頭弁論の終結までにしなければならない。

解説　裁判上において時効を援用する場合は，事実審においてでなければならず，法律審において援用することはできない。
　この場合，第一審で時効を援用しなかったとしても，第二審において時効を援用することも許されている。
　訴訟において時効の援用をしない結果，敗訴し，その敗訴が確定したあとは，当該権利については，その後になって，たとえ当事者が時効の完成を知らなかった場合であっても，別訴で時効の援用をすることは認められないとする学説がある（『我妻』446頁，『注釈(5)』52頁）。

第3節　時効取得の援用と効力

【判　例】

◎　時効の援用の時期

■ 第一審において時効を援用しない場合に第二審において援用することの肯定

　　時効の援用は民事訴訟法の攻撃防御方法に他ならないため，第一審において時効を援用しなかったときも，当事者が自由に第二審において時効を援用することができ，訴訟が第一審継続中に，時効完成の事実を知らなかったことを立証する責任はないことは明白である（大三民判大7・7・6民録24輯1467頁）。

■ 上告審における時効の援用の不可

　　時効の援用は，訴訟当事者の攻撃防御方法である訴訟行為の一種に属し，下級審においてするべきものであり，法律適用の当否を審査する上告審においてするべきものではないため，上告審において時効を援用し得るという論は失当であることを免れない（大二民判大12・3・26大民集2巻4号182頁）。

◎　前訴でしなかった時効の援用を別訴ですることの可否

■ 前訴でしなかった時効の援用を別訴ですることができるとされた事例

　　時効を援用せずに，敗訴しながら上訴をせず，その判決が確定するに至った場合であっても，明示的にも暗黙にも，時効の利益の放棄をしたということはできず，前訴において時効を援用しなかったのは，時効の完成に気が付かなかったこともあり，必ずしも，時効の利益を放棄したとは限らない（大一民判大11・4・14大民集1巻187頁）。

■ 前訴でしなかった時効の援用を別訴ですることはできないとされた事例

　　第一審，第二審において本案の口頭弁論を経由し，判決がなされ，その確定をしたときは，第二審の判決に接着する口頭弁論終結当時において確定した権利関係の判定について既判力が生じるものであるため，将来，同一の事件の訴におけると，はたまた別異の訴えにおけるとを問わず，その判定された権利の問題については，裁判所は，その判定に拘束され，これに反する判定をすることはできず，当事者において，この判定に反する主

第2編　不動産の時効取得

247

第 7 章　時効の援用

張を有効になし得ないことは当然の筋合いである（大三民判昭14・3・29大民集18巻6号370頁）。

Q 61　不動産について所有権の時効取得が成立した場合は，占有期間が満了した時から所有者とされるか。

　占有開始の日に遡って，所有者となる。

解説　時効の効力は起算日に遡るため，不動産について所有権の時効取得が成立した場合は，所定の占有期間が満了した時からではなく，その占有を開始した日から所有者であったことになる。

関連条文：民法第144条（時効の効力）→12頁へ

Q 62　不動産を時効取得したときは，不動産に設定されていた他人の権利は消滅するか。

　原則として消滅するが，他人の権利を認めたうえで占有し，時効取得した場合は，その権利は存続する。

第3節　時効取得の援用と効力

解説　　不動産を時効取得した場合，その取得は原始取得であるとされている。原始取得は承継取得と異なり，従前の所有権を引き継ぐものではなく，時効取得によって，従前の所有権が消滅し，占有者が新たな所有権を取得する。したがって，従前の所有権に他人の権利が設定されていたり，付着していたりしていても，それらの権利は従前の所有権の消滅に伴って消滅する。これは，時効取得の反射的効果として，その目的物に対する第三者の権利が消滅することを意味し，抵当権の場合は，特に民法上に明記されている。

関連条文：民法第397条（抵当不動産の時効取得による抵当権の消滅）→25頁へ

　もちろん，抵当権設定者である不動産の所有者が自主占有を続けたからといって，抵当権が消滅することはない。

　なお，不動産を自主占有し，時効取得が完成した場合であっても，その占有において，その不動産に対する第三者の権利を認めて制限的に不動産を占有したときは，第三者の権利が付着したまま，その権利によって制限された所有権を取得することとなる。

【判　例】

◎　時効取得の原始取得

■不動産の時効取得の原始取得性の肯定

　時効による不動産所有権の取得は原始取得であるため，法律行為における意義の当事者ではないといっても，時効により不動産の占有者が，その所有権を取得するのは，その時効完成の時期にあって，一方に占有者が所有権を取得する結果，その時期において，目的である不動産の所有者であった者の所有権が消滅するものである（大三民判大7・3・2民録24輯423頁）。

◎　不動産の時効取得による他の権利の消長

■不動産の時効取得による抵当権の消滅

　取得時効の完成によって，抵当権は消滅する（大一民判大9・7・16民録26輯1108頁）。

第2編　不動産の時効取得

第7章　時効の援用

■**不動産の時効取得による仮差押えの消滅**

　時効取得は，原始取得と解すべきであるから，その反射的効果として，取得前の権利者の下で負担していた制限を時効取得者が容認していたとき（このときは，その制限を負った権利を取得することになる。）以外は，時効取得者は，その制限を受けることはなく，遡るべき時効の起算点が，その制限を負った時点よりも後であっても，時効の遡及効を上回り，制限のない完全な権利を取得するものと解すべきであり，占有者は，当該仮差押えがあっても構わないと思っていたわけではなく，やはり，早晩これがなくなってもらいたいと思っていたことは確かであり，主観的事実及び客観的事実を総合すると，占有者は，当該仮差押えを容認していなかったというべきであるから，当該仮差押えの執行は排除されるべきである（新潟地長岡支判昭62・12・10判時1270号128頁）。

◎　**不動産の時効取得による取得する所有権の制限**

■**第三者の権利を認めて占有した場合に時効取得する所有権の制限**

　不動産の時効取得の完成によって，必ずしも常に不動産に関して完全な所有権を取得するというわけではなく，如何なる範囲の所有権を取得するかの問題は，その所有権取得の前提である占有の範囲如何によって決定されるものであり，不動産を完全に占有したときは完全な所有権を取得するが，第三者の権利を認めて制限的に不動産を占有したときは，第三者の権利が付着したまま，制限的所有権を取得するにすぎず，占有者が抵当権の存在を認識しているか否かは，ただ，時効完成後もなお，その抵当権が存続すべきか否かを決する標準となるに過ぎない（大一民判大9・7・16民録26輯1108頁）。

第4節　時効の援用権者

Q 63 建物の賃借人は，敷地の所有権の取得時効を援用することができるか。

 建物の賃借人は，その敷地の所有権の取得時効を援用することはできない。

解説　時効は，直接に利益を受ける者が援用することができる。消滅時効においては当該債務者，取得時効においては当該権利を取得することとなる者が，時効の利益を直接に受ける者として，その援用をすることができる。

他方，時効の利益を受けるとしても，それが間接に利益を得る者は，その援用をすることはできない。

消滅時効の場合は，債務者のほか，判例上，保証人（大一民判大4・7・13民録21輯1387頁），連帯保証人（大判昭7・6・2大民集11巻1099頁，『注釈(5)』46頁），物上保証人（最一小判昭43・9・26民集22巻9号2002頁，裁判集民92号387頁，判タ227号150頁，金判135号10頁，判時535号48頁，金法525号16頁），抵当不動産の第三取得者（最二小判昭48・12・14民集27巻11号1586頁，裁判集民110号709頁，裁時634号1頁，判タ304号160頁，金判399号5頁，判時727号45頁，金法708号29頁），詐害行為の受益者（最二小判平10・6・22民集52巻4号1195頁，裁時1222号149頁，判タ979号85頁，金判1048号27頁，判時1644号106頁，金法1523号68頁）などが援用することができるとされ，後順位抵当権者（最一小判平11・10・21民集53巻7号1190頁，裁時1254号285頁，判タ1019号88頁，金判1084号33頁，判時1697号53頁，金法1571号120頁）などは，援用することはできないとされている。そこで，Q57のとおり，今次の民法改正では，消滅時効を援用することができる当事者として，保証人，物上保証人，第三取得者その他権利の消滅について正当な利益を有する者を含むことが明らかにされた。

第7章　時効の援用

　一方，取得時効については，改正はなく，判例上も，取得時効においては当該権利を取得することとなる者以外の者が援用することは認められていない。つまり，土地の所有権の時効取得については，その土地を自主占有し，時効取得の要件を具備した占有者が援用することはできるが，その土地の占有者が所有している建物を貸借している者は，自己の他主占有に基づく所有権以外の権利の取得時効を援用することは各別，その土地の所有権の取得時効を援用することはできない。

　なお，不動産に地上権，抵当権等の設定を受けた者は，その不動産の所有権の取得時効を援用することができるとする学説があるほか（『我妻』446頁，『注釈(5)』49頁），賃借権者等の占有代理人も，その援用をすることができるとする下級審の判例もある。

　土地の自主占有者以外の者は，その土地の所有権の取得時効の援用をすることができないところ，その自主占有者が取得時効を援用したことを主張することができる場合もある。

【判　例】

◎　時効を援用することができる当事者の範囲

■直接利益を受ける者による時効の援用と，間接に利益を受ける者による時効の援用の否定

　<u>民法第145条の当事者とは，時効により直接利益を受けるべき者，すなわち，取得時効により権利を取得し，又は消滅時効によって権利の制限若しくは義務を免れる者を指称し，故に，時効により間接に利益を受ける者は当事者ではなく，その当事者の承継人は当事者の時効援用権を承継するが故に，当事者と同視されるべきものであり，時効を援用することができることは当然である</u>（大一民判明43・1・25民録16輯22頁）。

■直接利益を受ける者による時効の援用

　<u>民法第145条の当事者とは，時効の完成により直接利益を受けるべき者を指称する</u>（大一民判大8・6・24民録25輯1095頁）。

第4節 時効の援用権者

◎ **土地の自主占有者以外の者の所有権の時効取得の援用**

■建物の賃借人が敷地の所有権の取得時効を援用することはできないとされた事例

　当該土地の所有権を時効取得すべき者またはその承継人から，当該土地上にそれらが所有する当該建物を貸借しているにすぎない者は，当該土地の取得時効の完成によって直接利益を受ける者ではないから，当該土地の所有権の取得時効を援用することはできない（最三小判昭44・7・15民集23巻8号1520頁，裁判集民96号287頁，判タ242号158頁，判時570号46頁）。

■地上権者，賃借人等の占有代理人等が取得時効の援用をすることができると解された事例

　所有権の取得時効の場合，民法第145条に規定する「当事者」とは，時効によって所有権を取得する者だけではなく，自主占有者の時効取得により反射的に訴訟の目的たる義務を免れ，または訴訟の目的たる権利が認容される地上権者，賃借人等の占有代理人等を包含するものと解する（東京地判昭45・12・19判タ261号311頁，判時630号72頁）。

◎ **消滅時効の債権者代位による援用の可否**

■消滅時効について債権者代位による援用の肯定

　金銭債権の債権者は，その債務者が，他の債権者に対して負担する債務について，その消滅時効を援用しうる地位にあるのにこれを援用しないときは，債務者の資力が自己の債権の弁済を受けるについて十分でない事情にある限り，その債権を保全するに必要な限度で，民法第423条第1項本文の規定により，債務者に代位して他の債権者に対する債務の消滅時効を援用することが許されるものと解するのが相当である（最一小判昭43・9・26民集22巻9号2002頁，裁判集民92号387頁，判タ227号150頁，金判135号10頁，判時535号48頁，金法525号16頁）。

◎ **援用権者による時効の援用を援用権者以外の者の主張**

■買収農地の売渡しを受けた者が当該農地の所有権の時効取得を援用したことを，買収処分者である知事が主張することができるとされた事例

　当該農地の登記抹消請求については，当該農地の買収，売渡しの無効の

253

第 7 章　時効の援用

主張に対し，買受人によって当該農地の所有権の取得時効が援用されているのであるから，その援用の結果たる買受人の所有権取得，売渡人の所有権喪失の事実を，売渡人の知事（当該農地の買収処分者）に対する買収処分無効確認の請求について，その訴訟利益消滅の事由として主張することを許されないとする理由はない（最三小判昭39・10・20民集18巻 8 号1740頁，訟月10巻11号1560頁，裁判集民75号911頁，判タ169号133頁，判時394号66頁）。

■ 被告である占有者の長期取得時効を援用した場合において，原告が，被告について短期取得時効を援用することの適否

　　被告である占有者が20年の取得時効を援用した場合，原告が，被告について所有意思，平穏，公然，善意，無過失であり，10年を経過して取得時効が完成したとする点は，原告には当該土地についての時効の援用権がないので主張自体失当である（札幌地判昭47・5・11判タ282号359頁）。

◎　時効の援用と権利濫用

■ 時効の援用が権利濫用であると認められた事例（消滅時効）

　　贈与者が家督相続により亡父の遺産全部を相続したのち，家庭裁判所における調停の結果，その母に対しその老後の生活の保障と幼い子女（贈与者の妹ら）の扶養及び婚姻費用等に充てる目的で当該土地を贈与し，その引渡しもすみ，当該母が，二十数年間にわたって耕作し，子女の扶養，婚姻等の諸費用を負担したこと，その間，当該母が贈与者に対し当該土地につき農地法第 3 条所定の許可申請手続に協力を求めなかったのも，既にその引渡しを受けて耕作しており，かつ，当該母が老齢であり，その贈与が母子間においてされたなどの事情によるものであること，が認められるという事実関係のもとにおいて，贈与者が当該母の所有権移転許可申請協力請求権につき消滅時効を援用することは，信義則に反し，権利の濫用として許されないとした判断は，正当として是認することができる（最三小判昭51・5・25民集30巻 4 号554頁，家月28巻11号61頁，裁判集民117号547頁，判タ337号176頁，金判501号17頁，判時819号41頁，金法803号30頁）。

第5節　援用権の相続

Q 64　土地の占有を継続して取得時効が完成したが，時効を援用することなく死亡した場合に，占有者の相続人は時効の援用をすることができるか。

　自己の相続分の限度において，被相続人の取得時効の完成を援用することができる。

解説　土地を10年間又は20年間，占有を継続し，取得時効が完成（取得時効の要件を具備）したが，時効の援用をすることなく死亡したとき，その相続人は，被相続人によって完成した時効を援用することができる。この場合，相続人が一人のみであれば，その時効の援用の効果については特段の問題を生じないが，相続人が複数である場合，すなわち共同相続であった場合には，援用の可否，その効果の及ぶ範囲が問題となる。

Q63のとおり，時効を援用することができる者は時効によって直接に利益を受けるべき者とされているため，その範囲も，援用者が直接に受けるべき利益の存する限度に限られる。また，時効の援用は，その性質上，処分行為に該当し，管理行為，保存行為には当たらない。

これらのことから，例えば，甲が，10年間，土地の占有を継続し，その取得時効が完成したものの，甲は時効を援用しないまま死亡した場合に甲の相続人が乙と丙であるとき，乙が単独で甲の完成させた取得時効を援用したとしても，それは乙の相続分の限度において，乙にのみ効果が生じるものであって，援用の効果が丙に及ぶことはなく，また，甲のために援用があったともされることもなく，その結果，乙が，単独で当該土地の所有権の全部を時効取得することもない。

一般に，時効の援用は保存行為ではないため，時効を援用することができる当事者が数人ある場合において，その各自は，独立して時効を援用するこ

とができるが，その援用は，援用した者の直接に受けるべき利益の存する部分に限られ，援用のない者に関する部分に及ぼすことはできない。

【判　例】

◎　被相続人において完成した時効の相続人による援用

■被相続人の完成した取得時効を共同相続人の一人が援用することができる限度

　　共同相続人の一人が，共同相続人である他の者の意に反し，その不利益において，その被相続人のために完成した時効を援用することはできず，その時効を援用することができる地位は，共同相続人全員が共同して承継したものにして，かつ，時効の援用は保存行為ではないため，他の共同相続人の同意を得たものでなければならないところ，時効の援用は管理行為にも該当せず，処分行為に該当し，つまり，時効の援用について当事者が数人ある場合において，その一人若しくは数人は，各自独立して時効を援用することができると同時に，裁判所は，その援用した当事者の直接に受けるべき利益の存する部分に限って時効による裁判をすることができ，援用のない他の当事者に関する部分に及ぼすことはできないと解することが妥当である（大一民判大8・6・24民録25輯1095頁）。

■被相続人の完成した取得時効を共同相続人の一人が援用することができる限度

　　時効の完成により利益を受ける者は自己が直接に受けるべき利益の存する限度で時効を援用することができるものと解すべきであって，被相続人の占有により取得時効が完成した場合において，その共同相続人の一人は，自己の相続分の限度においてのみ取得時効を援用することができるにすぎないと解するのが相当であり，法定相続人の間で，当該不動産の全部を，その一人が取得する旨の遺産分割協議が成立したなどの事情があれば格別，そのような事情がない限り，その一人は，被相続人の占有によって完成した取得時効の援用によって，当該不動産の全部の所有権を取得することはできないものというべきである（最三小判平13・7・10家月54巻2号134頁，裁判集民202号645頁，裁時1295号356頁，判タ1073号143頁，金判1131号3頁，判時1766号42頁，金法1631号95頁，裁判所ウェブサイト）。

第8章 時効取得と対抗関係

第1節 時効取得の登記

Q 65 土地の占有を継続して取得時効が完成し，時効を援用した場合，どのような登記をするか。

 原則として，所有権移転登記をする。

解説 時効取得によって占有者が占有地の所有権を取得するのは原始取得によるものであり（Q62），そうすると，従前の所有者の所有権の登記を抹消し，新たに所有権を取得した占有者の所有権について，所有権の保存の登記をするべきであるとも考えられるが，所有権の得喪の関係にあっては，所有権を喪失する従前の所有者と所有権を取得した占有者とは，特定承継における譲渡人と譲受人と同様の立場に立つことから，従前の所有者を登記義務者，占有者を登記権利者として，所有権の移転の登記をするとされている。登記原因は「時効取得」，その日付は時効の起算日であり（Q61），その占有を開始した日である（登研574号1頁）。

その際，登記義務者の登記記録上の住所と印鑑証明書上の住所が異なるときは，その前提として，その住所変更登記を要することは，売買などの通常の所有権の移転の登記の場合と同様である。

表題登記がない占有地にあっては現所有者である占有者を所有者とする表題登記及び所有権の保存の登記をし，表題登記はあるが所有権保存登記がない占有地にあっては，所有権の保存の登記を経て，所有権の移転の登記をすることとなる（占有者の所有権が確定判決によって確認された場合は，占有者名義の所有権の保存の登記をすることができる（不登74条1項2号）。）。

257

第8章　時効取得と対抗関係

【判　例】

◎　時効取得による所有権の登記の形式

■時効取得による所有権の移転の登記

　　時効による不動産所有権の取得の場合に，その取得当時の所有者は取得
者との関係において伝来取得（承継取得）の当事者の地位にあるとみなされ，
したがって，その所有権の取得登記は，移転登記の方法によるべきものと
なる（大一民判昭2・10・10大民集6巻11号558頁）。

【先　例】

◎　時効取得による所有権の登記の形式

■時効取得による所有権の移転の登記の場合と保存の登記の場合

　　・　未登記の不動産の時効取得による所有権の登記は所有権保存登記によ
り，既登記の不動産の時効取得による所有権の登記は所有権移転登記によ
る（明44・6・22民事414号民事局長回答，『先例土地』355頁）。

　　・　私人のために取得時効が完成していることが認定された国有の普通財
産のうち，国名義で所有権保存登記されているものについては取得時効を
登記原因として所有権移転の登記をし，国名義の表題登記があるものにつ
いては国名義に所有権保存登記をしたうえ所有権移転登記をし，国名義の
登記がないものについては，直接，時効取得者に登記をさせるが，ただし，
国名義の所有権保存登記が取得時効の完成後になされたものであるときは
「錯誤」を登記原因として当該保存登記を抹消し，表題登記が取得時効の
完成後になされたものであるときは，時効取得者名に表題部所有者の更正
登記をする（昭41・11・22民三発1190号民事第三課長依命通知，『先例土地』81頁）。

◎　国有地等の時効取得の手続

■取得時効による所有権移転登記嘱託の取扱方

　　二十数年前，明治44年4月頃村制当時，村会の決議を経て，村有に属す
る既登記の山林その他の不動産数百筆を払い下げて，その所有権を移転し，
その際，既に代金の徴収を了し，以来，払下人は所有の意思をもって平穏
かつ公然に今日まで占有を継続し，村においては，その当時，所有権移転
登記の嘱託をしなかったため登記簿及び税務署の土地台帳は，そのままに

258

なり，今回，町においては払下当時の村会の決議録及び地方長官の許可書
等，既に廃棄され，まったく発見されないため，さらに県に打合せの上，
県の記録を取り調べたものの県においても当時の記録はまったく発見され
ず，払下げに関する登記の嘱託に必要な書類は今日，まったく存在しない
ことにより，県においては，この際，町において取得時効による所有権移
転に関する登記手続等研究の上，然るべく処理することは差し支えない旨
の意向があり，今般，町長においては，払下人の占有の事実を認め，その
占有者の取得時効の援用を承認し，その承認に関しては別に町村制第40条
による町会の決議を経ることなく，かつ，同第147条第2号による地方長
官の許可を得ないまま，その登記の嘱託をするときは，受理される（昭
11・11・30民事甲1499号民事局長回答）。

■ **未登記の土地の時効取得の登記手続**

　　土地台帳に登録なきのみならず，官有地台帳にも国有地台帳にも登録な
く明治13年以来自己の所有地として収益処分し住家4戸（4世帯）附属建
物5箇を建設し，一部は開墾して畑となし，公然と平穏に所有権を行使し，
現在にある脱落地の処理については，占有者は所有権を取得したものと解
されるから，土地台帳法第18条の規定による登録地成の申告及び不動産登
記法第105条第1号の規定による所有権保存の登記の申請をする（昭29・
1・18民事甲49号民事局長通知）。

■ **法定外公共用財産の時効取得に関する手続**

　　法定外公共用財産に関し，時効取得の完成を主張する者がある場合には，
用途廃止に引き継いで国有財産台帳に登録したうえ，大蔵省財務局に設置
された国有財産時効確認連絡会に付議し，時効が完成していると認定され
るものについては，国有財産台帳から除去することができる（昭41・4・22
蔵国有1315号大蔵省国有財産局長通達）。

■ **二線引畦畔の時効取得による土地表示登記申請の際の地積測量図**

　　国有畦畔（二線引畦畔）の取得時効による土地の表示の登記申請書に添付
する土地所在図，地積測量図としては，認証前の地籍調査の成果を活用し
て差し支えない（昭46・4・28民事甲1453号民事局長通達）。

259

第8章　時効取得と対抗関係

■取得時効事務取扱要領（巻末後掲，平13・3・30財理1268号財務省理財局長通知：最終改正平27・4・15第1906号財務省理財局長通知）。

【実　例】

◎　**時効取得による所有権移転登記の原因**

　　・　判決の主文中に時効完成日は記載されているが，取得時効の起算日の記載がなされていない場合，登記原因の日付の記載は，「年月日不詳」と記載して登記申請することができる（登研244号68頁）。

　　・　農地を時効により取得し，その所有権移転の登記を共同申請する場合，登記原因を「年月日不詳時効取得」とする登記申請は時効の起算日が判明しないので受理されない（登研434号146頁）。

　　・　宅地についても，「年月日不詳時効取得」を原因とする所有権移転登記が共同申請された場合には，農地と異なることなく，受理されない（登研503号196頁）。

◎　**時効取得による所有権移転登記の前提としての住所変更登記**

■時効取得による所有権移転登記の前提としての住所変更登記の要否

　　時効取得による所有権移転の登記申請の際，登記義務者の登記簿上の住所と判決書の住所が相違する場合は，代位申請により，その住所変更登記を要する（登研455号92頁）。

◎　**町有農地の時効取得**

■町有農地の時効取得の登記の可否

　　町有の農地（普通財産）について，個人の為に時効取得による所有権移転登記をすることができる（登研447号84頁）。

第1節　時効取得の登記

Q 66 | 丙が甲乙共有の土地の占有を継続して取得時効が完成し，時効を援用した場合に甲が所有権移転の登記に協力しないときは，丙に対する所有権（共有者全員持分全部）の移転の登記をすることができないか。

 判決がない限り，所有権（共有者全員持分全部）の移転の登記をすることはできないが，乙持分全部の移転登記をすることができる。

解説　時効取得による所有権（共有者全員持分全部）の移転の登記は，所有権の登記名義人（共有者）の全員が登記義務者，占有者が登記権利者となって，共同して申請する（不登60条）。もし，取得時効が成立しているものの，所有権の登記名義人（共有者）の協力を得られないときには，その共有者の全員を被告として，その登記手続をすべきことを命ずる確定判決を得れば，登記権利者が単独で申請することができる（不登63条1項）。

この事例では，共有者の一部の協力は得られるが，他の一部の協力が得られないが，このような場合，まず，協力が得られた共有者を登記義務者として，つまり，乙を登記義務者，丙を登記権利者となって，乙持分全部移転登記を乙丙共同で申請する。

甲持分については，甲の協力が得られなければ，甲持分全部移転登記を申請することはできないが，この場合，甲を被告として，その登記手続をすべきことを命ずる確定判決を得て，丙が単独で申請することができる。

【判　例】
◎　持分の時効取得
■持分の時効取得を認めた事例

　　占有者は，当該土地の引渡しを受けた後に，当該土地の3分の1の持分は被相続人の兄弟姉妹に相続によって帰属していること，当時，その兄弟姉妹全員の所在を明らかにすることができなかったこと，及び20年経過すれば占有者が時効取得することができ，占有者の所有になる旨の説明を受

261

第8章　時効取得と対抗関係

けたことが認められ，占有を取得するにつき所有の意思がなかったということはできず，そうだとすると，占有者は，遅くとも20年の経過とともに当該土地所有権のうち当該3分の1の共有持分権をも，時効によって取得したことになり，したがって，占有者に対して，被相続人の兄弟姉妹は時効取得を原因とする持分権移転登記手続をなす義務がある（東京高判昭53・10・30東高民時報29巻10号238頁，判タ374号101頁）。

■持分の時効取得を認めた事例

占有者は，相続により当該土地の持分2分の1を取得したと信じ，以後，他の占有者と持分各2分の1の割合で共有する意思をもって平穏かつ公然と当該土地を占有し，当該持分2分の1を取得したと信じるにつき過失はなかったと認められるから，占有を取得した日から10年を経過した日に，当該土地に対する当該持分を時効により取得したというべきである（東京地判昭57・5・13判タ482号108頁）。

【実　例】

◎　時効取得による持分の移転の登記

■時効取得による持分の移転の登記の可否

・　甲乙各2分の1の共有の不動産について，甲の持分2分の1のみを，時効取得を原因として，丙へ甲持分全部移転の登記申請（共同申請及び判決による単独申請を含む。）をすることができる（登研351号93頁）。

・　甲乙共有名義の土地について丙が時効により所有権を取得し，その登記の申請をする場合に，乙が登記手続に協力しないときは，丙甲の共同申請により時効取得による甲持分全部移転登記の申請をすることができる（登研397号83頁，登研547号145頁）。

◎　判決による時効取得による所有権移転登記

■判決による時効取得による所有権移転登記の手続

民法第162条第2項により不動産の所有権を取得した場合，その所有権移転の登記の申請に登記義務者が協力せず，印鑑証明，登記済証等の提出を拒んだときは，所有権の取得者すなわち登記権利者は，相手方（登記義務者）に対し登記手続を命ずる判決を求める訴えを提起し，その勝訴判決

により登記を申請することとなる（登研116号41頁）。

Q 67　時効取得による所有権の移転の登記申請には，取得時効が成立した旨の第三者の証明書を添付しなければならないか。

　添付をする必要はない。

解　説　時効取得による所有権の移転の登記の申請の添付情報も，売買等の通常の所有権の移転の登記の場合の添付情報と異なるところはない。

添付情報の主なものは，次のとおりである。

- 登記識別情報（不登22条）
- 登記原因証明情報（不登61条，不登令７条１項ロ，不登令別表30イ）
- 申請人が法人であるとき（法務省令で定める場合を除く。）は，当該法人の会社法人等番号（会社法人等番号を有しない法人にあっては，当該法人の代表者の資格を証する情報，不登令７条１項１号イ・ロ）
- 代理人によって登記を申請するとき（法務省令で定める場合を除く。）は，当該代理人の権限を証する情報（不登令７条１項２号）
- 民法第423条その他の法令の規定により他人に代わって登記を申請するときは，代位原因を証する情報（不登令７条１項３号）
- 不動産登記法第62条の規定により登記を申請するときは，相続その他の一般承継があったことを証する市町村長，登記官その他の公務員が職務上作成した情報（公務員が職務上作成した情報がない場合にあっては，これに代わるべき情報，不登令７条１項５号イ）

第8章　時効取得と対抗関係

- 　不動産登記法第63条第1項に規定する確定判決による登記を申請するとき執行力のある確定判決の判決書の正本（執行力のある確定判決と同一の効力を有するものの正本を含む。不登令7条1項5号ロ(1)）
- 　登記原因について第三者の許可，同意又は承諾を要するときは，当該第三者が許可し，同意し，又は承諾したことを証する情報（不登令7条1項5号ハ）
- 　法務省令で定める場合を除き，申請情報を記載した書面に，不動産登記令16条1項の規定により記名押印した者（委任による代理人を除く。）の印鑑に関する証明書（住所地の市町村長（特別区の区長を含むものとし，指定都市にあっては，市長又は区長若しくは総合区長とする。）又は登記官が作成するものに限る。不登令16条2項）
- 　登記名義人となる者の住所を証する市町村長，登記官その他の公務員が職務上作成した情報（公務員が職務上作成した情報がない場合にあっては，これに代わるべき情報，不登令別表30ロ）

　そこで，時効取得による所有権の移転の登記の申請の真正を担保するための添付情報も，以上のとおりであるため，取得時効が成立した旨の第三者の証明書などは，添付書類とはされない。

【実　例】

◎　取得時効が成立した旨の証明書

■取得時効が成立した旨の証明書の添付の要否

　時効取得による所有権取得の登記は，共同申請の場合であっても，時効完成の事実を証する市町村長の書面の提出は要しない（登研43号29頁，登研294号73頁）。

◎　時効取得の登記と家庭裁判所の許可書

■相続財産管理人にかかる家庭裁判所の許可書の添付の要否

　相続財産管理人が登記義務者として時効取得を原因とする所有権移転登記を申請する場合は，家庭裁判所の許可書を添付しなければならない（登研492号119頁）。

264

第1節　時効取得の登記

■ **不在者財産管理人にかかる家庭裁判所の許可書の添付の要否**

　不在者財産管理人が登記義務者となり，時効取得を原因として所有権移転登記を申請する場合，家庭裁判所の権限外行為許可書の添付を要する（登研449号87頁）。

■ **相続人の不在者財産管理人にかかる家庭裁判所の許可書の添付の要否**

　甲の相続人乙が不在者の場合，甲名義の不動産について，甲生存中に丙の取得時効が完成したとして，丙が登記権利者，乙の不在者財産管理人丁が登記義務者となって時効取得を原因とする所有権移転の登記を申請するときは，家庭裁判所の許可書の添付を要する（登研548号165頁）。

◎　**親権者の同意書**

■ **親権者の同意書の添付の要否**

　満19歳の未成年者が，登記義務者として，時効取得を原因とする所有権移転の登記を申請する際には，親権者の同意書の添付を要しない（登研529号162頁）。

◎　**登記原因証明情報**

■ **登記原因証明情報の内容**

　民法第162条第2項の短期取得時効を登記原因として所有権の移転の登記を申請する場合に提供する登記原因証明情報には，同項の要件を具備していることを記載する必要があり，単に短期取得時効により所有権を取得した者がその占有の開始の時に無過失であったことの記載だけでは足りず，そのことを基礎付ける具体的な事実を記載しなければならない（登研742号165頁）。

第2編　不動産の時効取得

265

第8章 時効取得と対抗関係

Q 68 農地の時効取得による所有権の移転の登記申請には，農地法所定の許可書を添付しなければならないか。

 添付をする必要はない。

解説 　Q25のとおり，時効取得によって農地の所有権を取得することは，農地法所定の許可を要せず，つまり，農地の時効取得による所有権の移転の登記申請には，農地法所定の許可書を添付する必要はない。
　これは，判決による登記権利者の単独申請の場合だけでなく，判決によらず，登記権利者及び登記義務者による共同申請の場合にも当てはまる。

【先　例】
◎　農地法所定の許可書
■農地法所定の許可書の添付の要否
　時効取得による農地の所有権移転登記申請については，農地法第3条の許可書の添付を要しない（昭38・5・6民事甲1285号民事局長回答）。

【実　例】
◎　農地法所定の許可書
■農地法所定の許可書の添付の要否
　農地の所有権移転登記につき時効取得を登記原因とする登記の申請（判決による場合又は当事者双方の申請による場合を含む。）には，農地法第3条の許可書の添付を要しない（登研149号161頁，登研275号75頁，登研379号92頁）。
■農地法所定の許可書の添付の要否
　時効取得を原因とする農地の所有権移転登記申請には，農地調整法施行（昭和13年8月1日）以後に占有が開始したときであっても，所定の許可書の添付は要しない（登研158号97頁）。
■農地法所定の許可書の添付の要否
　時効取得による共有持分移転登記申請については，農地法第3条の許可

266

書の添付を要しない（登研548号167頁）。

Q 69 1筆の土地の一部分を時効取得した場合は，どのような登記手続をするか。

A 当該1筆の土地の分筆登記を経て，分筆後の当該部分である土地について時効取得による所有権の移転の登記をする。

解 説　　Q48のとおり，1筆の土地の一部分であっても，時効取得の要件を充足する場合には，実体法上，占有者が当該部分の所有権を原始取得することになる。

　ただ，そのままでは時効取得による所有権の移転の登記をすることはできず，当該部分について，所有権移転登記の前提として，時効取得された部分とそれ以外の部分に分筆登記がなされなければならない。

　このような場合，当該土地の所有権登記名義人の協力が得られないときは，判決による登記による他なく，判決正本を代位原因証書として，確定判決により当該土地の部分の所有権の時効取得を認められた者が所有権登記名義人を代位して，分筆登記を申請する必要がある（その前提としての隣接地との筆界の確認を含む。）。しかし，分筆登記を申請するに当たっては，原則として，時効取得された土地の部分だけでなく，元の1筆の土地の全部の筆界を確認し，測量する必要があるが（不登規77条1項），このような事例においては，往々にして，測量や筆界の確認が困難なこともあろう。

　分筆前の土地が広大な土地であって，分筆後の土地の一方がわずかであるなどの特別な事情があるときに限り，分筆後の土地のうち1筆（時効取得にかからない土地の部分）については測量することを要しないところ（不登準則72条2項），確定判決又は理由中において，勝訴判決に係る土地の一部の範囲が

第8章　時効取得と対抗関係

明確に特定されているときには，「特別の事情」として取り扱っても差し支えないものと考えられている（登研709号27頁）。

　さらに，当該土地に隣接する土地との間の筆界が確認できないようなときは，1筆の土地の一部の所有権を取得した者として，筆界特定制度を利用して，分筆登記を申請することもできる。

【実　例】

◎　1筆の土地の一部を時効取得したときの登記手続

■ 1筆の土地の一部を時効取得したときの分筆登記の申請に添付する代位原因証書

　　1筆の土地の一部を時効取得した者が，所有権移転登記請求権に基づいて債権者代位により分筆登記の申請をする場合には，代位原因を証する書面として，所有権移転登記手続を命ずる給付判決（移転する土地の位置・形状が図面で特定されたもの）を添付すべきであり，所有権の範囲が明らかにされていても，所有権の確認判決は，代位原因を証する書面としては認められない（登研578号131頁）。

268

第2節　時効取得と対抗力

Q 70　甲が乙所有地を占有し，取得時効完成によって時効を援用した結果，その所有権を取得した場合は，登記をしなければ乙に対抗することができないか。

　甲が所有権を原始取得したことは，登記をしなくても，乙に対抗することができる。

解説　時効取得によって不動産の所有権が原始取得されることは，所有権を失う者（所有者）と所有権を取得する者（占有者）との関係でみると承継取得における譲渡人と譲受人との関係と同様であるため（譲渡人は譲受人にとって第三者に当たらない。），取得時効完成の時期における所有者であった者に対しては，時効の援用によって，完全に所有権を取得する。

時効取得による所有権移転登記を，共同申請又は判決による単独申請によって了しておくことが望ましいものの，その旨の登記を経なくても，占有者は所有者に対して所有権を主張することができる。これは，不動産の買主と売主とは対抗関係に立たないことと同じ理である。

取得時効完成の時期における抵当権者等に対しても，同様である。

【判　例】
◎　**時効取得が成立した場合の対抗関係の原則**
■所有者に対する占有者の所有権取得の主張における登記の要否

　時効による不動産所有権の取得は原始取得であることから，法律行為における意義の当事者というものがないが，時効により不動産の占有者が当該所有権を取得することは，その時効完成の時期にあって，一方に占有者が所有権を取得する結果，その時期において，目的である不動産の所有者であった者の所有権が消滅するものであるから，時効完成当時の所有者は取得者に対する関係においては，あたかも伝来取得（承継取得）における

第8章　時効取得と対抗関係

当事者の地位にあるものとみなすべきであり，したがって，時効による不動産の所有権の取得を第三者に対抗するために登記を必要とするものの，時効完成の時期における所有者であった者に対しては完全に所有権を取得するものであり，あえて登記を必要としない（大三民判大7・3・2民録24輯423頁）。

■ 抵当権者に対する占有者の抵当権消滅の主張における登記の要否

　　民法第397条の場合において，取得時効の完成により抵当権が消滅するものであれば，抵当権者は，所有者と同様に時効の当事者であると解すべきであり，同法第177条の第三者に該当するものではなく，したがって，その時効による所有権の取得は登記がなくても抵当権者に対抗することができる（大一民判大9・7・16民録26輯1108頁）。

■ 承役地所有者に対する時効による地役権の主張における登記の要否

　　時効による地役権の取得は，登記がなくても，時効完成の際，承役地の所有者であった者及び一般承継人に対して対抗することができる（大二民判大13・3・17大民集3巻5号169頁）。

■ 抵当権者に対する占有者の抵当権消滅の主張における登記の要否

　　抵当権付きの土地を，道路敷地として贈与され，占有してきた国の取得時効の完成により抵当権が消滅した場合，その時効による所有権の取得は登記がなくても抵当権者に対抗することができる（大判大13・10・29新聞2311号21頁，『注釈(6)』628頁）。

第2節　時効取得と対抗力

> **Q 71** 甲が乙所有地を占有し，取得時効完成によって時効を援用した結果，その所有権を取得したが，登記をしない間に乙が当該土地を丙に譲渡した場合でも，甲は丙に対して自己の所有権を対抗することができるか。

 甲は所有権の登記をしなければ，丙に対抗することはできない。

解説　Q70のとおり，占有者が不動産を時効取得した場合，取得時効完成時の所有者と占有者（取得者）とは譲渡人と譲受人との関係にあるため，占有者が時効取得による所有権移転の登記をしない間に，従前の所有者が当該土地を他に譲渡した場合は，まさに二重譲渡の状態となる。つまり，ここでは，占有者は前の譲受人，従前の所有者から譲り受けた者は後の譲受人として，互いに第三者として対抗関係に立つ。

結局，占有者と後の譲受人では，早く登記をした者が当該不動産の最終的な所有者となる。

【判　例】
◎　時効完成後の譲受人
■占有者の所有権取得について時効完成後の譲受人に対する登記の要否
　　占有者は時効によって未登記不動産の所有権を取得したものの，未だ，その登記を受けない間に，従来の所有者が自己名義に保存登記を受けたうえ売り渡し，買受人が所有権移転の登記を受けた場合，占有者は，その時効による所有権の取得を，第三者である当該買受人に対抗することはできず，これは，占有者が時効による所有権取得の登記を受けない間に売買による所有権移転登記があったことは，二重売買があった場合に後の買主が前の買主に先んじて登記を受けた場合と同一に論じられる（大連判大14・7・8大民集4巻9号412頁）。

第8章　時効取得と対抗関係

■ **占有者の所有権取得について時効完成後の譲受人に対する登記の要否**

　　時効による地役権の取得は，時効完成時における承役地の所有者に対し
ては登記がなくても，その取得を対抗することができるが，時効完成後，
承役地の所有者より当該土地を買い受けた第三者に対しては登記をしなけ
れば，その取得を対抗することができない（大三民判昭14・7・19大民集18巻
13号856頁）。

■ **占有者の所有権取得について時効完成後の譲受人に対する登記の要否**

　　取得時効による不動産の所有権の取得についても，登記なくしては，時
効完成後当該不動産につき旧所有者から所有権を取得し登記を経た第三者
に対して，その善意たると否とを問わず，時効による所有権の取得を対抗
し得ないと解するを相当とする（最一小判昭33・8・28民集12巻12号1936頁）。

■ **1筆の土地の一部の時効取得について時効完成後の譲受人に対する登記の
要否**

　　民法第177条は土地につき取得時効の完成によりその所有権を取得した
場合にも適用されると解すべきであり，1筆の土地（甲地）の一部を自己
所有土地（乙地）の一部であると信じて占有した結果これを時効取得した
者が，その取得時効の完成後に甲地を買い受けた第三者との間における甲
乙両地の境界確認訴訟の確定判決により，初めて自己の占有した土地部分
が甲地の一部であることを知った場合であっても，その土地部分の所有権
取得につき登記を経由しない限り，これをもって，その第三者に対抗する
ことをえないものというべきである（最二小判昭48・10・5民集27巻9号1110頁，
裁判集民110号199頁，判タ302号141頁，判時723号40頁，金法705号46頁）。

◎　**抵当権と時効取得による賃借権**

■ **抵当権設定登記後に時効取得した賃借権の対抗力**

　　抵当権の目的不動産につき賃借権を有する者は，当該抵当権の設定登記
に先立って対抗要件を具備しなければ，当該抵当権を消滅させる競売や公
売により目的不動産を買い受けた者に対し，賃借権を対抗することができ
ないのが原則であり，このことは，抵当権の設定登記後にその目的不動産
について賃借権を時効により取得した者があったとしても，異なるところ

272

第2節　時効取得と対抗力

はないというべきであり，したがって，<u>不動産につき賃借権を有する者がその対抗要件を具備しない間に，当該不動産に抵当権が設定されてその旨の登記がされた場合，その登記後，賃借権の時効取得に必要とされる期間，当該不動産を継続的に用益したとしても，競売又は公売により当該不動産を買い受けた者に対し，賃借権を時効により取得したと主張して，これを対抗することはできないことは明らかである</u>（最二小判平23・1・21裁判集民236号27頁，裁時1524号26頁，判夕1342号96頁，金判1365号18頁，判時2105号9頁，金法1927号140頁）。

Q 72　甲が乙所有地を占有し，取得時効完成前，乙が当該土地を丙に譲渡した後に甲が取得時効の完成によって時効を援用した結果，その所有権を取得した場合は登記をしなければ丙に対抗することができないか。

　甲が所有権を原始取得したことは，登記をしなくても，丙に対抗することができる。

解説　ここでは，当該不動産を，従前の所有者が他に譲渡し，登記をしているが，その譲渡，登記は，占有者による時効取得の完成の前であるため，時効完成時の当該土地の所有者は当該譲受人であり，Q70のとおり，占有者と時効完成時の所有者とは譲受人と譲渡人の関係に立ち，占有者は登記を経ずとも，その所有権を当該譲受人に主張することができる。

時効取得の完成の後の譲受人とは二重譲渡の関係に立つこととなる（Q71とは，異なる結果となる）。

この場合，譲受人が所有権の登記を経ているか否かは，占有者は登記を経ずとも所有権を主張することができることに影響を及ぼさない。

第 8 章　時効取得と対抗関係

【判　例】

◎　時効完成前の譲受人

■ 占有者の所有権取得について時効完成前の譲受人に対する登記の要否

　　当該不動産についていかなる時期に何人によって登記がなされたかが問題となり，そして時効が完成しても，その登記がなければ，その後に登記を経由した第三者に対しては時効による権利の取得を対抗しえない（民177条）のに反し，第三者のなした登記後に時効が完成した場合においては，その第三者に対しては，登記を経由しなくとも時効取得をもってこれに対抗しうることとなると解すべきである（最一小判昭35・7・27民集14巻10号1871頁，判タ107号49頁，判時232号20頁）。

■ 占有者の所有権取得について時効完成前の譲受人に対する登記の要否

　　当該不動産についていかなる時期に何人によって登記がなされたかが問題となり，そして時効が完成しても，その登記がなければ，その後に登記を経由した第三者に対しては時効による権利の取得を対抗しえないのに反し，第三者のなした登記後に時効が完成した場合においては，その第三者に対しては，登記を経由しなくとも時効取得をもってこれに対抗しうることとなると解すべきである（最三小判昭41・11・22民集20巻9号1901頁，裁判集民85号207頁，判タ200号92頁，金判48号11頁，判時468号33頁）。

■ 占有者の所有権取得について時効完成前の登記済の譲受人に対する登記の要否

　　占有者は当該土地の占有により20年の取得時効が完成したところ，譲受人は，前主から当該時効完成前に当該土地を買い受けて，その所有者となり，所有権取得登記を経由したというのであるが，されば，占有者の取得時効完成当時の当該土地の所有者は当該譲受人であり，したがって，当該譲受人は当該所有権の得喪のいわば当事者の立場に立つのであるから，占有者は，その時効取得を登記なくして当該譲受人に対抗できる筋合であり，このことは当該譲受人が，その後所有権取得登記を経由することによって消長を来さないものというべきである（最二小判昭42・7・21民集21巻6号1653頁，裁判集民88号123頁，判タ210号152頁，判時493号32頁）。

274

第2節　時効取得と対抗力

■ 占有者の所有権取得について時効完成前の譲受人（時効完成後に地位の譲受）に対する登記の要否

　取得時効の完成によって不動産の所有権を取得した者は，その取得時効の完成より前に原所有者から所有権を取得した者に対し登記なくして所有権を対抗することができ，このことは原所有者から所有権を取得した者がたとえその後所有権取得登記を経由することによって消長を来さないと解するのが相当であるところ，このことは，当該土地の買受人から当該買受人の地位（または買受人の権利義務）を売主（原所有者）の承諾を得て譲り受けた者が当該土地の所有権を取得した場合，買受人の地位を譲り受けた者は当該買受人と法律上は同一の地位に立つものと解するのが相当であり，<u>占有者の取得時効の完成前に，当該買受人が所有権を取得したものであるときは（当該買受人の地位の譲り受けが取得時効の完成後であっても），占有者は，当該買受人の地位を譲り受けた者に対し登記なくして当該土地の所有権を対抗することができる</u>ものというべきである（東京高判昭54・12・26下民34巻9〜12号1162頁，東高民時報30巻12号383頁，金判591号32頁，判時956号60頁）。

Q 73　甲が乙所有地を占有し，取得時効完成によって時効を援用した結果，その所有権を取得したが，登記をしない間に乙が当該土地を丙に譲渡し，登記をした後さらに甲が引き続き占有し，新たな取得時効完成によって時効を援用した結果，その所有権を取得した場合は，登記をしなければ丙に対抗することができないか。

　甲が所有権を原始取得したことは，登記をしなくても，丙に対抗することができる。

275

第8章　時効取得と対抗関係

解説　Q71のとおり，時効取得をした占有者と後の譲受人では，早く登記をした者が当該不動産の最終的な所有者となるため，後の譲受人が登記をした場合は，後の譲受人が当該不動産の最終的な所有者となる。

　そこで，占有者が，引き続いて占有をしている場合は，その登記（後の譲受人の登記）の日から，新たな取得時効が開始し，10年又は20年の経過によって取得時効が完成する。この場合の占有者と，後の譲受人との間は対抗関係ではなく，Q72と同様，譲受人と譲渡人の関係に当たる。

　ここでは，新たな取得時効の完成時の所有者は，後の譲受人であり，占有者は後の譲受人に対して原始取得した所有権を，登記をしなくても主張することができる（消極の判例もある。）。

【判　例】

◎　**時効完成後の第三者の登記の後の再度の時効完成**

■時効完成後の譲受人に対し，さらに完成した時効取得の主張にかかる登記の要否

　当該山林を占有者が占有し，大正4年5月29日まで10年間，所有の意思をもつて平穏，公然，善意，無過失に占有を継続し，ために大正4年5月29日に取得時効が完成したものの，その登記を経ることなく経過するうち，同15年8月26日，当該山林が所有権の登記名義人より寄付され，その旨の登記を経由するに至ったところ，占有者は，さらに，その登記の日より昭和11年8月26日まで10年間引き続き所有の意思をもって平穏，公然，善意，無過失に占有を継続したというのであるとき，されば，占有者は，その時効による所有権の取得を，その旨の登記を経由することなくても，当該寄付を受けて登記をした者に対抗することができることは明らかである（最一小判昭36・7・20民集15巻7号1903頁）。

■時効完成後の共有持分の譲受人に対し，さらに完成した時効取得の主張にかかる登記の要否

　甲所有の不動産について戊の取得時効が完成した後，乙，丙，丁が，甲から，当該不動産の各3分の1の共有持分権の譲渡を受け，その旨の登記を同日に経由し，乙，丙，丁の当該登記後に，戊が，なお引き続き時効取

第2節　時効取得と対抗力

得に要する期間占有を継続した場合，乙が，丙，丁から，その再度の取得時効完前に当該不動産の各3分の1の共有持分権の譲渡を受け，その再度の取得時効完成後にその旨の登記を経由したとき，戊は，乙に対し，登記を経由しなくとも，当該不動産全部の時効取得をもって対抗しうると解するのが相当であり，けだし，甲から乙，丙，丁への共有持分権移転登記により，乙，丙，丁は，各3分の1の共有持分権取得をもって戊に対抗しうることになり，乙，丙，丁の当該登記の日から，当該不動産全部について，戊の再度の取得時効が進行し，乙は，丙，丁から，その再度の取得時効完成前に不動産の各3分の1の共有持分権の譲渡を受け，再度の取得時効完成後にその旨の登記を経由したのであるから，乙が丙，丁から取得した各3分の1の共有持分権についても，戊は，登記なくして，時効取得した各3分の1の共有持分権を対抗することができるからであり，また，甲所有の不動産について戊の取得時効が完成した後，乙が，甲から，当該不動産の3分の1の共有持分権の譲渡を受け，その旨の登記を経由し，乙の当該登記後に，戊が，なお引き続き時効取得に要する期間占有を継続した場合，乙が，甲から，その再度の取得時効完成前に当該不動産の残余の3分の2の共有持分権の譲渡を受け，その再度の取得時効完成後にその旨の登記を経由したとき，戊は，乙に対し，登記を経由しなくとも，3分の1の共有持分権（乙が当初取得した共有持分権）の時効取得をもって対抗しうるが，残余の3分の2の共有持分権の時効取得をもって対抗し得ないと解するのが相当であり，けだし，甲から乙への当初の3分の1の共有持分権移転登記の日から再度の取得時効が進行するのは，その3分の1の共有持分権についてのみであり，残余の3分の2の共有持分権については，甲から乙への当該3分の2の共有持分権移転登記により，乙は，当該3分の2の共有持分権取得をもって戊に対抗しうることになり，当該3分の2の共有持分権移転登記の日から，再度の取得時効が進行することになるからである（大阪高判昭48・7・9判タ299号305頁，金判390号11頁，判時724号45頁，金法694号27頁）。

第8章　時効取得と対抗関係

■ 時効完成後の抵当権者に対し，さらに完成した時効取得の主張に対する登記の要否

　不動産の取得時効の完成後，所有権移転登記がされることのないまま，第三者が原所有者から抵当権の設定を受けて抵当権設定登記を了した場合において，当該不動産の時効取得者である占有者が，その後，引き続き時効取得に必要な期間占有を継続したときは，当該占有者が前記抵当権の存在を容認していたなど抵当権の消滅を妨げる特段の事情がない限り，当該占有者は，当該不動産を時効取得し，その結果，前記抵当権は消滅すると解するのが相当である（最二小判平24・3・16民集66巻5号2321頁，裁時1552号156頁，判タ1370号102頁，金判1395号22頁，金判1391号13頁，判時2149号68頁，金法1955号100頁，登情609号120頁）。

◎　時効完成後の第三者の登記の後の再度の時効完成（消極）

■ 時効完成後の抵当権者に対し，さらに占有を継続した場合の時効取得の成否

　土地の占有者は，時効の援用により，占有開始時にさかのぼって当該土地を原始取得し，その旨の登記を有している場合，土地の占有者は，その時効の援用により確定的に当該土地の所有権を取得したのであるから，このような場合に，起算点を後の時点にずらせて，再度，取得時効の完成を主張し，これを援用することはできないものというべきであるから，そうすると，土地の占有者は，その時効の完成後に設定された抵当権（土地の占有者の所有権の登記前に登記された抵当権）を譲り受けた者に対し，当該抵当権の設定登記の抹消登記手続を請求することはできない（最二小判平15・10・31裁判集民211号313頁，裁時1350号298頁，判タ1141号139頁，金判1191号28頁，判時1846号7頁，金法1701号60頁）。

278

第2節　時効取得と対抗力

Q 74 甲が乙所有地を譲り受け，占有を開始したが，登記をしない間に乙が当該土地を丙に譲渡した後，甲が取得時効完成によって時効を援用した結果，その所有権を取得した場合は，登記をしなければ丙に対抗することができないか。

A 甲が所有権を原始取得したことは，登記をしなくても，丙に対抗することができる。

解説　当該土地が譲渡された後に，他にも譲渡され，二重譲渡の状態となったものであり，二重譲渡の関係のみをもって論ずると，第一の譲受人と第二の譲受人とでは早く登記をした者の所有権が確定するが，ここでは，第一の譲受人は譲受に伴い占有を開始し，第二の譲受人が出現した後に，第一の譲受人の取得時効が完成し，時効を援用し，その結果として原始取得を主張するものである。

Q70のとおり，時効取得完成当時の土地の所有者は，当該土地を時効取得した者とは，譲渡人・譲受人と同様の関係に立つ。

そのため，時効取得によって当該土地の所有権を原始取得した第一の買主は，登記を経ずして，第二の買主に対抗することができることになる。

【判　例】
◎　二重譲渡において占有を継続した第一の買主と第二の買主
■二重譲渡において，時効取得による第一の買主の所有権取得について第二の買主に対する登記の要否

　当該不動産が売主から第二の買主に二重に売却され，第二の買主に対し所有権移転登記がなされたときは，登記の時に第二の買主において完全に所有権を取得するわけであるが，その所有権は，売主から第二の買主に直接移転するのであり，売主から一旦第一の買主に移転し，第一の買主から第二の買主に移転するものではなく，第一の買主は当初から全く所有権を取得しなかったことになるのであり，したがって，第一の買主がその買受

279

後不動産の占有を取得し，その時から民法第162条に定める時効期間を経過したときは，同条により当該不動産を時効によって取得しうるものと解するのが相当であり，してみれば，第一の買主の当該土地に対する取得時効については，第一の買主が買い受け，その占有を取得した時から起算すべきものというべきであり，二重売買の問題のまだ起きていなかつた当時に取得した第一の買主の当該土地に対する占有は，特段の事情の認められない以上，所有の意思をもって，善意で始められたものと推定すべく，無過失である限り，時効中断の事由がなければ，第一の買主は，その占有を始めた時から10年の経過をもって当該土地の所有権を時効によって取得したものといわなければならない（最二小判昭46・11・5民集25巻8号1087頁，裁判集民104号161頁，判タ271号168頁，金判294号2頁，判時652号34頁，金法634号44頁）。

Q75　甲が乙所有地を占有し，取得時効完成によって時効を援用した結果，その所有権を取得したが，登記をしない間に乙が当該土地を丙に譲渡したとき，甲は登記がなければ，いかなる場合も，丙に対して自己の所有権を対抗することができないか。

A　丙が背信的悪意者であるときは，甲は所有権の登記をしなくても，丙に対抗することはできる場合がある。

解説　Q71のとおり，ここでは，甲にとって，丙は取得時効完成後の第三者に当たるため，甲は登記がなければ時効取得を丙に対抗することができないところ，丙が背信的悪意者に当たるなど登記の欠缺を主張するについて正当な利益を有する第三者に当たらないとされる場合には，甲は登記がなくても丙に対抗することができる。

第2節　時効取得と対抗力

　丙が背信的悪意者であると認められるためには，例えば，少なくとも，丙が，甲による多年にわたる占有継続の事実を認識している，あるいは認識することができたことが必要となろう。

　なお，通路の時効取得と対抗力に関する詳細は，『道路』367頁を参照していただきたい。

【判　例】

◎　時効完成後の背信的悪意者

■時効完成後の背信的悪意者に対する時効取得の主張における登記の要否

　当該土地の買受人（占有者の時効完成後，登記済）は，<u>当該通路部分は占有者が，その所有地上に所有する従前建物等への専用進入路としてコンクリート舗装した状態で利用しており，占有者が使用できないとすると，公道からの進入路を確保することは著しく困難であることを知っていたことが認められ，当該買受人において調査すれば，占有者が当該通路部分を時効取得していることを容易に知り得たというべきであるから，当該買受人は，占有者が時効取得した所有権について，その登記を経由していないことを主張するにつき正当な利益を有しないといわざるを得ない</u>（高松高判平16・10・28金判1248号64頁）。

■時効完成後の背信的悪意者に対する時効取得の主張における登記の要否

　<u>占有者が時効取得した不動産について，その取得時効完成後に譲受人が従前の所有者から当該不動産の譲渡を受けて所有権移転登記を了した場合において，譲受人が，当該不動産の譲渡を受けた時点において，占有者が多年にわたり当該不動産を占有している事実を認識しており，占有者の登記の欠缺を主張することが信義に反するものと認められる事情が存在するときは，当該譲受人は背信的悪意者に当たるというべきであり，取得時効の成否については，その要件の充足の有無が容易に認識・判断することができないものであることにかんがみると，当該譲受人において，占有者が取得時効の成立要件を充足していることをすべて具体的に認識していなくても，背信的悪意者と認められる場合があるというべきであるが，その場合であっても，少なくとも，当該譲受人が占有者による多年にわたる占有</u>

第8章 時効取得と対抗関係

<u>継続の事実を認識している必要がある</u>と解すべきであるからである（最三
小判平18・1・17民集60巻1号27頁，裁時1403号64頁，判タ1206号73頁，金判1248号59
頁，判時1925号3頁，金法1778号96頁）。

■時効完成後の背信的悪意者に当たらないとされた事例

　<u>登記を具備した第三者を保護することが正義に反し，時効取得者をこそ
保護すべきであるというような格別の事情が認めなければならないもの</u>と
いうべきであるところ，当該土地の取得者も占有者も，土地の分筆の経過
と現状との不一致のいわば被害者であり，自らの境内地を確保するために，
あえて270万円もの代金を支払い，いわばやむなく取得したのが当該土地
なのであり，そうであれば，同土地の範囲に当該土地が含まれており，こ
れを占有者が長年にわたって占有していることを取得者が知っていたから
といって，当該取得者が法的保護を受けられないというのではかえって公
平を失することになる（福岡高判平18・9・5判タ1239号256頁，判時2013号79頁）。

第1節 所有者，占有者に変動がない場合

第9章 場面別の登記手続

第1節 所有者，占有者に変動がない場合

Q 76 甲が乙所有地を占有し，取得時効完成によって時効を援用した場合，甲はどのような登記手続をするか。

A 甲の占有開始日を原因日付とし，甲を登記権利者，乙を登記義務者として，乙から甲への時効取得による所有権の移転の登記をする。

 これは，所有者乙名義の土地を占有者甲が占有し，時効期間の満了により取得時効が完成し（以下，「時効期間の満了」をもって，「時効完成」という。），甲が時効援用した結果，当該土地の所有権を取得した事例で，占有開始当初から時効取得による登記まで所有者，占有者に変動がなく，不動産の時効取得に関する最も基本的な事例である。

〈時系列１〉

		占有開始		時効完成		時効援用	
所有者	乙	→	→	→	→	→	→
登記名義人	乙	→	→	→	→	→	→
占有者		甲	→	→	→	甲	→

　Q61のとおり時効取得の効力は起算日に遡り，Q65のとおり所有権の移転の登記の形式をとることから，甲の占有開始日を原因日付とし，甲を登記権利者，乙を登記義務者として，乙から甲への時効取得による所有権の移転の登記をすることとなる。

第9章　場面別の登記手続

第2節　所有者に変動（相続）があったが，占有者に変動がない場合

Q 77 甲が乙所有地を占有した後に，乙が死亡し，丙が乙を相続し，その相続登記の未了の間に，取得時効完成によって甲が時効を援用した場合，甲はどのような登記手続をするか。

A 甲の占有開始日を原因日付とし，甲を登記権利者，亡乙相続人丙を登記義務者として，乙から甲への時効取得による所有権の移転の登記をする。

解説 これは，所有者乙名義の土地を占有者甲が占有し，時効期間が満了する前に，乙が死亡し，丙が乙を相続し，その相続登記の未了の間に取得時効が完成し，甲が時効援用した結果，当該土地の所有権を取得した事例で，占有開始当初から時効取得による登記までに所有者に変動はあるが，占有者に変動がない事例である。

〈時系列2〉

		占有開始		時効完成		時効援用	
所有者	乙	→	丙	→	→	→	→
登記名義人	乙	→	→	→	→	→	→
占有者		甲	→	→	→	甲	→

　時効取得において，丙は乙の相続人として乙と同一の地位にあるため，甲の時効援用に影響を及ぼすことなく，甲は占有開始の日に遡って所有権を取得し，丙は所有権を失った。

　そこで，甲の占有開始日を原因日付とし，甲を登記権利者，亡乙相続人丙を登記義務者とする乙から甲への時効取得による所有権の移転の登記をすることとなる。

第2節　所有者に変動（相続）があったが，占有者に変動がない場合

　登記権利者，登記義務者又は登記名義人が権利に関する登記の申請人となることができる場合において，当該登記権利者，登記義務者又は登記名義人について相続その他の一般承継があったときは，相続人その他の一般承継人は，当該権利に関する登記を申請することができることから（不登62条），ここでは，乙の生存中の日を登記原因として，乙を登記義務者とする所有権の移転の登記を，乙の相続人丙が申請するものである。
　この場合，乙から丙への相続による所有権の移転の登記（以下，「相続登記」という。）は，行わない。

Q 78 ｜ Q77において，時効完成前に丙が相続登記をしていた場合，甲はどのような登記手続をするか。

A　甲の占有開始日を原因日付とし，甲を登記権利者，丙を登記義務者として，丙から甲への時効取得による所有権の移転の登記をする。

　これは，所有者乙名義の土地を占有者甲が占有し，時効期間が満了する前に，乙が死亡し，丙が乙を相続して，その相続登記を了した後に取得時効が完成し，甲が時効を援用した事例で，占有開始当初から時効取得による登記までに所有者に変動はあるが，占有者に変動がない事例である。

〈時系列3〉

		占有開始		時効完成			時効援用	
所有者	乙	→	丙	→	→	→	→	
登記名義人	乙	→	丙	→	→	→	→	
占有者			甲	→	→	→	甲	→

第9章　場面別の登記手続

　Q77とは丙の相続登記の有無が異なるが，時効取得において，丙は乙の相続人として乙と同一の地位にあるため，甲の時効援用に影響を及ぼすことなく，甲は占有開始の日に遡って所有権を取得し，丙は所有権を失うことに変わりはない。

　そこで，丙の所有権の移転の登記を抹消したうえで，甲の占有開始日を原因日付とし，甲を登記権利者，亡乙相続人丙を登記義務者として，乙から甲への時効取得による所有権の移転の登記をすることとなるが，既に丙名義となっているため，便宜，丙の所有権の移転の登記を抹消することなく，甲の占有開始日を原因日付とし，甲を登記権利者，丙を登記義務者として，丙から甲への時効取得による所有権の移転の登記をすることができる。

　なお，この場合において，丙の登記を抹消しないで，丙から甲への所有権移転登記をすることが中間省略登記に当たり，許容されないのではないかとも考えられなくもないが，登記名義人と中間者の間に相続関係があり，実質的には，同一人格とみられることから，中間省略登記を求めることができ（青山正明『新訂　民事訴訟と不動産登記一問一答』（テイハン，2008）204頁），実務上の注意は要するものの，現在の権利関係に符合した登記の実現を優先させるというのが登記先例の考え方であると解されている（『権利登記Ⅳ』58頁）。

【判　例】

◎　被相続人が譲渡した不動産について相続登記がなされた場合の所有権移転登記手続

■被相続人が譲渡した不動産について相続登記がなされた場合に当該相続人から直接譲受人に所有権移転登記をすることの可否

　相続人は，被相続人の法律上の地位の承継者として，その権利義務を包括的に承継する者であるため，被相続人が不動産を他人に譲渡し，いまだ，その登記義務を履行しない間に相続が開始した場合においては，相続人は被相続人の当該登記義務をも承継し，譲受人に対し，所有権移転の登記手続をするべき義務を負担するものであるがゆえに，相続人が当該不動産について既に相続登記をした場合においては，譲受人は直ちに相続人に対し，譲渡の登記手続を求め得るものと解すべきである（大二民判大15・4・

第2節　所有者に変動（相続）があったが，占有者に変動がない場合

30大民集 5 巻 6 号344頁）。

【先　例】

◎　**被相続人が売り渡した不動産について相続登記がなされた場合の売買登記手続**

■被相続人が売り渡した不動産について相続登記がなされた場合の売買登記手続において当該相続登記の抹消の要否

　　被相続人が売り渡した売買登記未了の不動産について相続登記がなされている場合には，当該相続登記は錯誤を原因として抹消し，買受人のために相続人より所有権移転登記をなすべきものであるが，相続登記を抹消することなく，相続登記をした相続人から買受人のため登記の申請があった場合でも，受理して差し支えない（昭37・3・8民事甲638号民事局長電報回答）。

【実　例】

◎　**占有開始後時効完成前の所有者の死亡**

■占有開始後時効完成前に所有者が死亡し，相続登記をした場合における相続人を登記義務者とする時効による所有権移転登記の可否

　　昭和15年 1 月15日家督相続としてAからBに所有権移転登記，昭和36年 8 月10日相続としてBからCに所有権移転登記後，登記権利者をD，登記義務者をCとして，昭和20年 1 月10日時効取得とする所有権移転の登記の申請をすることができる（登研375号79頁）。

■占有開始後時効完成前に所有者が死亡し，相続登記をした場合における相続人を登記義務者とする時効による所有権移転登記を申請する場合の相続登記の抹消の要否

　　所有権の時効取得が完成した後，その登記未了のうちに所有権の登記名義人につき相続が開始し，相続による所有権移転の登記がされたとき，時効取得者と相続登記を受けた所有権登記名義人の共同で時効取得による所有権移転の登記の申請をする場合には，相続による所有権移転の登記を抹消することは要しない（登研401号159頁）。

第9章　場面別の登記手続

Q 79 Q78において，時効完成後，時効援用前に丙が相続登記をしていた場合，甲はどのような登記手続をするか。

A 甲の占有開始日を原因日付とし，甲を登記権利者，丙を登記義務者として，丙から甲への時効取得による所有権の移転の登記をする。

解説 これは，所有者乙名義の土地を占有者甲が占有し，時効期間が満了する前に，乙が死亡し，丙が乙を相続して，取得時効完成後に，丙が相続登記をして，甲が時効を援用した事例で，占有開始当初から時効取得による登記までに所有者に変動はあるが，占有者に変動がない事例である。

〈時系列4〉

		占有開始		時効完成		時効援用	
所有者	乙	→	丙	→	→	→	→
登記名義人	乙	→	→	→	丙	→	→
占有者		甲	→	→	→	甲	→

Q78とは丙の相続登記の時期が異なるが，結論に変わりはない。

そこで，丙の所有権の移転の登記を抹消したうえで，甲の占有開始日を原因日付とし，甲を登記権利者，亡乙相続人丙を登記義務者として，乙から甲への時効取得による所有権の移転の登記をすることとなるが，既に丙名義となっているため，便宜，丙の所有権の移転の登記を抹消することなく，甲の占有開始日を原因日付とし，甲を登記権利者，丙を登記義務者として，丙から甲への時効取得による所有権の移転の登記をすることができる。

288

第2節 所有者に変動（相続）があったが，占有者に変動がない場合

Q 80 Q79において，丙の相続登記が，甲が時効を援用した後であった場合，甲はどのような登記手続をするか。

A 甲の占有開始日を原因日付とし，甲を登記権利者，丙を登記義務者として，丙から甲への時効取得による所有権の移転の登記をする。

解説 これは，所有者乙名義の土地を占有者甲が占有し，時効期間が満了する前に，乙が死亡し，丙が乙を相続して，甲が時効を援用した後に，丙が相続登記をした事例で，占有開始当初から時効取得による登記までに所有者に変動はあるが，占有者に変動がない事例である。

〈時系列5〉

		占有開始		時効完成			時効援用	
所有者	乙	→	丙	→	→	→	→	
登記名義人	乙	→	→	→	→	→		丙
占有者		甲	→	→	→	→	甲	→

Q79とは丙の相続登記の時期が異なるが，結論は変わらない。

そこで，丙の所有権の移転の登記を抹消したうえで，甲の占有開始日を原因日付とし，甲を登記権利者，亡乙相続人丙を登記義務者として，乙から甲への時効取得による所有権の移転の登記をすることとなるが，既に丙名義となっているため，便宜，丙の所有権の移転の登記を抹消することなく，甲の占有開始日を原因日付とし，甲を登記権利者，丙を登記義務者として，丙から甲への時効取得による所有権の移転の登記をすることができる。

第9章　場面別の登記手続

> **Q81**　Q77において，乙の死亡が時効完成後であった場合，甲
> はどのような登記手続をするか。

A　甲の占有開始日を原因日付とし，甲を登記権利者，亡乙相続人丙を登記義務者として，乙から甲への時効取得による所有権の移転の登記をする。

解説　これは，所有者乙名義の土地を占有者甲が占有し，時効期間の満了後に，乙が死亡し，丙が乙を相続して，その相続登記の未了の間に，甲が時効を援用した事例で，占有開始当初から時効取得による登記までに所有者に変動はあるが，占有者に変動がない事例である。

〈時系列6〉

		占有開始		時効完成		時効援用	
所有者	乙	→	→	→	丙	→	→
登記名義人	乙	→	→	→		→	→
占有者		甲	→	→		甲		→

　時効取得において，丙は時効完成後の相続人であるが，乙の相続人として乙と同一の地位にあるため，甲の時効援用に影響を及ぼすことなく，甲は占有開始の日に遡って所有権を取得し，丙は所有権を失った。

　そこで，甲の占有開始日を原因日付とし，甲を登記権利者，亡乙相続人丙を登記義務者として，乙から甲への時効取得による所有権の移転の登記をすることとなる。

【実　例】

◎　時効取得による登記と所有者の死亡

■時効取得後に所有者について相続が開始した場合の登記手続

　甲名義の土地及び甲を所有者とする表示登記のみが存する建物につき乙が時効取得した後に，甲について相続が開始した場合には，土地について

第2節 所有者に変動（相続）があったが，占有者に変動がない場合

は，甲の相続人であることの書面を添付して，甲の相続人と乙の共同申請
により，甲から乙への所有権移転の登記をし，建物については，亡甲名義
に保存登記の申請をした上で，土地についてと同様の登記申請をする（登
研383号92頁）。

■ 時効期間満了後に所有者について相続が開始した場合の登記手続

A（昭和55年11月14日死亡）が所有権登記名義人となっている土地について，
Y（起算日は，昭和35年8月18日）が時効により所有権を取得した場合，Yと
Aの相続人Bとの共同申請により，時効取得による所有権移転登記をする
ことができる（登研401号161頁）。

Q 82 | Q81において，時効援用前に丙が相続登記をしていた場合，甲はどのような登記手続をするか。

A 甲の占有開始日を原因日付とし，甲を登記権利者，丙を登記義務者
として，丙から甲への時効取得による所有権の移転の登記をする。

解説 これは，所有者乙名義の土地を占有者甲が占有し，時効期間の
満了後に，乙が死亡し，丙が乙を相続して，その相続登記をし，
甲が時効を援用した事例で，占有開始当初から時効取得による登記までに所
有者に変動はあるが，占有者に変動がない事例である。

〈時系列7〉

		占有開始		時効完成		時効援用	
所有者	乙	→	→	→	丙	→	→
登記名義人	乙	→	→	→	丙	→	→
占有者		甲	→	→	→	甲	→

291

第9章　場面別の登記手続

　Q81とは丙の相続登記の有無が異なるが，時効取得において，丙は乙の相続人として乙と同一の地位にあるため，甲の時効援用に影響を及ぼすことなく，甲は占有開始の日に遡って所有権を取得し，丙は所有権を失うことに変わりない。

　そこで，丙の所有権の移転の登記を抹消したうえで，甲の占有開始日を原因日付とし，甲を登記権利者，亡乙相続人丙を登記義務者として，乙から甲への時効取得による所有権の移転の登記をすることとなるが，既に丙名義となっているため，便宜，丙の所有権の移転の登記を抹消することなく，甲の占有開始日を原因日付とし，甲を登記権利者，丙を登記義務者として，丙から甲への時効取得による所有権の移転の登記をすることができる。

Q 83 | Q82において，時効援用後に丙が相続登記をしていた場合，甲はどのような登記手続をするか。

A　甲の占有開始日を原因日付とし，甲を登記権利者，丙を登記義務者として，丙から甲への時効取得による所有権の移転の登記をする。

解説　これは，所有者乙名義の土地を占有者甲が占有し，時効期間の満了後に，乙が死亡し，丙が乙を相続して，甲が時効を援用した後に，丙が相続登記をした事例で，占有開始当初から時効取得による登記までに所有者に変動はあるが，占有者に変動がない事例である。

292

第2節　所有者に変動（相続）があったが，占有者に変動がない場合

〈時系列8〉

		占有開始		時効完成		時効援用	
所有者	乙	→	→	→	丙	→	→
登記名義人	乙	→	→	→	→	→	丙
占有者		甲	→	→	→	甲	→

　Q82とは丙の相続登記の時期が異なるが，結論は変わらない。

　そこで，丙の所有権の移転の登記を抹消したうえで，甲の占有開始日を原因日付とし，甲を登記権利者，亡乙相続人丙を登記義務者として，乙から甲への時効取得による所有権の移転の登記をすることとなるが，既に丙名義となっているため，便宜，丙の所有権の移転の登記を抹消することなく，甲の占有開始日を原因日付とし，甲を登記権利者，丙を登記義務者として，丙から甲への時効取得による所有権の移転の登記をすることができる。

Q 84　Q77において，乙の死亡が時効援用後であった場合，甲はどのような登記手続をするか。

A　甲の占有開始日を原因日付とし，甲を登記権利者，亡乙相続人丙を登記義務者として，乙から甲への時効取得による所有権の移転の登記をする。

解説　これは，所有者乙名義の土地を占有者甲が占有し，時効が完成し，時効援用後に，乙が死亡し，丙が乙を相続した事例で，占有開始当初から時効取得による登記までに所有者に変動はあるが，占有者に変動がない事例である。

293

第9章 場面別の登記手続

〈時系列9〉

		占有開始		時効完成		時効援用		
所有者	乙	→	→	→	→	→		丙
登記名義人	乙	→	→	→	→	→	→	
占有者		甲	→	→	→	甲	→	

　時効取得において，丙は時効援用後の相続人であるが，乙の相続人として乙と同一の地位にあるため，甲の時効援用に影響を及ぼすことなく，甲は占有開始の日に遡って所有権を取得する。既に時効援用の効果が生じているため，実体法上は，丙は一度も所有者になっていないこととなる。
　そこで，甲の占有開始日を原因日付とし，甲を登記権利者，亡乙相続人丙を登記義務者として，乙から甲への時効取得による所有権の移転の登記をすることとなる。

Q 85 Q84において，丙が相続登記をしていた場合，甲はどのような登記手続をするか。

　甲の占有開始日を原因日付とし，甲を登記権利者，丙を登記義務者として，丙から甲への時効取得による所有権の移転の登記をする。

解説　これは，所有者乙名義の土地を占有者甲が占有し，時効が完成し，時効援用後に，乙が死亡し，丙が乙を相続して，その相続登記をした事例で，占有開始当初から時効取得による登記までに所有者に変動はあるが，占有者に変動がない事例である。

294

第2節　所有者に変動（相続）があったが，占有者に変動がない場合

〈時系列10〉

		占有開始		時効完成		時効援用	
所有者	乙	→	→	→	→	→	丙
登記名義人	乙	→	→	→	→	→	丙
占有者		甲	→	→	→	甲	→

　Q84とは丙の相続登記の有無が異なる。

　そこで，丙の所有権の移転の登記を抹消したうえで，甲の占有開始日を原因日付とし，甲を登記権利者，亡乙相続人丙を登記義務者として，乙から甲への時効取得による所有権の移転の登記をすることとなるが，既に丙名義となっているため，便宜，丙の所有権の移転の登記を抹消することなく，甲の占有開始日を原因日付とし，甲を登記権利者，丙を登記義務者として，丙から甲への時効取得による所有権の移転の登記をすることができる。

第2編　不動産の時効取得

第9章　場面別の登記手続

第3節　所有者に変動（譲渡）があったが，占有者に変動がない場合

Q 86　Q77において，相続ではなく，丙が乙から譲渡を受けていたとした場合，甲はどのような登記手続をするか。

甲の占有開始日を原因日付とし，甲を登記権利者，乙を登記義務者として，乙から甲への時効取得による所有権の移転の登記をする。

解説　これは，所有者乙名義の土地を占有者甲が占有し，時効期間が満了する前に，乙が丙に譲渡し，その移転登記の未了の間に取得時効が完成し，甲が時効援用した結果，当該土地の所有権を取得した事例で，占有開始当初から時効取得による登記までに所有者に変動はあるが，占有者に変動がない事例である。

〈時系列11〉

		占有開始		時効完成		時効援用	
所有者	乙	→	丙	→	→	→	→
登記名義人	乙	→	→	→	→	→	→
占有者			甲	→	→	→	甲	→

　時効取得において，占有者は，時効完成時の所有者に対して原始取得した所有権をもって対抗することができるため（Q70），甲は占有開始に遡って所有権を取得し，丙は所有権を失う（丙への所有権の移転がなかったこととなったが，乙の所有権も，甲の時効取得によって消滅する。）。

　ここでは，原始取得ではあるが，所有権の得喪に関わる当事者の立場としては，占有開始に遡って，乙から甲へ所有権が特定承継されたものとみることができることから（Q72），登記が乙のままであるため，甲の占有開始日を原因日付とし，甲を登記権利者，乙を登記義務者として，乙から甲への時効

296

第3節　所有者に変動（譲渡）があったが，占有者に変動がない場合

取得による所有権の移転の登記をすることとなる。

　なお，このような場合，甲が，丙の存在を知っていることは多くはないだろうが，知っていた場合であっても，甲への所有権移転登記申請について，丙の承諾は必要はない。

Q 87 Q86において，時効完成前に丙が所有権の移転の登記をしていた場合，甲はどのような登記手続をするか。

A 　甲の占有開始日を原因日付とし，甲を登記権利者，丙を登記義務者として，丙から甲への時効取得による所有権の移転の登記をするものと考える。

解　説 　これは，所有者乙名義の土地を占有者甲が占有し，時効期間が満了する前に，乙が丙に譲渡し，その移転登記後に取得時効が完成し，甲が時効援用した結果，当該土地の所有権を取得した事例で，占有開始当初から時効取得による登記までに所有者に変動はあるが，占有者に変動がない事例である。

〈時系列12〉

		占有開始			時効完成			時効援用	
所有者	乙	→	丙	→	→	→	→	→
登記名義人	乙	→	丙	→	→	→	→	→
占有者		甲	→	→	→	甲	→	

　Q86とは丙の所有権の移転の登記の有無が異なるが，時効取得において，占有者は，時効完成時の所有者に対して原始取得した所有権をもって対抗することができるため（Q70），丙が所有権の登記を経ていても，甲は占有開始

第9章　場面別の登記手続

に遡って所有権を取得し，丙は所有権を失う。

そこで，丙の所有権の移転の登記を抹消したうえで，甲の占有開始日を原因日付とし，甲を登記権利者，乙を登記義務者として，乙から甲への時効取得による所有権の移転の登記をすることとなる。ただ，ここでは，既に丙名義となっているところ，原始取得ではあっても，丙は，時効完成時の所有者として，所有権の得喪に関わる当事者の立場としては甲にとって譲渡人であるとみることもできることから（Q72，Q73），便宜，丙の所有権の移転の登記を抹消することなく，甲の占有開始日を原因日付とし，甲を登記権利者，丙を登記義務者として，丙から甲への時効取得による所有権の移転の登記をすることができるものと考える。この場合，丙から甲への所有権の移転の登記の原因日付は，丙の所有権の登記の原因の日付の前となるが，支障はない。

いずれにしても，丙の協力が得られないときは，丙を被告として，判決による登記の申請にならざるを得ない。

この事例で，仮に，時効取得ではなく，甲が乙から譲渡を受けた者であったとすると，甲と丙とは二重譲渡の第一，第二の譲受人の関係に立つが，譲渡の当事者の立場に立つものではないため，甲丙間の新たな登記原因による場合は各別，たとえ丙の協力が得られたとしても，丙の所有権の登記を抹消することなく甲が乙から譲渡を受けたことを登記原因（日付は譲渡を受けた日）として，丙から甲への所有権の移転の登記はすることができない。

Q88　Q87において，時効完成後，時効援用前に丙が所有権の移転の登記をしていた場合，甲はどのような登記手続をするか。

A　甲の占有開始日を原因日付とし，甲を登記権利者，丙を登記義務者として，丙から甲への時効取得による所有権の移転の登記をすること

298

第3節 所有者に変動（譲渡）があったが，占有者に変動がない場合

ができるものと考える。

解説 これは，所有者乙名義の土地を占有者甲が占有し，時効期間が満了する前に，乙が丙に譲渡し，その移転登記の未了の間に取得時効が完成して後に丙への移転登記をし，甲が時効援用した結果，当該土地の所有権を取得した事例で，占有開始当初から時効取得による登記までに所有者に変動はあるが，占有者に変動がない事例である。

〈時系列13〉

		占有開始		時効完成		時効援用	
所有者	乙	→	丙	→	→	→	→
登記名義人	乙	→	→	→	丙	→	→
占有者		甲	→	→	→	甲	→

Q87とは丙の所有権の移転の登記の時期が異なるが，結論は変わらない。

そこで，丙の所有権の移転の登記を抹消したうえで，甲の占有開始日を原因日付とし，甲を登記権利者，乙を登記義務者として，乙から甲への時効取得による所有権の移転の登記をすることとなるが，既に丙名義となっているため，Q87と同様，丙の所有権の移転の登記を抹消することなく，甲の占有開始日を原因日付とし，甲を登記権利者，丙を登記義務者として，丙から甲への時効取得による所有権の移転の登記をすることができるものと考える。

Q 89 Q88において，丙の所有権の移転の登記が，甲が時効を援用した後であった場合，甲はどのような登記手続をするか。

甲の占有開始日を原因日付とし，甲を登記権利者，丙を登記義務者として，丙から甲への時効取得による所有権の移転の登記をすること

299

第9章 場面別の登記手続

ができるものと考える。

解説 これは，所有者乙名義の土地を占有者甲が占有し，時効期間が満了する前に，乙が丙に譲渡し，その移転登記の未了の間に取得時効が完成し，甲が時効援用した結果，当該土地の所有権を取得し，その後に丙への所有権の移転の登記を了した事例で，占有開始当初から時効取得による登記までに所有者に変動はあるが，占有者に変動がない事例である。

〈時系列14〉

		占有開始			時効完成		時効援用	
所有者	乙	→	丙	→	→	→	→	→
登記名義人	乙	→	→	→	→	→	→	丙
占有者		→	甲	→	→	→	甲	→

Q88とは丙の所有権の移転の登記の時期が異なるが，結論は変わらない。

そこで，丙の所有権の移転の登記を抹消したうえで，甲の占有開始日を原因日付とし，甲を登記権利者，乙を登記義務者として，乙から甲への時効取得による所有権の移転の登記をすることとなるが，既に丙名義となっているため，Q87と同様，丙の所有権の移転の登記を抹消することなく，甲の占有開始日を原因日付とし，甲を登記権利者，丙を登記義務者として，丙から甲への時効取得による所有権の移転の登記をすることができるものと考える。

Q90 Q86において，乙から丙の譲渡が時効完成後であった場合，甲はどのような登記手続をするか。

甲の占有開始日を原因日付とし，甲を登記権利者，乙を登記義務者として，乙から甲への時効取得による所有権の移転の登記をする。

第3節　所有者に変動（譲渡）があったが，占有者に変動がない場合

解説　これは，所有者乙名義の土地を占有者甲が占有し，時効期間の満了後に，乙が丙に譲渡し，その移転登記の未了の間に甲が時効援用した事例で，占有開始当初から時効取得による登記までに所有者に変動はあるが，占有者に変動がない事例である。

〈時系列15〉

		占有開始			時効完成		時効援用	
所有者	乙	→	→	→	丙	→	→
登記名義人	乙	→	→	→	→	→	→
占有者		甲	→	→	→	甲	→

　この事例は，Q86〜Q89の事例と異なり，丙は時効完成後の譲受人である。占有者と時効完成後の譲受人は互いに第三者として二重譲渡の当事者の関係となる（Q71）。そうすると，甲と丙では，早く登記をした者が所有者として確定するところ，ここでは，甲が丙より早く登記をする事例である。

　そこで，丙のことは考慮せずに（甲が，丙の存在を知っていることは多くはないだろうし，知っていたとしても，甲への所有権移転登記申請について，丙の承諾は必要はない。），甲の占有開始日を原因日付とし，甲を登記権利者，乙を登記義務者として，乙から甲への時効取得による所有権の移転の登記をすることとなる。

　なお，この場合，丙が所有権を失うのは，甲の時効取得による効果ではなく，甲の登記の結果である。

Q 91　Q90において，時効援用前に，丙への所有権の移転登記がなされている場合，甲はどのような登記手続をするか。

　丙の協力を得て，丙の所有権の登記を抹消し，甲の占有開始日を原因日付とし，甲を登記権利者，乙を登記義務者として，乙から甲への

第9章　場面別の登記手続

時効取得による所有権の移転の登記をする。

解説　　これは，所有者乙名義の土地を占有者甲が占有し，時効期間の満了後に，乙が丙に譲渡し，その移転登記後に，甲が時効援用した事例で，占有開始当初から時効取得による登記までに所有者に変動はあるが，占有者に変動がない事例である。

〈時系列16〉

		占有開始		時効完成		時効援用	
所有者	乙	→	→	→	丙	→	→
登記名義人	乙	→	→	→	丙	→	→
占有者		甲	→	→	→	甲	→

Q90とは丙の所有権の移転の登記の有無が異なるものの，丙は時効完成後の譲受人であり，占有者と時効完成後の譲受人は互いに第三者として二重譲渡の当事者の関係となることは変わらない（Q71）。甲と丙では，早く登記をした者が所有者として確定し，ここでは，丙が甲より早く登記をした事例である。

そのため，丙が所有者であることが確定し，甲が占有開始に遡って所有者であった，ということがなくなることから，甲の占有開始日を原因日付とし，甲を登記権利者，丙を登記義務者として，丙から甲への時効取得による所有権の移転の登記をすることはできない（甲丙間の新たな登記原因による場合は各別。）。

そこで，丙の協力を得て，丙の所有権の登記を抹消しなければ（強制することはできない。），甲の占有開始日を原因日付とし，甲を登記権利者，乙を登記義務者として，乙から甲への時効取得による所有権の移転の登記をすることはできない。

第3節　所有者に変動（譲渡）があったが，占有者に変動がない場合

【先　例】

◎　**時効完成後の登記を経た譲受人から時効取得者への移転登記**

■時効完成後の登記を経た譲受人から時効取得者への時効取得を原因とする移転登記の可否

　　昭和23年7月11日売渡しによるＡへの所有権移転，昭和54年5月2日贈与によるＡからＢへの所有権移転のある不動産について，Ｂ・Ｃの共同申請により，原因を昭和23年月日不詳時効取得として，ＢよりＣへの所有権移転登記の申請があった場合，Ｃの取得時効完成後にＢの所有権取得による登記がなされたものと認められるので，原因を「時効取得」とする当該移転登記申請は方式に適合しないものとして受理されない（昭57・4・28民三2986号民事第三課長回答）。

> **Q 92**　Q91において，時効援用後に，丙への所有権の移転登記がなされている場合，甲はどのような登記手続をするか。

A　丙の協力を得て，丙の所有権の登記を抹消し，甲の占有開始日を原因日付とし，甲を登記権利者，乙を登記義務者として，乙から甲への時効取得による所有権の移転の登記をする。

解説　これは，所有者乙名義の土地を占有者甲が占有し，時効期間の満了後に，乙が丙に譲渡し，甲が時効援用して後に丙への移転登記をした事例で，占有開始当初から時効取得による登記までに所有者に変動はあるが，占有者に変動がない事例である。

第9章　場面別の登記手続

〈時系列17〉

		占有開始		時効完成		時効援用	
所有者	乙	→	→	→	丙	→	→
登記名義人	乙	→	→	→	→	→	丙
占有者		甲	→	→	→	甲	→

　Q91とは丙の所有権の移転の登記の時期が異なるものの，結論は変わらない。

　そのため，丙の協力を得て，丙の所有権の登記を抹消しなければ（強制することはできない。），甲の占有開始日を原因日付とし，甲を登記権利者，乙を登記義務者として，乙から甲への時効取得による所有権の移転の登記をすることはできない。

Q93 ｜ Q90において，丙への譲渡が時効援用後であった場合，甲はどのような登記手続をするか。

　甲の占有開始日を原因日付とし，甲を登記権利者，乙を登記義務者として，乙から甲への時効取得による所有権の移転の登記をする。

　解説　これは，所有者乙名義の土地を占有者甲が占有し，時効援用後に，乙が丙に譲渡し，その移転登記の未了であった事例で，占有開始当初から時効取得による登記までに所有者に変動はあるが，占有者に変動がない事例である。

304

第3節　所有者に変動（譲渡）があったが，占有者に変動がない場合

〈時系列18〉

			占有開始		時効完成		時効援用		
所有者	乙	→		→		→		→	→	丙
登記名義人	乙	→		→		→		→	→	→
占有者			甲	→		→		→	甲	→

　Q90とは丙への譲渡の時期が異なるものの，結論は変わらない。

　そこで，甲の占有開始日を原因日付とし，甲を登記権利者，乙を登記義務者として，乙から甲への時効取得による所有権の移転の登記をすることとなる。

Q 94 | Q93において，丙への所有権の移転登記がなされていた場合，甲はどのような登記手続をするか。

A 丙の協力を得て，丙の所有権の登記を抹消し，甲の占有開始日を原因日付とし，甲を登記権利者，乙を登記義務者として，乙から甲への時効取得による所有権の移転の登記をする。

解説 これは，所有者乙名義の土地を占有者甲が占有し，時効援用後に，乙が丙に譲渡し，その移転登記をした事例で，占有開始当初から時効取得による登記までに所有者に変動はあるが，占有者に変動がない事例である。

第9章　場面別の登記手続

〈時系列19〉

		占有開始		時効完成		時効援用	
所有者	乙	→	→	→	→	→	丙
登記名義人	乙	→	→	→	→	→	丙
占有者		甲	→	→	→	甲	→

　Q93とは丙の所有権の移転の登記の有無が異なるものの，結論は，Q91の事例と変わらない。

　そこで，丙の協力を得て，丙の所有権の登記を抹消しなければ（強制することはできない。），甲の占有開始日を原因日付とし，甲を登記権利者，乙を登記義務者として，乙から甲への時効取得による所有権の移転の登記をすることはできない。

第4節　所有者に変動（相続人が複数）があったが，占有者に変動がない場合

第4節　所有者に変動（相続人が複数）があったが，占有者に変動がない場合

Q 95 甲が乙所有地を占有した後に，乙が死亡し，丙及び丁が乙を相続し，その相続登記の未了の間に，取得時効完成によって甲が時効を援用した場合，甲はどのような登記手続をするか。

A 甲の占有開始日を原因日付とし，甲を登記権利者，亡乙相続人丙及び丁を登記義務者として，乙から甲への時効取得による所有権の移転の登記をする。

解 説 これは，所有者乙名義の土地を占有者甲が占有し，時効期間が満了する前に，乙が死亡し，丙及び丁が乙を相続し，その相続登記の未了の間に取得時効が完成し，甲が時効援用した結果，当該土地の所有権を取得した事例である。

〈時系列20〉

		占有開始		時効完成		時効援用	
所有者	乙	→	丙，丁	→	→	→	→
登記名義人	乙	→		→	→	→	→
占有者		甲	→	→	→	甲	→

　この事例は，Q77において，乙の相続人が一人ではなく，複数であった事例であるが，同様に，甲は占有開始の日に遡って所有権を取得し，丙及び丁は所有権を失ったもので，基本的な考え方はQ77と変わらない。

　そこで，甲の占有開始日を原因日付とし，甲を登記権利者，亡乙相続人丙及び丁を登記義務者とする乙から甲への時効取得による所有権の移転の登記をすることとなる。乙から丙及び丁への相続登記は，行わないことも同様で

第9章　場面別の登記手続

ある。

　なお，この場合，丙及び丁は，共に登記義務者とならなければならず，丙
又は丁の一方のみが登記義務者となって，当該登記を申請することはできな
い。

　乙の死亡が，時効期間満了後，甲の時効援用後であっても（Q81，Q84に相
当），以上の結論は変わらない。

【先　例】

◎　売主の生前売買の登記義務者

■売主の生前売買において売主の相続人が登記義務者となる場合，相続人の
　一部によることの可否

　甲が乙に売渡した不動産の所有権移転登記を為さず死亡した場合，その売
買による所有権移転登記申請は，甲の相続人全員が登記義務者として申請し
なければならない（昭27・8・23民事甲74号民事局長回答）。

Q 96 | Q95において，時効完成前に丙が相続登記をしていた場
合，甲はどのような登記手続をするか。

A　甲の占有開始日を原因日付とし，甲を登記権利者，丙を登記義務者
として，丙から甲への時効取得による所有権の移転の登記をする。

解説　これは，所有者乙名義の土地を占有者甲が占有し，時効期間が
満了する前に，乙が死亡し，丙及び丁が乙を相続し，丙丁の遺産
分割によって丙への相続登記を了した後に取得時効が完成し，甲が時効を援
用した事例である。

308

第4節　所有者に変動（相続人が複数）があったが，占有者に変動がない場合

〈時系列21〉

		占有開始		時効完成			時効援用	
所有者	乙	→	丙，丁	→	→	→	→	→
登記名義人	乙	→	丙	→	→	→	→	→
占有者		甲	→	→	→	甲	→	

　この事例は，Q95において，丙が相続登記を済ませていた事例であるが，同様に，甲は占有開始の日に遡って所有権を取得し，丙は所有権を失ったもので，基本的な考え方はQ78及びQ95と変わらない。

　そこで，丙の所有権の移転の登記を抹消したうえで，甲の占有開始日を原因日付とし，甲を登記権利者，亡乙相続人丙及び丁を登記義務者として，乙から甲への時効取得による所有権の移転の登記をすることとなるが，既に丙名義となっているため，便宜，丙の所有権の移転の登記を抹消することなく，甲の占有開始日を原因日付とし，甲を登記権利者，丙を登記義務者として，丙から甲への時効取得による所有権の移転の登記をすることができる。

　もし，丙及び丁に相続登記がなされていた場合も，丙及び丁の所有権の登記を抹消することなく，甲の占有開始日を原因日付とし，甲を登記権利者，丙及び丁を登記義務者として，丙及び丁から甲への時効取得による所有権（共有者全員持分全部）の移転の登記をすることができる。

　乙の死亡が，時効期間満了後，甲の時効援用後であっても，また，丙（及び丁）の相続登記が，時効期間の満了後あるいは甲の時効援用後になされていても（Q79，Q80，Q82，Q83，Q85に相当），以上の結論は変わらない。

第2編　不動産の時効取得

第9章　場面別の登記手続

第5節　所有者に変動はないが，占有者に変動（相続）があった場合

Q 97　甲が乙所有地を占有した後に，甲が死亡し，戊が甲を相続して後，取得時効完成によって戊が時効を援用した場合，戊はどのような登記手続をするか。

　甲の占有開始日を原因日付とし，戊を登記権利者，乙を登記義務者として，乙から戊への時効取得による所有権の移転の登記をする。

解説　これは，所有者乙名義の土地を占有者甲が占有し，時効期間が満了する前に，甲が死亡し，戊が甲を相続して後に取得時効が完成し，戊が時効援用した結果，当該土地の所有権を取得した事例で，占有開始当初から時効取得による登記までに所有者に変動はないが，占有者に変動があった事例である。

〈時系列22〉

		占有開始		時効完成		時効援用	
所有者	乙	→	→	→	→	→	→
登記名義人	乙	→	→	→	→	→	→
占有者		甲	戊	→	→	戊	→

　ここでは，占有者甲の死亡によって，戊が甲の占有を承継したもので，戊自身も現実に占有をしている場合だけでなく，現実の占有をしていなくても占有権の相続によって占有を継続していることとなり（Q40，Q41），いずれにしても，戊が，自己の占有と甲の占有を併せた期間をもって時効期間が満了し，時効を援用したものである（Q33，Q42）。その時効の援用によって，戊は，併有した占有の開始の日（甲の占有開始日）に遡って所有権を取得し，乙は所有権を失った。

第5節　所有者に変動はないが，占有者に変動（相続）があった場合

　そこで，甲の占有開始日を原因日付とし，戊を登記権利者，乙を登記義務者として，乙から戊への時効取得による所有権の移転の登記をすることとなる。甲名義に所有権移転登記をしてから，戊への相続登記をするわけではない。

　このような場合，結果的に，甲の占有開始日（登記原因の日付）が，戊の出生以前の日になることがあっても，当該所有権移転登記に支障はない（次の実例は，時効期間満了前に前主が死亡したとき，前主の占有を併せた時効期間をもって前主の相続人が援用した場合は，従前の所有者から直接，前主の相続人に移転登記をすることを前提としている。）。

【実　例】

◎　前主の占有を併せる場合の時効取得による登記原因の日付

■前主の占有を併せて時効取得した結果，登記原因の日付が登記権利者の出生前になる所有権移転登記の可否

　　A所有の不動産について，Bが所有の意思をもって占有を開始し，Bの死亡後，その相続人Cが占有を承継し，前主Bの占有期間とCの占有期間を併せて取得時効が完成した場合，AからCへ時効取得による所有権移転の登記を申請するときの登記原因の日付は，Bの占有開始の時であって，その日付は丙の出生前の日付であっても差し支えない（登研603号135頁）。

Q 98 ┃ Q97において，取得時効完成後に，甲が死亡し，戊が甲を相続して，戊が時効を援用した場合，戊はどのような登記手続をするか。

A 　甲の占有開始日を原因日付とし，戊を登記権利者，乙を登記義務者として，乙から戊への時効取得による所有権の移転の登記をするものと考える。

第9章　場面別の登記手続

解説　これは，所有者乙名義の土地を占有者甲が占有し，時効期間満了後に，甲が死亡し，戊が甲を相続して後に，戊が時効援用した事例で，占有開始当初から時効取得による登記までに所有者に変動はないが，占有者に変動があった事例である。

〈時系列23〉

		占有開始		時効完成		時効援用	
所有者	乙	→	→	→	→	→	→
登記名義人	乙	→	→	→	→	→	→
占有者		甲	→	→	戊	戊	→

　ここでは，甲の占有継続によって時効期間が満了したが，甲が時効を援用する前に死亡したため，甲の相続人戊が甲の時効援用権を相続し（Q64），戊が当該時効を援用したものである。

　戊の時効援用によって，甲の占有開始に遡って，乙は所有権を失い，原始取得が生じる。

　この場合に，原始取得した者は誰かということが，登記手続にも影響を与える。時効の効果は，裁判上又は裁判外で援用することによって顕在化し，また，確定することから，援用をした者が占有開始に遡って原始取得するものと考える。

　そこで，甲の占有開始日を原因日付とし，戊を登記権利者，乙を登記義務者として，乙から戊への時効取得による所有権の移転の登記をすることとなる。

　他方，援用した者ではなく，民法第162条第1項又は第2項に規定する「占有した者」，つまり，時効完成時（時効期間の満了時）の占有者が原始取得したものであると解すると，甲の占有開始日を原因日付とし，亡甲を登記権利者（申請人は相続人戊），乙を登記義務者とする乙から甲への時効取得による所有権の移転の登記をしたあと，甲から戊への相続登記をすることとなる。

　このような場合，占有者（被相続人）が登記権利者となると考える裁判官及び登記官が多いと思われるという指摘もあるが（大場浩之ほか『時効取得の裁

312

第5節　所有者に変動はないが，占有者に変動（相続）があった場合

判と登記』（民事法研究会，2015）123頁），被相続人が時効の援用をしていなかっ
た場合において，共同相続人全員が取得時効を援用した場合には，当該土地
全部について，時効取得を原因とする所有権移転登記（共有）を求めること
ができるとする見解もあり（青山正明『新訂　民事訴訟と不動産登記一問一答』（テ
イハン，2008）144頁），乙から，援用者である戊への時効取得による所有権の
移転の登記をするものと考える。

Q 99

Q98において，甲が取得時効を援用した後に死亡し，戊
が甲を相続した場合，戊はどのような登記手続をするか。

A 甲の占有開始日を原因日付とし，亡甲を登記権利者（申請人は相続人
戊），乙を登記義務者として，乙から甲への時効取得による所有権の
移転の登記をしてのちに，甲から戊への相続登記をする。

解説 これは，所有者乙名義の土地を占有者甲が占有し，甲が取得時
効を援用した後に死亡し，戊が甲を相続した事例で，占有開始当
初から時効取得による登記までに所有者に変動はないが，占有者に変動が
あった事例である。

〈時系列24〉

		占有開始		時効完成		時効援用	
所有者	乙	→	→	→	→	→	→
登記名義人	乙	→	→	→	→	→	→
占有者		甲	→	→	→	甲	戊

　ここでは，甲が占有し，時効が完成し，甲自身が時効援用した後，甲が死
亡し，戊が甲を相続をしたが，甲について相続が開始する前に，甲の時効援

313

第9章 場面別の登記手続

用によって時効取得の完成が確定し，甲が所有権を原始取得している。

そこで，甲の占有開始日を原因日付とし，亡甲を登記権利者（申請人は相続人戊，不登63条），乙を登記義務者として，乙から甲への時効取得による所有権の移転の登記をしてのちに，甲から戊への相続登記をする。

この場合，甲の占有開始日を原因日付として，直接，乙から戊への時効取得による所有権の移転の登記をすることはできない。

【実　例】

◎　買主の生前売買の場合の登記手続

■買主の生前売買について，直接，売主から買主の相続人への移転登記の可否

被相続人が売主より土地を買い受けたが，その登記の未了の間に死亡し，相続人がある場合において，当該登記の申請は，乙と甲の相続人のうちいずれか一人との共同申請によってすることができ，この場合において売主から甲の相続人名義に直接移転登記をすることは，中間省略の登記をすることとなるので，できない（登研308号77頁）。

第6節　所有者に変動はないが，占有者に変動（相続人が複数）があった場合

第6節　所有者に変動はないが，占有者に変動（相続人が複数）があった場合

Q 100　Q97において，甲が死亡し，戊及び己が甲を相続した後，取得時効完成によって戊が時効を援用した場合，戊はどのような登記手続をするか。

A　甲の占有開始日を原因日付とし，戊を登記権利者，乙を登記義務者として，乙から戊への時効取得による所有権一部（持分2分の1）の移転の登記をするものと考える。

解説　これは，所有者乙名義の土地を占有者甲が占有し，時効期間が満了する前に，甲が死亡し，戊及び己が甲を相続して後に取得時効が完成し，戊が時効援用した事例で，占有開始当初から時効取得による登記までに所有者に変動はないが，占有者に変動があった事例である。

〈時系列25〉

		占有開始		時効完成		時効援用	
所有者	乙	→	→	→	→	→	→
登記名義人	乙	→	→	→	→	→	→
占有者		甲	戊，己	→	→	戊	→

　ここでは，Q97と同様，占有者甲の死亡によって，その相続人が甲の占有を承継したが，相続人に戊と己がいた事例で（戊及び己の相続分は等しいものとする。），甲の相続人のうち戊だけが，自己の占有と甲の占有を併せた期間をもって時効期間が満了した時効を援用したもので，その時効の援用によって，併有した占有の開始の日（甲の占有開始日）に遡って原始取得するという援用の効力は，援用者である戊にのみ生じ，己には及ばない（Q64）。

　そこで，甲の占有開始日を原因日付とし，戊を登記権利者，乙を登記義務

315

第9章　場面別の登記手続

者とする乙から戊への時効取得による乙持分2分の1の移転の登記をするものと考える。

　もし，己との遺産分割協議によって，戊が単独で甲の占有権を相続したとすると，戊の時効援用によって，戊が単独で所有権の全部を原始取得することとなり，また，戊及び己の両者が時効を援用したならば，戊及び乙が各2分の1の持分にて原始取得することとなる。

> **Q 101** | Q100において，取得時効完成後に，甲が死亡し，戊及び己が甲を相続して，戊が時効を援用した場合，戊はどのような登記手続をするか。

A 甲の占有開始日を原因日付とし，戊を登記権利者，乙を登記義務者として，乙から戊への時効取得による所有権一部（持分2分の1）の移転の登記をするものと考える。

解説　これは，所有者乙名義の土地を占有者甲が占有し，時効期間が満了後に，甲が死亡し，戊及び己が甲を相続し，戊が時効援用した事例で，占有開始当初から時効取得による登記までに所有者に変動はないが，占有者に変動があった事例である。

〈時系列26〉

		占有開始		時効完成		時効援用	
所有者	乙	→	→	→	→	→	→
登記名義人	乙	→	→	→	→	→	→
占有者		甲	→	→	戊，己	戊	→

　ここでは，甲の占有継続によって時効期間の満了後，甲が時効を援用する

316

第6節　所有者に変動はないが，占有者に変動（相続人が複数）があった場合

前に死亡し，甲の相続人戊及び己が甲の時効援用権を相続したが，戊だけが当該時効を援用したもので，その時効の援用によって，甲の占有開始日に遡って原始取得するという援用の効力は，援用者である戊にのみ生じ，己には及ばない（Q64）。

そこで，Q98と同様の考えに立つと，甲の占有開始日を原因日付とし，戊を登記権利者，乙を登記義務者とする乙から戊への時効取得による乙持分2分の1の移転の登記をするものと考える。

なお，援用した者ではなく，時効完成時の占有者が原始取得したものであると解した場合は，乙から甲への時効取得による所有権移転登記を経て，戊の持分2分の1に関する登記をすることとなるが，戊は自己の相続分のみの相続登記をすることはできず（Q102の先例），そうであるからといって，保存行為として，戊及び己の持分各2分の1の共有にて相続登記をすると，時効の援用をしていない己についても援用したものと同じ外形を登記上において作出し，実体と離齬することとなり，不都合である。

もし，己との遺産分割協議によって，戊が単独で甲の時効援用権を相続したとすると，戊の時効援用によって，戊が単独で所有権の全部を原始取得することとなり，また，戊及び己の両者が時効を援用したならば，戊及び己が各2分の1の持分にて原始取得することとなる。

> **Q 102**　Q101において，甲が取得時効を援用した後に死亡し，戊及び己が甲を相続した場合，戊はどのような登記手続をするか。

A　甲の占有開始日を原因日付とし，亡甲を登記権利者（申請人は相続人戊），乙を登記義務者として，乙から甲への時効取得による所有権の移転の登記をしてのちに，甲から戊及び己への相続登記をする。

第9章　場面別の登記手続

解説　これは，所有者乙名義の土地を占有者甲が占有し，甲が時効援用後に死亡し，戊及び己が甲を相続した事例で，占有開始当初から時効取得による登記までに所有者に変動はないが，占有者に変動があった事例である。

〈時系列27〉

		占有開始		時効完成		時効援用		
所有者	乙	→	→	→	→	→	→	
登記名義人	乙	→	→	→	→	→	→	
占有者		甲	→	→	→	甲	戊，己	

　ここでは，甲が占有し，時効完成し，甲自身が時効援用した後，甲が死亡し，戊及び己が甲を相続をしたが，甲について相続が開始する前に，甲の時効援用によって時効取得の完成が確定し，甲が所有権を原始取得している。

　そこで，Q99と同様の考え方により，甲の占有開始日を原因日付とし，亡甲を登記権利者（申請人は相続人戊），乙を登記義務者として，乙から甲への時効取得による所有権の移転の登記をしてのちに，甲から戊及び己への相続登記をする。

　この場合，甲の占有開始日を原因日付として，直接，乙から戊及び己への時効取得による所有権の移転の登記をすることはできない（次の実例「農業会の清算結了後の時効取得に係る登記手続」は，占有者が時効援用後に死亡した事例であることを前提としていると考える。）。

　亡甲を登記権利者とする登記の申請人は，甲の相続人の一人で差し支えないため，戊でも，戊及び己でも，己でも差し支えない。

　なお，戊は，乙の協力が得られないときは，戊が申請人となって（己に対しては保存行為として），戊及び己への相続登記をするが，この場合，戊の持分のみの相続登記をすることはできない。

　もし，己との遺産分割協議によって，戊が単独で当該不動産を相続したとすると，甲が時効取得したものを，戊が単独で相続することとなる。

第6節　所有者に変動はないが，占有者に変動（相続人が複数）があった場合

【先　例】

◎　共同相続人の一部の相続登記

■共同相続人の一部の者の相続登記申請の可否

　既登記不動産につき，共同相続人中の一部の者が，自己の相続分のみについて，相続による所有権移転登記を申請した場合，又は共同相続人全員が，各自己の相続分のみについて個々に別件として，同時に申請をなした場合は，何れも却下すべきである（昭30・10・15民事甲2216号民事局長電報回答）。

【実　例】

◎　買主の生前売買の場合の登記手続

■買主の生前売買について，買主の相続人の一人が申請人となることの可否

　被相続人Aが売主Bより土地を買い受けたが，その登記の未了の間に死亡し相続人C・Dがある場合において，亡A名義に所有権移転登記を申請することは相続人C・Dにとって保存行為に該当するので，当該登記の申請は，BとAの相続人C・Dのうちいずれか一人との共同申請によってすることができる（登研308号77頁）。

◎　農業会の清算結了後の時効取得に係る登記手続

■農業会の清算結了後に時効が完成した場合において旧清算人が農業会を代表して所有権移転登記申請することの可否

　昭和23年8月15日解散し，昭和24年2月14日清算結了した農業会の所有にかかる農地について，昭和19年当時Aが占有を開始し，Aの死亡（昭和30年5月1日死亡）後，相続人4名のうち1名のみが取得者となり，登記原因を「昭和19年月日不詳時効取得」として，当時の清算人との共同申請による所有権移転登記申請はすることができない（登研451号124頁）。

第9章 場面別の登記手続

第7節 占有開始前に所有者に変動（相続）があったが，占有者に変動がない場合

Q 103 甲が登記上乙名義の土地を占有し，取得時効完成によって時効を援用したが，甲の占有開始の前に乙が死亡し，丙が乙を相続していた場合，甲はどのような登記手続をするか。

A 乙から丙への相続登記を経て，甲の占有開始日を原因日付とし，甲を登記権利者，丙を登記義務者として，丙から甲への時効取得による所有権の移転の登記をする。

解説 これは，登記上乙名義の土地を占有者甲が占有し，時効期間の満了により取得時効が完成し，甲が時効援用した結果，当該土地の所有権を取得した事例であるが，甲の占有開始の前に乙が死亡し，丙が乙を相続したものの，その相続登記が未了であった事例で，占有開始前に所有者に変動があったが（つまり，占有開始後に所有者の変動はない。），占有者に変動がない事例である。

〈時系列28〉

			占有開始		時効完成		時効援用	
所有者	乙	丙	→	→	→	→	→	→
登記名義人	乙	→	→	→	→	→	→	→
占有者			甲	→	→	→	甲	→

ここでは，実体法上は，甲は丙所有の土地を占有することで時効完成，援用し，当該土地を原始取得したが，当該土地の登記名義が被相続人乙になったままであった。甲が原始取得した占有開始の前に，既に丙が当該土地の所有者となっているため，甲の原始取得によって所有権を失ったのは丙であり，

320

第7節　占有開始前に所有者に変動（相続）があったが，占有者に変動がない場合

甲への時効取得による所有権の移転の登記の登記義務者は丙となる。

　そこで，まず，乙から丙への相続登記をしてから，甲の占有開始日を原因日付とし，甲を登記権利者，丙を登記義務者として，丙から甲への時効取得による所有権の移転の登記をする。

　丙の協力が得られず，丙を被告とする確定判決によって甲が単独で当該登記を申請する場合は，その前提として，甲は丙に代位して，乙から丙への相続登記を申請する。

　この事例では，登記義務者を亡乙相続人丙として，乙から甲へ時効取得による所有権移転登記をすることはできない。

【実　例】

◎　占有開始前に土地所有者が死亡している場合の時効取得の登記手続

■ 占有開始前に土地所有者が死亡している場合の時効取得の登記の前提として，土地所有者につき相続登記の要否

　登記簿上，C・Dの被相続人B（昭和29年5月1日死亡）名義となっている物件につき，「相手方ら（C及びD）は，申立人（A）に対し別紙目録記載の土地について時効取得（昭和31年6月20日が時効の起算日）により申立人のために所有権移転登記手続をせよ。」との調停調書に基づき，Aが単独で当該登記を申請する場合，まず，Aは，C及びDに代位して相続による所有権移転の登記をすべきである（登研355号92頁）。

■ 占有開始前に土地所有者が死亡している場合に，亡土地所有者を登記義務者とする時効取得の登記の可否

　B名義（Bは昭和20.1.1死亡）の土地につき，Aが昭和30年1月1日に善意無過失で占有を開始し，昭和40年1月1日に時効が完成した場合，Aの所有権登記名義にするときは，BからBの相続人に相続登記をした後に，Aに時効取得を原因とする所有権移転登記をするのであり，Bの相続人が義務者となって（すなわちB相続人○○と表示して）Bから，時効取得を登記原因として直接Aに所有権移転登記をすることはできない（登研455号89頁）。

第9章 場面別の登記手続

> **Q 104** Q103において，甲の占有開始後，時効期間満了までに，丙が相続登記を了していた場合，甲はどのような登記手続をするか。

 甲の占有開始日を原因日付とし，甲を登記権利者，丙を登記義務者として，丙から甲への時効取得による所有権の移転の登記をする。

解説 これは，登記上乙名義の土地を占有者甲が占有し，時効期間の満了により取得時効が完成し，甲が時効援用した結果，当該土地の所有権を取得した事例であるが，甲の占有開始の前に乙が死亡し，丙が乙を相続し，甲の占有開始後，時効期間満了までに，丙が相続登記を了していた事例で，占有開始前に所有者に変動があったが（つまり，占有開始後に所有者の変動はない。），占有者に変動がない事例である。

〈時系列29〉

			占有開始		時効完成		時効援用	
所有者	乙	丙	→	→	→	→	→	→
登記名義人	乙	→	→	丙	→	→	→	→
占有者			甲	→	→	→	甲	→

ここでは，実体法上はQ103と同様であり，時効取得の登記の前に，丙が相続登記を済ませているので，時効取得による所有権移転登記をすることとになる。

そこで，甲の占有開始日を原因日付とし，甲を登記権利者，丙を登記義務者として，丙から甲への時効取得による所有権の移転の登記をする。

この場合，丙の相続登記が，甲の時効完成後，あるいは時効援用後であっても，結論は変わらない。

なお，丙の相続登記が甲の占有開始前であれば，結局，甲の占有開始時に

第7節　占有開始前に所有者に変動（相続）があったが，占有者に変動がない場合

おける所有者，登記名義人共に丙であることになり，Q76の乙を丙と置き換えたものと同じとなる。

第10章 訴状における場面別の請求の趣旨

第10章 訴状における場面別の請求の趣旨

Q 105
土地について取得時効の完成によって時効を援用したものの，登記義務者が応じない，あるいは行方不明などの事情によって時効取得の登記の共同申請をすることができない場合において，登記権利者が登記義務者を被告として当該登記を求める民事訴訟を提起する際の訴状に記載する請求の趣旨は，どのようになるか。

A　「被告は，原告に対して，別紙物件目録記載の土地について，年月日時効取得を原因として，所有権移転登記手続をせよ。」とすることを基本とし，場面別の登記手続に対応させて，請求の趣旨を記載する。

解 説　登記された不動産について取得時効が完成し，その時効が援用された場合，登記権利者と登記義務者において時効取得による所有権の移転などの登記を共同申請するところ，登記義務者が申請に応じない，あるいは行方不明などで共同申請ができない場合は，民事訴訟を提起するなどし，登記義務者に対して登記手続を命ずる確定判決（執行力のある確定判決と同一の効力を有するものの正本を含む。）を得て，登記権利者が単独で当該登記申請をすることとなる。その訴状に記載する請求の趣旨は，求めるべき登記手続に沿った内容とすることとなり，そのため，それぞれ，場面別の登記手続の各場面（第9章Q76〜Q104）に対応した請求の趣旨でなければ，確定判決を得ても登記申請をスムーズに行い得ない。

そこで，以下に，各場面において想定される請求の趣旨を挙げる（それぞれ，一例である。）。

なお，Q91, Q92, Q94については，甲は丙に対して対抗し得ず，訴訟をもってしても丙の所有権の登記の抹消を強制することができないので，以下

に，それらの事例における請求の趣旨は記載していない。

◎ **所有者，占有者に変動がない場合の事例**

　最も基本的な事例であるQ76では，占有者甲が所有権の登記名義人乙に対して登記手続を求める訴訟を提起することになり，その原告及び被告並びに請求の趣旨は，次のようになる。

原告　甲
被告　乙
請求の趣旨
　被告は，原告に対して，別紙物件目録記載の土地について，年月日時効取得を原因として，所有権移転登記手続をせよ。

◎ **所有者に変動（相続）があったが，占有者に変動がない場合**

　Q77では，占有者甲が所有権の登記名義人乙の相続人丙に対して登記手続を求める訴訟を提起することになり，その原告及び被告並びに請求の趣旨は，次のようになる。

原告　甲
被告　丙
請求の趣旨
　被告は，原告に対して，別紙物件目録記載の土地について，年月日時効取得を原因として，亡乙（死亡時の住所　○○）から原告に対する所有権移転登記手続をせよ。

　Q78，Q79，Q80，Q82，Q83，Q85では，占有者甲が所有権の登記名義人丙に対して登記手続を求める訴訟を提起することになり，その原告及び被告並びに請求の趣旨は，次のようになる。

原告　甲
被告　丙
請求の趣旨
　被告は，原告に対して，別紙物件目録記載の土地について，年月日時効取得を原因として，所有権移転登記手続をせよ。

第10章　訴状における場面別の請求の趣旨

　Q81，Q84では，占有者甲が所有権の登記名義人乙の相続人丙に対して登記手続を求める訴訟を提起することになり，その原告及び被告並びに請求の趣旨は，次のようになる。

> 原告　甲
> 被告　丙
> 請求の趣旨
> 　被告は，原告に対して，別紙物件目録記載の土地について，年月日時効取得を原因として，亡乙（死亡時の住所　○○）から原告に対する所有権移転登記手続をせよ。

◎　**所有者に変動（譲渡）があったが，占有者に変動がない場合**

　Q86，Q90，Q93では，占有者甲が所有権の登記名義人乙に対して登記手続を求める訴訟を提起することになり，その原告及び被告並びに請求の趣旨は，次のようになる。

　これらの事例に限らず，民事訴訟を提起するに当たり，仮処分命令の必要性があるときは（係争物に関し，その現状の変更により，債権者が権利を実行することができなくなるおそれがあるとき，又は権利を実行するのに著しい困難を生ずるおそれがあるとき），係争物に関する仮処分（処分禁止の仮処分）を申し立てることができ（民保23条），仮処分命令が発せられると，訴訟の提起後において乙が登記名義を他へ移すこと防止することができる。これらの事例では，甲が，丙が乙から譲渡を受けているということを知ったときは，その必要性が高いといえよう。

> 原告　甲
> 被告　乙
> 請求の趣旨
> 　被告は，原告に対して，別紙物件目録記載の土地について，年月日時効取得を原因として，所有権移転登記手続をせよ。

　Q87，Q88，Q89では，占有者甲が所有権の登記名義人丙に対して登記

第10章　訴状における場面別の請求の趣旨

手続を求める訴訟を提起することになり，その原告及び被告並びに請求の
趣旨は，次のようになると考える。

原告　甲

被告　丙

請求の趣旨

　被告は，原告に対して，別紙物件目録記載の土地について，年月日時効取
得を原因として，所有権移転登記手続をせよ。

◎　**所有者に変動（相続人が複数）があったが，占有者に変動がない場合**

　　Q95は，占有者甲が所有権の登記名義人乙の相続人丙及び丁に対して登
記手続を求める訴訟を提起することになり，その原告及び被告並びに請求
の趣旨は，次のようになる。

原告　甲

被告　丙及び丁

請求の趣旨

　被告らは，原告に対して，別紙物件目録記載の土地について，年月日時効
取得を原因として，亡乙（死亡時の住所　○○）から原告に対する所有権移
転登記手続をせよ。

　　Q96は，占有者甲が所有権の登記名義人丙に対して登記手続を求める訴
訟を提起することになり，その原告及び被告並びに請求の趣旨は，次のよ
うになる。

原告　甲

被告　丙

請求の趣旨

　被告は，原告に対して，別紙物件目録記載の土地について，年月日時効取
得を原因として，所有権移転登記手続をせよ。

　　Q96の事例で，丙及び丁に相続登記がなされている場合は，次のように

第10章　訴状における場面別の請求の趣旨

なる。

原告　甲
被告　丙及び丁
請求の趣旨
　被告らは，原告に対して，別紙物件目録記載の土地について，年月日時効
取得を原因として，所有権移転登記手続をせよ。

◎　**所有者に変動はないが，占有者に変動（相続）があった場合**

　Q97は，占有を開始した者甲の相続人戊が所有権の登記名義人乙に対して登記手続を求める訴訟を提起することになり，その原告及び被告並びに請求の趣旨は，次のようになる。

原告　戊
被告　乙
請求の趣旨
　被告は，原告に対して，別紙物件目録記載の土地について，年月日時効取
得を原因として，所有権移転登記手続をせよ。

　Q98は，占有を開始した者甲の相続人戊が所有権の登記名義人乙に対して登記手続を求める訴訟を提起することになり，その原告及び被告並びに請求の趣旨は，次のようになると考える。

原告　戊
被告　乙
請求の趣旨
　被告は，原告に対して，別紙物件目録記載の土地について，年月日時効取
得を原因として，所有権移転登記手続をせよ。

　ただし，Q98の事例において，時効完成時の占有者が時効取得すると解すると，次のようになる。

第10章　訴状における場面別の請求の趣旨

> 原告　戊
> 被告　乙
> 請求の趣旨
> 　被告は，原告に対して，別紙物件目録記載の土地について，年月日時効取
> 得を原因として，亡甲（死亡時の住所　○○）に対する所有権移転登記手続
> をせよ。

　Q99は，占有を開始した者甲の相続人戊が所有権の登記名義人乙に対し
て登記手続を求める訴訟を提起することになり，その原告及び被告並びに
請求の趣旨は，次のようになる。

> 原告　戊
> 被告　乙
> 請求の趣旨
> 　被告は，原告に対して，別紙物件目録記載の土地について，年月日時効取
> 得を原因として，亡甲（死亡時の住所　○○）に対する所有権移転登記手続
> をせよ。

◎　**所有者に変動はないが，占有者に変動（相続人が複数）があった場合**
　Q100，Q101は，占有を開始した者甲の相続人戊が所有権の登記名義人
乙に対して登記手続を求める訴訟を提起することになり，その原告及び被
告並びに請求の趣旨は，次のようになると考える。

> 原告　戊
> 被告　乙
> 請求の趣旨
> 　被告は，原告に対して，別紙物件目録記載の土地について，年月日時効取
> 得を原因として，原告の持分を2分の1とする所有権一部移転登記手続をせよ。

　Q100，Q101の事例で，戊が単独で甲の占有権の全部を相続し，戊が時
効を援用した場合は，次のようになると考える。

第10章　訴状における場面別の請求の趣旨

> 原告　戊
> 被告　乙
> 請求の趣旨
> 　被告は，原告に対して，別紙物件目録記載の土地について，年月日時効取得を原因として，所有権移転登記手続をせよ。

　また，Q100，Q101の事例で，戊及び己の両者が時効を援用した場合は，次のようになると考える。

> 原告　戊及び己
> 被告　乙
> 請求の趣旨
> 　被告は，原告らに対して，別紙物件目録記載の土地について，年月日時効取得を原因として，原告らの持分を各2分の1とする所有権移転登記手続をせよ。

　Q102は，占有を開始した者甲の相続人戊が所有権の登記名義人乙に対して登記手続を求める訴訟を提起することになり，その原告及び被告並びに請求の趣旨は，次のようになる。

> 原告　戊
> 被告　乙
> 請求の趣旨
> 　被告は，原告に対して，別紙物件目録記載の土地について，年月日時効取得を原因として，亡甲（死亡時の住所　○○）に対する所有権移転登記手続をせよ。

◎　**占有開始前に所有者に変動（相続）があったが，占有者に変動がない場合**

　Q103は，占有者甲が所有権の登記名義人乙の相続人丙に対して登記手続を求める訴訟を提起することになり，その原告及び被告並びに請求の趣

第10章　訴状における場面別の請求の趣旨

旨は，次のようになる。

原告　甲

被告　丙

請求の趣旨

　被告は，原告に対して，別紙物件目録記載の土地について，年月日時効取得を原因として，所有権移転登記手続をせよ。

　なお，当該確定判決によって甲が単独で当該登記を申請する場合，乙から丙への相続登記は，甲が丙を代位して申請することとなる。

　Q104は，占有者甲が所有権の登記名義人丙に対して登記手続を求める訴訟を提起することになり，その原告及び被告並びに請求の趣旨は，次のようになる。

原告　甲

被告　丙

請求の趣旨

　被告は，原告に対して，別紙物件目録記載の土地について，年月日時効取得を原因として，所有権移転登記手続をせよ。

331

第11章 訴状における請求の原因（要件事実）

第11章 訴状における請求の原因（要件事実）

Q 106 時効取得による所有権の登記手続を求める訴訟を提起する場合において、原告が、請求の原因に記載すべきことは、どのような事実か。

A 基本的には、長期取得時効の場合は、占有開始時における占有、その20年経過の時点における占有、時効の援用、被告名義の所有権の登記の存在、短期取得時効の場合には、その20年後ではなく、その10年経過の時点における占有とし、加えて、占有の開始時において善意であることに無過失である事実である。

解説 登記された不動産について取得時効が完成し、その時効が援用されたものの、登記義務者が申請に応じない、あるいは行方不明などで、時効取得による所有権の移転などの登記を共同申請することができず、民事訴訟を提起する場合、訴状には、少なくとも要件事実については、すべて記載しなければならない（請求の趣旨については、Q105のとおりである。）。

不動産の時効取得に関して最も基本的な事例であるQ76において、占有者甲を原告、所有権の登記名義人乙を被告として、原告が被告に対して登記手続を求める場合、その訴状には、請求の原因として、次の事実（要件事実）を記載する必要がある。

〈長期取得時効を主張する場合の要件事実〉
1 当該土地を、占有開始時において、原告が占有していたこと
2 当該土地を、その20年後の時点において、原告が占有していたこと
3 原告が、被告に対し、その時効を援用するとの意思表示をしたこと
4 被告が、当該土地に、所有権の登記を有していること

332

第11章　訴状における請求の原因（要件事実）

　原告の時効取得が成立するには，原告による20年間の連続した占有と，所有の意思をもってする占有であること，平穏の占有であること，公然の占有であることが必要とされるが，原告の占有が20年間連続していたことは，占有開始時における占有，その20年経過後の時点における占有が立証されれば，その間の占有の継続が推定され（Q55），また，原告の占有が，所有の意思をもってする占有であること，平穏の占有であること，公然の占有であることは推定されているため（Q28，Q29），これらの事実は要件事実とはされない。ただ，普通は，請求の原因には，「所有の意思をもって，平穏に，かつ，公然に占有」との記載を加えることが多いと思われる。

〈短期取得時効を主張する場合の要件事実〉
1　当該土地を，占有開始時において，原告が占有していたこと
2　当該土地を，その10年後の時点において，原告が占有していたこと
3　当該占有の開始時において善意であることについて，過失がなかったこと
4　原告が，被告に対し，その時効を援用するとの意思表示をしたこと
5　被告が，当該土地に，所有権の登記を有していること

　短期取得時効では，時効期間が10年とされるが，所有の意思をもってする占有，平穏の占有，公然の占有であることのほか，占有開始時において善意であり，かつ，過失がなかったことが必要とされるが，善意の占有であることは推定されるものの（Q30），その善意であることについて過失がなかったことはは推定されないため，占有の開始時において善意であることについて過失がなかったこと（無過失であったこと）は要件事実となる。

　そこで，原告は，長期取得時効の場合は前記1～4の要件事実，短期取得時効の場合は前記1～5の要件事実を立証しなければならず，その一つでも，原告が立証し得ないときは，原告の時効取得の主張は崩れることになる。

　反対に，原告の占有が20年間又は10年間連続していたこと，所有の意思をもってする占有であること，平穏の占有であること，公然の占有であること，善意の占有であることは，原告は立証する必要はなく，被告が反証し得ないときは，原告の時効取得の主張が認容されることとなる。

333

第11章　訴状における請求の原因（要件事実）

　一方，短期取得時効において，占有の開始時において善意であることについて過失がなかったこと（無過失であったこと）は，原告が立証しなければならず，原告が立証し得ないときは，原告の短期時効取得の主張は崩れることになる。

　その他，占有に承継があった場合の承継の事実（Q33），新権原によって自主占有へと転換した事実（Q36，Q44）など，その事実があったものと推定されない事実については，民事訴訟の原則どおり，原告が立証責任を負う。

Q 107　原告が被告に対して時効取得による所有権の登記手続を求める訴訟を提起したが，被告が口頭弁論の期日に出頭しない場合は，原告の主張が認容されるか。

A　被告が口頭弁論の期日に出頭しない場合は原告の主張した事実について自白したものとみなされるが，被告が公示送達による呼出しを受けたものであるときは自白したものとはみなされない。

解説　　原告が被告に対して時効取得による所有権移転登記手続を求める訴訟を提起したところ，被告が口頭弁論において，原告の主張した事実を争うことを明らかにしない場合には，弁論の全趣旨により，その事実を争ったものと認めるべきときを除いて，その事実は自白したものとみなされ（民訴159条1項），また，被告が口頭弁論の期日に出頭しない場合も，同様に自白したものとみなされる（民訴159条3項本文）。

　自白したものとみなされると，その自白した（とみなされた）事実は，立証は不要となる（民訴179条）。

　ただし，被告が口頭弁論の期日に出頭しないことが，公示送達による呼出しを受けたものであるときは，被告が自白したものとはみなされない。その

334

第11章　訴状における請求の原因（要件事実）

ため，被告について公示送達による呼び出しとせざるを得ない場合には，原告は，なお，原告が立証すべき事項を立証する義務を負い，原告が立証し得ないときは，原告の時効取得の主張は崩れることになる。

　なお，時効取得の対象となる土地が，権利部がなく，表題部しかないものであるときにおいて，その所有権の保存の登記を，所有権を有することが確定判決によって確認された者が申請する場合（不登74条1項2号），その判決は表題部所有者の全員を被告とする判決でなければならないところ，表題部の所有者欄に「甲外何名」と記載されている場合には，「甲」のみを被告とする所有権確認の判決の理由中に，「甲外何名」の記載にかかわらず当該土地が原告（申請人）の所有に属することが証拠に基づいて認定されているときに限り，便宜，当該判決をもって，その保存登記を申請することができるとされている（平10・3・20民三552号民事第三課長通知）。この場合，当該判決では，証拠によって所有権が認定されてる必要があり，擬制自白による確認判決では，このような所有権の保存の登記をすることは認められていない。表題部に「甲外何名」とある土地，いわゆる「記名共有地」の所有権の保存の登記の手続と訴訟手続の工夫については，山野目章夫『ストーリーに学ぶ所有者不明土地の論点』（商事法務, 2018）27頁に詳しい。

335

第12章 取得時効の中断，完成猶予，更新

第1節　自然中断

Q 108　土地の占有を継続中に，当該土地の占有を他人に奪われたときは，当初の占有者の取得時効は中断するか。

A　当初の占有者の取得時効について，その進行は中断する。なお，当初の占有者が，占有を奪われた時から1年以内に占有回収の訴えを提起し，勝訴が確定したときは，時効は中断しない。

解説　占有を継続し，進行中の取得時効は，占有者が任意に占有を中止し，又は他人によってその占有を奪われたときは，中断する。これは，時効の進行が完全に止まることを意味し，新たな占有の開始の時から新たな取得時効が進行することは格別，中断以後，中断時に遡って従前進行していた時効が従前の進行期間を保ったまま（従前の進行期間を加算して）再び進行することはない。占有の中止又は侵奪による取得時効の中断で，自然中断と呼ばれている。取得時効が成立するための占有は継続した占有でなければならないため（Q54），占有の中止又は侵奪によって占有が不継続となった場合には，時効が中断するわけである。

取得時効の自然中断を規定する民法第164条は，民法改正の前後を通して変更はない。

関連条文：民法第164条（占有の中止等による取得時効の中断）→19頁へ
　　　　　第203条（占有権の消滅事由）→23頁へ
　　　　　第204条（代理占有権の消滅事由）→24頁へ

占有者の取得時効が自然中断するということは，結局，当初の占有者の占

第1節　自然中断

有権が消滅することであるが，当初の占有者が占有回収の訴えを提起したと
きは，その占有権は消滅せず，自然中断もなかったことになる。占有回収の
訴えは，占有を奪われた時から1年以内に提起しなければならず（民201条3
項），その勝訴が確定し，現実に占有を回復したときに，占有権は消滅せず，
現実には占有を継続していなかった間も占有を継続し，時効は中断しなかっ
たとみなされる。占有回収の訴えによらず，侵奪者が任意に当初の占有者に
占有を返還したときは，それが占有侵奪の時から1年以内であれば，同様に，
占有権は消滅せず，現実には占有を継続していなかった間も占有を継続し，
時効は中断しなかったことになる（『注釈(7)』284頁）。

　なお，占有権が成立した後，占有者が任意にその占有を中止するとは，占
有者において所持を止め，占有権を放棄するための積極的な行為を要し，占
有地について単に管理をしていないとか，現状を放置しているというだけ，
あるいは借地の地代が滞っていても特段の催促をしていないというだけでは，
他人の占有権が成立していない限り，通常は，当初の占有者の占有権が消滅
したり，取得時効が自然中断することにはならないだろう。いずれにしても，
占有開始の時と，後日の占有が証明されるときは，その間は当該占有者が連
続して占有し続けていたものと推定される（Q55）。

　また，占有が代理占有による場合（Q9），占有代理人が占有物の所持を失
えば本人の占有権が消滅することは当然として，本人が占有代理人に占有を
させる意思を放棄し，又は，占有代理人が本人に対して以後は自己若しくは
第三者のために占有物を所持する意思を表示したときも，本人の占有権は消
滅するが，賃貸借契約の終了など，代理占有の関係が消滅しただけでは，本
人の占有権は消滅しない。

【判　例】

◎　占有の喪失

■震災で建物が焼失しても敷地の所持が失われたとはされなかった事例

　震災で建物が焼失し，建物所有者が一時的に行方不明になったからと
いって，それだけで敷地の所持が失われたことにはならない（大判昭5・
5・6新聞3126号16頁『基本物権』42頁，『注釈(7)』283頁）。

第2編　不動産の時効取得

337

第12章　取得時効の中断，完成猶予，更新

■ 占有を喪失したと認められた事例

　　劇場建物内の一部を売店として半年を期間に賃借し，その後，3回の賃貸借契約を更新したが，以後は，賃料をまったく支払わず，売店を開かなかったところ，継続した営業をせず，賃貸人から，劇場の美観上も思わしくなく，また，他の売店に対しても迷惑をかけるので，再三，引き続き店を開くか，さもなくば契約を解除して営業を廃止するか，請求を受けたが，契約を締結するわけでもなく，また，開店するのでもなく，売店には商品等もほとんど残置するものなき状態で，約2年8か月を渡過しているような経過事情の下においては，売店に対して事実上の支配を及ぼすべき客観的要件を喪失していたものと解するのが相当であって，売店に対して占有を持っていなかったといえる（最二小判昭30・11・18ジュリ98号63頁）。

■ 占有の喪失につき占有権原の有無をも考慮すべきであるとされた事例

　　建物等の工作物を所有することによってのみ当該土地を占有していた場合，新東京国際空港の安全確保に関する緊急措置法第3条第8項に基づく運輸大臣の工作物除去措置の実施等により，建物等の工作物が取り壊されて当該土地上から搬出された結果として，占有者は当該土地に対する占有を失ったと解するのが相当であり，占有の要素となる所持とは，実力ではなく社会秩序の力によりある者の支配に属すると認められる関係を意味する以上，ある者が建物等を所有することによって土地を占有していたところ，その建物等が消滅した場合に，その者の当該土地に対する占有が存続するか否かを判断するにあたっては，その者の占有権原の有無をも考慮すべきである（千葉地判平5・10・29判時1485号102頁）。

◎　**占有回収と占有継続**

■ 占有回収による占有継続の擬制

　　民法第203条本文によれば，占有権は占有者が占有物の所持を失うことによって消滅するのであり，ただ，占有者は，同条ただし書により，占有回収の訴を提起して勝訴し，現実にその物の占有を回復したときは，現実に占有しなかった間も占有を失わず占有が継続していたものと擬制されると解するのが相当である（最三小判昭44・12・2民集23巻12号2333頁，裁判集民97

第1節　自然中断

号623頁，判タ257号156頁，金判212号 8 頁，判時584号60頁）。

◎　代理占有の存続

■賃貸借の終了と代理占有の存続の有無

　　間接占有（代理占有）の成立に必要な，いわゆる占有代理関係は，占有代理人が本人に対し目的物を返還すべき関係が，占有代理人による目的物所持取得の原因たる事実から外形的に認められる限り，存在するものであるから，<u>賃貸借の終了のごときは間接占有の存続を妨げる事由にはならぬ</u>ものと解しなければならない（大阪地判昭47・ 9 ・14判タ298号394頁，金判367号11頁，判時705号85頁，金法686号31頁）。

第2編　不動産の時効取得

339

第12章 取得時効の中断，完成猶予，更新

第2節 占有の訴え

Q 109 土地を占有する者が他人に占有を奪われた場合は，当初の占有者は所有権などの本権がなければ，その土地の返還請求に関する訴訟を提起することはできないか。

　当初の占有者は，本権の有無とは関係なく，占有権に基づいて，土地の占有回収の訴えを提起し，その返還を請求することができる。

解説　土地を占有する者が占有を奪われた（侵奪された。）場合，当初の占有者が所有者等の本権を有する者であれば，通常，所有権等に基づく返還請求の訴訟を提起することになろうが，占有権には，本権の有無とは関係なく，占有の訴え（占有訴訟）を提起することができることが，その効力として認められている（占有訴権）。代理占有の場合は，占有の本人だけでなく，占有代理人も占有の訴えを提起することができる。本権の存否とは関係ないため，悪意の占有者であっても，占有回収の訴えを提起することができる。

占有の訴えのうち，この事例のように，占有が侵奪された場合に占有物の返還を求める訴えが占有回収の訴えであり，占有侵奪の事実があれば，それが侵奪者の故意又は過失の有無に関わらず提起することができ，その返還のほか，侵奪者に故意又は過失があれば損害賠償を請求することもできる。

占有回収の訴えは，占有の侵奪者，その一般承継人に対して提起することになるが，さらに，侵奪の事実を知っていた特定承継人（悪意の特定承継人）に対しても提起することができる。悪意の特定承継人から承継を受けた特定承継人が善意であっても，占有回収の訴えの相手方とすることができる。

関連条文：民法第197条（占有の訴え）→22頁へ
　第200条（占有回収の訴え）→22頁へ

第2節　占有の訴え

　占有を侵奪されたとは，占有地に他人に無断で建物を建設された場合のように，占有者が，その意思によらずに，その所持を失ったことをいい，賃貸借契約が終了後においても借主が貸主に返還しない場合や，たとえ他人の欺罔があったとしても，他人に任意に占有を移したような場合には，占有侵奪があったとはいえない。

【判　例】

◎　占有の訴えと本権の関係

■本権を有する侵奪者に対する占有回収の訴えの提起の是非

　　占有回収の訴えによる占有物返還の請求及び損害賠償の請求は，共に占有を奪われたことを原因とするものであり，始め占有物返還の請求のみを起こし，後にさらに損害賠償の請求を加えることは，旧民事訴訟法第196条の訴えの原因を変更しないで訴えの申立てを拡張することができ，また，いやしくも，占有者の意思に反して不法に，その占有を自己に移した者は，占有を侵奪した者といえ，占有物について所有権その他の本権を有するものであっても，その権利に基づいて占有者に対して占有物の引渡しを訴求し，占有を自己に移すときは各別，これによらず，占有者の意思に反して占有を自己に移すことは不法であり，占有を侵奪した者であることを免れない（大一民判大8・4・8民録25輯657頁）。

◎　占有の侵奪

■賃貸借契約終了後の借主の占有継続と占有侵奪の成否

　　占有者が，賃貸借契約に基づいて物の引渡しをした場合，他日，賃貸借契約が終了したにもかかわらず，借主において，その占有を継続したときは，占有侵奪があったとはみるべきではない（大判昭7・4・13新聞3400号14頁，『注釈(7)』264頁）。

■任意の占有の移転が他人の欺罔による場合の占有侵奪の成否

　　「占有者がその占有を奪われたとき」とは，占有者が，その意思によらずして物の所持を失った場合を指すものであるので，占有侵奪の事実があるには，占有者自ら占有の意思を失ったものではないことを要し，ゆえに，占有者が他人に任意に物の占有を移転したときは，たとえ，その移転の意

第2編　不動産の時効取得

341

第12章　取得時効の中断，完成猶予，更新

思が他人の欺罔によって生じた場合であったとしても，占有侵奪の事実があるということはできない（大二民判大11・11・27大民集1巻692頁）。

■建物賃借人による建物の建築と占有侵奪の成否

建物賃借人が，建物焼失後に，その敷地（旧家主の敷地）に，自分の建物を建てた場合は，占有侵奪があったといえる（大判昭3・6・11新聞2890号13頁，『注釈(7)』264頁）。

■建物の曳行移転と占有侵奪の成否

所有建物を他人の占有地に移動させた場合，占有侵奪があったといえる（大判昭15・9・9新聞4622号7頁，『注釈(7)』264頁）。

■建物建築工事の着手と占有侵奪の成否

工事の着手によって他人の土地の占有を妨害するということは，例えば，自己の占有地に工事をすることによって，このことで隣接する土地に対する他人の占有を妨害するような場合であり，他人の占有地に不法に建物を建設した場合に，これは占有妨害ではなく，占有侵奪であり，この場合，建築工事着手の時から占有侵奪となる（大判昭15・10・24新聞4637号10頁，『注釈(7)』256頁）。

■転貸借における転借人による転貸人たるの否認と占有侵奪の成否

賃借人が，その占有中の賃貸借の目的物を転貸して任意に転借人に引き渡した後に，転借人が転貸人の転貸人たることを否認する所為に及んだとしても，「占有者が占有を奪われたとき」というに当たらない（東京高判昭33・3・10民集13巻1号21頁，高民11巻2号124頁，東高民時報9巻3号32頁，判タ80号68頁，判時145号18頁，最一小判昭34・1・8民集13巻1号17頁）。

■強制執行と占有侵奪の成否

執行吏は執行債務者のために目的物を所持するのであるから，執行債務者は仮処分によっては，未だ目的物の占有を失ったもの，まして，奪われたものということができないことは勿論であり，また仮処分の目的物の換価金を執行吏から執行債権者が受け取ることは，たとえ債権者の故意若しくは過失に基づくものであっても，執行吏ないし債務者の換価金に対する占有を奪うものというをえないことは明らかである（最三小判昭36・6・6

342

民集15巻 6 号1501頁，判タ121号47頁）。

■強制執行に対する占有回収の訴えの是非

　占有回収の訴えは，物の占有者が他人の私力によって占有を奪われた場合に，その奪った者からその物の返還を請求することを認めた制度であるから，権限のある国家の執行機関によりその執行行為として物の占有を強制的に解かれたような場合には，その執行行為が著しく違法性を帯びてもはや社会的に公認された執行と認めるに堪えない場合，換言すれば，外観上も前記私人の私力の行使と同視しうるような場合を除いては，執行法上の救済を求めまたは実体上の権利に基づく請求をなしうることは格別，占有回収の訴によってその物の返還を請求することは許されないものと解するを相当とする（最二小判昭38・1・25民集17巻 1 号41頁）。

◎　占有訴権と仮処分

■占有移転禁止の仮処分決定に違反した場合の本案訴訟の関係

　不動産に対するいわゆる占有移転禁止の仮処分決定は，仮処分債務者が不動産の占有を他に移転することを禁止し，もって本案訴訟の確定判決に基づく当該不動産の引渡し又は明渡しの執行を保全することを目的とするものであるから，仮処分決定に基づく執行を受けた仮処分債務者が，その決定に違反して第三者に当該不動産の占有を移転しても，仮処分債務者は，仮処分債権者に対してその占有喪失を主張することは許されないものというべく，したがって，仮処分債権者は，仮処分債務者の占有喪失につきなんら顧慮することなく，仮処分債務者を被告としたままで，本案訴訟を追行することができるものと解するのが相当である（最一小判昭46・1・21民集25巻 1 号25頁，裁判集民102号13頁，判時621号36頁）。

■占有権に基づく妨害排除の仮処分が認容された事例

　抗告人は，運輸一般労働組合の下部組織であり，運輸一般組合員により組織された労働組合であり，抗告人の下部組織として分会が組織されたが，分会は，相手方運輸株式会社の従業員によって組織された法人格を有しない労働組合であるところ，抗告人は，占有回収の訴えを本案訴訟として本件仮処分を申請するに及んだのであるが，抗告人が当該建物部分に対する

第12章　取得時効の中断，完成猶予，更新

占有を奪われた状態をこのまま存続させておくときには，抗告人において分会のために行う組合活動につき著しい損害を被り，その損害を回復し難いことになり得ることが一応認められるから，当該建物部分を執行官の保管とし，分会所属の組合員に限り，分会の組合活動のために当該建物部分を使用することを許す必要があるということができ，したがって，抗告人の本件仮処分申請は，本件建物部分につき一定の限度で理由があり，これを認容すべきである（東京高決昭54・9・20判時942号130頁，労働判例326号13頁）。

■ **占有権に基づく妨害排除の仮処分が認容された事例**

　仮処分の被申請人は，当該建物とその敷地を競落したもので，総合レジャーセンターとして利用する予定のもとに，1階部分でパチンコ店の営業を開始したが，2階以上の部分についても早急に利用計画を樹立してこれを実施に移す必要に迫られていたが，仮処分申請人である一般労組下部組織としての山下分会が5階にある組合事務所を利用しているため，その計画の樹立に少なからぬ支障を来していることが疎明された場合であっても，その事情は，ひっきょう，本権に関する事柄であって，単に占有権に対する事実上の妨害の排除又はその予防を命じたにとどまる本件仮処分の存続を否定すべき理由とはならない（名古屋地判昭59・2・20判タ538号197頁，判時1123号133頁，労働判例431号112頁）。

■ **占有権に基づく妨害排除の仮処分が認容された事例**

　仮処分申請人である支部は一般労働組合の支部であり，分会は支部の分会であり（同組合支部と分会を合わせて「組合ら」という。），組合らは，会社に対し，当該建物部分の占有権に基づき，自動車の撤去を求める妨害排除請求権，申請人らの組合員の鉄製波板部分の通行に対する妨害排除ないし妨害予防請求権並びに組合らの同該建物部分の占有使用に対する妨害排除ないし妨害予防請求権を有するところ，会社の違法なロックアウトにより，その所属の組合員が当該建物部分に出入りすることを遮断され，同建物部分を組合事務所として占有使用することができなくなり，そのため，会社に対し企業運営の正常化を求めて組合側の対策を協議する緊急の必要があるにもかかわらず，集会その他の組合活動が阻害されていることが一応認

第2節　占有の訴え

められ，このまま事態が推移すれば，組合らは，回復し難い損害を蒙るおそれがあるものと推認され，したがって，仮処分については，保全の必要性が存するものというべきである（大阪地決昭58・3・22労働判例415号62頁）。

◎　占有の訴えを提起し得る占有者の善意悪意

■悪意の占有者による占有回収の訴えの提起の是非

　民法第200条第1項の規定によれば，占有者がその占有を奪われたときは占有回収の訴えによってその物の返還及び損害の賠償を請求することができ，その占有者の善意悪意を問うところではなく，そのため，悪意の占有者であっても，なお，占有回収の訴えを占有侵奪者に対して，占有の侵奪によって生じた損害の賠償を請求することができるものと解される（大二民判大13・5・22大民集3巻6号224頁）。

◎　占有の訴えの提起者

■包括宗教法人の代表者住職に，特段の事情によって住職自身による占有訴権が認められた事例

　Q10の同判決の事情のもと，住職は，その意思に反して当該建物等の所持を奪われたものというべきであり，当該建物等を占有している包括宗教法人に対して，民法第200条に基づき，その返還を求めることができると解すべきである（最三小判平10・3・10裁判集民187号269頁，裁時1215号49頁，判タ1007号259頁，金判1076号13頁，判時1683号95）。

■宗教法人の代表役員に，特段の事情によって代表役員自身による占有訴権が認められた事例

　Q10の同判決の事情のもと，代表役員は，その意思に反して旧寺院の占有を奪われたものというべきであり，旧寺院を占有している宗教法人に対し，民法第200条に基づき，その返還を求めることができると解すべきである（最二小判平12・1・31裁判集民196号427頁，裁時1261号113頁，判タ1027号95頁，金判1094号44頁，判時1708号94頁）。

第2編　不動産の時効取得

345

第12章　取得時効の中断，完成猶予，更新

◎　占有回収の訴えの相手方

■侵奪者が侵奪物を他に貸し渡した場合の侵奪者に対する占有回収の訴えの提起の可否

　　不法に他人の占有を侵奪した者は，仮に，その目的物を他人に貸し渡したときでも，その借受人は自己のために占有するのと同時に貸主のために代理占有するものであるため，貸主である侵奪者は依然，目的物の占有を現にしているものといえ，したがって，被侵奪者は侵奪者に対し，占有回収の訴えを提起して，占有物の返還を求めることできる（大三民判昭5・5・3大民集9巻437頁）。

■善意の特定承継後の悪意の特定承継人に対する占有回収の訴えの提起の可否

　　侵奪者あるいは悪意の特定承継人は回収を避けようと善意の第三者に占有を移転し，さらに第三取得者（特定承継人）より占有を得ることによって，被侵奪者よりの占有回収を逃れ，脱法的目的を達することができるが，第2次の第三取得者（特定承継人）については，何らの規定がないため，今般の事情を知る者が介入することができ，以前の侵奪者自らも買い受けた場合もあるかもしれず，この場合，中間第三取得者が善意であれば，それ以後は全部善意特定承継人より取得したもので，被侵奪者は占有回収を求めることができなくなり，また，数人の特定承継人がある場合は一括して考えるものであり，仮に，第1次の特定承継人が善意であっても，次位の特定承継人が悪意であれば，その者は第1位の特定承継人の善意をもって，自己の利益に主張することができなくなり，かえって，その承継人は，悪意の特定承継人と認定されるもので，もちろん，善意の特定承継人時代に占有回収の請求を受けたときは民法第200条第2項により保護されることは当然ではあるが，さらに悪意の特定承継人に移った以上，その次位の特定承継人は，前者の善意をもって，侵奪者に対抗し得ないことは明白である（大一民判昭13・12・26大民集17巻24号2835頁）。

■特定承継人の占有代理人に対する占有回収の訴えの提起の可否

　　占有回収の訴えは占有侵奪者の特定承継人に対して提起することができ

346

ないことを本則とするが，その承継人が侵奪の事実を知った者であるとき
は，その者に対して提起することができるもので，この例外の規定は，善
意の占有取得者を害さない範囲において被侵奪者の占有回収を容易にする
趣旨であるがゆえに，その立法理由より推考すれば民法第200条第2項た
だし書の承継人とは特定承継人のために代理占有をするものを包含するも
のと解するのを相当とする（大二民判昭19・2・18大民集23巻2号64頁）。

■ 特定承継人の悪意の意味

　占有者が，その占有の侵奪者の特定承継人に対して占有回収の訴えを提
起することができるのは，その者が侵奪の事実を知って占有を承継した場
合に限られるが，この場合，侵奪を知って占有を承継したということがで
きるためには，その承継人が少なくともなんらかの形での侵奪があったこ
とについての認識を有していたことが必要であり，単に前主の占有取得が
なんらかの犯罪行為ないし不法行為によるものであって，これによっては
前主が正当な権利取得者とはなりえないものであることを知っていただけ
では足りないことはもちろん，占有侵奪の事実があったかもしれないと考
えていた場合でも，それが単に一つの可能性についての認識にとどまる限
りは，未だ侵奪の事実を知っていたものということはできないと解するの
が相当である（最一小判昭56・3・19民集35巻2号171頁，裁判集民132号245頁，裁
時812号2頁，判タ440号86頁，金判618号3頁，判時998号49頁，金法968号42頁）。

◎　占有回収の訴えの意義

■ 占有回収の訴えと占有権以外の権利の確認の可否

　占有権は所持の喪失によって消滅することは多言を要しないところであ
り，ただ民法第201条第1項ただし書は被侵奪者が占有回収の訴えにより
勝訴したときは例外的にこの所持を喪失した期間も占有権が継続存在して
いたものと取り扱う趣旨にすぎないのであって，占有権とは別の権利ない
し法律関係を認めたものではなく，単に占有権の効力の一内容ないし占有
回収訴権（占有返還請求権）の行使に特に付与された効果（例えば訴の提起に
時効中断の効果が付与されているようなもの）にすぎず，これを，その物権ない
し物上請求権と別の権利ないし法律関係と解するのは相当でなく，占有返

第12章　取得時効の中断，完成猶予，更新

還請求権は所持ないし占有を侵奪されたということにより発生するものであって，擬制的占有権の存在を前提とするものではなく，したがって，占有権の存在とは別の法律関係の存在を前提とするいわゆる擬制的占有権なるものは肯定し難いので，確認訴訟の対象とはなり得ない（確認の対象は原則として権利ないし法律関係でなければならないこというまでもない。）というべきである（東京地判昭38・10・4民集23巻12号2351頁，下民14巻10号1929頁，判タ157号69頁）。

◎　占有の訴えによる損害賠償請求

■侵奪者に対して継続的な損害賠償を命じることの是非

占有物侵奪のために被った損害の賠償を命ずるには，被害者が現に占有する者を侵奪した事実があることで足り，必ずしも，その占有が正権原によるか否かの事実を確定することは必要でなく，また，占有を侵奪された者は，占有物の返還があるまでは占有物を利用することができたことを通例とし，侵奪者に対して，返還するまで継続的な損害賠償を命じることは不当とはいえない（大二民判大4・9・20民録21輯1481頁）。

■占有の訴えによる損害賠償請求の範囲

占有訴権の一内容として規定せられている損害賠償請求権は，その性質上，その訴権の本来的内容たる物権的支配状態の回復を求める物上請求権に属するというよりは，むしろ，このような支配状態の侵害の金銭的補償を求めるものであるところより，債権的請求権としての性質を持ち，その故に一般の不法行為に基づく請求権の一種に包含せられるものと解し得るのであるが，それにもかかわらず，その発生が，権利の仮象としての占有の侵害に基づくものである以上，本来の占有訴権の要求する迅速性は当然には要請せられないとしてもその附随的ないし代替的救済として，占有訴訟の解決と同程度の早期解決を要する性質の権利と見らるべく，この点一般の権利侵害による損害賠償請求権とは同視し得ず，短期（1年）の出訴期間を定めた民法第201条の規定は，当然これにも適用があると解されると共に，この請求権によって補償せられる損害の範囲は，占有を侵奪された目的物が後日，占有者の手に回収された場合においては，その占有喪失

期間内において目的物の事実的支配が不能に帰したことの損害がこれに該当することはあまねく異論を見ないところであるが，目的物そのものについての損害としては，目的物の本権の価値（その取引価格乃至は回収価格）がそのまま損害となり得ないことも，これまた異論のないところといわねばならない（大阪地判昭32・9・9下民8巻9号1691頁，判タ76号63頁）。

◎ **交互侵奪と占有回収**

■ **交互侵奪において直前の占有者（第一次侵奪者）からの占有回収の訴えの提起の是非**

　もともとの占有者（第2次侵奪者）は，直前の占有者（第1次侵奪者）の当該建物に対する支配を奪っているが，この奪われたという直前の占有者（第1次侵奪者）の支配，すなわち直前の占有者（第1次侵奪者）が回復を求める占有は，もともとの占有者（第2次侵奪者）がかねて長期間に亘って継続してきた支配を排除して設定された占有であり，かつ，もともとの占有者（第2次侵奪者）の手による侵奪は，排除されて間がない同人の従前の支配状態を復元する結果として生じたという関係にあることが明らかであり，そうすると，もともとの占有者（第2次侵奪者）は元来，直前の占有者（第1次侵奪者）に対し占有回収の訴えをなしうる者であったのであり，もともとの占有者（第2次侵奪者）が直前の占有者（第1次侵奪者）の占有を奪った行為は，継続していたもともとの占有者（第2次侵奪者）の占有状態を顕在化した行為に過ぎないから，かような場合，直前の占有者（第1次侵奪者）の側からの占有回収の訴えは許されないものと解すべきである（名古屋地判昭50・7・4判タ332号318頁，判時806号71頁）。

◎ **共同占有地と占有回収**

■ **共同占有地の一方の単独占有に対する土地明渡しの範囲**

　共同占有地について，その一方が単独占有するに至った場合，単独占有者に対して，土地の全面的明渡しを命ずることは，他方に原状回復を超える利益を与えることになるので許されない（大判昭3・2・8新聞2847号12頁，『注釈(7)』267頁）。

第12章　取得時効の中断，完成猶予，更新

> **Q 110** 占有者が占有する土地内に，隣地の樹木が倒れ込んだ場合，あるいは，倒れ込もうとしている場合，その排除や，予防のため，占有の訴えを提起することはできるか。

 占有の訴えのうち，排除を求めるには占有保持の訴え，その予防を求めるには占有保全の訴えを提起することができる。

解説　占有が完全に侵奪されているわけではないが，占有者の完全な占有に支障が生じるような妨害がなされている場合は（通常，土地を無断使用されている，無断で小規模な工作物を設置されているような場合），占有者は，その占有権に基づいて，占有回収の訴えではなく，占有保持の訴えを提起して，妨害の停止を請求することができる。妨害の停止とは，妨害者の費用をもって妨害を排除し，原状に回復させ，完全な占有を回復をさせることをいう。また，妨害されるおそれ（危険）がある場合には，占有保全の訴えを提起して，妨害の予防を請求することができる。占有保持の訴え，占有保全の訴えでは，妨害排除，妨害予防にあっては，占有の妨害，又は，その危険があれば，それが妨害者（妨害物所有者）の故意又は過失の有無に関わらず提起することができ，排除又は予防のほか，妨害者に故意又は過失があれば損害賠償又は損害賠償の担保を請求することもできる。

占有保持の訴え，占有保全の訴えは，現に妨害されている者，現に危険がある者が，現に妨害してる者，現に妨害する危険のある者に対して行うものであるため，既に占有者が，妨害されている物，妨害される危険がある物の占有を他に移した場合には，訴えの提起をすることはできず，また，損害賠償の請求は別として，妨害している物，妨害する危険がある物が特定承継されたときは，訴えの提起は，当初の妨害者（その危険のある者）に対してではなく，その特定承継人に対して（当然，一般承継人に対しても），行わなければならないこととなる。

350

第 2 節　占有の訴え

関連条文：民法第198条（占有保持の訴え）→22頁へ

　　第199条（占有保全の訴え）→22頁へ

【判　例】

◎　占有保持の訴え（妨害排除請求）

■土地の耕作使用と占有妨害の成否

　建物建築ではなく，耕作使用による他人の占有地の侵害は，占有妨害で
あって，占有者の占有を失わせないことが少なくない（大判昭10・2・16新
聞3812号 7 頁，『注釈(7)』256頁）。

■採光の不便による板塀の撤去請求の是非

　隣地との境に板塀を設けて隣地家屋の採光の便を悪くしその生活に支障
を及ぼすときは，この家屋の占有を妨害するものといって差し支えないで
あろうし，したがって，当該家屋の占有者は占有保持の訴えによってその
妨害の停止を訴求し得る筋合にあり，もっとも，都会の密集生活地域にお
いては，塀の設置によってたとえ採光の便が妨げられようとも，それが正
当の事由に基づく場合には，相隣関係に基く互譲の精神からして，その妨
害を受忍しなければならぬことになろうところ，妨害者が塀を設けるにつ
いては，特別に正当の事由が見当らない，のみならず，妨害者が通常必要
と見られる以上の高さの塀を建てたのは，被妨害者に対するいやがらせの
ためであることも看取できないことはないから，被妨害者が妨害者の恣意
によりひとり採光上の不便を忍ばねばならぬ理由はなく，占有権に基づき
当該板塀のうち地上から 5 尺を超える部分の撤法を求める被妨害者の請求
は正当である（東京地判昭33・3・22下民 9 巻 3 号476頁，判タ82号57頁，判時150
号10頁）。

■騒音による妨害の程度

　工場が現に放散する騒音が，土地，家屋の占有権者の属する地域社会に
おける通常人の生活や職務を妨害する程度に達しないものであることが明
らかであり，また工場の放散する騒音が将来，一定の程度を超えるおそれ

第 2 編　不動産の時効取得

351

第12章　取得時効の中断，完成猶予，更新

があることを認めるに足る証拠もない場合，土地，家屋の占有権に基づき
騒音による妨害の排除ないし予防を求める部分は，理由がないと言わなけ
ればならない（名古屋高判昭43・5・23下民19巻5～6号317頁）。

◎　**占有保持の訴えにおける妨害者の故意・過失**

■占有保持の訴え（妨害排除請求）における妨害者の故意・過失の要否

　　まず，占有保持の訴えは，占有の妨害という客観的事実がある場合に妨
害者に対して提起することができ，妨害が妨害者の責に帰すべき事由に
よったか否とを問わず，したがって，占有に対する不法行為に基づく損害
賠償の請求とは，その原因は同じではなく，不法行為の場合には特別の明
文がない限り，故意又は過失によって占有を侵害することを要件とするの
であり，故に，占有保持の訴えと占有に対する不法行為の訴えとは自ずか
ら請求原因たる事実を異にし，別個の訴えに属することは当然のことで，
ただ，民事訴訟法によって2個の訴訟を併合して提起することができるに
過ぎない（大二民判大5・7・22民録22輯1585頁）。

■占有保持の訴え（損害賠償請求）における妨害者の故意・過失の要否

　　占有者が，その占有を妨害されたときは，占有保持の訴えによって，そ
の妨害の停止及び損害の賠償を請求することができることは民法第198条
の明定するところにして，その損害賠償の請求というものは，占有妨害者
に限り，故意過失を要しないというような特別規定がない限り，一般不法
行為の原則によってすることができるものと解することが相当であること
は多言をまたない（大五民判昭9・10・19大民集13巻21号1940頁）。

◎　**現妨害者に対する妨害排除請求**

■前所有者が妨害の危険を生じさせた場合の，現所有者に対する妨害排除請
求の可否

　　堀採し，隣地の崩壊を来すおそれある危険な状態を作出したときは，そ
の土砂の堀採が前所有者の時代にされたと，はたまた現所有者の時代にさ
れたとを問わず，また，その堀採が現所有者によってされたと，はたまた
前所有者その他の第三者によってされたとを問わず，現所有者がその危険
な状態をそのまま放置して顧みないのは，隣地の所有権侵害するもので

352

あって，この予防に必要な設備をする義務があるものといえるので，現所有者に対して予防工事をすることを命ずることは正当である（大三民判昭7・11・9大民集11巻22号2277頁）。

- ■過去の妨害者に対する妨害排除請求の可否

　物権的請求権は物権を侵害されたために，その内容に適合しない状態を生じた場合において，その状態の回復を請求する権利であり，その請求を受けるべき相手方は物権を侵害する者でなければならず，物権的請求権に基づく請求の被告となるのは，契約上の義務に基づくものではなく，物権を侵害しているためであり，その被告となるべき者は物権の侵害行為を撤去することによって回復の義務を免れることになり，故に，他人の所有物を不法に占有して，その所有権を侵害した者であっても，既に，その占有を第三者に移転したときは物権的請求権の被告となるべき適格を失い，その者に対して回復の請求をすることはできないが，不法行為を原因として，その者に対して損害賠償の請求をすることができることは言をまたない（大二民判大9・7・15民録26輯973頁）。

- ■妨害者の不可抗力，故意過失の有無と排除，予防請求権の適否

　隣地所有者の権利を侵害し，若しくは侵害の危険を発生させた場合にあっては，当該侵害又は危険が不可抗力に起因する場合，若しくは被害者自ら当該侵害を認容すべき義務を負う場合の外，当該侵害又は危険が自己の行為に基づくものであると否とを問わず，また自己に故意過失の有無を問わず，この侵害を除去し，又は侵害の危険を防止するべき義務を負担するものと解するを相当とする（大五民判昭12・11・19大民集16巻24号1881頁）。

◎　特定承継人に対する妨害排除請求

- ■妨害物の特定承継人に対する妨害排除請求の可否

　およそ他人の土地に何らの権原なく工作物を設置し，その土地の占有権に妨害を加えた場合には，妨害の停止，すなわち当該工作物を除去する義務は何人においても負担するということは，場合を分けて考えなければならず，すなわち，その工作物であって，例えば，家屋のような土地と独立して所有権の対象となるものであるときは，その義務は，その現時の所有

第12章 取得時効の中断，完成猶予，更新

者において負担し，これとは反対に，当該工作物は所有権の独立の対象としては存在を失い，土地と一体をなす場合は，その義務は，その現時の占有者において負担するものとし，工作物の除去という事実行為は，その所有者若しくは占有者にして初めて可能であることは多言を待たず，故に，この義務は，所有者若しくは占有者の資格において負担するもので，工作物に対する所有権若しくは占有権が他人に譲渡されたときは，その義務もまた，したがって特定承継人において承継する（大四民決昭5・8・6大民集9巻10号772頁）。

◎ 占有保全の訴えに関する事実認定

■ 占有保全の訴えにおける妨害の危険の判断基準

隣接地に厚さ1尺の瓦礫を堆積したために隣接地内に降った雨水が当該土地に侵入すべき地勢となり，この地勢は，両地高低の差の程度，並びに排水路の有無によっては大雨がひどくなった場合において，隣接地に降った雨が，おびただしく当該土地に流下し，土地並びに地上の建物に浸水して，これらの占有を妨害することがないとはいえないことは実験則に照らして明らかであり，したがって，このような地勢にあってもなお，当該土地及び建物に，このような占有妨害のおそれが，ある程度の浸水を生じないことを判断しようとするには，隣接地は，以前，低い土地であったことによって約1尺の瓦礫を積んだが，当該土地との高低は差異が僅少に過ぎない事実を認定するか，又は隣接地に排水路がある等の事実を認定しなければならないものとする（大二民判大10・1・24民録27輯221頁）。

354

第2節　占有の訴え

Q 111 | 占有回収の訴えは，占有を侵奪されている間，いつでも提起することができるか。

A 占有回収の訴えは，占有が侵奪されたときから1年以内でなければ，提起することはできない。

解説　占有の訴えは，それぞれ提起することができる期間が定められている。まず，占有回収の訴えは，占有侵奪の時から1年以内に提起しなければならない。つまり，占有侵奪が継続していても，その侵奪から1年を経過すると，もはや占有回収の訴えを提起することはできない。次に，占有保持の訴えは，妨害の存する間（損害賠償については，妨害の存する間，又は妨害が消滅した後1年以内）は提起することができ，また，占有保全の訴えは，妨害の危険の存する間は，提起することができる。

なお，工事により占有物に損害を生じた場合又は損害を生ずるおそれがあるときは，その工事に着手した時から1年を経過するか，その工事が完成したときは，占有保持の訴え又は占有保全の訴えを提起することはできない。つまり，工事による妨害の場合は，妨害が継続していても，工事着手から1年を経過し，あるいは1年を経過していなくても完成したときは，提起することはできなくなる。

ここで，工事とは，相当の費用と労力，日数を必要とする工事に限られ，簡易な小屋の設置や，看板の取り付けのような工事は該当しない。

占有の訴えにおいてする損害賠償又は損害賠償の担保の請求も，前述の占有の訴えの提起期間内に提起しなければならない。

以上は，占有の訴えに関する提起期間であって，所有権などの本権に基づいて返還等を請求する訴訟にあっては，占有の訴えに関する提起期間の適用はない。

関連条文：民法第201条（占有の訴えの提起期間）→23頁へ

第2編　不動産の時効取得

第12章　取得時効の中断，完成猶予，更新

【判　例】

◎　占有保持の訴えの提起期間の基礎となる工事

■ 占有保持の訴えの提起期間の基礎となる工事の意義と簡易な小屋の設置工事

　　占有保持の訴は妨害がある間は提起できるが，民法第201条第１項ただし書が設けられた趣旨は，工事による占有の妨害は容易に判明するのに，占有者が工事着手後１年も経過し又はその工事が竣工するまで異議を主張しないのは，その権利を等閑に付したもので保護に値しないばかりか，工事落成後又は工事が著しく進んでから後，簡単な占有保持の訴えでその取毀をするのは経済上不利益であって公益にも反するところにあり，したがってこの趣旨からすると工事とは家屋，橋，トンネル，軌道など相当の費用と月日を必要とするものを指称し，僅かの費用と日数とで出来上り又その取壊しも容易なバラック建簡易小屋は含まれないと解するのが相当である（大阪地判昭38・４・６判タ145号83頁，判時335号38頁）。

■ 占有保持の訴えの提起期間の基礎となる工事の意義と看板取付工事

　　工事による占有の妨害（及び妨害のおそれの発生）の場合，特に占有の訴えの出訴期間を定めた趣旨は，工事竣成後又は工事が著しく進行してからその除去を求めるのは工事をする者に莫大な損害を生ずるとともに国家的，社会的な損失になるということと，工事による状態は，たとい元来は占有を侵害して生じたものであっても比較的速かに，新たな社会状態と認められるに至るということにあり，したがって，その趣旨からいえば民法第201条第１項ただし書にいう「工事」とは相当な費用，労力およびある程度の日時を要する規模のものを指称するものと解すべきであり，看板は高さ約２メートル，幅約30センチメートルのもので，看板取付は彫刻看板業者が職人二人と共に３時間位で完了し，その費用は９万５千円であることが認められる場合，この程度の規模及び内容の工事は，民法第201条１項ただし書にいう「工事」に当たらないと解するのが相当である（横浜地判昭50・６・６判タ329号173頁，判時802号104頁）。

第2節　占有の訴え

■占有保持の訴えの提起期間の基礎となる工事の意義と看板取付工事

　民法第201条の工事とはその立法の趣旨に従ってある程度の費用，学力，日時を要する相当規模のものをいうと解すべきことはおのずから明らかであるところ，その取付工事によって侵奪した建物占有部分は，当該建物部分中その余の部分と比較し極めて小部分であり，その看板の撤去はその取付工事の規模からしても極めて容易で，取外し後も余りその価値を減ずることなく他の場所に使用することができるものとみられ，取外しによる経済的損失が大でこれにより回復すべき占有の保護との権衡を失するほどのものであるとはいえないことが明らかであるとき，看板取付けは言葉の意味として工事というに妨げないとしても，民法第201条にいう工事には当たらないものというべきである（東京高判昭50・11・27東高民時報26巻11号232頁，判タ336号255頁，判時803号66頁）。

◎　占有回収の訴えの併合と提起期間

■併合審判すべき後者の占有回収訴訟の提訴期間経過後の提訴の適法性

　前者の占有回収請求訴訟は占有侵奪された時から1年以内に提起され，後者の占有回収請求訴訟は当該物件の占有が侵奪された時から1年を経過した後に提起されているが，原告は，占有の侵奪者は前者の訴訟の被告であると考えて訴訟を提起したところ，審理の過程において後者の被告も共同の侵奪者であることが判明したため，後者の被告に対し新たに訴訟を提起し，前者の訴訟と併合して審判することを求めた場合，前者の訴訟が提起期間内のものであれば，これと併合審判すべき後者の訴訟は提訴期間経過後の提訴であっても適法なものとするのが相当である（東京地判昭44・6・30判時578号64頁）。

◎　占有の訴えによる損害賠償請求の提起期間

■占有の訴えによる損害賠償請求の提起期間

　占有訴権の一内容として規定せられている損害賠償請求権は，占有訴訟の解決と同程度の早期解決を要する性質の権利と見らるべく，この点一般の権利侵害による損害賠償請求権とは同視し得ず，短期（1年）の出訴期間を定めた民法第201条の規定は，当然これにも適用があると解される（大

第12章 取得時効の中断, 完成猶予, 更新

阪地判昭32・9・9下民8巻9号1691頁, 判タ76号63頁)。

> **Q 112** 無権利の占有者の占有地が, 真の所有者に侵奪された場合でも, 当初の占有者は所有者に対して占有回収の訴えを提起することができるか。

 所有者に対して占有回収の訴えを提起することはできるが, 所有者の所有権が確定すると, 当初の占有者の占有回復請求権は消滅する。

解説 Q109のとおり, 占有の訴えは, 本権の存否とは無関係に提起されるため, 占有者は無権利であっても, 所有者である侵奪者に対して占有回収の訴えを提起することができ, 占有の訴えに関する裁判にあっては, 所有権などの本権に関する理由に基づいて裁判をすることはできないとされている。このように, 占有の訴えと本権の訴えとは, まったく別個の訴訟であり, 占有の訴えの提起によって本権の訴えを提起することができなくなることも, 反対に, 本権の訴えの提起によって占有の訴えを提起することができなくなることもない。

占有の訴えに関する裁判にあっては, 所有権などの本権に関する理由に基づいて裁判をすることはできないため, 防禦方法として本権の主張をなすことはできないものの, 本権に関する反訴は提起することはでき, 併合して審理され得るものとなる。

そこで, 占有の訴えと, 本権の訴えが別個の結論に達することもあり得, 占有物が侵奪されたときに, 侵奪者の所有権などの本権の存在が, 確定判決によって確定された場合には, 被侵奪者の占有訴権は消滅する。

関連条文：民法第202条（本権の訴えとの関係）→23頁へ

第2節　占有の訴え

【判　例】

◎　本権と占有の訴えの根拠

■占有権以外に関する法令を根拠として占有訴権を有しないとする判断の適否

　　占有保持の訴を本案として，立入禁止，占有妨害禁止の仮処分を請求し，この申請も占有に基づくものであるとき，されば専ら占有関係によってのみ判断すべきであって本権の理由によることを得ないもので，換地予定地の指定があっただけで従来の事実上の占有状態に変更のない限り，占有権の変動移転を生ずるものではなく，特別都市計画法第14条を根拠として，占有妨害停止請求権を有しないものとし，本申請を許すべきでないと判断したのは法律の適用を誤ったものといわざるを得ない（最三小判昭27・5・6民集6巻5号496頁，行政事件裁判例集3款4号805頁，裁判集民6号607頁，判タ21号47頁）。

◎　占有の訴えと本権に基づく反訴

■占有の訴えに対し，本権に基づく反訴を提起することの適否

　　民法第202条第2項は，占有の訴えにおいて本権に関する理由に基づいて裁判することを禁ずるものであり，したがって，占有の訴えに対し防御方法として本権の主張をなすことは許されないけれども，これに対し本権に基づく反訴を提起することは，その法条の禁ずるところではない（最一小判昭40・3・4民集19巻2号197頁，裁判集民78号11頁，判タ175号104頁，判時406号50頁）。

■本訴被告（反訴原告）の本訴原告（反訴被告）への引渡し，及び，その引渡し後，本訴原告（反訴被告）の本訴被告（反訴原告）への明渡しを命ずる主文

　　賃貸借契約に基づいて借主が店舗を賃借しているところ，賃貸借契約が終了したとして，貸主が，店舗について借主の占有を侵奪したところ，借主が本訴原告として占有回収の本訴を提起し，貸主は反訴被告として賃貸借契約の終了に基づき店舗の明渡請求の反訴を提起した場合，賃貸借契約に終了が認められるときは，本訴原告の店舗の引渡しを求める部分が正当

第2編　不動産の時効取得

359

第12章　取得時効の中断，完成猶予，更新

であるならば，本訴被告の反訴請求は，すでに本訴被告が店舗の占有を取得しているのであるから，本訴原告が，その引渡しを本訴被告から受けた後に本訴被告の明渡請求権は顕在化すると解すべきであり，よって，本訴被告（反訴原告）は，本訴原告（反訴被告）に対し店舗を引渡し，本訴原告（反訴被告）は本訴被告（反訴原告）に対し，その引渡しを受けた後，店舗を明け渡すことを命ずることとなる（東京地判昭45・4・16下民21巻3～4号596頁，判時606号50頁）。

◎　**本権の訴えの確定による占有の訴えの帰趨**

■侵奪者の本権の存在が確定した後における被侵奪者による占有回収請求権の消長

　一般に，占有物が侵奪され，一旦占有回収訴権が発生したような場合にあっても，後日，確定判決によって，その物の回復を請求しうる侵奪者の権利の存在が確定されるに至るときは，被侵奪者の有する回収訴権は爾後，消滅に帰するものと解するのを相当とすべきところ，転借人は，すでに転貸人より別訴において係争建物の無断転貸を理由とする解除による賃貸借契約終了を原因として同建物の返還を訴求され，これを正当と認めた転貸人勝訴の確定判決を受けており，したがって，いずれにせよ，転借人は同建物につき占有回収を求めうる権利を有せず，その請求はこれを認容することはできないものといわなければならない（東京地判昭32・10・3下民8巻10号1879頁，判時137号22頁）。

360

第3節　法定中断，停止（改正後：時効の完成猶予，更新）

> **Q 113** │ 改正前の「請求」による時効中断は，どのように改正されたか。

　改正後は，「裁判上の請求等」による時効の完成猶予及び更新と改められた。

解説　今次の民法改正では，時効の中断については一定の改正があった。

まず，改正前の時効の中断事由の一つである「請求」については改正前の第147条第1号で規定されていたところ，改正後では同条第1項で「裁判上の請求等」として規定され（改正前の他の中断事由については，後述のとおり，改正後の他の条項で規定されている。），さらに，「時効の中断」が「時効の完成猶予及び更新」と規定された。

改正前の「請求」には，第149条の「裁判上の請求」，第150条の「支払督促」，第151条の「和解及び調停の申立て」，第152条の「破産手続参加等」，第153条の「催告」があり，裁判上及び裁判外両方の請求を含むものであったが，改正後の「裁判上の請求等」を規定する第147条第1項には，改正前の前4者が各々，第1号で「裁判上の請求」，第2号で「支払督促」，第3号で「訴え提起前の和解又は民事調停若しくは家事」，第4号で「破産手続参加，再生手続参加又は更生手続参加」が規定されている。改正前の「催告」は，改正後の「裁判上の請求等」には含まれず（後述のとおり，「催告」は改正後の他の条項で規定されている。），つまり，改正後の「裁判上の請求等」は，裁判外の請求を含まないとされた。

関連条文：民法第147条（時効の中断事由），第149条（裁判上の請求），第150条（支払督促），第151条（和解及び調停の申立て），第152条（破産手続参

第12章 取得時効の中断，完成猶予，更新

> 加等），第157条（中断後の時効の進行）→第147条（裁判上の請求等による時効の完成猶予及び更新）→改正前，改正後12頁へ

Q 114 土地の所有者が占有者に対して所有権の確認の訴訟を提起することは，「裁判上の請求」に当たるか。

 給付訴訟に限らず，一般に，確認訴訟など，民事訴訟を提起することは，「裁判上の請求」に当たる。

解説 「裁判上の請求」とは，裁判所を通して，自己（時効取得が成立すると不利益を被る者）の権利（占有者の占有に対抗し得る権利）を，時効の完成によって利益を受ける者（占有者）に対して主張する行為をいい，民事訴訟の提起がその代表である。

「裁判上の請求」に当たる民事訴訟の提起とは，給付訴訟の提起（反訴を含む。）に限られず，時効の目的である（を否定する。）権利を主張するものであれば，確認訴訟，形成訴訟も該当し，訴訟の提起そのものではなくても訴訟上において同様の主張をすることも該当するが，刑事訴訟の提起（『注釈(5)』75頁），行政訴訟の提起，行政手続の申請等は該当しない。

例えば，自己の所有地を他人に継続して占有され，当該他人の取得時効が進行している場合，当該土地の所有者が，当該占有者に対して，所有権確認の訴訟を提起したり，所有権に基づいて返還請求の訴訟を提起するなどすることは，「裁判上の請求」の典型である。

あるいは，自己の所有地について，偽造書類によって他に所有権移転登記をされ，事後，当該所有権登記名義人によって占有が継続されている場合，真の所有者が，占有者である当該所有権登記名義人に対して，所有権移転登記抹消請求の訴訟を提起することも，登記請求事件の確定判決（請求の趣旨に

362

第3節　法定中断，停止（改正後：時効の完成猶予，更新）

も又主文にも所有権については何等表明されていない。）には所有権の存在について
まで既判力があるとはいえないものの（最一小判昭30・12・1民集9巻13号1903頁，
裁時197号2頁，判タ53号48頁，判時65号9頁），取得時効の進行を完全に止める意
味においては，「裁判上の請求」に当たる。

　「裁判上の請求」があると，進行中の時効は，民法改正前であれば中断し，
民法改正後であれば完成が猶予される。

　なお，裁判外紛争解決手続の利用の促進に関する法律，仲裁法においては，
時効に関する特例が規定されている（Q115）。

【判　例】

◎　裁判上の請求

■行政訴訟の裁判上の請求への該当性

　　民法第147条第1号に規定する時効中断の事由である請求とは，時効の
目的である権利を裁判上及び裁判外において実行する行為をいうものであ
るため，裁判上の請求は，時効の目的である権利を民事訴訟手続によって
主張することをいうと解され，行政訴願及び行政訴訟は共に違法の行政処
分の取消し若しくは変更を求める救済手段にして私権を裁判上において主
張する手段ではなく，違法の行政処分によって権利または利益を毀損され
た者は，行政訴願又は行政訴訟によって救済を求め，間接に私権の救護を
受けることがあるとはいっても，その直接の目的は私権の実行ではなく，
行政処分の取消し若しくは変更にあり，行政訴願をし，又は行政訴訟を提
起することは，時効中断の原因としての裁判上の請求ということはできな
い（大一民判大5・2・8民録22輯387頁）。

■民事訴訟，単純の抗弁の裁判上の請求への該当性

　　民法第149条の裁判上の請求は訴えの提起をいい，原告の主張に対する
単純の抗弁は包含しない（大三民判大9・9・29民録26輯1431頁）。

■確認訴訟の裁判上の請求への該当性（消滅時効）

　　消滅時効中断の原因である裁判上の請求は，給付訴訟のみに限定される
ものではなく，確認訴訟をも包含するものであると解され，その確認訴訟
も，その基本的法律関係の存在確認を目的とする訴訟を除外し，当該基本

第2編　不動産の時効取得

363

第12章　取得時効の中断，完成猶予，更新

的法律関係より発生した権利の存在確認を目的とする訴訟のみに限定される理由はなく，基本的法律関係の存在の確認訴訟もまた，裁判上の請求に包含されるものと解することを妥当とする（大二民判昭5・6・27大民集9巻9号619頁）。

■ 所有権登記名義人（占有者）に対する所有権移転登記抹消請求訴訟の裁判上の請求への該当性

　　原告が当該土地の所有権登記名義人（占有者）に対して提起した当該土地に対する所有権取得登記抹消請求の訴えは，原告の当該土地につき有する所有権を基礎として，所有権登記名義人（占有者）が偽造書面に基づいてなした当該土地の所有権移転登記の抹消を請求するものであり，その請求は土地の引渡し又は所有権確認の請求と等しく当該土地に対する取得時効中断の効力があるものと判定することは明らかである（大四民判昭13・5・11大民集17巻11号901頁）。

■ 債務不存在確認訴訟への請求棄却を求める応訴の裁判上の請求への該当性（消滅時効）

　　およそ消滅時効の中断原因である裁判上の請求は，給付訴訟のみに限定されることなく，確認訴訟をも包含し，相手方が自己の権利の存在を争い，消極的債務不存在の確認訴訟を提起した場合において，これに対し被告として自己の権利の存在を主張し，原告の請求棄却の判決を求めることは裁判上の権利行使の一形態とみなすに何らの妨げはなく，あえて自己より相手方に対して積極的に権利存在確認の訴訟を提起した場合でなければ裁判上の権利行使に該当しないものとみなして両者の間に区別を設けて一つは中断事由とするも，他は中断事由とはし得ないものとするべき何らの根拠はない（大民連判昭14・3・22大民集18巻4号238頁）。

■ 請求異議訴訟への請求棄却を求める応訴の裁判上の請求への該当性（消滅時効）

　　請求に関する異議の訴えは，債務者の異議権を主張する訴えであり，それに対する判決は異議権の存否を確定するに過ぎず，実体上の請求権の有無を確定する効力はないが，その訴訟において異議の原因として主張した

364

第3節　法定中断，停止（改正後：時効の完成猶予，更新）

ところが債務名義に基づく債権は弁済によって消滅したということで，債権者において弁済の事実を否定し，債権の存在を主張して原告の請求棄却の判決を求め，債権者勝訴の判決が確定したときは，たとえ，その判決の効力が当該債権自体の存在を確定するものではないものの，時効制度の立法の趣旨からも，このような場合は民法が時効中断の事由として規定して裁判上の請求に準ずべきものとすることを相当とする（大四民判昭17・1・28大民集21巻2号37頁）。

■破産宣告申立ての裁判上の請求への該当性（消滅時効）

破産宣告の申立てが手形債権に基づいてしたものである場合，債権者のする破産宣告の申立ては，債権の消滅時効の中断の事由たるべき裁判上の請求に当たる旨の原判決の判断はこれを正当として是認することができる（最一小判昭35・12・27民集14巻14号3253頁，判タ114号34頁，判時248号29頁，金法266号9頁）。

■所有権登記名義人に対する所有権移転登記抹消請求訴訟において，占有者に対し所有権の主張をする応訴の裁判上の請求への該当性

占有者は，当該物件は占有者の所有（共有）に属するとして，所有権（共有権）に基づき所有権登記名義人に対し，その所有権移転登記抹消登記手続請求の訴え（後に本件係争物件の持分の割合による所有権移転登記，建物退去明渡等請求の訴えに変更）を提起し，占有者の所有権取得の原因として予備的に取得時効の完成を主張したのに対し，所有権登記名義人は，当該物件につき自己の所有権を主張し，これと相容れない占有者の所有権を否認して，占有者の請求を棄却するとの判決を求める旨の答弁書を提出したとき，所有権登記名義人の答弁書による所有権の主張は，その主張が認められた場合は，裁判上の請求に準ずるものとして民法第147条第1号の規定により占有者の主張する20年の取得時効を中断する効力を生じたものと解すべきであり，けだし，当該係争物件につき，占有者に所有権（共有権）に基づく所有権移転登記請求権がないことを確定しているに止まらず，進んで所有権登記名義人にその所有権（共有権）があることを肯定していると解されるのであるから，時効制度の本旨にかんがみ，所有権登記名義人

365

第12章　取得時効の中断，完成猶予，更新

の主張には，時効中断の関係においては，所有権そのものに基づく裁判上
の請求に準じ，これと同じ効力を伴うものとするのが相当であるからであ
る（最大判昭43・11・13民集22巻12号2510頁，裁判集民93号173頁，裁時509号 4 頁，
判タ230号156頁，金判151号12頁，判時536号16頁，金法531号30頁）。

■ 根抵当権抹消訴訟への請求棄却を求める根抵当権者・債権者の応訴の被担
保債権に対する裁判上の請求への該当性（消滅時効）

　　根抵当権設定者・債務者は，債務負担の事実がないことを主張して，根
抵当権設定登記及び同移転登記の各抹消登記手続を求める訴えを提起し，
これに対し根抵当権者・債権者は回口頭弁論期日における答弁書の陳述を
もって，請求棄却の判決を求めるとともに，確定債権50万円の取得及びこ
れに基づく各登記の有効なことを主張したのであって，これによって根抵
当権者・債権者の売掛代金債権についての権利行使がされたものと認めら
れないことはなく，このような場合においては，根抵当権者・債権者の答
弁書に基づく主張は，裁判上の請求に準じるものとして，売掛代金債権に
つき消滅時効中断の効力を生じるものと解するのが相当である（最一小判
昭44・11・27民集23巻11号2251頁，裁判集民97号603頁，判タ242号173頁，金判197号14
頁，判時578号46頁，金法569号24頁）。

■ 共有物分割訴訟における共有持分の主張の裁判上の請求への該当性

　　準備手続期日において，自らの共有持分がある旨の主張をしたとき，そ
の共有持分の主張は，その主張が認められた場合においては，裁判上の請
求に準ずるものとして，民法第147条第 1 号の規定により，占有者の主張
する20年の取得時効を中断する効力を生じたものと解すべきであり，けだ
し，共有関係に基づく共有物分割請求訴訟は，その請求を認容する判決が
確定しても，これによって各持分自体について確定力を生ずるものではな
いが，その主張のとおり，持分を有することも肯定され，これを基礎とし
て，その請求が認容されるのであるから，その主張には，時効中断の関係
においては，共有持分に基づく裁判上の請求に準じ，これと同じ効力を伴
うものとするのが相当であるからである（最一小判昭44・12・18裁判集民97号
785頁，判時586号55頁）。

366

第3節　法定中断，停止（改正後：時効の完成猶予，更新）

■ 債権の一部についての訴訟の債権全部に対する裁判上の請求への該当性
（消滅時効）

　　1個の債権の一部についてのみ判決を求める趣旨を明らかにして訴えを
提起した場合，訴提起による消滅時効中断の効力は，その一部についての
み生じ，残部には及ばないが，その趣旨が明示されていないときは，請求
額を訴訟物たる債権の全部として訴求したものと解すべく，この場合に
は，訴えの提起により，当該債権の同一性の範囲内において，その全部に
つき時効中断の効力を生ずるものと解するのが相当である（最二小判昭45・
7・24民集24巻7号1177頁，裁判集民100号293頁，裁時553号11頁，判タ253号162頁，
判時607号43頁）。

■ 請求異議訴訟への応訴が裁判上の請求に該当しないとされた事例（消滅時
効）

　　請求異議訴訟に債権者が応訴した場合において，公正証書作成嘱託につ
いての代表権けん欠を理由に請求が認容され，当該債権の存否について実
体上の判断がされなかったときは，債権者の応訴は，裁判上の請求に準ず
る時効中断の効力は生じないものと解するのが相当である（最二小判昭48・
2・16民集27巻1号149頁，裁判集民108号221頁，判タ291号191頁，判時698号59頁，金
法679号38頁）。

■ 競売手続の利害関係人である債務者に対する決定正本の送達の裁判上の請
求への該当性（消滅時効）

　　他人の債務のために自己所有の不動産につき抵当権を設定した物上保証
人に対する競売の申立ては，被担保債権の満足のための強力な権利実行行
為であり，時効中断の効果を生ずべき事由としては，債務者本人に対する
差押えと対比して，彼此差等を設けるべき実質上の理由はなく，債権者よ
り物上保証人に対し，その被担保債権の実行として任意競売の申立てがさ
れ，競売裁判所がその競売開始決定をしたうえ，競売手続の利害関係人で
ある債務者に対する告知方法として同決定正本を当該債務者に送達した場
合には，債務者は，民法第155条により，当該被担保債権の消滅時効の中
断の効果を受けると解するのが相当である（最二小判昭50・11・21民集29巻10

第12章　取得時効の中断，完成猶予，更新

号1537頁，裁判集民116号499頁，判タ330号250頁，金判488号13頁，判時800号45頁，金法776号28頁）。

■ 民事執行法第50条の債権の届出が裁判上の請求に該当しないとされた事例（消滅時効）

　　民事執行法第50条の規定に従い不動産に対する強制競売手続において催告を受けた抵当権者がする債権の届出は，その届出に係る債権に関する「裁判上の請求」又は「破産手続参加」に該当せず，また，これらに準ずる時効中断事由にも該当しないと解するのが相当である（最二小判平元・10・13民集43巻9号985頁，裁判集民158号79頁，裁時1013号1頁，判タ713号69頁，金判833号3頁，判時1330号45頁，金法1241号29頁）。

■ 物上保証人所有の不動産を目的とする抵当権の実行としての競売の申立ての決定正本を債務者に送達することが裁判上の請求に該当しないとされた事例（消滅時効）

　　物上保証人所有の不動産を目的とする抵当権の実行としての競売の申立てがされ，執行裁判所が，競売開始決定をした上，同決定正本を債務者に送達した場合には，債務者は，民法第155条により，当該抵当権の被担保債権の消滅時効の中断の効果を受けるが，債権者が，主債務者の主債務についての連帯保証人の連帯保証債務を担保するために抵当権を設定した物上保証人に対する競売を申し立て，その手続が進行することは，主債務の消滅時効の中断事由に該当しないと解するのが相当である（最二小判平8・9・27民集50巻8号2395頁，裁判集民180号517頁，裁時1180号269頁，判タ922号204頁，金判1007号3頁，判時1581号57頁，金法1469号6頁）。

◎ **時効中断における既判力と再訴**

■ 時効中断のための同一の請求権に基づく再訴の適否（消滅時効）

　　給付訴訟において原告勝訴の判決が確定したときであっても事実上，強制執行をすることができない場合がなくはなく，このような場合に債権者において，その請求権が時効によって消滅することを防止しようとするには，その時効中断の挙に出るほかなく，しかも時効中断の方法に種々あったとしても，裁判上の請求（破産の申立てを包含する。）によらなければ到底

第3節　法定中断，停止（改正後：時効の完成猶予，更新）

その目的を達することができない場合もなくはなく，このような場合において，給付判決確定後における時効中断のためにする再訴は，権利の保護を裁判所に要求する利益があるといえ，先に確定した給付判決の目的である手形債権の消滅時効を中断しようとするため訴訟を提起することができる（大五民判昭6・11・24大民集10巻12号1096頁）。

Q 115 | 土地境界確定訴訟を提起することは，「裁判上の請求」に当たるか。

　土地境界（筆界）確定の訴訟を提起することは，「裁判上の請求」に当たる。

解説　自己の土地と隣地との間の境界（筆界）を，隣地所有者が無断で越境してブロック塀を築造し，隣地所有者が越境部分の土地の占有を継続している場合，越境されている土地の所有者が，隣地所有者に対して，所有権確認の訴訟を提起したり，所有権に基づいて返還請求の訴訟を提起したときは，「裁判上の請求」として，隣地所有者に進行中の取得時効は，民法改正前であれば中断し，民法改正後であれば完成が猶予される。

この場合の訴訟が，土地境界（筆界）確定の訴訟であったときについても，「裁判上の請求」に該当する。土地境界（筆界）確定訴訟は形式的形成訴訟であり，通常の訴訟と異なり，非訟事件と同様な性質を有し，処分権主義が制限されているため，原告が訴訟を提起する際には，請求の趣旨として単に「筆界の確定を求める」との記載をすれば足り，特定の筆界の線の存在を主張する必要もなく，弁論主義も適用されないため，当事者が主張しない事実も裁判所は判決の基礎とすることができ，当事者が主張する筆界に対する自白の拘束力もないため，裁判所は，当事者の主張にかかわらず自由に筆界を

第12章　取得時効の中断，完成猶予，更新

確定し，たとえ境界線が不明であっても，証明責任を果たしていないことを理由にして請求を棄却することができず，裁判所は必ず，特定の筆界が確定されることになるという特色がある。さらに，土地境界（筆界）確定の訴訟は，所有権そのものを対象とするものではなく，あくまでも，筆界，すなわち土地の原始境界（公法上の境界）を確定するものであり，所有権の及ぶ範囲としての所有権界（司法上の境界）を確定するものではない（所有権に関する既判力を有しない。）。しかしながら，土地境界（筆界）確定訴訟が原告にとって有利に確定すると，その越境による占有の違法性が明らかとなり，所有権と抵触する当該占有の状態を保護する必要もないことから，隣地所有者に進行中の取得時効は，民法改正前であれば中断し，民法改正後であれば完成が猶予される。

　土地境界（筆界）確定訴訟，所有権確認訴訟の他，土地の境界（筆界）に関連する手続としては，裁判所ではなく法務局又は地方法務局が取り扱う筆界特定制度がある（不登6章）。筆界特定とは，1筆の土地及びこれに隣接する他の土地について，筆界の現地における位置を特定すること（その位置を特定することができないときは，その位置の範囲を特定すること。）をいい（不登123条2号），土地の所有権登記名義人等は，筆界特定登記官に対し，当該土地とこれに隣接する他の土地との筆界について，筆界特定の申請をすることができる（不登131条）。その申請があったときは，筆界特定の申請の通知（不登133条），筆界調査委員の指定等（不登134条），筆界調査委員による事実の調査（不登135条），測量及び実地調査（不登136条），意見聴取等の期日（不登140条），筆界調査委員の意見の提出（不登142条）などの段階を経て，筆界特定登記官は，筆界調査委員の意見が提出されたときは，その意見を踏まえ，筆界特定をする（不登143条）。筆界特定制度には新たに筆界を創設する効力はなく，行政処分性を有せず，特定がなされた筆界特定に対して取消訴訟を提起することはできず，申請方式違背等による却下の場合は除いて，特定の内容に対する審査請求も認められないが，筆界特定によって特定された筆界は，相応の公の手続を経て，公に認定されたものであることから，高い証拠力を有し，社会的にも十分通用するものであるといえ，仮に，後日，当該筆界について土地境界

370

第3節　法定中断，停止（改正後：時効の完成猶予，更新）

（筆界）確定訴訟が提起された場合，判決によって特定された筆界が覆されることも否定はされないものの，筆界特定が適正であるならば，訴訟においても通常は，筆界特定と同様の判決がなされるものと考えられる。なお，不動産登記法には，筆界特定制度に関して取得時効の中断又は完成猶予・更新に関する規定は設けられていない。

また，いわゆるADRとして，土地の筆界が現地において明らかでないことを原因とする民事に関する紛争に係る裁判外紛争解決手続もある。裁判外紛争解決手続とは，訴訟手続によらずに民事上の紛争の解決をしようとする紛争の当事者のため，公正な第三者が関与して，その解決を図る手続をいい（裁判外１条），裁判外紛争解決手続のうち，民間事業者が，紛争の当事者が和解をすることができる民事上の紛争について，紛争の当事者双方からの依頼を受け，当該紛争の当事者との間の契約に基づき，和解の仲介を行う手続を民間紛争解決手続といい（裁判外２条１号），そのうち，法務大臣の認証を受けた業務として行う民間紛争解決手続を認証紛争解決手続という（裁判外２条３号・５条）。認証紛争解決手続には時効に関する特例があり，認証紛争解決手続によっては紛争の当事者間に和解が成立する見込みがないことを理由に手続実施者が当該認証紛争解決手続を終了した場合において，当該認証紛争解決手続の実施の依頼をした当該紛争の当事者がその旨の通知を受けた日から１か月以内に当該認証紛争解決手続の目的となった請求について訴えを提起したときは，時効の中断（民法改正後は，完成猶予（民法の一部を改正する法律の施行に伴う関係法律の整備等に関する法律44条））に関しては，当該認証紛争解決手続における請求の時に，訴えの提起があったものとみなされる（裁判外25条１項）。

仲裁手続についても時効に関する特例があり，仲裁手続における請求は，時効中断（民法改正後は，時効の完成猶予及び更新（民法の一部を改正する法律の施行に伴う関係法律の整備等に関する法律39条））の効力を生ずるが，当該仲裁手続が仲裁判断によらずに終了したときは，その効力を生じないとされる（仲裁法29条２項）。

第12章　取得時効の中断，完成猶予，更新

【判　例】

■土地境界確定訴訟の裁判上の請求への該当性

　　相隣地の一方の所有者が，その経界（境界）を越えて他人の所有に属する隣地を自己の所有地として占有する場合において，当該隣地の所有者が侵入者に対し両地間の経界確定の訴えを提起した以上，さらに，当該土地について，その所有権確定の訴えを提起しなくても，その占有に基づいて侵入者のために進行する所有権の取得時効は，ここに中断されたものと解することを相当とし，このような場合においては正当の権利者を保護すべき必要こそあれ，あえて当該権利と抵触する事実状態を重んじて，それに基づく取得時効を進行させるべき必要は何ら存在しないところであり，しかも，時効中断の事由である裁判上の請求は給付の訴えのみに限られることなく，確認の訴えをも包含し，経界確定の訴えを除外すべき理由はないが，もっとも，経界確定の判決が確定しても所有権権自体について確定力を生じないとはいえ，経界は，すなわち，これによって確定されるべく，したがって占有が経界を侵すものである場合，このような違法状態の存在もまた明瞭となるべきである故に，既に経界確定の訴えが提起された以上，そのような事実状態に基づく取得時効の中断を来すものとみなすことに妨げはなく，要するに，時効中断の事由である裁判上の請求は，民法の法意に考え，それを広義に解するを相当とし，必ずしも，常に時効により喪失することとなるべき権利それ自体について裁判を求めた場合にも限局することはできない筋合いとする（大三民判昭15・7・10大民集19巻16号1265頁）。

　（注）　筆界特定に関する詳細は，拙著『隣地』239頁以降を参照していただきたい。

第3節　法定中断，停止（改正後：時効の完成猶予，更新）

Q 116 | 改正後の「裁判上の請求等」に該当するものは，「裁判上の請求」の他，どのようなものがあるか。

A 支払督促，起訴前の和解，民事調停，家事調停，破産手続参加，再生手続参加，更生手続参加がある。

解説 改正後の「裁判上の請求等」に当たり，時効の完成が猶予されるものとしては，民事訴訟の提起などの「裁判上の請求」の他，支払督促，起訴前の和解，民事調停，家事調停，破産手続参加，再生手続参加，更生手続参加がある（改正後民法147条1項）。

これらは，改正前に規定されていた時効の中断事由で（改正前民法150条〜152条），改正後は，時効の完成猶予の事由とされた。

Q 117 | 改正後の「裁判上の請求等」による時効の完成猶予及び更新は，改正前の「裁判上の請求」による時効中断と，どこが変わったか。

A 改正前は「裁判上の請求」によって時効が中断したが，改正後は「裁判上の請求等」によって時効の完成が猶予されることになった。また，原告勝訴の判決が確定するなど確定判決又は確定判決と同一の効力を有するものによって権利が確定したときは，改正前は中断が確定し，中断した時効は，その勝訴の確定の時から新たに進行を始め，改正後は，時効は，その勝訴の確定の時から新たに進行を始める（時効の更新）。他方，原告の請求棄却の判決が確定するなど確定判決又は確定判決と同一の効力を有するものによって権利が確定しなかったときは，改正前は中断がなかったこととな

373

第12章　取得時効の中断，完成猶予，更新

り，時効期間の満了によって時効が完成し，改正後は，その判決の確定の時
から6か月を経過した時に時効が完成する。

解　説　　時効の中断とは，時効の進行が完全に止まることであり，新た
な占有の開始の時から新たな取得時効が進行することは格別，中
断以後，中断時に遡って従前進行していた時効が従前の進行期間を保ったま
ま（従前の進行期間を加算して）再び進行することはないということが原則である。
　改正前は，「請求」によって時効は中断したが，改正後は，「裁判上の請求
等」によって時効の完成が猶予されることとなった。ここで，時効の完成の
猶予とは，改正前の民法第158条から第161条の時効の停止と同義であり，時
効の進行は続くものの，時効の完成が一定期間延期され，これは，「裁判上
の請求等」があれば，その「裁判上の請求等」が終了（当該裁判が終了）する
までの間は時効が完成しないということを意味する。ただし，確定判決又は
確定判決と同一の効力を有するものによって権利が確定することなく，その
事由が終了した場合にあっては，その終了の時から6か月を経過するまでの
間は時効が完成しない（改正後民法147条1項）。さらに，改正後は，確定判決
又は確定判決と同一の効力を有するものによって権利が確定したときは時効
が更新され，時効は，その「裁判上の請求等」が終了（当該裁判が終了）した
時から新たに，その進行を始めることになる（改正後民法147条2項）。
　これに対し，改正前は，「裁判上の請求」があると時効は中断し，「裁判上
の請求」によって中断した時効は，裁判が確定した時から，新たにその進行
を始めるものの（改正前民法157条2項），訴えの却下（請求の棄却を含む。），又は
取下げの場合には中断の効力は生じなかったことになっていた（改正前民法
149条）。
　改正前，支払督促，起訴前の和解，民事調停若しくは家事調停の申立て，
破産手続参加，再生手続参加若しくは更生手続参加についても時効が中断し，
中断した時効は，その手続が終了した時から，新たにその進行を始めるもの
の（改正前民法157条1項），債権者が民事訴訟法第392条に規定する期間内（2
週間内）に仮執行の宣言の申立てをしないことによりその効力を失うとき（改

374

第3節　法定中断，停止（改正後：時効の完成猶予，更新）

正前民法150条），起訴前の和解，民事調停若しくは家事調停の申立てについては，相手方が出頭せず，又は和解若しくは調停が調わないときにおいて1か月以内に訴えを提起しないとき（改正前民法151条），破産手続参加，再生手続参加若しくは更生手続参加については，債権者がその届出を取り下げ，又はその届出が却下されたときは（改正前民法152条），時効の中断の効力を生じなかった。

　これらを整理すると，改正の前後を通じて大差はなく，「裁判上の請求等」があり，裁判（確定判決又は確定判決と同一の効力を有するもの）によって時効を否定する者の権利が確定したときは時効は完全に止まったが（その時期は，改正の前後で異なる。），裁判（確定判決又は確定判決と同一の効力を有するもの）によって時効を否定する者の権利が確定しなかったときは時効が止まることにはならず，進行することとなる（時効の完成の時期は，改正の前後で異なる。）。

　次に，土地所有者を原告とし，土地占有者を被告として，その占有開始から満19年後に所有権に基づく返還請求の訴訟を提起し，満21年後に当該訴訟が終了した場合において，土地占有者の長期取得時効の進行が民法改正の前後において，どのようになるか，図解してみる。

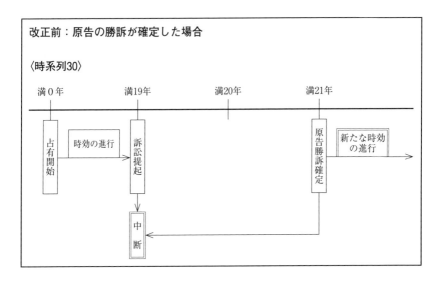

第12章 取得時効の中断，完成猶予，更新

　ここでは，訴訟提起の時に被告の取得時効が中断し，原告の勝訴が確定することをもって，その訴訟の提起の時において中断も確定し，中断した時効は，その勝訴の確定の時から新たに進行を始める。この場合，従来の取得時効は完成せず，新たな時効の進行に引き継がれることもない。

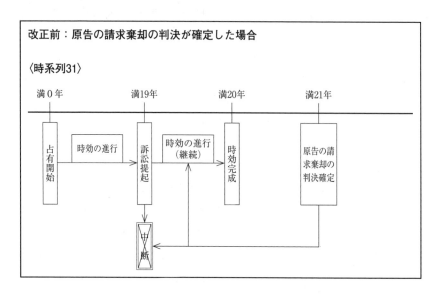

　ここでは，訴訟提起の時に被告の取得時効が中断したが，原告の請求を棄却する判決が確定したため，その訴訟の提起の時において中断がなかったこととなり，その結果，占有開始から満20年の経過をもって時効が完成する。この訴訟が却下され，又は取り下げられたときも同様である。

第3節　法定中断，停止（改正後：時効の完成猶予，更新）

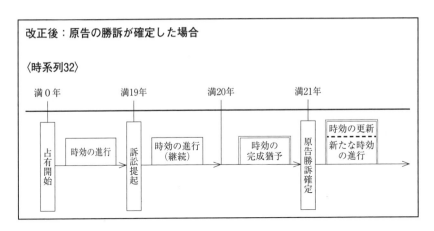

　ここでは，訴訟提起によって被告の取得時効の完成が猶予され，原告の勝訴が確定することをもって，その勝訴の確定まで，その時効の完成は猶予され，時効は，その勝訴の確定の時から新た進行が始まる（時効の更新）。この場合，従来の取得時効は完成せず，新たな時効の進行に引き継がれることもない。

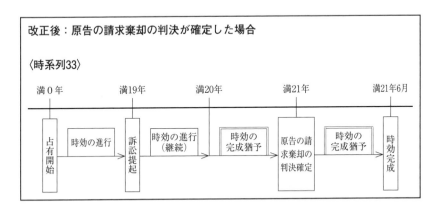

　ここでは，訴訟提起によって被告の取得時効の完成が猶予され，原告の請求を棄却する判決が確定したため，さらに，その勝訴の確定の時から6か月間，その時効の完成が猶予され，その結果，その6か月の経過をもって時効が完成する。この訴訟が却下され，又は取り下げられたときも同様である。

377

第12章　取得時効の中断，完成猶予，更新

【判　例】
◎　請求棄却の場合の時効中断の効力
■請求棄却による時効中断の効力の消滅
　　民法第149条にいう訴えの却下とは，訴えが訴訟手続違背又は管轄違い等のため却下された場合と，請求が根本的棄却された場合とを包含し，これは，まったく裁判上の請求によって時効中断の効力を生じさせるには必ずや，その請求が是認され，その請求手続の遂行されたことを要し，請求の棄却，すなわち請求が是認されなかったことは，その結果は訴えの取下げといささかも変わるところはない（大二民判明42・4・30民録15輯439頁）。

Q 118　改正前の「催告」による時効の中断は，改正後は，どのように変わったか。

　改正後は，「催告」によって，時効の完成が猶予されるとされた。

解説　「催告」とは，「裁判上の請求」に当たらない「請求」をいい，通常，裁判外の「請求」を指す。催告，請求，督促など名義を問わず，時効進行中の者に対して，時効の成立を阻止しようとするべき者が，その権利を裁判外で主張，要求することであり（相手方の承認は不要），書面（特に，配達証明付き内容証明郵便とすることが立証の面から有益であろう。）でする場合だけでなく，口頭や，黙示によるものであっても差支えない。
　また，裁判内で行った請求であっても，「裁判上の請求」に該当しない場合には，「催告」に該当し得る。
　改正前にあっては，「催告」によって時効が中断するものの，6か月以内に「裁判上の請求」などの他の時効の中断事由に当たる行為をしなければ時

第3節　法定中断，停止（改正後：時効の完成猶予，更新）

効中断の効力を生じないとされていたところ，改正後は，「催告」によって，その時から6か月を経過するまでの間は時効は完成しないとされたが，改正の前後において，結論は変わらない。この6か月の起算点は催告があった時，つまり，催告が到達した時である。

また，改正後は明文化されているが，催告によって時効の完成が猶予されている間にされた再度の催告は時効の完成猶予の効力を有しないこと，つまり，催告から6か月以内に催告を繰り返しても時効の中断の時期が延長されないことは，改正の前後を通じて変わらない。

> 関連条文：民法第153条（催告）→第150条（催告による時効の完成猶予）→改正前，改正後14頁へ

【判　例】

◎　催　告

■清算人に対する請求の申出の催告への該当性

　会社の清算の場合，清算人の催告に応じて債権者がする請求の申出は，裁判外の請求にほかならず，知れたる債権者であると，知れない債権者であるとを問わず，請求の申出をしたときは，債権の時効は中断する（大判大6・10・13民録23輯1815頁，『注釈(5)』105頁）。

■家督相続回復請求の催告への該当性

　家督相続回復の請求権は，私法上の権利にして，裁判所に対してのみ請求することができるという規定はないため，裁判外においても請求することが，したがって，相続回復に関する催告も民法第153条所定の手続を履践する以上は時効中断の効力を生じる（大判昭7・9・22新聞3463号13頁，『注釈(5)』104頁）。

◎　催告の性質

■催告による時効中断と催告における承認行為の要否

　裁判外の請求，すなわち催告は，6か月内に裁判上の請求などの他の時効の中断事由に当たる行為をしなければ時効中断の効力を生じないことは

第2編　不動産の時効取得

379

第12章　取得時効の中断，完成猶予，更新

民法第153条に規定するところであり，債権者が単に催告をした事実があったとて，直ちに中断されるものではなく，督促の都度，時効の有効に中断することはなく，督促は債務者が支払いを促す行為にして，催告に外ならず，債務者の承認行為を包含しないことは多言をまたない（大二民判大8・6・30民録25輯1200頁）。

■催告の繰り返しによる時効中断の時期の延長の適否
　　催告は，6か月以内に民法第153条所定の措置を講じなければ，時効の中断の効力を生じないのであって，消滅時効期間が経過した後，その経過前にした催告から6か月以内に再び催告をしても，第1の催告から6か月以内に民法第153条所定の措置を講じなかった以上は，第1の催告から6か月を経過することにより，消滅時効が完成するというべきであり，この理は，第2の催告が明示的一部請求の訴えの提起による裁判上の催告であっても異なるものではない（最一小判平25・6・6民集67巻5号1208頁，裁時1581号188頁，判タ1390号136頁，金判1422号8頁，判時2190号22頁，金法1985号140頁，登情627号96頁）。

◎　催告と猶予の要求
■催告に対して請求権の存否につき調査のため猶予を求めた場合の時効期間
　　支払を催告に対し，請求権の存否につき調査のため猶予を求めた場合には，民法第153条所定の6か月の期間は，その猶予を求めた者から何分の回答があるまで進行しないものであり，したがって，回答がある前になされた訴えの提起によって，その請求権につき時効中断の効力を生じたものと解した判断は正当である（最二小判昭43・2・9民集22巻2号122頁，裁判集民90号223頁，判タ221号113頁，判時515号58頁）。

◎　裁判上の催告
■裁判上の催告について時効中断の効力と中断の存続
　　訴訟において留置権の抗弁を提出する場合，かかる抗弁中には被担保債権の履行さるべきものであることの権利主張の意思が表示されているものということができ，留置権の主張は裁判上の請求としての時効中断の効力は有しないが，訴訟係属中継続して時効中断の効力を有するものである

（最大判昭38・10・30民集17巻9号1252頁，裁判集民68号653頁，裁時388号3頁，判時352号10頁）。

■ **訴訟物を異にする訴訟における請求が裁判上の催告として認められた事例**

　不法に着した預金払戻金及び株券売却代金につき相続分に相当する金額の返還の請求することは，損害賠償請求と経済的に同一の給付を目的とする関係にあるということができるから，損害賠償を求める訴えの提起により，訴訟の係属中は，着服金員相当額についての不当利得返還を求める権利行使の意思が継続的に表示されているものというべきであり，不当利得返還請求権につき催告が継続していたものと解するのが相当であり，そして，第一審口頭弁論期日において，不当利得返還請求を追加したことにより，その請求権の消滅時効につき中断の効力が確定的に生じたものというべきである（最一小判平10・12・17裁判集民190号889頁，裁時1234号5頁，判タ992号299頁，金判1065号29頁，判時1664号59頁，金法1542号59頁）。

■ **訴訟物を異にする訴訟における請求が裁判上の催告として認められなかった事例**

　訴訟における当初の請求は，建物所有権に基づく妨害排除請求権を行使して登記の抹消登記手続を求めるものと解されるのに対し，訴え変更後の請求は，請負契約に基づく履行請求権を行使して請負残代金の支払を求めるものであり，訴訟物たる請求権の法的性質も求める給付の内容も異なっているところ，そうすると，この訴訟の提起を請負代金の裁判上の請求に準ずるものということができないことはもちろん，登記の抹消登記手続請求訴訟の係属中，請負代金の支払を求める権利行使の意思が継続的に表示されていたということも困難であるから，その間請負代金について催告が継続していたということもできない（最一小判平11・11・25裁判集民195号377頁，裁時1256号353頁，判タ1018号204頁，金判1084号25頁，判時1696号108頁，金法1571号117頁）。

第12章　取得時効の中断，完成猶予，更新

Q 119 | 改正前の「差押え，仮差押え及び仮処分」による時効の中断は，改正後は，どのように変わったか。

　改正後は，「強制執行等」による時効の完成猶予及び更新，「仮差押え等」による時効の完成猶予とされた。

解説　改正前は「差押え，仮差押え及び仮処分」が時効の中断事由とされていたものが，改正後は「強制執行等」として「強制執行」，「担保権の実行」，「担保権の実行としての競売の例による競売」，「財産開示手続」があった場合，「仮差押え等」として「仮差押え」，「仮処分」があった場合は，時効の完成が猶予されることとなった。「強制執行等」があれば，その「強制執行等」が終了（当該手続が終了）するまでの間は時効が完成せず，ただし，申立ての取下げ又は法律の規定に従わないことによる取消しによってその事由が終了した場合にあっては，その終了の時から6か月を経過するまでの間は時効が完成しない。さらに，改正後は，完成が猶予された時効期間は，申立ての取下げ又は法律の規定に従わないことによる取消しによって終了した場合を除いて，それらの手続が取消されることなく終了したときは更新され，その時から新たに，その進行を始めることとなる。

改正前は，「差押え，仮差押え及び仮処分」があると時効は中断し，「差押え，仮差押え及び仮処分」によって中断した時効は，手続が終了した時から，新たにその進行を始めるものの，権利者の請求により又は法律の規定に従わないことにより取り消されたときは，時効の中断の効力を生じなかったことになっていた。

改正後の「仮差押え等」の場合は，その終了した時から6か月を経過するまでの間は，時効は完成しないが，時効の更新はされない。

これらを整理すると，時効が完全に止まる時期，時効の完成の時期が異なることになるものの，改正の前後を通じて，概ね結論は変わらない。

なお，改正前，「差押え，仮差押え及び仮処分」は，時効の利益を受ける

第3節　法定中断，停止（改正後：時効の完成猶予，更新）

者に対してしないときは，その者に通知をした後でなければ，時効の中断の効力を生じないことが，改正後，「強制執行等」，「仮差押え等」は，時効の利益を受ける者に対してしないときは，その者に通知をした後でなければ，時効の完成猶予又は更新の効力を生じないとされたが，改正の前後を通じて，概ね結論は変わらない。時効の中断（時効の完成猶予又は更新）は，当該時効の中断（時効の完成猶予又は更新）の事由の生じた当事者及びその承継人との間においてのみ効力が生じるものであるが（Q123），差押え，仮差押え及び仮処分（強制執行等，仮差押え等）にあっては，その当事者に時効の利益を受ける者が含まれないもあることから，その時効の利益を受ける者に対して通知をしなければ時効の中断（時効の完成猶予又は更新）の効力が生じない。

関連条文：民法第147条（時効の中断事由），第154条（差押え，仮差押え及び仮処分），第155条→第148条（強制執行等による時効の完成猶予及び更新），第149条（仮差押え等による時効の完成猶予），第154条→改正前，改正後14，15頁へ

第2編　不動産の時効取得

【判　例】
◎　差押え

■配当要求の差押えへの該当性

　　不動産競売手続において執行力のある債務名義の正本を有する債権者がする配当要求は，差押え（民147条2号）に準ずるものとして，配当要求に係る債権につき消滅時効を中断する効力を生ずると解すべきである（最三小判平11・4・27民集53巻4号840頁，裁判集民193号275頁，裁時1243号151頁，判タ1002号133頁，金判1068号17頁，金判1066号10頁，判時1675号73頁，金法1552号40頁）。

◎　差押えによる時効中断

■差押えによる時効中断の時期

　　民法第147条の規定により差押えが時効中断の効力を生じるには執行に着手し，その手続を遂行することを要するものである（大二民判明42・4・30民録15輯439頁）。

383

第12章　取得時効の中断，完成猶予，更新

■ **差押えによる時効中断の効力の存続時期**

差押えによる時効の中断は，差押えをもってした強制執行の終了するまで継続し，その終了した時をもって民法第157条の中断の事由の終了した時とする（大一民判大 6・1・16民録23輯 1 頁）。

■ **差押えによる時効中断の時期**

民法第147条の規定により差押えが時効中断の効力を生じるには執行に着手し，その手続を遂行することを要し，差押えは執行に着手したときでなければ時効中断の効力を生じないと解すべきで，このように解することを相当とする（大一民判大13・5・20大民集 3 巻 5 号203頁）。

■ **差し押さえるべき財産がないことによる執行不能の場合の時効中断の効力の存否**

執達吏が債権者の委任を受けて，債務者の住所に臨み，差押えに着手したものの，差し押さえるべき物がなかったため執行不能に終わったときは，現に差押え手続は実施されたものであり，このため，強制執行の目的を達することができなかったとしても，時効中断の効力は生じるものと解するを相当とする（大一民判大15・3・25大民集 5 巻 4 号214頁）。

■ **執行停止の場合の時効中断の効力の存否**

執達吏が既に着手した執行手続を停止しても，執行の着手によって時効中断の効力を生じたものと解することを相当とする（大五民判昭16・9・19大民集20巻18号1164頁）。

■ **債務者の所在不明による執行不能の場合の時効中断の効力の存否**

差押えによる時効中断の効力が生ずるためには，執行債権者が執行吏に対し執行の委任をするだけでは足りず，執行吏において執行に着手することを要し，執行債権者から執行の委任を受けた執行吏が，債務名義に基づく金銭債権の強制執行として，債務名義表示の債務者の住所に臨んだところ，債務者の所在不明のため執行不能に終ったという事実関係のもとにおいては，時効中断の効力は生じないとした判断は，正当である（最二小判昭43・3・29民集22巻 3 号725頁，裁判集民90号857頁，判タ221号129頁，判時517号56頁，金法512号41頁）。

384

第3節　法定中断，停止（改正後：時効の完成猶予，更新）

■ **差押えの申立てが取り下げられ若しくは却下されたこと等による時効中断の効力の存否**

　不動産執行と動産執行とによって時効中断の効力が生ずる時期を別異に解すべき理由はなく，もっとも，動産執行の場合，その申立ての時に時効中断の効力が生ずるものと解すべきであるといって，現実に差押えがされることを要することはいうまでもないのであるから，当該申立てが取り下げられ若しくは却下されたことにより，又は債務者の所在不明のため執行が不能になったことにより，結局差押えがされなかつた場合には，動産執行の申立てによって一旦生じた時効中断の効力は，遡及して消滅することになるものと解すべきである（最三小判昭59・4・24民集38巻6号687頁，裁判集民141号623頁，裁時888号1頁，判タ526号138頁，金判696号3頁，判時1116号58頁，金法1064号61頁）。

◎　**仮差押えによる時効中断**

■ **仮差押えの登記の抹消と時効中断の効力の存続時期**

　仮差押えの登記は，当該建物が競落されたため，旧民事訴訟法第700条第1項第2の規定に基づいて抹消されたもので，その仮差押えが，権利者の請求によって取り消されたのでないのはもとより，権利者が法律の規定に従わなかったことによって取り消されたものでもなく，その仮差押の登記の抹消をもって，民法第154条所定の事由があったものとはいえないと解するのが相当であり，したがって，その仮差押えによる時効中断の効力は，その仮差押えの登記が抹消された時まで続いていたものというべく，その後，権利者が不動産強制競売の申立てをし，また，本訴において，当該債権の不存在確認を請求しているのに対し，権利者がその請求棄却を求めて争っていることが訴訟の経過上明らかであるから，当該債権の消滅時効は，いまだ完成していないものというべきである（最二小判昭59・3・9裁判集民141号287頁，判タ525号98頁，金判695号9頁，判時1114号42頁，金法1063号38頁）。

■ **仮差押解放金の供託により仮差押執行が取り消された場合の中断の効力**

　仮差押えによる時効中断の効力は，仮差押解放金の供託により仮差押執

385

第12章 取得時効の中断，完成猶予，更新

行が取り消された場合においてもなお継続するというべきであり，民法第157条第1項は，中断の事由が終了したときは時効中断の効力が将来に向かって消滅する旨規定しているところ，仮差押えの執行保全の効力は供託金取戻請求権の上に存続しているのであり，いまだ中断の事由は終了したとはいえないからである（最三小判平6・6・21民集48巻4号1101頁，裁判集民172号693頁，裁時1125号109頁，判タ865号131頁，金判959号3頁，判時1513号109頁，金法1406号13頁）。

■ 仮差押えによる時効中断の効力の存続時期と本案の勝訴判決との関係

　仮差押えによる時効中断の効力は，仮差押えの執行保全の効力が存続する間は継続すると解するのが相当であり，仮差押えの執行保全の効力が存続する間は仮差押債権者による権利の行使が継続するものと解すべきだからであり，また，民法第147条が，仮差押えと裁判上の請求を別個の時効中断事由と規定しているところからすれば，仮差押えの被保全債権につき本案の勝訴判決が確定したとしても，仮差押えによる時効中断の効力がこれに吸収されて消滅するものとは解し得ない（最三小判平10・11・24民集52巻8号1737頁，裁時1232号290頁，判タ990号127頁，金判1055号3頁，金判1058号13頁，判時1659号59頁，金法1535号55頁）。

Q 120 | 改正前の「承認」による時効の中断は，改正後は，どのように変わったか。

改正後は，「承認」による時効の更新とされた。

第3節　法定中断，停止（改正後：時効の完成猶予，更新）

解　説　改正前は「承認」が時効の中断事由とされ，中断された時効は，承認後，新たに進行が始まるとされていたものが，改正後は，権利の「承認」があった場合，時効が更新され，時効は，その時から新たに進行を始めるとされた。「承認」によって，時効の進行が完全に止まり，「承認」後，時効は，直ちに新たに進行を始めることは，改正の前後を通じて変わりない。

「承認」は，土地の占有者が，土地の所有者に対して，その所有者に所有権が存在していると認識していることを表示することであり（黙示の場合もあり得よう。），自己の時効が進行中の者が，時効の完成によって不利益を受けるべき権利者の権利の存在を認識していることを，その権利者に対して表示すること（時効の利益を受けるべき当事者の一方が，その相手方の権利の存在を認識している旨の観念の通知）をいう。承認の際，承認者は承認することによって時効が中断（更新）することを認識している必要はなく，その相手方が権利の行使をすることも必要とされない。

「承認」は，自己の時効が進行中の者が行う必要があるが，承認すべき相手方の権利について処分の行為能力，権限は必要なく，被保佐人，被補助人であっても単独で有効に承認することができる一方，管理の能力，権限は必要とされるため，未成年者，成年被後見人が単独で行った承認は，取り消すことができる。

「承認」があると，時効は，新たに進行が始まるため（従前の時効は完全に止まる。），その権利者に利益を生じる事実であり，その立証は，当然，権利者が行わなければならない。

> **関連条文**：民法第147条（時効の中断事由），第157条（中断後の時効の進行），第156条（承認）→第152条（承認による時効の更新）→改正前，改正後16頁へ

第2編　不動産の時効取得

第12章　取得時効の中断，完成猶予，更新

【判　例】
◎　承認の内容

■承認において時効中断の効果意思の要否

　　承認は，権利存在の事実を認識する相手方の一方的行為に過ぎず，権利者の何らの行為を要件とするものではなく，権利の行使がなくても，承認がなかったということはできない（大一民判大３・12・10民録20輯1067頁）。

■承認において時効中断の効果意思の要否

　　民法第156条によれば，時効中断の効力が生ずべき承認をするには，相手方の権利について処分の能力又は権限があることを必要とせず，単に管理の能力又は権限があることで十分であるため，親権者である母は，未成年者の子の法定代理人として子の負担する債務について，相手方に対して有効に承認の意思表示をすることができ，この場合，親族会の同意は必要とせず，また，民法第147条第３号における時効中断の効力を生じる承認とは，時効の利益を受けるべき当事者の一方が，その相手方の権利の存在を認識している旨の観念の通知であり，法律行為ではなく，承認には効果意思を必要としないことはもちろんである（大一民判大８・４・１民録25輯643頁）。

■何ら異議を述べないことの承認への該当性

　　相殺の意思表示をすることだけでは民法第147条第１号の請求に該当しないことはもちろん，これに対して，相手方が何らの異議を述べなかったというだけで，他の事実が伴わない限り，同条第３号の承認にも該当しないものする（大三民判大10・２・２民録27輯168頁）。

◎　承認者

■農業委員会の請求の認諾による取得時効の中断の有無

　　買収並びに売渡計画無効確認訴訟事件において，農業委員会の請求の認諾は，当該農地の被売渡人の時効の中断事由に該当するものではない（最三小判昭41・１・18訟月12巻４号463頁）。

■物上保証人のした承認による時効中断の有無

　　物上保証人が債権者に対し当該物上保証及び被担保債権の存在を承認し

第3節 法定中断，停止（改正後：時効の完成猶予，更新）

ても，その承認は，被担保債権の消滅時効について，民法第147条第3号にいう承認に当たるとはいえず，当該物上保証人に対する関係においても，時効中断の効力を生ずる余地はないものと解するのが相当である（最一小判昭62・9・3裁判集民151号633頁，判タ702号83頁，金判825号3頁，判時1316号91頁，金法1229号62頁）。

◎ 権利者の代理人に対する承認

■権利者の代理人に対する承認の有効性

　　債務の存在を認めることは，すなわち債務の承認であり，正当の意義において法律行為であるとはいえないといっても，性質の許す限り，法律行為に関する規定を準用するべく，したがって，民法第99条第2項の規定も，債権者の代理人に対する債務の承認に準用すべきものと解するを相当とし，であるならばすなわち，債権者の代理人に対してした債務の承認は，債権者本人に到達することを必要とせず，直ちに，時効中断の効力を生じるものというべきである（大一民判大10・3・4民録27輯407頁）。

■権利者の代理人でも機関でもない者に対する承認の有効性

　　権利者の代理人とも，機関とも認めがたい者に対する承認は，時効の中断を生じない（大判昭12・4・30判決全集4輯11号13頁，『注釈(5)』120頁）。

◎ 承認と行為能力

■準禁治産者の承認の有効性

　　時効中断の効力を生じる承認は，相手方の有する権利の存在を求める観念表示であるため，準禁治産者であっても，単独で承認することができ，保佐人の同意を得ること要しないことは，民法第156条の規定により明白である（大三民判大7・10・9民録24輯1886頁）。

■同意者の同意を得ない後見人の承認の有効性

　　後見人によって被後見人に代わって債務の承認をするには，親族会の要しないと解するのを相当とする（大二民判大8・5・12民録25輯851頁）。

■未成年者の承認の有効性

　　債務承認が有効であるためには，承認者が相手方の権利について管理の能力があることを要することは，民法第156条に照らして疑いないとこ

389

第12章　取得時効の中断，完成猶予，更新

ろ，未成年者は意思能力を有する場合においても自己の財産に関し，単独で完全な効力のある行為をすることはできないことを原則とし，したがって，その有する金銭債権に関する行為であっても，法定代理人によってする，若しくは，その同意を得て自らする場合の外，取り消すことができることを原則とする（大五民判昭13・2・4大民集17巻2号87頁）。

◎　承認と立証責任
■　権利者による承認の立証責任の要否

　債務者が承認したかは，それを主張する債権者において立証の責に任ずべきは当然である（大三民判大7・11・2民録24輯2117頁）。

◎　裁判手続における承認の効力
■　裁判手続における承認の効力の存続

　時効中断事由としての承認はなんら特別の方式を必要としないものであるから，調停申立てにおいてなされた債務承認による時効中断の効力は，調停が成立しなかったという手続上の理由をもって消滅すべきものではないと解され，のみならず，この場合の時効中断の効力は調停が終了するまで存続し，その間新たな時効は進行しないと解すべきである（東京高判昭36・2・27下民12巻2号381頁，東高民時報12巻2号34頁）。

Q 121　時効完成後に承認があったときは，時効完成前に遡って時効が中断（更新）するか。

A　既に完成した時効が中断（更新）することはないが，将来に向かって時効の援用権を放棄したこととなる。

解説　　「承認」は，時効期間の進行中（時効の完成前）に行われるものであるため，時効期間が満了した後に承認しても，既に完成した

第3節　法定中断，停止（改正後：時効の完成猶予，更新）

時効が中断（更新）するものではないことはもちろんである。ただ，時効の利益を受けるか否かは，その時効を完成した者の任意であり，その時効を援用するか否かは，その者の意に任される。援用をすると，完成した時効による利益を受けることができ，反対に，相手方の権利を承認すると既に完成した時効による利益を放棄したこととなり，援用権を放棄することになる。

　一方，時効の利益は，あらかじめ放棄することはできない。これは，時効の完成前にあっては，時効によって受けることとなるべき利益を放棄することができないという意味である。時効の完成前の「承認」は時効の中断（時効の更新）の効力が生じ，進行中の時効の利益を放棄したともいえるが，この場合も，「承認」後に新たに進行を始める時効についての利益を放棄したことにはならない。

　時効完成後の承認をした以上，時効完成の事実を知らなかったときでも，以後，完成した時効の援用をすることはできないが，その承認以後，再び，新たな時効期間の進行することは否定されない（新たな時効について，その完成後の援用は否定されない。）。

関連条文：民法第146条（時効の利益の放棄）→12頁へ

【判　例】
◎　時効の援用の撤回
■時効の援用の撤回の自由
　　時効の援用は訴訟法上の防御方法であるに過ぎないため，援用するか否かは時効の利益を受ける当事者が任意に取捨することができるところであり，一旦，援用しても，いつでも任意に撤回することができる（大一民判大8・7・4民録25輯1215頁）。
◎　時効完成後の承認
■時効完成後の承認後の援用の可否
　　債務者が，自己の負担する債務について時効が完成したのちに，債権者

に対し債務の承認をした以上，時効完成の事実を知らなかったときでも，爾後その債務についてその完成した消滅時効の援用をすることは許されないものと解するのが相当であり，けだし，時効の完成後，債務者が債務の承認をすることは，時効による債務消滅の主張と相容れない行為であり，相手方においても債務者はもはや時効の援用をしない趣旨であると考えるであろうから，その後においては債務者に時効の援用を認めないものと解するのが，信義則に照らし，相当であるからであり，また，かく解しても，永続した社会秩序の維持を目的とする時効制度の存在理由に反するものでもない（最大判昭41・4・20民集20巻4号702頁，裁判集民83号251頁，裁時448号1頁，判タ191号81頁，金判7号12頁，判時442号12頁，金法441号6頁）。

■ 時効完成後の承認後の援用の可否

債務者が消滅時効の完成後に債権者に対し当該債務を承認した場合には，時効完成の事実を知らなかったときでも，その後その時効の援用をすることが許されず，これは，すでに経過した時効期間について消滅時効を援用しえないというにとどまり，その承認以後再び時効期間の進行することをも否定するものではなく，また，時効完成後の債務の承認がその実質において新たな債務の負担行為にも比すべきものであることに鑑みれば，これにより，従前に比して債務者がより不利益となり，債権者がより利益となるような解釈をすべきものとはいえないからである（最一小判昭45・5・21民録24巻5号393頁，裁判集民99号181頁，判タ249号148頁，金判218号2頁，判時595号50頁，金法586号36頁）。

第3節 法定中断,停止(改正後:時効の完成猶予,更新)

Q 122 「裁判上の請求等」,「催告」,「強制執行等」,「仮差押え等」,「承認」以外で,改正後に,新たに時効の完成猶予の事由とされたものは,どのような事由か。

 時効の完成の事由として,「協議を行う旨の合意」が定められた。

解説 改正前の時効の「請求」,「差押え,仮差押え又は仮処分」,「承認」に相当する改正後の「裁判上の請求等」,「催告」,「強制執行等」,「仮差押え等」,「承認」以外に,改正後には,新たに,「協議を行う旨の合意」が時効の完成猶予の事由とされた。

これは,改正前において,例えば,土地の取得時効の進行中に,その所有者と,その占有者が,裁判によらずに,その権利について話し合い(協議)を持っていたとしても,他の中断事由がない限り,時効が中断することにはならなかったが,改正後は,このように当事者間で話し合い(協議)を持たれているときには,新たに,時効の完成を猶予しようとするものである。

改正後,権利についての「協議を行う旨が合意」されると,時効の完成が猶予されるが,この合意は,書面(電磁的記録(電子的方式,磁気的方式その他人の知覚によっては認識することができない方式で作られる記録であって,電子計算機による情報処理の用に供されるものをいう。)を含む。)でされなければならず,その書面による合意がされたときは,その合意があった時から1年を経過した時,その合意において当事者が協議を行う期間(1年に満たないものに限る。)を定めたときは当該期間を経過した時,又は,当事者の一方から相手方に対して協議の続行を拒絶する旨の通知が書面(電磁的記録(電子的方式,磁気的方式その他人の知覚によっては認識することができない方式で作られる記録であって,電子計算機による情報処理の用に供されるものをいう。)を含む。)でされたときは当該通知の時から6か月を経過した時の,いずれか早い時までの間は,時効は,完成しないとされた。つまり,その書面による合意があれば時効の完成は猶予され

393

第12章 取得時効の中断，完成猶予，更新

るが，結局，一定の期間内に協議が調わなかったときは，他の時効の完成猶予又は更新の事由がない限り，その期間の経過をもって時効が完成する。

これにより，時効の完成が猶予されている間に，再度，その書面による合意がされたときは，さらに時効の完成が猶予されるが，再度の猶予は，時効の完成が猶予されなかったとすれば時効が完成すべき時から通じて5年を超えることができないとされた。

仮に，「催告」によって時効の完成が猶予されている間に「協議を行う旨が合意」がされたとしても，あるいは，「協議を行う旨が合意」によって時効の完成が猶予されている間に「催告」があったとしても，時効の完成は猶予されない。

関連条文：（新設）→民法第151条（協議を行う旨の合意による時効の完成猶予）
　　　　→改正後15頁へ

Q 123 改正前の時効の中断の効力が及ぶ者の範囲は，改正後の時効の完成猶予又は更新の効力が及ぶ者の範囲と変わらないか。

 時効の中断の効力が及ぶ者の範囲と時効の完成猶予又は更新の効力が及ぶ者の範囲に，変わりはない。

解説 改正前，時効の中断は，その中断の事由が生じた当事者及びその承継人の間においてのみ効力を有したところ，改正後は，時効の完成猶予又は更新は，それらの事由が生じた当事者及びその承継人の間においてのみ効力を有するとされたが，改正の前後を通じて，内容に変わりはない。

394

第3節　法定中断，停止（改正後：時効の完成猶予，更新）

　例えば，共有地が占有され，占有者の取得時効が進行中に，その土地の共有者の一人が訴訟の提起（勝訴確定）などの時効の中断（時効の完成猶予又は更新）に該当する行為を行った場合は，その時効の中断（時効の完成猶予又は更新）の効力は，その他の共有者に及ばないため，時効完成をもって，占有者は他の共有者に対しては取得時効を援用することができ，その結果，当該土地は，占有者と時効の中断（時効の完成猶予又は更新）を生じた共有者の共有に帰することとなる。

　なお，代理占有によって取得時効が進行中に，代理占有者に対して訴訟の提起（勝訴確定）などの時効の中断（時効の完成猶予又は更新）に該当する行為を行った場合は，占有の本人も時効中断の当事者に包含されるため，その時効の中断（時効の完成猶予又は更新）の効力は，占有の本人に対しても及ぶ。

関連条文：民法第148条（時効の中断の効力が及ぶ者の範囲）→第153条（時効の完成猶予又は更新の効力が及ぶ者の範囲）→改正前，改正後13頁へ

【判　例】

◎　時効の中断の及ぶ範囲

■共有者の一人による時効中断の効力の及ぶ範囲

　　共有者が他人に対し，共有物の全体につき提起する共有権確認の訴は，民法第252条の保存行為には属せず，そのため各共有者は随意に，その持分を処分することができ，各自持分について裁判上の主張をして，もって自己の持分に関する時効を中断することができる（大三民判大8・5・31民録25輯946頁）。

■地上権者に対する時効中断の効力の及ぶ範囲

　　地上権者の占有で，地上権については自己のためにするものであると同時に，所有権については占有者本人のために代理占有している以上は，係争土地の取得時効は占有者本人のために依然進行するべきもので，その完成前にあっては，訴訟を提起し，自己の所有権を主張して地上権者に対し，その占有する土地の明渡しを請求する場合は，係争土地の取得時効は中断

第12章 取得時効の中断, 完成猶予, 更新

し，これは，地上権者に対する明渡し請求は，同時に占有者本人に所有権の行使を発現するものに外ならず，その者の取得時効が中断の効力を当事者及びその承継人以外の第三者に及ぼすことには当たらない（大二民判大10・11・3民録27輯1875頁）。

■ 自作農創設特別措置法に基づく買収について，買収処分取消訴訟の，土地の所有権の取得時効に対する中断の効力の有無

　自作農創設特別措置法に基づき土地の買収及び売渡しがされた場合にも，当該土地の売渡しを受けて占有者となった者につき当該土地所有権の取得時効がその進行を開始しうるものというべきであり，また，その時効は，被買収者が当該土地の買収計画または買収処分につき取消訴訟を提起したことによって，中断されるものではないと解するのが相当であり，行政処分の取消訴訟は，行政庁を被告として提起されるものであって，当該土地の占有者である売渡しの相手方を被告として提起されるものではないから，同人に対する関係で当然に，その時効を中断する効力を有するものと解することはできないからであり，このことは，この取消訴訟における取消判決の効力が第三者たる売渡しの相手方にも及ぶこととされていることによって，なんら影響を受けるものではない（最三小判昭47・12・12民集26巻10号1850頁，裁判集民107号341頁，判タ288号204頁，判時692号34頁）。

Q 124 改正前の未成年者に対する時効の停止は，改正後は，どのように変わったか。

　内容に変わりはないが，時効の停止は，時効の完成猶予と呼ばれることとなった。

第3節　法定中断，停止（改正後：時効の完成猶予，更新）

解説　　時効の期間の満了6か月以内の間に，未成年者に法定代理人が
ないときは，その未成年者が行為能力者となった時又は法定代理
人が就職した時から6か月を経過するまでの間は，その未成年者に対して，
時効は完成せず，未成年者が，その財産を管理する父，母に対して権利を有
するときは，その未成年者が行為能力者となった時又は後任の法定代理人が
就職した時から6か月を経過するまでの間は，その権利について，時効は完
成しない。これは，改正の前後を通じて変わりはないが，改正前に時効の停
止と呼ばれていたものが，改正後は時効の完成猶予と呼ばれることになった。
　例えば，未成年者所有の土地が，他人に占有され，取得時効の完成が間近
となった場合，その未成年者に法定代理人がいなければ，適切に時効の中断
（時効の完成猶予及び更新）をすることができないところ，この規定によって，
時効の完成が猶予され，その間に時効の中断を行うことで，未成年者の権利
の保護に著しい支障が生じること防止することができる。成年被後見人に対
する時効についても，同様である。
　時効の停止と時効の完成猶予とは同義であり，あくまでも時効の完成の猶
予であり，時効の進行は続くものの，時効の完成が一定期間延期され，その
6か月を経過するまでの間は時効が完成しないということを意味する。この
場合，時効の停止の期間（時効の完成猶予の期間）は，進行中の時効期間に算
入される（時効期間そのものが延期されるわけではない。）。
　未成年者又は成年被後見人に対する時効の場合のほか，夫婦間の権利の時
効，相続財産に関する時効についても，改正前の時効の停止は，改正後は時
効の完成猶予と呼ばれる。

関連条文：民法第158条（未成年者又は成年被後見人と時効の停止）→第158条
（未成年者又は成年被後見人と時効の完成猶予）→改正前，改正後17頁へ
第159条（夫婦間の権利の時効の停止）→第159条（夫婦間の権利の時効の完
成猶予）→改正前，改正後17頁へ
第160条（相続財産に関する時効の停止）→第160条（相続財産に関する時効
の完成猶予）→改正前，改正後18頁へ

第2編　不動産の時効取得

第12章　取得時効の中断，完成猶予，更新

【判　例】
◎　時効停止期間中の時効の進行
■時効停止期間中の時効の進行の有無
　民法は，時効の終においてのみ，特に停止を認めるに過ぎず，時効進行の途中，時効停止の日数を，時効期間の計算に算入するべきではないとすることは当たらない（大三民決昭3・3・31大民集7巻3号180頁）。
◎　相続財産管理人の選任と時効の完成
■相続財産管理人が選任された場合の時効完成の時期
　相続人確定又は管理人選任なき限り相続財産に属する権利及び相続財産に対する権利については時効完成はあり得ないのであり，それ故相続人確定又は管理人選任前たとえ相続財産たる不動産を10年間所有の意思をもって平穏且公然，善意無過失に占有したとしてもこれによって取得時効が完成することはないところ，相続財産管理人が選任されたならば，その後6か月内に時効中断の事由のあったことが主張立証されない以上，その後6か月を経過した時に，取得時効完成したものと認むべきである（最二小判昭35・9・2民集14巻11号2094頁，家月12巻12号65頁，判タ110号55頁，判時236号18頁）。

Q 125　改正前の天災等による時効の停止は，改正後は，どのように変わったか。

A　時効の停止は，時効の完成猶予と呼ばれることとなり，完成が猶予される期間が2週間から3か月に延長された。

解説　天災等による時効についても，改正前の時効の停止は，改正後は時効の完成猶予と呼ばれる。
　ただし，時効の期間の満了の時に当たり，天災その他避けることのできな

398

第3節　法定中断，停止（改正後：時効の完成猶予，更新）

い事変のため時効を中断することができないときは，改正前は，その障害が
消滅した時から2週間を経過するまでの間は時効は完成しないとされていた
ものが，改正後は，「裁判上の請求等」又は「強制執行等」に係る手続を行
うことができないときは，その障害が消滅した時から3か月を経過するまで
の間は時効は完成しないとされた。

> **関連条文**：民法第161条（天災等による時効の停止）→第161条（天災等による
> 時効の完成猶予）→改正前，改正後18頁へ

第13章 占有物の返還

第1節 果実の返還

> **Q 126** 借地されている土地を自己の所有であると誤信して占有し，借地料を受け取っていた場合に，真の所有者から土地の返還を求められた訴訟で敗訴が確定したときは，当該土地を返還する際には受領済みの借地料をも返還しなければならないか。

 原則として，土地返還訴訟の提起以後の借地料は返還しなければならない。

解説 占有者が占有物を占有していたが，真の権利者から占有物の返還を求められ，その返還訴訟において敗訴が確定した場合は，当然のことながら，占有者の占有は占有の当初から不法占有とされ，占有物を真の権利者に返還するとともに，占有物から生じた果実（例えば，受領済みの借地料）をも返還しなければならない。

ただ，占有の効力として，善意の占有者の場合には，一定の場合に果実の取得が認められている。

なお，善意の占有者とは，所有者や地上権者のように果実を取得する権利を有するものと誤信して開始した占有者のことであり（Q22），留置権者のようにそもそも果実を取得する権利を有さない権利者としての善意の占有者にまで果実取得権が認められるわけではないが，善意には過失の有無は問わず，その善意の時期の基準は天然果実にあっては元物から分離する時（法定果実については善意占有の期間を日割）となる（『注釈(7)』108頁）。また，占有者は善意であることが推定されている（Q30）。

400

第1節　果実の返還

関連条文：民法第189条（善意の占有者による果実の取得等）→21頁へ

　これにより，借地されている土地を自己の所有であると誤信して占有し，借地料を受け取っていた場合に，真の所有者から土地の返還を求められて，敗訴が確定したときは，不法占有とされることには変わりないので，当該土地を返還しなければならないことは当然であるが，受領済みの借地料については原則として占有者が取得することができ，その返還を要しない。ただ，その土地の返還請求のような本権の訴訟において敗訴が確定したときは，その訴訟提起の時から悪意の占有者とされるため，借地料は，その訴訟提起の時までの分は占有者が取得することができるが，提起の時からの分は権利者に返還しなければならないこととなる。

　取得の対象となる果実には天然果実，法定果実がある。

【判　例】

◎　**善意の占有者による果実の取得**

■**建物の賃料の善意占有者への帰属の是非**

　善意の占有者は占有物より生じる天然果実及び法定果実を取得することは民法第189条の規定するところなるが故に，占有者が建物を善意にて占有する場合は，たとえ，これより法定果実を生じるも，建物の所有者において取得することができないものとされ，つまり，所有者が当該建物を他に賃貸し，その賃料を収受することができないこととなるも，このような賃料は建物の法定果実であり，所有者は前記の規定により本来，取得することができないものであるため，所有者において不当に損害を被ったものということはできない（大二民判大14・1・20大民集4巻1号1頁）。

■**善意占有者について過失の及ぼす影響**

　民法第189条に規定するところの果実とは，いわゆる天然果実の他に，物を他に使用させ，その対価として受ける金銭その他の物及び広く物の利用による収益若しくは利得を包含するものと解すべく，したがって善意による占有が継続する限りは，過失の有無を論ぜず，占有物の使用収益によ

第2編　不動産の時効取得

第13章　占有物の返還

る利得は，すべて占有者に帰属する（東京控訴判昭12・12・27『注釈(7)』110頁）。

■ **本権の訴訟の敗訴者である占有者の不法行為における故意又は過失を認定することの是非**

　　本権の訴訟の敗訴者である占有者は，その起訴の時より悪意の占有者と看做されると解し，単にこれのみの理由で，占有者に故意又は過失を認めて不法行為の成立ありとしたことは，法律の解釈を誤り，審理不尽の違法あるを免れない（最一小判昭32・1・31民集11巻1号170頁，判タ68号83頁）。

■ **建物の賃料の善意占有者への帰属の是非**

　　善意の占有者は占有物から生ずる天然果実および法定果実を取得し得べきことは，民法第189条第1項の規定するところで，したがって占有者が自己に所有権があると信じて建物を占有する間は，その所有者が当該建物を使用する利益を受けるのは当然であって，その間，所有者が当該建物の使用収益をし得ないとしても，それは前記規定により，もともと所有者の取得できないものを取得しないというにすぎず，所有者は占有者の建物使用によって損失を被ったということはできない（東京高判昭33・3・31高民11巻3号188頁，東高民時報9巻3号53頁，判タ81号46頁）。

◎　**本権の訴え**

■ **所有権抹消登記請求訴訟**

　　善意の占有者に対する所有権抹消登記請求訴訟は，民法189条2項の「本権の訴え」に当たる（大二民判大14・1・20大民集4巻1号1頁）。

第 1 節　果実の返還

Q 127　借地されている土地を他人の所有であるとの疑いを有しながら占有し、借地料を受け取っていた場合に、真の所有者から土地の返還を求められた訴訟で敗訴が確定したときは、当該土地を返還する際には受領済みの借地料をも返還しなければならないか。

A　返還しなければならない。

解説

　Q126のとおり、善意の占有者の場合には、一定の場合に果実の取得が認められているが、もちろん、悪意の占有者には果実の取得権は認められないため、すべて返還しなければならない。

　果実の返還に際して、既に消費していたり、過失によって損傷していたときは、返還すべき果実の代価を支払わなければならず、また、その占有があったために、その間、真の権利者が収受することができなかったことに対する代価を支払わなければならない。

　善意の占有者であっても、暴行若しくは強迫（Q20）又は隠匿（Q21）によって占有している者については、悪意の占有者と同様の果実返還義務がある。

関連条文：民法第190条（悪意の占有者による果実の返還等）→21頁へ

【判　例】
◎　不法行為との関係
■悪意占有者に対する不法行為に関する原則の適用の是非
　民法第190条、第191条所定の場合について、同条の規定を適用して占有者の賠償責任を定めることを要するはもちろんであるといっても、このために、その他の場合について民法第709条の一般規定を適用して占有者の賠償責任を定めることは少しも妨げはなく、これらの場合において同条の

第13章　占有物の返還

規定を除外することは解釈の当を得たものとはいえない（大連判大7・5・18民録24輯976頁）。

■ **悪意占有者の不法行為における故意，過失の認定の有無**

　民法第189条第2項の規定は，占有の効力に関し，占有者が善意であるか，悪意であるかによって，法律上の効果を異にする場合に，本権の訴えの起訴の時より悪意を擬制したものに過ぎず，不法行為の要件である故意又は過失をも擬制するものではない（大四民判昭18・6・19大民集22巻13号491頁）。

■ **悪意占有者の不法行為における故意，過失の認定の有無**

　本権の訴訟の敗訴者は，その起訴の時より悪意の占有者と看做されると解し，単にこれのみの理由で，敗訴者に故意又は過失を認めて不法行為の成立ありとしたことは，法律の解釈を誤り，審理不尽の違法あるを免れない（最一小判昭32・1・31民集11巻1号170頁，判タ68号83頁）。

◎　**代価を償還させる理由**

■ **代価を償還させる理由**

　悪意の占有者が，真の権利者をして適当の時期に果実を収取することをさせなかったために，真の権利者に損害を加えた過失があるがゆえに，その損害を賠償させる旨趣にほかならない（大判明39・10・4民録11号41頁，『注釈(7)』113頁）。

◎　**遺留分減殺請求との関係**

■ **民法第1036条と第190条の関係**

　田畑より生ずべき天然果実（米，麦，大豆等）の代価の償還について，民法第1036条は，受贈者において「減殺の請求があつた日以後の果実」を返還すべきものとするが，同条は，元来，悪意占有者の果実返還義務及び消費した果実等の代価の償還義務を規定した同法第190条第1項の特則であって，減殺請求の意思表示の日をもって受贈者が悪意の占有者となった時とみるところに，同条の規定の趣旨があるものと解されるから，遺留分権利者は民法第1036条・第190条により減殺請求の日以後の果実の代価の償還を求めうるものというべきである（これを別異に解すれば，減殺請求の日

404

第1節　果実の返還

以後の果実所有権の侵害による損害賠償または不当利得の返還請求を認めるべきこととなろう。広島高岡山支判昭40・5・21高民18巻3号239頁，判タ178号112頁，判時414号35頁）。

◎　残代金請求との関係

■返還請求権と残代金の相殺の可否

　売買の目的物の引渡しにつき期限の定めがあり，売主が，その引渡しを遅滞したときであっても，その引渡しをするまでは，それを使用し，かつ果実を収得することができると同時に，代金の支払につき期限の定めがあり，買主が，その支払を遅滞したときはもちろん，同時履行の場合において買主が目的物の受領を拒み，遅滞に付されたときであっても，目的物の引渡しを受けるまでは，代金の利息を支払うことを要しないといえる（大連判大13・9・24大民集3巻10号440頁）。

第2編　不動産の時効取得

第13章　占有物の返還

第2節　占有物の滅失，既存

Q 128 | 借家されている建物を自己の所有であると誤信して占有していた場合に，真の所有者から建物の返還を求められた訴訟で敗訴が確定したときは，当該建物を返還する際に当該建物が占有中に毀損しているときには，損害も賠償しなければならないか。

原則として，損害の賠償をする必要はない。

解説　占有物が，占有者の責め（故意又は過失）に帰すべき事由によって滅失し，又は損傷したときは，その占有者が悪意であるときは，回復者である真の権利者に対して，その損害の全部を支払わなければならないが，その占有者が善意であるときは，残存しているもの（利益）を返還すれば足り，その損害を支払う必要はない。ただ，善意の占有者であっても賃借人としての占有のように他主占有であった者は，その損害の全部を支払わなければならないことはいうまでもない。

ここで，滅失又は損傷には，返還不能の場合も含まれる（『我妻』178頁，『注釈(7)』119頁）。

関連条文：民法第191条（占有者による損害賠償）→21頁へ

第3節　占有者による費用の償還請求

> **Q 129** 占有者が占有地を返還する際に，占有地について支出した費用は，回復者から償還してもらえるか。

保存費用の他，一定の費用の償還を回復者に請求することができる。

解説　占有者が，所有者など真の権利者に占有物を返還する場合には，占有物の保存費，必要費については，回復者である所有者などの真の権利者に償還させることができ（占有者が果実を取得したときは，通常の必要費は償還させることはできない。），改良費，有益費については，価格増加が現存する場合に限って，回復者の選択に従って，その支出した金額又は増価額を償還させることができる。

保存費とは占有物の原状を維持し，滅失，毀損を防止するための費用を，必要費とは管理のための費用，有益費とは占有物の改良のための費用や価値を増加させるための費用をいう。

関連条文：民法第196条（占有者による費用の償還請求）→19頁へ

【判　例】
◎　保存費，必要費，有益費
■保存費の範疇
　保存費とは，その物の原状を維持し，その滅失，毀損を防止するのに欠くことができない費用をいう（大判昭7・12・9裁判例6民334頁，『基本物権』68頁，『注釈(7)』237頁）。

■必要費の範疇
　必要費とは，公租公課のような管理に必要な費用をいう（大判大15・10・

407

第13章　占有物の返還

12評論全集16民129頁，『注釈(7)』237頁）。

■ **有益費の範疇**

　　田地に肥料を施すとか，建物の前の通路にコンクリート工事や花電灯の設備をすることの費用は，有益費であるといえる（大判昭5・4・26評論全集19民1313頁，『注釈(7)』238頁）。

■ **有益費の範疇**

　　商店の店頭の模様替えのために表入口を改装し，雨戸を新調する費用は，有益費であるといえる（大判昭7・12・9裁判例6民334頁，『注釈(7)』238頁）。

■ **保存費であると認められなかった事例**

　　当事者間に成立した売買につき，その代金の内金として支払われた金員は，買主に返還したとしても，その内金は支払いと同時に売主の所有に帰し，売主は，その金員に関し受寄者でもなく，また他人の物の占有者でもなく，しかもその所有者であることは，売買契約の合意解除によっていささかも影響されるものではないから，民法第665条，第650条もしくは同法第196条の適用又は準用をみる余地は全くない（最一小判昭28・1・8民集7巻1号1頁，裁判集民8号1頁，判タ28号44頁）。

◎　**賃借人が賃借建物を賃貸人でない所有者に返還する場合の必要費有益費の償還**

■ **賃借人が賃借建物を賃貸人でない所有者に返還する場合の民法第196条の適用の有無**

　　賃借人が，賃借建物を賃貸人でない所有者に返還する場合においても，これについて支出した必要費又は有益費をその回復者から償還させることができ，その償還を受けるまで当該建物の上に留置権を有することは，民法第196条，第295条により明らかであり，民法第608条は，賃借人が，賃借建物について必要費を支出したときは，賃貸借の終了をまたず直ちに，又有益費を支出したときは賃貸借の終了の時に，賃貸人に対し償還を請求し得べきものとして，専ら賃借人の利益を考慮した規定であって，物の占有者が建物の賃借人である場合には民法第196条の適用を排除し，賃借人は所有権に基いて建物の明渡を求める者に対しては償還を請求し得ないこ

408

とを定めた趣旨のものではない（東京高判昭29・11・15東高民時報 5 巻11号280頁）。

◎　有益費の支出と現存価値

■有益費を支出して増築した部分が滅失した場合の償還請求の可否

　民法第608条第 2 項，第196条第 2 項が，賃借人に有益費償還請求権を与えている法意は，賃借人が賃借物につき有益費を支出してその価値を増加させているときには，増加価値を保持したまま賃借物が返還されると賃貸人は賃借人の損失において増加価値を不当に利得することになるので，現存する増加価値を償還させることにあると解され，そうすると，増・新築部分が返還以前に滅失したときには，賃貸人が利得すべき増加価値もすでに消滅しているから，特段の事情のない限り，有益費償還請求権も消滅すると解すべきであり，このことは，賃借人が有益費償還請求権を行使したのち，返還以前に増・新築部分が滅失した場合でも変わりはない（最三小判昭48・7・17民集27巻 7 号798頁，裁判集民109号513頁，判タ299号293頁，判時715号48頁）。

◎　留置権との関係

■有益費償還請求権に基づく土地の留置権を主張することはできないとされた事例

　国が自作農創設特別措置法に基づき，農地として買収したうえ売り渡した土地を被売渡人から買い受け，その引渡しを受けた者が，土地の被買収者から買収・売渡処分の無効を主張され所有権に基づく土地返還訴訟を提起されたのち，当該土地につき有益費を支出したとしても，その後，買収・売渡処分が買収計画取消判決の確定により当初に遡って無効とされ，かつ，買主が有益費を支出した当時，買収・売渡処分の無効に帰するかもしれないことを疑わなかったことに過失がある場合には，買主は，民法第295条第 2 項の類推適用により，有益費償還請求権に基づき土地の留置権を主張することはできないと解するのが相当である（最一小判昭51・6・17民集30巻 6 号616頁，裁判集民118号113頁，裁時694号 1 頁，判タ339号260頁，金判506号 8 頁，判時821号114頁，金法806号33頁）。

第14章 所有権以外の財産権の時効取得

第1節 用益権の時効取得

> **Q 130** 地上権も時効取得することができることは，改正の前後を通して変わりないか。

A 自己のためにする意思をもって，平穏に，かつ，公然と行使する者が，20年間行使する，さらに，その行使の開始の時に，善意かつ無過失のである場合は10年間行使することで所有権以外の財産権を時効取得することができることは，改正の前後を通して変わりない。

解説 不動産に関して所有権だけでなく，所有権以外の財産権も取得時効の対象となり，平穏に，かつ，公然と行使する者は20年間の行使，さらに，その行使の開始の時に，善意かつ無過失のである場合は10年間の行使によって，その所有権以外の財産権を時効取得することができることは（民163条），改正の前後を通して変わっていない。

　財産権を行使するとは財産権を準占有することであり，これは所有権の場合の所持，占有に相当し，所有権以外の財産権が時効取得の対象となる。その所有権以外の権利が用益権であるときは，その準占有は他主占有となる。

　不動産に関して時効取得の対象となる財産権には，用益物権である地上権，永小作権があり（地役権についてはQ131），賃借権も，その対象となる。

　地上権など用益権は，自己のためにする意思をもって当該用益権を行使すること，すなわち，土地の継続的な用益という外形的事実が存在し，かつ，それが賃借の意思に基づくことが客観的に表現されていることを要件として，時効取得される。例えば，土地の所有者でない無権利者を所有者と信じて用益権設定契約を締結して他主占有を開始し，あるいは，土地の所有者と用益権設定契約をして他主占有したが，その用益権設定契約が無効であった場合

第1節　用益権の時効取得

などに，当該用益に係る権利を行使していたり，地代，賃料などを支払っていたり，設定登記をしていたりするなど，外形的に当該用益権の行使を継続することで，地上権などの用益権は時効取得の対象になる。

関連条文：民法第205条→24頁へ

【判　例】

◎　地上権の時効取得

■地上権の時効取得が否定されなかった事例

　　社寺有の地所に地上権の設定契約を締結して占有している者が地上権の短期取得時効を主張しているとき，明治6年第249号布告及び明治9年教部省達第3号は，神官僧侶及び氏子檀家において勝手に社寺有の地所建物を処分することを禁じ，所轄官庁の許可を得ない任意処分は無効とする趣旨であり，他人が時効によって地上権を取得するようなことは当該布告及び達の禁止するところではないため，所轄官庁の許可を受けていないことだけで，占有者が時効によって地上権を取得していないとはいえない（大二民判大元・10・30民録18輯931頁）。

◎　賃借権の時効取得

■継続的な用益という外形的事実等による賃借権の時効取得の認定と賃料の支払い

　　土地賃借権の時効取得については，土地の継続的な用益という外形的事実が存在し，かつ，それが賃借の意思に基づくことが客観的に表現されているときは，民法第163条に従い土地賃借権の時効取得が可能であると解するのが相当であり，土地使用の対価として賃料を支払って来た場合において賃借権享受の意思がなかったとするには，当然なんらかの説明を要するところであり，その事実の説示を欠くまま，賃借権の時効取得を否定した点において，審理不尽，理由不備の違法あることを免れない（最三小判昭43・10・8民集22巻10号2145頁，裁判集民92号483頁，判タ228号96頁，金判136号12頁，判時538号44頁）。

第14章　所有権以外の財産権の時効取得

■ **継続的な用益という外形的事実等による賃借権の時効取得の認定と無断転貸借**

　他人の土地の継続的な用益という外形的事実が存在し，かつ，その用益が賃借の意思に基づくものであることが客観的に表現されているときには，民法第163条により，土地の賃借権の時効取得を肯認することができるものと解すべきであり，そして，この法理は，他人の土地の継続的な用益がその他人の承諾のない転貸借にもとづくものであるときにも，同様に肯定することができるものと解すべきである（最三小判昭44・7・8民集23巻8号1374頁，裁判集民96号101頁，判タ238号116頁，金判179号9頁，判時567号47頁）。

■ **継続的な用益という外形的事実等による賃借権の時効取得の認定と法令違反の賃貸借契約**

　賃貸借契約を締結し，爾来これに基づき平穏，公然に本件各土地を占有して10年ないし20年を経過し，その間，賃料の支払を継続していたという事実関係が認められるならば，賃借権の時効取得の要件において欠けるところはないものと解され，寺院境内地を目的とする賃貸借契約が，当時の法令に従い法定の例外事由に当たるものとして地方長官の許可を得たものでないため，無効とされるとき，このような事由により無効とされる賃貸借契約に基づいて土地の占有が開始された場合にあっても，その占有が前述の要件を満たすものである限り，有効な賃貸借契約に基づく場合と同様の賃借権の時効取得が可能なものと解すべきであり，地上権等の用益物権の時効取得と賃借権の時効取得とを区別すべき理由も，存しないものといわなければならない（最三小判昭45・12・15民集24巻13号2051頁，裁判集民101号705頁，判タ257号129頁，金判253号17頁，判時617号53頁）。

■ **継続的な用益という外形的事実等による賃借権の時効取得の肯認**

　他人の土地の継続的な用益という外形的事実が存在し，かつ，その用益が賃借の意思に基づくものであることが客観的に表現されているときには，民法第163条により，土地の賃借権の時効取得を肯認することができ，他人の土地の管理権を与えられ他に賃貸する権限をも有していると称する者との間で締結された賃貸借契約に基づいて，賃借人が平穏公然に土地の継

412

第1節　用益権の時効取得

続的な用益をしているときには，その用益が賃借の意思に基づくことが客
観的に表現されている場合に当たるものとして，賃借人は，民法163条所
定の時効期間の経過により，土地の所有者に対する関係において，当該土
地の賃借権を時効取得するに至ると解するのが相当である（最一小判昭52・
9・29裁判集民121号301頁，金判536号18頁，判時866号127頁）。

第14章　所有権以外の財産権の時効取得

第２節　地役権の時効取得

Q 131 | 地役権も，地上権と同様の要件を備えると時効取得することができるか。

A 　地上権などの所有権以外の財産権を時効取得することができる要件を具備しなければならないが，地役権については，継続的に行使され，かつ，外形上認識することができるものでなければ，時効取得することはできない。

解説 　例えば，通行地役権は，自己のためにする意思をもって，継続的に通行するだけでは，時効取得の要件は満たさない。地役権にあっては，継続的に行使され（平成16年法律第147号民法の一部を改正する法律（平成17年４月１日施行）による民法の口語化の前は「継続」），かつ，外形上認識することができる（前同「表現の」）ものに限り，時効によって取得することができるとされているからである。

　通行地役権の場合，通路設備のある土地を継続的に通行することは，「継続的に行使され，かつ，外形上認識することができるもの」に当たるが通路設備のない土地（例えば単なる空地）を継続的に通行しても，「継続的に行使され，かつ，外形上認識することができるもの」には当たらない。この場合，その通路は，要役地所有者たるべき者自身によって設置されたものでなければ，その要件は満たさない。

関連条文：民法第283条（地役権の時効取得）→24頁へ

414

第2節　地役権の時効取得

【判　例】

◎　地役権の時効取得

■通行権の性質

　　通行権のような権利は，元来，法理上，不継続の性質を有する（大二民判明31・6・17民録4輯6巻81頁）。

■水路を設置し，通水することで，継続且つ表現の地役権であると認められた事例

　　要役地たるべき土地の所有者が，承役地たるべき土地当該地所内に水車を設置し，水路を設置し，通水することで，要役地たるべき土地の所有者は，平穏公然に継続且つ表現的に通水して，地役権を行使し，20年後，地役権の取得時効は完成する（大二民判大13・3・17大民集3巻5号169頁）。

■通路設備のない場所の通行による地役権の時効取得の有無

　　地役権は，継続かつ表現のものに限って時効によって取得することができるもので，通行権は特に通路を設けることがなければ継続のものとはならず，したがって，通路の設備のない一定の場所を，永年通行した事実によっては，未だもって時効によって地役権を取得する理由はない（大一民判昭2・9・19大民集6巻10号510頁）。

■飲料水に使用するため横穴を穿ちて引水をしていたことで，引水地役権の時効取得が認められた事例

　　飲料水に使用するため横穴を穿ちて引水していたこと，承役地所有者も，その引水は現在のまま何等故障なくこれを承認し，引き続き善意表現に引水し，承役地の所有者被告も何等異議なく，善意に平穏かつ公然，かつ継続表現して占有使用し今日に至ったことを認むるに十分であるため，20年を経過した時，その地役権を取得したことを認むることができる（新潟地柏崎支判昭25・12・26下民1巻12号2058頁）。

■通行地役権の時効取得の要件である継続について，通路が要役地所有者によってなされることの要否

　　民法第283条による通行地役権の時効取得については，いわゆる「継続」の要件として，承役地たるべき他人所有の土地の上に通路の開設を要し，

415

第14章　所有権以外の財産権の時効取得

その開設は要役地所有者によってなされることを要するものと解すべきである（最三小判昭30・12・26民集 9 巻14号2097頁，判タ54号27頁，判時69号 8 頁）。

■ **既存の通路の通行による地役権の時効取得の有無**

　空地には，当時既に通路が設けられており，その当時から相当の根拠にもとづいてこれを一般の通路であると信じ，通行者の所有地から公路に出入するため十年以上通行してきたものであって，その間，空地所有者その他何人からも異議がなかった場合であっても，民法第283条にいう「継続」の要件を満たすには，承役地たるべき他人所有の土地の上に通路の開設があっただけでは足りないのであって，その開設が要役地所有者によってなされたことを要するところであるから，その時効取得の主張を容認することは違法があるものといわなければならない（最二小判昭33・2・14民集12巻 2 号268頁）。

■ **分譲地において，自ら設置したものでない通路について，自ら設置したものと同視された事例**

　通行地役権を時効取得するためには通路が要役地所有者によって開設されたことを要するところ，この要件は承役地の通行が承役地所有者の近隣の情宜による黙認によって許されているとかまたは要役地所有者が通路を自己のために支配しているとみるに足りる客観的事実状態が存在しない場合を除外するところに主眼を置くものとみるべく，分譲地所有者であり，買受人との間で通路を開設することについての合意をとりつけ，かつ自ら，石塀及び門扉の設置工事をして通路部分の状態を作り出した者から中間者を経て，土地所有権を取得した者ついては，自ら通路を開設したのと同視するのが相当である（東京地判昭51・1・28下民27巻 1 〜 4 号 7 頁，下民34巻 9 〜12号1029頁，判タ340号233頁，判時821号126頁）。

■ **既存の通路の通行による地役権の時効取得の有無**

　地役権を時効により取得するにあたっては，当該地役権が「継続且表現」のものであることを要する（民283条）ところ，通行地役権については，承役地所有者に時効中断の機会を与える必要があり，また，近隣の情誼により通行を黙認している場合にはこれを法律関係にまで高めるべきでない

第2節　地役権の時効取得

のであるから，「継続」というためには，承役地上に要役地所有者が通路
を開設することが必要であるが，当該土地を通路として通行してきた場
合，この時点において既に，当該土地につき通路は開設されていたもので
あり，したがって，その以前に当該土地につき通路が開設されている以
上，当時，要役地所有者が，承役地たる当該土地に通路を開設したという
ことはできないのであるから，通行地役権の時効による取得について必要
である「継続」の要件が欠けているというほかなく，当該土地につき通行
地役権を時効取得したとはいえない（浦和地判昭63・9・9判タ695号211頁）。

■ **承役地所有者への働きかけをし，自ら土地を提供し，道路が拡幅されたこ
とが，自ら通路を開設したと認められた事例**

　地役権は継続かつ表現のものに限って時効取得が認められるが（民283条），
通行地役権について「継続」の要件を満たすには，要役地の所有者によっ
て承役地となる土地の上に通路が開設されたものであることを要すると解
されるところ道路を拡幅するため，承役地所有者たるべき者に対し，所有
地の一部を拡幅用地として提供するように働きかける一方，自らも，その
所有地の一部を同用地として提供するなどの負担をしたものであり，これ
ら行為の結果として，道路の全体が拡幅され，当該土地はその一部として
通行の用に供されるようになったというのであるから，当該土地について
は，要役地たるべき土地の所有者によって通路が開設されたものというべ
きである（最二小判平6・12・16裁判集民173号517頁，裁時1141号59頁，判タ873号
81頁，判時1521号37頁）。

（注）　通行地役権の時効取得に関する詳細は，拙著『道路』360頁以降を参照し
　　　ていただきたい。

（注）　相隣関係に関する詳細は，拙著『隣地』45頁以降を参照していただきたい。

第14章 所有権以外の財産権の時効取得

> **Q 132** 要役地たるべき土地が共有であって，その共有者の一人が，隣地通路部分に通行地役権を時効取得したときは，他の共有者は自ら要件を満たさなければ，その通路部分において通行地役権を行使することができないか。

A 要役地たるべき土地が共有であって，その共有者の一人が地役権を時効取得したときは，他の共有者も地役権を取得し，その通路部分において通行地役権を行使することができる。

解説 地役権には，地役権の不可分性という性質があり，要役地が共有地である場合，その共有者の一部のためだけに地役権を消滅させることができず，また，承役地が共有地である場合は，その共有者の一部の者の持分だけ地役権を消滅させることはできない。これは，地役権が，地役権者又は地役権設定者の人を基準に成立する物権ではなく，要役地又は承役地の土地を基準に成立する物権であるため，その共有の一部についてのみ，地役権を存続させたり，消滅させたりすることができないことによる。つまり，要役地の共有持分のためにも，承役地の共有持分にも，地役権を設定することはできない。

このことは，時効取得の場合には，共有である要役地の一人が，承役地となるべき土地について時効によって地役権を取得したときは，要役地の他の共有者も当該地役権を取得するとして現れる。これは，時効の援用による効果は，援用した者の直接に受けるべき利益の存する部分に限られ，援用のない者に関する部分に及ぼすことはできないとする原則（Q64）の特例である。

さらに，要役地となるべき共有者に対する時効の中断（更新）は，地役権を行使する各共有者（全共有者）に対してしなければ，その効力を生じることはなく，地役権を行使する共有者が数人ある場合には，その一人について時効の停止（完成猶予）の原因があっても，時効は，各共有者のために進行する。

第2節　地役権の時効取得

> 関連条文：民法第282条（地役権の不可分性）→24頁へ
> 　　　　　第284条→改正前，改正後24頁へ

【判　例】
◎　地役権と共有持分
■共有持分の上への地役権設定の可否
　共有持分の上に，地役権を設定することは許されない（大阪高判平2・6・26判タ736号183頁）。

【実　例】
◎　地役権と共有持分
■共有持分のための地役権設定の可否
　共有持分のために，地役権設定登記をすることはできない（登研309号77頁）。
■共有持分の上への地役権設定の可否
　A・B共有の通路を承役地として，A単有の土地を要役地とする通行地役権は設定することができる（登研548号113頁）。

Q133　承役地が他の者に時効取得されたときは，地役権は消滅するか。

A　承役地が他の者に時効取得されたときは，地役権は消滅する。

419

第14章　所有権以外の財産権の時効取得

解　説　　地役権が成立し，地役権を負担している承役地の所有権が，他の者に時効取得されたときは，承役地の所有権が占有者に原始取得された結果，その反射的効果によって，承役地が負担していた要役地のための地役権は消滅する（Q62）。

ただ，承役地が地役権を負担していることを占有者が容認しながら承役地が占有を継続した場合は，その地役権の負担が存続したまま，時効取得されることとなる。

そこで，承役地が他の者に占有され，その者の取得時効の進行中に地役権者が地役権を行使することで，占有者は，その地役権の負担を容認しながら承役地の占有を継続したものとして，その時効取得後も地役権は存続する。ここで，民法第290条（改正なし）中の「消滅時効」とは，いわゆる消滅時効のことではなく，前述のとおり，承役地の所有権が原始取得された反射的効果によって地役権が消滅することをいう。したがって，同条中の「中断」も，いわゆる時効の中断（時効の完成猶予又は更新）のことではなく，反射的効果によって地役権が消滅されることが阻止されることをいう。今次の民法改正によっても，これらの用語は改められていない。

関連条文：民法第289条（承役地の時効取得による地役権の消滅）→25頁へ，
第290条→25頁へ

第3編
不動産の瑕疵担保責任(契約不適合責任)

第1章 瑕疵担保責任と民法改正

Q 134 瑕疵担保責任に関する条項は,どのように改正されたか。

 契約不適合責任に関する条項へと改正された。

解説 改正前の売主の瑕疵担保責任は,改正後は,新たに契約不適合責任として規律し直された。

従来,物の隠れた瑕疵を対象としていたものを,新たな契約不適合責任では,引き渡された目的物について種類,品質又は数量に関して契約の内容に適合しないものが対象となり,特定物,不特定物にかかわらず,買主の追完請求権が認められた。また,数量の不足又は物の一部滅失の場合における売主の担保責任も,新たな契約不適合責任に吸収されている。

権利の一部が他人に属する場合における売主の担保責任及び地上権等がある場合等における売主の担保責任は,新たに,権利に関する契約不適合責任として,整理されている。

第2章 関連する項目と民法改正

第2章 関連する項目と民法改正

Q 135 債務不履行の責任等に関する規定は改正されたか。

A 履行期と履行遅滞その他の規定が改正され，履行不能その他の規定が新設された。

　今次の民法改正で，債務不履行の責任等に関する条項については，履行期と履行遅滞（412条），履行不能（412条の2：新設），受領遅滞（413条），履行遅滞中又は受領遅滞中の履行不能と帰責事由（413条の2：新設），履行の強制（414条），債務不履行による損害賠償（415条），損害賠償の範囲（416条），中間利息の控除（417条の2：新設），過失相殺（418条），金銭債務の特則（419条），賠償額の予定（420条），代償請求権（422条の2）に関する条文が改正されている。

Q 136 契約の解除に関する規定は改正されたか。

A 履行遅滞等による解除権，定期行為の履行遅滞による解除権その他の規定が改正された。

　今次の民法改正で，契約の解除に関する条項については，履行遅滞等による解除権（541条：催告による解除と改正），定期行為の履

422

第2章　関連する項目と民法改正

行遅滞による解除権（542条：催告によらない解除と改正），履行不能による解除
権（543条：債権者の責めに帰すべき事由による場合と改正），解除の効果（545条），
解除権者の行為等による解除権の消滅（548条：解除権者の故意による目的物の損
傷等による解除権の消滅と改正）に関する条文が改正されている。

Q 137 | 錯誤に関する条項は改正されているか。

A 法律行為の要素に錯誤があったとき無効とされていたものが，意思
表示に対応する意思を欠く錯誤，表意者が法律行為の基礎とした事情
についてのその認識が真実に反する錯誤に基づくものであって，その錯誤が
法律行為の目的及び取引上の社会通念に照らして重要なものであるときは，
取り消すことができると改められた。

解説　改正前，意思表示の錯誤は無効とされていたが，今次の民法改
正によって，取り消すことができる行為に改めた。
　改正前は，第96条で，意思表示は，法律行為の要素に錯誤があったときは，
無効とされ，ただ，表意者に重大な過失があったときは，表意者は，自らそ
の無効を主張することができないとされていた。
　改正後は，意思表示は，意思表示に対応する意思を欠く錯誤に掲げる錯誤
に基づくものであって，その錯誤が法律行為の目的及び取引上の社会通念に
照らして重要なものであるときは，取り消すことができ，表意者が法律行為
の基礎とした事情（その事情が法律行為の基礎とされていることが表示されていたと
きに限る。）についてのその認識が真実に反する錯誤に基づくものであって，
その錯誤が法律行為の目的及び取引上の社会通念に照らして重要なものであ
るときは，取り消すことができ，ただ，錯誤が表意者の重大な過失によるも

第2章　関連する項目と民法改正

のであった場合には，相手方が表意者に錯誤があることを知り，又は重大な過失によって知らなかったとき，あるいは，相手方が表意者と同一の錯誤に陥っていたときを除いて，意思表示の取消しをすることができず，また，意思表示の取消しは，善意でかつ過失がない第三者に対抗することができないと改められた。

関連条文：民法第95条（錯誤）→改正前，改正後28頁へ

Q 138 | 詐欺又は強迫に関する条項は改正されているか。

A 詐欺による意思表示の取消しが善意の第三者に対抗することができないとされていたものが，善意無過失の第三者に対抗することができないとされるなどした。

解説 改正の前後を通して，詐欺又は強迫による意思表示を取り消すことができることに変更はないが，詐欺による場合には変更があった。

改正前は，第96条で，相手方に対する意思表示について第三者が詐欺を行った場合においては，相手方がその事実を知っていたときに限り，その意思表示を取り消すことができ，いずれにしても，詐欺による意思表示の取消しは，善意の第三者に対抗することができないとされていた。

改正後は，相手方に対する意思表示について第三者が詐欺を行った場合においては，相手方がその事実を知り，又は知ることができたときに限り，その意思表示を取り消すことができ，いずれにしても，詐欺による意思表示の取消しは，善意で，かつ過失がない第三者に対抗することができないとされた。

424

第2章　関連する項目と民法改正

関連条文：民法第96条（詐欺又は強迫）→改正前，改正後29頁へ

第3編　不動産の瑕疵担保責任

第3章 売主の責任

Q 139 特定物の現状による引渡しに関する条項は改正されているか。

A 契約その他の債権の発生原因及び取引上の社会通念に照らして、その引渡しをすべき時の品質を定めることができないときは、その引渡しをすべき時の現状でその物を引き渡さなければならないと、改正された。

解説 改正前は、特定物の引渡しに関しては、単に、その引渡しをすべき時の現状でその物を引き渡さなければならないとされていた。

これが、改正後は、特定物の引渡しに関しては、契約その他の債権の発生原因及び取引上の社会通念に照らしてその引渡しをすべき時の品質を定めることができないときに、その引渡しをすべき時の現状でその物を引き渡さなければならないことが明らかにされた。

これは、瑕疵担保責任の法的責任が改正前は法定責任であると解されてきたものが、改正後は契約責任説の立場が採用されたことに対応するものである。

不動産の売買については、売買契約及び取引上の社会通念に照らして、その引渡しをすべき時の品質をもって、引き渡すべきこととなる。

関連条文：民法第483条（特定物の現状による引渡し）→改正前、改正後34頁へ

第3章　売主の責任

Q 140　危険負担に関する条項は改正されているか。

A 債権者の危険負担に関する条文，停止条件付双務契約における危険
負担に関する条文が削除され，特定物に関する危険負担についても，
債務者が負担することとされた。

解説　改正前は，特定物に関する双務契約の場合に（不特定物に関する
契約の場合には，その物が確定した時から），その物が債務者の責めに
帰することができない事由によって滅失し，又は損傷したときは，その滅失
又は損傷は，債権者の負担に帰するとされていた。これは，建物売買契約を
締結後，当該建物の引渡前に，当該建物が売主の責任によらずに不可抗力で
当該建物が焼失した場合であっても，買主は売買代金を支払う必要があるこ
とを意味した（売主の建物の引渡義務は消滅する。）。ただ，不動産に関する売買
契約にあっては，現実には，このような事態を避けるため，この条項を排除
する特約を設定することが一般的であった。

改正後は，債権者の危険負担に関する民法第534条，停止条件付双務契約
における危険負担に関する民法第535条が削除された。これにより，特定物
に関する双務契約に伴う危険負担についても，特定物に関するものでない双
務契約に伴う危険負担と同様，債務者が負担することとされた。また，債務
者の危険負担について，債務者は反対給付を受ける権利を有しないとされて
いたものが，債権者は反対給付の履行を拒むことができると改められた。

そのため，建物売買契約を締結後，当該建物の引渡前に，当該建物が売主
の責任によらずに不可抗力で当該建物が焼失した場合は，売主の建物の引渡
義務は消滅し，買主は，売主による売買代金の支払請求を拒否することがで
きることとなる。

第3編　不動産の瑕疵担保責任

427

第3章　売主の責任

> 関連条文：民法第534条（債権者の危険負担）→第534条削除→改正前，改正後35頁へ
> 　　　　　第535条（停止条件付双務契約における危険負担）→第535条削除→改正前，改正後35頁へ
> 　　　　　第536条（債務者の危険負担等）→改正前，改正後35頁へ

Q 141 不動産に関する売買契約の売主は，買主名義に登記をするための義務を負うことは，民法に規定されているか。

 改正後の民法において，明文化された。

解説　不動産に関して売買契約に伴って，買主には所有権移転登記請求権が生じ，売主には買主名義に所有権移転登記をするための義務を負うことは，従来から，判例，学説，実務の立場から当然のこととされていたものの，民法上に明文の規定はなかった。

改正後は，これが明文として新設された。改正前の第560条の内容（他人の権利の売買における売主の義務）が改正後の第561条に移動し，新たに第560条として，売主は，買主に対し，登記，登録等の対抗要件を備えさせる義務を負うことが規定された。

> 関連条文：(新設)→民法第560条（権利移転の対抗要件に係る売主の義務）→改正後39頁へ

428

第3章　売主の責任

Q 142 | 他人の権利の売買における売主の義務に関する条項は改正されているか。

A 他人の権利には，権利の一部が他人に属する場合におけるその権利の一部を含むことが明確化され，他人の権利の売買における売主の担保責任に関する条項，他人の権利の売買における善意の売主の解除権が削除された。

解　説　改正前は，第560条において，他人の権利を売買の目的としたときは，売主は，その権利を取得して買主に移転する義務を負うとされていたが，改正後は，この他人の権利には，権利の一部が他人に属する場合における，その権利の一部も含まれることが明確化された。

また，改正前の第561条では，他人の権利の全部について，売主がその売却した権利を取得して買主に移転することができないときは，買主は，契約の解除をすることができるとされていたが，この場合は，債務不履行の問題として処理することで足りることから，改正によって，他人の権利の売買における売主の担保責任に関する規定である従来の第561条は消滅し，また，他人の権利の売買における善意の売主の解除権に関する規定である従来の第562条も，新たな第561条の趣旨と矛盾するため，消滅した。

関連条文：民法第560条（他人の権利の売買における売主の義務），第561条（他人の権利の売買における売主の担保責任），第562条（他人の権利の売買における善意の売主の解除権）→第561条（他人の権利の売買における売主の義務）→改正前，改正後39頁へ

429

第3章　売主の責任

> Q143　抵当権等がある場合における売主の担保責任に関する条項は改正されているか。

 抵当権等がある場合の買主による費用の償還請求へと改正された。

解説　改正前は，第567条で，抵当権等がある場合における売主の担保責任として，売買の目的である不動産について存した抵当権等の行使により買主がその所有権を失ったときは，買主は，契約の解除をすることができ，買主は，費用を支出してその所有権を保存したときは，売主に対し，その費用の償還を請求することができ，損害を受けたときは，その賠償を請求することができるとされていた。

改正後は，抵当権等の行使によって買主が所有権を失ったときには債務不履行となるため，従来の第567条第1項及び第3項が消滅し，第2項が，抵当権等がある場合の買主による費用の償還請求に関する規定である新たな第570条として，買い受けた不動産について契約の内容に適合しない抵当権等があった場合において，買主が費用を支出してその不動産の所有権を保存したときは，買主は，売主に対し，その費用の償還を請求することができるとされた。また，改正後は，抵当権等に質権が含まれることが明らかとされた。

> **関連条文**：民法第567条（抵当権等がある場合における売主の担保責任）→第570条（抵当権等がある場合の買主による費用の償還請求）→改正前，改正後43頁へ

第3章 売主の責任

Q 144 買い受けた不動産が，引渡しを受けた後に，天災などの不可抗力で滅失した場合は，買主は代金の支払いを免れるか。

代金の支払いを免れることはない。

解説　買い受けた不動産が，天災などの不可抗力で滅失し，引き渡すことができなくなった場合，改正前，買主の代金支払義務が消滅することはなかったが，改正後は，特定物の売買についても危険は債務者（売主）が負担する（危険負担における債務者主義）とされたことから（Q150），引渡時を基準として危険が買主に移転するとされた。

そこで，改正後では，民法第567条が新設され，売主が買主に，売買の目的として特定した目的物を引き渡した場合において，その引渡しがあった時以後に，その目的物が当事者双方の責めに帰することができない事由によって滅失し，又は損傷したときは，買主は，その滅失又は損傷を理由として，履行の追完の請求，代金の減額の請求，損害賠償の請求及び契約の解除をすることができず，この場合において，買主は，代金の支払を拒むことができないとされた。また，売主が契約の内容に適合する目的物を，その引渡しの債務の履行として提供したにもかかわらず，買主がその履行を受けることを拒み，又は受けることができない場合において，その履行の提供があった時以後に，当事者双方の責めに帰することができない事由によって，その目的物が滅失し，又は損傷したときも，同様に，買主は，その滅失又は損傷を理由として，履行の追完の請求，代金の減額の請求，損害賠償の請求及び契約の解除をすることができず，この場合において，買主は，代金の支払を拒むことができないとされた。

関連条文：（新設）→民法第567条（目的物の滅失等についての危険の移転）→改正後43頁へ

第3編　不動産の瑕疵担保責任

第3章　売主の責任

Q145　強制競売における担保責任に関する条項は改正されているか。

A　競売における担保責任等と改正されたが，内容に大きな変更はない。

解説　強制競売における担保責任に関する条項は，競売における担保責任等と改正されたが，内容に大きな変更はない。

　すなわち，改正前は，第568条第1項で，強制競売における買受人は，債務者に対し，契約の解除をし，又は代金の減額を請求することができるとされていたものが，改正後は，強制競売に限らず，民事執行法その他の法律の規定に基づく競売に拡大され，従来の他人の権利の売買の場合等によって，債務者に対し，契約の解除をし，又は代金の減額を請求することができることは，新たな催告による解除，催告によらない解除，契約不適合の場合の買主の代金減額請求権によって，債務者に対し，契約の解除をし，又は代金の減額を請求することができることされた。

　第2項，第3項で，債務者が無資力であるときは，買受人は，代金の配当を受けた債権者に対し，その代金の全部又は一部の返還を請求することができること，債務者が物若しくは権利の不存在を知りながら申し出なかったとき，又は債権者が知りながら競売を請求したときは，買受人は，これらの者に対し，損害賠償の請求をすることができることは，改正の前後において変更はない。

　第568条に，新たに第4項が加えられたが，これは，従来，強制競売には瑕疵担保責任に関する規定は適用されないという改正前の第570条のただし書を新たな第568条第4項とすることで，強制競売には新たな契約不適合責任に関する規定のうち種類又は品質に関する不適合は適用されないことを明記したものである。

432

第3章　売主の責任

> 関連条文：民法第568条（強制競売における担保責任）→第568条（競売における担保責任等）→改正前，改正後44頁へ

Q146 権利を失うおそれがある場合の買主による代金の支払の拒絶に関する条項は改正されているか。

 権利を取得することができない等のおそれがある場合の買主による代金の支払の拒絶へと改正された。

解説　改正前は，第576条で，権利を失うおそれがある場合の買主による代金の支払の拒絶として，売買の目的について権利を主張する者があるために買主がその買い受けた権利の全部又は一部を失うおそれがあるときは，買主は，その危険の限度に応じて，代金の全部又は一部の支払を拒むことができるとされていたものが，改正後は，権利を取得することができない等のおそれがある場合の買主による代金の支払の拒絶として，売買の目的について権利を主張する者があることその他の事由により，買主がその買い受けた権利の全部若しくは一部を取得することができず，又は失うおそれがあるときは，買主は，その危険の程度に応じて，代金の全部又は一部の支払を拒むことができると改められた。

> 関連条文：民法第576条（権利を失うおそれがある場合の買主による代金の支払の拒絶）→第576条（権利を取得することができない等のおそれがある場合の買主による代金の支払の拒絶）→改正前，改正後47頁へ

第3章 売主の責任

Q 147 抵当権等の登記がある場合の買主による代金の支払の拒絶に関する条項は改正されているか。

 その対象となる抵当権等が，契約の内容に適合しない抵当権等であることが明確化された。

解説 改正前は，第577条で，買い受けた不動産について抵当権等の登記があるときは，買主は，抵当権消滅請求の手続が終わるまで，その代金の支払を拒むことができ，この場合において，売主は，買主に対し，遅滞なく抵当権消滅請求をすべき旨を請求することができるとされていたものが，改正後は，買い受けた不動産について契約の内容に適合しない抵当権等の登記があるときは，買主は，抵当権消滅請求の手続が終わるまで，その代金の支払を拒むことができ，この場合において，売主は，買主に対し，遅滞なく抵当権消滅請求をすべき旨を請求することができるとされた。

これにより，抵当権等の存在を前提として売買契約が締結されたような場合には，買主は抵当権等の消滅請求をすることはできず，売買代金の支払いを拒否することはできないことが明確化された。

関連条文：民法第577条（抵当権等の登記がある場合の買主による代金の支払の拒絶）→第577条（抵当権等の登記がある場合の買主による代金の支払の拒絶）→改正前，改正後47頁へ

第4章 売主の瑕疵担保責任（改正後：売主の契約不適合責任）

> **Q 148** 売主の担保責任（瑕疵担保責任を含む。）など売買の効力に関する規定は、どのように改正されているか。

A 改正前の売主の瑕疵担保責任は、改正後は、新たに契約不適合責任として規律し直され、物の隠れた瑕疵だけでなく、数量の不足の場合も対象とされた。権利の一部が他人に属する場合、地上権等がある場合等における売主の担保責任は、新たに、権利に関する契約不適合責任として、整理された。

解説　改正前の瑕疵担保責任は、改正後は契約不適合責任とされたが、これは、目的物の種類、品質又は数量に関する担保責任ともいい得るものとして、従来の複数の条文が整理されて、複数の条文が再編され、新たな規律が設けられた。

　売主の瑕疵担保責任を規定していた改正前の第570条と数量の不足又は物の一部滅失の場合における売主の担保責任を規定していた改正前の第565条が、売主の契約不適合責任として新たな第562条から第566条に再編された。契約不適合責任では、引き渡された目的物が種類、品質又は数量に関して契約の内容に適合しないものが対象となり、謂わば、目的物の種類、品質又は数量に関する担保責任ともいえるものとされた。

　まず、これまで売主の瑕疵担保責任は債務不履行責任ではなく、法定責任であると考えられてきたが、新たな契約不適合責任は債務不履行責任、契約責任であるとされ、この責任に基づいて、特定物、不特定物にかかわらず適用され、従来は認められていなかった買主の追完請求権（修補請求権、代替物引渡請求権、不足分引渡請求権）が認められた。

　売主の瑕疵担保責任に関する改正前の第570条では、隠れた瑕疵を対象と

435

第4章　売主の瑕疵担保責任（改正後：売主の契約不適合責任）

し，第566条第1項が準用され，買主が，その瑕疵を知らず，かつ，そのために契約をした目的を達することができないときは，買主は，契約の解除をすることができ，この場合において，契約の解除をすることができないときは，損害賠償の請求のみをすることができるとされていた。改正後は，契約不適合責任を定めた新たな第562条において，買主の追完請求権として，引き渡された目的物が種類，品質又は数量に関して契約の内容に適合しないものであるときは，買主は，売主に対し，目的物の修補，代替物の引渡し又は不足分の引渡しによる履行の追完を請求することができ，ただし，売主は，買主に不相当な負担を課するものでないときは，買主が請求した方法と異なる方法による履行の追完をすることができるが，その不適合が買主の責めに帰すべき事由によるものであるときは，買主は，履行の追完の請求をすることができないとされた。さらに，改正後の第563条で，買主の代金減額請求権として，買主が相当の期間を定めて履行の追完の催告をし，その期間内に履行の追完がないときは，買主は，その不適合の程度に応じて代金の減額を請求することができ，履行の追完が不能であるとき，売主が履行の追完を拒絶する意思を明確に表示したとき，契約の性質又は当事者の意思表示により特定の日時又は一定の期間内に履行をしなければ契約をした目的を達することができない場合において売主が履行の追完をしないでその時期を経過したとき，その他，買主が催告をしても履行の追完を受ける見込みがないことが明らかであるときは，買主は，催告をすることなく，直ちに代金の減額を請求することができるが，その不適合が買主の責めに帰すべき事由によるものであるときは，買主は，代金の減額の請求をすることができないとされた。また，改正後の第564条では，それらいずれの場合においても，買主の損害賠償の請求，解除権の行使も妨げられないとされた。従来の瑕疵担保責任は，第570条によって準用される第566条第3項で契約の解除又は損害賠償の請求は，買主が事実を知った時から1年以内に行使しなければならないとされていたが，改正後は第566条で，目的物の種類又は品質に関する担保責任の期間の制限として，行使ではなく，売主が種類又は品質に関して契約の内容に適合しない目的物を買主に引き渡した場合において，買主が不適合を知った

第4章　売主の瑕疵担保責任（改正後：売主の契約不適合責任）

時から1年以内にその旨を売主に通知すれば足り，1年以内に通知をしないときは，買主は，その不適合を理由として，履行の追完の請求，代金の減額の請求，損害賠償の請求及び契約の解除をすることができないが，売主が引渡しの時に，その不適合を知り，又は重大な過失によって知らなかったときは，この限りでないとされた。

　次に，改正前に，数量の不足又は物の一部滅失の場合における売主の担保責任を定めていた第565条では，数量を指示して売買をした物に不足がある場合又は物の一部が契約の時に既に滅失していた場合において，買主がその不足又は滅失を知らなかったときについては，第563条が準用されて，買主は，その不足する部分の割合に応じて代金の減額を請求することができ，残存する部分のみであれば買主がこれを買い受けなかったときは，善意の買主は，契約の解除をすることができ，代金減額の請求又は契約の解除は，善意の買主が損害賠償の請求をすることは妨げられないとされていた。改正後は，契約不適合責任を定めた新たな第562条から第564条に吸収され，前述の買主の追完請求権，代金減額請求権，損害賠償請求及び解除権の行使が認められた。ただ，新たな第566条は，目的物の種類又は品質に関する担保責任の期間の制限として，数量に関するものには適用されない。そのため，1年以内に売主に対して通知しなければならないという制限はなく，改正前の第564条は消滅した。

　改正前には，権利の一部が他人に属する場合における売主の担保責任として，第563条で，売買の目的である権利の一部が他人に属することにより，売主が買主に移転することができないときは，買主は，その不足する部分の割合に応じて代金の減額を請求することができ，残存する部分のみであれば買主が買い受けなかったときは，善意の買主は，契約の解除をすることができ，代金減額の請求又は契約の解除は，善意の買主が損害賠償の請求をすることは妨げられないとされていた。改正後は，権利に関する契約不適合責任を定めた新たな第565条において，権利が契約の内容に適合しないものとして（権利の一部が他人に属する場合においてその権利の一部を移転しないときを含む。），物の契約不適合責任を定めた前述の第562条から第564条が準用されて，前述

第3編　不動産の瑕疵担保責任

437

第4章　売主の瑕疵担保責任（改正後：売主の契約不適合責任）

のものと同様，買主の追完請求権，代金減額請求権，損害賠償請求及び解除
権の行使が認められた。ただ，新たな第566条は，目的物の種類又は品質に
関する担保責任の期間の制限として，権利に関するものには適用されない。
そのため，1年以内に売主に対して通知しなければならないという制限はな
く，前述のとおり，改正前の第564条は消滅した。

　改正前，地上権等がある場合等における売主の担保責任として，売買の目
的物が地上権，永小作権，地役権，留置権又は質権の目的である場合におい
て，買主が，それを知らず，かつ，そのために契約をした目的を達すること
ができないときは，買主は，契約の解除をすることができ，この場合におい
て，契約の解除をすることができないときは，損害賠償の請求のみをするこ
とができ，あるいは，売買の目的である不動産のために存すると称した地役
権が存しなかった場合及びその不動産について登記をした賃貸借があった場
合についても同様とされていた改正前の第566条第1項第2項も新たな第565
条に吸収され，前述のとおり，買主の追完請求権，代金減額請求権，損害賠
償請求及び解除権の行使が認められた。ただ，新たな第566条は，目的物の
種類又は品質に関する担保責任の期間の制限として，権利に関するものには
適用されない。そのため，1年以内に売主に対して通知しなければならない
という制限はなく，改正前の第566条第3項は消滅した。

〈表6　瑕疵担保責任等・契約不適合責任の差異〉

性質		瑕疵担保責任等			契約不適合責任
性質		法定責任			債務不履行責任
対象	570条	隠れた瑕疵		562条1項	種類，品質又は数量に関して契約の内容に適合しないもの
	570条 566条1項 （契約解除，損害賠償請求）	買主が，その瑕疵を知らず，かつ，そのために契約をした目的を達することができないときは，契約の解除，ただし，契約の解除をすることができないときは，損害賠償の請求のみ		562条 1項，2項 （追完請求権）	目的物の修補，代替物の引渡し又は不足分の引渡しによる履行の追完の請求（売主は，買主に不相当な負担を課すものでないときは，買主が請求した方法と異なる方法による履行の追完も）　不適合が買主の責めに帰すべき事由によるものであるときは，履行の追完の請求不可

438

第4章　売主の瑕疵担保責任（改正後：売主の契約不適合責任）

買主の権利			563条1項，2項，3項（代金減額請求権）	買主が相当の期間を定めて履行の追完の催告をし，その期間内に履行の追完がないときは，その不適合の程度に応じた代金の減額の請求 　履行の追完が不能であるとき，売主が履行の追完を拒絶する意思を明確に表示したとき，契約の性質又は当事者の意思表示により特定の日時又は一定の期間内に履行をしなければ契約をした目的を達することができない場合において売主が履行の追完をしないでその時期を経過したとき，買主が催告をしても履行の追完を受ける見込みがないことが明らかであるときの催告の不要 　不適合が買主の責めに帰すべき事由によるものであるときは，代金の減額の請求不可
			564条（損害賠償請求及び解除権の行使）	損害賠償の請求，解除権の行使も可能
期間	570条 566条3項	買主が事実を知った時から一年以内に行使	566条	種類又は品質が不適合である場合において，買主がその不適合を知った時から1年以内にその旨を売主に通知（売主が引渡しの時にその不適合を知り，又は重大な過失によって知らなかったときを除く。）
対象	565条	数量を指示して売買をした物に不足がある場合又は物の一部が契約の時に既に滅失していた場合	562条1項	前出
買主の権利	565条 563条1項，2項，3項（代金減額請求権，契約解除，損害賠償請求）	その不足する部分の割合に応じて代金の減額の請求 　残存する部分のみであれば買主が買い受けなかったときは，善意の買主は契約の解除 　善意の買主の損害賠償の請求	562条1項，2項（追完請求権）	前出
			563条	前出

第4章　売主の瑕疵担保責任（改正後：売主の契約不適合責任）

			1項，2項，3項（代金減額請求権）	
			564条（損害賠償請求及び解除権の行使）	前出
期間	565条 564条	買主が善意であったときは事実を知った時から，悪意であったときは契約の時から，それぞれ1年以内に行使	✕	✕
対象	563条1項	権利の一部が他人に属すること	565条	権利が契約の内容に適合しないもの（権利の一部が他人に属する場合においてその権利の一部を移転しないときを含む。）
買主の権利	563条1項，2項，3項	売主が買主に移転することができないときは，その不足する部分の割合に応じて代金の減額の請求　残存する部分のみであれば買主が買い受けなかったときは，善意の買主は，契約の解除　善意の買主の損害賠償の請求	565条 562条1項，2項（追完請求権）	前出
			565条 563条1項，2項，3項（代金減額請求権）	前出
			565条 564条（損害賠償請求及び解除権の行使）	前出
期間	564条	買主が善意であったときは事実を知った時から，悪意であったときは契約の時から，それぞれ1年以内に行使		
対象	566条1項，2項	地上権，永小作権，地役権，留置権又は質権の目的である場合　不動産のために存すると称した地役権が存しなかった場合及びその不動産について登記をした賃貸借があった場合	565条	前出
	566条1項，2項	買主がこれを知らず，かつ，そのために契約をした目的を達することができないときは，契約の解除，ただし，契約の解除をすることができないときは，損	565条 562条1項，2項（追完請求権）	前出

第4章　売主の瑕疵担保責任（改正後：売主の契約不適合責任）

買主の権利		害賠償の請求のみ	565条 563条 1項，2項，3項 （代金減額請求権）	前出
			565条 564条 （損害賠償請求及び解除権の行使）	前出
期間	566条3項	買主が事実を知った時から1年以内に行使		

　その他の売買の効力に関する規定は，第569条（債権の売主の担保責任），第573条（代金の支払期限），第574条（代金の支払場所），第575条（果実の帰属及び代金の利息の支払），第578条（売主による代金の供託の請求）については変更はなく，第571条（売主の担保責任と同時履行）は削除され，第572条（担保責任を負わない旨の特約）についてはQ184のとおり改正され，第576条（権利を失うおそれがある場合の買主による代金の支払の拒絶）及び第577条（抵当権等の登記がある場合の買主による代金の支払の拒絶）については後記のとおり改正された。改正前の第571条（売主の担保責任と同時履行）については，改正後の契約不適合責任は債務不履行責任として，当然に改正後の第533条（同時履行の抗弁）が適用されることとなるため，削除された。

関連条文：民法第570条（売主の瑕疵担保責任），第565条（数量の不足又は物の一部滅失の場合における売主の担保責任），第563条（権利の一部が他人に属する場合における売主の担保責任），第566条（地上権等がある場合等における売主の担保責任），第571条（売主の担保責任と同時履行），第533条（同時履行の抗弁），第576条（権利を失うおそれがある場合の買主による代金の支払の拒絶），第577条（抵当権等の登記がある場合の買主による代金の支払の拒絶）→第562条（買主の追完請求権），第563条（買主の代金減額請求権），第564条（買主の損害賠償請求及び解除権の行使），第566条（目的物の種類又は品質に関する担保責任の期間の制限），第565条（移転した権利が契約の

第4章　売主の瑕疵担保責任（改正後：売主の契約不適合責任）

> 内容に適合しない場合における売主の担保責任），第571条削除，第533条
> （同時履行の抗弁），第576条（権利を取得することができない等のおそれが
> ある場合の買主による代金の支払の拒絶），第577条（抵当権等の登記がある
> 場合の買主による代金の支払の拒絶）→改正前，改正後35，41，42，43，46，
> 47，48頁へ

　以上の改正によって，契約不適合の場合の買主売主の責任と買主の権利の
関係（買主の救済方法）は，次の表（法務省ホームページ「民法の一部を改正する法
律（債権法改正）について」より）のとおりとなる。

買主の救済方法	買主に帰責事由	双方帰責事由なし	売主に帰責事由
損害賠償	不　可	不　可	可　能
解　　除	不　可	可　能	可　能
追完請求	不　可	可　能	可　能
代金減額	不　可	可　能	可　能

【判　例】

◎　代物弁済と担保責任

■売主の担保責任の代物弁済への適用の有無

　　代物弁済として交付を受けた商品の数量の不足及び商品に瑕疵があるこ
とによる瑕疵担保（代金減額請求に準ずる請求）と解するのが相当であり（商
法526条，民565条参照），しかして代物弁済がなされた場合には本来の給付よ
りも代物給付の額が不足していても原則として全債務消滅の効果を生ずる
ものであり，しかし代物弁済契約も有償契約であるから瑕疵担保の規定が
準用されるものと解すべきである（名古屋地判昭46・10・28判タ272号345頁，金
判288号16頁，判時673号68頁）。

◎　不特定物売買における瑕疵担保責任

■不特定物売買における瑕疵担保責任の成否

　　不特定売買において，買主が，売主の提供したものに瑕疵が存すること
について，その当時，善意であったとすると，物に関する危険が移転する
時期を標準として瑕疵担保責任を請求することができ，この契約は，その

第4章　売主の瑕疵担保責任（改正後：売主の契約不適合責任）

物に瑕疵が存することをもって当然無効に帰すべきものではなく，この時より以後は，特定物の売買契約があった場合と類似し，買主に瑕疵担保による権利を与えるべきか否かの問題に関し，特定物売買と不特定物売買を区別する理由はない（大二民判大14・3・13大民集4巻6号217頁）。

■ 不特定物売買における瑕疵担保責任の成否

　瑕疵担保という法規は，漸次，その適用の範囲を拡張し，不特定物売買の場合も，また包含する（大四民判昭3・12・12大民集7巻12号1071頁）。

■ 不特定物売買における瑕疵担保責任の成否

　不特定物を給付の目的物とする債権において給付せられたものに隠れた瑕疵があった場合には，債権者が一旦これを受領したからといって，それ以後債権者が，その瑕疵を発見し，既になされた給付が債務の本旨に従わぬ不完全なものであると主張して改めて債務の本旨に従う完全な給付を請求することができなくなるわけのものではなく，債権者が瑕疵の存在を認識した上でこれを履行として認容し債務者に対しいわゆる瑕疵担保責任を問うなどの事情が存すれば格別，しからざる限り，債権者は受領後もなお，取替ないし追完の方法による完全な給付の請求をなす権利を有し，したがってまた，その不完全な給付が債務者の責に帰すべき事由に基づくときは，債務不履行の一場合として，損害賠償請求権および契約解除権をも有するものと解すべきである（最二小判昭36・12・15民集15巻11号2852頁，判時283号23頁，金法303号11頁）。

◎　受益権売買・信託の解除と瑕疵担保責任

■ 信託契約の解除によって受益権の購入者に所有権が移転した場合と瑕疵担保責任の成否

　建物の区分所有権を信託財産とする信託受益権を購入したが，店舗として売買された専有部分が建築基準法違反があるために店舗としての利用が不可能であるとするとき，信託銀行は，委託者との信託契約により受託者とされたため，当該不動産の所有権が移転されていたが，当該契約においては，受益権の購入者が受益者から信託受益権を譲り受けるとともに，直ちに信託銀行との間で信託契約を解除することが予定され，実際にも，そ

第3編　不動産の瑕疵担保責任

443

第4章　売主の瑕疵担保責任（改正後：売主の契約不適合責任）

の合意解除がされた結果，信託銀行から受益権の購入者に当該不動産の所有権が移転したにすぎず，その間，信託銀行と受益権の購入者との間に売買契約類似の契約関係があったものと認定することは困難であり，そうすると，信託銀行と受益権の購入者の間において，瑕疵担保責任の類推適用をすることができる関係があると認めることはできない（東京地判平23・6・14判時2148号69頁）。

以上のとおり，改正前の売主の瑕疵担保責任等に関する規定は，改正後は契約不適合責任として整理され，従来の要件である「隠れた瑕疵」は，新たな要件である「契約の内容に適合しない」とは，必ずも完全に一致するものではなく，特に「隠れた」ということは要件とはされていない。しかしながら，隠れた瑕疵とは，売買の目的物が，契約当時，通常有すべき品質，性能を有していない状態にあり，それが，買主が，通常の注意を用いても発見することのできない状態（契約当時，買主が善意かつ無過失で瑕疵の存在を知らなかったこと。）をいうため，結局，その多くは，契約不適合としてとらえることができ，また，契約不適合と判断されるものの多くは従来の隠れた瑕疵としてとらえることができるものと考える。法務省ホームページ「民法の一部を改正する法律（債権法改正）について」では，次のように解説されている。

「　「隠れた瑕疵」の用語

判例は，「瑕疵」は「契約の内容に適合していないこと」を意味するものと理解　→　判例の明文化

※　「隠れた」とは，契約時における瑕疵についての買主の善意無過失をいうと解されているが，上記改正法の考え方の下では，当事者の合意した契約の内容に適合しているか否かが問題であるため，「隠れた」の要件は不要。」

そのため，新たな契約不適合責任に関する適用事例については改正後の判例の集積を待つ必要はあるものの，その適用については，従来の瑕疵担保責任に関する考え方が十二分に役立つものと思われる。

そこで，以下のQでは，従来の瑕疵担保責任に関する重要な判例を掲げて，各々の場面に応じて，解説を加えたい。

第5章 隠れた瑕疵

Q 149　「隠れた瑕疵」とは，どのような状態をいうか。

A 　目的物に，売買取引において，契約当時，社会通念上，通常有すべき品質，性能を備えていないこと（瑕疵）が，買主が通常の注意を用いても発見することができない（隠れた）ことをいう。

解説　一般に，「瑕疵」とはキズのことであり，「隠れた」とは表面に現れていないことをいうため，「隠れた瑕疵」とは，表面に現れていないキズをいうが，瑕疵担保責任において「隠れた瑕疵」とは，次のように考えられている。

　「瑕疵」とは，売買の目的物が，契約当時，通常有すべき品質，性能を有していない状態（欠けている状態）にあることをいい，その有すべき品質，性能は，取引通念上，想定し得るか否かをもって判断される。したがって，まず，契約書の内容が，その判断の基礎になるものの，契約には明文がなくても，あるいは契約の際に明示がなくても，当事者の想定しているであろう用途，売買契約に至った経緯，その売買代金，当事者の職業など諸般の事情が考慮されて判断される。売買の動機そのものは瑕疵の有無に影響を与えないが，その動機が契約において表示されているときには，瑕疵があったと認められる場合もあり得る。

　ここで，瑕疵担保責任は，売主の故意又は過失は要件とはされていない（無過失責任）。そのため，その瑕疵について，売主に責任がない場合であっても，買主は売主に対して瑕疵担保責任を請求することができる（改正後の契約不適合責任の性質については，Q158のとおり。）。

　「隠れた」とは，買主が，通常の注意を用いても発見することのできない

第5章　隠れた瑕疵

状態をいい，つまり，契約当時，買主が善意かつ無過失で瑕疵の存在を知らなかったことをいう。そのため，買主が瑕疵の存在を知っていたり，知らなかったことに過失がある（知り得べきであった，容易に知ることができた。）場合は，買主は瑕疵担保責任を請求することはできない。

【判　例】

◎　瑕疵の意義

■瑕疵の有無と通常有すべき品質，性能

　瑕疵とは，当該目的物を売買した趣旨に照らし，目的物が通常有すべき品質，性能を有するか否かの観点から判断されるべきである（東京高判平15・9・25判タ1153号167頁）。

■予定されていた品質・性能と売買契約締結当時の取引観念をしん酌

　売買契約の当事者間において目的物がどのような品質・性能を有することが予定されていたかについては，売買契約締結当時の取引観念をしん酌して判断すべきである（最三小判平22・6・1民集64巻4号953頁，裁時1508号202頁，判タ1326号106頁，判時2083号77頁）。

◎　売買契約と瑕疵

■売買契約の解釈と瑕疵

　民法第570条にいう瑕疵とは，売買の目的物が，その種類のものとして取引通念上通常有すべき性状（品質）を欠いていることをいうが，売買の目的物は，例えば食品においても生食用と加工用とで取引通念上必要とされる鮮度が異なるように，売買契約において想定されている用途によって瑕疵の有無が異なるものというべきであり，また，現に有している性状（品質）が低いため，その用途に用いるにはコストをかけて加工や補修をすることが必要な場合や，その用途に用いることができる期間が限定されているなどの場合もあるが，これらの場合又はこれらの可能性がある場合には，瑕疵担保責任免除特約を付し又は付さないで価格を低いものに設定するなど，その性状（品質）に応じた契約内容とされるのが取引通念に合致するといえ，そうすると，瑕疵の有無は，売買契約において目的物の用途がどのようなものと想定されているかという点と，売買代金額その他の売

買契約の内容に目的物の性状（品質）がどのように反映されているかという点とに照らして判断されるべきものであるということができるところ，中高層建物の建築用地の売買においては，通常一般人が合理的に選択する工法によっては中高層建物を建築できない程の異物が地中に存在する場合には，価格を含めた売買契約の内容がそのような事態を反映したものとなっていないときは，土地の瑕疵が存するというべきであり，売買契約上，当該土地の用途については何ら限定されていないが，当該土地は小倉駅北口の東側に位置する平坦な市街地であり，近隣には８階以上の中高層建物が多数建築されていること，当該土地の面積は512.37平方メートルであること，当該土地の建ぺい率は80パーセント，容積率は400パーセントとされていることなどに照らすと，取引通念上，当該土地は，中高層建物が建築されることが客観的に十分予想される土地であるということができ，そもそも，瑕疵の有無は契約の解釈と一体をなす問題であるから，用途については第一義的には売買当事者の主観的認識ではなく意思表示の客観的解釈によるべきであると解されるが，確かに，売買契約において当該土地が中高層建物建築用地であるとは明示されておらず，売主が当該土地は中高層建物建築用地である旨表明した事実も認められないものの，取引通念上，当該土地上に中高層建物が建築されることは客観的に十分予想されるから，当該土地が中高層建物建築の用途に用いられ得ることを前提として瑕疵の有無を検討すべきである（福岡地小倉支判平21・7・14判タ1322号188頁）。

◎　**動機と瑕疵**

■　**瑕疵の判断に契約の動機を考慮することの適否**

売買契約締結の動機でもそれが表示されれば，契約の要素となるから，買主が真実，この動機により売買契約を締結し，かつその際，動機が表示されておれば，契約の目的物に瑕疵があったということができる（大阪地判昭47・3・28判タ278号327頁）。

第5章　隠れた瑕疵

◎　売主の過失と瑕疵

■賃貸人の故意過失との関係

　　賃借人が目的とした飲食店営業の許可がおりないことは明らかである場合，<u>営業に関する監督官庁の許可という公法上の制限も民法第570条の瑕疵に該当</u>し，したがって，賃貸借契約において予定された飲食店営業につき，その許可が得られないときは，同条において準用する民法第566条により，賃借人は，何らの通知催告を要せずして契約を解除することができるほか，<u>少なくとも契約費用については賃貸人側の故意過失にかかわらず（無過失責任）損害賠償を求めることができる</u>（東京地判昭48・9・25判時740号75頁）。

■売買契約締結後6年以上を経過した時点でも宅地として分譲することができなかった場合の瑕疵と売主の依頼した造成工事の不手際との関係

　　後出の同判例（452頁，469頁参照）のとおりの事情のもと，買主は，その報告書を検討し，地盤が改良されたものと信じて，当該土地の売買契約を締結したものであったが，買主売主とも，遅くとも当該土地の売買契約締結後4，5年を経過すれば当該土地を宅地として分譲することが可能であることを前提として当該土地の売買契約を締結したものであるところ，当該土地の売買契約締結後6年以上を経過した時点でも当該土地は現状のままでは宅地として分譲することができなかったのであるから，既にこの点において当該土地の売買契約締結の前提に適合しておらず，瑕疵があるということができ，そして，<u>当該土地が売買契約締結後5年を経過してもなお宅地として分譲することが不可能であるかどうかの点だけが当該土地の瑕疵の有無を決めるものであって，先の工事における不手際の有無及び不手際が当該土地に与える影響などの点は，当該の瑕疵の有無とは関係がない</u>というべきであり，すなわち，当該土地の瑕疵は，当該土地が売買契約の締結後5年を経過しても宅地として分譲することが不可能であることであり，これに尽きるものである（大阪地判昭60・11・15判タ600号126頁，判時1199号117頁）。

第5章　隠れた瑕疵

■ 売主以外に瑕疵の責任がある場合の売主に対する瑕疵担保責任の請求の是非

　民法第570条の定める瑕疵担保責任は，売買が有償契約という性質を持つことに照らして法律によって特に定められた責任であり，売主以外に責任を負うべき者がいないことを前提としているわけではない（東京地八王子支判平12・5・8判タ1058号149頁，判時1728号36頁）。

◎　「隠れた」の意義

■ 瑕疵の存在につき買主の善意無過失

　民法第570条にいう隠れた瑕疵とは，売買契約締結当時社会通念上買主に期待される通常の注意を用いても発見することのできないような目的物の瑕疵をいい，瑕疵の存在につき買主の善意無過失を要求するものである（東京地判平20・9・24ウエストロー・ジャパン）。

■ 購入した土地に油分が含まれていた場合の「買主の悪意又は過失」

　購入した土地に油分が含まれていた場合，売買に関連する図面に，「揮発性の高い油臭あり。」との記載があり，「土壌汚染について　環境保全課の指導により調査済，一部汚染が見られるので処理予定。ただし，油についてはタンク下部の土壌についてのみ調査のため，今後，調査及び処理を申し入れる予定。」と連絡があったこと等により，売買契約に係る情報は共有されていたものとみるのが相当であり，そうすると，買主は調査検出油分の存在を知っていたから，当該土地に当該指導基準を超える油分が存在することを知っており，少なくともそれを知るべきであるから，当該土地の瑕疵について悪意・有過失であったと認めるべきであり，その瑕疵の有無は油分が大量に存在するか否かで決せられるのではなく，指導基準を超える油分が存在するか否かで判断されるべきであるから，油分が「大量」であることを知らず，また，知り得なかったとしても，瑕疵について悪意・有過失であることを否定することはできず，買主には当該瑕疵の存在について過失があるとの売主の主張には理由があり，買主の売主に対する瑕疵担保責任に基づく損害賠償請求には理由がない（東京地判平23・1・27判タ1365号124頁，判時2110号83頁）。

第5章　隠れた瑕疵

◎　「隠れた」への該当性

■買い受けた土地に崖地が含まれていても，実地検分をする等で容易に知り得るとして，隠れた瑕疵とは認められなかった事例

　　当該土地には東側に約12坪の崖地が含まれているが，およそ売買の目的物に隠れた瑕疵があるとは取引上要求される通常の注意を用いても容易に発見できない瑕疵があることをいうものと解するのが相当であるところ，土地が売買の目的物である場合にその土地の範囲，形状については，売主或いは近隣の土地所有者ないし居住者に尋ね，実地検分をする等不動産取引の場合における通常の注意をもってすれば容易に知り得ることであるから，当該土地に当該崖地が含まれていることをもって，隠れた瑕疵であるとすることはできない（東京地判昭40・5・31判タ179号149頁）。

■高圧電線下の土地であったことによる建築制限を受ける瑕疵が，ある程度の注意を用いたならば比較的容易に知り得たとして，隠れた瑕疵とは認められなかった事例（後出―東京地判昭40・10・21判タ185号142頁）。

■買い受けた土地に私道があった場合，調査によって私道を宅地として利用できないことを知りえたとして，隠れた瑕疵とは認められなかった事例

　　売買の目的物に瑕疵があって，買主がその瑕疵の存在を知っているか，または知らないことにつき過失がある場合には現行民法第570条にいう隠れた瑕疵があるということはできず，私道部分が売買以前から私道として使用されていたもので，売買当時買主もそのことを知っていたところ，一般に，私道として利用されている土地を宅地として利用するには，住宅地においては建築基準法等の法的規制を受けることが当然予想されるのであるから，表見上私道として利用されているのを知ってその土地を宅地として買い受ける買主は，この土地利用の変更がかかる規制により許されないかどうかを調査検討する注意義務があり，そのような調査をすれば，私道を宅地として利用できないことを知りえたはずであるから，買主が当該私道部分が宅地として利用できないことを知らなかったとすれば，それはかかる注意義務を果さなかったことによるものと推認しなければならず，そうすると買主には，当該私道部分を宅地として利用できないものであるこ

とを知らなかったことにつき，過失があるから，この瑕疵は隠れた瑕疵ではない（東京地判昭43・11・4判タ230号276頁）。

■ 当該建物の敷地が都市計画事業対象土地で当該建物収去が売主の説明と異なった場合に，事前に調査をすることなく，売主の言葉を信じ，すぐ売買契約を締結したのが買主の過失であるとして，隠れた瑕疵とは認められなかった事例（後出—大阪地判昭47・3・28判タ278号327頁（571頁参照））。

■ 買主が建ぺい率違反があることを知っていたと認められることから隠れた瑕疵とは認められなかった事例

　　買主が，売主から当該土地及び当該建物（木造モルタル亜鉛鋼板葺2階建新築居宅1棟）を買い受けたが，その交渉の過程で売主が，買主に対し，当該健物に建ぺい率違反の事実があることおよび東京都事務所から敷地面積是正の指示を受けており，手続上指示どおり是正したものとして届けてあるが，是正前の敷地面積で売却することの説明をし，買主の了承を求めたこと，これに対し，買主もこの説明を了承して売買契約書に調印したこと，買主は，当該建物に建ぺい率違反のあること及び当該土地の敷地面積の是正は特定行政庁の形式上の届出に止まることを知りながら売買件契約を締結したものと認められ，そして当該建物の建ぺい率違反の程度が比較的軽微であること，売主が当該特約を付していることなどを考慮すると，その建ぺい率違反の点をもって，ただちに債務者らに売主の義務についての違反があるとはいい得ず，買主は，売買件契約締結の際，当該建物に建ぺい率違反のあることを知っていたことが認められるので，この違反の事実が民法570条にいう「隠れたる瑕疵」に当らないことは明らかである（東京地判昭47・12・11判時708号57頁）。

■ 当該土地に仮登記が設定されていた瑕疵について，登記されているとして，隠れた瑕疵とは認められなかった事例（後出—東京地判昭53・2・27金判561号44頁，判時904号77頁（595頁参照））。

■ 買い受けた旅館の建物について，旅館を再開することができないほど老朽化していた瑕疵が，予め検分する程度の注意は払うべきであるとして，隠

第5章　隠れた瑕疵

れた瑕疵とは認められなかった事例（後出―札幌高判昭53・8・15判タ374号119頁（491頁参照））。

■ 公路から自動車で侵入できない瑕疵について，買主が安易に仲介人の言うことを信じたとして，隠れた瑕疵とは認められなかった事例（後出―東京地判昭56・11・10判タ467号122頁（530頁参照））。

■ 隣接工場からの騒音・振動がある瑕疵について，立地条件等を調査，見分することにより容易に知りえたはずであるとして，隠れた瑕疵が認められなかった事例（後出―大阪地判昭60・4・26判時1195号115頁（518頁，531頁参照））。

■ 売買契約締結後6年以上を経過した時点でも宅地として分譲することができなかった瑕疵について，全面的に信用できない報告書を信じて契約したとして，隠れた瑕疵とは認められなかった事例（後出―大阪地判昭60・11・15判タ600号126頁，判時1199号117頁（469頁参照））。

■ 隣接するビル壁面と共用の状態（一枚壁）の壁であるため取り毀しが困難である瑕疵について，買主（不動産仲介業）が当該建物に関する調査を怠ったことに過失があるとして，隠れた瑕疵とは認められなかった事例（後出―名古屋地判平3・1・23金判877号32頁（597頁参照））。

■ 隣地建物からの越境があった土地について，売買契約締結に先立ち測量図の交付を受け，現況を確認している場合に，隠れた瑕疵とは認められなかった事例

　　土地購入者又は代理人は，売買契約締結に先立ち，当該土地の現況を見ていたのであるから，その時点で当該隣接地上建物と当該照明灯が存在することを知ったと考えられ，しかも，売買契約締結に先立ち，売主から測量図の交付を受けていたのであり，また，売主の承諾を得て当該土地に立ち入ってその当時存在した境界の両端の境界標の間を見通したり，その間にビニールひもを張ったりしておけば，当該隣接地上建物及びその北側壁面から更に北側に突出している当該照明灯が当該境界を越境していることを容易に知り得たものというべきであり，そうすると，仮に，越境の存在が当該土地の瑕疵に当たると解しても，土地購入者は，売買契約締結時までに，その瑕疵の原因である当該隣接地上建物（その基礎部分を含む。）や当

452

第5章　隠れた瑕疵

該照明灯の存在を現に知っていたのであり，又は少なくとも越境の存在を知り得たのであるから，それらの越境の存在をもって当該土地の隠れた瑕疵に当たるということはできない（東京地判平26・5・23判タ1416号165頁）。

Q 150｜買主が目的物について瑕疵担保責任を請求するには，買主自身が，隠れた瑕疵があることを立証する必要があるか。

A 瑕疵の存在は買主が立証責任を負うが，その瑕疵が「隠れた」ものであるか否かについては，「隠れた」ものでないことを売主が立証する必要がある。

解説　売主の瑕疵担保責任は買主が売主に対して請求するものであるため，まず，買い受けた物に瑕疵があることは買主が主張，立証すべきこととなる。

一方，その瑕疵が「隠れた」ものでないこと，つまり，契約当時，買主が善意かつ無過失で瑕疵の存在を知らなかったものではないことについては，売主が主張，立証する必要があるとされる。これは，買い受けた物に瑕疵がある場合，その瑕疵が「隠れた」ものであることは推定されているということを意味する。

この結果，瑕疵の存在が買主によって立証された場合，売主が「隠れた」ものでないことを反証しないかぎり，隠れた瑕疵であると認定される。

【判　例】

◎　「隠れた」の立証責任

■「隠れた」の立証責任と買主の善意無過失の推定

隠れた瑕疵とは，表見しない瑕疵をいい，一般普通人の観察を標準として定めることを要し，この種の瑕疵があるときは売主は担保責任を負うこ

第3編 不動産の瑕疵担保責任

第5章　隠れた瑕疵

とは言を待たないとともに，たとえ，表見しない瑕疵といっても，買主において知っている，若しくは，ある程度の注意を用いるときは知ることができた場合は，売主において，その責任を免れることは，これまた言を待たないが，しかし，この場合に該当することは，売主において主張及び立証の責任があり，けだし，法律は瑕疵自体にして表見しない以上，買主は，これを知らない，又は知らないことについても過失なしと推定する趣旨であるからである（大四民判昭5・4・16大民集9巻6号376頁）。

第1節 土地の物理的な瑕疵

第6章 不動産の瑕疵

第1節 土地の物理的な瑕疵

> **Q 151** 土地の物理的な不具合は，どのような基準で瑕疵と認められるか。

売買契約において想定される用途に使用するための土地の通常の性状を備えていなければ，当該土地には瑕疵があるといえる。

解説 瑕疵とは，当該目的物を売買した趣旨に照らし，目的物が通常有すべき品質，性能を有するか否かの観点から判断されるため，土地に物理的な不具合がある場合にも，売買契約において想定される用途に使用するための土地の通常の性状を備えていなければ，当該土地には瑕疵があるといえる。

宅地については，住宅用建物の敷地（宅地）とし通常備えるべき性状を有していないものは，瑕疵がないとはいえない。

なお，地中に買主が予期し得ない埋設物があったとき，その買主の使用目的が例えば露天の駐車場のように，通常，その埋設物が土地利用の障害とならないものであったとしても，当該土地を転売することも想定されることから，このような場合であっても，当該土地の瑕疵は認められ得る。

【判　例】
◎　**土地の瑕疵に関する基準**
■宅地の瑕疵の基準
　　瑕疵とは，当該目的物が通常備えるべき品質・性能を欠くことをいい，当該各土地の売買契約は，同土地を宅地として利用することを前提として締結されたから，当該土地に瑕疵があったか否かは，上記売買契約当時の取引観念上，同土地が住宅用建物の敷地（宅地）として通常有すべき品質・

455

第6章　不動産の瑕疵

性能を有するか否かにより判断することとなる（東京地判平26・10・31判時
2247号44頁）。

■土地（露天駐車場）の瑕疵の基準

　売買の目的物が土地である場合は，当初の買主の使用目的が例えば露天
の駐車場のように地中埋設物が利用の障害とならないものであったとして
も，これを転売することは当然想定される（福岡地小倉支判平21・7・14判タ
1322号188頁）。

Q 152 ｜ 土地の物理的な瑕疵には，どのような瑕疵が考えられるか。

A 　耐震性能の不備，土地の液状化，地下水の湧出，土壌汚染，地盤沈
下，地中埋設物・廃棄物の存在，井戸の存在，擁壁の強度不足，冠水
などが，瑕疵の対象となり得る。

解説　土地の物理的な不具合が，売買契約において想定される用途に
使用するための土地の通常の性状を備えていなければ，当該土地
には瑕疵があるといえ，具体的には，耐震性能の不備，土地の液状化，地下
水の湧出，土壌汚染，地盤沈下，地中埋設物・廃棄物の存在，井戸の存在，
擁壁の強度不足，冠水などがあった場合には，瑕疵として考えることができ
る。

　ただ，これらの不具合が土地にあったとしても，すべて，瑕疵として認め
られるわけではなく，契約において想定される性能，用途，売買の経緯，不
具合の状況，程度，契約当時の法令，技術基準等を総合的に考慮して，事例
事例に応じて瑕疵の有無が判断されることとなる。

　まず，地震によって土地が陥没したり，造成地が崩壊したり，建築物，構

第1節　土地の物理的な瑕疵

造物が傾斜，倒壊し，あるいは液状化することは，土地の物理的な不具合の典型的なものであるが，土地に，どの程度の耐震性が求められるかということについては，契約までに発生した地震の回数，頻度，規模，程度や，契約当時の法令，技術基準，地質，地形等が総合的に考慮され，具体的には，現在までに現れた判例では，通常，少なくとも震度5程度の地震に堪え得なかった場合には，当該土地には瑕疵があったとされる。なお，昭和56年5月31日以前の旧耐震基準では，震度5強程度を基準としていたところ，建築基準法の改正による昭和56年6月1日以後の新耐震基準，平成12年6月1日以後の現行耐震基準では既に震度6強～7程度が基準とされており，昨今の地震の発生頻度，法令，技術基準，社会環境等に鑑み，最近の契約にかかる買受土地が地震によって陥没，崩壊，傾斜，倒壊，液状化等の不具合が生じたときは，異なる判断が示されることも考えられよう。

　買い受けた土地から予期せぬ地下水の湧出があり，土地の使用に支障が生じた場合にも瑕疵が認められ得るが，通常，その地域における普通の地下水の状況であれば瑕疵ということは難しく，瑕疵といい得るのは，その地域の他の土地と比して地下水の状況が一定程度の異常があるような場合であろう。

　土地に，ダイオキシン，PCB，六価クロム，油分，アスベスト等の汚染物質が含まれている場合も瑕疵が認められ得る。とくに，契約当時の指導基準以上の汚染物質によって土壌が汚染されている場合には，通常，瑕疵があるとされよう。

　軟弱な地盤の土地を宅地として造成し，販売したところ，地盤沈下を起こし，建築物，構造物に傾斜等が生じた場合，不具合の状況，程度等を考慮し，売買契約までになされた造成工事の工法などに当時の一般的な工法と比しても不備があったときには瑕疵があると判断される場合がある。

　買い受けた土地の地中に木材片，コンクリート片，レンガ片，ビニール片等の予期せぬ埋設物・廃棄物があった場合において，その埋設物等の量，埋設深度，場所等が支障となり，契約で予想され得る建築物の建築に困難になるような状況になったり，そのとおり建築するためには工法の変更によって多額の出費を要するなどの事情によって，瑕疵があると判断される場合があ

第6章　不動産の瑕疵

る。また，建築物の建築を目的としていない場合であっても，地中埋設物・廃棄物の存在によって使途が限定されたり，転売が困難になったりするようなときも，瑕疵が認められよう。井戸の存在が，それらの支障を生じる場合も同様に考えられよう。

造成地に構築されている擁壁に擁壁の強度不足があり，擁壁が崩壊したようなときも，その土地には瑕疵があったといい得，また，擁壁の崩壊までには至っていなくても，造成地上のブロック塀が倒壊がする蓋然性があるときには，近隣居住者等の生命，身体，財産に対する重大な危害に鑑み，瑕疵が認められる場合もある。

土地が冠水による被害を受けたことも瑕疵の対象とはなり得るが，通常，冠水は，付近一帯に生じることが多く，あらかじめ，冠水しやすい土地であることは確認し得るものであり，その一帯の土地の価格評価に，冠水被害の生じることが織り込まれることが普通であることから，そのことのみをもって瑕疵があるとはいい難い。また，普段，冠水が予想されていない土地が，集中豪雨によって冠水被害が生じたようなときも，一時的な気象上の問題であるときには，それを瑕疵であるということは困難であろう。

いずれにしても，瑕疵の有無の判断は一律ではなく，これまでに述べた諸事情などを総合的に考慮して，ケース毎に判断される必要がある。

【判　例】

◎　耐震性能の不備（震度との関係）

■昭和56年頃に販売された土地に東北地方太平洋沖地震による液状化が発生した場合の瑕疵の有無（否定）

　　昭和53年6月の宮城県沖地震によって，陥没するなどの被害のあった造成地があるところ，宅地に耐震性の点からの瑕疵の存否は，従来発生した地震の回数，頻度，規模，程度のほか，時代ごとに法令上要求される地上地下構築物の所在場所，地質，地形，強度等の諸要素を考慮し，一般常識的見地から，少なくとも震度5程度の地震に対して安全性の有無を基準として判断するのが相当であると解されるところ，同地震は公表震度5であるものの，後の調査の結果，実際には，全般的に震度6とみなすのが妥当

458

第1節　土地の物理的な瑕疵

と考えられており，同地震は過去50年間に起きた震度5といわれる地震と
比較して，格段の差のある損害をもたらしたが，買主の所有宅地は第一種
住居専用地域で，地上建物は1，2階建の居宅又は集合住宅であったが，
買主がこれを取得後，その宅地に格別の異状がなく（宅地の擁壁に崩落した
個所があった等の瑕疵は認められるが，これを補修する程度で使用に支障はなかった。），
また，同地震前に発生した昭和39年の新潟県沖地震（震度5），昭和53年2
月の宮城県沖地震（震度4）による被害も報告されていないとの諸事実に
鑑み，当該宅地に民法第570条にいう隠れた瑕疵があったものと判断する
ことはできず，このことから造成者が何人であったとしても，当該宅地の
造成工事に違法のとがめはなかったというべきである（仙台地判平4・4・
8判タ792号105頁，判時1446号98頁）。

■昭和56年頃に販売された土地に東北地方太平洋沖地震による液状化が発
生した場合の瑕疵の有無（否定）

　　前出（東京地判平26・10・8判時2247号44頁（461頁参照））。

■平成15，6年頃に販売された土地に東北地方太平洋沖地震による液状化が
発生した場合の瑕疵の有無（否定）

　　前出（東京地判平26・10・31判時2247号44頁（461頁参照））。

■宅地の耐震震度(5)と宅地の瑕疵の有無（肯定）

　　買主が，仙台市により造成，分譲された仙台市の団地内の分譲宅地を購
入した後，昭和53年に発生した宮城県沖地震により当該宅地に亀裂，地盤
沈下等が生じて宅地及び居宅に損害が生じたが，仙台においては，当該宅
地購入時までに，3，4年に1回程度の割合で震度4の地震が，およそ10
年に1回程度の割合で震度5五の地震がそれぞれ発生する可能性があった
ものと一応いうことができるところ，地震の発生回数及び地震動の強さ，
及び購入者の合理的意思に照らすと，当該宅地が，震度4の「家屋の動揺
が激しく，すわりの悪い花びんなどが倒れ，器内の水があふれ出る」程度
の地震動にさえ耐え得ることができないものであれば，通常取引の対象た
りえないし，また，震度5の「壁に割目が入り，墓石，石どうろうが倒れ
たり，煙突，土蔵，石垣などが破損する」程度の地震動に耐え得ることが

第3編　不動産の瑕疵担保責任

459

第6章　不動産の瑕疵

できないものであれば，そのような宅地に居宅を建築した場合，生命，身体，財産に対する安全性が保たれないものとして，通常の取引価格による取引対象にはならないものというべきであり，その程度の地震動により当該宅地に亀裂等が発生するなどしてこれに耐えられなかった場合には，当該宅地は，一般的な造成宅地としても通常有すべき品質と性能を欠いていると解すべきであり，事実を総合すれば，宮城県沖地震が当該宅地に及ぼした地震動の強さは，「壁に割目が入り，墓石，石どうろうが倒れたり，煙突，土蔵，石垣などが破損する」程度であって，気象庁震度階の震度5に相当する強さというべきであり，「30パーセント以下の家屋が倒壊し，山崩れが起き，地割れが生じ，多くの人々が立っていることができない」程度には達していなかったというべきであり，そうすると，<u>当該宅地は，震度5の震度階に対応する「壁に割目が入り，墓石，石どうろうが倒れたり，煙突，土蔵，石垣などが破損する」程度の強さの地震動に耐え得る耐震性を有していなければならないところ，当該宅地は，それと同程度の強さの地震動を受けて，これに耐え得ることができず，地盤の亀裂及び沈下が発生したものであり，当該宅地は，耐震性において，通常有すべき品質，性能を欠いていたもの，すなわち，「隠れたる瑕疵」が存在するもの</u>といわざるを得ない（仙台高判平12・10・25判時1764号82頁）。

◎　土地の液状化

■昭和56年頃に販売された土地に東北地方太平洋沖地震による液状化が発生した場合の瑕疵の有無（否定）

　瑕疵担保責任（民570条）における「瑕疵」の有無の判断においては，<u>当該目的物が通常備えるべき品質・性能が基準になる</u>ところ，当該各分譲住宅の販売時の知見，調査・検討結果を踏まえ，新潟地震程度の地震を想定した液状化による被害を防止する上で有効な対策として鉄筋コンクリートべた基礎を採用したこと，いわゆる千葉県東方沖地震を始めとした浦安市における東北地方太平洋沖地震（平成23年）以前の震度5程度の地震においても，当該各分譲地に液状化による被害が発生しなかったこと，同地震は，日本の観測史上最大規模で，かつ継続時間が長いという特徴を有する

460

第1節　土地の物理的な瑕疵

地震であって，同地震により当該各分譲地が液状化被害を受けることは予見できなかったのであるから，販売者とので，そのような対策を講じた当該分譲住宅を超える品質等を合意していたと認めることもできず，そうすると，当該各分譲地は，少なくとも，当該各分譲住宅を販売した時点（昭和56年頃）の小規模建築物に係る知見等に照らし，通常有すべき品質・性能を備えていたというべきであって，瑕疵担保責任における瑕疵があるということはできない（東京地判平26・10・8判時2247号44頁）。

■ 平成15, 16年頃に販売された土地に東北地方太平洋沖地震による液状化が発生した場合の瑕疵の有無（否定）

　瑕疵とは，当該目的物が通常備えるべき品質・性能を欠くことをいい，当該各土地の売買契約は，同土地を宅地として利用することを前提として締結されたから，当該土地に瑕疵があったか否かは，上記売買契約当時の取引観念上，同土地が住宅用建物の敷地（宅地）として通常有すべき品質・性能を有するか否かにより判断することとなり，当該各土地は小規模建築物を建築するための利用であれば震度5程度の地震によっても液状化被害が発生する可能性は低かったことが認められ，それにもかかわらず，液状化被害が生じたのは，東北地方太平洋沖地震（平成23年）が（当該各土地において）震度5程度でありながら，売買契約当時，予想し得なかった揺れの継続時間の長い特殊な地震だったからであり，そして，当該各土地の売買契約締結当時，契約当事者において，当該各土地が当該地震のような特殊な地震が発生した場合においても液状化しない品質・性能を具備していることを予定していたと認めるに足りる証拠はなく，そうすると，当該各土地が売買された平成15年及び16年当時の知見を前提とする取引観念上，当該各土地は，住宅用建物の敷地（宅地）として通常有すべき品質・性能を有していたことが認められるから，当該各土地には瑕疵はない（東京地判平26・10・31判時2247号44頁）。

■ 東北地方太平洋沖地震前に販売され宅地が同地震によって液状化した場合の瑕疵の有無（否定）

　平成22年に販売された戸建分譲住宅に係る東北地方太平洋沖地震（平成

第3編
不動産の瑕疵担
保責任

461

第6章　不動産の瑕疵

23年）による土地の液状化につき，同地震後の調査の結果から，直ちに同地震前である当該売買契約締結当時の当該土地の地盤強度や地下水位を推認することはできないものといわざるを得ず，その調査の結果に基づいて，当該土地が中地震動により液状化する蓋然性を判断することはできず，当該土地について施された柱状改良工法による地盤補強工事は，必ずしも液状化対策として行われたものではなかったものの，液状化にも抗し得るものであり，平成20年指針所定の液状化対策工に該当するものであったと認められ，当該売買契約当時，当該土地が中地震動により液状化する蓋然性が高かったと認められず，また，当該土地に平成20年指針所定の液状化対策工に該当すると認められる柱状改良工法による地盤補強工事及び，べた基礎工事が施され，企図された許容応力度が確保された以上，当該土地が宅地として通常有すべき品質，性能を欠くものと認めることはできず，したがって，当該土地に「隠れた瑕疵」が存在するとは認められず，瑕疵担保責任は生じないというべきである（東京地判平27・12・25判タ1428号237頁）。

◎　**地下水の湧出**

■地下水位の浅さと瑕疵の有無（肯定）

　宅地を購入し，動物病院を建築したところ，当該土地の地下約0.5メートルの位置に地下水脈があり，当該土地において地下水が湧出していることが認められるところ，当該土地では表土を50ないし60センチメートル鋤いただけで地下水が湧出して当該土地の約3分の1に水が貯留する通常とはいえない状態が生じ，鋼管杭による杭地業工事でもって地盤改良をする必要があり，さらに，当該土地には透水管を設置する必要があり，そして，名古屋市における平均地下水位は，浅いところでも13メートル程度であるなど，当該土地は，周囲に川や田等がなく，地下水位が浅いことが想定されていない土地であるにもかかわらず，地下約0.5メートルの位置に地下水脈があるという特異な土地であるといえ，そして，その結果，宅地として当該土地を利用するためには透水管の設置等が必要となるところ，透水管の設置等が必要な宅地は多くないことに照らせば，当該土地には透水管の設置等が必要な瑕疵があるというべきであり，当該土地の地下水位等は

462

第1節　土地の物理的な瑕疵

地盤調査をしなければわからないところ，当該土地は外観上明らかに地盤
調査を必要とする土地であるということはできないし，売買契約の契約書
及び重要事項説明書には，地盤調査の結果によって地盤補強工事が必要と
なることが記載されているのみであって，同工事を超える措置が必要な場
合を予測させる記載は存しない上，売買契約締結前に地盤調査の必要性が
示唆されたわけでもないことからすれば，売買契約締結前に地盤調査をし
なかったからといって，買主に何ら過失はなく，買主が当該瑕疵を知り得
たということはできないから，当該瑕疵は隠れた瑕疵に当たる（名古屋地
判平25・4・26判時2205号74頁）。

◎　**土壌汚染**

■ダイオキシン，PCB，六価クロム，フッ素及びホウ素と瑕疵の有無（肯定）

　　買主（電気機械器具及び電気通信機械器具並びにその部品及び付属品の製造等を主
たる事業とする株式会社），売主（紙類，パルプ類等の製造，加工及び売買等を主た
る事業とする株式会社）との間で当該土地及び当該建物の売買契約を締結し
たところ，当該土地中に埋設物及び汚染土壌が存在した場合，土壌汚染の
各物質はいずれも人体に有害なものであり，これらは，ダイオキシン類対
策特別措置法2条又は土壌汚染対策法2条1項，同法施行令1条により規
制されている有害物質であり，そして，これらの物質により汚染された土
壌が，ダイオキシン類対策特別措置法に基づいて定められた環境基準値や
土壌汚染対策法施行規則において定められた環境基準値を超過したもので
ある場合には，当該汚染の拡散の防止その他の措置（最終処分場又は埋立場
所等への投入，浄化，セメント等の原材料としての利用）をとる必要があるから，
環境基準を超過した汚染土壌が当該土地の瑕疵に該当することは明らかで
あり，ダイオキシン類を含む汚染土壌のうち，一部の区画の汚染土壌は，
そのダイオキシン類検出値が，ダイオキシン類対策特別措置法に基づいて
定められた環境基準値を超過していなくても，その区画は基準値を大幅に
上回った区画に近接した区画である上，ダイオキシン類の発生原因と考え
られる焼却灰，灰プラスチック及び金属屑等の埋設物が，同様に発見され
ているし（その意味では，これらの区画において，焼却灰，灰プラスチック及び金属

第3編　不動産の瑕疵担保責任

第6章　不動産の瑕疵

屑等を一体として廃棄したものと推測される。），基準値を若干下回っているにすぎず，そうすると，一体として汚染されているというべきであり，たまたま調査地点において検出値が基準値を下回っていたからといって，この部分の土壌が汚染されていないとか瑕疵でないとかいうことはできず，PCBを含む汚染土壌は，売主が引き取ったからといって，汚染土壌の瑕疵該当性が否定されるわけではなく，当該土地の引渡し後に原告の行っていた事業活動が，六価クロム，フッ素及びホウ素を含む汚染物質を排出する可能性があることを窺うべき資料は見当たらず，売買契約締結前の調査と締結後の調査とでは，調査の範囲及び内容が大幅に異なっていたのであるから，売買契約締結前の調査において発見されなかった汚染土壌が締結後の調査において発見されたからといって，売買契約締結以前にはそのような汚染土壌が存在していなかったとはいえず，以上によれば，これらの汚染土壌は，全て当該土地の瑕疵（客観的瑕疵）にあたる（東京地判平20・7・8登情569号137頁）。

■購入した土地に，ふっ素が含まれていた場合と瑕疵の有無

後出（最三小判平22・6・1民集64巻4号953頁（534頁参照））。

■購入した土地に油分が含まれていた場合と瑕疵の有無（肯定）

購入した土地に油分が含まれていた場合，民法第570条にいう瑕疵とは，目的物に何らかの欠陥があることをいうところ，何が欠陥かは，契約当事者の合意，契約の趣旨に照らし，通常又は特別に予定されていた品質・性能を欠くか否かによって決せられ，そして，売買契約の当事者間においても目的物がどのような品質・性能を有することを予定していたかは，法令の定めを満たすことを前提とし，売買契約の明示の約定のほか，売買契約の取引通念上，当該目的物が通常備えるべき品質・性能が重要な基準となるところ，環境基本法に基づき定められている土壌についての環境基準，廃棄物の処理及び清掃に関する法律に基づく産業廃棄物の判定基準においては，油分について規制がなく，産業廃棄物の海洋投入処分に係る判定基準においては基準があり，油分が存在したとしても，そのままの状態である限り，法令には違反しないが，当該土地から建設発生土が生じ

第1節　土地の物理的な瑕疵

た場合，そこに油が含まれていれば，それは産業廃棄物に該当する可能性
があり，内陸部の土地（処分場）で埋立処分をする限り法令上の制限はな
いが，臨海部の土地（処分場）で埋立処分をする場合には法令上の制限が
あり，また，土地売買契約の買主は土地上に建物等を建築することを目的
とすることが多いから，特段の事情がない限り，買主における建設発生土
の処理が通常予定されているとみるべきであり，建設発生土の処理の実情
は，土地売買契約における取引通念を検討する上でも考慮されるべきであ
り，そして，売買契約では，鉱物油について，「土壌（溶出溶液につき）」「油
が視認されず，又は油の臭気が感じられないこと」を満たすべきことが定
められてるなど，当該土地に指導基準を上回る油分が売買契約締結時に存
在したことは明らかであるので，当該土地には瑕疵があるというべきであ
り，売買に関連する図面に，「揮発性の高い油臭あり。」との記載があった
こと等により，売買契約に係る情報は共有されていたものとみるのが相当
であり，そうすると，買主は調査検出油分の存在を知っていたから，当該
土地に当該指導基準を超える油分が存在することを知っており，少なくと
もそれを知るべきであるから，当該土地の瑕疵について悪意・有過失で
あったと認めるべきであり，その瑕疵の有無は油分が大量に存在するか否
かで決せられるのではなく，指導基準を超える油分が存在するか否かで判
断されるべきであるから，油分が「大量」であることを知らず，また，知
り得なかったとしても，瑕疵について悪意・有過失であることを否定する
ことはできず，買主には当該瑕疵の存在について過失があるとの売主の主
張には理由があり，買主の売主に対する瑕疵担保責任に基づく損害賠償請
求には理由がない（東京地判平23・1・27判タ1365号124頁，判時2110号83頁）。

■ ガソリンスタンドにおけるテトラクロロエチレンと瑕疵の有無
　　後出（東京地判平24・5・30判タ1406号290頁（536頁参照））。

■ 工場（石綿紡績品の製造等）の跡地におけるアスベストと瑕疵の有無
　　後出（東京地判平24・9・27判時2170号50頁（537頁参照））。

■ 工場用地における土壌汚染と瑕疵の有無（一部肯定）
　　契約の締結当時，認識し若しくは認識し得た事情から，予見できない程

465

第6章　不動産の瑕疵

度の汚染であり，かつ，工場用地等としての利用に支障を生じさせる汚染
については，契約の当事者間において，これが存在しないことが予定され
ていたものと認められ，したがって，土壌汚染の濃度や分布状況等に照ら
し，予見できない程度の汚染であり，かつ，工場用地等としての利用に支
障を生じさせる汚染は，当該不動産の隠れた瑕疵に該当するというべきで
あるところ，土壌汚染のうち，ふっ素は，自然由来か人為的汚染かを検討
するまでもなく，予見不可能な程度のものであったとはいえないから，隠
れた瑕疵に該当するとは認められず，鉛については，土壌含有量基準値を
上回るような鉛汚染が存することは予見不可能であったものと認められ，
したがって，買主調査において発見された，土壌含有量基準値を超える鉛
のうち，隠れた瑕疵に該当するものと認められ，一方，相応の汚染が存す
ることは，予見可能であったと認められ，隠れた瑕疵に該当するとは認め
られず，水銀については，事前の検査では検出されなかったが，工場等に
おいて，水銀がかつて多用途に用いられていたことや，当該土地上にかつ
て軍需工場があったことなどを踏まえても，当該土地から基準値を超える
水銀が検出されることは，予見不可能であったものと認められ，隠れた瑕
疵に該当するものと認められ，トリクロロエチレンについては，基準値を
上回る，当初調査の最大値の約5倍のトリクロロエチレンが検出されたも
のであるから，予見不可能であったものと認められるから，隠れた瑕疵に
該当するものと認められ，油分（ベンゼンを除く。）については，土壌汚染
対策法上の土壌汚染には該当せず，契約当時，研究施設の用地として用い
られており，契約後も，相当長期に亘り，工場用地等として利用すること
が予定されていたことや，当該土地に一定の土壌汚染が存在することが契
約当事者双方において認識されていたことに照らし，油分汚染の濃度等を
考慮すると，それが生活環境保全上の支障を生じさせるものとまでは認め
られないため，隠れた瑕疵に該当するとは認められない（東京地判平27・
8・7判タ1423号307頁，判時2288号43頁）。

第1節　土地の物理的な瑕疵

◎　**地盤沈下**

■ もと水田に建物が建てられたが，軟弱地盤に対する工法過誤により土地が
沈下し，建物が傾斜した場合と瑕疵の有無（肯定）

　　買主が，当該土地・建物を，売主（不動産開発業）から買い受けて入居し
たが，半年位経過した頃から，当該建物の玄関，便所，風呂場などのドア
が閉らなくなったので，建築業者にドアの縁を削ってもらい，その後，風
呂場のタイルにひび割れが生じたのでセメントで補修し，下水の排水が不
良となり，さらに以上と同様の状況が再現し，風呂場のタイルのひび割れ
がひどくなって修理ができなくなり，風呂場を新しく作り直し，玄関のド
アやサッシ戸が閉り難くなり，土台が沈下して風呂場のタイルにひび割れ
が，柱と壁との間にすき間が，またほとんどの柱にひび割れが生じ，玄関
の２本の柱が２～３センチメートル程宙吊り状態になり，浴槽も取り替え
ざるをえなくなり，部屋全体が傾斜しベッドを水平に保つため脚部に約15
センチメートルの木板をあてがう必要を生じるなどしたところ，当該建物
は東側に面する道路側とは反対の西方向に沈み込んで傾斜するようになり，
当該建物の東南角を基準として西北西の角との高低差最大60センチメート
ル～28センチメートルに達し，当該土地はもと田であり，耕作をやめてか
らは，ここに廃木やごみが投棄され，その後鋳物砂が埋入されたが，なお
水が溜っている状態であり，売主は当該土地を買い受けて，ここに建売住
宅の建築を計画し，その工事に先立って当該土地の地質調査はなされな
かったもので，当該土地の地質構造及び打込んだ木杭の長さにかんがみ，
松杭の杭先が埋土部分を貫いて有機質土まで貫入し，これがかえって地盤
を破壊して，支持力を低下させ，これと埋土，有機質土，シルト等の軟弱
地盤の圧密沈下とが建物の傾斜と沈下を合成したと考えられること，この
地盤はその強度からみて摩擦抵抗が小さく，木杭は摩擦群杭としても本数
が足りないことが認められ，これに対し，当該建物の基礎工事は，当該土
地が従前水田として耕作されており，その地盤が軟弱であると予想される
にもかかわらず，事前に地質調査をすることもなく，短期間のうちに調整
された土地内に，摩擦杭として松杭を多少多く打込んだ程度であり，しか

第3編　不動産の瑕疵担保責任

第6章　不動産の瑕疵

も，摩擦杭が有機質土層を貫入したためその支持力を破壊するに至ったもので，当該建物の傾斜と沈下は当該土地の地盤の軟弱性とかかる軟弱地盤上における建物建築に際してとるべき建築工法の過誤によるものと認めることができ，当該土地・建物には売買契約時に瑕疵が存在しており，この瑕疵は買主において通常の注意を用いても発見できない，いわゆる隠れたる瑕疵であったと認めることができる（横浜地判昭60・2・27判タ554号238頁）。

■ 売買契約締結後6年以上を経過した時点でも宅地として分譲することができなかったことと瑕疵の有無（肯定，ただし，「隠れた」は否定）

　　買主（団地その他の用地売買，造成工事，建設工事請負などを業とする株式会社）が，売主（建物建築請負，土地売買，土木工事請負などを業とする株式会社）当該土地を宅地分譲の目的で買い受けたなか，売主は，それ以前，当該土地につき，宅地造成工事を行い，当該土地の売買契約締結の際，買主が売主から交付を受けた報告書には，その工事により，計算結果によれば，沈下量2.6メートル，90パーセントの圧密沈下に要する期間は12か月（残留沈下が10パーセント前後になれば不等沈下の心配は少なくなる。），98パーセントの圧密沈下に要する期間は24か月であり，売買契約時には80ないし90パーセントの沈下が完了したことになると記載されており，買主は，その報告書を検討し，その工事が報告書記載のとおりになされ，報告書記載のとおり地盤が改良されたものと信じて，当該土地の売買契約を締結したものであったが，買主売主とも，遅くとも当該土地の売買契約締結後4，5年を経過すれば当該土地を宅地として分譲することが可能であることを前提として当該土地の売買契約を締結したものであるところ，当該土地の売買契約締結後6年以上を経過した時点でも当該土地は現状のままでは宅地として分譲することができなかったのであるから，既にこの点において当該土地の売買契約締結の前提に適合しておらず，瑕疵があるということができ，当該土地の瑕疵は，当該土地が売買契約の締結後5年を経過しても宅地として分譲することが不可能であることであり，これに尽きるものであるが，報告書の記載自体，理論的には肯定できなくもないかもしれないが，実際上の観点に立つと，到底全面的に信用できるものではなく，このことは，報

468

第1節　土地の物理的な瑕疵

告書を読めばわかるところであり，報告書の記載のとおりに当該土地の圧密沈下がたやすく終了するものではないこと，したがって，当該土地が遅くとも売買契約締結後4，5年を経過すれば宅地として分譲することが可能になるとは限らず，これが可能にならない蓋然性も多分にあることを知りえたものと十分にいうことができ，そうすると，当該土地の瑕疵（売買契約締結後5年を経過しても当該土地を宅地として分譲することが不可能であること）は隠れたる瑕疵とはいうことができない（大阪地判昭60・11・15判タ600号126頁，判時1199号117頁）。

■ 造成された土地の地盤沈下による建物不具合と瑕疵の有無（肯定）

　買主が，売主から造成された土地及び地上建物を購入し，当該建物に居住し始めたところ，次第に，建物が傾いたり，壁に亀裂が入ったり，雨漏りがするようになったところ，当該建物が傾斜したことの主たる原因は，当該土地の盛土地盤に対する締め固め作業（転圧作業）が十分に行われなかったために，支持力の弱い地盤層が地中に残ってしまい，その上に建てられた建物の荷重等には耐えられない地盤になってしまい，このような場合，堅固な基礎を設けるか，あらためて地盤の締め固め作業を行うかをしなければ，少なくとも地盤沈下を起こす危険性が高かったにもかかわらず，これらの措置がとられないまま当該建物が建築されたため，当該建物は，折れ曲がったような状況に至ったもので，そして，売買契約当時には，取引上，一般通常人の視点では容易に発見することのできなかったと考えられる欠陥（整備不十分な盛土地盤が次第に不同沈下を起こすこと，建物が支持力の異なる基礎地盤に跨って建築されること）が存していたことが認められ，そうだとすると，売主は，売買契約の相手方である買主に対し，民法第570条に基づく瑕疵担保責任を負うことになり，当該建物については売買契約書に記載されたものとは異なる建物が実際に建築されていたとしても，売買契約書に記載された建物は，あくまで売買契約の目的物を土地建物とするために契約書に記載された仮の建物にすぎず，売買契約書に記載された建物の構造と現実に建てられた建物の構造が一致しないとか，売主が設計の打ち合せ内容を知らなかったなどの事情により，民法第570条の適用が妨げ

第3編　不動産の瑕疵担保責任

469

第6章　不動産の瑕疵

られるものではないというべきである（京都地判平12・10・16判時1755号118頁）。

■ **軟弱地盤の分譲による建物不具合と瑕疵の有無**（肯定）

　売主（分譲業者）から，買主が当該土地建物を買い受けたが，当該土地に地盤沈下が発生したことを原因として建物に不具合が生じたところ，当該建物には，床面の傾斜，壁や床面における亀裂の発生など数多くの看過し難い不具合が発生しているなか（さらに，その程度が悪化している。），当該土地は腐植土層が存在し，もともと土粒子が軽く，水分が多くて軟弱であり，圧密沈下を起こしやすい地質であり，特に地表から7メートルの深さまでは地盤の強度指標であるN値も低く，その上，当該土地に使用された埋土には廃棄物等が多量に含まれ，埋土の固め作業も十分ではなかったため，もともと地盤沈下が発生する可能性が高く，実際に当該土地において地盤沈下が発生し，以上の諸事実を総合考慮すると，買主の当該建物に不具合が発生したのは，当該土地が軟弱地盤であり，そのため地盤沈下が発生したことに起因しているものと推認することができ，当該建物において傾斜の度合いや亀裂の状態が年月が経過するにつれて悪化しており，当該建物について施工上の不良が存在したとしても，そ不具合の発生について当該土地において発生した地盤沈下が大きく影響していることは否定しがたく，以上の諸事実に加えて，当該土地に地盤沈下が発生し，それを原因として当該建物に多数の不具合が発生していることを考慮すると，当該土地において施工された基礎工事は，工法の選択又は施工上不相当なものであったというべきであり，当該土地においては現に地盤沈下が発生し，当該建物には多数の不具合が発生しているが，当該建物に不具合が発生したのは，当該土地が軟弱地盤であり，そのため地盤沈下が発生したことが原因であり，そして，当該土地が軟弱地盤であるという瑕疵は，売買契約の前から存在したものであり，専門家の調査や異常の発生により初めて明らかになる性質のものであるから，売買契約時に存在した通常容易に発見し得ない「隠れた瑕疵」ということができる（東京地判平13・6・27判タ1095号158頁，判時1779号44頁）。

470

第1節　土地の物理的な瑕疵

■中古の建物と敷地の売買契約において，土地の沈下によって建物が傾斜した場合と瑕疵の有無（肯定）

　中古の建物と敷地の売買契約において建物が傾斜した場合，当該土地には，盛土層の下に腐植土層が存在していて，当該建物及び擁壁の傾斜は，当該土地の地盤の盛土下にある腐植土層の二次圧密による沈下並びに擁壁背面の埋戻し土及び盛土の水締め効果によって，当該土地の地盤が不同沈下したために発生したものであり，当該建物の傾斜の状況は最大9.2／1000程度である場合，国土交通大臣が定める基準では1000分の5以内，住宅紛争処理の参考となるべき技術的基準（平成12年建設省告示第165号）では，木造住宅につき，1000分の3以上6未満で瑕疵が一定程度存し，1000分の6以上で瑕疵の存する可能性が高いとされているところ，当該建物に居住しているとめまいや腰の痛みなどを感じるようになったと主張していることも合わせて考えると，当該建物に認められる傾斜は，当該建物に居住する買主の受忍限度を超えるものであり，この傾斜は，当該土地の地盤にある腐植土層の二次圧密による不同沈下によって発生したと認めることができるから，当該土地には，上記のような腐植土層を含む軟弱な地盤があることについて，宅地として利用する上での瑕疵があると認めることができ，建物完成後約14年10か月経った頃になってから，当該建物が傾斜しているのではないかと感じるようになり，当該建物はべた基礎であることが認められるが，前記の傾斜の程度は，当該建物に居住しているとめまいや腰の痛みなども感じ，体調不良になるほどのものであって，当該土地及び建物の沈下は現在でも進行中であるから，当該建物の基礎には，瑕疵があるということができ，このような当該土地の地盤及び当該建物の基礎の瑕疵は，売買契約前から存在していたものであったと認められるが，これらの瑕疵は，買主が体感するようになった異常の発生や専門家の調査によって初めて明らかになったものであり，買主が通常の注意を用いても発見することができなかったと認めることができるのであるから，当該土地の地盤の性状に宅地としての利用上の瑕疵があり，当該建物の基礎に構造耐力上の安全性を欠く瑕疵があることは，いずれも隠れた瑕疵に当たると認めること

471

第6章　不動産の瑕疵

ができる（東京地判平24・6・8判時2169号26頁）。

◎　**地中埋設物・廃棄物の存在**

■予定どおりの建物を建築することができたが，地中の埋設物（大量の木片，
ビニール片）が出てきた軟弱地質であったことにより基礎工事の方法が変
更されたと瑕疵の有無（否定）

　　買主は，売主から当該土地及び同土地上の旧建物を買い受け，旧建物を
取り壊した上，当該土地上に鉄筋コンクリート造3階建店舗兼共同住宅の
新築工事を開始し，基礎工事のため，当該土地を掘削したところ，地下1
メートル付近から大量の木片やビニール片が出てきたので，調査会社に土
質調査を依頼した結果，当該土地のうち，北，西側の地下約1メートルと
南，東側の地下約11メートルが埋土で，しかも，地下1.4メートルから6.5
メートルまでは木片，ビニール片が，地下6.5メートルから10.9メートル
までは木片，腐植物が混入している状態で，極めて軟弱な土質であること
が判明したなか，買主は，旧建物を取壊して，当該土地上に鉄筋コンク
リート造3階建店舗兼共同住宅を新築するためにこれを買い受けたのであ
るが，その目的物件である当該土地がこの如く廃棄物の混入した軟弱な土
質では，当初予定したベタ基礎工法によっては建築ができず，地中に7な
いし12メートルの杭を打ち込み，杭打工法に設計変更をせざるを得なく
なったが，ところで，一般に「宅地」とは，主として建物の敷地に供され
る土地をいうのであるが，わが国においては，宅地造成等規制法により擁
壁，排水施設の設置，その他宅地造成にともなう災害防止のため必要な措
置が規制され（宅地造成等規制法9条），建築基準法により湿潤な土地，出水
のおそれの多い土地又はごみその他これに類する物で埋め立てられた土地
に建物を建築する場合には，盛土，地盤の改良その他衛生上又は安全上必
要な措置を講じることが工事施工者らに要求されている（建基19条）など
の規制はあるけれども，取引の対象となる宅地自体の土質，地耐力等に関
しては何ら直接これを規制しておらす，造成地にあっても埋立材等につい
ての制限ないし基準は存しないのであり（近時，宅地造成需要の増大化にともな
ない，大量，雑多な廃棄物の処理対策上力らいわゆるごみ投棄地盤による埋立造成が随

472

第1節　土地の物理的な瑕疵

所にみられるのがいつわらざる現状である。），したがって，一言で「宅地」とい
つても，古い固有の宅地から新しい人工の埋立造成宅地まで多種多様で，
その土質，地盤の硬度も，極めて強固なものから比較的軟弱なものまで千
差万別であり，しかも，当該宅地上に設けられる建物自体についても，近
代的な鉄筋の高層ビルから木造，プレハブ等の平家に至るまでその種類，
規模，構造等は種々様々であるから，これに対応する敷地（宅地）の通常
有すべき品質，性能（瑕疵の存否）をこれらの土質，地耐力等の観点のみか
ら一律に画定することは到底困難であるといわざるを得ず，そうだとすれ
ば，宅地という地目の土地が建物の敷地に供されるものである以上，その
地上に建築可能な建物は建築基準法等によって許容される範囲の建物であ
れば足り，かつこれを通常用いられる工法により建築することが可能な土
地である限り，一般の社会的取引においては，宅地としての性能に欠ける
ところはないと解するのが相当であるところ，当該土地にはビニール片等
の廃棄物が混入していたため，買主が鉄筋コンクリート造3階建店舗兼共
同住宅を建築するにつき，当初予定していたベタ基礎工法を杭打工法に変
更を余儀なくされたにせよ，現にこれを新築することができてその買受目
的を達しているばかりでなく，当該土地がすでに10年近くも以前に埋立て
により造成された宅地であって，その後買主が売買によりこれを取得する
まで，取引対象の物件（宅地）として何ら問題なく転々譲渡されてきてお
り，しかも，その間，地上には平家建ではあるが鉄筋コンクリート造の旧
建物（診療所兼居宅）が現存していたのであるから，これらの経緯，事実関
係等から考量すれば，埋立当時における造成工事自体の瑕疵が問題となる
かは格別，少なくとも，取引上の宅地としては，当該土地に瑕疵はなかっ
たものとみるのが　社会通念上公平（担保責任の衡平な分担）というべきで
あり，もっとも，売買取引の際，売主側において，その目的物件である当
該土地がベタ基礎工法によって鉄筋3階建物の新築が可能である旨を特に
保証ないし約しておれば，その責任を負わせることもできるが，この点，
売主がかかる特段の保証等をしたとみられる証拠はない（神戸地判昭59・
9・20判タ541号180頁）。

473

第6章　不動産の瑕疵

■ 地中の埋設物（レンガ，コンクリート等）と瑕疵の有無（肯定）

　買主が，当該土地を売主から購入し，さらに転売し，転買人が当該土地の新築工事を行ったところ，当該土地の地中に大量の材木片等の産業廃棄物が埋められ，当該土地の地表から1メートル位の地中に当該建物以前の旧建物の土間コンクリート（厚さ約15センチメートル）が一面に埋設され，その下に旧建物の基礎（深いもので長さ約2メートル，10個）が存在したが，この売買取引は宅地及びその地上建物の売買であり，当該建物は税金対策のための取引に際して建築されたプレハブ建物にすぎず，それ自体に実質的価値があるものとして売買の対象となったものではないことが明らかで，建物付土地の取引であるとして敷地たる当該土地の埋設物の存在は瑕疵にならないとすることはできず，ところで，宅地の売買において，地中に土以外の異物が存在する場合一般が，直ちに土地の瑕疵を構成するものでないことはいうまでもないが，その土地上に建物を建築するについて支障となる質・量の異物が地中に存在するために，その土地の外見から通常予測され得る地盤の整備・改良の程度を超える特別の異物除去工事等を必要とする場合には，宅地として通常有すべき性状を備えないものとして土地の瑕疵になるものと解すべきであり，このように，大量の材木片等の産業廃棄物，広い範囲にわたる厚さ約15センチメートルのコンクリート土間及び最長約2メートルのコンクリート基礎10個が地中に存在し，これらを除去するために相当の費用を要する特別の工事をしなければならなかったのであるから，これらの存在は土地の瑕疵に当たるものというべきであり，売買契約において，こうした異物の存在までも瑕疵とみないという特段の事情があったことは認められず，当該土地全体が土に覆われていたとすれば，コンクリート土間及び旧建物の基礎の存在は，通常容易に発見し得ない瑕疵であったというべきであり，買主が不動産業者であること，当該土地が以前鉄工所の敷地として利用されていたことを知っていたことだけから，通常その地中にコンクリート土間等が埋設されている蓋然性が高いと判断すべきことにはならないから，この点と買主が不動産業者であることをあわせ考慮したとしても，買主が当該土地にコンクリート土間等が埋設

474

第1節　土地の物理的な瑕疵

されていることを認識しなかったことにつき過失があると認める根拠とすることはできない（東京地判平4・10・28判タ831号159頁，判時1467号124頁）。

■ 地中の埋設物（レンガ，コンクリート等）と瑕疵の有無（肯定）

　買主が，公園事業用地として売主（地方公共団体）に売却した土地の代替地を売主から買い受けたが，代替地の地中にタール分を含んだレンガやコンクリート等の構造物が埋設されていたため，買主においてビル建設を行うに際して埋設物を撤去しなければならなかったが，買主，当該土地が銀ビス工場の跡地であったことから地中埋設物が存在するかもしれないことを懸念し，売主に同土地の地中埋設物を確認してもらうよう依頼し，売主は，調査及び撤去を開始したところ，当該土地周辺には，中高層建物が存在していることが認められ，当該土地は，高層建物が建築されることも客観的に十分予想される土地であるというべきであり，また，その埋設物の存在場所及び程度からすれば，当該土地に中高層建物を建築するには，その埋設物を除去しなければ，基礎工事ができない状態にあると認められ，かつ，その埋設物の程度からすれば，その除去工事には相当多額の撤去費用を要し，その費用は通常の高層建物を建築するに際して要する基礎工事の費用よりも相当高額になるものと推認され，したがって，そのような地中埋設が存在する当該土地は，高層建物が建築される可能性のある土地として通常有すべき性状を備えないものといえるから，その埋設物は「瑕疵」に当たるといわなければならず，売主は，調査及び撤去により発見した埋設物をすべて除去し，買主は，その後整地された状態で当該土地の引渡を受けたのであり，買主は，その調査及び撤去により，当該土地には地中に埋設物が存在しないであろうと思っていたと認められるから，その埋設物は，容易に認識し得る状況にはなかったといえ，したがって，その埋設物は，「隠れたる瑕疵」に当たる（東京地判平7・12・8判タ921号228頁，判時1578号83頁）。

■ 自動車工場を建築するための土地の地中の廃棄物（コンクリート塊等）と瑕疵の有無（肯定）

　買主（車両の修理等を目的とする株式会社）は，売主と売買契約を締結した

第6章　不動産の瑕疵

のは，自動車修理工場を建設する目的のためであり，売主も，その目的を了知していたなか，買主は，自動車修理工場の建築工事に着工し，杭工事を開始したところ，地中にガスボンベ2本，タイヤ1本，巨大なコンクリート塊，ビニール片，電気コード，切りくず等が大量に埋まっていて杭工事を続行することができず，根伐工事を開始したところ，再び当該土地中にガラ残土及び大量のコンクリート塊等の産業廃棄物を発見し，地下タンク部分の掘削工事を進めたところ，さらに産業廃棄物を発見したという事実によれば，ことに，買主は，自動車修理工場を建設する目的で売買契約を締結し，売主も，その目的を知っていたこと，コンクリート塊等の産業廃棄物は当該土地の地中に埋まっていてボーリング調査でも発見されず，杭工事に着手して初めて発見されたこと，着手していた杭工事や根伐工事等を中断して廃棄物を除去せざるを得なかったことに照らせば，当該土地には隠れた瑕疵があったと認められる（東京地判平10・10・5判タ1044号133頁）。

■ 地中の障害物（杭及び耐圧板等）と瑕疵の有無（肯定）

　買主（不動産の購入，販売等を目的とする株式会社）は，分譲マンションを建設するための建設用地を探しており，売主は，当該土地を第三者に売却することを計画し，購入先を探していたなか，買主は，銀行を介して，当該土地をマンション建設用地として購入することを検討してほしいとの要請を受け，その銀行を介して売主と交渉を重ね，交渉の過程で，購入希望者である買主と，売却希望者である売主とは，連名で，国土利用計画法に基づく土地売買届出書を提出し，その届出書には，当該土地の利用目的として，分譲共同住宅建設（予定戸数64戸）予定であることが記載されており，そして，売買契約が締結された経緯に照らせば，売買契約締結に際し，売主において，買主が当該土地上に中高層マンションを建築する予定であることを知悉していたとの事実を認めることができ，その後，当該建物の解体工事を進めるに従って，図面等には一切記載されていない，多数のPC及び二重コンクリートの耐圧盤等の地中障害物が発見されたこと，当該土地上に中高層マンションを建築しようとすれば，基礎工事を行うために当

第1節　土地の物理的な瑕疵

該地中障害物を撤去する必要があるところ，撤去は通常の中高層マンション建築に要する費用とは別に金3000万円以上の費用が掛かることの諸事実に鑑みれば，地中障害物が存在する当該土地は，中高層マンションが建築される予定の土地として通常有すべき性状を備えていないものというべきであるから（地中障害物の存在は，低層建物を建築する上では何ら問題となるものではなく，現に，売主は，当該土地上に平屋建ての当該建物を建築所有していたとしても），地中障害物の存在は，売買契約の目的物たる当該土地の瑕疵に当たるといわざるを得ず，地中障害物の存在が容易に認識しうる状態になかったことから，地中障害物の存在は，当該土地の「隠れたる瑕疵」に該当する（東京地判平10・11・26判時1682号60頁）。

■コンクリート等の地中埋設物と瑕疵の有無（肯定）

　一般木造住宅を建築し，その敷地として分譲販売する目的で，買主（不動産の売買・仲介・管理，建築工事請負等を業とする株式会社）が，当該土地を売主（各種ガラス製品の製造，販売等を目的とする株式会社）から買い受けが，当該土地の地中に，従前当該土地に存在していた建築物の一部分と思われるコンクリート等（産業廃棄物9.3立方メートル（コンクリートがら7.0立方メートル，ガラス陶磁器くず0.1立方メートル，廃プラスチック類0.1立方メートル，金属くず2.1立方メートル）が存在したものであり，当該土地は，宅地であり，買主は，一般木造住宅用の宅地として分譲販売することを目的として，当該土地を購入したものであり，売主はこれを認識していたものであるところ，地中埋設物の存在状況からすると，当該土地に一般木造住宅を建築し，浄化槽埋設工事を行うに当たっては，地中埋設物が存在しなければ本来必要のない地盤調査，地中埋設物の除去及びこれに伴う地盤改良工事等を行う必要があり，かかる調査・工事等を行うために相当額の費用の支出が必要となるものと認められるから，当該土地は，一般木造住宅を建築する土地として通常有すべき性状を備えていないものと認めるのが相当であり，その地中埋設物の存在は，売買における目的物の「瑕疵」に当たると認められ，そして，その地中埋設物の存在は，売買契約後の地盤調査等によって初めて明らかになったものであり，売買契約当時，買主において地中埋設物が存

第3編　不動産の瑕疵担保責任

477

第6章　不動産の瑕疵

在することを予想することなく，当該土地を買い受けたものであるから，その地中埋設物は容易に認識しうる状況にはなかったものといえ，その中埋設物は，「隠れた瑕疵」に当たる（東京地判平15・5・16判時1849号59頁）。

■ 隣人との共有の排水管等と瑕疵の有無（肯定）

　　買主は，当該不動産の引渡しを受けた翌日に当該土地内に立ち入り，境界等の確認を行っていたところ，突然現れた隣人から，「お前ら，何をしている。この現場は面倒な現場だが承知しているのか。」，「造成等は一切認めない。」等厳しい口調で問い詰められ，買主は，直ちに仲介業者に連絡をとるとともに現地を確認したところ，当該土地の中央部を横切る形で，その隣人と売主の共有共用の排水管が埋設されていること及び当該土地と隣地である，その隣人の所有地にまたがる形で共有共用の浄化槽が埋設されていることが発覚し，買主は，売主と仲介業者の要請を受けて現地立入調査を控えてきた経緯があったことから，そのような事態に非常に驚き，とりあえず仲介業者に対して善処を求めたとおり（なお，排水管等は，地中に埋設されていたことから，地表面からそれらの存在を認識することは困難であった。），売買契約締結時において，当該土地には中央部を横切る形で売主とその隣人の共有共用の排水管が埋設され，隣地である，その隣人の所有地にまたがる形で共有共用の浄化槽が埋設されていたこと，排水管等は地中に埋設されていたことから地表面からそれらの存在を認識することはできず，当該不動産についての重要事項説明書等には当該排水管等が共有共用であることは記載されておらず，仲介業者からもその旨の説明がなかったことから，買主は排水管等が共有共用であることを知らなかったこと，その隣人は排水管等の撤去に反対していたこと，その結果，買主は当初の予定どおりに当該建物を取り壊して当該土地を造成して分譲することができなくなったことが認められ，これらの事実を総合すると，排水管等の存在は，民法第570条にいう隠れた瑕疵に当たると解するのが相当である（東京地判平16・10・28判時1897号22頁）。

■ 元ガソリンスタンド敷地における地中埋設物と瑕疵の有無（一部肯定）

　　売主は，当該土地でガソリンスタンドを経営していたが，ガソリンスタ

第1節　土地の物理的な瑕疵

ンドを閉鎖し，当該土地に設置したガソリンスタンド施設の解体工事を発注し，ガソリンスタンド施設の撤去工事を行い，当該土地を売却し，さらに，その購入者から買主が当該土地を買い受け，さらに買主は，当該土地を他に売却するための転売契約を締結し，転買人は，所有権移転登記を経由し，買主及び転買人は，転売契約に際して，当該土地について境界を明確にするため測量を行い，その測量において境界付近を掘り起こしたところ，当該土地の地中には，売主がガソリンスタンドを設置していた際に，使用していたコンクリート構造物等があるのが発見され，埋設物①は，ガソリンスタンド設置時に設置された高さ2メートルの防火塀の地中部分でコンクリート製で，埋設物②は，ガソリンスタンド設置後に改めて設置された約3メートル50センチメートルの防火塀の地中部分で鉄筋コンクリート製で，埋設物①は土留めのために設置した間知ブロック（間知石を積み上げて，段差のある形状の土地に盛土をする場合に用いられる土留めのこと）では，大型車両等が通行する擁壁として強度が不足するために，売主がコンクリートで補強して設置したものと推定されるが，施設撤去工事を行う際には，すでに当該土地と隣地との高低差はなくなり，また，埋設物②は，防火塀の基礎部分であり，そうすると，埋設物①②は，土留めとして機能していないから，施設撤去工事の際，撤去すべきであったことは明らかで，埋設物③については，埋設物②を支えるための基礎部分と解され，施設撤去工事において撤去すべきであったことは明らかで，埋設物④については，埋設物①と同じく，ガソリンスタンド設置時に設置された高さ2メートルの防火塀の地中部分であり，施設撤去工事において撤去すべきであったことは明らかで，埋設物⑤⑥については，ガソリンスタンド設置時に設置したガソリンタンクのベース等であり，施設撤去工事において撤去すべきであったことは明らかであるなか，埋設物①から④は，施設撤去工事の際，撤去すべきものであったと認めることができ，埋設物⑤⑥については，高層建物の建設のために杭打ち工法をとる場合や，地下室の設置をする場合には，障害となるおそれがあり，件施設撤去工事の際，撤去が望ましいものであったといえ，ところで，当該土地のような宅地の売買において，地

第6章　不動産の瑕疵

中に土以外の異物が存在する場合一般が，直ちに土地の「瑕疵」を構成するものでないことはいうまでもないが，しかし，その土地上に建物を建築するにあたり支障となる質・量の異物が地中に存するために，その土地の外見から通常予測され得る地盤の整備・改良の程度を超える特別の異物除去工事等を必要とする場合には，宅地として通常有すべき性状を備えないものとして土地の「瑕疵」になるというべきであるため，埋設物①から④については，当該施設工事の際，撤去すべきものであったと認めることができる以上，当該土地の「瑕疵」に当たるということができ，当該土地は，一般住宅を建築する予定の土地とみるべきであり，そうであれば，埋設物⑤⑥が存在することは，当該土地の利用に障害となることはないというべきであり，そうすると，埋設物⑤⑥は，その土地上に建物を建築するにあたり支障となる質・量の異物とは言い難く，「瑕疵」とは認められない（札幌地判平17・4・22判タ1203号189頁）。

■ 地中廃棄物と瑕疵の有無（肯定）

　買主が瀬戸市から購入した当該土地（当該土地上に歯科医院の診療所の建物を建設して，買主は同所で歯科医院を営んでいる。）について，売買契約当時，当該土地には瀬戸物のかけら等の廃棄物が埋没されていたが，瀬戸市は，売買契約に先だって，廃棄物のことを買主に告知しなかったところ，当該土地は売買契約当時，全面的にアスファルトで覆われ，買主との間で当該建物の建設請負契約を締結した株式会社において，当該建物の建設工事に着手したが，当該建物の基礎部分についてのアスファルト舗装を剥がした時点で，廃棄物が発見され，買主は瀬戸市に対し同事実を告げたなか，売買契約当時において，それらの廃棄物の存在はアスファルト等に隠されて容易にこれを認識できなかったことが認められ，廃棄物の性質はコンクリート塊，陶器片，製陶窯の一部又は本体，煙道と思われる煉瓦造り構造物等であり，これは産業廃棄物に当たるものであること，建物の基礎部分に当たり確認できた範囲においても，平均で深さ1.184メートル付近まで廃棄物が存在したこと，それが地中に占める割合においても3分の1を超えるものであったことからすれば，それらの廃棄物の存在が目的物の隠れた瑕

第1節　土地の物理的な瑕疵

疵に当たると認めるのが相当である（名古屋地判平17・8・26判時1928号98頁）。

■地中廃棄物と瑕疵の有無（肯定）

　買主が，売主から当該土地を買い受けたところ，その後，当該土地近隣に住宅が建築されるなどの状況の変化に伴い，当該土地を<u>資材置場として使用し続けることが困難と感じる</u>ようになり，そこで，買主は，当該土地を売却し，別の土地へ移転しようと考え，売却するのであれば土地の状態を確認した方がよいとの助言を受けた，当該土地内の合計5か所を掘削し，土壌汚染状況を調査したところ，いずれの掘削地点においても，<u>地中に建築資材，ガラ，ビニール紐等の大量の廃棄物が存在することが発見された</u>なか，それらの廃棄物は当該土地の地中に広範かつ大量に存在するものと認められ，そうすると，当該土地は，それらの廃棄物の存在によりその使途が限定され，通常の土地取引の対象とすることも困難となることが明らかであり，土地としての通常有すべき一般的質を備えないものというべきであるから，それら廃棄物の存在は<u>当該土地の瑕疵に当たるものと認める</u>のが相当であり，買主が売買契約を締結する相当程度以前から当該土地を資材置場として使用していても，それら廃棄物が存在している位置は，盛土部分を除去した後の地表面から表層部分のおおむね0.4メートルより下に存在するものであることからすれば，特段の事情が認められない限り，地表面から直ちに，それらの廃棄物の存在を知ることは困難であり，<u>買主が当該土地を資材置場として使用していたとしても，そのことから，買主が，それらの廃棄物の存在を知っていたものと推認することはできない</u>（東京地判平19・7・23判時1995号91頁）。

■地中埋設物の位置と建ぺい率及び容積率との関係における瑕疵の有無（肯定）

　買主（電気機械器具及び電気通信機械器具並びにその部品及び付属品の製造等を主たる事業とする株式会社），売主（紙類，パルプ類等の製造，加工及び売買等を主たる事業とする株式会社）との間で当該土地及び当該建物の売買契約を締結したところ，当該土地中に埋設物及び汚染土壌が存在した場合，地中の埋設物が建物建築の基礎工事に支障を生じさせるか否かを判断するに当たって

481

第6章　不動産の瑕疵

は，既に建築済みの建物のみを考慮するのではなく，将来建築される可能性のある建物をも考慮するのが相当であるところ，当該土地の所有者である買主は，将来，当該土地のいずれの地点においても建物を建築することが可能なのであるから，当該土地中に存在する埋設物は，いずれの地点に存在するものであっても，建物建築の基礎工事に支障を生じさせるものというべきであり，当該土地の建ぺい率及び容積率によって制限される平面的範囲内に存在する埋設物だけでなく，当該土地の全ての平面的範囲内に存在する埋設物が，当該土地の瑕疵に該当しうると解するのが相当である（東京地判平20・7・8登情569号137頁）。

■ 中高層建物を建築するための土地に地中埋設物があった場合と瑕疵の有無（肯定）

　売主（地方公共団体）から当該土地を購入した買主が，当該土地上に12階建てマンションを建築しようとしたところ，地中に埋設物（岩塊，コンクリート埋設物，スラグ，アセチレンボンベ及び鉄屑等）が存在したため，当初予定した工法を用いることができず，工法変更を余儀なくされた場合，民法第570条にいう瑕疵とは，売買の目的物が，その種類のものとして取引通念上通常有すべき性状（品質）を欠いていることをいうが，売買の目的物は，例えば食品においても生食用と加工用とで取引通念上必要とされる鮮度が異なるように，売買契約において想定されている用途によって瑕疵の有無が異なるものというべきであり，また，現に有している性状（品質）が低いため，その用途に用いるにはコストをかけて加工や補修をすることが必要な場合や，その用途に用いることができる期間が限定されているなどの場合もあるが，これらの場合又はこれらの可能性がある場合には，瑕疵担保責任免除特約を付し又は付さないで価格を低いものに設定するなど，その性状（品質）に応じた契約内容とされるのが取引通念に合致するといえ，そうすると，瑕疵の有無は，売買契約において目的物の用途がどのようなものと想定されているかという点と，売買代金額その他の売買契約の内容に目的物の性状（品質）がどのように反映されているかという点とに照らして判断されるべきものであるということができるところ，中高

第1節　土地の物理的な瑕疵

層建物の建築用地の売買においては，通常一般人が合理的に選択する工法
によっては中高層建物を建築できない程の異物が地中に存在する場合に
は，価格を含めた売買契約の内容がそのような事態を反映したものとなっ
ていないときは，土地の瑕疵が存するというべきであり，売買契約上，当
該土地の用途については何ら限定されていないが，当該土地は小倉駅北口
の東側に位置する平坦な市街地であり，近隣には8階以上の中高層建物が
多数建築されていること，当該土地の面積は512．37平方メートルである
こと，当該土地の建ぺい率は80パーセント，容積率は400パーセントとさ
れていることなどに照らすと，取引通念上，当該土地は，中高層建物が建
築されることが客観的に十分予想される土地であるということができ，そ
もそも，瑕疵の有無は契約の解釈と一体をなす問題であるから，用途につ
いては第一義的には売買当事者の主観的認識ではなく意思表示の客観的解
釈によるべきであると解されるが，確かに，売買契約において当該土地が
中高層建物建築用地であるとは明示されておらず，売主が当該土地は中高
層建物建築用地である旨表明した事実も認められないものの，取引通念
上，当該土地上に中高層建物が建築されることは客観的に十分予想される
から，当該土地が中高層建物建築の用途に用いられ得ることを前提として
瑕疵の有無を検討すべきであり，とりわけ，売買の目的物が土地である場
合は，当初の買主の使用目的が例えば露天の駐車場のように地中埋設物が
利用の障害とならないものであったとしても，これを転売することは当然
想定されるのであるから，取引通念上予想される用途に耐えるものでない
と資産価値を損なうことになり，その意味からも，買主の明示の意思表示
があるなど特段の事情のない限り，取引通念上予想される用途を前提に考
えるべきであり，この売買契約の売買代金額は，固定資産評価額に照らし
て不相当な価格ではなく，近隣の土地に比して特段高額又は低額であるこ
とを認めるに足る証拠もなく，そして，売買契約において，中高層建物を
建築するために通常一般人が合理的に選択する工法よりもコストの掛かる
工法が必要であること又はその可能性があることが，売買代金額その他の
契約内容に反映されているとは認められず，したがって，中高層建物を建

第3編　不動産の瑕疵担保責任

483

第6章　不動産の瑕疵

築するために通常一般人が合理的に選択する工法よりもコストの掛かる工法が必要であったときは，当該土地には瑕疵が存するというべきであり，中高層建物の建築用地であると取引通念上認められる当該土地の売買において，中高層建物を建築するために通常一般人が合理的に選択する工法よりもコストのかかる工法が必要であること又はその可能性があることが売買代金額その他の売買契約の内容に反映されていないのに，売買代金額の17パーセント余りに上る費用を増額して別の工法を選択することを余儀なくされたのであるから，当該土地には瑕疵があったといわざるを得ず，売買代金額その他の売買契約の内容において性状（品質）が低いこと又はその可能性があることが反映されていないのはもとより，売買契約締結の経緯によれば，売買契約締結過程を通し目的物の性状（品質）について取引通念上買主が入手すべき資料に照らして，その瑕疵の存在は判明しなかったものと認められるから，その瑕疵は隠れたものであると認められる（福岡地小倉支判平21・7・14判タ1322号188頁）。

◎　**井戸の存在**

■ 井戸の存在と瑕疵の有無（肯定）

当該土地は，買主と売主との間で，宅地として売買されたものであるところ，当該土地に，鉄筋コンクリート製の井戸蓋と，直径1.35メートル，深さ約6.6メートルの井戸孔からなる当該井戸が存在したことが認められ，当該井戸の位置及び大きさに照らすと，当該土地の買主が当該土地を宅地として利用するためには，当該井戸を撤去し，これに伴う地盤改良工事等を行う必要があるものと認められるから，当該土地は，宅地として通常有すべき性状を備えていないものと認めるのが相当であり，したがって，当該井戸の存在は当該土地の瑕疵といえ，その面積も41.81平方メートルと宅地として利用するには手狭であることに照らすと，当該土地いっぱいに建物を建築することは通常予想されることであるうえ，当該井戸の位置及び大きさに照らすと，当該井戸が通常予定される建物の建築をも妨げるものと認められ，当該土地の売買契約の締結に当たって作成された求積図には，当該井戸が，その位置に存在することが記載されておらず，同契約の

484

第1節　土地の物理的な瑕疵

際に作成された重要事項説明書にも，井戸の存在についての言及があるに
もかかわらず，建物の建築に影響が及ぶ旨の記載が見当たらないことなど
に照らすと，買主は，売買契約締結当時，当該井戸が，その位置に，その
大きさで存在することを知らなかったものと認めるのが相当であり，買主
が売買契約締結当時，井戸の正確な位置を知るためには，少なくともポン
プの周辺部分について地中障害に関するボーリング調査をする必要があっ
たものと認められるところ，買主にボーリング調査をする義務があったと
までは認め難く，そうすると，売買契約締結当時において，当該井戸が，
その位置に，その大きさで存在したことを予見することは，一般人を基準
とした場合はもとより，不動産業者である買主を基準としても困難であっ
たと認めるのが相当であり，したがって，当該井戸の存在による当該土地
の瑕疵は，当該売買契約締結当時隠れたものであったといえる（東京地判
平21・2・6判タ1312号274頁）。

◎　**擁壁の強度不足**

■造成地の擁壁の構造上の欠陥による土地に崩壊と瑕疵の有無（肯定）

　　買主が，売主から，当該土地（造成地）を買い受けたが，造成工事上の
瑕疵（擁壁の強度不足）があり，このために当該土地北側擁壁が崩壊し，こ
れに伴い当該土地全部が崩れたとき，当該土地は地下水の近い緩い丘陵地
に真砂土を盛土した造成地で（盛土高は擁壁中心部において約7メートル），擁
壁を2段に分け，上段高さ（垂直距離）3.5メートル，勾配（水平距離に対する
垂直距離の割合）2.5，下段高さ3.6メートル，勾配2.0，控え長さ40セン
チメートルのブロック練積み造りで，上下段の間に幅45センチメートルの小
段を設け，擁壁上部の盛土斜面は高さ約1.3メートル，勾配約0.56とし，
その上部をほぼ水平にして造成したものであること，当該擁壁は上段，下
段とも盛土量高に比して断面が相対的に不足し，背面土の土圧に対する許
容支持力を超えていたこと，そのため，集中豪雨の際雨水，地下水の浸透
により増加した背面土の土圧に耐え得ず，崩壊し，当該土地も崩壊して宅
地として利用することが不可能となったこと，当該土地を原状に復するに
は多額の費用を要し，かつ，そのためには擁壁の勾配を緩やかにする必要

第6章　不動産の瑕疵

があり当該土地の利用可能面積が著しく減少することという諸事実によれ
ば，当該土地の擁壁には構造上の欠陥があったものということができ，こ
の欠陥は契約締結時において買主に期待される取引上必要な普通の注意を
働かせても発見できなかったものと認めるのが相当であるから，民法第
570条にいう「隠れた瑕疵」にあたる（広島地判昭50・7・18判タ332号319頁）。

■ **中古住宅のある敷地について倒壊のおそれのある擁壁と瑕疵の有無**（肯定）
　中古住宅と敷地の売買において，倒壊のおそれのある擁壁がある場合，
当該擁壁は，土台の大谷石には鉄筋補強等の特段の耐震補強がなされてお
らず，大谷石にひび割れが入っていること，南側隣地所有者において倒壊
のおそれを感じ鉄製のコンクリートフェンスを設けていること，区役所担
当職員も倒壊の危険があると指摘したことが認められ，この点，土圧によ
り当該敷地の土台自体が崩れれば，当該敷地上及び南側隣地の居住者等の
生命，身体，財産に対する重大な危害が及ぶことは容易に予想されるとこ
ろ，外観上視認した限りでも倒壊のおそれを感じる者がいる程度にブロッ
ク塀が傾斜しており，さらに，土台部分を掘り下げてみることで当該擁壁
に特段の耐震補強を施していないことが確認されていることに鑑みれば，
土台の崩壊にまでは至らなくともブロック塀の倒壊が生じる蓋然性がある
と認められるというべきであり，ブロック塀の倒壊により，特に南側隣地
の居住者等の生命，身体，財産に対する重大な危害が及ぶことがやはり容
易に予想される状況に陥っているというべきであるから，当該擁壁に瑕疵
が認められるというべきであり，この点，当該擁壁が約50年に亘り問題を
生じていないとはいえ，現にブロック塀自体の傾斜が相当程度認められて
おり，その下部を支える大谷石に何らの耐震補強が施されていない以上，
将来における倒壊の危険性があることを否定することはできず，ことは人
の生命への侵害を生じかねない重大な法益に関するものであることにも鑑
みれば，危険性がないということはできず，そして，当該擁壁の危険性は，
樹木を伐採し，土台の土砂を除去することでより具体的に把握することが
できたものであるから，明らかな瑕疵があったとまでいうことはできず，
隠れた瑕疵に該当するというべきである（東京地判平25・1・31判時2200号86頁）。

第1節　土地の物理的な瑕疵

◎　冠　水

■ 土地の冠水と瑕疵の有無〔否定〕

　売買の目的物に隠れたる瑕疵がある場合，売主は瑕疵担保責任に基づく損害賠償責任を負い，ここにいう瑕疵とは，当該目的物を売買した趣旨に照らし，目的物が通常有すべき品質，性能を有するか否かの観点から判断されるべきであり，そして，居住用建物の敷地の売買の場合は，その土地が通常有すべき品質，性能とは，基本的には，建物の敷地として，その存立を維持すること，すなわち，崩落，陥没等のおそれがなく，地盤として安定した支持機能を有することにあると解され，もっとも，地盤が低く，降雨等により冠水しやすいというような場所的・環境的要因からくる土地の性状も，当該土地における日常生活に不便が生じることがあるのであるから，その土地の経済的価値に影響が生じることは否定できないが，しかしながら，そのような土地の性状は，周囲の土地の宅地化の程度や，土地の排水事業の進展具合など，当該土地以外の要因に左右されることが多く，日時の経過によって変化し，一定するところがないのも事実であり，また，そのような冠水被害は，1筆の土地だけに生じるのではなく，付近一帯に生じることが多いが，そのようなことになれば，付近一帯の土地の価格評価に，冠水被害の生じることが織り込まれることが通常であり，そのような事態になれば，冠水被害があることは，価格評価の中で吸収されているのであり，それ自体を独立して，土地の瑕疵であると認めることは困難となり，このようにみてくると，一定の時期に，冠水被害が生じたことのみをもって直ちに，土地の瑕疵があると断定することは，困難であるといわねばならず，当該土地及びその周辺の道路は，台風等による大雨の際など，水が貯留しやすく，それによる冠水が生じやすい傾向にあることは認められるが，それでも建物に床下浸水をもたらす程度にまでは至っておらず，建物敷地としての利用に何らかの具体的支障が生じたなどの事情も窺われず，平成11年の降雨は，1日の総雨量が205ミリメートル，最大降雨量が30ミリメートルという短時間に極めて多量の降雨があった場合であるし，平成12年及び平成13年の降雨も同様に集中的かつ多量の降雨が

第6章　不動産の瑕疵

あった場合であり，いずれも特殊な気象条件下での出来事であって，通常の降雨によるものではなく，冠水による生活上の不便は，当該土地を建物の敷地や駐車場として利用するうえで，一定の程度まで達していて無視することはできないものではあるが，しかし，当該土地での居住自体を困難とするものではなく，そして，当該土地と同様の冠水被害は，周辺一帯に生じていることが窺われるのであって，そうするとそのような冠水被害が，土地の価格評価にある程度織り込まれている可能性も否定できないところであり，以上の事実関係のもとで判断すると，当該土地に，このような冠水被害が生じていた事実は認められるが，これをもって直ちに当該土地に瑕疵があるとして，売主の瑕疵担保責任を認めることは困難であるというほかないものである（東京高判平15・9・25判タ1153号167頁）。

第2節　建物の物理的な瑕疵

第2節　建物の物理的な瑕疵

> **Q 153**　建物の物理的な不具合は，どのような基準で瑕疵と認められるか。

　売買契約において想定される用途に使用するための建物の通常の性状を備えていなければ，当該建物には瑕疵があるといえる。

解 説　瑕疵とは，当該目的物を売買した趣旨に照らし，目的物が通常有すべき品質，性能を有するか否かの観点から判断されるため，建物に物理的な不具合がある場合にも，売買契約において想定される用途に使用するための建物の通常の性状を備えていなければ，当該建物には瑕疵があるといえる。

居住用の建物については，単に雨露をしのぐことができればよいというものではなく，住居として，人間らしい生活を送ることができる快適なものでなくてはならず，またそれは，安全な居住を可能にするものでなくてはならない。そのような，居住用建物が通常備えるべき性状を有していないものは，瑕疵がないとはいえない。

【判　例】
◎　**居住用建物の瑕疵に関する基準**
■中古住宅の屋根裏に多数のコウモリがいた場合と瑕疵の有無（肯定）

　　住居用建物は，人がそこで起居することを目的とするものであり，人が生活する建物については，一定の生物が棲息することは通常不可避であるし，生物が棲息したからといって当然にそこでの起居に支障を来す訳ではないが，しかしながら，住居は，単に雨露をしのげればよいというものではなく，休息や団欒など人間らしい生活を送るための基本となる場としての側面があり，かつ，それが住居用建物の価値の重要な部分を占めているといえ，その意味で，その建物としてのグレードや価格に応じた程度に快

第6章　不動産の瑕疵

適に（清潔さ，美観など）起居することができるということもその備えるべき性状として考慮すべきである（神戸地判平11・7・30判時1715号64頁）。

Q 154 中古の建物の物理的な不具合がある場合の瑕疵は，新築された建物の物理的な不具合がある場合と同様の基準によって判断されるか。

A 普通，当該建物の通常の経年変化については売買代金に織り込み済みであることから，その経年変化に伴う不具合については瑕疵があるということはできない。

解　説 新築の建物の売買と，中古の建物の売買では，物理的な不具合があったとしても，それが瑕疵に当たるか否かの基準は，自ずと異なってくる。つまり，中古の建物には必然的に時間の経過に伴う劣化が生じていることから，普通，その劣化を前提として売買代金が定められるもので，つまり，そのような劣化（経年変化）が生じていることのみをもって当該建物に瑕疵があるとはいえないのである。

中古の建物であっても，通常の経年変化を超える劣化が生じているときには，その瑕疵が認められる場合もあり，とくに，土台や柱，屋根などの躯体部分の劣化によって雨漏りや，建物に物理的危険性を生じているような場合は，瑕疵が認められ得る。

【判　例】

◎　中古建物の瑕疵に関する基準

■買い受けた旅館の建物が，旅館を再開することができないほど老朽化していた場合と瑕疵の有無（肯定，ただし，「隠れた」は否定）

買主が売主から，当該土地，当該建物（旅館）を買い受けたが，当該建

490

第2節　建物の物理的な瑕疵

物は旧中学校校舎の古材を利用して建築されたもので，売買契約締結以前
から破損，老朽した箇所がかなり出てきたこと，そのため売主は保健所か
ら当該建物の監視を受けた際，同保健所から当該建物の不備並びに改善を
要する項目を指摘され，その改善方について口頭で指示を受けながら，当
該建物の浴室，脱衣室はその天井が落ちそうになる等破損，老朽が甚し
く，旅館営業を再開しようとしても，そのままでは使用不可能な状態で
あったことから，売買契約が締結された当時，当該建物の浴室，脱衣室に
は瑕疵があったものと解するのが相当であるが，しかしながら，当該土
地，建物を買受けるのは比較的大きな取引と認められるうえ，買主は，当
該建物の所在する村の隣町に居住し，売買契約を締結する2か月位前から
売主と当該土地，建物の買受けについて交渉していたこと，買主は，当該
土地，建物を買受けた後で当該建物において旅館を営業する予定であり，
当該土地，建物を買い受けようとする買主としては，当該建物を予め検分
する程度の注意は払うべきであり，買主が，その注意を払って当該建物を
検分すれば，直ちに浴室，脱衣室の状態を知ることができたものと認めら
れるから，当該建物の浴室，脱衣室の瑕疵は隠れていたものとは認められ
ない（札幌高判昭53・8・15判タ374号119頁）。

■ 中古住宅の瑕疵と経年劣化との関連

売買契約は，約15年前に増築されてはいるが，築後26年以上を経過した
中古住宅を敷地と共に現状有姿で譲渡するものであり，代金も敷地と合計
した額のみを定めているものであり，したがって，当該建物の通常の経年
変化は代金に織り込み済みというべきであるが，しかし，通常の経年変化
を超える特別の損傷等がある場合には，当該損傷等は，代金設定において
考慮されていなかった事情であり，当該建物の瑕疵に当たると解すべきで
あり，通常の経年変化によるものである可能性が高く，その範囲を超える
ものとは認め難いというほかはないときは，当該建物の隠れた瑕疵に当た
るということはできない（東京地判平16・4・23判時1866号65頁）。

■ 中古住宅と築後年数の考慮

民法第570条にいう瑕疵とは，売買契約の目的物が契約の趣旨に照らし

491

第6章　不動産の瑕疵

て通常有すべき品質性能を欠いていることをいうものと解すべきであり，建築からある程度の年数を経た木造建物に雨漏りによる腐食の跡やシロアリによる侵食の跡があったとしても，それが当該建物の土台，柱等の躯体部分にあるのではなく，又は，その程度が軽微なものにとどまるときは，必ずしもこれをもって当該建物の瑕疵ということができない場合があることは否定できないが，土台や柱といった躯体部分に雨漏りによる腐食とシロアリによる侵食があり，その範囲が柱の上部にまで及び，その程度も木材の内部が空洞化するまでに至っており，現に雨漏りがする状態であるというのであるから，当該建物が売買契約締結時において築後12年が経過した木造建物であることを考慮しても，同部分に建物としての瑕疵があることは明らかというべきである（東京地判平20・6・4判タ1298号174頁）。

Q 155　建物の物理的な瑕疵には，どのような瑕疵が考えられるか。

A　雨漏り，漏水，浸水，地中浸水，汚水の存在，傾斜，構造の不具合，ひび割れ，変色，シロアリ被害，悪臭の発生，不快な生物の存在，化学物質の存在（シックハウス），火災があったこと，建築設備の不具合などが，瑕疵の対象となり得る。

解説　建物の物理的な不具合が，売買契約において想定される用途に使用するための建物の通常の性状を備えていなければ，当該建物には瑕疵があるといえ，具体的には，雨漏り，漏水，浸水，地中浸水，汚水の存在，傾斜，構造の不具合，ひび割れ，変色，シロアリ被害，悪臭の発生，不快な生物の存在，化学物質の存在（シックハウス），火災があったこと，建築設備の不具合などがあった場合には，瑕疵として考えることができる。

第2節　建物の物理的な瑕疵

　ただ，これらの不具合が建物にあったとしても，すべて，瑕疵として認められるわけではなく，契約において想定される性能，用途，売買の経緯，不具合の状況，程度，契約当時の法令，技術基準等を総合的に考慮して，事例事例に応じて瑕疵の有無が判断されることとなる。

　まず，建物に雨漏りが生じていることは，建物としてもっとも基本的な性状を欠き，通常，瑕疵があるといえる。雨漏りをしないということは，新築建物だけでなく，中古の建物においても当然に要求されるものであり，後者の場合においても瑕疵に該当し得るものである。

　建物に漏水が生じている場合，あるいは，外部からの浸水，地中からの浸水が生じている場合，汚水がある場合，その程度によって，通常想定される建物の用途に使用するための性状を備えていないならば，瑕疵があるとされよう。

　建物が傾斜したり，構造に不具合があり，それが当時の技術基準なども考慮し，当該用途に耐えることが難しく，また，建物自体の安全性にも構造性能上の問題が認められる場合には，通常，瑕疵が認められる。

　ひび割れや変色が生じている場合，それが建物の通常の性状を備えていない程度のものであれば瑕疵として認められることもあろうが，多くは，経年変化による場合もあり，そのような場合には瑕疵とまではいえないとされることが多いだろう。

　建物にシロアリ被害があった場合，すべての場合に瑕疵と認められるとは限らないが，新築，中古を問わず，シロアリの被害によって土台などの躯体部分を侵食され，当該建物の構造耐力上，危険性を有しているような状況であれば，瑕疵があると認められる。

　建物に悪臭が発生している場合，その程度が，契約により想定される用途に適しない状況にある場合，特に，飲食店を目的とするような建物においては，瑕疵と認められる可能性は高まろう。

　建物内に思わぬ生物の存在が見つかったとき，一定程度の生物の存在は想定されるところであり，そのことで，建物自体の安全性に問題が生じるものではなく，また，人が寝起きすること自体にも問題はないような場合，その

第3編　不動産の瑕疵担保責任

493

第6章　不動産の瑕疵

嫌悪感は人によって異なるとはいえ，特に害獣，害虫のような不快な生物の存在は，居住用の建物においては，人間らしい生活を送るための基本となる場として，快適に，清潔に，美観も損なわずに居住するすることができることも求められていると考えられ，その生物の特性や数によっては，一般人の立場からしても，通常甘受すべき限度を超えるような事例では，建物としての瑕疵と認められ得るといえよう。

　建物内にホルムアルデヒドなどの化学物質が充満するような状態，いわゆるシックハウスであった場合，その濃度の水準，健康被害の程度などが考慮され，瑕疵があると認められることもある。

　建物に過去，火災があった場合，それが小規模の火災であり，建物の物理的強度を低下させたわけではないとしても，その痕跡が残存しており，火災の事実が近隣に知れ渡ったというような事情があるときは，当該建物の客観的交換価値の低下を招き，これは，通常の経年変化を超えるとして，瑕疵として認められ得る。

【判　例】

◎　雨漏り

■築後3年弱の鉄筋コンクリート造マンションの大規模な雨漏りと瑕疵の有無（肯定）

　　築後3年弱の鉄筋コンクリート造マンションの売買（賃貸して使用収益する目的）について，売買契約後，当該建物のほとんどの室内において，雨漏りや雨漏りに起因すると思われる壁のしみ，かび，内装のはがれ等があり，虫がわく，床が沈むなどの被害も生じていたが，雨漏りはその後も継続していること，なお，402号室については雨漏り等の事実の記載はないが，写真によれば，その後，室内北側付近の雨漏りのため，壁紙がはがれるようになっていること，また，当該建物の水道管は売買契約の後3回にわたって破裂し，出水事故を起こしているところ，地中の水道管が破裂し，構造上排水されにくいところへ大量の漏水があったため，地面は泥沼化し，101号室のリビングルームの床を全部はがして修理を行ったが，このような水道管の破裂，出水事故は今後も再発する可能性があること，さらに，

494

浄化槽から汚水が大量に漏れている事実が判明しているところ，周囲の地
中への汚水の浸透によって，現に悪臭が発生しており，地盤沈下，建物の
傾斜，汚水の噴出等，環境衛生上の大きな問題に発展する危険性があるこ
とが認められ，これらの事実からすれば，当該建物は，建物全体にわたる
雨漏りと，水道管の破裂，出水事故の危険性及び浄化槽からの汚水漏れと
いう重大な瑕疵があるというべきであり，当該建物には，売買契約以前か
ら外壁に相当数のクラックが存在し，各室内における雨漏り被害もかなり
の程度に達していたと推認されるうえ，雨漏りの存在は，天井，壁のしみ
等により，外見上ある程度明らかになる事柄ではあるが，一般的にみて，
クラックの存在が直ちに雨漏り，ことに建物全体にわたる大規模な雨漏り
と結び付くものではないし，まして，当該建物が建築後2年7か月の鉄骨
造りの共同住宅であったことからすれば，このような建物を買い受けるに
当たり，買主において，このような大規模な雨漏りが存在する可能性を予
期し，建物全室の状況を調査，確認すべきであるとはいえないから，当該
建物に，そのような雨漏りが存在することは，通常容易に発見できない性
質のものというべきであって，その雨漏りは隠れた瑕疵ということを妨げ
ず，また，当該建物のもう一つの重要な瑕疵である水道管が破裂しやすい
ことや，浄化槽からの汚水漏れについては一般人にとって，異常が起こっ
て初めて問題の存在に気付く性質のものであり，通常容易に発見できない
瑕疵であると認められ，したがって，当該建物の以上のような瑕疵は，い
ずれも民法第570条にいう「隠レタル瑕疵」に当たるというべきである（東
京高判平6・5・25判夕874号204頁）。

■ **雨漏りと瑕疵の有無**（一部肯定）

　当該建物のシロアリ被害の実情を調査したシロアリ駆除専門会社が当該
建物を見分したところ，1階南東側洋室（プライベートルーム）には北東隅
の窓の下方の壁の内部と床下の土台にシロアリの侵食が，サンルームの開
口部の土台と柱に雨漏りによる腐食とシロアリの侵食がそれぞれ見られ，
それらは建物にシロアリの巣が形成されてから少なくとも1年が経過した
状態のものであると判断されたこと，買主から当該建物の改修工事を請け

第6章　不動産の瑕疵

負った有限会社と同工事の設計を依頼された株式会社が当該建物を調査し
たところ，プライベートルーム北東隅の窓の下方の壁の内部と床下の土台
に雨漏りによる腐食とシロアリによる侵食が，サンルームの土台とその土
台から2階にまで通じる柱7本に雨漏りによる腐食とシロアリによる侵食
が，2階南東側洋室の東側の窓の下方の壁の内部に雨漏りによる腐食とシ
ロアリによる侵食が，2階南西側洋室バルコニーの笠木部分に雨漏りによ
る腐食とシロアリによる侵食が，2階南西側和室の西側の窓の上方の梁と
下方の壁の内部に雨漏りによるしみ，腐食が，1階南東洋室の南側の窓の
横の壁内部に雨漏りによる腐食とシロアリによる侵食が，2階東南側洋室
バルコニーの笠木部分に雨漏りによる腐食がそれぞれ見られたほか，2階
のバルコニーには，防水層の補修痕も認められ，とりわけ，サンルーム
は，かなりの長期（7，8年程度）にわたって雨漏とシロアリの発生しや
すい状態にあったために，雨漏りによる腐食とシロアリによる侵食が進行
し，その範囲は土台から柱上部の梁にまで及び，その程度は柱や土台の材
木の内部が空洞化するまでに至っていて，倒壊の危険もあって補強や部材
の交換では復旧できる状態ではないと判断されたことが認められ，当該建
物には，売買契約締結当時において，雨漏りによる腐食やシロアリによる
侵食が発生していたものと推認するのが相当であり，民法第570条にいう
瑕疵とは，売買契約の目的物が契約の趣旨に照らして通常有すべき品質性
能を欠いていることをいうものと解すべきであり，建築からある程度の年
数を経た木造建物に雨漏りによる腐食の跡やシロアリによる侵食の跡が
あったとしても，それが当該建物の土台，柱等の躯体部分にあるのではな
く，又は，その程度が軽微なものにとどまるときは，必ずしもこれをもっ
て当該建物の瑕疵ということができない場合があることは否定できない
が，当該建物のうち，とりわけサンルームの部分については，土台や柱と
いった躯体部分に雨漏りによる腐食とシロアリによる侵食があり，その範
囲が柱の上部にまで及び，その程度も木材の内部が空洞化するまでに至っ
ており，現に雨漏りがする状態であるというのであるから，当該建物が売
買契約締結時において築後12年が経過した木造建物であることを考慮して

496

も，同部分に建物としての瑕疵があることは明らかというべきであり，
もっとも，サンルーム以外の部分についてみると，雨漏りによる腐食やシ
ロアリによる侵食は，ほとんどが壁の内部の下地の木材に生じているもの
であって，躯体部分に及んでいるとは認められない上，これらの部分に見
られる雨漏りによる腐食やシロアリによる侵食の故に当該建物が築後12年
を経過した木造建物として通常有すべき品質性能を欠くに至っていたもの
とは，認めることができず，それらの腐食や侵食が当該建物の瑕疵に当た
るとまでいうことはできず，以上によれば，売買契約締結当時，建物のサ
ンルームには瑕疵があったものというべきであり，その瑕疵は，外部から
容易に発見することができないものというべきであるから，隠れた瑕疵に
当たるというべきである（東京地判平20・6・4判タ1298号174頁）。

◎ 漏　水

■築後３年弱の鉄筋コンクリート造マンションの水道管の破裂と瑕疵の有無
（肯定）

　　前出（東京高判平6・5・25判タ874号204頁（495頁参照））。

■住戸の漏水と瑕疵の有無（肯定の可能性）

　　買主は売主（不動産業）と，平成９年，マンションの住戸の売買契約を
締結したが（平成10年マンション完成，同年住戸引渡し），当該住戸の洋室，和
室及びリビングダイニングの各窓サッシの周りに30分程度水をかける散水
テストを実施し，その結果，当該住戸の和室北側の腰窓サッシから水漏れ
が生じたことが認められること，いくつかの箇所に，漏水した後の痕跡
（白いエフロレッセンス）があり，当該部分の修補がされていないのであるか
ら，現在も漏水が生じている可能性が高いと推測されることに照らせば，
当該住戸に漏水が生じているということができ，その原因を特定するには
専門業者による調査が必要であること，買主は，その調査が買主の化学物
質過敏症に影響しないとはいい切れないことを理由に，その調査を依頼し
なかったことが認められ，これによれば，当該漏水につき，その原因を特
定できていないものの，当該住戸の瑕疵が認められる可能性があり，瑕疵
担保による損害賠償責任を負った可能性があるというべきである（東京地

第6章　不動産の瑕疵

判平22・5・27判タ1340号177頁）。

◎　浸　水

■マンション1階の浸水と瑕疵の有無（肯定）

　　買主らは，売主（当該マンションの建築主である不動産業者）との間で，当該マンションの105号室，108号室を，それぞれ買い受ける旨の売買契約を締結し，それぞれその引渡しを受けたところ（なお，当該売買契約は，その締結当時に当該マンションが完成していない，いわゆる「青田売り」であった。），その後，当該各室に浸水被害があったが，当該マンションは，その完成直前に，雨水が1階部分に浸水する事故が発生したことがあったこと，そこで，売主は，その対策として，当該マンションの玄関に防潮板を設置したことが認められ，設計段階から，当該マンションの以上のような立地条件を把握していれば，当該マンションの地表面をそのままにして建築することはなかったと推認されるところであり，その防潮板も，いわば泥縄式の対策であって，このような状況から窺われるその形状・外観などに鑑みても，マンションの分譲業者であれば，当初からそのような防潮板をマンションの玄関に処置しては，当該マンションが「売り物」にならないことが火を見るより明らかといえるほどに，マンションの居住者に不便を強い，美観も損ね，ひんしゅくすら買いかねないものであって，浸水被害の対策としても杜撰というほかなく，<u>当該マンションの1階部分に浸水事故が発生し，その防水対策のため，防潮板を設置し，仕切りをせざるを得ないことは，居住用の当該マンションの機能を著しく損なうものであって，結局のところ，当該マンションに盛り土をせず，他に十分な浸水対策をとっていない点で，当該マンションに欠陥があるといわざるを得ない</u>（東京地判平15・4・10判時1870号57頁）。

◎　地中からの浸水

■新築された鉄筋コンクリート造住宅へ地中からの浸水と瑕疵の有無（肯定）

　　買主が，売主（不動産の売買等を目的とする株式会社）から，売主が建築する予定の当該建物（新築された鉄筋コンクリート造住宅）とその敷地である当該土地を買い受け（代金3億円），引渡しを受けたが，その後，2，3日雨が

第2節　建物の物理的な瑕疵

降り続いた際に，地中から浸入したと思われる水が，当該建物地下1階の玄関ホールから同階階段下に設置された物置付近にかけて北側壁沿いの床面に浮き上がり，これを拭い取ってもまた水が浮き出てくるという浸水現象が発生し，一般にコンクリート製の地下壁を設置する場合，コンクリートが元来浸水可能性の高い建築材料であることから，地下に浸透する雨水や地下水の浸水に対する十分な対応を要し，排水パイプで排出する設備を設けるのが通常の工法であり，しかし，むしろ内装を優先させるとの現場監督の判断に従い，水抜き空間である二重壁の隙間を事実上塞いでしまい，排水パイプも設置しないことにしたもので，そして，その工事の変更については，買主の了解を得ず，工事監理者の了解を取りつけることもせず，2，3日雨が降り続いた際に，当該建物内において，地下1階の玄関ホールの北東隅付近からかなり広い範囲にわたって水が浮く浸水現象が生じ，排水設備が具備されていれば生じることはなかったものであり，水抜き空間及び排水パイプは，当該建物のような地下壁を有する建物の構造上，最終的排水手段として極めて重要な設備であり，また，売買契約上，当該建物が具備すべき設備として合意されていた事項であるというべきであり，そして，水抜き空間及び排水パイプ等の二重壁排水設備が存在しないために浸水現象が発生したものである以上，排水設備の存在しないことは当該建物の構造上及び売買契約上の重要な瑕疵であるといわねばならない（神戸地判平9・9・8判タ974号150頁，判時1652号114頁）。

◎　汚水の存在

■築後3年弱の鉄筋コンクリート造マンションの浄化槽からの汚水漏れと瑕疵の有無（肯定）

　　前出（東京高判平6・5・25判タ874号204頁（495頁参照））。

◎　傾　斜

■中古の建物と敷地の売買契約において，土地の沈下によって建物が傾斜した場合と瑕疵の有無（肯定）

　　中古の建物と敷地の売買契約において建物が傾斜した場合，当該建物の傾斜の状況は最大9.2／1000程度である場合，国土交通大臣が定める基準

第3編　不動産の瑕疵担保責任

499

第6章　不動産の瑕疵

では1000分の5以内，住宅紛争処理の参考となるべき技術的基準（平成12年建設省告示第165号）では，木造住宅につき，1000分の3以上6未満で瑕疵が一定程度存し，1000分の6以上で瑕疵の存する可能性が高いとされているところ，当該建物に居住しているとめまいや腰の痛みなどを感じるようになったと主張していることもあわせて考えると，当該建物に認められる傾斜は，当該建物に居住する買主の受忍限度を超えるものであり，この傾斜は，当該土地の地盤にある腐植土層の二次圧密による不同沈下によって発生したと認めることができるから，当該土地には，上記のような腐植土層を含む軟弱な地盤があることについて，宅地として利用する上での瑕疵があると認めることができ，建物完成後約14年10か月経った頃になってから，当該建物が傾斜しているのではないかと感じるようになり，当該建物はべた基礎であることが認められるが，前記の傾斜の程度は，当該建物に居住しているとめまいや腰の痛みなども感じ，体調不良になるほどのものであって，当該土地及び建物の沈下は現在でも進行中であるから，当該建物の基礎であるべた基礎は，その沈下に対応することができていない基礎であり，当該建物の基礎を構造耐力上安全なものと認めることができず，当該建物の基礎には，瑕疵があるということができ，このような当該土地の地盤及び当該建物の基礎の瑕疵は，売買契約前から存在していたものであったと認められるが，これらの瑕疵は，買主が体感するようになった異常の発生や専門家の調査によって初めて明らかになったものであり，買主が通常の注意を用いても発見することができなかったと認めることができるのであるから，当該土地の地盤の性状に宅地としての利用上の瑕疵があり，当該建物の基礎に構造耐力上の安全性を欠く瑕疵があることは，いずれも隠れた瑕疵に当たると認めることができる（東京地判平24・6・8判時2169号26頁）。

◎　構造の不具合

■ 新築建売住宅における構造性能及び防火性能と瑕疵の有無（肯定）

　　買主は，住居として使用する目的で，当該不動産（新築建売住宅）を売主（不動産業者）から購入したが，市開発調整部から，当該建物は建築基準法

500

第2節　建物の物理的な瑕疵

の定める構造基準を満たしていないように見受けられるので，一度調査す
るように勧められ，一級建築士に，当該建物の構造及び防火性能に関する
同法令違反の有無，違反の程度，補修方法，補修費用等につき，調査鑑定
を依頼し，当該建物の小屋裏で3階の軸組調査を行ったところ，設置され
た筋交いも構造耐力上の軸組として計算すると，当該建物のけた行き方向
の軸組長さは，建築基準法施行令第46条第4項の定める軸組長さの最低基
準に不足し，また，構造計算上の必要な軸組長さをはるかに下回り，した
がって，当該建物は，地震力や風圧力などの大きな水平力を受けると2階
の床面が回転して，北側に大きな変形が生じ倒壊するおそれがあり，当該
建物は，筋交いに引張力が働くと筋交い端部が柱からはずれるおそれがあ
り，また，布基礎の天端付近の配置された横鉄筋の主筋が，はつり工事に
伴って切断されたまま，その補強が行われていないと推測され，この結果，
当該建物に不同沈下を引き起こすおそれがあり，外壁防火性能については，
当該建物は，建築基準法第22条の区域内にあり，同区域内の木造建築物の
延焼のおそれのある部分，すなわち，隣地境界線，道路中心線又は同一敷
地内の2以上の建築物相互の外壁の中心線から，1階にあっては3メート
ル以内，2階にあっては5メートル以内の距離にある建築物の部分につき，
土塗壁又はそれと同等以上の延焼防止性能を有する構造にしなければなら
ないところ（建基23条・2条6号），当該建物の外壁は，防火構造不適格の材
料であり，その結果，当該建物の外壁部分の防火性能は不足していること
によれば，当該建物には，構造性能及び防火性能のいずれにも著しい欠陥
があり，重大な瑕疵がある（解除及び損害賠償の認容）ものと認められる（大
阪地判平12・9・27判タ1053号137頁）。

◎　ひび割れ・コーキング材の老化

■モルタル防水のひび割れや窓枠コーキング材の老化と瑕疵の有無（否定）

　買主が，売主（不動産の売買等を目的とする株式会社）から，売主が建築す
る予定の当該建物（新築された鉄筋コンクリート造住宅）とその敷地である当
該土地を買い受け（代金3億円），引渡しを受けたとことろ，北側ドライエ
リア底部のモルタル防水のひび割れや窓枠コーキング材の老化が生じてい

第6章　不動産の瑕疵

ることが認められるが，一方，ひび割れの発生を完全に防止することは困難であることも認められ，また，ひび割れやコーキング材老化の原因及びこれらが当該建物に及ぼす影響は明確ではないから，これらを瑕疵とまで認めることはできない（神戸地判平9・9・8判タ974号150頁，判時1652号114頁）。

◎　**変　色**

■中古住宅の天井裏の変色と瑕疵の有無（否定）

　　後出（東京地判平16・4・23判時1866号65頁（583頁参照））。

◎　**シロアリ被害**

■中古住宅の土台のシロアリ被害と瑕疵の有無（肯定）

　　買主が宅地建物取引業者である売主から当該土地建物を購入することとし，居住用として，売買契約（土地付き建物売買契約）が締結され，当該建物につき，中古住宅であることから，現況有姿売買であることが合意され，当該土地建物が引き渡された後，買主が，当該建物の1階4畳半和室の幅木の状態を見て，畳を上げ，床板をはがして床下を確認したところ，白あり被害を発見し，仲介業者に連絡をし，仲介業者から連絡を受けた白あり業者が防蟻剤を入れるなどの白あり駆除の処理をしたところ，1級建築士は，調査鑑定結果報告書において，当該建物の構造耐力上主要な部分である土台が白あり被害（木材の空洞化等の重大な損傷）を受けて危険があり，土台の取替えとそれに伴う柱脚と筋違の取り合いを補修すれば，構造耐力上，安全となると評価していることがそれぞれ認められるとしているなか，以上によれば，当該建物は，売買契約締結当時，既に白ありにより土台を侵食され，建物の構造耐力上，危険性を有しており，居住用建物としては欠陥を有していたと認めることができ，買主は，追加リフォーム工事完了後から売買契約締結までの間，当該建物に2回立ち入っているが，当該建物は，追加リフォーム工事完了後は，床にベニヤ板やクッションフロアなどがはられたり，畳，ふすま，障子などがはり替えられたりされており，購入希望者に立ち入らせることが可能な程度にリフォームが完了していたと考えられるから，買主は売買契約締結当時に，その欠陥を知らず，かつ，知らなかったことに過失はないと認められ，また，当該建物は，売買契約

502

第2節　建物の物理的な瑕疵

締結当時，既に白ありにより土台を侵食され，建物の構造耐力上，危険性を有していたということができるところ，売買契約は居住用建物をその目的物の一部とする土地付き建物売買契約であり，取引通念上，目的物たる土地上の建物は安全に居住することが可能であることが要求されるものと考えられるから，当該建物が売買契約当時，既に建築後約21年を経過していた中古建物であり，現況有姿売買とされていたことを考慮しても，その欠陥に関しては瑕疵があったといわざるを得ず，したがって，その欠陥は，隠れた瑕疵に当たるというべきである（東京地判平18・1・20判タ1240号284頁，判時1957号67頁）。

■ シロアリ被害と瑕疵の有無（一部肯定）

　　前出（東京地判平20・6・4判タ1298号174頁（492頁参照））。

◎ 悪臭の発生

■ 賃貸した店舗（おにぎり屋）の屎尿臭と瑕疵の有無（肯定）

　　賃借人が賃貸人より飲食店経営の目的であることを明示して当該店舗を賃借し，同店舗において，おにぎり屋を開店したところ，当該店舗の床下に屎尿浄化槽が存在し，当該店内には，開店間もなく屎尿の臭と覚しき悪臭が漂い始め，さらにその後，小蠅が大量に発生して顧客に提供する料理の中にまで混入するという事態も生じたため，これを嫌った顧客より保険所に申告する等との苦情が出るようになり，客足も激減したことがあり，当該店舗内の悪臭及び小蠅は当該浄化槽のうち第一腐敗槽より発生したものであることが推認され，もし浄化槽の防臭，防虫構造が完全であり，客に一般的にその存在を知られないように構築されていれば，たまたま浄化槽の真上に飲食店が位置するということを知られても専ら気分的な問題を生ずるにすぎず，その存在自体が飲食店営業に格別具体的支障を及ぼすわけではないものと考えられるものの，当該店舗における悪臭と小蠅の発生とは当該浄化槽，とくに第一腐敗槽の防臭ならびに防虫構造が不完全であることに起因するものであることは容易に推認されるところであり，これは食品衛生上のみならず営業政策上も清潔と衛生のイメージを特に要求される飲食店々舗にとっては致命的な欠陥といわなければならず，したがっ

第3編　不動産の瑕疵担保責任

503

第6章　不動産の瑕疵

て，この欠陥は飲食店経営のためにする賃貸借契約の目的物たる当該店舗の瑕疵にあたると解するのが相当であり，賃借人が賃貸借契約を締結した当時当該店舗内には，床にプラスタイルが敷きつめてあり，マンホールの蓋はその下にかくれていて見えず，プラスタイルも平面で異状なく，かつ古畳，机，箱，古材などが放置されていて現に賃借人は浄化槽の存在に気づかなかった事実が認められ，賃借人が賃貸借契約締結時において，当該店舗の床下に当該件浄化槽が存在することを認識することは困難であったものと推認され，したがって当該浄化槽の防臭，防虫構造等が充分であるか否かにつき認識することは相当の注意を払っても不可能であったことが明らかであるから，この瑕疵は隠れたるものと認められる（東京地判昭47・11・30判タ286号267頁）。

◎　不快な生物の存在

■ **賃貸した店舗（おにぎり屋）における小蠅の発生と瑕疵の有無**（肯定）

　　前出（東京地判昭47・11・30判タ286号267頁）。

■ **中古住宅の屋根裏に多数のコウモリがいた場合と瑕疵の有無**（肯定）

　　買主が，売主から中古住宅を購入したが，当該建物に入居して間もない頃に蝙蝠が当該建物内に現れて天井裏等に大量の糞やそれによる滲みやカビが発生していることが判明し（当該建物には，既に，売主の所有時代から蝙蝠が出没していた。），その頃の時点で数十匹の蝙蝠が当該建物屋根裏断熱材と天井ボードの間に棲息し，売買契約から約1か月後の時点でも，売主が蝙蝠の糞尿による臭いのために業者を呼んで天井の断熱材を取り替えようとしたほどであったのであり，遅くとも売買契約時点では，当該建物の天井裏等に既に多数の蝙蝠が棲息し，その糞尿も相当程度堆積していたものと推認することができ，当該建物引渡前に買主が畳を上げたり天井裏を覗こうとするなどしても蝙蝠が棲息していることを発見できなかったのであるが，住居用建物は，人がそこで起居することを目的とするものであり，人が生活する建物については，一定の生物が棲息することは通常不可避であるし，生物が棲息したからといって当然にそこでの起居に支障を来す訳ではないが，しかしながら，住居は，単に雨露をしのげればよいというもの

504

第2節　建物の物理的な瑕疵

ではなく，休息や団欒など人間らしい生活を送るための基本となる場としての側面があり，かつ，それが住居用建物の価値の重要な部分を占めているといえ，その意味で，その建物としてのグレードや価格に応じた程度に快適に（清潔さ，美観など）起居することができるということもその備えるべき性状として考慮すべきであり，そして，その巣くった生物の特性や棲息する個体数によっては，一般人の立場からしても，通常甘受すべき限度を超え，そのグレードや価格に応じた快適さを欠き，そこでの起居自体に支障を来すこともあるから，そのような場合には，かかる生物の棲息自体が建物としての瑕疵となり得るというべきであるため，当該建物は，売主が総額7000万円以上をかけて建築した注文住宅であり，売買契約当時でも，未だ築10年にも至っておらず，その代金も当該土地と合わせて3000万円を超えるものであったから，相応の快適さを有することもその性状として期待されていたといえ，しかも，買主が，従前居住していた家で虫害に悩んだという引っ越しの動機は売買契約前に売主も承知しており，ムカデやゴキブリが屋根裏に巣くっていないかと尋ねられたのに対して，売主はそのようなものは見たこともないと答えているのであるから，ムカデやゴキブリに類する一般人において嫌忌する生物が多数巣くっていないという意味での清潔さや快適さが当該建物の性状として合意されていたというべきで，すると，蝙蝠は，害獣とはいえないが，一般的には不気味なイメージでみられているといえ，当該建物に巣くった蝙蝠の数は極めて多数であるため，その不気味さも弥増す上，それによる糞尿も夥しい量となり，当該建物の天井や柱を甚だしく汚損し不潔になったものであって，そのままでは，買主においてはもとより，一般人の感覚でも，当該建物は，その価格に見合う使用性（清潔さ・快適さ）を備えたものといえないことは明らかであり，したがって，売買契約当時において既に多数の蝙蝠が天井裏等に巣くっていた当該建物は瑕疵があるといえ，かつ，その巣くっていた場所に照らして，その瑕疵は，取引上，一般に要求される注意をもってしては容易に発見できるものであったとはいえないから，「隠れたる」瑕疵であったといえる（神戸地判平11・7・30判時1715号64頁）。

第3編　不動産の瑕疵担保責任

505

第6章 不動産の瑕疵

◎ 化学物質の存在（シックハウス）
■ チラシ記載の環境物質対策基準にホルムアルデヒド濃度が適合していなかった場合（シックハウス）と瑕疵の有無（肯定）
　　後出（東京地判平17・12・5 判タ1219号266頁（593頁参照））。
■ 住戸の床材のホルムアルデヒドと瑕疵の有無（否定）
　　後出（東京地判平22・5・27判タ1340号177頁（628頁参照））。
◎ 火災があったこと
■ 火災のあった中古住宅と瑕疵の有無（肯定）
　　後出（東京地判平16・4・23判時1866号65頁（639頁参照））。

Q 156 換気設備や防火設備などの建築設備の不具合があることは，建物の瑕疵に該当することにはならないか。

建築設備が，契約において想定される建物の用途のために不可欠なものである場合は，その不具合は，建物の瑕疵に該当し得る。

解説　建築設備とは，建築物に設ける電気，ガス，給水，排水，換気，暖房，冷房，消火，排煙若しくは汚物処理の設備又は煙突，昇降機若しくは避雷針をいうが（建基2条3号），この建築設備に不具合があった場合も，建物自体の不具合ではないものの，その用途のために建物と一体として不可欠のものである建築設備の不具合によって，当該建物が通常有すべき性状を備えていない状況にあるときは，建物自体の瑕疵として認められる場合がある。

建築設備の不具合には，その物理的な欠陥だけでなく，操作上の不手際（必要なスイッチの入れ忘れ等）も瑕疵となり得る。

第2節　建物の物理的な瑕疵

【判　例】

◎　建築設備の不具合

■店舗（飲食店）において冷暖房，厨房用の換気設備等の設置不能である場合と瑕疵の有無（肯定）

　　買主が，売主から当該土地及び建築中の当該建物を買い受け，引渡しを受けたが，飲食店店舗として使用するには，冷暖房，厨房用の換気設備等の設置可能な建物でなければならないところ，現実に建築された本件建物に，関係諸法規に違反しないで，冷暖房設備，厨房用の換気設備を設置することは，その構造上不可能であり，すなわち冷暖房設備を設置するためには，その室内機と室外機とを結ぶパイプを通すためのパイプ用孔及び室外機置場の存在することが不可欠の前提となるが，当該建物にはこれらがいずれも存在しないから，冷暖房用設備を設置することができなかったもので，この売買契約において，当該建物の用途が店舗であるうえ，その営業種目として特に飲食店が除外されていると認めるだけの証拠もないし，またその存在する階からしても，店舗の営業種目には飲食店も含まれていたものと推認され，買主の営業は，昼は食堂，夜は酒も提供するいわゆる「飲み屋」を兼ねる店であることが認められ，この店舗の営業種目のなかには，たとえば焼肉店のように特別の換気装置が必要な飲食店は別として，少なくとも，当該建物で現在営まれている蕎麦店，または買主が現に営んでいる程度の飲食店等は当然に含まれていたものと認められ，したがって，この売買契約においては，当該建物が飲食店営業可能な構造を有するものとされていたというべきであり，ところで，当該建物を飲食店店舗として使用するには，冷暖房は勿論のこと，特に厨房用の換気設備が必要であるから，それらを設置することができないとすれば，飲食店営業可能な構造を有するものとはいえず，売買契約に反することは明らかであり，また，当該建物の天井に当初設置されていた換気設備（換気孔を限度一杯に利用したとしても）では，事務所，喫茶店等の軽飲食店は営業可能であるが，現在営業している蕎麦店や，買主が営業しているような飲食店を営むには換気設備が不足するため，当該建物の北壁に，改めて換気孔等を設け，当該建

第6章　不動産の瑕疵

物の裏側に冷暖房用の室外機器を設置するとともに，併せて大規模なダクトを7階建の当該マンションの壁面沿いに設置して，屋上から排気する構造になっているところ，当該建物の北壁に，そのように開口部（排気孔は明らかにこれに該当する。）を設けることは，建物全体の避難階段との関係で建築基準法規に違反していること（なお，北壁に設置された出入口そのものも違法である。），そして北壁に，以上のような規模の開口部を，建築基準法規に違反しないで設置することは不可能であることが認められ，他に，それら諸設備が適法に設置できることが認められず，当該建物は，そもそも原設計において，蕎麦店，買主の営むような飲食店には適しない構造のものであったと認めざるを得ず，してみると，売主は，当該売買契約に違約する建物を買主に販売したことになる（東京高判平元・8・10金判838号14頁）。

■ マンションの防火扉の電源が切られていた場合と瑕疵の有無（肯定）

　マンションの売買において防火戸の電源スイッチが切られて作動しない状態で引き渡された場合，当該防火戸は，802号室の中央付近にある室内廊下の北側主寝室寄りに設置されており，その電源スイッチが入っていれば，802号室内で火災が発生した場合には自動的に閉じて，床，壁等と共に，当該北側区画と当該南側区画とに区切り，出火した側の区画から他の区画への延焼等を防止するようになっていたが，火災時に，802号室内の当該防火戸は，電源スイッチが入っていなかったため，自動的に閉まらなかったことが認められ，そして，当該防火戸の電源スイッチは，802号室の納戸の壁に設置された連動制御器内に納められており，同制御器はふたがねじで固定されていたため，電源スイッチが同制御器内にあることが一見して明らかとはいえない造りになっていたこと，売主は，当該防火戸の電源スイッチの位置及び操作方法，火災発生時における当該防火戸の作動の仕組み等については，全く説明をしていなかったこと，火災が発生したのは，買主が802号室への居住を始めてからわずか6日目であったこと，引渡時に当該防火戸の電源スイッチの状態が確認されたと認めるに足りないことを総合すると，当該防火戸のスイッチは引渡時に既に切られていたと推認するのが相当であり，以上のとおり，802号室は，防火戸を備えていながら，

508

第2節　建物の物理的な瑕疵

その電源スイッチが切られて作動しない状態で引き渡されたから，売買の目的物に隠れた瑕疵があったものとして，売主は，当該防火戸が作動しなかったことにより買主が被った損害を賠償すべき義務を負うというべきである（東京高判平18・8・30金判1251号13頁）。

Q 157 | マンションの外壁など共用部分の不具合があっても，その各室に瑕疵があるとは認められないか。

A マンションの各室には不具合がなくても，その共用部分に不具合があり，それによって，各室の交換価値の低下を招くような場合には，各室の瑕疵に該当し得る。

解説 　マンションの外壁のタイルの剥落するような事態が生じる場合，区分建物の共用部分に不具合があることになるが，各区分建物（各室）そのものには不具合はないときであっても，その結果，当該建物が通常有すべき性状を備えていない状況にあるときは，建物自体の瑕疵として認められる場合がある。

　これは，マンションの各室は，使用価値とともに交換価値（資産価値）にも重大な関心が持たれ，共用部分の不具合によって各室の経済的価値の低下が起こり得るからである。

【判　例】

◎　区分建物の共用部分の瑕疵

■浸水によるマンションの玄関部分への防潮板の設置と瑕疵の有無（肯定）
　　前出（東京地判平15・4・10判時1870号57頁（498頁参照））。

■マンションの外壁タイルが剥離・剥落と専有部分の瑕疵の有無（肯定）
　　売主であるマンション分譲業者が新築したマンションの外壁タイルに，

509

第6章　不動産の瑕疵

その後，剥離・剥落という瑕疵が存した場合，買主が売主から当該マンションの専有部分（各室）を購入したのは，その竣工後間もなくであり，これはいわゆる新築物件であること，外壁タイルの剥離・剥落は，既に当該マンションの竣工前から見られ，その後も継続，拡大したものであること，売主は，買主に対する各室の販売の際，この外壁タイルの剥離・剥落を知っていた可能性がうかがわれること，買主が入居して1年ないし2年足らずで，大規模な補修工事に至ったこと，当該マンションの外壁タイルは，高級感や意匠性が重視されていたものであるところ，補修工事は，施工方法につき，新築時の工法と異なり，目地の仕上げを浅く変更したり，完全な意味での回復を図ったものではないことは明らかであり，そうすると，まず，当該マンションの，そのような瑕疵により，買主が購入した各室の経済的価値が，いずれもその購入時において，そのような瑕疵がない場合のそれと比較して低下していることは否定しがたいところであり，すなわち，当該マンションの売主は，売主の瑕疵担保責任として，瑕疵の存在を知らずに合意した売買代金額と瑕疵を前提にした目的物の客観的評価額との差額に相当する，この経済的価値の低下分について，損害賠償義務を負わなければならないことになり，そして，補修工事によって，その瑕疵が修復された結果，外壁としての機能上の問題は今のところ解消されたということができようが，当該マンションの外観上の完全性が回復されたということはできず，すなわち，当該マンションの，そのような瑕疵が顕在化したことから一度生じた，当該マンションの新築工事には外壁タイル以外にも施工不良が存在するのではないかという不安感や新築直後から当該マンションの外壁タイルに対して施工された大規模な補修工事から一般的に受ける相当な心理的不快感，ひいてはこれらに基づく経済的価値の低下分は，補修工事をもってしても到底払拭しがたいといわなければならず，そして，いわゆるマンション分譲における各室の購入者は，その経済的価値としては，各室の使用価値とともに交換価値（資産価値）にも重大な関心を有していることが一般であるため，かかる事情からすれば，補修工事後においても，なお，買主が購入した当該マンションの各室について

510

は，その共用部分である外壁タイルの瑕疵に起因する経済的価値の低下が存続していることは否定できず，そして，外壁タイルの施工不良が新築直後から顕在化していることからしても，この瑕疵による各室の交換価値の低下分を売主の瑕疵担保責任でもって填補する必要性は大きいといわなければならない（福岡高判平18・3・9高民59巻1号3頁，判タ1223号205頁）。

第6章　不動産の瑕疵

第3節　周辺の環境

> **Q 158** | 買い受けた不動産について，大気汚染や眺望・日照の不足，騒音・振動など周辺の環境に不具合がある場合，その不動産に瑕疵があるとはいえないか。

A 周辺の環境に不具合があって，その結果，その不動産について，売買契約において想定された用途に通常必要とされる性状を欠くと認められる場合には，瑕疵があるとされる場合もある。

解説 買い受けた不動産について，当該不動産自体に物理的な不具合はなくても，大気汚染や眺望・日照の不足，騒音・振動など周辺の環境に不具合がある場合には，どうであろうか。

このような場合にも，周辺の環境に不具合があって，その結果，その不動産について，売買契約において想定された用途に通常必要とされる性状を欠くと認められる場合には，瑕疵があるとされる場合もあるだろう。

ただ，周辺の環境の状況については，当該不動産に限定される状況ではなく，まさに，その周辺地域全般にも当てはまるものであり，その程度，環境に関する基準，被害の状況，売買の経緯等にもよるが，その状況は，その周辺において通常の性状を欠くとはいえず，また普通，買主が知り得べきものであるとして，不動産の瑕疵が認められない事例も少なくないであろう。

【判　例】

◎　**大気汚染**

■近隣の一般廃棄物処理施設の存在と瑕疵の有無（否定）

売買の目的物に瑕疵があるとは，当該目的物を売買した趣旨に照らし，目的物が通常有すべき品質，性能を有するか否かの観点から判断されるべきであるところ，居住用建物の敷地の売買の場合の土地が通常有すべき品質，性能とは，基本的に，建物の敷地として，その存立を維持すること，

第3節　周辺の環境

すなわち，崩落，陥没等のおそれがなく，地盤として安定した支持機能を有することにあると解され，もっとも，当該土地やその周辺環境が有害物質により汚染されているというような場所的，環境的要因からくる土地の性状によって，当該土地における日常生活に不便が生じることがあることは否定できず，さらに，当該土地やその周辺環境が人体に影響を及ぼすほどの質，量の有害物質により汚染されているような場合には，当該土地上での健康的な生活を営むことが困難となるのであるから，そのような場合には，当該土地を宅地として使用することは困難となるが，しかしながら，特定施設から有害物質が排出され，それが大気を媒介にして到達するような場合には，風の有無，その強弱，風向，降雨の有無，降雨量等といった気象条件の変動によって，日々の到達の程度が変動するものであり，さらに，汚染の原因が近隣の一般廃棄物処理施設によるものであるときは，焼却される一般廃棄物の量及び質，焼却時間，当該処理施設の設備や運営の改善の進展具合などによっても変動するものであり，そうしてみると，近隣の一般廃棄物処理施設から排出されたダイオキシン類等が，大気を媒介にして，当該土地やその周辺環境に到達していることがあったとしても，当該土地以外の要因に左右されることが多く，日時の経過によって変化し，一定するところがないのも事実であり，汚染があるとしてもそれが当該土地やその周辺に常時，恒久的に存在するものとはいえず，したがって，近隣の一般廃棄物処理施設から大気を媒介してダイオキシン類等が飛来すること自体が土地の通常有するべき品質，性能を有していない場合に該当するということは困難であり，土地の瑕疵であると認めることはできず，当該土地及びその周辺について，居住に適さないといえるだけの環境汚染があったとは認めることはできず，瑕疵担保責任でいうところの瑕疵があるということもできない（横浜地小田原支判平20・3・25判時2022号77頁）。

第6章　不動産の瑕疵

◎　**眺望・日照**

■ 売主の説明によって日照を期待したところ，日照が損なわれた場合における瑕疵の有無（肯定）

買主は，売主（マンションの建築分譲等を業とする株式会社）から，当該マンションである区分所有建物及びその敷地を買い受けたが，売主は分譲に当たって，立地条件が良いばかりでなく，隣接地に高い建物の建つことがなく，比較的良好な採光眺望が確保されることを強調した販売活動を実施し，そして，買主に対しては，この点に関し，完成後の当該マンションの建物及び隣接地上の建築予定建物の木造2階建のミニチュアを示し，日照通風の状況の説明をおこなって，その際，買主が蘭栽培の趣味を有していることから，栽培用の温室の設置できる物件を希望していえることを表明したところ，売主は，隣接地所有者とは，隣接地上には木造2階建建物を建築することを確認するとの約定がなされているから，同地上には同人が居住用に木造二階建の建物を建てるのみで，それ以上高い建物は建たない旨，及びしたがつて当該建物の専用庭に温室を設置すれば，同所には園芸に必要な日照を確保できる旨を説明したが，この際，この約定が隣接地の第三取得者には対抗できない旨の説明はせず，そして当時，当該建物のうち買主希望の温室を設置できる専用庭付の物件にはすでに入居予定者があったが，売主はこれを変更して買主のために当該マンション（住宅部分の面積合計129.4平方メートル，専用庭部分の面積34.86平方メートル，価格6400万円）を確保し，このため買主は当該マンションを購入して本件温室を設置すれば，将来にわたり日照が確保され園芸活動が可能であると信じ，売主と売買契約を締結し，しかし，代金額は，買主の，このような特殊事情にもかかわらず，本来の表示価額であったところ，その後，隣接地は買主及び売主の予期に反して，他に売却され，同地上に鉄筋コンクリート4階建の隣接建物が建築されたこと，そのため当該温室に対する日照は大きく阻害されるようになり，夏季においては午前中は若干の日照を得られるものの，午後は殆ど日照が遮断されるようになり，その結果，当該温室での園芸活動は実際上不可能になったが，売買契約に際して，売主が買主に対し当該マンション

514

の専用庭にはその南側に位置する本件隣接地において木造二階建の建物が建つことによる日照阻害の外は日照が確保される旨説明し，買主はこれを信じて専用庭に蘭の園芸をすることとしたこと，しかし，売買契約当時の当該建物の敷地及び隣接地の権利関係からみると隣接地が第三者へ売却されればたとい当時の所有者と売主との間に木造二階建の建物しか建てない旨の約があったとしても，その債務が第三者に引き受けられないかぎり，第三者は鉄筋コンクリート造4階建専用住宅を建てる可能性は十分に存在したのであるから，この日照阻害の要因は本件契約の隠れたる瑕疵（契約の解除は認められず，損害賠償は認められた。）に当たる（大阪地判昭61・12・12判タ668号178頁）。

■ 期待した眺望・日照が損なわれた場合と瑕疵の有無（否定）

買主が，売主（建築業，不動産業を目的とする株式会社）から，その建築したリゾートマンションの建物区分所有権及び敷地所有権の持分を購入し，売主は，売買契約締結に際し，当該マンションにつき，「この地域で最後の高層マンションです。この地域の条例により今後4階以上のリゾートマンションは建てられなくなりました。当該マンションの眺望のよさ，日照のよさは将来とも維持できる」旨説明していたが，その後，当該マンションの東南方向の宅地上に鉄骨鉄筋コンクリート造地上14階塔屋二階建リゾートマンションが建築され，当該マンションの眺望と日照は大幅に損なわれたなか，区分所有権者が享受し得る日照及び眺望は，本質的には周囲の状況の変化によって変化することを余儀なくされるものであって，これを独占的，排他的に支配し，享受し得る利益として法的保護の対象とすることは不可能なものであると解され，日照及び眺望を享受し得る利益が，人間の生活上少なからぬ価値を有することから，経済的価値を有するものとしてとらえることがあるが，この場合でも，土地及び建物の所有ないしは占有と密接に結びついた生活利益として，土地及び建物の経済的価値を評価する際にその一つの要素となり得るというに止まり，これだけを他と切り離して独自に評価の対象となし得るということではないと解され，土地及び建物を売買する際に，日照及び眺望を享受し得る利益が経済的価値を有

第6章　不動産の瑕疵

している場合には，当然これは代金額に反映されているはずであるが，この利益の本質上，この経済的価値は，通常，周辺における客観的状況の変化によっておのずから変容ないし制約を被らざるをえないものであることを前提とした価値として評価され，その限りで代金額に反映されているものと解され，日照はともかく，こと眺望に関しては，私人が，私人に対して，不変の（または，一定の水準の）眺望の利益を将来にわたって保証することを確約することは，物理的にも，経済的にも，不可能であることが誰の目にも明らかであると解されるし，眺望の保護を目的とする公法的規制が皆無に等しい現時点においては，特段の事情は，まず，考え難いところであり，この意味で，売買の対象物の中に，当該マンションの建物区分所有権及び敷地所有権の持分の外に，それとは別に独自に存在し得る法的権利として一定の水準の「日照」（権）及び「眺望」（権）が含まれていたと解することはできないし，代金額の中に，売買契約締結時における当該マンションの日照及び眺望の経済的価値に対する評価に相当するものが含まれていたとしても，この価値は，この日照及び眺望が，将来，周囲の状況の変化によって変化することを余儀なくされるものであることを前提としたものであり，これがそのようなものとして評価されてその限りで代金額に含まれていると解され，説明及び記載内容に事実と異なる事が含まれていて，これを宣伝材料として用いたということだけで，直ちに，買主を欺罔しようとする意思があったと推認することはできない（東京地判平2・6・26判タ743号190頁）。

■ 売主の説明した眺望がない場合と瑕疵の有無（肯定）

　未だ完成前のマンションの販売においては，購入希望者は現物を見ることができないから，売主は購入希望者に対し，その売買予定物の状況について，その実物を見聞できたのと同程度にまで説明する義務があるというべきであり，そして，売主が説明したところが，その後に完成したマンションの状況と一致せず，かつそのような状況があったとすれば，買主において契約を締結しなかったと認められる場合には，買主はマンションの売買契約を解除することもでき，この場合には売主において，買主が契約

第3節　周辺の環境

が有効であると信頼したことによる損害の賠償をすべき義務があると解すべきであり、売主作成のパンフレット等では、当該マンションの当該居室からは二条城の眺望・景観が広がると説明し、当該居室の西側には窓があるとされており、二条城は、当該マンションの西側に存するのであるから、西側窓からも二条城の景観が広がると説明したことになり、また、販売代理人は、買主の質問に対し、隣接ビルは5階建であって6階にある当該居室の西側窓からは視界が通っていると発言しているのであるが、ところが、現実に建築された結果では、当該居室の南側バルコニーからはやや斜めに二条城を望むことができるが、西側窓の正面に隣接ビルのクーリングタワーがあるため、窓に接近しないと二条城の緑がほとんど見えない状態であったのであり、この状態は、その説明の「二条城の眺望・景観が広がる」状態とは明らかに異なるものであり、買主は当該居室を購入するに当たり、販売代理人に対して、視界を遮るものがないかどうかについて、何度も質問しており、販売代理人においても、買主が二条城への眺望を重視し、当該居室を購入する動機としていることを認識し得たのであるから、販売代理人は、未完成建物を販売する者として、当該居室のバルコニー、窓等からの視界についてその視界を遮るものがあるか、ないかについて調査、確認して正確な情報を提供すべき義務があったといわざるを得ず、マンションの居室の売買においては、眺望は重視される一つの要素であり、それであるからこそ売主も、パンフレットでそのことを強調したものであり、そのうえ、自ら使用する物の売買契約においては、購入者にとって目的物が購入者の主観的な好み、必要などに応じているかが極めて重要な点であり（このことは、衣類売買における衣類の色を考えれば、明らかである。）、買主は、売主のパンフレット等にも記載されていた二条城の景観を特に好み、重視し、販売代理人に対して、その点の質問をしていたのであり、そうすると、買主は、売買契約を解除できる（大阪高判平11・9・17判タ1051号286頁）。

◎　**騒音・振動**

■隣接工場からの騒音・振動と瑕疵の有無（否定）

　　買主が、売主（分譲住宅の建築、販売等を業とする株式会社）から当該土地建

第6章　不動産の瑕疵

物を買い受けたが，当該土地の西側に隣接する土地上の工場からは騒音，振動が外部に排出されていて，当該建物内での生活に影響が生じていることが認められたところ，この振動は大阪府公害防止条例の定める排出基準内のものであり，騒音は，入居後約半年後の測定では排出基準が55ホンのところ，69ホンで超過してはいるが，その程度はさして大きくないことや，騒音，振動排出の時間帯は平日の昼間で遅くとも午後5時頃までであること，買主以外の近隣住民から当該工場に対する苦情申入はなされていないことなどをも考慮すると，この程度の騒音，振動が隣地から排出されているからといって，当該土地建物が住宅として通常有するべき品質，性能に欠けているとまで認めることはできないし，また，売買契約当時，この騒音，振動は，当該土地の西隣の工場から平日の昼間は排出され続けていたのであるから　買主は，平日の昼間に現場に赴いて周囲の環境，当該土地建物の立地条件等を調査，見分することにより容易にこれを知りえた筈であると思われ，買主が騒音，振動の発生源たる工場の存在を知らなかったことについては過失があったものというべきであるから，隣接工場から騒音，振動が排出されていることをもって，売買目的物たる当該土地建物に隠れた瑕疵があるということはできない（大阪地判昭60・4・26判時1195号115頁）。

■遮音不足と瑕疵の有無（肯定）

　　買主が，売主（建築土木の設計施工管理及び請負並びに資材販売業・不動産の売買業等を目的とする会社）から分譲マンションを購入し，引渡しを受けたところ，当該マンションは道路を隔ててJR鹿児島本線と接しており，電車，貨車及び遮断機の騒音がうるさい場所に位置していて，当該マンションと道路を隔てて接するJR鹿児島本線の線路の更に向こう側は福岡空港の防音対策地域に指定されていることが認められ，したがって，当該マンションの所在地においても，飛行機の騒音が一定の影響を与えるものと推認することができるなか，当該マンションの売買がサンプルルームによる見本売買であったこと，当該マンションのパンフレットに「高性能サッシ」「快適な暮らしのために，遮音性，気密性に優れた高性能防音サッシを使

518

第3節　周辺の環境

用しています」などの説明があったが，当該マンションにおいては，サッシを締め切った状態であっても電車・貨車の通過時には，50ホンをこえる騒音があること（線路にもっとも近い部屋では60ホンをこえる騒音を記録することもある。）によれば，公害対策基本法第9条に基づく昭和46年5月25日閣議決定「騒音に係る環境基準について」によると主として住居の用に供される地域のうち生活環境を保全し，人の健康に資するうえで維持されるに望ましい基準として昼間50ホン以下，朝夕45ホン以下，夜間40ホン以下とされていて，電車・貨車は，早朝から深夜にいたるまで当該マンションの横を通行しているものと認められるから，当該マンションでは，少なくとも朝夕及び夜間には，その基準をかなり上回る騒音が聞こえるものと認められ，買主は，その騒音の影響で，寝付けない，眠りが浅いといった不眠，不快感を受けていることが認められ，したがって，その騒音は通常人の受忍限度を超えているものというべきであり，当該マンションは，25dBの遮音性能を有するサッシが使用されているものの，通常人が騒音を気にしない程度の防音性能を備えているものとは認められず，また，当該マンションの販売に当たって，誇大とまでは言えないにしても，売主作成のパンフレットに従ってその防音性能を保証する発言をしたこと，買主は，これを信用し，騒音は気にならないものと思い当該マンションを購入したことがそれぞれ認められ，ところが，当該マンションは，十分な防音性能を欠き，それにより，買主は不眠，不快感といった被害を受けていて，そして，売主は防音性能の程度を知っていたか少なくとも知り得べきだったというべきである（福岡地判平3・12・26判時1411号101頁）。

第6章　不動産の瑕疵

第4節　土地の現況と瑕疵 (物理的な瑕疵以外)

Q 159　買い受けた土地について，公図と現況が相違する場合や，ブロック塀が越境している場合，その土地に瑕疵があるといえないか。

A　売買契約で想定された用途のための使用が難しいようなときや，その相違に起因する訴訟によって解決するしかないようなときには，瑕疵があるとされる場合がある。

解説　買い受けた土地について，公図と現況が相違する場合であっても，すべての場合において，当該土地に瑕疵が認められるわけではない。公図と現況の相違は，一般的に極めて少ない事象であるとはいえず，そのことだけで，直ちに土地の瑕疵であるとはいえず，また，その相違があるという理由だけで，現況による土地の使用に影響が生じることもないからである。

ただ，その相違の原因や程度によっては，売買契約で想定された用途のための使用が難しいような場合に，瑕疵があるとされる場合がある。

また，瑕疵とは，物理的な欠陥に止まらず，法律的な支障により，契約上目的とされた使用が得られない場合をも含むと考えられる。不動産取引においては，公図は，土地の位置や形状を判断するための重要な資料の一つとして軽視することはできず，それを信じて買い受けた土地について，公図と現況が相違し，その結果，買主が自己の所有地と信じて買い受けたと土地（の部分）が，他人所有の土地である蓋然性が高く，買主の買い受けた土地の所有権について解決を得るには訴訟等の手段によるしかないような場合にも，現時点において土地の利用にはさしたる支障はないとしても，法律上の支障として，当該土地の瑕疵が認められる場合もあり得る。

買い受けた土地において，ブロック塀等が越境している場合も同様であり，

520

第4節　土地の現況と瑕疵（物理的な瑕疵以外）

売買契約で想定された用途のための使用が難しいような場合や，越境してい
る（と思われる）ブロック塀の所有者が判明せず，土地の境界が不安定となり，
その解決を得るには訴訟等の手段によるしかないような場合にも，現時点に
おいて土地の利用にはさしたる支障はないとしても，法律上の支障として，
当該土地の瑕疵が認められる場合もあるだろう。

【判　例】

◎　公図と現況の相違等

■公図と土地の現況の差異と瑕疵の有無（肯定）

　買主（大工）が，36番3の土地を売主（不動産売買等を目的とする株式会社）
から買い受けた際，買主は，売主に現地へ案内され，北側が石垣で段差と
なって水路と里道に接し，南側が約3メートル幅の道路に接する東西の幅
約20メートルの長方形型の土地が36番3の土地である旨指示説明を受けた
こと，買主は，指示を受けた土地が，売買契約書に添付された公図の写し
様の図面に記載の36番3の土地の形状にほぼ一致したこと（ただし，法務局
備え付けの公図写しでは，36番3の土地の南側はかなり湾曲して記載されているのに，
契約書添付の図面では，その部分がほぼ直線状に記載されている。）と，現地で大ま
かな測量をしたところ，公簿面積の299平方メートルにほぼ見合う面積が
得られたことから，同土地が36番3の土地であると信じたが，ところが，
買主が，その土地購入後，野菜作りを始めたところ，他の者から同土地上
に使用禁止の看板を立てられ，その後も何度か同じ看板を立てられたこと
から，買主は，当該他の者に直接会って事情を聞いたところ，買主が36番
3の土地として売主から買い受けた土地の大部分について，当該他の者所
有する39番29の土地である旨強く主張され，一方，買主は，当該他の者か
ら抗議を受けた直後頃から，土地家屋調査士に対し36番3の土地について
の調査を依頼していたところ，書面により，同地番の土地の上に他人の土
地が乗り掛かっていることが発見された旨報告を受け，それは，同土地家
屋調査士の調査によれば，36番3の土地は分筆登記されているが，その際
作成され法務局に提出された同土地の地積測量図と，その後に分筆登記さ
れその際法務局に提出された35番2，35番29及び35番30の土地の地積測量

第3編　不動産の瑕疵担保責任

521

第6章　不動産の瑕疵

図とは，図面上，大部分において重なり合う蓋然性が高く，法務局備え付けの36番3の土地の公図にも，「35-2, 35-29, 35-30の土地と重複？」との付箋が貼られていることがあったもので，買主は，36番3の土地を当分は野菜作り用の畑として，将来は機材置場として利用する目的で購入したが，以上の事情から，現在同土地を全く利用できないでいるところ，民法第570条にいう売買の目的物の「瑕疵」とは，単に自然的，物理的な欠陥に止まらず，法律的な支障により，契約上目的とされた使用が得られない場合をも含むものと解せられるが，購入した土地が，他人の所有する土地と部分的に重なり合う疑いが生じ，それが単に隣地所有者の主観的な言い掛りとは言えず，公図ないしは法務局に提出された地積測量図からも相当の蓋然性をもって疑われる事情からすれば，買主，売主間における36番3の土地の取引については，購入した土地の所有権につき将来訴訟等の手段により法的解決をみる以外ないという意味において法律的な支障があるというべきで，売買の目的物に「瑕疵」が存在すると解して十分であると思料され，次に，民法第570条の「隠れたる」瑕疵の存否についてみるに，一般人である買主にとって，土地購入に際し，他人の所有する土地との土地の重複の有無ないしはその蓋然性の有無を公図等によって調査することまで求めることは，酷に過ぎると言うべきで，現地において売主から指示説明を受け，これを信じて土地を買い受けた買主には，法律上の「瑕疵」の存否について善意，無過失を認めて差し支えなく，「隠れたる」瑕疵があったものと認定できる（京都地判昭62・12・10判タ665号178頁，判時1274号115頁）。

■ 公図と土地の現況の差異と瑕疵の有無（肯定）

　買主と売主は，平成12年，23番地所在の土地のうち，防災広場，たばこ店及び公道に接する現況求積図記載の現況の当該土地につき，売買契約を締結し，土地売買契約書を取り交わし，買主は，同日，代金を支払い，所有権移転登記に係る手続を了したところ，当該土地は，北側で防災広場と，南側でたばこ店と，西側で公道と接し，防災広場の地番は23番37であり，その現況は，公図記載の形状とおおむね一致し，たばこ店の南方の20番15

第4節　土地の現況と瑕疵（物理的な瑕疵以外）

の土地であり，その現況は，公図記載の形状とおおむね一致し，公図上，23番11の土地は，南側で20番15の土地と接し，北側で23番31の土地と接しており，かつ，道路とは接しておらず，公図上，23番31の土地は，北側で23番37の土地と接しているが，道路には面していないところ，買主は，当該土地の現況求積図及び公図を示され，そこに23番11との記載があったため，当該土地の地番は，その記載のとおりであると認識したもので，当該土地は，現況，防災広場とたばこ店との間に位置しており，公図上の23番37の土地，20番15の土地及び道路との位置関係は現況とおおむね一致していること等を考慮すると，当該土地の地番は23番11か23番31のいずれかである可能性が高いということはできるものの，公図と住宅地図及び航空写真を比べると，公図上の23番31及び23番11の土地の形状は，現在の土地使用状況と異なっていることが明らかであり，23番31及び23番11の土地の公図は現況と一致していないこと，及び23番31及び23番11の土地の正確な形状，境界を認めるに足りる的確な証拠は存しないことによると，当該土地の地番が23番11でないとまでは直ちには認め難く，その他に当該土地の地番が23番11ではないと断定するに足りる的確な証拠はないが，当該土地の地番が23番11であるか23番31であるかを確定することができないこと，買主が，23番31の土地の登記を有する者から，当該土地の明渡し等を請求されていることによると，売買当時，当該土地についてはその所有権をめぐる紛争が将来生じる可能性があったものといわざるを得ず，このような土地は，売買取引をするについて通常有すべき性能を備えていないものということができるから，当該土地には瑕疵があったものと認められ，公図は，現在の不動産取引においてもなお，登記簿に記載された地番の土地の位置や形状を知るための重要な資料として利用されており，土地所有権の存否等を判断する際の一資料となり得るものであって，これを軽視することはできず，公図の混乱という事態は，我が国の不動産登記制度が抱える一般的な問題であって，当該土地固有の問題ではなく，当該土地の外にも公図と現況の一致しない土地が存在しているからといって直ちに，当該土地に瑕疵が存しないということはできない（東京地判平22・3・9判タ1342号190頁）。

第3編　不動産の瑕疵担保責任

523

第6章　不動産の瑕疵

◎　越　境

■所有者不明のブロック塀の存在，隣地への越境と瑕疵の有無（肯定）

　　中古住宅とその敷地を購入したところ，買主は，隣地所有者，測量士から，当該ブロック塀が北側隣地の敷地内に完全に入っているという指摘は受けなかったところ，もともと，当該境界ブロック塀は越境していないという前提で売買契約が締結されたものであり，その際に交付された二つ測量図を対比しても必ずしも一見して相違点が明確ではなく，越境の事実が容易に読み取れるというわけでもないから，測量図の交付をもって，買主が越境を了解していたとはいい難く，また，当該ブロック塀の所有権については，当該ブロック塀は囲障であるところ，少なくとも，境界線上に存する囲障については，土地所有者と囲障の所有者が一致しない部分が出てくるというべきであり，囲障が越境することによって，越境部分の敷地を時効取得する場合や，土地所有者から越境した囲障の設置者にその撤去が求められる場合があり得ることを考慮すれば，囲障の所有権と土地の所有権が常に一致すると解する必然性はないものと思われ，少なくとも，隣地の所有者間における囲障の所有権の帰属に関しては，土地所有者と囲障の所有者が異なることが起こりうることを否定できないと解されることで，結局，当該ブロック塀がいずれの所有に属するか証拠上必ずしも確定できない状況が生じているものであるため，当該ブロック塀の所有権の帰属が不明であり，しかも，境界ブロック塀が北側隣地に越境しており，北側隣地所有者との法律関係が不安定になっていることは，否定できず，このような状況にあったこと自体，当該土地建物売買の目的物に瑕疵があるということができ，そして，買主においても，売買契約当時，当該ブロック塀を所有していると認識しており，境界ブロック塀が北側隣地に越境していることを知らなかったというのであるから，その瑕疵は隠れた瑕疵にあたるというべきである（東京地判平25・1・31判時2200号86頁）。

524

第4節　土地の現況と瑕疵（物理的な瑕疵以外）

Q 160　十分な通行ができる進入路があるとして買い受けた土地について，その進入路の通行に支障があった場合でも，買い受けた土地には物理的な欠陥はないときは，その土地に瑕疵があるといえないか。

A　進入路がなかった場合や，進入路はあっても，売買契約において想定された土地の利用に必要な程度の通行に支障があり，その結果，当該土地について売買契約において想定された土地の利用が困難になるようなときには，瑕疵があるとされる場合がある。

解 説　土地は，一般公衆の交通の用に供されている道に通じていなければ，利用価値は極めて限定される（一般に，ヘリコプターでしか出入りすることができない袋地に価値はない。）。そのため，一般公衆の交通の用に供されている道に直接接していない土地には，その間に進入路が必要とされるところ，通行可能な進入路があるとして買い受けた土地について，その進入路を通行することができない場合（買受人が通行する権利がない場合や，道路位置指定を受けていない場合など）や，その進入路を通行することはできても，通行することができる復員に制限があったり，自動車などの車両による通行が制限されたりすることで，買い受けた土地を，売買契約において想定された土地の用途に利用することが困難である場合には，買い受けた土地には物理的な欠陥がないとしても，当該土地に瑕疵があると認められ得る。

　そのような場合，他の土地に囲まれて公道に通じない土地の所有者は，公道に至るため，その土地を囲んでいる他の土地を通行することができるという（民210条1項），袋地通行権（囲繞地通行権）が生じる場合もあるが，袋地通行権（囲繞地通行権）の発生のみを理由に，瑕疵が否定されることにはならないだろう。

　買い受けた土地に，公道からガス管などの導管を敷設することができないような場合も，同様に考えることができよう。

第3編　不動産の瑕疵担保責任

525

第6章　不動産の瑕疵

　袋地通行権（囲繞地通行権），導管等設置権の詳細については，拙著『Q&A
道路・通路に関する法律と実務』（日本加除出版，2015）を参照にしていただき
たい。

【判　例】

◎　**進入路に関する瑕疵**

■ **通路及び門を使用できることを前提として買い受けた土地建物について，
通路及び門を使用できなかった場合と瑕疵の有無**（肯定の可能性，ただし，解
除は否定）

　　買主が病院開設を目的として当該土地建物を買い受けたところ，売買当
時まで北側通路及び門が当該住宅建物に対する主たる出入口として現実に
使用されており，外観上もその正門の体をなし，売主においてもその使用
継続の能否について何等の説明もなさないでその現状のままこれを売り渡
したような場合には，売買の当事者は当該通路及び門が当該建物の通路及
び門として使用できることを前提として，売買契約をなしたものと推認す
べく，当該通路及び門を使用できないことは売買の目的物に隠れた瑕疵が
あった場合に該当するが，当該建物の北方の通路を使用することが不可能
となったことにより，当該売買をなした目的である当該土地に病院を開設
することができなくなったいう事実は，これを認めることができないため，
これを前提とする買主の契約解除の意思表示はその効力がない（東京高判
昭33・3・24東高民時報9巻3号41頁）。

■ **袋地である当該宅地について，隣人である私道（指定道路）所有者から自
動車通行の承諾を得られなかった場合**（小型自動車の通行は可能）**と瑕疵の有
無**（肯定の可能性，ただし，結論は否定）

　　後出（東京地判昭43・6・27金判122号12頁（552頁参照））。

■ **袋地であった場合と瑕疵**（肯定）

　　買主が，売主から当該土地を買い受けた際，売買契約において当事者双
方が具体的に特定指示せんと意図した当該売買の目的物たる土地の現地の
範囲としては当該表示に照応する真実の現地たる山林2反5畝10歩のほか，
その西北方に位置する土地，土地改良区所有の溜池の東側橡をなす堤防と

526

第4節　土地の現況と瑕疵（物理的な瑕疵以外）

当該山林現地との間に南北に細長く介在している他人所有の水路及び当該水路に沿いその東側に存在する泥上場の土地の各地域を含めた範囲の地域を合意の対象とするものであったこと，それにもかかわらず買主においてはもとより売主においても水路及び泥上場が当該山林の一部に含まれず各別個に他人の所有に層するものであることにつき明確な認識がなく，そうすると当該売買は一部他人の所有地の売買を目的とする契約を含むものというべきであり，結局，その山林，泥上場及び水路は一体をなしてその全域が公簿上の当該山林の表示に相応する土地の現地と認められるものであったこと，その東岸の堤防はその北端において東西に通ずる公道に接続しており，しかもその外形はその最頂部が幅員１間余，平坦な道路状を呈し現に事実上一般的通路として人車の往来に供せられていたこと，したがって買主，売主においては少なくとも当該売買契約締結の当時には当該山林，泥上場および水路がその全区域を含めて１筆の土地として，その西側において少なくとも認定道路にはなっていると認められる当該堤防に直接面しているものと認識していたのであり，取引関係者等に限らず，附近の土地に詳しい土地改良区役員等を除けば付近住民一般にとっても事は同様で，そして買主は当該売買契約締結後10日か２週間の後に調査した結果，それまでは少なくとも認定道路として北方を東西に道にずる公道に通じているものと確信していた当該溜池の東岸堤防は事実上耕作のための通路として日常使用されているが認定道路ではなく買受土地が全く正規の道路には接していないためそのままでは当初からの買受目的たる病院建物敷地に供用することが行政上許されないことが判明するに至り，これらをもってすれば当該売買の目的とせられた土地は全く公路に接せず，かつ公路に通ずる利用可能な事実上の通路の利用可能性も具備しない点において，当事者間に表示せられた買主側の売買目的に照らし隠れた瑕疵を存したものと認めるのが相当である（大阪地判昭44・8・28判時585号67頁）。

■ 袋地であった場合と瑕疵（肯定の可能性，ただし，競売の事例として否定）

　　後出（札幌地判昭52・3・8判タ365号314頁，判時872号107頁（621頁参照））。

第6章　不動産の瑕疵

■ 保養施設の敷地として買い受けた土地について公道に通じる道が一般通行
ができない私道であったことと瑕疵の有無（肯定）

　　買主が売主から，当該土地（山林）を，買主従業員のための保養施設の
敷地として利用する目的で買い受けたなか，まず，当該土地と通路の関係
については，売買件契約の当時，幅員約２メートル前後の道路があり，そ
の形状は，若干の拡張ないし舗修を施すと自動車の通行も可能なもので
あったと，ところが，その道路は，当該土地の隣地に居住する者の所有地
内にあって専ら同人方で使用する必要上開設されたもので，一般の通行に
供されているものではなく，同人はこれを買主に使用させ又は譲渡するこ
とを明確に拒否したこと，付近には，公図上，村道が存在するが，この道
路は売買契約当時は殆んど通行の用に供されていた形跡がなく，仮にこの
位置に道路が存在するにしても，これを利用して当該土地から舗装された
村道に至るまでには相当の距離があり，しかもその間には小川があるなど
これを拡張整備して当該土地の通路とするためには多額の費用を要し，<u>買
主は，買主の従業員のための保養施設を建設するのに適した土地を取得し
たいとの意向があり，買主現地を下見分したが，その際，当該土地の通路
は村道であって，これを整備すれば，自動車の通行も可能である説明さ
れ，その説明により，その道路が村道であると信じ，その形状からみて自
動車の通行が可能であることを確認し</u>，当日もこの道路を利用して当該土
地に出入りしたことなど事情があるが，民法第570条にいう瑕疵とは，売
買の目的物に存する欠陥をいうが，その存否は，一般的抽象的に定まるも
のではなく，売買契約の内容，当事者が意図した契約の目的，売買価格，
目的物の特性，当該契約に関し，売主が目的物について指示又は保証した
内容などを総合考慮し，当該具体的取引においてその物が保有すべき品質，
性能を具備しているか否かを判断して決すべきものであり，当該土地を買
主が，その目的に副って利用するためには，県道と当該土地の間に少なく
とも自動車一台の通行を可能とする程度の道路が必要であることはいうま
でもないところ，当該土地に連る道路の状況をかんがみると，結局多額の
費用を投じて新たに道路を開設するならば格別ただちに利用することので

528

第4節　土地の現況と瑕疵（物理的な瑕疵以外）

きる出入路は存在しておらずこの点はまさに売買の目的物とされた当該土地の瑕疵に当たるものというべく，しかも買主が，この瑕疵の存在に気づかなかったのは売主の代理人である不動産業者（宅地建物取引主任者）の指示説明を信じたためであって，一般常識として不動産業者の物件に関する説明の中には，契約成立を願うあまり時として物件の長所を過大に，その短所を過小に表現することがあり，これらをすべて真に受けてはならないことはいうまでもないが，宅地（当該土地の地目は山林であるが，買主の当該土地買受の目的が宅地としての利用にあり，そのことを売主が承知していたことは明らかである。）にとって公道からの出入のための通路の有無は，そのような曖昧な説明を許さない重要な問題であり，従って買主がその説明をそのまま信用して，当該土地に県道へ出入りするための通路があると信じた，すなわち，その瑕疵に気づかなかったことについて買主に過失があったということはできず，つまり，この瑕疵は民法第570条にいう隠れたる瑕疵に当たるものといわなければならない（東京高判昭53・9・21判タ373号65頁，判時914号66頁）。

■ **公路から自動車で進入できない土地と瑕疵の有無**（肯定，ただし，「隠れた」は否定）

　　買主（不動産の分譲等を行なっている業者）が売主から買い受けた当該土地について，公路から売買目的土地に自動車で進入できない場合，民法第570条にいわゆる売買目的物の隠れたる瑕疵とは，その物が通常保有する性質を欠いていることをいうのであるが，その目的物が土地である場合，当該土地から公路に至るまで，自動車で進入できないときには，その土地の利用を，事実上，制限し，その取引価格を引き下げるのであるから，土地の有体的欠陥の一種としての瑕疵と解することができるので，当該通路を当該土地の所有者が，自動車をもって通行できないのは瑕疵に当たるというべきであるが，しかしながら，当該通路には，甲州街道の入口に「この道は私道」と表示のある立札が掲げてあるほかに，その舗装は途中で跡切れるのであるが，その跡切れたところに，当該土地の方からの自動車の進入を拒むように，コンクリート・ブロックが置かれ，「ここから車両」

第6章　不動産の瑕疵

とある立札が立っていること，その状況をみて，買主も，当該通路の通行
権について不安を感じているにもかかわらず，この点について，付近の地
主，或いは公的機関に疑問を質すようなことをしていないこと，買主は，
自らも不動産の分譲等を行なっている業者であるが，ただ漫然と仲介人に
任せるだけで，それ以上，自ら調査に担げるようなことはしていないこと，
また，買主が当該通路を自動車では進行できないことが，はっきりしてか
ら，売主を訪れ通行権について質したところ，売主は事情を淡々と説明し，
殊更に自分の方に手落ちがあると考えているようにはみえなかったこと，
却って，売主の仲介人は，当該土地には東側に公路に至る通路があるから，
当該通路について触れる必要がないと判断していたことを認めることがで
き，これらの事実からは，売主が故意にこれを隠していたような事情は窺
えず，他に，売主が当該通路を利用できる旨請け負っていたことを推認さ
せるような証拠はなく，以上の事実によれば，買主の仲介人には当該通路
の通行権について調査不十分のそしりを免れず，買主の営業目的に鑑み
ると，買主が安易に仲介人の言うことを信じ，また売主が当該通路の通行
を請け負ったものと信じたことについて，買主には普通になすべき注意を
著しく欠いていたということができ，結局，当該通路を自動車では通行で
きないことは，当該土地の瑕疵であるが，この瑕疵は民法第570条にいう
「隠れたる」瑕疵に当たるものということはできない（東京地判昭56・11・10
判タ467号122頁）。

◎　**ガス管の埋設に関する瑕疵**

■ 袋地である当該宅地について，隣人である私道（指定道路）所有者から既
存のガス管の使用または新管埋設の承諾を得られなかった場合と瑕疵の有
無（肯定の可能性，ただし，結論は否定）

後出（東京地判昭43・6・27金判122号12頁（553頁参照））。

第5節　環境基準と瑕疵

第5節　環境基準と瑕疵

Q 161 買い受けた土地に，環境基準を超える土壌汚染があったときは，その土地には瑕疵があるといえるか。

A 土壌汚染が当時の環境基準を超えるとき，すべての場合に一律に瑕疵が認められるものではないが，その環境基準も考慮されつつ，法令や，その程度，被害の状況，売買契約に至った経緯などが総合的に斟酌されて，当該売買契約において想定された性状を欠いていたと認められるならば，瑕疵があるとされる。

解　説　買い受けた土不動産について，土壌汚染や有害物質の飛散，充満などがある場合は，それらは当該不動産につき瑕疵の対象となり得るが，その汚染等の程度が当時の環境基準を超えていることを理由に，一律に瑕疵があるとされるわけではない。その当時の環境基準を満たしていないことは，瑕疵の有無を判断するうえで重要な要素を占めることは間違いないが，それだけで瑕疵が判断されることにはならない。

　結局，その環境基準も考慮されつつ，法令や，その程度，被害の状況，売買契約に至った経緯などが総合的に斟酌されて，当該売買契約において想定された性状を欠いていたと認められるならば，瑕疵があるとされるわけである。

　そのため，反対に，土壌汚染等が環境基準を下回る場合であっても，瑕疵があるとされる場合もあるだろう。

【判　例】

◎　環境基準の設定

■騒音基準を若干上回る場合と瑕疵の有無（否定）

　　前出（大阪地判昭60・4・26判時1195号115頁（518頁参照））。

531

第6章　不動産の瑕疵

■ **環境基準を若干下回る場合と瑕疵の有無**（肯定）

　　買主（電気機械器具及び電気通信機械器具並びにその部品及び付属品の製造等を主たる事業とする株式会社），売主（紙類，パルプ類等の製造，加工及び売買等を主たる事業とする株式会社）との間で当該土地及び当該建物の売買契約を締結したところ，当該土地中に埋設物及び汚染土壌が存在した場合，土壌汚染の各物質はいずれも人体に有害なものであり，一部の区画の汚染土壌は，そのダイオキシン類検出値が，ダイオキシン類対策特別措置法に基づいて定められた環境基準値を超過していなくても，ダイオキシン類等の土壌汚染の原因物質が降雨や地下水の影響等で土中において拡散しやすいことは容易に想定されるところ，その区画は基準値を大幅に上回った区画に近接した区画である上，ダイオキシン類の発生原因と考えられる焼却灰，灰プラスチック及び金属屑等の埋設物が，同様に発見されているし（その意味では，これらの区画において，焼却灰，灰プラスチック及び金属屑等を一体として廃棄したものと推測される。），基準値を若干下回っているにすぎず，そうすると，一体として汚染されているというべきであり，たまたま調査地点において検出値が基準値を下回っていたからといって，この部分の土壌が汚染されていないとか瑕疵でないとかいうことはできない（東京地判平20・7・8登情569号137頁）。

■ **土地に含まれていた物質が当時は有害であると認識されていなかったが，売買契約後に有害であると社会的に認知された場合と瑕疵の有無**（肯定）

　　居住その他の土地の通常の利用をすることを目的として締結された売買契約の目的物である土地の土壌に含まれていた物質が当時の取引観念上は有害であると認識されていなかったが，売買契約後に有害であると社会的に認識された場合において，売買契約締結当時土壌を汚染するものとして当該物質を規制し，汚染の除去等の措置を定める法令の規定が存在しなかったことを理由に，売買契約締結当時は目的物である土地の土壌中に当該物質が含まれていても，売買契約は適法であったとして，民法第570条にいう隠れた瑕疵が存在することを否定することは，できないものというべきであるため，以上によれば，居住その他の土地の通常の利用をすること

532

を目的として締結された売買契約の目的物である土地の土壌に人の生命，身体，健康を損なう危険のある有害物質が，それらの危険がないと認められる限度を超えて含まれていたが，当時の取引観念上はその有害性が認識されていなかった場合において，その後，当該物質が土地の土壌に上記の限度を超えて含まれることは有害であることが社会的に認識されるに至ったときには，売買契約の目的物である土地の土壌に当該有害物質が上記の限度を超えて含まれていたことは，民法第570条にいう隠れた瑕疵に当たると解するのが相当であり，民法第570条に基づく売主の瑕疵担保責任は，売主に過失その他の帰責事由があることを理由として発生するものではなく，売買契約当事者間の公平と取引の信用を保護するために特に法定されたものであるから，売買契約締結当時の知見，法令等が瑕疵の有無の判断を決定するものであるとはいえない（東京高判平20・9・25金判1305号36頁）。

■建築築基準と瑕疵の有無（否定）

買主は売主（不動産業）と，平成9年，マンションの住戸の売買契約を締結したが（平成10年マンション完成，同年住戸引渡し），当該マンションの建築では，居室の床材には，当時のJIS規格のE2相当の建築材料（一定のホルムアルデヒド放散量がある。）が使用されていたところ，平成14年法律第85号による改正後の建築基準法28条の2，同年政令第393号による改正後の建築基準法施行令20条の5第1項3号（改正法等）により，居室の床の仕上げに使用することが禁止されたなか，同マンションの建築当時，床材にE2相当のパーティクルボードを使用することが法令上禁止されていなかったのみならず，床材にE2相当のパーティクルボードを含む床材を用いることがマンションの通常有すべき性能に欠けることを意味するものということができず，したがって，売主は，買主に対して，当該住戸の床面にE2相当のパーティクルボードを使用する床材を用いたこと及び件施工不良を瑕疵とする瑕疵担保による損害賠償責任を負わないというべきである（東京地判平22・5・27判タ1340号177頁）。

■環境基準と瑕疵の有無（否定）

買主は，平成3年，売主から，当該土地を買い受けたが，当該土地の土

第6章　不動産の瑕疵

壌には，売買契約締結当時からふっ素が含まれており，その当時，土壌に
含まれるふっ素については，法令に基づく規制の対象となっていなかった
し，取引観念上も，ふっ素が土壌に含まれることに起因して人の健康に係
る被害を生ずるおそれがあるとは認識されておらず，買主の担当者もその
ような認識を有していなかったもので，平成13年，環境基本法第16条第1
項に基づき，人の健康を保護し，及び生活環境を保全する上で維持される
ことが望ましい基準として定められた平成3年8月環境庁告示第46号（土
壌の汚染に係る環境基準について）の改正により，土壌に含まれるふっ素につ
いての環境基準が新たに告示されたなか（当該土地の土壌に，それが土壌に含
まれることに起因して人の健康に係る被害を生ずるおそれがあるものとして売買契約締
結後に法令に基づく規制の対象となったふっ素が基準値を超えて含まれていた。），売
買契約の当事者間において目的物がどのような品質・性能を有することが
予定されていたかについては，売買契約締結当時の取引観念をしん酌して
判断すべきところ，売買契約締結当時，取引観念上，ふっ素が土壌に含ま
れることに起因して人の健康に係る被害を生ずるおそれがあるとは認識さ
れておらず，そうすると，売買契約締結当時の取引観念上，それが土壌に
含まれることに起因して人の健康に係る被害を生ずるおそれがあるとは認
識されていなかったふっ素について，売買契約の当事者間において，それ
が人の健康を損なう限度を超えて当該土地の土壌に含まれていないことが
予定されていたものとみることはできず，当該土地の土壌に溶出量基準値
及び含有量基準値のいずれをも超えるふっ素が含まれていたとしても，そ
のことは，民法第570条にいう瑕疵には当たらないというべきである（最
三小判平22・6・1民集64巻4号953頁，裁時1508号202頁，判タ1326号106頁，判時
2083号77頁）。

■ 環境基準と瑕疵の有無（肯定）

　　購入した土地に油分が含まれていた場合，民法第570条にいう瑕疵とは，
目的物に何らかの欠陥があることをいうところ，何が欠陥かは，契約当事
者の合意，契約の趣旨に照らし，通常又は特別に予定されていた品質・性
能を欠くか否かによって決せられ，そして，売買契約の当事者間において

第5節　環境基準と瑕疵

も目的物がどのような品質・性能を有することを予定していたかは，法令の定めを充たすことを前提とし，売買契約の明示の約定のほか，売買契約の取引通念上，当該目的物が通常備えるべき品質・性能が重要な基準となるところ，環境基本法に基づき定められている土壌についての環境基準，廃棄物の処理及び清掃に関する法律に基づく産業廃棄物の判定基準においては，油分について規制がなく，産業廃棄物の海洋投入処分に係る判定基準においては基準があり，油分が存在したとしても，そのままの状態である限り，法令には違反しないが，当該土地から建設発生土が生じた場合，そこに油が含まれていれば，それは産業廃棄物に該当する可能性があり，内陸部の土地（処分場）で埋立処分をする限り法令上の制限はないが，臨海部の土地（処分場）で埋立処分をする場合には法令上の制限があり，また，土地売買契約の買主は土地上に建物等を建築することを目的とすることが多いから，特段の事情がない限り，買主における建設発生土の処理が通常予定されているとみるべきであり，建設発生土の処理の実情は，土地売買契約における取引通念を検討する上でも考慮されるべきであり，そして，売買契約では，鉱物油について，「土壌（溶出溶液につき）」「油が視認されず，又は油の臭気が感じられないこと」を満たすべきことが定められてるなど，当該土地に指導基準を上回る油分が売買契約締結時に存在したことは明らかであるので，当該土地には瑕疵がある（東京地判平23・1・27判タ1365号124頁，判時2110号83頁）。

■環境基準と瑕疵の有無（否定）

　瑕疵担保責任における瑕疵とは，契約の目的物が，契約当時の取引観念を斟酌し，契約当事者の合意，契約の趣旨に照らし，当該契約において予定された品質・性能を欠いていることをいうと解するのが相当であり，当該売買契約の締結当時，当該土地の土壌には，少なくとも買主調査により検出された程度の汚染物質が含まれており，その程度は，環境基準に定める基準値を超えるものであったのであるが，当該売買契約の締結の当時の取引観念についてみるに，土地の土壌に環境基本法に基づく環境基準に定める基準値を超える汚染物質が存在したとしても，それが直ちに土地所有

第6章　不動産の瑕疵

者の経済的負担に結びつくものではなく，当時の不動産鑑定評価基準には，不動産の価格形成要因として土壌汚染の有無及びその状態が規定されておらず，土地の売買等の取引においては，土壌汚染の有無や程度が土地の価格決定において一般的に考慮すべき要素としては取り扱われていなかったことが推認され，当該売買契約の締結当時，当該土地をガソリンスタンドの敷地として使用する以外の用途に供したり，転売したりすることを具体的に検討した形跡はなく，買主は当該土地をガソリンスタンドの敷地として使用することを目的として当該売買契約を締結したものであって，当該土地の使用形態の変更あるいは売却を具体的に予定しておらず，それらの抽象的可能性があるにとどまるところ，当該土地をガソリンスタンドの敷地として使用する限り，その程度の汚染が地下に埋設された設備に悪影響を及ぼすことはなく，また，買主が当該売買契約の締結時に従業員等の健康に係る被害を懸念していたとは認められず，汚染物質がガソリンスタンドの従業員等に摂取され，その健康に被害を生じさせるおそれがあるとまでは認められないのであるから，当該売買契約当時の取引観念を斟酌し，当該売買契約における当事者の合意の内容，当該売買契約の趣旨に照らせば，当該土地が当該売買契約において予定された品質を欠いていたと解することはできず，したがって，当該土地に瑕疵があったということはできない（東京地判平24・5・30判タ1406号290頁）。

■アスベスト規制と瑕疵の有無（否定）

　工場（石綿紡績品の製造等）の跡地の売買契約（平成16年）において，産業再生活用地として購入し，さらに東京都大田区が購入したアスベストが含まれていた場合，民法第570条にいう瑕疵とは，目的物に何らかの欠陥があることをいうところ，何が欠陥かは，契約当事者の合意，契約の趣旨に照らし，通常又は特別に予定されていた品質・性能を欠くか否かによって決せられ，そして，売買契約の当事者間において目的物がどのような品質・性能を有することを予定していたかは，法令の定めを満たすことを前提とし，売買契約の明示の約定のほか，売買契約の取引通念上，当該目的物が通常備えるべき品質・性能が重要な基準となるところ，売買契約当時

第5節　環境基準と瑕疵

の法令は，石綿を含有する土壌あるいは建設発生土に適用されるものはな
いと解され，労働安全衛生関係の法令は，石綿などの粉じん（空中を飛散し
ている石綿）を継続的に発生させる事業に従事する労働者の労働安全衛生
について規制するものであって，石綿を含有する土壌あるいは建設発生土
それ自体については，売買契約当時，法令上の規制はなく，売買契約にお
いて求められていた性能は，土壌汚染対策法及び環境確保条例が定める有
害物質が基準値以下であることであり，売買契約当時の実務的取扱いとし
ても，石綿含有量を問わずに，石綿を含有する土壌あるいは建設発生土を
廃石綿等に準じた処理をするという扱いが確立していたとはいえず，さら
に，そもそも当該土地に含有されていた石綿が「土壌に含まれることに起
因して人の健康に係る被害を生ずるおそれがある」限度を超えて含まれて
いたとも認められないから，当該土地に瑕疵があったとはいえない（東京
地判平24・9・27判時2170号50頁）。

第6章　不動産の瑕疵

第6節　心理的な瑕疵

Q162 買い受けた不動産内で，過去に，自殺，あるいは他殺があったことがわかっても，その不動産自体に物理的な欠陥がない場合には，瑕疵があるとはいえないのか。

 その不動産内において過去に発生した自殺，あるいは他殺があったことで，瑕疵が認められる場合もある。

解説　買い受けた不動産に瑕疵があるとは，物理的な欠陥や，周辺環境に起因する不都合がある場合に限られず，それらの欠陥や不都合はなくても，当該不動産にまつわる嫌悪すべき歴史的背景等に起因する心理的な欠陥がある場合も含まれる。

当該不動産内で自殺や他殺があった事実は，とりわけ居住用の不動産においては，通常有すべき住み心地を欠くときも，その欠陥があるといえる。心理的なものについては，当該買主の個性によるところもあるところ，自殺・他殺の場所，状況，年月，その後の状態，近隣の風評，売買契約に至った経緯等を考慮して，一般人をして，住み心地を欠いていると認められるときは，当該不動産に瑕疵があるといえることになる。

【判　例】

◎　自　殺

■自殺と瑕疵の有無（否定）

買主が売主より同人所有の当該土地建物を買受けたが（昭和32年），建物内で昭和24，5年頃前届住者が縊死したことがあったもので，売買の目的物に瑕疵があるというのは，その物が通常保有する性質を欠いていることをいうのであって，目的物が家屋である場合，家屋として通常有すべき「住み心地のよさ」を欠くときもまた，家屋の有体的欠陥の一種としての瑕疵と解するに妨げないが，しかしながら，この家屋利用の適性の一たる

538

第6節　心理的な瑕疵

「住み心地のよさ」を欠く場合でも，この欠陥が家屋の環境，採光，通風，構造等客観的な事情に原因するときは格別，それが，建物にまつわる嫌悪すべき歴史的背景など客観的な事情に属しない事由に原因するときは，その程度如何は通常これを受取るものの主観によって左右されるところが大であり，売買における売主の瑕疵担保責任は，売買が有償契約であることを根拠として，物の交換価値ないし利用価値と対価として支払われる代金額との等価性を維持し当事者間の衡平をはかることにあるから，制度の趣旨からみると，建物にまつわる嫌悪すべき歴史的背景など客観的な事情に属しない事由をもって瑕疵といいうるためには，単に買主において，その事由の存する家屋の居住を好まぬというだけでは足らず，さらに進んで，それが，通常一般人において，その事由があれば「住み心地のよさ」を欠くと感ずることに合理性があると判断される程度に至ったものであることを必要とする，と解すべきであるところ，当該建物内の座敷蔵で縊死のあったことは間違いないものの，当該建物内で縊死のあったのは，売買当時から7年前の出来事で，既に旧聞に属するばかりでなく，縊死のあった座敷蔵は売買当時取り除かれて存在せず，その事実を意に介しない買受希望者が従前から多数あったことがうかがわれるので，この事情から推すと，当該建物内で過去に縊死があった事実は，売買当時においては，もはや一般人が「住み心地のよさ」を欠く事由として感ずることに合理性を認めうる程度のものではなかったとみるのが相当であり，当該売買の目的物たる建物内で前居住者が縊死した事実は，未だ民法第570条にいわゆる瑕疵のある場合には該当しないと解するのが相当である（大阪高判昭37・6・21判時309号15頁）。

■ 自殺と瑕疵の有無（肯定）

　買主が，売主（食料品，衣料品の販売を業とする株式会社）から，当該中古マンション（部屋）を買い受けたが，その後，当該建物において，売主代表取締役の妻が縊首自殺（売買契約の6年3か月前）していた事実が判明したところ，売買の目的物に瑕疵があるというのは，その物が通常保有する性質を欠いていることをいうのであって，目的物が建物である場合，建物とし

第6章　不動産の瑕疵

て通常有すべき設備を有しない等の物理物欠陥としての瑕疵のほか，建物は，継続的に生活する場であるから，建物にまつわる嫌悪すべき歴史的背景等に原因する心理的欠陥も瑕疵と解することができ，ところで，売買における売主の瑕疵担保責任は，売買が有償契約であることを根拠として，物の交換価値ないし利用価値の対価として支払われる代金額との等価性を維持し，当事者間の衡平をはかることにあるから，制度の趣旨からみると，その事由をもって解除をしうる瑕疵であるというためには，単に買主において，その事由の存する建物の居住を好まないだけでは足らず，それが通常一般人において，買主の立場におかれた場合，その事由があれば，住み心地の良さを欠き，居住の用に適さないと感ずることに合理性があると判断される程度にいたったものであることを必要とすると解すべきであり，この観点からみると，買主は，小学生の子供2名との4人家族で，永続的な居住の用に供するために本件建物を購入したものであって，この場合，当該建物に買受けの6年前に縊首自殺があり，しかも，その後もその家族が居住しているものであり，当該建物を，他のこれらの類歴のない建物と同様に買い受けるということは通常考えられないことであり，その居住目的からみて，通常人においては，自殺の事情を知ったうえで買い受けたのであればともかく，子供も含めた家族で永続的な居住の用に供することははなはだ妥当性を欠くことは明らかであり，また，単なる死亡ではなく，縊首自殺であり，さらに，当該建物は，大都市にあるマンションであるから，人の出入りが激しく隣人に関心がないのが通常であるとしても，この問題は，マンションの他の部屋の問題ではなく，当該建物の問題であり，また，自殺後6年3か月という時の経過は，さほど長期であるということはできず，売買契約は，瑕疵担保による解除原因があるものというべきである（横浜地判平元・9・7判タ729号174頁，判時1352号126頁）。

■ 自殺（死亡は病院）と瑕疵の有無（肯定）

　買主が，売主から当該土地及び建物を買い受け，月に1，2度泊まったことがあったものの，その後，売却することとし，仲介を依頼すると，購入検討者の一人が，当該土地及び建物で自殺者が出たという噂を聞き込ん

第6節　心理的な瑕疵

できたため，仲介業者が調査した結果，当該土地及び建物の元所有者の自
殺の事実が判明し，買主も自殺の事実を知ったが，自殺者が農薬を飲んで
自殺行為に及んだ物置は，売買の対象である当該土地の上にあり，当該建
物に付属しているものであるから，死亡した場所が病院であったとして
も，その自殺が当該本件土地及び建物と無関係であるとすることはでき
ず，売買の目的物に瑕疵があるというのは，その物が通常保有する性質を
欠いていることをいうのであり，目的物が通常有すべき設備を有しない等
の物理的欠陥がある場合だけでなく，目的物にまつわる嫌悪すべき歴史的
背景等に起因する心理的欠陥がある場合も含むものと解されるところ，当
該土地上に存在し，当該建物に付属する物置内で自殺行為がなされたこと
は，売買の目的物たる土地及び建物にまつわる嫌悪すべき歴史的背景に起
因する心理的欠陥といえ，当該土地及び建物は，山間農村地の一戸建であ
り，その建物に付属する物置内で自殺行為がなされ，その結果死亡した場
合，そのようないわくつきの建物を，そのような歴史的背景を有しない建
物と同様に買い受けるということは，通常人には考えられないことであ
り，買主も，そのようないわくつきのものであることを知っていれば絶対
に購入しなかったものと認めることができ，買主は，当該建物に月に１，
２度泊まったことはあるが，当時は自殺の事実について知らなかったので
あるから，泊まったことがあるという事実から，当該土地及び建物に隠れ
た瑕疵はないとすることはできず，なお，売買契約は，自殺後約６年11月
経過後になされたものであるが，自殺という重大な歴史的背景，当該土
地，建物の所在場所が山間農村地であることに照らすと，問題とすべきほ
ど長期ではなく，以上の事実を総合すれば，この売買契約には契約の目的
を達成できない隠れた瑕疵があり，瑕疵担保による解除原因があるという
べきである（東京地判平７・５・31判タ910号170頁，判時1556号107頁）。

■ 自殺と瑕疵の有無（肯定）

　　買主は，売主から当該土地，当該土地上に存在する当該建物を買い受け
（平成６年12月），引渡しを受けた後，売主の親族（二人の売主のうち一方の父で，
もう一方の売主の夫）が当該建物の中で首吊り自殺（平成６年７月）をしてい

第6章　不動産の瑕疵

たことが，判明したものの，売主は，買主に対し，その事実をあえて知らせていなかったもので，仲介業者に対しては，この出来事については伏せたまま，目的物件について，当該土地を主眼とし，建物は未だ十分使用に耐えるものであったが，古家ありと表示する程度の付随的なものとして売却するよう仲介を依頼したこと，売買契約締結に当たり買主・売主間で取り交わされた売買契約書には，売買目的物件として当該土地及び建物が共に表示され，特約として「売主は，当該建物の老朽化等のため，当該建物の隠れた瑕疵につき一切の担保責任を負わないものとする。」と記載されたこと，その交渉の過程において，売主から買主に対し，その出来事を示唆するような言動は一切なかったことが認められることなどの事実によれば，売主は，当該不動産売却に当たり，その出来事を考慮し当該建物の価格は殆ど考慮せずに売値をつけ，当該建物の隠れた瑕疵につき責任を負わない約束のもとに当該不動産を買主に売却したのではあるが，売買契約締結に当たっては，当該土地及び建物が一体として売買目的物件とされ，その代金額も全体として取り決められ，当該建物に関し，その出来事のあったことは交渉過程で隠されたまま契約が成立したのであって，その出来事の存在が明らかとなれば，さらに価格の低下が予想されたのであり，当該建物が居住用で，しかも，その出来事が比較的最近のことであったことを考慮すると，このような心理的要素に基づく欠陥も民法第570条にいう隠れた瑕疵に該当するというべきであり，かつ，そのような瑕疵は，その特約の予想しないものとして，売主の同法による担保責任を免れさせるものと解することはできない（浦和地川越支判平9・8・19判タ60号189頁）。

■取り壊し前の建物で自殺があった場合の敷地の瑕疵の有無（否定）

　買主が，売主から，当該土地及び当該建物を買い受けたが（平成10年3月），買主は当該土地上に建物を建てて他に売却する予定であったところ，当該建物内で売主の母親が首吊り自殺（平成8年）をしていて，売主は，その事実を売買契約時に買主に原告に告げていなかったなか，買主が当該土地及び建物を買い受けたのは，当該建物に買主が居住するのではなく，当該建物を取り壊した上，当該土地上に新たに建物を建築して，これを第三者

第6節　心理的な瑕疵

に売却するためであり，現に，当該建物は買主によって解体（平成10年5月）され，したがって，この売買契約における買主の意思は主として当該土地を取得することにあったものと考えられるうえ，現在当該建物は存在しないのであるから，問題は，解体して存在しなくなった当該建物において，売主の母親が首吊り自殺したという事実が当該土地の取得においていかなる意味を有するかという点になり，確かに継続的に生活する場所である建物内において，首吊り自殺があったという事実は民法第570条が規定する物の瑕疵に該当する余地があると考えられるが，当該土地については，かつてその上に存していた当該建物内で首吊り自殺があったということであり，嫌悪すべき心理的欠陥の対象は具体的な建物の中の一部の空間という特定を離れて，もはや特定できない一空間内におけるものに変容していることや，土地にまつわる歴史的背景に原因する心理的な欠陥は少なくないことが想定されるのであるから，その嫌悪の度合いは特に縁起をかついだり，因縁を気にするなど特定の者はともかく，通常一般人が当該土地上に新たに建築された建物を居住の用に適さないと感じることが合理的であると判断される程度には至っておらず，このことからして，買主が当該土地の買主となった場合においてもおよそ転売が不能であると判断することについて合理性があるとはいえず，したがって，当該建物内において，首吊り自殺があったという事実は，この売買契約において，隠れた瑕疵には該当しないとするのが相当である（大阪地判平11・2・18判タ1003号218頁）。

■ 自殺による心理的な瑕疵の成否

　　自殺は，当該建物に対して，通常人であれば心理的に嫌悪すべき事由を付加するものであって，当該建物に対する有効需要はこのような心理的瑕疵によって減少することとなり，そして，かかる心理的瑕疵は，自殺と同時に当該建物に付加され，毀損として生じると解するのが相当であり，当該土地建物の引渡後に自殺が発覚したことは，自殺による毀損は引渡後に発生したと主張する理由とはならず，自殺のような心理的瑕疵は，毀損の評価において通常人の心理に依ってはいるものの，毀損自体は評価を待たずして発生するものというべきであるから，かかる評価の原因たる事実が

第3編　不動産の瑕疵担保責任

543

第6章　不動産の瑕疵

既に生じた以上，当該事実の発覚を待たずして毀損が生じるというべきである（横浜地判平22・1・28判タ1336号183頁）。

■ マンションの居室で自殺があった場合と瑕疵の有無（肯定）

　1棟のマンションの売買に関し，同マンションの一室で自殺があったことについて，買主は，売買契約の締結あるいは代金決済までに自殺の存在を知っていたとは認められず，また，これを知らなかったことが買主の調査義務の懈怠によるとも認められないとき，売買の目的物に瑕疵があるというのは，その物が通常保有する性質を欠いていることをいい，目的物に物理的欠陥がある場合だけではなく，目的物にまつわる嫌悪すべき歴史的背景に起因する心理的欠陥がある場合も含まれると解されるところ，その自殺は当該建物の心理的欠陥に当たり，売主は買主に対し，瑕疵担保責任による損害賠償義務を負う（東京地判平25・7・3判タ1416号198頁，判時2213号59頁）。

◎　殺人事件等死亡事件

■ 殺人事件と瑕疵の有無（肯定）

　売買の目的物に民法第570条の瑕疵があるというのは，その目的物が通常保有する性質を欠いていることをいい，目的物に物理的欠陥がある場合だけではなく，目的物にまつわる嫌悪すべき歴史的背景に起因する心理的欠陥がある場合も含まれるものと解するのが相当であり，そして，売買における売主の瑕疵担保責任は，売買が有償契約であることを根拠として，物の交換価値ないし利用価値の対価として支払われる代金額との等価性を維持し，当事者間の衡平をはかることにあるから，この制度趣旨からみると，売買の目的物が不動産のような場合目的物にまつわる嫌悪すべき歴史的背景に起因する心理的欠陥の場合の事由をもって瑕疵といいうるためには，単に買主において同事由の存する不動産への居住を好まないだけでは足らず，それが通常一般人において，買主の立場に置かれた場合，その事由があれば，住み心地の良さを欠き，居住の用に適さないと感じることに合理性があると判断される程度に至ったものであることを必要とすると解すべきであるところ，買主は，売主から，当該土地を等面積に分け各部分

544

第6節　心理的な瑕疵

に1棟ずつ合計2棟の建売住宅を建設して販売する目的でこれを買い受けたものであるが，当該土地のうちのほぼ3分の1強の面積に匹敵する土地上にかつて存在していた建物内で，売買の約8年以上前に女性が胸を刺されて殺害されるという殺人事件があったというのであり，売買当時，その建物は取り壊されていて，嫌悪すべき心理的欠陥の対象は具体的な建物の中の一部の空間という特定を離れて，もはや特定できない一空間内におけるものに変容していたとはいえるものの，その事件は，女性が胸を刺されて殺害されるというもので，病死，事故死，自殺に比べても残虐性が大きく，通常一般人の嫌悪の度合いも相当大きいと考えられること，殺人事件があったことは新聞にも報道されており，売買から約8年以上前に発生したものとはいえ，その事件の性質からしても，当該土地付近に多数存在する住宅等の住民の記憶に少なからず残っているものと推測されるし，当該土地上に新たに建物を建築しようとする者や当該土地上に新たに建築された建物を購入しようとする者が，同建物に居住した場合，殺人があったところに住んでいるとの話題や指摘が人々によってなされ，居住者の耳に届くような状態がつきまとうことも予測されうるのであって，以上によれば，売買の目的物である当該土地には，これらの者が建物を，住み心地が良くなく，居住の用に適さないと感じることに合理性があると認められる程度の，嫌悪すべき心理的欠陥がなお存在するものというべきであり，そうすると，売買の目的物である当該土地には民法第570条にいう「隠れた瑕疵」があると認められる。なお，この売買は，地続きで隣接し，いずれも更地であった二つの土地（殺人事件のあった土地と，そうでない土地）の一括した売買であり，当該土地の面積も比較的狭いものであるから，売買の目的物である当該土地は一体として瑕疵を帯びるものであるというべきである（大阪高判平18・12・19判タ1246号203頁，判時1971号130頁）。

■他殺等死亡事件と瑕疵の有無（肯定（債務不履行））

　　買主（不動産業）は，売主（一般の者）との間で，平成19年，当該不動産（区分所有建物の専有部分）を買い受ける旨の不動産売買契約を締結し，売主に対し，代金を支払い，売主は，買主に対し，当該不動産を引き渡すとと

545

第6章　不動産の瑕疵

もに，登記手続を済ませたところ，当該不動産に関しては，平成11年，当時の共有者の長男及び父が他殺を疑われる態様で同不動産の室内で死亡し，同じころ，その共有者自身とその母が近隣のマンションから飛び降り自殺をしたという事件が発生していたため，買主は，売主に対し，当該死亡事件の存在が隠れた瑕疵に当たり，あるいはそれを売主が買主に告げなかったことが債務不履行に当たるとして，書面により，売買契約を解除する旨の意思表示をしたなか，売主は，売買契約締結時に当該死亡事件に関する事実を知っており，売買契約を締結するまでの間に，当該不動産について過去に何か問題がなかったかと問われたにもかかわらず，買主に対し当該死亡事件があった事実を秘匿し告知しなかったのであるから，このことは，売買契約に伴い信義則上売主として売主が負う告知義務に違反し，売主は債務不履行の責めを負うと解するのが相当であり，売買の対象物の調査は，本来的には，売買当事者が自己の責任の下に行うべきであるとし，買主は不動産業者であり，売主は不動産取引に関しては全くの素人であるとし，当該死亡事件は広く報道されており，買主としても容易に知り得たはずであったとしても，当該不動産を売主が取得した当初から，当該死亡事件の存在を知っており，当該不動産につき何か問題はないかと尋ねたことに対しその事実を積極的に秘匿して告知しなかったものであること，当該死亡事件は売買契約よりも8年以上前に起きており，当該マンションの管理人もその事実を知らず，当該マンションの住民が皆この事実を知っていたわけでもなく，当該マンションの管理会社も当該死亡事件を知らせてはくれなかったのであって，過去において報道がされていたからといって，買主にとって当該死亡事件が容易に知り得たものともいえず，買主が売主に対してした解除の意思表示により，売買契約については解除の効力が生じている（大阪地判平21・11・26判タ1348号166頁）。

第6節　心理的な瑕疵

> Q163　買い受けた不動産内，あるいは近隣に，暴力団事務所があることがわかっても，その不動産自体に物理的な欠陥がない場合には，瑕疵があるとはいえないか。

　暴力団事務所など暴力団関係者の存在があることで，瑕疵が認められる場合もある。

解説　買い受けた不動産内，あるいは近隣に，暴力団事務所など暴力団関係者の存在があることも，不動産に関する心理的な欠陥に含まれ得る。

暴力団事務所の存在そのものが，当該土地の価値を減じることが通常であり，一般人をして，住み心地を欠いていると認められるときは，当該不動産に瑕疵があるといえることになる。

したがって，暴力団事務所など暴力団関係者の存在（その位置，状況等）や，その事情を総合的に考慮し，売買契約において想定された用途のための使用が困難であるときは，その不動産の瑕疵として認めることができる。

【判　例】
◎　暴力団
■交差点を隔てた対角線の位置に暴力団事務所が存在することしていることと瑕疵の有無（肯定）
　　買主（不動産の売買，賃貸，管理及びその仲介等を業とする有限会社）が，売主（不動産の売買，交換，賃貸借及びその仲介，管理並びに鑑定等を業とする株式会社）から当該土地を購入したところ，小規模店舗，事業所，低層共同住宅等が点在する地域に所在する当該土地の交差点を隔てた対角線の位置に暴力団（東京都公安委員会から暴力団員による不当な行為の防止等に関する法律3条の規定により指定を受けた団体）事務所が存在することが，当該土地の宅地としての用途に支障を来し，その価値を減ずるであろうことは，社会通念に照らし容易に推測され，その暴力団事務所の存在そのものが，当該土地の価値を

第6章　不動産の瑕疵

相当程度減じていることは明らかであり，そうであるとすれば，その暴力
団事務所と交差点を隔てた対角線の位置に所在する当該土地は，宅地とし
て，通常保有すべき品質・性能を欠いているものといわざるを得ず，その
暴力団事務所の存在は，当該土地の瑕疵に当たるというべきであり，少な
くとも売買契約時には，この建物には何ら暴力団事務所としての存在を示
すような代紋等の印は掲げられておらず，この建物は暴力団事務所である
ことを示すような外観を何ら呈していなかったことが認められ，通常の人
が当該土地の買主となった場合には，当該土地の現場を検分しても，その
事務所の存在を容易に覚知し得なかったものというべきであり，その暴力
団事務所の存在は当該土地の隠れた瑕疵に該当するものというべきである
（東京地判平7・8・29判タ926号200頁，金判1012号27頁，判時1560号107頁）。

■ マンションの一室に暴力団員が居住していることと瑕疵の有無（肯定）

　当該マンション（中古マンション）は，18戸の区分所有にかかる専有部分
からなる集合住宅であり，買主所有の301号室は当該マンションの三階東
南角部屋で101号室の直上に位置し，同室の居住者は幹部級の暴力団員で
あり，その家族も居住し，居住者である暴力団員自身は服役のために不在
のこともあるが，家族は居住し続けており，同室には，その暴力団の若い
衆が頻繁に出入りしているところ，民法第570条にいう瑕疵とは，客観的
に目的物が通常有すべき設備を有しない等の物理的欠陥が存する場合のみ
ならず，目的物の通常の用途に照らしその使用の際に心理的に十全な使用
を妨げられるという欠陥，すなわち心理的欠陥も含むものであるところ，
建物は継続的に生活する場であるから，その居住環境として通常人にとっ
て平穏な生活を乱すべき環境か売買契約時において当該目的物に一時的で
はない属性として備わっている場合には，同条にいう瑕疵にあたるものと
いうべきであり，当該マンションは，暴力団員が新築当時から居住しはじ
め，同人所属の暴力団組員を多数出入りさせ，更に夏には深夜にわたり大
騒ぎし，管理費用を長期間にわたって滞納する等，通常人にとって明らか
に住み心地の良さを欠く状態に至っているものと認められ，その状態は，
管理組合の努力によっても現在までに解消されていないことに加え，売買

第6節　心理的な瑕疵

契約締結前の経緯に照らし，この事情はもはや一時的な状態とはいえないから，この事情は当該不動産の瑕疵であると認められ，売主は，売買契約締結交渉の際，買主から当該マンションの住人について尋ねられた際，よく分からないと答え，買主は，当該居住者が暴力団員であること等は，一般人に通常要求される調査では容易に発見することができず，一定期間居住してみて初めて分かることであるから，この事情については，売買契約当時に買主において知り得なかったものと認められ，したがって，この事情は，当該不動産の隠れたる瑕疵に当たる（東京地判平9・7・7判タ946号282頁，判時1605号71頁）。

Q164　自殺や他殺，暴力団関係者の存在以外にも，買い受けた不動産について，心理的な瑕疵があるとされる事情はないか。

A　性風俗特殊営業に使用されていたこと，振り込め詐欺の振込先と使用されていたことなどは，瑕疵が認められる原因となる場合もある。

解説　不動産について心理的な欠陥が認められ得るものとしては，自殺や他殺，暴力団関係者の存在だけに限られず，それが嫌悪すべき状況にあり，それが耐え難い程度のものとなるような事情も，心理的な欠陥として，その不動産の瑕疵とされる場合もある。この場合，買主において単に抽象的・観念的に嫌悪感や不安感等があるというだけでは足りず，一般人にとって，その利用を差し控えるべき事情がなければ，その不動産に瑕疵があるとは認められないだろう。
　特殊な例としては，買い受けた不動産の隣家の住人の言動が脅迫的で威圧的であり，一般人であれば誰もがその十全な使用を著しく妨げられるというような事情がある場合には，心理的欠陥として，その買い受けた不動産の瑕

549

第6章　不動産の瑕疵

疵として認めれる場合もあろう。

【判　例】

◎　性風俗特殊営業

■マンションの居室が長期間，性風俗特殊営業に使用されていた事実と瑕疵の有無（肯定）

　　マンションの居室の売買契約に際して，当該居室が相当長期間にわたって性風俗特殊営業に使用されていた事実が説明されていなかったとし，売買の目的物に民法第570条にいう瑕疵があるというのは，その目的物が通常有すべき性質を欠いていることをいうのであり，その目的物が建物である場合には，建物として通常有すべき設備を有しないなど物理的な欠陥があるときのほか，建物を買った者がこれを使用することにより通常人として耐え難い程度の心理的負担を負うべき事情があり，これがその建物の財産的価値（取引価格）を減少させるときも，当該建物の価値と代金額とが対価的均衡を欠いていることから，同条にいう瑕疵があるものと解するのが相当であり，当該居室の前入居者は，当該居室において実質的に性風俗特殊営業を営んでいたところ，当該居室が前入居者によって相当長期間にわたり性風俗特殊営業に使用されていたことは，当該件居室を買った者がこれを使用することにより通常人として耐え難い程度の心理的負担を負うというべき事情に当たり（現に，買主の妻は，この事実を知ったことから心因反応となり，長期間にわたり心療内科の治療を受けたほか，買主及びその妻は，いまだに当該居室が穢れているとの感覚を抱いている。），そして，住居としてマンションの一室を購入する一般人のうちには，このような物件を好んで購入しようとはしない者が少なからず存在するものと考えられるから（現に，買主が事実を知っていたら，当該居室を購入しなかったものと考えられる。），当該居室が前入居者によって相当長期間にわたり性風俗特殊営業に使用されていたことは，そのような事実がない場合に比して当該居室の売買代金を下落させる（財産的価値を減少させる。）事情というべきであり，したがって，当該居室が前入居者によって相当長期間にわたり性風俗特殊営業に使用されていたことは，民法第570条にいう瑕疵に当たるというべきである（福岡高判平23・

第6節　心理的な瑕疵

３・８判タ1365号119頁，判時2126号70頁）。

◎　振り込め詐欺の振込先

■賃借した事務所の住所が「過去に事務所の住所が振り込め詐欺における金員振込先として使用されていたという事実と瑕疵の有無（否定）

　　賃借した事務所の住所が「過去に事務所の住所が振り込め詐欺における金員振込先として使用されていた。」という事実が判明した場合，建物賃貸借における建物の「隠れた瑕疵」（民法570条・559条）には，建物にまつわる嫌悪すべき歴史的背景等を原因とする心理的瑕疵も含むと解するのが相当であるが，当該賃貸借契約が貸室を事務所として使用するための事業用賃貸借契約であり，その主たる目的が事業収益の獲得にあることに照らせば，当該事務所に心理的瑕疵があるといえるためには，賃借人において単に抽象的・観念的に当該事務所の使用継続に嫌悪感，不安感等があるというだけでは足りず，当該嫌悪感等が事業収益減少や信用毀損等の具体的危険性に基づくものであり，通常の事業者であれば当該建物の利用を差し控えると認められることが必要であると解するのが相当であるところ，当該住所が振り込め詐欺における金員送付先住所として使用され，その旨が警察庁により公表されて注意喚起を求められているという事実は，一般的・抽象的にいえば当該事務所で行われる事業の収益性，信用性などに重大な影響を与える可能性があるということができ，当該当該事務所の使用継続に嫌悪感等を覚えたことは理解できるところであるが，当該事務所に関連する振り込め詐欺については，テレビ，新聞などで報道されたと認めるに足る証拠はなく，警察庁のホームページ等を確認しなければ当該事務所に関連して詐欺犯罪があったと認識することは極めて困難であったと解されること，警察庁のホームページ等において振り込め詐欺関連住所が公表されている事実は必ずしも一般に周知されているとはいえず，ネット販売事業を営みインターネット上の情報に相当程度精通していると考えられる賃借人もこの事実を知らず，警察庁のホームページ等を確認することなく賃貸借契約を締結していること，インターネット販売において顧客が販売業者の信用性を判断する際には，当該サイトにおいて公表されている購

551

第6章　不動産の瑕疵

入者による当該業者の評価が重要視され，顧客が販売業者の住所を精査した上で購入するかどうかの判断を行うことは希であると思われること等の事情によれば，当該事務所に隠れた瑕疵があると認めることはできない（東京地判平27・9・1判タ1422号278頁）。

◎　隣人関係

■袋地である当該宅地について，隣人である私道（指定道路）所有者から自動車通行及び既存のガス管の使用または新管埋設の承諾を得られなかった場合と瑕疵の有無（肯定の可能性，ただし，結論は否定）

　　買主（建売を業とする会社）が，売主（印刷を業とする会社）から当該宅地（売主所有の工場兼居宅があり，当該宅地は袋地であるが，公道までは巾員4米，延長42.92米の直線の私道が設けられており，これは東京都知事から道路位置指定を受けている。）を建売に利用する意図で買い受け（買主が当該宅地及び当該工場兼居宅を買受けて建物は撤去する。），売買契約成立当時，当該私道には，その所有者のほか2，3の者の家屋が左右から若干はみ出してはいたが，小型自動車の通行は可能であり，ガス管，水道管，下水管はいずれも埋設済みであったところ，もっとも当該宅地内部まではガス管は引き込まれておらず，売主はプロパンガスを使用していて，当該私道所有者は以前から売主に対し，当該私道への自動車乗り入れを下水管が壊れるからといって禁止し，若し強いて乗り入れると当該私道所有者及び同人の親戚であって当該私道に面して居住するという人々らが詰問に出てくる状況であったため，売主はその事業に必要な紙類，印刷物等の運搬にはリヤカーを使用していたところ，買主は当該宅地買受後，当該私道所有者と折衝したが，自動車通行及び既存のガス管の使用または新管埋設のいずれも承諾を得られず，これについて当該所有者地引が自動車通行やガス管使用を妨げる真意は分明でないが，買主と当該私道所有者との隣人関係が調和を欠いた結果発生してきた主観的なものであって，かかる妨害が売買目的物たる宅地の瑕疵に該るかは疑問なしとしないところであるが，しかしながら，その判断はさておき，売買契約の目的についていえば，それは当該宅地上の既存建物を取り毀し，新しい住宅を建築することにあると認めるのが相当であり，そして，その

第6節　心理的な瑕疵

ような妨害があることはその目的のために成程度の障害になるとしても，その達成を不能ならしめるほどのものとは考えることができず，従って仮に，その妨害が瑕疵に該るとしても，これを理由として契約解除権は発生し得ないというべきである（東京地判昭43・6・27金判122号12頁）。

■ **隣家の住人の脅迫的な言辞と瑕疵の有無**（一部肯定）

　売主から宅地を買い受けた買主が，同宅地上に住宅を建築しようとしたのに対して，隣家の住人から脅迫的な言辞をもって設計変更を要求されるなどし，当該売買土地上に予定していた建物の建築を断念した場合，目的物の通常の用途に照らし，一般人であれば誰もがその使用の際に心理的に十全な使用を著しく妨げられるという欠陥，すなわち一般人に共通の重大な心理的欠陥がある場合も含むと解するのが相当であり，売主も建築禁止要求部分に建物を建築しないように設計を変更することを脅迫的言辞をもって要求され，売主の対応に非礼があったとも認められないこと，隣家の住人の言動が脅迫的で威圧的であることに照らすと，（売買契約の解除は認められなかったが，）そのような住人が隣家に居住していることは同宅地の隠れた瑕疵に当たる（東京高判平20・5・29判時2033号15頁）。

第6章　不動産の瑕疵

第7節　法令上の制限と瑕疵

Q 165　買い受けた建物に建ぺい率違反があったときや，買い受けた土地が建築基準法上の接道義務を満たしていないような場合，不動産自体に物理的な欠陥がないときには，瑕疵があるとはいえないか。

A　建ぺい率違反や接道義務違反その他の行政法令上の制限に違反していることで，瑕疵が認められる場合もある。

解　説　買い受けた不動産に瑕疵があるとは，物理的な欠陥や，心理的な欠陥だけでなく，売買契約において想定された用途のための使用が難しいその他の事情の場合も含まれる。そのため，買い受けた建物に建ぺい率違反があったときや，買い受けた土地が建築基準法上の接道義務を満たしていないような場合，つまり，行政法令上の制限に違反している場合にも，その不動産について瑕疵が認められることがある。

　法令上の制限に違反していても，ただちに，当該売買契約の私法上の効果に影響を与えることにはならず，また民事上の規定によって当該所有権が制限されることにはならず，それをもって直ちに瑕疵として認められることにはならない。

　しかし，その結果，社会上，その使用上の適性を欠き，売買契約において想定された用途のための使用が困難である場合には，当該不動産には瑕疵があるとされる場合もあろう。

【判　例】

◎　**建築基準法**（建ぺい率）

■建売住宅に著しい建ぺい率違反があった場合と瑕疵の有無（肯定）

　当該売買の目的物はいわゆる建売住宅であるが，その敷地である当該土地附近は第2種空地地区に指定されており建ぺい率3割の地区であり，実

554

第7節　法令上の制限と瑕疵

際には建物敷地に供せられる土地は27坪４合７勺，建坪は18坪２合５勺で
あって土地に対する建物の割合は７割にも及び，売主は当初から当該建物
が現実には建ぺい率に著しく違反するものであることを熟知しながら建築
確認申請をするに際しては私道部分を敷地に含めたばかりか隣接する他人
の土地まで当該建物の敷地面積に流用し，申請人も架空名義にするという
方法で建築確認を得，売主は，その違反の事実を買主に知らせず，買主は
契約に際し当該土地の建ぺい率も正確なところを知らず当該土地の有効面
積を知らなかったため，当該建物が違反建築であることについては気づか
なかったものと認めることができ，このような違反建築物は建築基準法第
９条により，除却，移軽，改築その他の措置を免れない運命にあり，その
使用は遠からず制限されるおそれがあるほか，当局からの調査，呼出，折
衝その他によつて買主の生活の平穏がはなはだしく乱されることになるの
も十分予測されるところであり，当該件売買の目的物がこのような状態に
あることは一見しては必ずしも明白でなく，このような状態そのものは住
宅としての効用に害あることはもちろんであるから，これを一の隠れた瑕
疵というに妨げなく，しかも買主が安住できる自己の土地家屋を取得した
いとして当該売買をしたものであることは明らかであるから，このような
瑕疵ある住宅ではその売買の目的はこれを達することができないものとい
わねばならず，よって当該売買契約は目的物に隠れたる瑕疵があるものと
してした買主告の解除は有効である（東京地判昭39・12・17下民15巻12号2959頁，
判タ172号207頁，判時406号58頁）。

■ **当該土地が，契約で予定された建ぺい率と異なっていた場合と瑕疵の有無**
（肯定）

　買主が，売主（不動産業者）から，建売契約によって当該土地を買い受け
たが（建物は売主が建築予定），当該土地が都市計画法所定の都市計画区域内
にあり，且つ住居地域に指定されているため建築基準法の規定により敷地
総面積から30平方米を控除した面積の60パーセント以下の延面積を有する
建物しか建築することができず，したがって延面積88.25平方米の建物は
建築できないこととなり，建築確認なくして建築した建築物については工

555

第6章　不動産の瑕疵

事の施工の中止，または当該建築物の除却，移転等の措置を命じられるのであり（建基9条），してみれば，当該土地は契約で予定された建物の敷地としての使用上の適性を欠くものといい得，しかも，この売買契約は売主において当該土地上に建物を建築して，土地建物ともども売渡すという内容のいわゆる建売契約であるから，この件売買契約はその目的の全部に亘って瑕疵あるものというべきであり，買主は売買契約当時前記のような瑕疵あることを知らなかったことを認めることができ，そして，土地売買取引の活溌化している今日において建築制限に関する一般取引人の関心と知識が相当に高まっているとはいえ，買主としては，売主が不動産業者である場合には取引物件についての建築制限の具体的内容については，あげて業者の調査並びに判断に委ねていることが多い実情にあることを考えると，売主が買主に対し宅地建物取引業法第14条の3所定の建築制限に関する説明書も交付していない状況において買主が，その瑕疵に気付かなかったからといって注意懈怠を責めることは許されず，したがって，その瑕疵は隠れた瑕疵であるとすべきである（東京地判昭47・2・29下民集23巻1～4号96頁，判時676号40頁）。

■ **建ぺい率違反と瑕疵の有無**（否定）

　　買主が当該土地建物を購入することとし，居住用として，売買契約（土地付き建物売買契約）が締結され，当該建物につき，中古住宅であることから，現況有姿売買であることが合意され，当該土地建物が引き渡されたところ，当該建物には建ぺい率規制違反があるが，この売買契約は，現況有姿売買とされ，当該建物においてそのまま居住することを目的としており，建ぺい率規制違反が，その目的を阻害するものとは考えられないこと，建ぺい率規制違反の程度が必ずしも大きなものとはいえない（当該土地の建ぺい率規制は60パーセントであるが，当該土地の面積は83.41平方メートルであって，建ぺい率規制に従った建築可能面積は約50.04平方メートルである一方，当該建物の1階床面積は54.95平方メートル，2階床面積は52.11平方メートルである。）ことからすると，建ぺい率規制違反が隠れた瑕疵であるとは認められない（東京地判平18・1・20判タ1240号284頁，判時1957号67頁）。

556

第7節　法令上の制限と瑕疵

◎　建築基準法（接道義務）

■前面道路（現況道路）が道路位置指定を受けていなかったことと瑕疵の有無（肯定）

　　買主が，売主（不動産の売買。仲介，土木，建築の請負等を営業目的とする株式会社）から当該土地を買い受けたが，当該土地の前面道路について道路位置指定を受けていないため，同地上に適法な建物を建築することが許されないのであるが，当該土地周辺の状況，とりわけ当該土地に接して現況道路が存在していたこと，買主は当該土地を不動産業者である売主から買受けたものであること等からして，道路位置の指定がないため，建築確認が得られないものであることを知らないで買受けに及んだものであり，売主もまた造成業者から当該土地を買受けたこと及び現地の状況からして，同様にこのことを知らないで当該土地を控訴人に売渡したものであるから，当該土地につき，道路位置の指定がないため建築確認が得られないとの点は，仮に今後もこれらを受けられないことが確定的になったものではないとしても，目下それが絶望的である以上，売買の目的とされた当該土地につき隠れた瑕疵が存するものと認めるのが相当であり，この瑕疵により買主は結局，当該土地買受けの目的を達することができなかったものというべきであり，したがって，買主は売主に対し民法第570条，第566条により，当該土地の売買契約を解除することができるものといわなければならない（東京高判昭62・6・30判タ658号129頁，判時1240号66頁）。

■接道義務違反（道路協定未成立）と瑕疵の有無（肯定）

　　買主が，売主から当該土地及び当該土地上の建物を買ったところ，接面道路が私道であり，道路敷地所有者全員の承諾に基づく道路協定が成立していなかったが，仲介業者は，当該土地が接面する北側の道路が建築基準法上の道路に該当せず，また，売主から見せられた通路協定申請図の写しは一部の所有者の通路協定に承諾する旨の署名押印のないものであったことから，当該土地に建物を建築するには建築基準法第43条第1項ただし書の適用により建築確認を得る必要があったため，当該土地についての建築基準法第43条第1項ただし書の適用の見通しについて，杉並区役所建築指

557

第6章　不動産の瑕疵

導課の担当者に照会し，通路協定申請図写に「通路のみ接する敷地につい
ての建築条件」として記載された「1　建築確認決裁時迄に，道路後退杭
の設置及び形態の築造を行う。2　建築物の主要用途は専用住宅，階数は
二階以下，最高高さは8.5メートル以下延べ面積は200平方メートル以下，
構造は準耐火構造以上とする。3　各部分の高さは，斜線等の許容値から
のクリアランスを20センチメートル以上とする。4　外壁の後退は避難通
路で有効1メートル以上とする（一階の出窓，設備等を含む）その他は50セン
チメートル以上とする。5　建築を行う際は，近隣に計画の説明を行い報
告書を提出する。確認決裁時までに工事監理者又は工事施工者を定め完了
検査を受ける。」という各条項（建築条件）記載の措置を講じることにより
建築基準法第43条第1項ただし書の適用が許容されて当該土地上に建築す
る建物の建築確認を得ることが可能となるとの回答を得たこと，買主は，
売買契約の締結当日までに，重要事項説明書補足説明書及び通路協定申請
図写のコピーを通読して概略その記載の内容を理解していたこと，売買契
約の締結に際しては，仲介業者において，前記重要事項説明書補足説明書
及び前記通路協定申請図写の記載内容を読み上げることにより，当該土地
上の建物を建築するために建築確認を得るための条件について説明してい
ることなどの事実に照らすと，当該土地の接面道路については，当該土地
を建築物の敷地とするために道路となる敷地の所有者全員の承諾に基づく
通路協定が成立していなくとも，建築基準法第43条第1項ただし書の適用
を受けるための建築条件を具備することにより，当該土地を建築物の敷地
とすることが可能であったのであるから，たとえ買主の主張するように，
当該土地の接面道路について，道路となる敷地の所有者全員の承諾に基づ
く通路協定が成立していなかったとしても，そのことが民法第570条所定
の「隠レタル瑕疵」に当たるということはできない（東京地判平9・12・25
判タ988号200頁）。

■ 接道義務違反と瑕疵の有無（肯定）

　　買主が，売主から当該土地及び当該建物を買い受けたが，当該建物が一
戸1棟式の建物であるにもかかわらず，隣家と併せて2戸1棟の長屋と申

558

第7節　法令上の制限と瑕疵

請して建築確認を受けており，（接道要件を形式上満たすための弥縫策であったと推認される。），売主は，その事実を認識しながら，買主に対して当該事実を告げなかったこと，買主は当該土地建物の引渡を受けた後の調査により初めて当該事実を知ったことが認められ，売主は，当該建物につき適法な建築確認を受けていないことになり，また，その建築基準法違反の事実は当該建物の隠れた瑕疵に該当するというべきであり，また，道路に接する当該土地の幅は1.75メートルしかなく，そのままでは建築基準法第43条第1項本文の規定する2メートルの接道義務を満たしておらず，売主は，当該土地及び隣接土地の各所有者が将来建築確認申請等をする場合に備えた方策として，「各所有者間にて将来的に通路として使用する為に後日，各々が行政機関との間に許認可申請を提出するに付き，互いに別紙図面のとおり認知し，各所有者間で捺印及び承諾することを確約し各所有者に変更が生じてもこれを継続するものとする。」旨記載した覚書を作成し，覚書に各土地所有者らの署名押印を得，その際，「他の隣地所有者が敷地を通行させないと言ったら困るので，その了承をもらったから，この書類に署名押印してもらいたい。」という程度に説明し，建築基準法の接道義務や，接道義務と覚書との関係等については全く説明せず，そのため，買主は，当該土地だけでは建築基準法上の接道義務を満たしておらず，覚書作成がその要件を満たすための苦肉の策であることに気が付かなかったところ，引渡を受けた当時，当該土地は建築基準法上問題のない土地であると考えていたが，その後建築基準法の接道義務の関係等で問題があることを知るに至ったなか，土地とその地上の建物の売買契約は，通常その敷地自体で接道要件が満たされているものとして行われるというべきであり，売買契約書及び重要事項説明書上，敷地が接道要件に欠けることについて何も記載されていないし，契約当時売主がそのようなことがあり得ることを説明した形跡はなく，買主が，欠点のない土地を取得できると信じていたことが明らかであるから，それ自体で接道要件を満たす土地の売買契約であったと認めることができ，ところが，当該土地はこの要件に欠けるのであるから，敢えてそのように分筆して売買の目的土地とした売主には，こ

559

第6章　不動産の瑕疵

れによって買主が被った損害について，瑕疵担保による損害賠償義務があり，買主が覚書の調印により接道要件関係を問題にしないことを了承したとまで認めるに足りる証拠はない（大阪高判平11・9・30判タ1042号168頁，判時1724号60頁）。

◎　**建築基準法**（建築制限）

■当該土地の一部が道路指定を受けていたことによる建築制限と瑕疵の有無（肯定）

　買主が，売主から当該と位置を買い受けたが，当該土地の一部に建築線ないし道路指定があったところ，買主は件売買契約締結当時，建築線ないし道路指定のあることを知っていた認められず，また，買主は倉庫を建築するための用地を求め，売主立ち会いのもとに当該土地を見分したこと，その当時当該土地上には売主の建築した建物が北側境界線から二尺位離れた線に沿って存在し，この建物の北側には建物にほとんど接して塀が設置されており，この塀から当該土地の北側境界線をはさんで隣地に約三尺余りの幅の一般人の通行し得る道があったこと，売主は，この道は近隣の居住者が通行しているが，当該土地は当時の売主の建物のあるところまで建物の建築が可能であると述べ，当該土地の北側境界線の西基点を指示したこと，売主は当時当該土地に，その建築線ないし道路指定のあることを知らなかったこと，売買契約締結以前に仲介業者に当該土地に用益権その他特別の建築制限があるかを尋ねたところそのようなものは存在せずすでに廃道になっている旨の報告を受けていたのでそれ以上の調査はしなかった諸事情のもとでは，このように当該土地の北側境界線に沿ってその両側に一般人の通行できる道があることから直ちに当該土地部分に何らかの用益権ないし行政上の建築制限があるやも知れないことを推測し，関係官庁に当って特別の調査をすべき義務があったものとはいいきれず，他に買主は過失があったことを認められず，したがって，当該道路指定のあることは売買契約についての当該土地の隠れた瑕疵というべきである（東京地判昭45・12・26判時627号49頁）。

第7節　法令上の制限と瑕疵

■ 当該土地の一部に指定道路（狭小な隅切り部分）があったことによる建築制限と瑕疵の有無（肯定，解除否定）

　買主が，建物２棟を建てて販売する目的で当該土地を売主から買い受けたが，当該土地の公道に面する部分の一部が道路位置指定の対象となっているすみ切り（角地の隅角を狭む辺の長さ２メートルの二等辺三角形）部分に該当していたもので，売主は当該敷地と当該すみ切りとの境界を示すべきなんらの標識も設置しなかったことが明らかで，売買契約締結当時，買主売主両名は，ともに当該すみ切りの存在することを知らなかったことが認められ，当該すみ切り部分は，その使用上の制限を受けるものであるから，この点において売買契約の目的たる当該土地には隠れた瑕疵があったものということができるが，買主は当該土地に建物２棟を建てて販売する目的で当該土地を購入したものであっても，当該すみ切り部分の面積は1.47平方メートル（0.6坪）にすぎず，以前には売主に対し当該土地の売買代金の減額交渉をした形跡も認められることを考慮すれば，当該すみ切りの存在によって買主が売買契約の目的を達することができないものと認めることはできず，したがって，買主の瑕疵担保に基づく解除の主張は失当である（東京地判昭56・6・15判時1020号70頁）。

■ 当該土地の一部に指定道路があったことによる建築制限と瑕疵の有無（一部肯定）

　買主が買い受けた土地の一部に，私道部分があり，建築基準法第42条第２項の指定道路であったなか，当該土地の買受交渉に当たって，買主は売主から当該私道部分は当該土地の借地人４名の便宜のため開設した私道にすぎず，その部分には借地権もなく，また何らの公的規制もないものと説明され，調査の結果，当該土地上に４名の借地人の建物が建っており，その真中に一本の当該私道が走っているが，当該私道部分は公図上にも明記されておらず，当該私道部分は通り抜け道路ではなく当該私道部分には何らの公的負担がないとの売主の言を信じ，結局買主は売主の要求どおり，当該土地のうち当該私道部分につき１坪当り更地価格として金390万円の割合による代金額，その余の部分につき４名の借地人の借地権を考慮しそ

第3編　不動産の瑕疵担保責任

561

第6章　不動産の瑕疵

の価格を更地価格の7割と評価した残存価格1坪当り金117万円の割で計算した合計金2億2172万2800円で当該土地を買取ることに合意し，買主が当該土地を買い受けた目的は，約定の買主の責任において当該土地上に存する4名の借地人の建物及び借地権を譲受けた上で当該土地を更地とした上，当該土地上に1棟のビルディングを建築することにあったところ，当該私道部分が建築基準法第42条第2項の指定道路であることがわかり，それは，当該土地売買契約締結後に，区役所へ建築確認のための調査に行き，道路位置指定図写を区役所から得たことにより判明したもので，当該土地売買契約当時は，買主および売主の当事者全員いずれも，その事実を知らなかったところ，当該私道部分について指定道路の廃止・変更手続をなすには付近住民の同意も必要となるが，その同意を得ることは甚だ困難という状況であり，ところで民法第570条の瑕疵とは，売買の目的物に存する欠陥をいうが，その存否は売買契約の内容，目的，代金額，契約に際し売主が指示，保証した内容等を総合して，取引においてその物が保有すべき品質，性能等を具備しているか否かを判断して決すべきと解され，当該土地を買主が目的にそって利用するためには，当該私道部分につき何らかの負担のないこと，仮に負担があったとしても容易にこれを取り除き得るという状況にあることが必要であるというべきところ，当該土地上には4名の借地人による借地権が存在し，しかもそれを取り除くのは買主の責任であるとの合意があったのであるから，買主としては借地人らの対応如何によっては借地権も残存しその結果，当該私道部分を事実上にもせよ通路として借地人に利用させざるを得ない場合のあることを当然予想すべきというべく，また買主の営業目的にも照らせばこの様な場合も予想していたもので，つまりこの場合，買主は当該私道部分につき更地価格と私道価格との差額分を損害として売主に請求しない旨約したものと推認するのが相当であり，この点で当該私道部分に瑕疵，少なくとも隠れたる瑕疵があったとはいい難いが，しかしながら当該私道部分が，買主・売主が認識していたところの単に当該土地上の借地人らのための通路として利用されていただけでなく，隣地の寺院所有土地内にも通じる指定通絡の一部であったこ

562

第7節　法令上の制限と瑕疵

と，つまり当該私道部分を何らの負担のないものにするには合意に基づく買主の責任の範囲を著しく超えたものというべきであり，これが実現は甚だ困難であるという点では，まさに売買の目的物とされた当該私道部分の瑕疵に当るものと解するのが相当であり，しかして買主が，この瑕疵の存在に気づかなかったのは，売主の説明を信じたためであって，当該私道部分と当該寺院所有土地に連なる通路の状況，公図等の状況に照らせば，買主が，この瑕疵に気づかなかったということに過失があったということはできず，すなわち，この瑕疵は民法第570条の隠れたる瑕疵に当たるものというべきである（東京地判昭58・2・14判タ498号129頁，判時1091号106頁）。

◎　**建築基準法**（その他）

■マンションのバルコニーが避難通路としての利用上の制限があったことと瑕疵の有無（否定）

　買主は売主より当該マンションのうち区分建物の居室をその代金590万円（専有部分で計算して1平方メートル当りの価額10万8,715円）で買い受け，その所有権を取得したが，その買受けた区分建物のうちバルコニー部分については，これも買主の自由な使用が許される専有部分として取得したが，バルコニーが利用上避難通路としての制限を受けていたところ，当該マンションは，その築造前の新聞広告，ちらし，パンフレット（各タイプの居室の間取り，バルコニーの位置形状等を示す平面図掲載），モデルルーム（当該区分建物とはタイプが異なる）の展示などで売り出されたものであるところ，買主はそのころ新聞，ちらしで当該マンションの売り出しを知り，早速展示場でモデルルームを見，パンフレットも見て，当該区分建物（当該居室，バルコニーの専有部分を有する構造のもの）を買い受ける旨の契約締結に至ったものであること，そしてその後に，当該マンションも完成し入居も間近になったことから，売主において入居者を対象とする説明会を開催したが，その際，売主からは当該バルコニーについてはその美観上洗濯物やふとん干場に使用しないようにといった程度の説明はあったが，当該バルコニーがマンションの火災等緊急時の避難通路になっていることの説明はなく，買主はそのことを知らないまま，代金を完済し，当該居室部分の所有権保存登

第3編　不動産の瑕疵担保責任

第6章　不動産の瑕疵

記を受け，入居に至ったものであること，ところで，当該バルコニーは，
建築基準法による当該マンションの建築確認申請において，二方向避難通
路として利用される設備構造を有するものとされ，そのことで同確認に至
り，現にそのようなものとして築造され，つまり当該居室についても，バ
ルコニー部分東西の壁面に「避難口」という表示があって，同部分には人
の通れる程度の容易に取りはずしまた取壊しのできる板壁が設置してあり，
そしてまたこのため，同バルコニー部分はその利用上大きな物置，テーブ
ルを常置するなど避難通路としての使用を妨げるような利用は認められな
いものであったが，このことは，買主も契約当初売主から説明を受けず，
パンフレット等に記載もなく，入居説明会でもその説明がなく，入居後避
難通路であることを知って後は，同通路を塞ぐような使用はできない利用
制限を受忍すべき状況に至っているものの，当該バルコニー部分がその利
用上避難通路としての制限を受けていることをもって，民法第563条所定
の「売買の目的たる権利の一部が他人に属する」ため買主に移転できない
場合との規定は，売買の目的たる権利の一部が量的に明確に区分できるよ
うな形で他人に属する場合についてのものと解せられるところ，売買の目
的たるバルコニー部分の所有権自体は居室とともにすべて買主に移転ずみ
であるうえ，その利用制限といったことも，その所有権の一部として量的
に明確に区分できるような形のものではないから，瑕疵担保の問題は生じ
うるとしても，民法第563条所定の場合には当たらないものというべきで
あり，次に瑕疵担保責任についてであるが，民法第570条所定の「瑕疵」
とは売買の目的物が通常有すべき構造，性状等を有しない場合をいうもの
と解されるところ，当該バルコニーがマンション7階居室に附属するバル
コニーとして通常の構造を有するものであることはもとより，その利用制
限という点も，火災等緊急時の避難通路としての使用を妨げるような利用
ができないというだけで，その制限の程度は大きくなく，バルコニーの利
用として通常考えられる植木を置いたり，あまり大きくない椅子，テー
ブル，その他ロッカーを置くなども可能であり，そしてまた，元来，マン
ションでバルコニーが火災等緊急時の避難通路として利用されることは必

564

第7節　法令上の制限と瑕疵

ずしも特異なことではなく，特に避難階段等の設置もない構造のマンショ
ンにおいては7階居室に附属するバルコニーが避難通路として利用される
可能性も推測に難くないところで，当該バルコニーは当該マンションの建
築確認においても他の消火設備等との総合的関連で当該マンションの避難
設備の一つとされているのであり，したがってこのような構造を前提に売
り出しも行なわれるのであって，これらからすると，当該バルコニーは，
特に売主が避難通路としての利用制限がない旨明示したような格別の場合
のほか，売買の目的物として通常有すべき構造，性状を有しないものとも
認められず，つまり「瑕疵」あるものとはいえず，のみなら売主が売買に
おいて避難通路の説明を十分しなかった点は取引信義上責められるが，買
主も，このようなマンションの一部を買い受けるに当たり買主として取引
上通常の慎重さをもってすれば説明を求めるなどして避難通路としての利
用制限のあることも知り得たものとみられ，取引上この程度の齟齬は受容
すべき範囲内のことともみられるのであって，結局，これは「隠れた」瑕
疵ともいえない（広島地判昭54・3・23判タ392号163頁）。

■ 建築確認を受け得ないことによる建築制限と瑕疵の有無（肯定）

　買主が，売主から当該土地を住宅建築目的で買い受け，それは，売主が
当該土地を住宅建築用地として売り出していたものであるから，この売買
契約に際して，建物を建築する目的のためという合意が存在していたとい
うことができるなか，その後，買主は，当該土地に家を建てようと考え，
建築業者に設計を依頼したところ，同建築業者の話では「あの土地には家
が建たないと聞いている」とのことで，そこで買主は市役所に行き建築課
に話を聞いたところ，そのとおりであり，当該土地はがけ条例の制限を受
ける旨を知らされ，当該土地の北側の境界の方に擁壁を築けば家を建築す
ることができるとのことであったものの，しかし，結局擁壁工事をするこ
となく，その後，建築確認の申請をなしたところ，がけ条例第4条でがけ
付近の建築規制があり，擁壁が設置してあるか不明であること，及び地下
車庫の構造を明らかにして面積の算入をすることを要するとの理由により
期限内に確認できないということであったが，ところで，民法第570条に

第6章　不動産の瑕疵

いう瑕疵とは，売買の目的物に存する欠陥をいうが，それには物質的な欠陥（障害）のほかに，法令上の欠陥（障害）の存する場合も含まれると解され，建築基準法第6条第1項の建築主事による建築確認が受けられなければ，同法第6条第5項によって建築が制限され，がけ条例の適用を受けることが免れないこと，そのがけには，現在大谷石の石垣が重ねてあるが，大谷石ではがけ条例にいう擁壁とはなりえないこと，擁壁を築かずに建物を建てる場合，がけの上端から5.88メートル離さなければならず，そしてさらに，がけ条例に従って建物を建てる場合，当該各土地の北側約半分弱に及ぶ部分に建物を建築できないことが認められ，かように大きな制約となることは，この売買契約が住宅建築目的であり，建ぺい率50パーセント容積率100パーセントとする以外に建築制限のない土地として売買されたという当事者の意思に照らして看過しえざる障害であり，民法第570条にいう瑕疵に当たるとみるのが相当であり，車庫の点については，当該車庫の面積は約16.32平方メートルあり，建築基準法第6条の建築物に該当し，その上に建物を建てるには，まず車庫が関係法規上適法なものか及び構造上その上に建てる建築物に耐え得るかを確認する必要があり，これがなされない限り，車庫の上の建築は不可能であることが認められ，そこで，車庫の上に建物が建てられないことが民法第570条の瑕疵に該当するかであるが，車庫部分を除いた部分においても十分建物を建てることができる広さがあり，当事者の通常の意思を考えた場合において，看過しえない制約であるとはいいがたいというべきであり，民法570条によって損害賠償を請求する場合には，瑕疵が契約の目的を達し得ないというほど重大なものである必要はもとよりないのであるが，同条が，売買契約当事者間の衡平という観点から定められている趣旨に鑑み，その瑕疵の存否は，売買契約の内容，目的，代金額，契約に際し売主が指示した内容，当事者の通常の意思等を総合して，取引においてその物が保有すべき品質，性能等を具備しているか否かを判断して決すべきと解すべきで，当該土地は相場より40万円から50万円程度安かったことが認められること，及び，車庫の上の制限される部分が全体の土地に比してわずかであり，建物建築目的売買に

第7節　法令上の制限と瑕疵

とって影響が少ないことを総合考慮すると，結局，車庫の上に建物が建て
られないという制約は，民法第570条の瑕疵に該当しないとするのが相当
であり，従って以上のことからすると当該土地の北側の部分ががけ条例
の適用を受けて建物の建築が制限されることだけが瑕疵ということになり，
なお，売買契約当時，がけには大谷石の石垣が存在し，売主が買主に対し，
前に当該土地上に建物が建っていた旨説明し，がけ条例による建築規制自
体，一般市民である買主には周知の事柄ではないと解されるので，がけ条
例の制約は隠れた瑕疵に該当するとみるのが相当である（千葉地判昭62・
7・17判時1268号126頁）。

■ 店舗（飲食店）において関係諸法規に違反しないで冷暖房，厨房用の換気
設備等が設置不能である場合と瑕疵の有無（肯定）

前出（東京高判平元・8・10金判838号14頁（508頁参照））。

■ 設計変更と瑕疵の有無（否定）

当該マンションの建築確認に際しては，杭長が52.6メートルであったの
に，その後，これが変更され，31.85メートルに短縮されているが，この
杭長短縮は，当該マンションの建築に関与した当該建築・販売業者が先に
受けている建築確認を無視して行ったわけではなく，建築基準法第12条第
3項所定の届出を経て行っているのであって，これを直ちに違法というこ
とはできず，その届出が了解されて杭長短縮が可能となったと認められ，
当初の建築確認と同法第12条第3項所定の届出とを比較検討したうえで杭
長短縮が了解されているのが通常であり，杭を支持基盤に貫入させる数値
の誤差をもって，当該マンションが建物として通常有すべき安全性に欠け
るというのは即断にすぎるといわざるを得ず，このままでは，当該マン
ションが倒壊する危険性があるとか，その危険性をより具体的に証明する
証拠がなければ，行政法規との適合性はともかくとして，民法法規との関
係で，当該建築・販売業者の責任を検討する前提となる欠陥とまでいうこ
とはできず，また，当該マンションの避難通路を支える柱と梁との接着部
分の構造をPIN構造として計算し，これを前提として避難通路を鉄筋コン
クリート構造に設計し，建築確認申請がされ，これに対して建築確認を受

第3編　不動産の瑕疵担保責任

567

第6章　不動産の瑕疵

けているところ，避難通路を支える柱と梁との接着部分が，実際には，剛構造であったとしても，残術の杭長短縮の場合と同様，これをもって，直ちに当該マンションが建物として通常有すべき安全性に欠けると認めるに足りる証拠はなく，したがって，当該建築・販売業者の責任の有無・態様について言及するまでもなく，当該マンションに構造計算上の欠陥があるとまでいうことはできない（東京地判平15・4・10判時1870号57頁）。

◎　**都市計画法**（建築制限）

■ 隅切りが広かったことによる建築制限と瑕疵の有無（肯定）

　　買主が，売主から当該土地を買い受けたが，買主が当該土地を買受ける以前，下検分した際，当該土地の面積は15坪であり南西角の道路に面する隅切りの長さが5.1メートルである旨図面をもって指示されたこと，買主としてはその際当該土地は都市計画の計画区域内にある旨告げられなかった等の事情から，当該土地いっぱいに店舗兼住宅を建築する目的で買受けたこと，買主は売主との間に売買契約を締結し，首都整備局に赴いて調査したこと，首都整備局都市計画課の調査によれば，当該土地は都市計画の計画区域内にある関係上南西角の隅切りの長さが6メートルになるとのことであったこと，そのため買主の計画する1階の店舗部分の面積が当初計画していた15坪より減少して一層狭隘になるうえ建築物の種類・構造・階数等が制限されるおそれがあるので当初の計画を断念したこと，買主・売主は売買契約に際し，当該土地が都市計画の計画区域内にあることについては気づかなかったことが認めることができところ，建物の敷地面積が減少するうえ建築物の種類・構造・階数等が制限されるおそれのあることは，わずか15坪にすぎない当該土地の利用上致命的な欠陥があるものというべく，それがひいては買主が当該土地をして契約上予定された店舗兼住宅としての使用に対しその適正を著しく減少する結果を招来し，しかも，この欠陥は取引上通常の注意をしても発見することができなかったから，民法第570条にいう「隠レタル瑕疵」に当たり，これによって買主は店舗兼住宅の建築という当該土地買受けの目的を達することができなくなったものというべきである（東京地判昭49・9・6判タ313号308頁，判報770号61頁）。

568

第7節　法令上の制限と瑕疵

■**道路予定地であったことによる建築制限と瑕疵の有無**（肯定）

　　買主が，売主から当該土地を買い受け，その際，仲介業者から，国立市市長作成名義の証明書を示して，「当該土地の一部は国立市都市計画道路の予定地になっているが，その部分は南側の既存道路より10.55メートル，北側の既存道路より2.55メートルの部分であり，その余の中間部分の土地（残余部分）は近隣商業地区として建ぺい率80パーセント，容積率400パーセントであり，5階建ての建物を建築することができる」と説明があったが，買主が，当該残余部分に5階建ての商業ビルを建築するべく建築確認申請をするに当たって，国立市に照会したところ，同証明の一部に証明漏れが見つかり，当該残余部分が隅切り部分に含まれていて，実際には当該残余部分はそのほぼ全部が道路の交差点の隅切り部分の予定地であるにもかかわらず，証明書にはそれが欠落していたことが判明し，結局，当該土地のほぼ全部が道路の予定地に組み込まれており，当該土地上には五階建てのビルを建築することができないということとなったところ，買主は，同証明書の記載を信頼し，残余部分は道路予定地に含まれていないと考えていたことが認められ，一般に公文書は証明力が極めて高いとされていることや，国立市における不動産取引の実情に鑑みると，公文書である同証明書の記載を信頼して，都市計画決定の図書の写しを閲覧しなかった結果，当該土地のほぼ全部が道路の予定地に組み込まれており，当該土地上には5階建てのビルを建築することができないという瑕疵の存在に気付かなかったからといって，買主に過失があったものとみることは相当でない（東京地八王子支判平12・5・8判タ1058号149頁，判時1728号36頁）。

◎　**都市計画法**（建物収去）

■**当該建物の敷地が都市計画事業対象土地で当該建物収去が売主の説明と異なったことと瑕疵の有無**（肯定の可能性，ただし「隠れた」は否定）

　　買主が，売主から当該建物を買受けたが，当該建物の敷地はすでに都市計画事業復興土地区画整理事業の対象地となっており，仮換地もなされており，借地権もないので，早晩当該建物は収去される運命にあり，ただ収去が実施されるまでの間，市により売主による敷地占有を黙認されている

第6章　不動産の瑕疵

に過ぎなかったもので，買主は，売主が当該建物が市の都市計画により収去されるのは9年先であると言明したので売買契約を締結したところ，9年後などといつたものでなく，すぐ2年後であることが判明したところ，当該建物収去の時期が9年先であることを信じたということは，売買契約締結の動機であり，動機でもそれが表示されれば，契約の要素となるから，買主が真実，この動機により売買契約を締結し，かつその際，動機が表示されておれば，現実に収去の時期が契約時より2年先ということであれば契約の目的物に瑕疵があったということができるが，しかし，買主が売買契約を締結したのは，この動機によるものではなく，当該建物の収去の時期はそう遠くではないが，それでも買受代金を回収し，なお利益を上げ得る期間位は当該建物で美容院を経営することができるとの買主自らの見込みによったものであり，そうだとすると市の都市計画により当該建物が収去されるのが9年先であるということは，売買契約の内容となっていなかったということができ，したがって，たとえ収去の時期が客観的に契約日より2年先であったとしても（真実は，2年ないし3年先である。），売買契約に瑕疵があったということはできないし，仮りに当該建物収去の時期が売買契約より9年先であるということが，買主が売主の言を信じたため契約を締結し，そのことが表示されていたため，契約の要素となっていたとしても，真実の収去時期が2，3年先であることを買主が知らなかったことにつき，買主に過失があったということができ，したがって，その客観的収去時期は，「隠れたる」瑕疵に当たらず，けだし，建物を買い受ける者がその敷地の使用権限を調査すべきは常識であり，買主は当該建物収去の時期がそう遠くないことを知っていたし，また売主の言葉に疑問を抱いていたのであるから，売買契約締結に先立って，売主の言葉の真否につき調査すべきであったし，少なくとも市の担当部局である都市再開発局に問合せるべきであったもので，収去時期が確定していても，担当係員は土地の思惑取引をおそれて建物の収去時期につき明確な回答をしないかも知れないが，それでも買主が，少なくとも当該建物の収去の時期が9年先といった安定した状況にはなく，いつ収去されるか分らない不安定な状況に

570

第7節　法令上の制限と瑕疵

あることを知ることができたはずであり，したがって，その調査をすることなく，売主の言葉を信じすぐ売買契約を締結したのは，買主の過失であるというべきである（大阪地判昭47・3・28判タ278号327頁）。

◎　**都市計画法**（都市計画街路の境域）

■ 当該土地が都市計画街路の境域と決定されていたことと瑕疵の有無（肯定）

　買主が，当該土地を自己の永住する居宅の敷地として使用する目的で，そのことを表示して売主から買い受けたのであるが，当該土地の約8割が都市計画街路の境域内に存するというのであり，当該土地が都市計画事業として施行される道路敷地に該当し，同地上に建物を建築しても，早晩その実施により建物の全部または一部を撤去しなければならない事情があるため，契約の目的を達することができないのであるから，当該土地の瑕疵があるものとした判断は正当であり，また，都市計画事業の一環として都市計画街路が公示されたとしても，それが告示の形式でなされ，しかも，その告示が売買成立の十数年以前になされたという事情をも考慮するときは，買主が，当該土地の大部分が都市計画街路として告示された境域内にあることを知らなかった一事により過失があるとはいえないから，当該土地の瑕疵は民法第570条にいう隠れた瑕疵に当たるとした判断は正当である（最一小判昭41・4・14民集20巻4号649頁，集民83号183頁，判時449号43頁）。

■ 当該土地が都市計画街路の境域と決定されていたことと瑕疵の有無（肯定）

　買主が，売主より当該土地，当該建物を買い受けたが，当該土地はすでに都市計画街路の境域に決定されていて，売買当時買主及び売主は，この事実を知らず，買主は，売買契約後に，この事実を知ったところ，買主が当該土地を購入するに際し，公法上の制限の有無につき調査をしたが，調査をしておらなかっても，当該土地が都市計画街路に決定されたのは売買契約より十数年も前であったこと，したがって，その決定が公示されたのもその頃であること，公示は官報によりなされること等を考えると，その決定の事実を知らなかったことにつき過失があったということはできず，ところで土地が都市計画街路の境域に決定されると，早晩当該土地は収用され，地上の建物は撤去を余儀なくされるほかに，計画事業が実施される

第3編　不動産の瑕疵担保責任

571

第6章　不動産の瑕疵

以前においても，工作物の新築，改築，増築等について，都市計画法，建物基準法等により著るしい制限を受けるため，収容に際しては客観的な相当価額（あるいは換地）が補償されるけれど，なお土地の取引価額，客観的価額が下落するのが一般であることは公知の事実であり，現に鑑定人の鑑定の結果によると，売買契約当時の客観的価額は，都市計画街路境域の決定のない場合は金570万2,000円であるのに対し，その決定のある場合は金460万6,000円であることが認められ，そうだとすると土地およびその上の建物の売買において，当事者が当該土地が都市計画街路の境域と決定されているのにこれを知らず，かつ知らなかったことにつき買主に過失がなかったときは，民法第570条にいう売買の目的物に隠れたる瑕疵ありたる場合に該当し，売主は買主に対し，その不知により買主の被った損害を賠償する義務があるわけで，買主は，ここに居住し，商売を営むために買受けたものであって，転売を予定しての投機売買ではなく，現に買主は4年間ここに居住し何の不都合もなく，居住，営業に支障はなくとも，その決定あるため廉価であるべき物件をこれを知らなかったため通常価額で買受けたことは損害であり，したがってまたその要因は瑕疵であるといえ，また，街路計画の変更の可能性が絶無でないからといって瑕疵がないとはいえず，都市計画街路境域地の取引価額の決定は当事者双方の主観的事情が強く働くが，基本的には当該土地は将来収用され，その際客観的な相当価額が補償されることを前提にして，その補償によってもなお補充され得ない損害すなわち土地収用事実による生活不安定からくる瑕疵，および，都市計画法，建築基準法等よりの諸制度から来る損害を金銭に評価し，その額を計画街路境域決定のない場合の土地の客観的価額により控除した金額を中心にして定められるものということができ，したがって，当事者が当該境域決定を知らず，その決定より生ずる損害額を顧慮せず，その決定のない土地として評価した金額を定めたときは，収用に際し相当価額が補償されても，その損害が填補されたことにならないことはいうまでもないし，買主が売主より，その損害の賠償を得ても，買主が二重に利得したことにはならない（大阪地判昭47・3・21判タ278号324頁）。

572

第7節　法令上の制限と瑕疵

◎　**土地区画整理法**（仮換地）

■当該土地が仮換地指定があった場合と瑕疵の有無（肯定の可能性）

　　買主が，売主から，当該土地を買い受ける契約をし，当該農地を宅地転用の目的で所有権移転するにつき，県知事の許可があったが，売主は所有権移転登記手続に要する書類を整え農地転用の許可の通知を待っていたところ，土地区画整理の問題等が判明したもので，買主が数量を指示してした売買であり，土地区画整理が実施されるときは27パーセントに相当する減歩が必至であるところ，買主が数量に不足があるというのは，要するに，当該土地の地積に現に不足があるというのではなく，目下設立準備の進められている土地区画整理組合が県知事の認可を得て発足し，区画整理が実施されたあかつきには，仮換地指定により当該土地中約27パーセントに相当する部分の使用収益を制限され，最終的には換地によりこれを失うはずであるということにつき，仮に区画整理施行による目的土地の減少が数量の不足に当たるとしても，契約の当時区画整理の施行を見ていないのであるから，これに当たらないことは明白であり，そればかりでなく，売買の目的土地に契約の当時既に土地区画整理法による仮換地の指定がある場合であっても，従前の土地の所有者は換地処分の効力が生ずるまで，その土地の所有権を失うものではなく，その使用収益を制限されるものであり，このような行政上の用途制限は売買の目的物にその所有権を制限する公法上の権利がある場合にほかならないから，そのような制限のあることを知らないで売買契約をした買主は売主に対し，売買の目的物にその使用収益を妨げる私法上の権利がある場合に売主に担保責任を認める規定である民法第566条を類推適用し，損害賠償を請求することは格別，同法第565条に基づき目的物に数量不足ありとして代金減額請求をすることは許されないものである（岡山地判昭45・2・23判時614号87頁）。

◎　**文化財保護法**

■埋蔵文化財包蔵地である土地において発掘を要する文化財が埋蔵されていた場合と瑕疵の有無（肯定）

　　買主（ビルの賃貸を主たる業務とする会社）が，売主（市役所庁舎内に所在し，

第6章　不動産の瑕疵

公共用地又は公用地等の取得，管理及び処分等を行うことにより同地域の秩序ある整備と市民福祉の増進に寄与することを目的とした法人）から当該土地を買い受けたなか，当該土地を含む同市一帯はかつての武蔵の国に属し，遺跡，遺構が多いところから，都及び市の各教育委員会において以前から継続して遺跡の分布調査をした結果，当該土地一帯にも文化財が埋蔵されている可能性が大きいとみられ，そこで市として当該土地一帯を埋蔵文化財包蔵地として国に報告するとともに包蔵地の所在を示す1万分の1の地図を作成したほか，文化庁から発行された全国遺跡地図に当該土地一帯も包蔵地として記載されたのみならず，現に買主において当該土地の10か所を試掘してみたところ，1か所から奈良もしくは平安時代と思われ名竪穴住居址，1か所から同時代のものと思われる遺構がそれぞれ発見せられたこと，ところが，売買当時買主はもとより売主買主のいずれもが当該土地が，このような埋蔵文化財の包蔵地であることを知らなかったことが認められ，しかして，文化財保護法によれば，土木工事その他埋蔵文化財の調査以外の目的で，埋蔵文化財を包蔵する土地として周知されている土地を発掘しようとする場合，また土地の所有者等が出土品の出土等により遺跡と認められるものを発見したときは，いずれも文化庁長官に届け出なければならず（文化財保護法57条1項・57条の5の1項)，同市の場合，開発地域が埋蔵文化財の周知地域に該当する場合は，開発行為者は事前に，また，それ以外の地域で開発区域内に埋蔵文化財が発見された場合は，速やかに市に届け出て，これらの発掘及び保存等について，それぞれ市と協議しなければならないと定めており，行政実務上，その届け出があると，市としては発掘調査の要否を判断し，必要と判断すれば，発掘調査の指示をするものと取扱われており，買主が当該土地上にビルディングを建築する計画を有しているところから，市教育委員会から買主に発掘調査及び協議の指示がなされ，しかも費用については事業者である買主が負担すべきものと取扱われていること，売買当時発掘調査するとすればその費用として金2520万円を要することがそれぞれ認められた事実によると，当該土地には売買当時既に，そのような発掘調査費用の支出を必要とする文化財が埋蔵されていたのであ

574

るから，当該土地が文化財包蔵地として周知であったか否かに関りなく当該件土地には隠れた瑕疵があったものといわざるを得ない（東京地判昭57・1・21判時1061号55頁）。

■ 周知の埋蔵文化財包蔵地に該当していたことと瑕疵の有無（否定）

　買主が，建売住宅建築の目的で当該土地を買い受けたが，当該土地が文化財保護法にいう「周知の埋蔵文化財包蔵地」に該当していた場合，当該土地は，前所有者である株式会社が京都市に対し文化財保護法第57条の2による届出をなしたところ，京都市は試掘調査を行なって埋蔵文化財のないことを確認し，その結果，同会社は建築確認申請をなし，当該土地上に延床面積915.68平方メートルの鉄骨造2階建の倉庫を建築したが，その建築にあたり文化財保護法による条件を付されたり，規制を受けたことはなかったたこと，買主の売買契約は当該土地上に分譲住宅を建築する目的で締結されたが，その建売住宅建築にあたっては，前所有者である会社建築の鉄骨造二階建倉庫の建築についてと同様の過程を経たであろうと充分推認されることと，文化財保護法による「周知の埋蔵文化財包蔵地」として受ける規制は，都市計画法の市街化調整区域などの規制と異り，当該土地上に建物を建築する場合に常に障碍となるものではないことからすると，当該土地が文化財保護法による規制を受ける対象地であったとしても，買主の売買契約はその目的を達するのに充分であるといわねばならない（京都地判昭59・2・29判タ532号209頁，判時1125号156頁）。

◎ 森林法（保安林）

■ 宅地造成を目的とする売買の対象土地が保安林であったことと瑕疵の有無（肯定）

　宅地造成を目的とする売買の対象土地が，森林法による保安林指定区域内に存したため，買主が売買の目的を達成できなくなった場合において，買主が不動産取引に通暁せず，かつ，登記簿上の地目が保安林ではなく，売主及び仲介業者からも，その指定を知らされていなかったなどの事実のもと，売主に瑕疵担保責任がある（最三小判昭56・9・8裁判集民133号401頁，判タ453号70頁，金判633号3頁，判時1019号73頁）。

第6章　不動産の瑕疵

◎　**電気工作物規程**（建築制限）

■ 高圧電線下の土地であったことによる建築制限と瑕疵の有無（瑕疵（肯定，ただし，「隠れた」は否定）

　　買主は当該土地に建坪13坪ほどの建物を建築しそれを住居兼工場（カメラの部分品製造のため）として使用する目的で売買契約を結んだが，当該土地のうち高圧架空電線の直下およびその両側各3メートル以内の部分には建物を適法に建築することができず，その適法な建築が可能なのは東南の隅におよそ2坪5合たらずであるということは売買契約の目的物たる借地権に瑕疵があるものといわなければならないものの，当該瑕疵がはたして隠れたものといえるかどうかについては，高圧（電気工作規程にいう特別高圧を含む。）架空電線と低圧のそれとは使用されている電線の直径の太さなどから通常比較的容易にこれを識別することができ，また高圧架空電線の下方に建物（とくに工場としての）を建築しようとする者は通常その高圧架空電線の存在に危険を覚え，はたして建物を適法に建築できるかどうかにつき不安を抱くであろうことは経験則上認められるところで，もっとも，工場建築の目的で土地の借地権を買受けようとする通常人に電気工作物規程の内容を知っていることを要求することは苛酷にすぎ，また高圧架空電線に流れている電流かはたして何ボルトであるかは一見して明らかであるとはいえないから，建物の建築が禁止されるのが具体的にどの範囲であるかを一見して知ることは困難であるといわなければならないが，しかしながら，工場建築の目的で土地の借地権を買受けようとする通常人がその土地の上空を通過している高圧架空電線の存在に危険を覚え，はたして電線の下方に建物を適法に建築できるかどうかにつき，不安を抱く以上，たとえば地方公共団体の建築行政を担当する係員に質問するなどして調査をするなどある程度の注意を用いたならば，建物の建築が禁止される具体的範囲を知ることが比較的容易であるといえるから，このような場合には高圧架空電線のために建物の建築が禁止されるという瑕疵はそもそも隠れたものとはいえないと解するのが相当である（東京地判昭40・10・21判タ185号142頁）。

576

第7節　法令上の制限と瑕疵

◎　**条例**（建築制限）

■ がけ条例があったことによる建築制限と瑕疵の有無（肯定）

　　前出（千葉地判昭62・7・17判時1268号126頁（567頁参照））。

◎　**営業許可**

■ 賃借物件の営業許可（飲食店）と瑕疵の有無（肯定，ただし，結論は否定）

　　賃借人が賃貸人から当該賃借物件を賃借した際，賃借人賃貸人間におい
て，当該賃借物件における営業内容は喫茶・軽食とし，賃貸人の文書によ
る承諾なしには変更しないこと，この営業に関する監督官庁の許可または
指示に従うこと等を約したことがあるなか，賃借人は当該賃借物件で飲食
店を経営する目的で賃借したものであるが，当該建物の所在地は，第一種
文教地区・住居専用地区にあたり，東京都文教地区建築条例第3条および
これを受けた東京都告示によって，当該建物の所在地においては飲食店の
建築や用途変更が原則として禁止されており，賃借人が目的とした飲食店
営業の許可がおりないことは明らかであるところ，営業に関する監督官庁
の許可という公法上の制限も民法第570条の瑕疵に該当し，したがって，
賃貸借契約において予定された飲食店営業につき，その許可が得られない
ときは，同条において準用する民法第566条により，賃借人は，何らの通
知催告を要せずして契約を解除することができるほか，少なくとも契約費
用については賃貸人側の故意過失にかかわらず（無過失責任）損害賠償を求
めることができるのであるが，営業許可が得られる見通しについても，賃
貸人に尋ねてみても賃借人以上に的確な回答が出ることを期待できるもの
でもなく，そうすると，許可が得られるとの見通しのもとに費用を投ずる
には，万一許可が得られないときはそれが無駄になることを賃借人自ら覚
悟してかかるべきであり，飲食店営業に供する目的で賃貸借契約を結んだ
というだけでは，無駄になった費用の賠償を賃貸人に請求できる根拠とし
ては不十分であり，要するに，瑕疵担保責任が法定の無過失責任であると
いう沿革を強調して相手方の故意過失を問うことなく損害賠償を求めると
きは，その請求できる範囲がおのずから限局されざるをえず，それでは妥
当な得られないからといってより以上の損害賠償を認めるときは，故意過

第6章　不動産の瑕疵

失という相手方の主観的態容も問題とせざるをえないことになり，賃借人が投じた店内設備その他の開店準備費用の賠償を賃貸人に求めることができるのは，賃貸人が飲食店営業の許可が得られること間違いないと保証した場合とか，あるいは逆に許可の得られる見込みの皆無であることを知りながら賃借人に告げなかった場合に限るべきである（東京地判昭48・9・25判時740号75頁）。

第8節　売買代金等と瑕疵

Q 166 買い受けた不動産に不都合があった場合，売買代金の額によっては，その瑕疵の有無の判断に影響を与えることがあるか。

　売買代金の額によっては，その瑕疵の有無の判断に影響を与える場合もある。

解説　例えば，経年劣化のある中古住宅について，経年劣化を折り込んだ，中古住宅としての売買代金で買い受けた場合と，新築住宅並みの売買価格（当然，中古住宅としての売買代金よりも高額で，普通はあり得ないが）で買い受けた場合とでは，同じ欠陥であっても，瑕疵の有無の判断の基準は異ってくる。この場合，前者の場合において瑕疵とは認められなくても，後者においては瑕疵と認められる場合もある。

　瑕疵の判断の基準となるべき，売買契約において想定された想定される用途に使用するための不動産の通常の性状とは，売買価格に相応する品質（グレード）をも備えているということを含むものである。そのため，買い受けた不動産に不都合があったとしても，その不都合も織り込んで，（安い）売買代金が設定されていたときには，その不都合は売買代金に吸収され，瑕疵とはされず，反対に，同じ不都合があるにもかかわらず，その不都合がないものとして（高い）売買代金が設定されていたときには，売買価格に相応する品質（グレード）を欠くとして，瑕疵とされる場合もあるということである。

【判　例】
◎　**売買代金と瑕疵**
■当該土地が都市計画街路の境域と決定されていたことにより，決定がないものとし（決定を知らずに）価格で買い受けたことと瑕疵の有無（肯定）
　　前出（大阪地判昭47・3・21判タ278号324頁（572頁参照））。

第6章　不動産の瑕疵

■ 期待した建築面積が確保できない場合に，売買代金も考慮されて瑕疵が認められた事例

前出（千葉地判昭62・7・17判時1268号126頁（567頁参照））。

■ 中古住宅の売買において，その価格に見合う使用性（清潔さ・快適さ）を備えることを考慮した瑕疵の有無（肯定）

前出（神戸地判平11・7・30判時1715号64頁（490頁参照））。

■ 土地の冠水被害と土地の価格評価を考慮した瑕疵の有無（否定）

居住用建物の敷地の売買の場合は，その土地が通常有すべき品質，性能とは，基本的には，建物の敷地として，その存立を維持すること，すなわち，崩落，陥没等のおそれがなく，地盤として安定した支持機能を有することにあると解され，もっとも，地盤が低く，降雨等により冠水しやすいというような場所的・環境的要因からくる土地の性状も，当該土地における日常生活に不便が生じることがあるのであるから，その土地の経済的価値に影響が生じることは否定できないが，しかしながら，そのような土地の性状は，周囲の土地の宅地化の程度や，土地の排水事業の進展具合など，当該土地以外の要因に左右されることが多く，日時の経過によって変化し，一定するところがないのも事実であり，また，そのような冠水被害は，1筆の土地だけに生じるのではなく，附近一帯に生じることが多いが，そのようなことになれば，附近一帯の土地の価格評価に，冠水被害の生じることが織り込まれることが通常であり，そのような事態になれば，冠水被害があることは，価格評価の中で吸収されているのであり，それ自体を独立して，土地の瑕疵であると認めることは困難となり，このようにみてくると，一定の時期に，冠水被害が生じたことのみをもって直ちに，土地の瑕疵があると断定することは，困難であるといわねばならない（東京高判平15・9・25判タ1153号167頁）。

■ 中高層建物を建築するための土地に地中埋設物があった場合に特に売買代金が減額されているとはいえない場合の瑕疵の有無（肯定）

売主（地方公共団体）から当該土地を購入した買主が，当該土地上に12階建てマンションを建築しようとしたところ，地中に埋設物（岩塊，コンク

リート埋設物，スラグ，アセチレンボンベ及び鉄屑等）が存在したため，当初予定した工法を用いることができず，工法変更を余儀なくされた場合，民法第570条にいう瑕疵とは，売買の目的物が，その種類のものとして取引通念上通常有すべき性状（品質）を欠いていることをいうが，この売買契約の売買代金額は，固定資産評価額に照らして不相当な価格ではなく，近隣の土地に比して特段高額又は低額であることを認めるに足る証拠もなく，そして，売買契約において，中高層建物を建築するために通常一般人が合理的に選択する工法よりもコストの掛かる工法が必要であること又はその可能性があることが，売買代金額その他の契約内容に反映されているとは認められず，したがって，中高層建物を建築するために通常一般人が合理的に選択する工法よりもコストの掛かる工法が必要であったときは，当該土地には瑕疵が存するというべきであり，中高層建物の建築用地であると取引通念上認められる当該土地の売買において，中高層建物を建築するために通常一般人が合理的に選択する工法よりもコストの掛かる工法が必要であること又はその可能性があることが売買代金額その他の売買契約の内容に反映されていないのに，売買代金額の17％余りに上る費用を増額して別の工法を選択することを余儀なくされたのであるから，当該土地には瑕疵があったといわざるを得ず，売買代金額その他の売買契約の内容において性状（品質）が低いこと又はその可能性があることが反映されていないのはもとより，売買契約締結の経緯によれば，売買契約締結過程を通し目的物の性状（品質）について取引通念上買主が入手すべき資料に照らして，その瑕疵の存在は判明しなかったものと認められるから，その瑕疵は隠れたものであると認められる（福岡地小倉支判平21・7・14判タ1322号188頁）。

◎ 中古住宅の売買代金と瑕疵

■ 小規模火災のあった中古住宅の売買代金を考慮した瑕疵の有無（肯定）

当該建物の台所の一部が焼損する火災が発生し，消防車が出動したことがあったことが売買契約締結後に判明したが，売買契約締結に当たって，仲介業者からも売主からも買主にその旨の説明はなく，重要事項説明書にも記載がなかったなかで，売買契約は，約15年前に増築されてはいるが，

第6章　不動産の瑕疵

築後26年以上を経過した中古住宅を敷地と共に現状有姿で譲渡するもので
あり，代金も敷地と合計した額のみを定めているものであり，したがって，
当該建物の通常の経年変化は代金に織り込み済みというべきであるが，し
かし，通常の経年変化を超える特別の損傷等がある場合には，当該損傷等
は，代金設定において考慮されていなかった事情であり，当該建物の瑕疵
に当たると解すべきであるものの，この売買契約は，古家付きの土地の売
買契約ではなく，「大型車庫，4 DK＋グルニエ」を宣伝文句にして売り出
され，買主はリフォームした上で当該建物をそのまま使用する予定で買い
受けたのであるから，当該建物が売買契約においてほとんど無視されてい
たとはいえないことが明らかであり，したがって，当該建物に，そのよう
な特別の損傷等があれば，当該当該建物に瑕疵があるというべきであり，
売買の目的建物が，火災に遭ったことがあり，これにより焼損を受けてい
るということは，通常の経年変化ではなく，その程度が無視し得ないもの
である場合には，通常の経年変化を超える特別の損傷等があるものとし
て，建物の瑕疵に当たるということができ，その焼損は，横木の一部の炭
化を除き，当該建物本体にかかわるものではなく（当該火災に際して停電した
事実があるが，これは喚起扇が溶融するほどに焼損したことによるショートが原因であ
ると推測され，当該建物本体の電気系統にまで損傷が及んだとは認められない。），売
買契約当時，修復されていたと認められ，その焼損の程度は，横木の表層
部にとどまり，炭化が内部にまで深く浸透して，横木の物理的強度を低下
させたとまでは認められないし，まして，当該建物全体の耐久性や安全性
に影響を及ぼしたものとはいえ，リフォームは売買契約以前から予定さ
れていて，その焼損が直接的に売買契約における当該建物の物理的な価値
に影響を及ぼしたとは認められないが，しかし，建物の客観的交換価値
は，物理的な価値のみによって構成されるものではなく，買い手の側の購
買意欲を増進し又は減退させる物理的価値以外の建物に係る事情によって
も左右されるというのが相当であり，すなわち，一般に，中古住宅の買い
手としては，同じ物理的価値の複数の選択肢の一つに購買意欲を減退させ
る事情があるならば，それを理由とする相当の値引きがなければ，これを

582

買い受けないのが通常であると考えられる。中古建物である当該建物については，規模は小さくても当該火災に遭ったことがあって，その具体的痕跡が当該焼損（建物本体の一部の炭化）として残存しており，消火活動が行われないまでも消防車が出動した（それに伴い，火災の事実が近隣に知れ渡った）という事情は，買い手の側の購買意欲を減退させ，その結果，当該建物の客観的交換価値を低下させるというのが相当であるため，以上によれば，その焼損等の事情は，通常の経年変化を超える無視し得ない特別の損傷等であって，当該建物の瑕疵に当たるということができ，この焼損は，売主からは説明がなく，買主は，当該建物を内覧した際に気付かなかったものであり，仲介業者も当該焼損に気付いていなかったことにかんがみれば，買主が気付かなかったことに落ち度があったとはいえず，したがって，当該焼損等の事情は，当該建物の隠れた瑕疵に当たり，一方，当該建物の一階和室天井裏の板の黒いしみ様の変色や梁の白い粉様の変色は，原因は不明であるが，そのような変色は通常の経年変化によるものである可能性が高く，その範囲を超えるものとは認め難いというほかはなく，そうすると，その変色の原因について深く検討するまでもなく，これが当該建物の隠れた瑕疵に当たるということはできない（東京地判平16・4・23判時1866号65頁）。

第6章　不動産の瑕疵

第9節　流通と瑕疵

Q 167　居住用で買い受けたマンションの住戸（専有部分）については，そのマンションの外壁に大規模の補修の事実があり，売却するとすると，通常のものより価格が低くなるようなときであっても，投機目的ではなく，居住するのに不都合はないときは，瑕疵があるとはいえないか。

A　投機目的でなくても，転売するにつき支障が生じたり，通常のものより売却価格が低くなるような場合には，瑕疵として認められる場合もある。

解説　不動産については，買い受けた際には居住を目的とするものであっても，後日，売却する可能性は当然に想定されるため，居住するについて支障はなくても，他の要因によって流通性に支障が生じるときには，その要因をもって，瑕疵であるとされる場合もある。これは，買い受けた当初から，投機目的，転売目的ではなかったとしても同様である。

　転売目的ではなく，露天駐車場とするために買い受けた土地に，予期せぬ地中埋設物があったとき，その利用の障害とならない場合であっても，その埋設物の存在によって転売するとすると支障が生じるようなときにも，同様に瑕疵があると認められる場合もある。

【判　例】

◎　流通の可能性

■都市計画街路の境域と決定されていた土地について，転売目的でなかったことと瑕疵の有無（肯定）

　前出の同判例のとおりの事情のもと，買主は，ここに居住し，商売を営むために買い受けたものであって，転売を予定しての投機売買ではなく，現に買主は4年間ここに居住し何の不都合もなく，居住，営業に支障はな

584

第9節　流通と瑕疵

くとも，その決定あるため廉価であるべき物件をこれを知らなかったため通常価額で買い受けたことは損害であり，したがってまたその要因は瑕疵であるといえる（大阪地判昭47・3・21判タ278号324頁）。

■マンションの専有部分の瑕疵担保について交換価値を考慮した瑕疵の有無（肯定）

　当該建物の火災は，当該建物の一階台所のガステーブル上の天ぷら鍋から出火した火がその上方にあったプラスチック容器，蛍光灯カバー，換気扇，窓ガラス等を焼損した上，換気扇下部の建物当該を構成する横木の一部を炭化する程度まで焼損したところで，売主の妻によって消し止められたというもので，その焼損は，横木の一部の炭化を除き，当該建物本体にかかわるものではなく，売買契約当時，修復されていたと認められ，その焼損の程度は，横木の表層部にとどまり，炭化が内部にまで深く浸透して，横木の物理的強度を低下させたとまでは認められないし，まして，当該建物全体の耐久性や安全性に影響を及ぼしたものとはいえず，そして，買主は，当該建物を買い受けた直後に，当該建物をリフォームし，その横木を取り除いて，別の板と取り替えていて，このリフォームは売買契約以前から予定されていて，そのことも価格の減額交渉の理由とされたものと認められ，以上によれば，その焼損が直接的に売買契約における当該建物の物理的な価値に影響を及ぼしたとは認められないが，しかし，建物の客観的交換価値は，物理的な価値のみによって構成されるものではなく，買い手の側の購買意欲を増進し又は減退させる物理的価値以外の建物に係る事情によっても左右されるというのが相当であり，すなわち，一般に，中古住宅の買い手としては，同じ物理的価値の複数の選択肢の一つに購買意欲を減退させる事情があるならば，それを理由とする相当の値引きがなければ，これを買い受けないのが通常であると考えられる。中古建物である当該建物については，規模は小さくても当該火災に遭ったことがあって，その具体的痕跡が当該焼損（建物本体の一部の炭化）として残存しており，消火活動が行われないまでも消防車が出動した（それに伴い，火災の事実が近隣に知れ渡った。）という事情は，買い手の側の購買意欲を減退させ，その

第6章　不動産の瑕疵

結果，当該建物の客観的交換価値を低下させるというのが相当であるた
め，以上によれば，その焼損等の事情は，通常の経年変化を超える無視し
得ない特別の損傷等であって，当該建物の瑕疵に当たるということができ
る（東京地判平16・4・23判時1866号65頁）。

■マンションの専有部分の瑕疵担保について交換価値を考慮した瑕疵の有無
（肯定）

　　瑕疵が顕在化したことから一度生じた，当該マンションの新築工事には
外壁タイル以外にも施工不良が存在するのではないかという不安感や新築
直後から当該マンションの外壁タイルに対して施工された大規模な補修工
事から一般的に受ける相当な心理的不快感，ひいてはこれらに基づく経済
的価値の低下分は，補修工事をもってしても到底払拭しがたいといわなけ
ればならず，そして，いわゆるマンション分譲における各室の購入者は，そ
の経済的価値としては，各室の使用価値とともに交換価値（資産価値）にも
重大な関心を有していることが一般であるため，かかる事情からすれば，
補修工事後においても，なお，買主が購入した当該マンションの各室につ
いては，その共用部分である外壁タイルの瑕疵に起因する経済的価値の低
下が存続していることは否定できず，そして，外壁タイルの施工不良が新
築直後から顕在化していることからしても，この瑕疵による各室の交換価
値の低下分を売主の瑕疵担保責任でもって填補する必要性は大きいといわ
なければならない（福岡高判平18・3・9高民59巻1号3頁，判タ1223号205頁）。

■土地の専有部分の瑕疵担保について転売の可能性の考慮

　　売買の目的物が土地である場合は，当初の買主の使用目的が例えば露天
の駐車場のように地中埋設物が利用の障害とならないものであったとして
も，これを転売することは当然想定される（福岡地小倉支判平21・7・14判タ
1322号188頁）。

586

第10節　収益の不足又は金銭の負担と瑕疵

> **Q 168**　買い受けた賃貸アパート自体に物理的な欠陥や，法令上の問題点などもない場合には，たとえ予定していた賃料収益を得られない場合であっても，瑕疵があるとはいえないか。

　その収益が，契約の前提となっているような場合には，瑕疵として認められる場合もある。

解説　賃貸アパートなど，収益を前提として買い受けた不動産については，その想定された収益に不足するような場合，不動産自体には物理的な欠陥や，法令上の問題点などもない場合であっても，瑕疵があるといえることもある。ただ，予定された収益が得られないことが瑕疵といえるためには，通常，予定された収益が得られることを前提に売買価格が定められた場合でなければならず，その場合に，予定された収益が得られない（不足額が大きい）ようなときでなければ，その不動産の瑕疵があると認められるとは認められないだろう。

反対に，不動産を買い受けた場合に，その不動産に対して，負担金が発生するようなときにも，その不動産について瑕疵が認められる場合もあろうが，それは，負担金の発生が予期されないものである場合であり，法令に基づくものなど，負担金発生の可能性を予期し得る場合には，瑕疵に当たるとはいえないだろう。

【判　例】
◎　**予定された収益**
■買い受けたアパートについて前提となった賃料収入が得られない場合と瑕疵の有無（肯定）

　　買主がアパート（共同住宅）を買い受けた際，当該共同住宅の賃料月額収入が合計12万円であることを前提に売買価格を取り決めたにもかかわら

587

第6章　不動産の瑕疵

ず，それが8万円に過ぎなかったという場合に，民法第570条を根拠に買主が売主に対して請求しうべき損害額は，通常，賃料月額収入を12万円とした場合の売買価格とそれを8万円とした場合の売買価格との差額であると解すべきであり，民法第570条は，買主の代金額を決定する際に基礎に置かれた想定上の財産権と比較して，売主から給付された実在する財産権が不完全なものであつて，買主の代金債務との等価的均衡が欠如した場合に，それを回復，確保することを目的とする制度であるからであり，また，このことは売主の担保責任に関する他の規定を（類推）適用する場合も同様であり，他に契約締結にともなう買主の出費等を付加しうることがあるにとどまる（札幌地判昭53・11・15判タ398号143頁）。

◎　**賦課金**

■**土地区画整理事業の施行地区内の土地の賦課金と瑕疵の有無**（否定）

　土地区画整理事業の施行地区内の土地を購入した買主が，売買後に土地区画整理組合から賦課金を課された場合，同組合が組合員に賦課金を課する旨決議するに至ったのは，保留地の分譲が芳しくなかったためであるところ，土地区画整理法の規定によれば，土地区画整理組合が施行する土地区画整理事業の施行地区内の土地について所有権を取得した者は，全てその組合の組合員とされるところ（区画整理25条1項），土地区画整理組合は，その事業に要する経費に充てるため，組合員に賦課金を課することができるとされているのであって（区画整理40条1項），土地の売買においては，買主が売買後に土地区画整理組合から賦課金を課される一般的・抽象的可能性は，常に存在しているものであり，したがって，各売買の当時，買主が賦課金を課される可能性が存在していたことをもって，当該土地が各売買において予定されていた品質・性能を欠いていたということはできず，当該土地に民法第570条にいう瑕疵があるということはできない（最二小判平25・3・22裁判集民243号83頁，裁時1576号79頁，判タ1389号91頁，判時2184号33頁，金法1976号80頁，登情619号88頁）。

第10節　収益の不足又は金銭の負担と瑕疵

◎　補償金

■ 当該土地が都市計画街路の境域と決定されていたことにより将来の保証がある可能性と瑕疵の有無（肯定）

　　前出（572頁参照）の同判例のとおりの事情のもと，都市計画街路境域地の取引価額の決定は当事者双方の主観的事情が強く働くが，基本的には当該土地は将来収用され，その際客観的な相当価額が補償されることを前提にして，その補償によってもなお補充され得ない損害すなわち土地収用事実による生活不安定からくる瑕疵，および，都市計画法，建築基準法等よりの諸制度から来る損害を金銭に評価し，その額を計画街路境域決定のない場合の土地の客観的価額により控除した金額を中心にして定められるものということができ，したがって，当事者が当該境域決定を知らず，その決定より生ずる損害額を顧慮せず，その決定のない土地として評価した金額を定めたときは，収用に際し相当価額が補償されても，その損害が填補されたことにならないことはいうまでもないし，買主が売主より，その損害の賠償を得ても，買主が二重に利得したことにはならない（大阪地判昭47・3・21判タ278号324頁）。

第3編　不動産の瑕疵担保責任

589

第6章　不動産の瑕疵

第11節　品質・性能の保証と瑕疵

Q 169　売主が通常の性能以上の性能を請け負っていた場合であっても，その目的物に通常の性能があれば，瑕疵はないか。

　そのような場合には，一般に，瑕疵があるといえる。

解説　売買の目的物の瑕疵の有無，つまり，契約当時，通常有すべき品質，性能を有していたか否かについては，取引通念上，想定し得るか否かをもって判断されるところ，売主が一定の品質，性能を保証したときは，通常，その保証された品質，性能が，当該売買契約によって想定される品質，性質であることになる。

そのため，より高度な品質，性能を売主が保証していたときは，買い受けた物の品質，性能が一般的な基準は満たしていたとしても，その高度な品質，性能を満たしていなければ瑕疵がないとはいえないのである。

【判　例】
◎　**性能保証と瑕疵**
■通常の性能を上回るが，保証された性能を下回る場合の瑕疵の存否
　その売買の目的物が，ある性能を具備することを売主において特に保証（請け負うという意）したにもかかわらず，それを具備しない場合，その物は，たとえ一般の標準より完璧なものであったとしても，欠陥を帯有するものにほかならない（大四民判昭8・1・14大民集12巻2号71頁）。
◎　**品質・性能の保証**
■建物建築のための工法を保証した場合と瑕疵の有無（肯定の可能性）
　前出（473頁参照）の同判例のとおりの事情のもと，当該土地にはビニール片等の廃棄物が混入していたため，買主が鉄筋コンクリート造三階建店舗兼共同住宅を建築するにつき，当初予定していたベタ基礎工法を杭打工

法に変更を余儀なくされたにせよ，現にこれを新築することができてその買受目的を達しているばかりでなく，当該土地がすでに10年近くも以前に埋立てにより造成された宅地であって，少なくとも，取引上の宅地としては，当該土地に瑕疵はなかったものとみるのが　社会通念上公平（担保責任の衡平な分担）というべきであるが，もっとも，売買取引の際，売主側において，その目的物件である当該土地がベタ基礎工法によって鉄筋三階建物の新築が可能である旨を特に保証ないし約しておれば，その責任を負わせることもできるが，この点，売主がかかる特段の保証等をしたとみられる証拠はなく，のみならず，このような鉄筋3階建物を建築する場合，果して，ベタ基礎工法によるのが通常であって，杭打工法は予想もできない程，異例な工法といえるか否かの点についても，これを裏付ける確証はないのである（神戸地判昭59・9・20判タ541号180頁（473頁参照））。

■売主の販売活動の際の説明によって日照を期待したところ，日照が損なわれた場合における瑕疵の有無（肯定）

　　前出（大阪地判昭61・12・12判タ668号178頁（515頁参照））。

■遮音を謳って販売したマンションの遮音不足と瑕疵の有無（肯定）

　　前出（福岡地判平3・12・26判時1411号101頁（519頁参照））。

■売主の説明した眺望がない場合と瑕疵の有無（肯定）

　　前出（大阪高判平11・9・17判タ1051号286頁（517頁参照））。

■環境物質対策基準適合を謳ったチラシ等によって販売された区分建物において，同基準を満たしていなかった場合（シックハウス）と瑕疵の有無（肯定）

　　買主（個人）と売主（不動産業）とは，当該建物（区分建物）につき，土地付区分所有建物売買契約を締結し，当該建物を含むマンションの分譲に当たり，売主は，新聞折込チラシに「JAS（日本農林規格）のFc0基準とJIS（日本工業規格）のE0・E1基準の仕様：目にチカチカとした刺激を感じるなど，新築の建物で発生しがちなシックハウス症候群。その主な原因とされるホルムアルデヒドの発生を抑えるために，JAS規格でもっとも放散量が少ないとされるFc0基準やJIS規格のE1基準以上を満たしたフローリング

第6章　不動産の瑕疵

材や建具，建材などを採用。壁クロスの施工などにもノンホルムアルデヒドタイプの接着剤を使用しています。」と記載し，パンフレットに，環境物質対策基準として同様の記載をしており，買主は売主から当該建物の引渡しを受け，家財道具の一部を搬入したが，売主が当該建物を含むマンションの分譲に当たり，環境物質対策基準であるJASのFc0基準及びJISのE0・E1基準を充足するフローリング材等を使用した物件である旨を当該チラシ等にうたって申込みの誘引をなし，買主がこのようなチラシ等を検討の上，売主に対して当該建物の購入を申し込んだ結果，この売買契約が成立したのであり，そうである以上，売買契約においては，当該建物の備えるべき品質として，当該建物自体が環境物質対策基準に適合していること，すなわち，ホルムアルデヒドをはじめとする環境物質の放散につき，少なくとも契約当時行政レベルで行われていた各種取組において推奨されていたというべき水準の室内濃度に抑制されたものであることが前提とされていたものと見ることが，両当事者の合理的な意思に合致するものというべきであり，売買契約当時までの住宅室内のホルムアルデヒド濃度に関する一連の立法，行政における各種取組の状況を踏まえると，当時行政レベルで行われていた各種取組においては，住宅室内におけるホルムアルデヒド濃度を少なくとも厚生省指針値の水準に抑制すべきものとすることが推奨されていたものと認めるのが相当であるところ，買主に対する引渡当時における当該建物の室内空気に含有されたホルムアルデヒドの濃度は，100μg／立方メートル（0.1mg／立方メートル）を相当程度超える水準にあったものと推認されることから（買主は，売主従業員に対して送付した電子メールにおいて，「シックハウスの件」として「目が痒くなったり，咳が出たりしていますので…」などと指摘している。），当該建物にはその品質につき当事者が前提としていた水準に到達していないという瑕疵が存在するものと認められ，また，当該瑕疵は科学的な測定によって初めて具体的に存在を知りうる性質のものであること，健康被害が具体的に発生するには相応の期間高濃度のホルムアルデヒドその他の化学物質に曝されていることを要することなどを考えると，当該瑕疵は取引上要求される一般的な注意を払っていても容易に

592

第11節　品質・性能の保証と瑕疵

発見し得ないものであるというべきであり，したがって，当該瑕疵の存在
につき買主は善意無過失であり，隠れた瑕疵ということができ，そして，
当該瑕疵の結果，買主は一旦は搬入した家財道具をわずか約1か月後に再
度搬出し，以後当該建物に居住していないのであるから，当該瑕疵により
売買契約の目的を達成することができないことは明らかである（東京地判
平17・12・5判タ1219号266頁，判時1914号107頁）。

第6章　不動産の瑕疵

第12節　権利その他の瑕疵

Q 170　買い受けた不動産に処分禁止の仮処分が付されていた場合，その不動産に瑕疵があるといえるか。

　処分禁止の仮処分の存在は瑕疵となり得るものではあるが，それが登記されたものである場合，隠れた瑕疵には当たらない。

解説　買い受けた不動産について，その完全な所有や使用を妨げることとなる民事上の権利が付着し，あるいは，そのために必要とされる民事上の権利を欠いているような場合にも，契約において想定された用途のための使用が困難な状態にあれば，瑕疵となり得るものである。

ただ，その権利が登記されている場合や，登記されるべき権利の登記がない場合は，その権利の有無は登記記録を確認することで誰でも容易に知ることができるため，隠れた瑕疵には当たらない。

【判　例】
◎　仮登記の存在
■当該土地に仮登記が設定されていた場合と瑕疵（肯定，ただし，「隠れた」は否定）

買主が，売主（先順位仮登記権者）から当該土地を買い受けたが，当該土地に後順位の仮登記が設置されていたため，そのままでは他に売却し，他に完全な所有権移転登記手続をすることができなかった場合，売買の目的は，条件付ではあるものの当該土地所有権であり，仮登記は対抗力を有するものではないから，所有権移転登記義務を特に排除する旨の特約のない限り，条件が成就すれば売主に所有権移転登記義務が発生するところ，後順位者の仮登記の順位は売主の仮登記の順位に遅れ，究極的には売主の本登記を承諾すべき義務があるものではあるが，同人が任意に承諾する意思はなく，承諾に代わる確定判決を取得せざるをえない状況にあったのであ

第12節　権利その他の瑕疵

るから，少なくとも承諾請求訴訟を提起し，その費用を出損することを免れないから，後順位者の仮登記の存在は，当該土地の「瑕疵」というべきであるが，その登記簿を一見すれば，容易にこれを知ることができるのであるから，「隠れた」瑕疵ということはできない（東京地判昭53・2・27金判561号44頁，判時904号77頁）。

◎　建物と敷地の賃借権を売買の目的物とした場合の瑕疵

■競売手続において法定地上権がなかった場合と瑕疵（肯定）

後出（名古屋地判昭56・5・25訟月27巻10号1826頁，判時1022号99頁（623頁参照））。

■賃借建物について建物の処分禁止，占有移転禁止の仮処分がなされていた場合と瑕疵の有無（肯定）

賃借人が，当該建物を賃貸人から賃借したが，当該建物の敷地の所有者から建物所有者（賃貸人）に対し，建物の処分禁止，占有移転禁止の仮処分がなされていた場合，賃借人が当該賃貸借契約を締結したのは，当該建物において美容院を経営するためであり，そのためには当該建物に多額の投資をなすことを予定しており，長期に亘って経営を継続することによってその回収をはかることを企図していたものであるが，仮処分が執行されているかといって当然に使用収益義務が履行不能となるものではないものの，しかしながら，当該賃貸借契約の目的物である当該建物については，その契約成立当初から土地の使用権原がなく，現在も同様の状況にあるものというべきであるから，賃貸の目的物にいわば隠れた権利瑕疵があるものと認めるのが相当であり，したがって，民法第559条，第570条により第566条の規定を準用することにより，賃借人において当該建物につき適法な占有権原がないことを知らないため，当該賃貸借契約をなした目的を達することができないときは，当該賃貸借契約を解除することができることになり，しかるところ，賃借人は契約当初から，その占有権原がないことを知らなかったものであり，且つ賃借人は当該建物において美容院経営を意図し，多額の投資をし，長期の経営を前提としていたから，土地占有権原のない建物では到底その契約の目的を達することはできないものと推認される（大阪地判昭57・10・27判タ489号103頁）。

第6章　不動産の瑕疵

◎　賃借権の譲渡

■ 建物賃借権の譲渡と瑕疵担保責任の適用の有無

　　債権譲渡の場合にも，当然に，民法第560条ないし第567条及び第570条ないし第572条が可能な限り適用または準用されると解するのが相当であり，まして，建物賃借権は物権に近似する不動産上の権利であるから，通常の金銭債権の譲渡の場合よりその譲渡に関し各法条の適用又は準用される理由があるといわねばならず，有償で建物賃借権を譲り受けた者が譲受前に賃借建物上に設定されていた抵当権の実行によってその賃借権を喪失した場合における譲渡人の譲受人に対する担保責任については，民法第567条は準用されないと解するのが相当であり，この場合は，民法第570条により準用される同法第566条所定の瑕疵担保責任を負わねばならないと解するのが相当である（大阪高判昭46・10・21下民22巻9～10号1058頁，判タ274号161頁，判時656号56頁）。

◎　壁の共用（一枚壁）

■ 隣接するビル壁面と共用の状態（一枚壁）の壁であるため取り毀しが困難であることと瑕疵の有無（肯定の可能性，ただし，「隠れた」は否定）

　　買主（不動産仲介業）が，売主から当該土地，当該建物を買い受けたが，当該建物の東側壁面は，その東側に隣接するビル（東隣り建物）の西側壁面と共用の状態（いわゆる一枚壁）となっていた場合，当該建物は，建築の時点から東隣り建物と一体として築造されていることが認められるので，一枚壁となっていること自体は直ちに瑕疵となるものではないものの，もっとも，買主は，当該建物を取り壊して当該土地を更地にして転売する目的で，売主から当該土地建物を買い受けており，売主もこの目的を知っていたことが認められ，当該建物だけを東隣り建物から分離して単独に取り毀すことは，技術的に不可能ではないものの，取毀し工事に要する費用，東隣り建物への影響，被害弁償等を考慮すると，社会的には取毀しは困難であると認められるので，一枚壁の事実は，その限度において契約当事者間では「瑕疵」になりうるものといえるが，当該建物正面を全体として見ても，外見上はそれぞれ独立した建物のように見えるが，売主から，買主が

第12節　権利その他の瑕疵

一枚壁の事実を十分認識しうる程度に明確な形で説明がなされたものとは認めることができないことしても，売主から買主に対し当該建物の図面が交付されていること，当該建物の建物図面を検討し，現地において当該建物の外観を注意して見分すれば，当該建物と東隣りの建物とが壁面を共用するいわゆる一枚壁の構造になっていることは認識可能であるというべきであり，しかるに，買主は，不動産仲介業という土地建物取引の専門家として，建物の取壊しを予定しているのであるから，当然取壊しが可能か否か調査すべきであるのに，当該土地を更地にして転売利益を得ることの方に関心があるのみで，当該建物の取壊しが可能か否かの調査については，これを怠ったものというべきであり，買主にはこの点において過失があったと認められ，したがって，一枚壁が認識可能であり，買主に過失がある以上，一枚壁の事実は「隠れたる」瑕疵ということはできない（名古屋地判平3・1・23金判877号32頁）。

◎　**土地区画整理**

■ 従前の土地の売買契約において，予定されていた換地がなされないことと瑕疵の有無（肯定の可能性）

　土地区画整理事業の施行地内にある特定の土地につき将来それが別の特定の土地に換地されることを前提として従前の土地を目的土地とする売買契約が締結された場合においても，そのとおりの換地がされるかどうかは一応浮動的であるから，万一当初予定されていたような換地がされないことに確定したときは，当事者が当初意図した目的は達せられないことになり，したがって，このような場合にはあるいは契約の目的たる権利又は物に瑕疵があったものとして売主の担保責任に関する民法の規定を類推適用する等の方法によって契約関係の合理的処理を図る必要が生じうるけれども，このような事態が生ずるまでは，従前の土地につき締結された売買契約は有効な契約として存続し，当事者は当該契約に基づく権利を有し，かつ，債務を負担するものと解すべきものである（最一小判昭55・3・6裁判集民129号247頁，判タ417号98頁，金判601号10頁，判時967号60頁）。

第6章　不動産の瑕疵

◎　建物と敷地の賃借権を売買の目的物とした場合の瑕疵

■ 建物と敷地の賃借権を売買の目的物とした場合における賃貸人が修繕義務
と瑕疵の有無（否定）

　　建物とその敷地の賃借権とが売買の目的とされた場合において，同敷地
についてその賃貸人において修繕義務を負担すべき欠陥が右売買契約当時
に存したことがその後に判明したとしても，売買の目的物に隠れた瑕疵が
あるということはできず，けだし，この場合において，建物と共に売買の
目的とされたものは，建物の敷地そのものではなく，その賃借権であると
ころ，賃貸人の修繕義務の履行により補完されるべき敷地の欠陥について
は，賃貸人に対してその修繕を請求すべきものであって，同敷地の欠陥を
もって賃貸人に対する債権としての賃借権の欠陥ということはできないか
ら，買主が，売買によって取得した賃借人たる地位に基づいて，賃貸人に
対して，その修繕義務の履行を請求し，あるいは賃貸借の目的物に隠れた
瑕疵があるとして瑕疵担保責任を追求することは格別，売買の目的物に瑕
疵があるということはできないのである（最三小判平3・4・2民集45巻4号
349頁，集民162号273頁，裁時1048号75頁，判タ758号125頁，金判872号3頁，判時1386
号91頁，金法1295号66頁）。

598

第13節　数量不足

Q 171　登記簿上の地積が記載された契約書をもって買い受けた土地について，買い受け後に実測した地積が，登記簿上の地積より少ないときは，買主は代金の減額を請求することができるか。

通常，代金の減額を請求することはできない。

解説　数量を指示して売買をした物に不足がある場合場合において，買主がその不足を知らなかったときは，買主は，その不足する部分の割合に応じて代金の減額を請求することができ，残存する部分のみであれば買主が買い受けなかったときは善意の買主は契約の解除をし，また，買主の損害賠償を請求することができるが，この「数量を指示して売買をした」ことは数量指示売買と呼ばれる。

ここで，数量指示売買とは，当事者において目的物の実際に有する数量を確保するため，その一定の面積，容積，重量，個数又は尺度あることを売主が契約において表示し，かつ，この数量を基礎として代金額が定められた売買をいう。

不動産の契約において，「売買物件の面積は公募により，実測により増減があったときであっても，売買代金は変更しない」旨の約定がある場合は，一般に数量指示売買であるとはいえないであろうが，その旨の条項がなく，売買契約書に登記簿上の面積が記載されている場合には，どうであろうか。

不動産の売買において目的物を特定表示するために登記簿上の面積を記載することが通例であるが，登記簿上の面積は必ずしも実測面積と一致するものではないことから，この場合は，直ちに数量指示売買であるとはいえないだろう。また，通常，単位面積（例えば，3.3平方メートル（1坪））当たりの単

第6章　不動産の瑕疵

価が決められ，これに面積を乗じて売買代金が決定されている場合には，数量指示売買とされよう。

　数量指示売買にあたるか，そうでない売買に当たるかは，売買契約における各々事情や売買契約に至る経緯，当事者の意思等を総合的に考慮して判断されるため，単位面積当たりの単価が決められておらず，登記簿上の面積が記載されているだけであっても数量指示売買に当たると判断されたり，平米単価を登記簿上の面積に乗じて代金を算出したものが数量指示売買でないと判断される事例もあろう。

　なお，改正前の第565条（数量の不足又は物の一部滅失の場合における売主の担保責任）が，改正後の第562条（買主の追完請求権）に吸収されていることは，Q148のとおりである。

【判　例】

◎　**数量指示売買**

■**土地建物の一括売買が数量指示売買でないとされた事例**

　　買主が売主から当該宅地，建物を買い受け，当該宅地が売主所有の宅地（従前の宅地）に対し特別都市計画法に基づき換地予定地として指定せられた宅地の一部であったなか，ところでかような宅地を目的とする売買は換地予定地自体あるいはそれに対する使用収益権の売買ではなく，法律上は従前の宅地についての売買と解すべきものであるものの，しかし，だからといって売買当事者間で，現実の目的物件である換地予定地が特定している以上，その現地の坪数が当時幾何のものであるかを特に指示し，それを内容として売買契約を締結することが事実上も法律上も不能であるといえないことは勿論，実際にさような売買があり得ないものであるということもできなく，当該従前の宅地に対する換地予定地指定処分はすでに行われていて，売主は指定後の換地予定地の現地を事実上二つに区分して使用していたものであるが，その売主使用部分の宅地と同地上建物（当該宅地，建物）につき買主はその現況を検分し，権利証，登記簿謄本等の書類も売主から預って調査した上目的物件の範囲，状況につき納得の上当該売買契約を結んだものであること，もっとも当時当該宅地に都市計画が関係がある

第13節　数量不足

ことは買主，売主双方とも知らないでその取引をしたものであること，その売買代金135万円は先ず売主の方から申し出た価格150万円を基準に買主の希望を入れて値引を行い決定せられたものであるが，その売主申出価格は宅地，建物につき各別箇にその価格を割り出しそれを合算することにより算出されたものではなく，宅地の実測をしたことがなくその正確な実坪数は知らなかった実情にあること，他方買主の値引の希望も，ただ総価格につき漫然資金不足を理由にその希望を出したものであったことが認められ，してみると当該売買は宅地，建物の一括売買でその代金中には当然建物の価格も含まれ，従って宅地だけの価格はもとよりその坪当単価の取決め等は全く行われなかったものといわねばならない（松山地判昭40・9・14判時431号42頁）。

■ 間取りの図面による建築中の分譲用建物の売買が数量指示売買でないとされた事例

買主が売主から，売主が分譲のため当時建築中の建物のうち11階Ａ号室を，売主が建物を完成して引渡すとの約にて買い受ける契約をしたなか，このように建物を建築のうえ売買するような場合にその面積が当事者間において表示されず，また畳1枚の大きさはその種類（例えば京間とか田舎間など）により異ることが予想され，さらに壁の厚さも不明であるところから，単に間取りのみを示した図面ではその建物の面積がいかほどあるかを正確には確定することができず（図面からその建物の面積がおおよそいかほどあるかを予想することはできても），しかも建物の代金がその面積に単価を乗じて算出されたものと認めることができないような場合には，もはや当該建物の売買は民法第565条にいわゆる数量を指示した場合には当たらないものといわなければならないものの，もっとも，間取りのみを示した図面からその建物の面積がおおよそいかほどあるかを予想することは可能であるから，売主が現実に建築して買主に引渡した建物の面積と予想（それは通常人の合理的なものでなければならない。）とが相当くい違うような場合には，買主は民法第634条により売主に対し瑕疵の修補またはこれに代えあるいはこれとともに損害の賠償を請求することができるものと解するのが相当

第3編　不動産の瑕疵担保責任

601

第6章　不動産の瑕疵

である（東京地判昭40・10・30判時440号41頁）。

■ **公簿面積による売買が数量指示売買でないとされた事例**

　民法第565条にいう「数量ヲ指示シテ売買」とは，当事者において目的物の実際に有する数量を確保するため，その一定の面積，容積，重量，員数または尺度あることを売主が契約において表示し，かつ，この数量を基礎として代金額が定められた売買を指称するものであるところ，土地の売買において目的物を特定表示するのに，登記簿に記載してある字地番地目および坪数をもってすることが通例であるが，登記簿記載の坪数は必ずしも実測の坪数と一致するものではないから，売買契約において目的たる土地を登記簿記載の坪数をもって表示したとしても，これでもって直ちに売主がその坪数のあることを表示したものというべきではなく，売買の目的物として，「○番○宅地86坪5勺，同上○番の○宅地7坪4合，同市同町○番の家屋番号同町○番木造瓦葺平家建居宅一棟建坪25坪，塀・井戸・畳・建具其他付属定着物・従物等一切有姿の儘」，その売買代金額として「145万円」と記載されているのみであるなどの事情に照らせば，当該売買は，いまだいわゆる数量指示売買に当たるものとはいえない（最三小判昭43・8・20民集22巻8号1692頁，集民92号71頁，判タ227号133頁，金判126号5頁，判時531号27頁）。

■ **旅館敷地として買い受けた土地の売買が数量指示売買でないとされた事例**

　民法第565条にいう「数量ヲ指示シテ売買」とは当事者において目的物が実際に有する数量を確保するため，その一定の免責，容積，重量，員数または尺度あることを売主が契約において表示し，かつ，この数量を基礎として金額が定められた売買を指称するものであるとするところ，当該売買に当り，当事者双方とも，当該土地の面積は196.2坪あると考えており，仮契約書，公正証書にも同坪数が表示されていたとしても，とくに当該売買は，旅館建築に適当な敷地として約200坪の土地を物色し，当事者双方が交渉して成立したものであり，その際，当事者双方は，当該土地の実状をつぶさに調査し，正確な図面をも参酌して締結したものであって，買主がその坪数を重視したのは，代金算出の基礎とする趣旨でなく，買受後の

使用目的である旅館建築に相当かどうかの点からであったのであり，されば，当該売買はいわゆる数量を指示してされたものとはいえないとした判断は正当として，これを是認する（最三小判昭43・11・5裁判集民93号71頁）。

■ **立木の売買が数量指示売買でないとされた事例**

　民法第565条にいういわゆる数量指示売買とは，当事者において目的物の実際に有する数量を確保するため，その一定の面積，容積，重量，員数または尺度あることを売主が契約において表示し，かつ，この数量を基礎として代金額が定められた売買を指称するものであるところ，当該立木の売買は，売主所有山林のうち明確に区分された範囲内にある立木全部を目的とするものであって，一定数量の立木の存在を契約の主眼とし，これを目的として締結されたものではなく，したがって，いわゆる数量指示売買にあたらないとした判断は正当として，これを是認することができる（最二小昭43・12・20裁判集民93号775頁，判時546号62頁）。

■ **旅館（設備等を含む。）と敷地の一括売買が数量指示売買でないとされた事例**

　民法第565条にいういわゆる数量指示売買とは，当事者において目的物の実際に有する数量を確保するため，その一定の面積，容積，重量，員数または尺度あることを売主が契約において表示し，かつ，この数量を基礎として代金額が定められた売買を指称するものであるところ，買主は売主から，当該宅地をその地上にある建物2階建延坪157坪5合3勺及び同地上，建物内にある旅館設備，什器，造作等一切と共に買い受けたが，同人において引き続き同建物で温泉旅館を経営する前提のもとに取引が行なわれたもので，現に1年あまり旅館業を営んでいたこと，その売買にあたり売主は，宅地の面積は公簿上は118坪3合3勺となっているが実際の面積は113坪8合で，少なくとも113坪あることは間違いないと確言したので，買主はこれを信じたこと，しかし売買代金に関しては宅地のみの価額は別に定めず，建物内にある旅館設備，什器，造作等の一切のものを含んで金2,800万円と合意したこと，この113坪という坪数は一応の目安であるにとどまり，この代金は，現に温泉旅館の敷地となっている土地，地上建物，

第6章　不動産の瑕疵

その他旅館設備一切に着目して決定されたものであることを確定している
のであり，そうすると，当該売買はいまだいわゆる数量指示売買にあたる
ものとはいえない旨の判断は，正当として是認することができる（最一小
判昭45・11・5裁判集民101号347頁）。

■ 平米単価を公簿面積に乗じて代金を算出したものが数量指示売買であると
された事例

　　買主は，かつて買受土地の坪数不足により不測の損失を蒙った経験が
あったため，当該売買に当たっては，この轍を踏まぬよう当初から意を用
い，折衝段階から最終打合わせに至るまで再々当該土地の坪数が公簿面積
だけあるかどうかを問いただし，買主においては当該土地の実測面積不分
明のため売主側仲介業者・測量業者が中心となって実測することが約され
ていたように買主が当該土地の面積に不安を抱いている態度を表明してい
たのに対し，売主側仲介業者・測量業者は終始公簿面積に相応する坪数が
ある旨言明し，契約締結当日においては後日その測量を行うことを約して
いたものであり，売主は売主側仲介業者・測量業者の坪数の説明について
はその場に居合わせながらも別段異を述べるようなことがなかったばかり
か，坪数等の状況については実情が分からないままに売主側仲介業者・測
量業者の説明に委せ，契約締結当日には，当該土地の測量が遂げられな
かったため当該契約の締結をちゅうちょする買主に対し同日契約を成立さ
せるよう要請したりし，そこで，買主は，同日本件土地買受けの契約を結
ぶに至ったわけであるが，契約書作成に際しては，後日本件土地の坪数不
足が判明した場合の損失を予防するためかねて弁護士から指導を受けてい
たところに従い坪当り2,500円との単価をわざわざ記載し，これに公簿面
積を乗じた金額が売買代金となっている旨を示してこの契約書を売主とと
り交した一連の経緯によれば，買主と売主との間の当該土地売買に際して
は，買主においては当該土地の坪数を重視して登記簿表示の面積が実際に
存在することを確かめ，売主においては，同人が当該契約の予備的交渉を
なす権限を与えていたものというべき売主側仲介業者・測量業者の言を通
じて当該土地の坪数が買主の要望どおり存在することを表示していたもの

604

であり，その代金額も一応のめやすのために坪数による計算をしたものではなく，登記簿上の坪数を基礎とし坪単価に従って算定されたもので，当該契約はいわゆる数量指示売買であると認めることができる（東京地判昭46・11・29判時662号56頁）。

■ 公簿面積による山林の売買であっても数量指示売買であるとされた事例

　「土地」の売買については，一般に，目的地の坪数を指示し坪当りの単価を標準として代金額を定めた場合に数量指示売買が成立するといわれているが，しかしながら，数量指示売買か単なる特定物売買かは結局のところ当事者の意思解釈の問題に帰着するから，一坪の単価が定められていなくても数量指示売買になる場合もないわけではなく，また，数量を指示するといっても，宅地・農地・山林によってそれぞれ事情が異なることもいうまでもないところ，売買予約契約書には当該山林の表示として，地目反別による登記簿上のそれのほかに，坪単位で合算した「総坪数82,955坪」なる記載のあること，当該山林の西側境界部分は境界を見極めるために入っていくことが困難な状況にあるばかりか，当該山林には急傾斜面がかなりあって，険しい地形であることと当該山林が実測上も6万坪以上もあることをあわせ考えれば，当該山林全体を見渡してその広さを感覚的に確認することは困難であると推認され，その面積が登記簿上の面積82,955坪あるかどうか確めるために売主に問質した状況，当該山林の実測面積と登記簿上の面積のずれが大きすぎること，売主も当該山林の面積が登記簿上の面積どおりあることを確信していたことなどの事情のもと，極めて広範囲にわたり地形も著しく複雑な当該山林にあっては，坪当りの売買単価に総坪数を掛け合わせて代金額を算出することは，それ自体あまり意味のないことである一方，それら諸事情からすると，「82,955坪」という総坪数は，単に当該山林を特定するだけのもの，ないしは登記簿上の面積の単なる合算にすぎないとみることはできず，その総坪数は同時に数量指示のために用いられたものと解するのが相当であり，当事者双方とも当該山林が全体として，その総坪数を有することに重きを置き，売主においては少なくとも登記簿どおりの坪数はあるものとしてこれを確保しないしは保証し

第6章　不動産の瑕疵

たものであり，買主においてもこれを前提として代金額を定めたものと認めることができ，そうすると，当該売買は数量指示売買と解すべきであり，契約に際し指示された82,955に対し実測面積が60,251.345坪であるから，差引22703.655坪の数量不足があったものといわなければならない（東京地判昭47・5・22判時682号32頁）。

■仮換地の面積を表す図面が参考図面の域を出ないとして売買が数量指示売買とされなかった事例

　当該売買契約は，土地，建物の各価格の内訳を定め，かつ土地について，その数量を確保する意味で仮換地の面積を表示し，かつその数量を基礎として売買代金の額が決せられたものであるとは到底認められず，登記簿の表示によって特定した当該土地（仮換地の指定済み）と，その仮換地上にある本件建物を一括して代金3,000万円で売買する趣旨の通常の売買契約であり，不動産売買契約書に添付された図面も，もともと不動産仲介業者が，顧客に見せて買受けを勧誘するための資料として勝手に作成（価格を，厳密には正確さを欠く坪単価で記載したのも，顧客に価格の高低の目安を端的に示すためと考えられる。）していたにすぎないものを，仮換地を示すために添付したまでで，結局それは参考図面の域を出るものではなかったと認められ，そうすると，当該売買契約が数量指示売買であることを前提として，売買代金の減額請求をし，売主に減額分の返還を求める買主の請求は失当たるを免れない（大阪高判昭47・6・16金判325号18頁）。

■公簿面積による売買が数量指示売買でないとされた事例

　数量指示売買としての土地売買とは，売買目的物件が一定の実面積を有すべきことを現わす趣旨において売主がその面積を表示し，かつ，この面積を基礎とし，これに応じて売買代金が合意，決定された場合をいうものと解するのが相当であるところ，当該売買契約書に目的物件各筆につき登記簿の記載どおりの地積が表示され，売主は，当該売買契約締結当時目的物件の実測面積を把握していなかったのであるから，目的物件の面積が登記簿の記載どおり実存すべきことを確言し，そのことを現わす趣旨において契約書に登記簿どおりの地積を表示したとは考え難く，他方，買主にお

606

第13節　数量不足

いても，買受けの目的が投機売買にあったこと，売買契約書作成の日まで
に目的物件の実測面積と公簿面積との差をとくに問題とした形跡がなかっ
たこと，などから考えれば，売買目的物件の地積が登記簿の記載どおり実
存すべきことを前提として契約を締結したとは考えられず，もっとも，買
主は，買い値の提言にあたって，反当りの単価と登記簿に記載された反別
面積を基礎として，申出価額を算定したことがうかがわれるが，これだけ
でただちに，買主と売主との間で，当該土地の面積が登記簿の記載どおり
実存すべきことを前提として，その面積に応じて売買代金が合意，決定さ
れたとはいいがたく，それらの諸点その他の一切の事情を考え合わせれば，
当該売買契約においては，売買目的物件が一定の実面積を有すべきことを
現わす趣旨において売主がその面積を表示し，かつ，この面積を基礎とし，
これに応じて売買代金が合意，決定されたものとは認められず，売買契約
書に目的物件各筆につき登記簿の記載どおりの地積が表示されたのは，各
物件の地番，地目等の表示とあいまって，目的物件を特定する趣旨から出
たものと認めざるをえず，従って，当該土地売買は，民法第565条にいう
数量指示の売買にあたらないと認めるのが相当である（東京高判昭50・4・
23東高民時報26巻4号58頁，判タ328号260頁，金判462号10頁，判時780号47頁）。

■ 山林の公簿面積による売買が数量指示売買でないとされた事例（ただし，
結論は，要素の錯誤により無効）

　売主は，当該山林については，その代金を，1町歩あたり100万円であり，
面積が3町8反7畝であるから，代金総額は387万円となると説明したこ
と，買主は，代金の交渉を単価によって行わず，総額において300万円と
するよう交渉したこと，売買契約書には，売買物件の表示として当該山林
の登記簿上の所在，地番，地目，面積が記載されているが，その面積は，
売主の説明した面積とは若干異るものであること，添付された図面も，地
形を正確には反映していない概略図であって，もとより距離の記載もない
こと，実測をしないで売買契約が結ばれ，買主と売主は，代金算定の標準
とした面積と実測面積との間に多少の増減があっても不服を申し述べない
ことを互いに了承していたもので，当該売買契約は，代金の決定にあた

第3編　不動産の瑕疵担保責任

第6章　不動産の瑕疵

り，当該山林をそれぞれ全体として評価する手段として，そのような面積を一応の標準とし，これに1町歩あたり100万円という単価を乗じて算出する方法がとられたというにとどまり，当事者において当該土地が実際に有する数量を確保するために，売主が一定の面積のあることを当該売買契約において表示したとまではすることができないから，当該売買をもって数量指示売買であるとすることはできない（東京地判昭50・5・14判時798号59頁）。

■ 坪単価に坪数を乗じて代金を決定した売買が数量指示売買であるとされた事例

　買主が，売主から当該土地（埋立地）を3.3平方メートル当たり代金76,000円で合計金12,996,000円で買い受け，所有権移転登記を受けたが，この売買は，3.3平方メートル（1坪）当たりの単価が決められ，これに坪数を乗じて売買代金が決定されていることが認められ，しかして，当該売買は，いわゆる数量指示売買であるというべきである（横浜地判昭50・7・30判タ332号296頁）。

■ 公簿面積による売買が数量指示売買でないとされた事例

　民法565条にいういわゆる数量指示売買とは，売買契約の当事者において目的物が実際に有する数量を確保するため，その一定の面積，容積，重量，員数または尺度を売主が契約において表示し，かつ，この数量を基礎として代金額が定められた売買を指称するものと解するのが相当であるところ，当該売買契約においては，売買の目的土地として，登記簿に記載してある字地番地目および地積が表示され，その合計地積26万7130平方メートル（8万0807坪）は売買契約の当事者が実際に存在すると考えていた約8万坪に近似するものであるといい得るが，売主は，売買契約当時目的物件の実測面積を正確に把握していたとは認められず，目的物件の面積が登記簿の記載どおり実存することを確言し，そのことを表わす趣旨において売買契約書に登記簿どおりの地積を表示したものとは考え難く，他方，買主においても，買受の目的が宅地造成にあったとはいえ，売買契約を締結するまでに目的物件の実測面積と登記簿上の面積との差異に特段の配慮をし

て，あらかじめ売主側から交付を受けていた公図にスケールをあてておお
よその面積を確認するなどの措置をとった形跡はなく，売買契約書の調印
に際して，実測面積の表示を記載することを要求せず，かえって，実測面
積の増減があっても異議を申し述べない旨の特約条項を明記した契約書に
何らの異議を留めずに調印していることなどの諸事情をあわせ考えれば，
当該山林の売買契約は，売買目的物件の地積が登記簿の記載どおり実存す
ることを前提として締結されたものとは認め難く，売買代金を決定するに
際し，1坪当たりの単価と登記簿に記載されている地積に近似する8万坪
を基礎として希望価格を算出したことが認められるが，この坪数による計
算は，代金額決定のための一応の方法にすぎず，売買の当事者としては，
目的物件の登記簿の地番，地目，地積による表示と現地での指示によって
特定された当該の土地の全体を別荘分譲地に適する土地としてのその特性
に着目して売買したものと認めるを相当とし，当事者において，売買物件
の実際に有する面積を確保するために登記簿の地積を表示し，かつ，この
地積を基礎として代金額が定められたものとは断定することはできず，し
てみると，当該山林の売買は，民法第565条にいういわゆる数量指示売買
にあたると認めることはできないものである（札幌高判昭52・7・20判タ360
号179頁）。

■ **面積増減精算条項のある契約書であっても数量指示売買でないとされた事**
例

当該土地の売買において，土地売買契約書第4条ただし書に「その面積
に増減ありたるときは，末尾の物件表示の記載によるものとする」旨の条
項があるが，この売買契約書は市販の用紙をそのまま用いたものであり，
特に当事者間で意識的に，当該土地の地積について，登記簿に記載の地積
が最小限度あることを保証したものではなく，同契約書末尾に記載の売買
物件の表示における地積は，目的物件の不動産を特定する意味しかなかっ
たものであり，また，売買代金が定められた事情も，反当たりの単価を基
準に登記簿上の地積に応じて算出されたものではなく，当該土地の現況に
基づき定められたものと認められ，当該売買は，当該土地の地積が少なく

第6章　不動産の瑕疵

とも登記簿上の52.56平方メートルあるとする数量指示売買であったと認めることはできず，したがって，国土調査の結果，当該土地の地積につき登記簿上の地積より13.55平方メートルの不足が生じたとしても，買主は，売主に対し，その不足分に相当する売買代金の減額を請求する権利を有しないことは明らかである（東京高判昭56・3・13判タ444号89頁）。

■ 公簿面積による売買が数量指示売買でないとされた事例

　民法第565条にいう数量指示売買とは，特定物の売買において一定の数量の存することを契約の重要な事項として表示したものを指称し，これを土地売買についていうならば，面積の表示が売買の目的を達成するうえで特段の意味を有し，かつ，地積が代金算定の基礎とされた場合と解するを相当とするところ，買主は，売主と土地売買契約を締結するに際し，その実測面積がその公簿面積から県に売却した土地の面積を控除した面積418平方メートルより過不足の存した場合についてなんらの取極めもせず，また，当該土地の分筆，所有権移転登記手続を経由しながらもその面積を実測せずに経過し，しかも，売買契約締結後実に8年も経過して始めて当該土地の実測面積が84.46平方メートルも不足していることを知ったというのであるから，当該土地売買契約において表示された当該土地418平方メートルの面積は，売買契約の目的を達するうえで特段の意味を有したものと認めることはできず，そして，この契約において当該土地を含めて表示された418平方メートルなる面積が代金決定の基礎にされたことは買主が土地売買契約締結に際し，売主から買い受ける土地の範囲を指示されたとの事実に徴すると，当該面積の表示も，代金額決定の基礎に止り，それ以上の意味を有するものと認めることも困難である（浦和地判昭57・11・24判タ491号79頁）。

■ 公簿面積による競売が数量指示売買でないとされた事例

　民法第565条所定のいわゆる数量指示売買とは，当事者において目的物の実際に有する数量（当該競売手続における当該土地の面積）を確保するため，その一定の数量を売主が契約において表示し，かつ，この数量を基礎として代金額が定められた売買をいい，土地の売買において当該土地を登記簿

第13節　数量不足

記載の地番地目坪数をもつて表示したとしても，それだけをもって直ちに売主が当該坪数のあることを表示したものと解することはできないのであって，当該売買が数量指示売買であるか否かはその売買におけるその他の諸般の事情をも総合してこれを決するのが相当であり，また，この理は同法第568条第１項によって前記法条が適用される担保権の実行としての不動産競売においても同様であると考えられるところ，当該競売手続における「期間入札の公告」においては，当該土地との建物についてはすべて登記簿上の記載に基づきその所在，地番，地目，地積，建物の種類構造床面積を表示し，なお，地目について現況と異なるものは現況をも附記し，その公告書には，以上のような記載のほか，別途，本件競売物件に関する物件明細書，現況調査報告書，評価書の各写しを執行裁判所（裁判所書記官室）に備え置いて一般の閲覧に供している旨附記されており，これらの各書面における競売物件の表示もすべて公告書と同様であるが，そのうち評価書の物件表示欄には「登記簿による」ことを特に明示し，かつ，その備考欄には登記簿の記載事項と現況との異同として「概ね同一と判断される。」旨記載されていること，公告，評価書の作成等は競売物件の適正明朗な売却をはかるため，あるいは，ひろく一般市民が適正明朗な競落をなしうることを保障するためになされた執行裁判所の執行処分ではあるが，法律上，その記載内容に公信力を与えたものとまではいえないものであり，また，一般に，不動産（土地）登記簿上の記載ことにその面積記載が往々にして正確な現況と異なるものの存することは公知の事実であり，それゆえ，一般に土地売買においては，特段の事情がないかぎり，売買土地が登記簿上の地番地目面積の記載によって表示される場合でもそれは単に当該土地を特定表示するものにすぎず，実際の土地の面積を確保するためのものではないと解するのが相当であり，競落人は当時経験18年の実績を有する不動産取引業者であって，当該競落土地上にアパートを建てるつもりで現場に臨み，これを見分したうえ入札に及んだものであることが認められ，当該競売手続が土地４筆と地上建物２棟の一括競売によってなされたものである点等をあわせ考えると，結局，競落人がした当該競落を民法第568

第３編　不動産の瑕疵担保責任

611

第6章　不動産の瑕疵

条第1項，第565条所定の数量指示売買であると解することは困難である（大阪高判昭62・6・4判タ647号175頁，判時1251号107頁）。

■ **公簿面積による競売が数量指示売買でないとされた事例**

　土地の競売は，筆単位で行われるのであり，また競売開始決定がされると直ちに差押えの登記がされるが，その登記の関係からも物件を特定表示するために登記簿記載の所在，地番，地目，地積を用いるのが通例であり，競売事件における評価書の作成及び公開は，評価の基礎及び評価額の算出過程を公開することによって最低売却価額の決定の適正さを制度的に保障するためにされる執行裁判所の執行処分であるが，法律上その記載内容に公信力を与えたものとまでいうことはできず，競売の評価書において添付されている地積測量図についても，当該土地の実際の面積が地積測量図に記載された面積どおりであることを保証する趣旨で添付されているのではなく，当該土地の形状を示す図面として添付されているに過ぎず，また，一般に，土地登記簿の記載ごとにその地積の記載が実際の面積と符合しないことが多いことは公知の事実であり，それゆえ，土地売買においては，特段の事情がない限り，売買土地が登記簿の所在，地番，地目，地積の記載によって表示される場合でも，それは単に当該土地を特定表示するものに過ぎず，実際の土地の面積を確保するためのものではないと解され，そして，当該土地は一体をなした画地であり，その境界は現地においても明確であって，また，競落人は，不動産取引業者であり，当該土地の買受けに際し，現地を見分したものとみられるのみならず，当該土地を，当該競売において定められた最低売却価額の約1.7倍の代金で買い受けているのであるから，競落人は，区画された当該土地を全体として独自に評価して，これを買い受けたものということができ，これらの点を考え合わせれば，当該競売が民法第568条第1項，第565条所定の数量指示売買に該当するということはできない（東京地判平3・10・14判タ789号189頁，金判898号26頁，金法1321号28頁）。

612

第13節　数量不足

■借地権付き建物の売買において土地の公簿表示されていた場合に数量指示
売買であるとされた事例

　買主が，売主から，当該建物をその敷地借地権とともに買い受けた際，
売主は，当該売買契約に際し，買主に対し，当該敷地の借地権の面積は
83.60平方メートル（25.33坪）である旨述べていたが，実際の借地権の対象
は，当該敷地が18.33坪であり，その余の7坪は当該敷地から若干離れた
部分に存する私道部分であることが判明したもので，民法第565条所定の
いわゆる数量指示売買とは，当事者において目的物の実際に有する数量を
確保するためその一定の面積等があることを売主が契約において表示し，
かつ，この数量を基礎として代金が定められた売買を指称するところ，土
地の売買において，目的たる土地を登記簿記載の面積をもって表示したと
しても，目的物特定のために面積を表示したにすぎない場合も多いから，
これをもって直ちに売主がその面積のあることを表示したものというべき
ではないことは勿論であるが，他方，必ずしも1平方メートル当たり何円
という代金算定方法をとっていない場合でも，売主が一定の面積があるこ
とを保証しこれが代金算定の重要な要素となっているときには数量指示売
買に該当するものと解され，当該敷地は登記簿上一筆の土地の一部であり，
面積が83.60平方メートルである旨の表示には当該敷地を特定する機能は
ないこと，売主は，売買代金額決定の過程において，買主からの当該敷地
の面積についての問合せに対し，83.60平方メートルである旨回答してい
ること，買主は，増築の関係で当該敷地の面積を重視しており，このこと
が売主にも伝わっていることの諸点が明らかであり，当該売買契約におい
ては，売主が当該敷地について一定の面積があることを保証し，これが代
金算定の重要な要素となっているというべきであるから，当該売買契約は
数量指示売買に該当するものと解され，当該売買契約における代金は借地
権の対象たる当該敷地の面積として不足した24.48平方メートルに相当す
る分について減額されるべきである（東京地判平5・8・30判時1505号84頁）。

第6章　不動産の瑕疵

■平米単価を公簿面積に乗じて代金を算出したものが数量指示売買であると
されなかった事例

　一般に土地の売買において目的物を特定表示するのに，登記簿に記載し
てある字地番地目及び坪数をもってすることが通例であるが，特段の事情
がないかぎり，登記簿記載の坪数は必ずしも実測の坪数と一致するもので
はないから，売買契約において目的たる土地を登記簿記載の坪数をもって
表示したとしても，これでもって直ちに売主がその坪数のあることを表示
し，実際の土地の面積を確保するためのものではないと解するのが相当で
あり，この建物競売においては当該土地面積を登記簿記載の平方メートル
数をもって表示し，当該土地の1平方メートル当たりの単価を求めたうえ
で，その平方メートル数を乗じているのであり，登記簿記載の平方メート
ル数は当該土地を特定し，当該土地の価格を算定する手段にすぎず，数量
を指示して売買したものとは認められない（東京地判平5・9・7判時1490号
93頁，金法1392号52頁）。

■公簿面積による競売が数量指示売買でないとされた事例

　当該土地建物についての不動産競売事件において，売却許可決定を得て
代金納付をしたが，この競売事件において，当該土地は登記簿上の地番・
地目・面積によって表示され，その表示された地積は合計364.73平方メー
トルであったものを，競落人が代金納付後測量したところ，当該土地は合
計295.55平方メートルであり，その表示面積に比べ，69.18平方メートル不
足し，民法第565条所定のいわゆる数量指示売買とは，当事者において目
的物の実際に有する数量（この競売事件においては土地の面積）を確保するた
め，その一定の数量を売主が契約において表示し，かつ，この数量を基礎
として代金額が定められた売買をいい，土地の売買において当該土地を登
記簿記載の地番地目坪数をもって表示したとしても，それだけをもって直
ちに売主が当該坪数のあることを表示したものと解することはできず，当
該売買が数量指示売買であるか否かはその売買におけるその他の諸般の事
情をも総合してこれを決するのが相当であり，また，この理は民法第568
条1項によって前記法条が適用される担保権の実行としての不動産競売に

614

第13節　数量不足

おいても同様と解される（東京地判平12・4・18金法1631号104頁）。

■ 公簿面積による契約書であっても数量指示売買であるとされた事例

　当該土地は，市街化区域内に所在する土地であり，地目は畑であるが，現況は更地であり，売買契約に当たり，買主が仲介業者に対し当該土地の実測図面を要求したところ，仲介業者は，当該土地の面積が177平方メートルである旨が記載された公図の写しを買主に交付し，買主は，この図面で当該土地の実測面積が177平方メートルあることが確認されたと考え，それ以上に実測図面を要求せず，仲介業者は，売主と買主に対し，重要事項説明書を交付し，同説明書には，当該土地の地積として，登記簿177平方メートル（53.54坪）の記載はあったが，実測面積の欄は空欄であり，また，同説明書の建築基準法に基づく制限の概要の欄には，当該土地の建築面積の限度として，「敷地面積177平方メートル×60パーセント＝106・2平方メートル」，当該土地の延べ建築面積の限度として，「敷地面積177平方メートル×200％＝354平方メートル」との各記載があり，さらに，仲介業者の作成した案文に基づき，当該売買契約の契約書が作成され，その際，仲介業者は，売主と買主に同契約書の条項を読み聞かせ，同契約書には，売買物件の表示として，「末尾記載の通りとしすべて面積は公簿による。」との条項があったものの，仲介業者からはその文言の意味の説明はなく，売主と買主との間でその意味が確認されたこともなかったなか，買主は，住居の敷地とする目的で当該土地を購入したものであり，その後，住居を新築するために土地家屋調査士に依頼して当該土地を測量したところ，その実測面積が167.79平方メートルであって，当該売買契約書に表示された面積177平方メートルに9.21平方メートル不足することが判明したが，いわゆる数量指示売買とは，当事者において目的物の実際に有する数量を確保するため，その一定の面積，容積，重量，員数又は尺度があることを売主が契約において表示し，かつ，この数量を基礎として代金額が定められた売買をいうところ，売主と買主は，当該売買契約の代金額を坪単価に面積を乗じる方法により算定することを前提にして，その坪単価について折衝し，代金額の合意に至ったもので，そして，当該土地は，市街化区域内

615

第6章　不動産の瑕疵

にあり，小規模住宅用の敷地として売買されたものであって，面積は50坪
余りにすぎないというのであるから，山林や原野など広大な土地の売買の
場合とは異なり，このような零細宅地において開差5％を超える実測面積
と公簿面積との食違いは，売買契約の当事者にとって通常無視し得ないも
のというべきである上，買主は，仲介業者に対して当該土地の実測図面を
要求するなどしたというのであるから，当該土地の実測面積に関心を持っ
ていたものというべきであり，当該売買契約当時，当事者双方とも，当該
土地の実測面積が公簿面積に等しいとの認識を有していたことがうかがわ
れ，当該条項自体は，実測面積と公簿面積とが食い違う場合に代金額の減
額を要しないという趣旨を定めたものとはいえないし，当該条項がそのよ
うな意味を有する旨の説明が仲介業者からされたことなどもないというの
であるから，当該条項が存在することから直ちに実測面積に増減があって
も公簿面積を基礎として当該売買契約の代金額が決定されたこととする趣
旨であったと断定することはできないものというべきであり，それらの点
にかんがみると，当該売買契約書において登記簿の記載に基づいて当該土
地の面積が記載されたのは実測面積が公簿面積と等しいか少なくともそれ
を下回らないという趣旨によるものであり，当該売買契約の代金額は当該
土地の実測面積を基礎として決定されたものであるとする契約解釈は，経
験則に違反するものとはいえないというべきであり，そうすると，当該売
買契約においては当該土地が公簿面積どおりの実測面積を有することが表
示され，実測面積を基礎として代金額が定められたものであるから，当該
売買契約は，数量指示売買に当たり，買主は，売主に対し，民法第565条，
第563条第1項に基づいて，代金減額請求をすることができるものという
べきである（最一小判平13・11・22裁判集民203号743頁，裁時1304号468頁，判タ
1083号117頁，金判1140号24頁，判時1772号49頁，金法1637号58頁）。

◎　数量を指示してなした賃貸借

■数量を指示してなした賃貸借とはされなかった事例

　一般的にビルの営業用貸室契約において，その賃料，保証金が面積（坪
数）を基準に算出することが明示され，坪数によってその額が定められた

第13節　数量不足

場合には，民法第559条により賃貸借についても準用される民法第565条第1項の「数量ヲ指示シテ」なした賃貸借契約と認めるべきであるが，それは貸室専用部分の実測面積によるものではなく，これに合理的な範囲の共用部分の面積を加算した貸付契約面積，いわゆるビル坪をもって賃料，保証金が定められる商慣習があるものと認められるけれども，<u>当該ル貸室契約の場合には，地下1階全室のみでなく，これに加えて地上4階事務所，窓2個分の賃貸借契約が一括してなされ，窓2個分については面積（坪数）を明示せず，保証金も地下一階全室につき定めた儘になっていて何らの加算がなされていない</u>ことなどに照らすと，賃借人，賃貸人間において，その数量を指示して賃貸借をなす原則によらず，これを参考としながら地下1階，地上4階，窓2個分を数量を指示しない儘一括して賃料，保証金を定める旨の特約がなされたもので地下1階，地上4階事務所の面積表示は<u>目的物の特定ないし一応の標準すぎないものであることが推認できる</u>のであって，当該ビル貸室契約が民法第565条第1項の「数量ヲ指示シテ」なした契約であることが認められないことは明らかであり，したがって，地下1階全室の実測面積が貸付契約上の貸付面積と相違することをもって，保証金，賃料の減額を請求し，その過払額の返還請求をなし得ないことは明らかである（大阪地判昭47・8・4判タ286号343頁）。

■ **表示した坪数を基礎に賃料が算出されている場合でも，数量を指示してなした賃貸借とはされなかった事例**

「数量を指示してなした賃貸借」というには，当事者が目的物件が実際に有する面積を確保するため，賃貸人が契約において一定の面積のあることを表示し，かつこれを基礎として賃料等の定められたものであることを要すると解されるところ，「貸店舗ごあんない」及び「貸室一覧表」には，坪数が表示されてこれを基礎に保証金及び賃料が算出されているけれども，<u>同時に地下1階の総面積は134.618平方メートル（約40.79坪）であることが明示されているのであるから，地下1階部分の賃料算出の基礎とされているのは共用部分をも含めた同階全体の面積であることが極めて明らかであったこと</u>，さらに賃借人は，契約締結の以前から当該建物の面積が表示

第3編　不動産の瑕疵担保責任

617

第6章　不動産の瑕疵

されたところよりも少ないのではないかと考えていながら，終始何らの異
議もなく，契約を締結し，当該建物を使用してきたことによれば，契約に
おいて，面積を基準として賃料等が算出されていたとしても，契約当事者
にとって当該面積が契約の重要な要素とされたものでないことは明らかで
あるから，当該表示は賃借人の賃借部分が実際に当該面積を有することを
確保するためになされたものとは到底認め難く，むしろ賃料算出のための
一応の基準として表示されたものにすぎないものというべきである（東京
地判昭58・3・25判タ500号183頁，判時1087号105頁）。

◎　**数量不足**

■**当該土地が仮換地指定があり減歩が必至である場合と数量不足**

　　前出（573頁）の同判例のとおりの事情のもと，土地区画整理が実施され
るときは27パーセントに相当する減歩が必至であるところ，買主が数量に
不足があるというのは，要するに，当該土地の地積に現に不足があるとい
うのではなく，目下設立準備の進められている土地区画整理組合が県知事
の認可をえて発足し，区画整理が実施されたあかつきには，仮換地指定に
より当該土地中約27パーセントに相当する部分の使用収益を制限され，最
終的には換地によりこれを失うはずであるということにつき，ところで，
民法第565条に数量を指示して売買した物に不足があるというのは，契約
の当時既に目的物の数量が不足している場合のことを指すのであるから，
仮に区画整理施行による目的土地の減少が数量の不足にあたるとしても，
契約の当時区画整理の施行をみていないのであるから，これに当たらない
ことは明白であり，民法第565条に基づき目的物に数量不足ありとして代
金減額請求をすることは許されないものである（岡山地判昭45・2・23判時
614号87頁）。

◎　**数量指示売買において数量が超過する場合**

■**数量指示売買において数量が超過する場合における代金増額請求の適否**

　　民法第565条にいういわゆる数量指示売買において数量が超過する場合，
買主において超過部分の代金を追加して支払うとの趣旨の合意を認め得る
ときに売主が追加代金を請求し得ることはいうまでもないが，しかしなが

618

ら，同条は数量指示売買において数量が不足する場合又は物の一部が滅失していた場合における売主の担保責任を定めた規定にすぎないから，<u>数量指示売買において数量が超過する場合に，同条の類推適用を根拠として売主が代金の増額を請求することはできない</u>と解するのが相当である（最三小判平13・11・27民集55巻6号1380頁，裁時1304号476頁，判タ1079号190頁，金判1140号11頁，判時1768号81頁，金法1633号65頁）。

◎　**法定地上権と数量不足**

■**法定地上権と民法第565条の適用**

　　前出（614頁）の同判例のとおりの事情のもと，<u>法定地上権は，法定地上権が成立する土地の価値の一定割合として評価されるから，土地が競売物件の場合と同様に考えられる</u>（東京地判平5・9・7判時1490号93頁，金法1392号52頁（614頁参照））。

第7章　強制競売における担保責任

第7章　強制競売における担保責任

Q 172　強制競売の競落人は，競落した不動産に隠れた瑕疵があったときは，瑕疵担保責任に関する規定を適用することができるか。

A　強制競売については瑕疵担保責任に関する規定は適用されない（改正後の契約不適合責任に関する規定は，競売の目的物の種類又は品質に関する不適合については適用されない。）。

解説　改正前は，競売の目的物については，他人の権利の売買における売主の担保責任，他人の権利の売買における善意の売主の解除権，権利の一部が他人に属する場合における売主の担保責任，数量の不足又は物の一部滅失の場合における売主の担保責任，地上権等がある場合等における売主の担保責任，抵当権等がある場合における売主の担保責任に関する規定が適用され，債務者に対し，契約の解除，又は代金の減額を請求することができるが，目的物の瑕疵に関しては瑕疵担保責任に関する規定は適用されない。

改正後は，強制競売には新たな契約不適合責任に関する規定のうち種類又は品質に関する不適合については適用されないことを明記したものである（改正後の568条4項）。

【判　例】
◎　強制競売と担保責任
■強制競売の場合の瑕疵担保責任の要件
　　民法第565条・第568条の，強制競売における競売物件の数量不足及び一部滅失の場合の担保責任の規定は，競売法による競売の場合にも準用されるものというべきであるが，これらの競売の場合において，この担保責任

第7章　強制競売における担保責任

が生ずるのは，競売物件につき競落許可決定の裁判があつた当時に競売物件にこれらの瑕疵が存在した場合，即ちその当時を標準として原始的にその瑕疵の存在した場合であって，しかも当時競落人においてその瑕疵の存在することを知らなかった場合に限られるものというべきであることは，同第565条の規定が直接には売買契約の当時に売買物件に原始的瑕疵が存在した場合に善意の買主の利益を保護するための規定であることに照らし，これを認め得るところである（東京地判昭36・10・27高民14巻7号502頁，東高民時報12巻10号210頁，判タ125号58頁，判時284号20頁）。

◎　強制競売と袋地

■袋地であった場合と瑕疵担保責任（否定）

　落札人が，当該土地を落札した際，競売の目的たる当該土地は，競売手続における評価書によれば，いずれも旧国道に接面・隣接して位置し，落札人は，その評価額による最低競売価格を相当と信じて入札，競落したが，後日，落札人が当該土地について詳細な調査をしたところ，当該土地は，競売記録評価書に記載された場所に位置せず，旧国道に接面していないのみならず，通路のない袋地であることが判明したところ，これを民法第566条第2項の地役権が存在しない場合に準じて考えるのは，その制限列挙的規定の趣旨から許されず，民法第570条ただし書の強制競売は，広く国家機関による目的物の売却行為とみるべきであり，従って，これに任意競売を含ましめるのが妥当である以上，結局，この場合については，その担保責任が排除されることとなると考えざるを得ない（札幌地判昭52・3・8判タ365号314頁，判時872号107頁）。

◎　法定地上権

■法定地上権がなかった場合と瑕疵（肯定）

　当該土地及び当該土地上に存する当該建物は，債務者の所有であったもので，債務者は国から差押債権取立訴訟を提起され，これに敗訴し，国に対して支払義務を負うことが確定したが，債務者は債務を履行せず，国は当該建物について強制競売の申立てをなし，競売の結果，競落人がこれを競落し，当該建物の所有権を取得し，その旨の登記を経由し，債務者は，

621

第7章　強制競売における担保責任

保証金返還債務を担保するために当該建物に抵当権を設定し，その旨の登記を経由していたため，競落人は，当該抵当権が存在し，したがって，その競売によって当該建物のために法定地上権が成立すると信じて，当該建物を競落したが，競落人から債務者に対する法定地上権の存在することの確認を求める訴訟事件において，裁判所は，当該抵当権は登記簿上存在するけれども，その強制競売以前である被担保債権が弁済により消滅したものとして，競落人の請求を棄却する旨の判決を言い渡し，同判決は確定したなか，その強制競売は，本件建物に設定された本件抵当権が有効に存在し，したがって，裁判所の命じた鑑定人の鑑定評価においても，法定地上権が成立することを前提として，その地上権価格を算定し，これに建物の価格を合算して，鑑定評価額が算出されたうえ，その抵当権にかかる被担保債権も残存するものとして配当表が作成されたこと，また，競落人は不動産登記簿及び競売記録によって以上の事実を確認し，当然に法定地上権が成立するものと信じて鑑定評価額を若干上回る価額で当該建物を競落し，その代金を支払ったことによれば，法定地上権の存在は当該建物競売の内容となっており，独立にその価値が評価され，これを確認して競落人が競落したところ，既に数年前に抵当権の被担保債権が消滅していたことにより，その建物の使用収益を全うすべき用益的権利である法定地上権が存在しなかったというのであり，これらの事実のもとでは，民法第566条第2項前段を類推適用して，その不存在を知らなかった競落人は，その目的を達しえないものとして同法第568条により競売（担保責任の関係では売買）を解除して原状回復を求めることができるものと解するのが相当であり，更に，同法第570条ただし書において，物に隠れたる瑕疵があるときにつき，強制競売の場合は担保責任を生じないとする理由は，物の隠れた瑕疵というものは債権者においては知りえず，また競売自体が債務者（売主）の意思に基づくものではないこと，及びその物を現状のまま競売するという競売手続の性質から，その瑕疵の危険はその物を見て買受ける競落人に負担させるのが相当と解せられるからであるが，しかし，この場合は，競売手続において積極的に法定地上権の存在が明示され，建物価格をはるか

第7章　強制競売における担保責任

に上回る地上権価格が鑑定評価凱に加えられ，現に競落人はその評価額を
上回る競売代金を支払い，その代金は債務者の債務の支払に充当されてい
るのであって，このような場合同法第570条ただし書によりそれを依頼し
た競落人を犠牲にしてまで被担保債権の消滅を知りながら数年間抵当権の
設定登記を放置していた債務者に本来与えられる以上の代金を与えてこれ
を保護し，競売手続の安定をはかることは著しく正義に反するというべき
であって，このように適正な手続と当事者の平等を歪めてまでその但書を
適用してその担保責任を否定するのが法の趣旨とは到底解されない（名古
屋地判昭56・5・25訟月27巻10号1826頁，判時1022号99頁）。

第3編　不動産の瑕疵担
保責任

623

第8章 担保責任の請求期間

Q 173 買主は，売主に対して瑕疵担保責任を，いつでも請求することができるか。

A 原則として，買主が事実を知った時から1年以内に行使しなければならない（改正後の契約不適合責任は，買主が不適合を知った時から1年以内にその旨を売主に通知をしなければならない。）。

解説 従来の瑕疵担保責任は，契約の解除又は損害賠償の請求は，買主が事実を知った時から1年以内に行使しなければならないとされていたが，改正後の契約不適合責任では，目的物の種類又は品質に関する担保責任の期間の制限として行使ではなく，売主が種類又は品質に関して契約の内容に適合しない目的物を買主に引き渡した場合において，買主が不適合を知った時から1年以内にその旨を売主に通知すれば足り，1年以内に通知をしないときは，買主は，その不適合を理由として，履行の追完の請求，代金の減額の請求，損害賠償の請求及び契約の解除をすることができないとされた。この場合，売主が引渡しの時に，その不適合を知り，又は重大な過失によって知らなかったときは，この限りでないとされた。

契約不適合責任にあっては，数量に関する不適合，権利に関する不適合に対しては，目的物の種類又は品質に関する担保責任の期間の制限は適用されず，1年以内に売主に対して通知しなければならないという制限はない。

関連条文：民法第564条→第566条（目的物の種類又は品質に関する担保責任の期間の制限）→改正前，改正後40，45頁へ

第8章　担保責任の請求期間

【判　例】

◎　瑕疵担保による損害賠償請求権と消滅時効

■瑕疵担保による損害賠償請求権と消滅時効の適用の有無

　　買主の売主に対する瑕疵担保による損害賠償請求権は，売買契約に基づき法律上生ずる金銭支払請求権であって，これが民法第167条第1項にいう「債権」に当たることは明らかであり，この損害賠償請求権については，買主が事実を知った日から1年という除斥期間の定めがあるが（民570条・566条3項），これは法律関係の早期安定のために買主が権利を行使すべき期間を特に限定したものであるから，この除斥期間の定めがあることをもって，瑕疵担保による損害賠償請求権につき民法第167条第1項の適用が排除されると解することはできず，さらに，買主が売買の目的物の引渡しを受けた後であれば，遅くとも通常の消滅時効期間の満了までの間に瑕疵を発見して損害賠償請求権を行使することを買主に期待しても不合理でないと解されるのに対し，瑕疵担保による損害賠償請求権に消滅時効の規定の適用がないとすると，買主が瑕疵に気付かない限り，買主の権利が永久に存続することになるが，これは売主に過大な負担を課するものであって，適当といえず，したがって，<u>瑕疵担保による損害賠償請求権には消滅時効の規定の適用があり，この消滅時効は，買主が売買の目的物の引渡しを受けた時から進行すると解するのが相当であるため，買主が売主に対し瑕疵担保による損害賠償を請求したのが当該宅地の引渡しを受けた日から21年余りを経過した後であったというのであれば，買主の損害賠償請求権については消滅時効期間が経過している</u>というべきである（最三小判平13・11・27民集55巻6号1311頁，裁時1304号476頁，判タ1079号195頁，金判1134号3頁，判時1769号53頁，金法1633号71頁）。

◎　数量指示売買による代金減額請求権等と消滅時効

■数量指示売買による代金減額請求権等と消滅時効の適用の有無

　　数量指示売買において，売買目的物が不足であった場合又は契約当時物の一部が滅失していた場合に買主が善意であったときの代金減額請求権，契約解除権，損害賠償請求権は，買主が数量不足又は一部滅失の事実を

第8章　担保責任の請求期間

知った時から1年以内に行使することを要することは，民法第565条の準用する同法第564条所定のとおりであるが，しかし，代金減額請求権等の行使は，同条の定めるところに制限されるのみではなく，一般の消滅時効の規定の適用を受け，これによっても制限されるもので，すなわち，売主に対する担保責任の追及を早期にさせ，担保責任をめぐる売買当事者間の権利関係をなるべく早く安定させるという民法第564条の趣旨からすれば，買主が一般の消滅時効の期間を上回るような長年月の経過後に数量不足又は一部滅失の事実を知った場合であっても，その時から一年以内であれば代金減額請求権等を行使することができるものと解するのは相当でなく，同条が民法総則中の消滅時効の規定の適用を排斥するものとも解せられないからである（大阪高判昭55・11・11金判623号34頁，判時1000号96頁）。

◎　**瑕疵担保責任に関する除斥期間**

■**事実を知った時の意義と除斥期間の起算点**

民法第570条，第566条第3項の「事実を知りたる時」については，これは瑕疵と，それに基づく損害の発生と，損害額を買主が知ったときと解するのが相当であり，損害額が不明であれば，買主は損害賠償が請求し得ないであろうし，まして損害が発生しなければ，請求しないのが普通であるからであり，こう解しても売主に特に不利なことはなく取引の安全に反することもない（東京地判昭39・10・19下民15巻10号2494頁，判タ170号236頁）。

■**シロアリ被害の発見と除斥期間の起算点**

買主が当該土地建物を購入することとし，居住用として，売買契約（土地付き建物売買契約）が締結され，当該建物につき，中古住宅であることから，現況有姿売買であることが合意され，当該土地建物が引き渡された後，買主が，当該建物の1階4畳半和室の幅木の状態を見て，畳を上げ，床板をはがして床下を確認したところ，白あり被害を発見し，仲介業者に連絡をし，仲介業者から連絡を受けた白あり業者が防蟻剤を入れるなどの白あり駆除の処理をしたところ，1級建築士は，調査鑑定結果報告書において，当該建物の構造耐力上主要な部分である土台が白あり被害（木材の空洞化等の重大な損傷）を受けて危険があり，土台の取替えとそれに伴う柱脚と筋違

第8章　担保責任の請求期間

の取り合いを補修すれば，構造耐力上，安全となると評価していることが
それぞれ認められるとしているなか，買主が，当該建物に立ち入って白あ
り被害を発見しているが，しかしながら，買主が白あり被害について専門
的知識を有していると認めるに足りる証拠はなく，白ありの存在が当然に
建物の倒壊の危険性をもたらすものではなく，その危険性は被害の程度に
よることからすれば，この場合における除斥期間の起算点は，買主が単に
白あり被害を発見してこれを認識した時点でなく，少なくとも白あり被害
が土台の大部分に及んでおり，建物の効用が相当程度減殺されることを認
識した時点であるというべきである（東京地判平18・1・20判タ1240号284頁，
判時1957号67頁）。

■瑕疵担保責任及びアフターサービス条項の解釈

　買主は売主（不動産業）と，平成9年，マンションの住戸の売買契約を
締結したが（平成10年マンション完成，同年住戸引渡し），売買契約書には，「瑕
疵担保責任：売主は，本物件に隠れた瑕疵がある場合は，本物件引渡日よ
り2年間に限りその責を負います。ただし，本物件引渡し後，買主の責に
帰すべき事由または天災地変その他不可抗力により生じた滅失または毀損
については，売主は，その責を負いません。アフターサービス：売主は，
別に定める「アフターサービス規準」に基づく範囲内において本物件のア
フターサービスを行い，その窓口は，後記「売買物件に係る一棟の建物の
表示」に記載のとおりとします。」とあり，「アフターサービス規準」では，
アフターサービスの内容につき，アフターサービス内容を各項目ごとに定
め，アフターサービスの期間を，外周壁の内側を含む外周壁の雨漏りにつ
いては，管理不十分によるものを除いて，当該マンションの完成日から7
年と定めているが，シーリング材については5年と定めているとき，売買
契約書では，当該住戸の瑕疵担保責任の除斥期間を当該当該住戸の引渡日
から2年間と定めているところ，買主が，当該住戸の引渡しを受けて2年
間に売主に対して漏水を指摘したのはリビング腰窓の漏水のみであるとこ
ろ，リビング腰窓の漏水は，シーリングの施工不良を原因とするものであ
り，リビング腰窓の漏水についての修補工事後は，当該箇所から漏水は生

第3編　不動産の瑕疵担保責任

627

第8章　担保責任の請求期間

じておらず，その漏水は，サッシ周りの防水措置の施工不良によるもので
ないと考えられることが認められ，これによれば，リビング腰窓の漏水と
は，漏水原因及び漏水箇所を異にしているということができるので，買主
がリビング腰窓の漏水を売主に指摘したことで，当該住戸の洋室北側の腰
窓サッシ，和室北側の腰窓サッシ及びリビングダイニング北側の腰窓サッ
シの各箇所に漏水漏水についての買主の売主に対する損害賠償請求権が，
保存されたということができず，その請求権は発生した可能性があるが，
その発生が認められたとしても，除斥期間の経過により消滅したというべ
きであり，売買契約書のアフターサービス規定は，瑕疵担保責任とは別に，
売主が所定の期間内に所定のアフターサービスを行う義務を規定したもの
であり，瑕疵担保責任に係る損害賠償請求権の除斥期間が，アフターサー
ビス期間まで延期されているものということはできないというべきである
（東京地判平22・5・27判タ1340号177頁）。

◎　**数量不足による担保責任に関する除斥期間**

■**数量不足を知った時の意義と除斥期間の起算点**

　　民法第565条によって準用される同法第564条所定の除斥期間は，買主が
善意のときは，同人が売買の目的物の数量不足を知った時から起算される
が，買主が数量不足についてはすでに知っているものの，その責に帰すべ
きでない事由により売主の誰れであるかを知りえなかったときは，買主が
売主を知った時から起算すべきであると解するを相当とする（最一小判昭
48・7・12民集27巻7号785頁，集民109号499頁，判タ299号291頁，金判382号2頁，判
時714号174頁，金法694号24頁）。

628

第9章 現況有姿と担保責任を負わない旨の特約

Q 174 売買契約の特約によって，売主が瑕疵担保責任を負わないとすることはできるか。

A 売買契約の特約によって，売主が瑕疵担保責任等（改正後は契約不適合責任）を負わないとすることはできるが，知りながら告げなかった事実，自ら第三者のために設定し又は第三者に譲り渡した権利については，その責任を免れることができない。

解説 従来の瑕疵担保責任等も，改正後の契約不適合責任も，契約自由の原則に基づいて，その売主の責任を排除し，責任を負わないとする特約を設けることができ，その場合は，売主は，その責任を負わないこととなる。しかし，売主が，知りながら告げなかった事実及び自ら第三者のために設定し又は第三者に譲り渡した権利については，その責任を免れることができない。

売買契約の中で，売主の責任の制限に言及した条項がある場合，それが担保責任を負わない旨の特約に当たるか否か，その旨の特約に当たるとした場合，その売主が責任を負わないこととなる範囲については，その特約が設けられた経緯，売買代金，当事者の職業等の事情が総合的に考慮されて判断される。個々の事情によっては，責任を負わないとする特約があり，売主が知りながら告げなかった事実等ではない場合であっても，想定外の瑕疵については売主の責任が免除されない場合もあろう。

売買契約が現況有姿取引として行われるときも担保責任を負わない旨の特約があるものとされる場合もあるが，契約書に現況有姿取引である旨の記載があったとしても，直ちに，売主の，すべての瑕疵担保責任（契約不適合責任）を免除する趣旨とは解されず，例えば，中古住宅の売買の場合には，通常の

629

第9章　現況有姿と担保責任を負わない旨の特約

経年変化を超える特別の損傷等については，なお，売主は責任を負うとされる場合もあろう（Q154）。

> **関連条文**：民法第572条（担保責任を負わない旨の特約）→改正前，改正後45頁へ

【判　例】

◎　**瑕疵担保責任制限特約**

■ **瑕疵担保責任免除の合意をしたとが認められた事例**

　　買主が，公園事業用地として売主（地方公共団体）に売却した土地の代替地を売主から買い受けたが，代替地の地中にタール分を含んだレンガやコンクリート等の構造物が埋設されていたため，買主においてビル建設を行うに際して埋設物を撤去しなければならなかったところ，売主は，調査及び撤去により発見した埋設物をすべて除去し，買主は，その後整地された状態で当該土地の引渡を受けたのであり，買主は，その調査及び撤去により，当該土地には地中に埋設物が存在しないであろうと思っていたと認められるから，その埋設物は，容易に認識し得る状況にはなかったといえ，したがって，その埋設物は，「隠れたる瑕疵」に当たるが，売主建設局用地部管理課職員は，売主用地部内において，買主と当該土地の売買契約を締結するに際して，買主に対し，売買契約書の各条項を1条項ずつ説明し，特に当該契約書のうち，売主に分かる範囲の埋設物はすべて除去しているが，分からなかったものについては，責任を取れず買主の負担になる旨を説明したこと，買主は，その説明を受けた上で契約を締結したことが認められるから，買主と売主との間で，瑕疵担保責任免除の合意をしたことが認められ，売主の責任はすべて認められない（東京地判平7・12・8判タ921号228頁，判時1578号83頁）。

■ **担保責任を負わない旨の特約によっても想定外の瑕疵については売主の責任は免除されないとされた事例**

　　当該土地の売却について，買主は，当該土地が20坪に満たない三筆の土

630

第9章　現況有姿と担保責任を負わない旨の特約

地であることから，2階建て程度の木造家屋しか建っていなかったであろうと考え，以前の建物基礎は特に問題にならないと考え，売買交渉も，価格を中心に行われ，その後，代金支払条件等の細部条件を詰める交渉が行われ，買主から被告に契約書案文が手渡されたが，その案文には地中障害条項が入っており，その交渉の際には，地中障害条項が特に問題となることはなかったが，後日，売主から，地中障害条項を除外して欲しい旨の要請があったが，買主告は難色を示し，交渉した結果，通常の布基礎であれば，特別に撤去費用が掛かることもないとして，買主が負担することになり，但し，当該建物基礎の部分については，買主の責任と負担で解決する旨の但書を入れることで一応合意し，さらに交渉した結果，従来どおり通常の布基礎は買主の負担とすることになったが，その趣旨を明確にするため，重要事項説明書に当該物件に従前建物の基礎部分が存在しますとの文言を追加し，契約当時，買主と売主の双方とも，今回発見されたような大規模な建物基礎があるとは予想していなかったところ，当該売買契約書の地中障害条項（第6条）には，但書が記載されており，この内容は売主に有利なものであるが，何らの交渉もないのに買主がこのような但書を記載することも不自然であり，当該売買契約書の第6条では，地中障害については基本的には売主の責任と費用で解決する旨記載されており，重要事項説明書に付加された特約事項も，当該物件に従前建物の基礎部分が存在しますと記載されているのみであることが認められ，これらの記載から地中障害が全て買主の負担とみることは困難であり，<u>地中障害がどのような内容であっても，全て買主が撤去費用を負担することまで合意されていたとは認められず，従前建物の基礎については，布基礎程度のものは買主の費用で撤去し，予想外の大規模な基礎があった場合には売主が撤去費用を負担する旨の合意であった</u>といえ，布基礎程度というのは，正確にはその内容が不明確であるが，当該で実際に発見された地下室を伴う基礎については，それを超えるものであったことは明らかであるといえ，したがって，その撤去費用については，売主が負担すべきである（東京地判平9・5・29判タ961号201頁）。

第9章　現況有姿と担保責任を負わない旨の特約

■ **担保責任を負わない旨の特約と自殺による瑕疵**

　　前出（浦和地川越支判平9・8・19判タ60号189頁（542頁参照））。

■ **瑕疵の存在を知らなかったことについて売主に悪意と同視すべき重大な過失があったとして瑕疵担保責任免責特約が否定された事例**

　　売買契約における免責特約には，単に「買主の本物件の利用を阻害する地中障害の存在が判明した場合」としているのみであって，「地中障害」について，自然条件等によるものか，人工的なものかによって区別する文言は付加されていない場合，この免責特約は，当該土地の人工的な地中埋設物に関しても適用があると認めるのが相当であり，売主自身が従前建物解体業者に依頼して行った従前建物の解体・撤去の態様によれば，当該土地中に地中工作物が残置されている可能性があったことは明らかであるとともに，従前建物の撤去を自ら業者に依頼して行った売主において，これを把握することもまた極めて容易であったものであり，したがって，売主には，少なくとも地中埋設物の存在を知らなかったことについて悪意と同視すべき重大な過失があったものと認めるのが相当であり，そこで，このように売主が地中埋設物の存在を知らなかったことにつき売主に重過失が認められる場合にも，民法第572条が適用あるいは類推適用されるかどうか，あるいは，免責特約を主張することが信義則に反しないか否かについては，民法第572条は信義則に反するとみられる二つの場合を類型化して，担保責任を排除軽減する特約の効力を否認しているものと解され，そして，売主は，少なくとも地中埋設物の存在を知らなかったことについて悪意と同視すべき重大な過失があったものと認めるのが相当であるとともに，売買契約時における買主からの地中埋設物のないことについての問いかけに対し，売主は，地中埋設物の存在可能性について全く調査をしていなかったにもかかわらず，問題はない旨の事実と異なる全く根拠のない意見表明をしていたものであって，民法第572条の趣旨からすれば，この免責特約によって，売主の瑕疵担保責任を免除させることは，当事者間の公平に反し，信義則に反することは明らかであって，民法572条を類推適用して，売主は，免責特約の効力を主張し得ず，民法第570条に基づく責任を負う

ものと解するのが当事者間の公平に沿うゆえんである（東京地判平15・5・16判時1849号59頁）。

■ **法律の知識や不動産取引の経験を持たない通常人である買主と売主（道路公団）との間の確約書が瑕疵担保責任を負わないとする効力が否定された事例**

　買主（自動車用精密金型の製造・加工業等を目的とする有限会社）の所有土地が第2東名高速道路の事業用地として買収の対象となり，買主は，その買収に応じることとしたが，その際，金銭による買収ではなく，代替地の取得を希望し，その結果，買主は，道路公団，代替地提供者との間で，買主の道路公団への売り渡し，道路公団が当該土地を代替地提供者から買い受けてうえで，これを道路公団が代替地として買主に売り渡すことを内容とする三者間の土地売買契約を締結し，買主が当該土地の引渡しを受けた後，当該土地の造成工事に着手し，さらに，建物の基礎工事にも着手したところ，当該土地の土中に，コンクリート砕塊，木屑，ビニール塵その他の産業廃棄物が埋設されていることが判明したなか，買主が自らの意思に基づいて確約書（なお書きとして「なお，代替地に物件が存する場合……，及びこの代替地の境界形状，地積の不足等の瑕疵が発見された場合等については，貴公団に対してはいかなる名目の請求も行わないことを確約します。」とある。）に実印で押印したが，確約書中の「なお書き」部分は，それが道路公団の瑕疵担保責任を免除するという重大な効果を有する内容でありながら，それについて，買主に十分に理解させたうえで承諾してもらうという手続が踏まれていないものであり，この点に，買主と道路公団のそれぞれの立場，専門的知識能力の格差などを総合すると，確約書中の「なお書き」の記載について，単なる道路公団内部の事務手続に関する書類という以上に，文言どおりの効力を認めることは相当でなく，確約書により，買主と道路公団間で，当該買受土地に瑕疵があった場合の道路公団の担保責任を免除する特約が成立していたと認めることはできないというべきであり，仮に，確約書を有効であるとしても，そのような諸事情のもとでは，確約書の効力は，法律の知識や不動産取引の経験を持たない通常人が，確約書を一読してそれなりに理解

第9章　現況有姿と担保責任を負わない旨の特約

できる限度で，すなわち，現地の境界確認が行われたことを前提として，土地の境界形状，面積など，外形的な調査によって判定することが可能な瑕疵について，道路公団の担保責任を免除する趣旨として限定して解釈すべきであり，それ以上に，土中から産業廃棄物が発見された場合など，隠れた瑕疵についてまでも道路公団の担保責任を免除する効力は有しないと解するのが相当である（静岡地富士支判平15・8・19判タ1187号247頁）。

■ 瑕疵担保責任の範囲を雨漏り等一定の事由に限定する旨の特約が記載されていた場合における排水管等が埋設されていた瑕疵に対する特約の効力

　買主は，当該不動産の引渡しを後，現地を確認したところ，当該土地の中央部を横切る形で，その隣人と売主の共有共用の排水管が埋設されていること及び当該土地と隣地である，その隣人の所有地にまたがる形で共有共用の浄化槽が埋設されていることが発覚したところ，売買契約の契約書には売主が買主に当該不動産を現状有姿のまま引き渡すことを前提に売主が負う瑕疵担保責任の範囲を雨漏り等一定の事由に限定する旨の特約が記載されていたことが認められ，その文言が曖昧かつ不明確であると解することはできず，買主が不動産の売買，仲介等を業とする会社であることを合わせ考慮すると，買主と売主は，当該特約において，売主が瑕疵担保責任を負う場合を一定の場合に限定することを合意したものと解するのが相当であり，そして，当該特約の内容に照らすと，売主は，買主に対し，排水管等の存在について瑕疵担保責任を負わないものと解されるが，ところで，民法第572条は，売主が瑕疵担保責任を負わない旨を特約した場合であっても，瑕疵の存在を知りながらそれを告げなかった場合は責任を免れない旨規定しているところ，売主は，少なくとも浄化槽が，その隣人との共有共用であった事実を知っていたものと推認することができ，それを売買契約締結時に買主に告げなかったものと認められ，仲介業者から，当該不動産の浄化槽及び排水管の状況について特に確認を受けなかったことが認められるが，この事実によっても，売主は，当該特約によって瑕疵担保責認を免れることはできないと解される（東京地判平16・10・28判時1897号22頁）。

第9章　現況有姿と担保責任を負わない旨の特約

■元ガソリンスタンド敷地における瑕疵担保責任制限特約の認定

　売主は，当該土地でガソリンスタンドを経営していたが，ガソリンスタンドを閉鎖し，当該土地に設置したガソリンスタンド施設の解体工事を発注し，ガソリンスタンド施設の撤去工事を行い，当該土地を売却し，さらに，その購入者から買主が当該土地を買い受け，さらに買主は，当該土地を他に売却するための転売契約を締結し，転買人は，所有権移転登記を経由し，買主及び転買人は，転売契約に際して，当該土地について境界を明確にするため測量を行い，その測量において境界付近を掘り起こしたところ，当該土地の地中には，売主がガソリンスタンドを設置していた際に，使用していたコンクリート構造物等があるのが発見され，埋設物①は，ガソリンスタンド設置時に設置された高さ2メートルの防火塀の地中部分でコンクリート製で，埋設物②は，ガソリンスタンド設置後に改めて設置された約3メートル50センチメートルの防火塀の地中部分で鉄筋コンクリート製で，埋設物①は土留めのために設置した間知ブロック（関知石を積み上げて，段差のある形状の土地に盛土をする場合に用いられる土留めのこと）では，大型車両等が通行する擁壁として強度が不足するために，売主がコンクリートで補強して設置したものと推定されるが，施設撤去工事を行う際には，すでに当該土地と隣地との高低差はなくなり，また，埋設物②は，防火塀の基礎部分であり，そうすると，埋設物①②は，土留めとして機能していないから，施設撤去工事の際，撤去すべきであったことは明らかで，埋設物③については，埋設物②を支えるための基礎部分と解され，施設撤去工事において撤去すべきであったことは明らかで，埋設物④については，埋設物①と同じく，ガソリンスタンド設置時に設置された高さ2メートルの防火塀の地中部分であり，施設撤去工事において撤去すべきであったことは明らかで，埋設物⑤⑥については，ガソリンスタンド設置時に設置したガソリンタンクのベース等であり，施設撤去工事において撤去すべきであったことは明らかであるなか，埋設物①から④は，施設撤去工事の際，撤去すべきものであったと認めることができ，埋設物⑤⑥については，高層建物の建設のために杭打ち工法を取る場合や，地下室の設置をする場合

第9章　現況有姿と担保責任を負わない旨の特約

には，障害となるおそれがあり，件施設撤去工事の際，撤去が望ましいものであったといえるなか，瑕疵担保責任免除特約について，売買契約における宅地建物取引業法第35条に基づく重要事項説明書においては，売買契約においては，瑕疵担保責任を負わない旨が記載されていたとの事実を認めることができるが，買主は，当該土地がガソリンスタンドとして使用されていたことを認識した上で，あえて地中埋設物の存在を前提に，売買契約の代金を減額するなどの話合いをしたことはなく，買主の問い合わせに対し，当該件土地の地中埋設物が撤去済みであるとの回答を得，売買契約の締結の際，当該土地西側の境界線に，埋設物④の一部が露出していることの認識があったが，瑕疵担保責任免除特約は，この点を指しているとみることもできるため，瑕疵担保責任免除特約を理由に瑕疵担保責任を免れることはない（札幌地判平17・4・22判タ1203号189頁）。

■ 当事者間の均衡（不動産売買業者と一般の者）と売主の責任に関する条項の解釈

　「土壌汚染調査の結果，環境省の環境基準および自治体に指導基準があるときにはその基準を上回る土壌汚染があった場合は，売主は土壌改良もしくは除去の費用を買主に支払うものとする」旨の条項がある土地（味噌工場の敷地）の売買契約において（売主：味噌工場敷地所有者，買主：不動産売買業者），当該土地から砒素が検出された場合，環境基本法に基づいて環境省が定めた土壌汚染に係る環境基準においては，汚染がもっぱら自然的原因によることが明らかと認められる場所に係る土壌については，環境基準を適用しないこととしているなか，買主は，不動産売買を業として，その専門領域に属する土地売買契約を，これを専門としない食品製造業を営む売主との間で締結するにあたり，環境省の環境基準を上回る土壌汚染があった場合には，その処理費用を売主が負担する義務を負わせる契約条項を自ら申し入れて合意したが，土壌汚染に係る環境基準は，汚染がもっぱら自然的原因によることが明らかと認められる場所に係る土壌については適用しないことを告示で明記しているにもかかわらず，不動産売買専門業者でありながら買主は，環境省の環境基準を上回る土壌汚染があったとき

第9章　現況有姿と担保責任を負わない旨の特約

は，上記環境基準とは異なり汚染が専ら自然的原因による場合でも売主が
汚染処理費用を負担することについては，土壌汚染処理費用が巨額に上る
可能性もあるのに，何ら申入れもせず，条項に明記することもしなかった
と認められ，そうであるとすれば，その契約条項は，自然的原因による場
合に環境基準を適用しないこととしている環境基準と同じ趣旨で環境基準
を引用しているものと解するのが法令に照らして自然な解釈であり，そし
て，土壌汚染が専ら自然的原因による場合は，環境基準が適用されないの
であるから，契約解釈にあたっても，この場合は，契約条項において売主
が汚染処理費用を負担する原因として定められた「環境省の環境基準を上
回る土壌汚染があった場合」に含まれないと解するのが，当事者の合理的
な意思解釈であり，買主は，不動産売買の専門業者である買主の申入れに
よって定められた契約条項において，専門業者である買主が少しの注意を
すれば明確に定められたのにこれを明記しないで売買代金を含むその他の
契約条件を確定させた上で，売主の負担のみが巨額に上る可能性もある土
壌汚染処理費用の負担条項に限り，後になって自己に有利な解釈を環境基
準の定めに反して主張していると評価されるものであり，明確な合意条項
もないまま費用負担義務を売主に負わせることは合理的でなく，汚染が存
在する場合には，汚染源に関係なく転売価格が下がることになることが，
仮にあるとすれば，それは不動産売買を業とする買主が最も良く知ってい
るはずであり，そうであれば，その環境基準の定めも考慮して誤解を招か
ないように，また不動産売買の素人である土地の売主に予期しない大きな
不利益を生じさせないように，むしろ買主自らが明確に合意をする努力を
すべきであったといえるのであり，専門業者でありながら不明確な契約を
した買主にとって有利な契約解釈をすべき事情となるものではない（東京
地判平23・7・11判タ1385号173頁，判時2161号69頁）。

■瑕疵担保責任制限特約の成否

　　工場跡地の土地等の売買契約において，売主は東京都環境確保条例基準
超過部分の土壌改良工事及び地下水浄化工事を実施することを確約し，そ
れ以外については，将来において土壌又は地下水に汚染が発見された場合

第9章　現況有姿と担保責任を負わない旨の特約

であっても，理由の如何を問わず，売主は瑕疵担保責任を含め一切の責任を負わないものとする旨の特約がある場合，契約締結時に，汚染が生じていたことを認識していたことを直接裏付ける証拠はない中，当該土地上の工場において，かつて，六価クロムが使用されていたという事実と当該土地に当該汚染が存在しているということは別個の事実であり，土地上の工場で六価クロムが使用されていれば，土地中に六価クロムが存在するのが一般であるとの経験則が存在するとは認められず，売主は，契約締結に先立って，当該土地の土壌調査を行っており，しかもその方法は，土壌汚染対策法の指定調査機関に対して，土壌汚染対策法や東京都環境確保条例に準拠した方法によって行うように指示したものであるところ，この土壌調査の結果，当該土地からは，基準値を超える六価クロムは検出されなかったのであるから，かつて当該土地上において六価クロムを使用していたことがあるからといって，当該汚染を認識していなかったことについて，売主に悪意と同視すべき重大な過失があったとは認められず，当該土地の瑕疵である当該汚染について，当該免責特約が適用されないということはできないというべきである（東京地判平24・9・25判時2170号40頁）。

■ 免責特約の有効性

　リース対象物件に隠れた瑕疵があった場合及び物件の選択等に際してユーザーに錯誤があった場合であっても，リース業者は一切の責任を負わない旨の免責特約について，ユーザーの了解の下に決定したものと認めることができる場合，この免責特約の効力を否定する主張は失当である（大阪高判平25・12・5判時2218号37頁）。

■ 瑕疵担保責任制限特約の成否

　当該契約書において，一定の期間「民法第570条に規定する担保の責任を負う」旨が明記されており，当事者のやり取りを踏まえてその内容が修正されているにもかかわらず，「民法第570条に規定する担保の責任を負う」とする点においては何らの修正もなされていないことを考慮すると，瑕疵担保責任を制限する特約が締結されたとする主張は採用できない（東京地判平27・8・7判タ1423号307頁，判時2288号43頁）。

第9章　現況有姿と担保責任を負わない旨の特約

◎　現況有姿

■中古住宅の現況有姿売買と瑕疵の有無（肯定）

　売買契約は，約15年前に増築されてはいるが，築後26年以上を経過した中古住宅を敷地と共に現状有姿で譲渡するものであり，代金も敷地と合計した額のみを定めているものであり，したがって，当該建物の通常の経年変化は代金に織り込み済みというべきであるが，しかし，通常の経年変化を超える特別の損傷等がある場合には，当該損傷等は，代金設定において考慮されていなかった事情であり，当該建物の瑕疵に当たると解すべきである（東京地判平16・4・23判時1866号65頁）。

■中古住宅の現況有姿売買と瑕疵の有無（一部肯定）

　当該建物は，売買契約締結当時，既に白ありにより土台を侵食され，建物の構造耐力上，危険性を有していたということができるところ，売買契約は居住用建物をその目的物の一部とする土地付き建物売買契約であり，取引通念上，目的物たる土地上の建物は安全に居住することが可能であることが要求されるものと考えられるから，当該建物が売買契約当時，既に建築後約21年を経過していた中古建物であり，現況有姿売買とされていたことを考慮しても，その欠陥に関しては瑕疵があったといわざるを得ず，したがって，その欠陥は，隠れた瑕疵に当たるというべきである一方，当該建物の建ぺい率規制違反については，この売買契約は，現況有姿売買とされ，当該建物においてそのまま居住することを目的としており，建ぺい率規制違反が，その目的を阻害するものとは考えられないこと，建ぺい率規制違反の程度が必ずしも大きなものとはいえないことからすると，建ぺい率規制違反が隠れた瑕疵であるとは認められない（東京地判平18・1・20判タ1240号284頁，判時1957号67頁）。

第10章　民法以外の法律の改正

第10章 民法以外の法律の改正

第1節　商法の改正

> **Q 175**　瑕疵担保責任に関する民法の改正によって，商法も改正されたか。

　商法第526条第2項，第3項（買主による目的物の検査及び通知）が改正された。

解説　従来から，商人間の売買においては，買主は，その売買の目的物を受領したときは，遅滞なく，その物を検査しなければならず，その検査により売買の目的物に瑕疵があること又はその数量に不足があることを発見したときは，直ちに売主に対してその旨の通知を発しなければ，その瑕疵又は数量の不足を理由として契約の解除又は代金減額若しくは損害賠償の請求をすることができないとされていた。

今次の民法改正によって瑕疵担保責任が新たな契約不適合責任とされた改正後の民法第562条から第566条に整合させるため，商人間の売買における，買主による目的物の検査及び通知に関する規定である商法第526条第2項，第3項が，次のとおり改正された。

> 関連条文：商法第526条（買主による目的物の検査及び通知）→改正前，改正後50頁へ

【判　例】
◎　瑕疵担保責任制限特約と商法第526条
■瑕疵担保責任制限特約と商法第526条の適用の有無
　　購入した土地に六価クロム及び鉛が含まれていた場合，特約に，当該土

第1節　商法の改正

地引渡後に廃材等の地中障害や土壌汚染が発見され，かつ，買主が当該土地上において行う事業に基づく建築請負契約等の範囲を超える損害（30万円以上）が生じた場合には，売主の責任と負担において速やかに対処する旨を規定しているとき，土壌汚染等によって30万円以下の損害を被ったにすぎない場合には売主の責任を免責するという点で，売主の責任を限定したものであると解され，軽微な損害について売主を免責する点に，この特約の意義を見出すべきであり，土壌汚染については法の規制があり，瑕疵（土壌汚染）をそのままにして別の買主に売却することは事実上不可能であること，土壌汚染の場合には，汚染物質が地表からの目視等によっては発見できないことが多いこと，土壌汚染の調査には，費用と時間がかかり，引渡後6か月以内に検査すべきことを義務づけることは買主に苛酷であること，当該売買契約において売主に土壌調査義務を課していること，買主は商人であるとしても土壌汚染について専門知識を有しないことに照らすと合理的であり，以上によれば，当該売買契約において，売主による2回の土壌調査に引き続いて，買主が当該土地受領後に「遅滞なく」（商法526条1項）土壌調査を行うことは，そもそも当事者間において想定されておらず，同条の適用は，この特約により排除されていたと解するのが相当である（東京地判平23・1・20判タ1365号124頁，判時2111号48頁）。

◎　**担保責任の請求期間と請求方法**

■担保責任の請求期間の性質と裁判外における権利行使の適否

　　商法第526条は，商人間の売買における目的物に瑕疵又は数量不足がある場合に，買主が売主に対して損害賠償請求権等の権利を行使するための前提要件を規定したにとどまり，同条所定の義務を履行することにより買主が行使し得る権利の内容及びその消長については，民法の一般原則の定めるところによるべきである。したがって，その損害賠償請求権は，民法第570条，第566条3項により，買主が瑕疵又は数量不足を発見した時から1年の経過により消滅すると解すべきであり，このことは，商法第526条の規定による右要件が充足されたこととは関わりがなく，そして，この1年の期間制限は，除斥期間を規定したものと解すべきであり，また，各法

第10章　民法以外の法律の改正

条の文言に照らすと，この損害賠償請求権を保存するには，売主の担保責任を問う意思を裁判外で明確に告げることをもって足り，裁判上の権利行使をするまでの必要はないと解するのが相当である（最三小判平 4・10・20民集46巻 7 号1129頁，集民166号95頁，裁時1085号145頁，判タ802号105頁，金判912号 4 頁，判時1441号77頁，金法1343号34頁）。

◎　**商人間における瑕疵担保責任の請求期間**

■商人間における瑕疵担保責任の請求期間

　　売主と買主は，いずれも株式会社であるから，商人間の売買に当たり，したがって，買主は，目的物を受領したときは，遅滞なく検査し，瑕疵を発見したときは，売主が悪意でない限り，直ちに買主に通知を発しなければ，その瑕疵を理由として契約解除，代金減額，損害賠償の請求をすることはできず，売買の目的物に直ちに発見することかできない瑕疵がある場合において買主が 6 か月以内にこれを発見したときも同様であるところ（商法526条），この規定は，不特定物売買にも適用があるとされ，商人間の不特定物売買においては，買主が瑕疵の存在を認識した上でその給付を履行として認識したものと認められる事情が存しない限り，買主は，売主に対し，債務不履行を理由として売買契約を解除することができると解されるが，その場合でも瑕疵担保責任の規定（民570条・566条 3 項）の適用が妨げられることはないから，隠れた瑕疵を原因として売買契約を解除するには，買主がその瑕疵を知った時から 1 年以内にその旨の意思表示をする必要があると解され，したがって，買主が瑕疵があることを発見し，商法第526条に基づき売主にその旨を通知したとしても，その後 1 年の除斥期間内に売買契約を解除しなければ，債務不履行を理由とするものであっても，もはや当該瑕疵を理由に売買契約を解除することはできないと解するのが相当である（東京高判平11・8・9 判タ1044号179頁，判時1692号136頁）。

◎　**商法第526条 1 項の検査通知期間の起算点**

■検査通知すべき 6 か月の期間の起算日

　　買主（不動産の購入，販売等を目的とする株式会社）が，売主から当該土地及び当該建物を購入し，売買代金を完済して，当該土地建物の所有権を取得

第1節　商法の改正

してはいるなか，同時に当該建物を他に一時賃貸することとしたため，その賃貸期間である3か月間は，当該建物の解体工事に着手することができず，その間は当該土地につき地中障害物等の瑕疵の存否を調査確認することはおよそ不可能であって，しかも，その賃借人との間の一時賃貸借契約は，買主側の事情によるものではなく，専ら売主の要請に買主が応じたことにより締結されたものであるというのであり，このような経緯に照らせば，買主が「目的物を受取りたるとき」とは，買主と賃借人との間の一時賃貸借契約が終了し，買主が賃借人から当該建物を現実に明け渡されたことにより，買主において現実に当該土地を検査することが可能となった時と認めるのが相当である（東京地判平10・11・26判時1682号60頁）。

第3編　不動産の瑕疵担保責任

643

第10章　民法以外の法律の改正

第2節　その他の法律の改正

Q 176 | 瑕疵担保責任に関する民法の改正によって，商法以外の法律で改正されたのものはあるか。

A 宅地建物取引業法第35条第1項第13号（重要事項の説明等），第37条第1項第11号（書面の交付），第40条第1項（瑕疵担保責任についての特約の制限），借地借家法第10条第3項（借地権の対抗力等），第31条第2項（建物賃貸借の対抗力等），農地法第16条第2項（農地又は採草放牧地の賃貸借の対抗力）等が改正された。

解　説 　宅地建物取引業法においては，宅地建物取引業者は，自ら売主となる宅地又は建物の売買契約において，その目的物の瑕疵を担保すべき責任に関して契約の解除又は損害賠償の請求は買主が事実を知った時から1年以内にしなければならないという期間について，その目的物の引渡しの日から2年以上となる特約をする場合を除いて，買主に不利となる特約をしてはならず，これに反する特約は，無効とされている。民法改正後も，その趣旨に変更はないが，瑕疵担保責任が契約不適合とされたことから，宅地建物取引業法においても整合させるため，関連する条文が改正されている。

借地借家法，農地法においては，対抗力に関する規定のなかで，従来の民法第566条第1項及び第3項を準用していた条項は削られた。

その他，消費者契約法等の法律においても，瑕疵担保責任が契約不適合とされたことに整合させるための改正がされている。

644

第2節　その他の法律の改正

> **関連条文**：宅地建物取引業法第35条（重要事項の説明等）→改正前，改正後51
> 頁へ
> 第37条（書面の交付）→改正前，改正後51頁へ
> 第40条（瑕疵担保責任についての特約の制限）→第40条（担保責任について
> の特約の制限）→改正前，改正後52頁へ

> **関連条文**：借地借家法第10条（借地権の対抗力等）→第10条（借地権の対抗力）
> →改正前，改正後52頁へ
> 第31条（建物賃貸借の対抗力等）→第31条（建物賃貸借の対抗力）→改正前，
> 改正後53頁へ

> **関連条文**：農地法第16条（農地又は採草放牧地の賃貸借の対抗力）→改正前，
> 改正後54頁へ

> **関連条文**：消費者契約法第8条（事業者の損害賠償の責任を免除する条項の無
> 効）→改正前，改正後54頁へ

第3編　不動産の瑕疵担保責任

645

付　録

- 資　料
- 索　引

資料　取得時効事務取扱要領

資料 取得時効事務取扱要領

○　取得時効事務取扱要領

$$\left(\begin{array}{l}平成27・4・15財理1906号\\財務省理財局長通達\end{array}\right)$$

　財務省所管普通財産のうち民法（明治29年法律第89号）第162条により取得時効が援用された不動産に関する事務取扱は，下記によることとしたから通知する。

　おって，次の通達は廃止する。

1．昭和41年4月21日付蔵国有第1305号「普通財産にかかる取得時効の取扱について」
2．昭和41年6月15日付蔵国有第1640号「国有財産時効確認連絡会の設置運営について」
3．昭和46年7月20日付蔵理第3100号「国有畦畔（二線引）の時効取得申請および時効取得による土地の表示の登記申請における地籍調査の成果の活用について」
4．昭和54年12月5日付蔵理第4479号「国有畦畔に係る取得時効の取扱いの特例について」

記

目　次
第1　定　義
　1．取得時効
　2．申請者
　3．誤信使用財産
　4．不法占拠財産
第2　処理方針
　1．国有畦畔
　2．国有畦畔以外の普通財産
第3　処理手続
　1．提出書類
　2．提出書類の受付
　3．提出書類の審査等
　4．国有財産時効確認連絡会への付議
　5．先例基準による処理

資　料

649

資料　取得時効事務取扱要領

　6．取得時効の確認通知
　7．台帳整理等
　8．会計検査院への報告等
　9．登記手続き
　10．返還請求等
第4　特例処理
　1．提出書類
　2．地籍図原図及び地籍簿案の活用による一括処理
別添　国有財産時効確認連絡会設置運営要綱

第1　定　義
　1．取得時効
　　　この通達において取得時効とは，民法第162条に基づく所有権の取得時
　　効をいう。
　2．申請者
　　　この通達において申請者とは，所有権の取得時効を援用しようとする個
　　人又は法人をいう。
　3．誤信使用財産
　　　この通達において誤信使用財産とは，平成13年3月30日付財理第1267号
　　「誤信使用財産取扱要領」通達（以下「誤信使用財産取扱要領」という。）
　　第1に定義する誤信使用財産をいう。
　4．不法占拠財産
　　　この通達において不法占拠財産とは，平成13年3月30日付財理第1266号
　　「不法占拠財産取扱要領」通達（以下「不法占拠財産取扱要領」という。）
　　第1に定義する不法占拠財産をいう。
第2　処理方針
　　　財務局長，福岡財務支局長及び沖縄総合事務局長（以下「財務局長」とい
　　う。）は，取得時効が援用された普通財産について，次に定めるところによ
　　り，取得時効の成否について国有財産時効確認連絡会（以下「連絡会」とい
　　う。）に付議し意見を求め，その結果，取得時効の完成が認定された場合に
　　おいては，国有財産台帳から除却することができるものとし，また取得時効
　　の完成が否認された場合においては，時効中断の措置を講ずるとともに財産
　　の返還請求又は売却等処理の促進を図るものとする。
　1．国有畦畔
　　　国有畦畔について取得時効が援用された場合においては，証拠書類等か
　　らみて明らかに取得時効が完成していないと認められるものを除き，可及
　　的速やかに連絡会に付議するものとするほか，後記第3の5に定める先例

基準により取得時効の成否を認定することが出来るものとする。

2．国有畦畔以外の普通財産

(1)　誤信使用財産

誤信使用財産について取得時効が援用された場合においては，証拠書類等からみて取得時効が完成していると推定されるものは連絡会に付議するものとする。

(2)　不法占拠財産

不法占拠財産については，原則として不法占拠財産取扱要領の定めるところにより厳正な処理を行うものとするが，取得時効が援用された場合において，証拠書類等からみて明らかに取得時効が完成していると推定され，財務局長等が連絡会に付議することが相当と認めるものにつき付議するものとする。

第3　処理手続

1．提出書類

取得時効を援用しようとする申請者がある場合において，当該財産の所在地が財務局及び福岡財務支局（以下「財務（支）局」という。）又は沖縄総合事務局の直轄区域内であるときは財務（支）局長又は沖縄総合事務局長，財務事務所の管轄区域内であるときは財務事務所長，また出張所の管轄区域内であるときは財務（支）局出張所長，沖縄総合事務局財務出張所長又は財務事務所出張所長（以下「財務局長等」という。）宛に，次の書類を提出させるものとする。

(1)　国有財産時効取得確認申請書（別紙第1-1号様式。以下「1号申請書」という。）

(2)　添付資料

次の各号に掲げる書類のうち各々必要なものを前記申請書に添付させる。

ただし，国有畦畔の場合においては，次の①から⑥に掲げるもののほか，財務局長等が必要と認める資料の添付で差し支えないものとする。

①　申請者が取得時効を援用する国有財産（以下「申請財産」という。）の登記事項証明書

ただし，申請財産が旧法定外公共物，国有畦畔及びその他脱落地で国有に属する土地である場合においては，隣接土地の登記事項証明書（必要に応じて閉鎖登記記録に係る登記事項証明書）

②　申請財産を含む周辺の土地台帳付属地図（申請財産が国有畦畔である場合においては，旧土地台帳法施行細則（昭和25年法務府令第88号）第2条に規定する地図の写し）又は不動産登記法（平成16年法律第123号）第14条に定める地図の写し

資料　取得時効事務取扱要領

　　③　申請者の住民票の写し（又は商業・法人の登記事項証明書）及び印
　　　鑑証明
　　④　申請財産の実測図
　　　　ただし，国土調査法に基づく地籍調査が実施されている場合におい
　　　ては，地籍図による求積図によることができる。
　　⑤　隣接土地所有者が所有及び占有する土地でない旨及び境界について
　　　隣接土地所有者の異存がない旨を証する書面
　　⑥　申請財産の沿革及び占有並びに利用状況を証する資料等
　　　　ただし，旧法定外公共物の場合においては，申請財産（周辺土地を
　　　含む。）が自主占有開始時点で既に長年の間（おおむね10年前）公共
　　　の用に供されていないことを証する資料を併せて提出させるものとす
　　　る（例えば，航空写真（占有開始前及び占有開始後），古老・精通者
　　　等の証言等）。
　　⑦　申請財産上に建物がある場合においては，当該建物の不動産登記簿
　　　又は家屋台帳の謄本
　　⑧　前主の占有を承継している場合においては，その事実を証する戸籍
　　　謄本（除籍謄本を含む。）又は契約書の写し等
　　⑨　その他財務局長等が必要と認める資料
　２．提出書類の受付
　　　財務局長等は，申請者より提出書類の送付を受けた場合において，受付
　　印を捺印し受付の整理を行うものとする。
　３．提出書類の審査等
　（1）　財務局長等は，申請者の提出書類を受付けた場合において，取得時効
　　　の成否を推定するために必要な事実が１号申請書に記載されているか及
　　　び添付資料が整備されているかについて審査するものとする。
　　　　また，財務局長等が提出書類によって取得時効の成否を推定すること
　　　ができない場合においては，その補正を求めるとともに必要とされる資
　　　料を申請者に追加提出させるものとする。なお，当該審査は，原則とし
　　　て提出書類を受付けた日から２週間以内に行うものとする。
　　　（注１）　旧法定外公共物について取得時効が援用された場合において，
　　　　　　　当該財産が法定外公共物であった期間は時効取得の目的となら
　　　　　　　ないことに留意したうえで，前記の処理を行うものとする。ただ
　　　　　　　し，事実上用途廃止があったものとみなされ（黙示の公用廃止），
　　　　　　　かつ占用料等も徴されていない場合においてはこの限りでない。
　　　（参考１）　公共用財産の黙示の公用廃止の４要件（最高裁昭和51年12
　　　　　　　　月24日第二小法廷判決）
　　　　　　　　　①　長年の間事実上公の目的に供用されることなく放置され

652

ていること。

② 公共用財産としての形態，機能を全く喪失していること。

③ その物の上に他人の平穏かつ公然の占有が継続したが，そのため実際上公の目的が害されるようなことがないこと。

④ もはやその物を公共用財産として維持すべき理由がなくなったこと。

（参考2）　4要件を具備すべき時点

自主占有開始の時点までには4要件に適合する客観的状況が存在していることを要するものと解するのが相当であり，占有開始後時効期間進行中のいずれかの時点ではじめて4要件を具備したというだけでは足りない（島田禮介・最高裁判所判例解説民事篇昭和51年度485頁）。

なお，上記参考1の判決後の下級審判決は，4要件は遅くとも時効取得の起算点である自主占有開始の時点までに存在しなければならないとしている。

（注2）　現況地目が山林又は原野である普通財産については，占有の事実，継続の有無，期間，意思等が明確でなく取得時効の完成を立証することが困難な場合が多く，明らかに取得時効が完成しているものと推定するには極めて慎重を要することに留意する。

(2)　財務局長等は，提出書類の審査及び次に掲げる事項を確認するために必要があると認める場合においては，現地を調査し又は関係者の証明若しくは証言を求めるものとする。

① 1号申請書の添付図面が申請財産の現状と合致しているか
　　境界は判然としているか

② 1号申請書の記載事項に誤りがないか

③ 申請財産に建物その他の工作物が含まれている場合においてはその現状及び設置年月日

④ その他財務局長等が必要と認める事項

(3)　財務局長等は，前記(2)に定める現地調査を行う場合において，同(1)に定める審査終了後，原則として2週間以内に行うものとする。

なお，財務局長等は，前記(2)の①に定める調査に当たって申請者の立会を求めるものとし，また，第三者の土地に立ち入る必要がある場合においては，昭和33年4月25日付蔵管第1222号「普通財産実態調査事務の処理について」通達の別冊「普通財産実態調査事務処理要領」の第19から第21までの規定を準用するものとする。

資　料

653

資料　取得時効事務取扱要領

(4)　財務局長等は，誤信使用財産及び不法占拠財産について前記(1)及び(2)の規定により審査及び現地調査を行った場合において，その結果を「時効確認調査記録カード」（別紙第2号様式）に記録しておくものとする。

(5)　財務事務所長又は出張所長が審査及び現地調査を行った場合においては，取得時効の成否にかかわらず，速やかに提出書類の正本に時効確認調査記録カードの写しを添えて財務局長に送付するものとする。

4．連絡会への付議

(1)　財務局長は，申請財産に係る取得時効の完成及びその範囲を認定する場合において，連絡会に付議し意見を求めるものとする。

(2)　財務局長は，申請者の提出書類を受付した場合において，事前に申請財産の所在地を管轄する法務局長に対し関係資料を送付しあらかじめ審査を求めておくものとする。

(3)　財務局長は，法務局長との協議及び法務局における審査を終了した事案について，「国有財産時効確認連絡会議案」（別紙第3号様式）として連絡会に付議するものとする。

(4)　財務局長は，連絡会において申請財産に係る取得時効の成否が認定された場合において，その結果等を「国有財産時効確認連絡会議事録」（別紙第4号様式）に記録しておくものとする。

5．先例基準による処理

　　財務局長は，国有畦畔について取得時効が援用された場合において，次の方法により先例基準を作成し，連絡会への付議を省略し取得時効の成否を認定することができるものとする。

(1)　既に連絡会に付議し取得時効の成否について調査審議した類似的先例により，一定の処理基準を作成する。

(2)　財務局長が当該処理基準に従った取得時効の成否を認定することについて，連絡会の了承を得る。

6．取得時効の確認通知

(1)　財務局長は，申請者に対し次により通知するものとする。

①　申請財産について取得時効の完成が認定された場合

(イ)　当該財産が，国の名義で表示登記されている場合（後記9(2)ただし書きにより登記手続を必要とするものを除く。）においては，別紙第5号様式（その1）による。

(ロ)　当該財産が，国の名義で表示登記されていない場合（後記9(2)ただし書きにより登記手続を必要とするものを含む。）においては，別紙第5号様式（その2）による。

②　申請財産について取得時効の完成が否認された場合

別紙第6号様式による。

654

(2) 財務局長は，前記(1)により申請者に通知した場合において，申請財産が財務事務所又は出張所の管轄区域に所在する場合には，連絡会の議案，議事録及び申請者への通知書の写しを，当該財務事務所又は出張所長に送付するものとする。

(3) 財務事務所長又は出張所長は，前記(2)により送付された資料等に基づき，後記7から9までに定める手続きを行うものとする。

7．台帳整理等

申請財産について連絡会により取得時効の完成が認定された場合においては，当該財産を国有財産台帳から除却するための決議を行ったうえ，次により措置を行うものとする。

(1) 国有財産台帳から当該財産を除却する場合において，異動年月日は決議をした日とし，増減事由用語は「取得時効による喪失」とする。

また，当該財産が国有財産台帳に未記録の場合においては，国有財産台帳に記録した後除却する。

(2) 当該財産の既往使用料相当額は調査決定を行わない。

8．会計検査院への報告等

(1) 取得時効の完成が認定された財産に係る亡失の報告について

① 当該財産が国有畦畔である場合

財務局長は，「普通財産亡失報告書」（別紙第7号様式）により，普通財産取扱規則（昭和40年大蔵省訓令第2号）第51条の規定に従い普通財産の亡失を報告するものとする。

② 当該財産が国有畦畔以外である場合

財務局長は，昭和33年3月28日付蔵管第912号「普通財産の減失き損の通知について」通達による亡失報告ほか議事録の写しを添えて普通財産の亡失を報告するものとする。

(2) 取得時効の完成が認定された財産に係る証拠書類の提出について

① 当該財産が国有畦畔である場合

財務局長は，普通財産亡失報告書の写しを「計算証明規則」（昭和27年会計検査院規則第3号）第65条第2号に定める調書として証拠書類を提出するものとする。

② 当該財産が国有畦畔以外である場合

前記①を準用するものとする。

9．登記手続き

取得時効の完成が認定された財産は，次により所有権移転登記等の手続きを行うものとする。

(1) 当該財産が，国の名義で保存登記されている場合

財務局長は，申請者に対し，「所有権移転登記嘱託請求書」（別紙第8

号様式）に登録免許税現金納付領収書及び住民票又は商業・法人の登記
事項証明書を添えて提出させ，登記原因を「時効取得」として所有権移
転登記を行い，当該登記完了後は，申請者に対し速やかに登記識別情報
を通知する。

　　　ただし，当該財産が取得時効の完成日以後に国の名義で保存登記され
ていた場合においては，登記原因を「錯誤」として，不動産登記法第
77条の規定による保存登記の抹消登記を行う。

　(2)　当該財産が，国の名義で保存登記されていないが表示登記されている
場合　財務局長は，国の名義で保存登記を行ったうえで，前記(1)本文の
手続きを行う。

　　　ただし，当該財産が取得時効の完成日以後に国の名義で表示登記され
ていた場合においては，不動産登記法第33条の規定により申請者におい
て表示登記の更正登記及び保存登記を行わせる。

　(3)　当該財産の表示登記が行われていない場合においては，直接，申請者
において表示及び保存登記を行わせる。

　10.　返還請求等

　　　取得時効の完成が否認されたものについては，誤信使用財産取扱要領又
は不法占拠財産取扱要領の定めるところにより速やかに処理するものとす
る。

第4　特例処理

　　取得時効を援用された国有畦畔が地籍調査の実施されている地域内に所在
する場合においては，前記第3の処理手続によるほか以下の取扱によること
ができるものとし，これにより事務の簡素化を図るとともに，国土調査法
（昭和26年法律第180号）に基づく地籍調査の円滑な実施に寄与するものとす
る。

　1.　提出書類

　　　申請者のほか地籍調査実施機関（以下「実施機関」という。）の長等が
とりまとめて財務局長等宛に次の書類を提出することができるものとす
る。

　(1)　国有財産時効取得確認申請書（別紙第1－2号様式。以下「2号申請
書」という。）

　(2)　添付資料

　　　前記第3の1の(2)を準用する。

　　　ただし，同⑤については，これに代わると認められる書面を実施機関
が作成している場合においては当該書面を利用して差し支えない。

　2.　地籍図原図及び地籍簿案の活用による一括処理

　　　国有畦畔が国土調査法第2条第5項に規定する地籍調査を実施中の地域

に所在する場合で，地籍図原図（地籍調査作業規程準則（昭和32年総理府令第71号。以下「準則」という。）第41条に規定する地籍図原図をいう。以下同じ。）及び地籍簿案（準則第88条第１項に規定する地籍簿案をいう。以下同じ。）が作成された場合には，次によることができるものとする。

(1) 添付資料の省略

① 前記第３の１の(2)の①から④に係る資料（隣接本地に係る登記事項証明書を除く。）

財務局長等は，申請者から地籍図原図及び地籍簿案の写しを活用する旨の申出があった場合において（実施機関が提出書類をとりまとめて提出する場合を含む。），実施機関に対しこれら資料の送付を依頼し，実施機関から当該資料が送付された場合においては，添付資料のうち前記第３の１の(2)の①から④の添付を必要としない。ただし，同①のうち隣接本地に係る登記事項証明書は添付を必要とする。

なお，地籍図原図及び地籍簿案の写しは，証拠として保存する必要があるので，実施機関の原本証明を受けたものでなければならない。

② 前記第３の１の(2)の①のうち隣接本地に係る登記事項証明書

次のいずれかで市町村長の協力が得られる場合には当該登記事項証明書の添付を省略できる。

(イ) 市町村長から「時効取得確認申請財産の隣接本地に係る登記一覧表」（別紙第９号様式）（以下「一覧表」という。）の送付があった場合

なお，２号申請書別添記載事項のうち，一覧表では確認できないが隣接本地に係る登記事項証明書により確認できる事項（申請者以外の者の占有開始の状況及び占有承継に関する事項）については，財務局職員が登記事項証明書を徴し，一覧表に添付する。

(ロ) ２号申請書別添記載事項について相違がない旨の市町村長の確認が得られた場合（欄外に「上記記載事項について相違がないことを確認する。○○市町村長○○○○印」との記入を求めること）

(2) 取得時効の確認通知

① 申請者に対する通知

財務局長は，地籍図原図及び地籍簿案の写しに記載された国有畦畔の取得時効が完成していることを確認した場合において，「国有財産に係る時効取得の確認について」（別紙第10号様式）により申請者に対し通知するものとする。

② 実施機関に対する通知

財務局長は，前記①により申請者に対し通知した場合において，

資料　取得時効事務取扱要領

「国有財産に係る時効取得の確認について」（別紙第11号様式）により実施機関に対し通知するものとする。

③　その他

前記①及び②の通知は，実施機関が提出書類をとりまとめて提出している場合でかつ実施機関から申出があった場合において，実施機関を経由して送付して差し支えない。

(3)　その他

①　提出書類の受付及び審査等に係る事務

提出書類の受付及び審査等に係る事務は，前記第3に掲げる規定を準用する。

ただし，現地調査が行われる場合で，立会に非常に多くの事務量を要する場合においては，事前に境界の確認に関する基本的な事項を打合せし，現地における境界の確認について，実施機関の判断を尊重して差し支えない。

②　一括処理により申請のなかった場合の取扱い

一括処理後に取得時効確認申請がされた場合においては，一括処理とは切離して取得時効の成否を審査のうえ判断するものとする。

別添

国有財産時効確認連絡会設置運営要綱

1. 普通財産に係る取得時効の成否を調査審議するため，財務局に国有財産時効確認連絡会（以下「連絡会」という。）を設ける。
2. 連絡会は，財務（支）局管財部長（又は沖縄総合事務局財務部長）及び法務局訟務部長をもって構成する。
3. 連絡会は，普通財産について取得時効を援用しようとする者から財務局長あてに時効確認申請のあった事案について，提出書類及び財務局長が調査及び収集した資料に基づき調査審議するものとする。
4. 連絡会は，財務局長の要請により開催するものとする。
5. 連絡会に付議する議案及び関係資料は，必ず事前に法務局に送付するものとする。
6. 連絡会を開催したときは議事録を作成するものとし，議事録には，開催の日時及び場所並びに出席者のほか，協議事項の内容その他重要事項を記録するものとする。

資料　取得時効事務取扱要領

別紙　第1−1号様式（1号申請書）

年　　月　　日

　　　長　殿

申請者　住　所
　　　　氏　名　　　　　㊞

国有財産時効取得確認申請書

　私が占有している下記の財産については，民法第162条第　　項の規定に基づく取得時効が完成し，すでに私の所有物となっていると思われますので，その旨を確認していただきたく，証拠資料を添えて申請します。

記

1　財産の表示

所在地	区　分	種　目	数　量	備　考

2　占有開始の時期
3　占有開始者の住所，氏名
4　占有開始及び現在に至る間の経緯
5　占有及び利用の現況

添付資料：

別紙　第1−2号様式（2号申請書）

年　　月　　日

　　　長　殿

申請者　住　所
　　　　氏　名　　　　　㊞

国有財産時効取得確認申請書

　私が占有している下記の土地については，民法第162条第　　項の規定に基づく取得時効が完成し，すでに私の所有物となっていると思われますので，その旨を確認していただきたく，証拠資料を添えて申請します。

記

1　土地の表示

所在地	筆　数	面　積	備　考
	筆	㎡	内訳は別添のとおり

添付資料：

資　料

資料　取得時効事務取扱要領

別　添

1 申請物件の表示	所　在					
	（仮）地番					
	地　目					
	面　積		㎡	㎡	㎡	㎡
2 現在の状況	隣接本地の地番					
	申請物件の利用の現況		イ　田の畦畔 ロ　畑の畦畔 ハ　その他（　）	イ ロ ハ	イ ロ ハ	イ ロ ハ
3 占有開始時の状況	①占有開始の時期		年　月　日	年　月　日	年　月　日	年　月　日
	②占有開始者		イ　申請者本人 ロ　申請者本人以外	イ ロ	イ ロ	イ ロ
	③占有開始者の住所氏名等（②でロに○印をした場合のみ記入）	住　所				
		氏　名				
		本人との関係				
	④占有開始の事由（隣接本地の取得事由）		イ　売買 ロ　贈与 ハ　相続 ニ　その他	イ ロ ハ ニ	イ ロ ハ ニ	イ ロ ハ ニ
	⑤占有開始時の利用状況	隣接本地	イ　田 ロ　畑 ハ　その他（　）	イ ロ ハ	イ ロ ハ	イ ロ ハ
		申請物件	イ　田の畦畔 ロ　畑の畦畔 ハ　その他（　）	イ ロ ハ	イ ロ ハ	イ ロ ハ
4 申請者が前主の占有を承継したときの状況（3の②で，ロに○印をした場合のみ記入）	①申請者本人の占有承継時期		年　月　日	年　月　日	年　月　日	年　月　日
	②被承継者	住　所				
		氏　名				
		本人との関係				
	③占有承継の事由（隣接本地の取得事由）		イ　売買 ロ　贈与 ハ　相続 ニ　その他	イ ロ ハ ニ	イ ロ ハ ニ	イ ロ ハ ニ
5 補足説明事項						

（記入要領）
1　各記入欄に「イ，ロ，ハ，ニ」で表示した個所は，該当するものを○印で囲む。なお，「その他（　　　）」に該当するときは（　　　）内にその内容を簡記する。
2　3の「占有開始時の状況」は，国有財産時効取得確認申請の基礎となった占有が，開始されたときの状況を記入する。
3　申請者本人の占有期間のみにより取得時効の完成を主張する場合は，3の③及び4の欄は記入を要しない。
4　4の欄は，申請者が前主の占有を承継したときの状況を記入する。この場合，3の③に記入した占有開始者の占有を直接承継しているときは，4の②の欄は，「3の③に同じ」と記入する。
5　5の欄には，申請者が，3の③に記入した占有開始者の占有を直接承継していない場合に，その間の占有承継の経緯を4の欄に準じて記入するほか，補足する事項があれば，それを記入する。

資料　取得時効事務取扱要領

別紙　第2号様式

時効確認調査記録カード

申請書整理簿番号		年度区分	年度

調　査　物　件　の　種　類 畦畔　　脱落　　　用引　　　誤信	調　査　期　間 開始年月日　　　完了年月日	調査者	

時　効　申　請　者　の　住　所	氏　名	年　齢	職　業

占　有　物　件　の　所　在　地	数　量　　　価　格	国有台帳記載事項

調　　査　　事　　項
月　　　　日　　公　簿　照　合　結　果
月　　　　日　　公　図　照　合　結　果 月　　　　日　　物　件　の　所　在　地　確　認
月　　　　日　　　　　　　　　位置，環境，立地条件等現地調査の結果 位　置
環　　境
立地条件
占有の範囲が図面と合致しているかどうか　　　　　　　　　　　　　　（検測　　年　　月　　日）
利用区分図と現況は合致しているかどうか 隣接地との境界について問題はないか
占有の態様はどうか
占有の始期についてその調査
精通者等の意見
市町村長等のその他の参考意見

調査経過並びに調査事績の点検欄					
月　　　　日	調　査　事　項	課長・統括	上席・主任	監査官・管理官	担当者

資料

資料　取得時効事務取扱要領

別紙　第３号様式

議案第　　　号

国有財産時効確認連絡会議案

　次に掲げる財産について取得時効が援用されているので，時効が完成しているかどうかを確認して下さい。

1　時効援用者の氏名
2　財産の所在地
3　財産の区分，数量
4　占有の始期
5　財産の沿革
6　占有の状況
　(1)　占有に至った経緯
　(2)　用途
　(3)　占有者と時効援用者とが異なる場合にはその事情
7　参考事項
　(1)　当局の処理上の区別
　(2)　位置及び環境
　(3)　その他の事項

別紙　第４号様式

| 確認印 | 法 務 局 訟 務 部 長　　㊞ |
| | ○○局管財（財務）部長　　㊞ |

国有財産時効確認連絡会議事録

1　議　　案　　第　　　号
2　開催日時　　　年　　　月　　　日　　　時　　　分
3　場　　所
4　確　　認　　(1)　民法第162条第　　項の時効完成
　　　　　　　　(2)　時効未完成
5　確認の基礎となった主たる事実
　(1)　始期　　　年　　　月　　　日
　(2)　所有意思の有無を認定した事実
　　　　　　有，無（事実）
　(3)　中断の有無
　(4)　民法第162条第　　項該当と認めた事由

　　　　　　　　　　　　作成者　　　　　課（氏名）　　　　㊞

資料　取得時効事務取扱要領

別紙　第5号様式（その1）

発　遣　番　号
年　　月　　日

申請者　住　所
　　　　氏　名　　　　　　殿

　　　　　　　　　　　　　　　　　　　　　　　長　㊞

　　　　　　国有財産にかかる時効取得の確認について
　　　年　　月　　日付文書をもって申請のあった下記財産については，調査の結果，
民法第162条第　　項の規定に照らし　　年　　月　　日に取得時効が完成しており，
あなたに所有権があることを確認します。
　　なお，この財産は，不動産登記簿上国の所有となっており，これをあなたの所有名
義とする必要がありますので，同封の所有権移転登記嘱託請求書に登録免許税現金納
付領収書を添えて至急提出してください。
　　　　　　　　　　　　　　　　　　記
財産の所在，地番，地目及び地積
添付書類：（第8号様式）
（注）　取得時効の完成した月日が不明の場合には，○年頃（月日不詳）と記載するこ
　　　と。

別紙　第5号様式（その2）

発　遣　番　号
年　　月　　日

申請者　住　所
　　　　氏　名　　　　　　殿

　　　　　　　　　　　　　　　　　　　　　　　長　㊞

　　　　　　国有財産にかかる時効取得の確認について
　　　年　　月　　日付文書をもって申請のあった下記財産については，調査の結果，
民法第162条第　　項の規定に照らし取得時効が完成しており，あなたに所有権があ
ることを確認します。
　　また，この財産について，あなたの所有名義で登記されることに異存ありません。
　　つきましては，登記完了後速やかに登記事項証明書を提出して下さい。
　　　　　　　　　　　　　　　　　　記
1　財産の所在，地番，地目及び地積
2　占有開始年月日　　　　　年　　月　　日
（注1）　この文書には，土地台帳付属地図又は不動産登記法第14条に定める地図の写
　　　　し　を添付し，当該地図上に申請物件を特定する表示をするとともに，文書と
　　　　地図の写　しとの綴り個所には，必ず割印を押すこと。
（注2）　通達本文第3の9の(3)に該当するものについては，占有開始年月日の記載は
　　　　必　ずしも要しない。
（注3）　占有を開始した月日が不明の場合には，○年頃（月日不詳）と記載すること。

資料

資料　取得時効事務取扱要領

別紙　第6号様式

発　遣　番　号
年　月　日

（申請者名）　殿

長　印

国有財産にかかる時効取得の確認について

　　年　　月　　日付文書をもってあなたから申請のありました下記1の財産については，調査の結果民法第162条第　　項の規定に照らして下記2の理由によりあなたの取得時効は完成していないと認められますので通知します。
　なお，この財産の返還請求並びに国の損害金請求（既往使用料の請求）については，あらためて通知します。

記

1　財産の所在地，区分，種目，数量

2　取得時効が完成していないと認められる理由

別紙　第７号様式

普通財産亡失報告書

○○財務（支）局（又は沖縄総合事務局）

（部局等の長）
○○局（部）長　氏名
（任命年月日）

台帳記録事項							占有の相手方		亡失事由						
財産細別	口座名	所在地	区分	種目	数量	価格	住所	氏名	占有の始期	時効完成年月日	時効完成に要した年数	連絡合付譲年月日	台帳除却年月	時効完成の確認通知文書年月日	備考

上記のとおり報告します。
　　年　　月　　日

国有財産事務分掌官
○○長　氏名　印
（任命年月日）

別紙　第7号様式（付表）

普通財産亡失報告書（付表）

○○財務（支）局（又は沖縄総合事務局）

財産細別	台帳記録事項						占有の相手方		時効取得確認申請書受理日	備考
	口座名	所在地（所在）	区分	種目	数量	価格	住所	氏名		

（注）　本付表は、以下の場合に作成するものとする。

① 普通財産亡失報告書に記載の「占有の相手方」が複数の場合

② 普通財産亡失報告書に記載されている相手方の「住所」、「氏名」を記載し、下の行に「外○名」に該当する相手方の「住所」、「氏名」を記載する。

普通財産亡失報告書に記載の「占有の相手方」が法人の場合

「時効取得確認申請書受理日」を記載する。

なお、いずれの場合も、普通財産亡失報告書と同様、台帳記録事項を記載すること。

資料　取得時効事務取扱要領

別紙　第8号様式

年　　月　　日

長　殿

住　　所
氏　　名　　　㊞

所有権移転登記嘱託請求書

　　　年　　月　　日付○○第　　号をもって通知のありました下記財産の所有権移転登記を嘱託願いたいので，登録免許税現金納付領収書を添えて請求します。

記

1　財産の所在地，区分，種目，数量

2　登録免許税額

別紙　第9号様式

年　　月　　日

長　殿

市町村長　㊞

時効取得確認申請財産の隣接本地に係る登記一覧表

　地籍調査において取りまとめた時効取得確認申請に係る国有畦畔の隣接本地の所有権に関する現在の登記は，下記のとおりである。

記

所　　　　在	地　　　番	所有者名	所有者の所有権取得原因及びその年月日	財務局記入

記入要領
1　「所在」欄には，隣接本地の所在を大字名から記入する。
2　「地番」欄には，隣接本地の地番のほか，（　）書で申請物件の仮地番を記入する。

資料　取得時効事務取扱要領

別紙　第10号様式

<table>
<tr><td colspan="2" align="right">発　遣　番　号
年　　月　　日</td></tr>
<tr><td>申請者　住　所
　　　　氏　名　　　　殿</td><td align="right"></td></tr>
</table>

発　遣　番　号
年　　月　　日

申請者　住　所
　　　　氏　名　　　　殿

長　㊞

国有財産に係る時効取得の確認について

　　　年　　月　　日付文書をもって申請のあった下記の土地については，調査の結果，民法第162条の規定に基づく取得時効が完成しており，あなたに所有権があることを確認します。

　なお，下記の土地については，あなたの登記申請がなくとも，地籍調査の成果が認証された後，国土調査法による不動産登記に関する政令（昭和32年政令第130号）第1条により，あなたを所有者として土地の表示に関する登記が行われることとなります。

記

所　在　地	仮　地　番	地　　目	面　　積	取得時効の 根拠条項
			㎡	

記入要領
1　仮地番は，地籍調査実施機関から提出された地籍図原図及び地籍簿案の写しに記載された仮地番とする。
2　取得時効の根拠条項欄は，民法第162条第1項又は同条第2項の別を記入する。

別紙　第11号様式

発　遣　番　号
年　　月　　日

（地籍調査実施機関の長）　殿

長　㊞

国有財産に係る時効取得の確認について

　貴職において実施中の国土調査法に基づく地籍調査の実施地域に所在する別添1記載の国有地については，民法第162条の規定に基づき，各申請者の取得時効が完成していることを確認し，その旨申請者に通知したので（注1），地籍簿案について所要の整理をお願いしたい。

　なお，審査の結果，申請者の取得時効が完成していないと認定されたものは別添2（注2）のとおりである。

（注1）　別紙第10号様式の写しを添付する。
（注2）　別添2は別添1に準じて作成する。
別添1

取得時効確認物件一覧表

財産の所在	仮地番	地　目	地　積	申　　請　　者		取得時効の 根拠条項	備　　考
				住　所	氏　名		

事 項 索 引

【あ】

悪意の占有……………… 21, 146, 147, 164,
176, 345, 401〜404

悪臭……………………… 492, 493, 495, 503

雨漏り…………………469, 490, 492〜497

【い】

遺言執行者………………… 8, 75, 76, 79

意思能力………………… 4, 100, 101, 390

井戸の存在…………………456, 458, 484

囲繞地通行権（→袋地通行権）

委任………………… 8, 102, 155, 384

【う】

請負……………… 7, 55, 381, 468, 480, 641

訴えの却下………………… 12, 374, 378

売主の責任……………… 426, 427, 442,
629, 630, 636, 641

売渡通知書…………………………152

【え】

営業許可…………………………577

越境………………………… 524, 571

援用権の相続………………………255

【お】

汚水……………………… 492, 493, 495, 499

【か】

買主の所有する意思…………………184

化学物質の存在（シックハウス）……506

隠れた瑕疵……… 444, 445, 450〜453, 529

瑕疵……… 455, 461, 482, 487, 489, 491, 496,
509, 520, 522, 528, 534, 535, 536, 548, 562,
564, 566, 581

瑕疵担保責任………………… 28, 45, 49, 52,
57, 421, 432, 435

――と民法改正…………………28, 421

果実の返還…………………… 21, 400, 403

過失相殺…………………… 8, 33, 422

仮換地…………………………573

簡易の引渡し…………19, 115, 118, 119

環境基準‥ 463, 464, 519, 531〜535, 636, 637

冠水……………… 456, 458, 487, 488, 580

間接占有………… 102〜106, 120〜122, 132

【き】

危険負担………… 6, 7, 35, 427, 428, 431

寄託………………………… 8, 87, 133

機能管理権…………………………97, 236

協議を行う旨の合意…… 15, 27, 57, 393, 394

強制競売…………………………49, 432

強制執行………………………… 14

共同占有…………………………97, 349

強迫……… 4, 11, 20, 29, 143, 144, 403, 424

共用部分の瑕疵…………………509

【け】

傾斜…………………………499

契約不適合責任……… 7, 28, 421, 432, 435

権原…………………………123

現況有姿…………502, 503, 556, 629, 639

建築制限…560, 561, 566, 568, 569, 576, 577

建築設備…………………………506

建ぺい率…………………………554

権利能力のない団体…………109, 110, 174

事項索引

【こ】

更改 ······························· 5, 6
工事 ························· 355〜357
公図 ······························ 521
公然の占有 ················· 144, 145
構造の不具合 ············· 492, 500
公物 ························· 218, 221
公用廃止 ············· 218, 223, 234

【さ】

債権質 ··························· 4
債権者代位権 ···················· 5
債権の譲渡 ············· 6, 9, 596
催告 ··········· 4, 7, 14, 26, 36, 378
裁判外紛争解決手続 ······· 363, 371
裁判上の請求 ········· 12, 26, 361〜375,
　　　　　　　378〜381, 386, 393, 399
債務の引受け ···················· 6
詐害行為取消権 ···················· 5
詐欺 ··············· 4, 11, 29, 424
先取特権 ··············· 4, 43, 47
錯誤 ············· 28, 258, 423, 424

【し】

時効取得と民法改正 ········· 11, 83
時効取得による持分の移転の登記 ······ 262
時効取得の登記 ······ 257, 259, 260, 264, 321
時効の援用 ······ 4, 12, 26, 214, 241, 243, 251
時効の完成猶予 ········· 11〜18, 27, 57, 83
時効の更新 ··········· 14, 16, 25, 26, 373,
　　　　　　　377, 382, 386, 387, 391
時効の中断（→時効の完成猶予，時効の更新）
自殺 ····················· 538〜546
事実支配 ························ 96
自主占有 ····· 95, 101, 104, 118, 123, 126, 184

シックハウス ········ 492, 494, 506, 591, 592
支払督促 ········ 12, 14, 26, 64, 361, 373, 374
地盤沈下 ················· 456, 459, 467, 470
死亡事件 ····················· 544〜546
重要事項の説明 ···················· 51, 644
受益権売買 ························ 443
取得時効 ············· 18, 19, 86, 188, 216
承役地 ············· 25, 270, 272, 415〜420
使用貸借 ························ 7
消費貸借 ················· 7, 71, 73, 212
消滅時効 ···················· 4, 9, 12, 25, 242,
　　　　　　　251〜254, 363〜369, 420
所持 ··················· 87, 89, 92, 99
所持の移転 ······················ 116
シロアリ·· 492, 493, 495〜497, 502, 503, 626
承認 ··············· 17, 27, 386〜392
浸水 ········· 354, 487, 492, 498, 499
振動 ························· 512, 517
心理的な瑕疵 ····················· 538
心裡留保 ························ 4

【す】

数量指示売買 ················ 599〜616

【せ】

請求の原因（要件事実）··········· 332, 333
性風俗特殊営業 ················ 549, 550
接道義務 ················· 554, 557〜559
善意の占有 ··········· 21, 146, 169, 170, 400
占有 ························· 214
占有意思 ················· 86, 99〜101
占有回収の訴え ··· 22, 23, 336, 337, 340, 355
占有改定 ················· 19, 119, 120
占有機関 ························ 106
占有権 ······· 19, 98, 100, 115, 189, 338
―― の移転 ············· 115, 121, 191
占有承継 ····················· 173, 175

事項索引

占有代理人 ················ 102, 103, 106, 118, 119, 121, 122, 164
占有の瑕疵 ·························· 176～178
占有の相続 ················· 189, 192～199
占有保持 ········ 22, 23, 350～352, 355, 356
占有補助 ···························· 106～112
占有保全の訴え ··· 22, 23, 350, 351, 354, 355

【そ】

騒音 ················ 351, 352, 512, 517～519
即時取得 ································· 84
損害賠償請求権 ········ 4, 8, 348, 357, 443, 625, 628, 641, 642

【た】

代襲相続 ···················· 61, 62, 64
代償請求権 ····················· 4, 34, 422
耐震性能の不備 ····················· 458
代物弁済 ························· 5, 442
代理占有 ···················· 19, 100～106
――権 ························· 24, 336
宅地 ······························· 472
他主占有 ··············· 105, 123, 131, 184
建物収去 ··············· 122, 451, 569, 570
短期取得時効 ·········· 162, 170, 239, 241, 336

【ち】

地役権 ····················· 4, 24, 414, 418
地下水の湧出 ··················· 456, 462
地上権 ·············· 42, 63, 102, 133, 162
地積測量図 ··············· 259, 521, 522, 612
地中障害条項 ························· 631
地中埋設物 ········· 456, 458, 472, 632, 636
注意義務 ············· 5, 152, 158, 160, 450
眺望 ······························· 514
直接占有 ···················· 102, 103, 105

【つ】

追完請求権 ················· 7, 28, 41, 45, 48, 421, 435～438

【て】

定型約款 ························· 3, 7, 9
手付 ······························· 7

【と】

登記原因 ············· 209, 210, 257, 258, 260
登記原因証明情報 ····················· 265
独占使用 ····························· 96
土壌汚染 ····························· 463
土地の液状化 ························· 460
土地の瑕疵に関する基準 ··············· 455

【ひ】

引渡し ····················· 116, 426, 431
筆界特定 ·················· 268, 370～372
必要費 ····························· 407
ひび割れ ········ 467, 486, 492, 493, 501, 502

【ふ】

袋地通行権（囲繞地通行権） ······· 525, 526
不在者財産管理人 ····················· 265
物理的な瑕疵 ··················· 455, 489
不特定物売買 ··············· 442, 443, 642
振り込め詐欺 ··················· 459, 551

【へ】

平穏の占有 ··············· 143, 144, 169, 333
変色 ························· 492, 502

【ほ】

保安林 ····························· 575
暴力団 ························· 547～549

事項索引

保証意思宣明公正証書 …………………… 9	要件事実 ………………………………332
保証人の責任 ……………………………… 5	擁壁の強度不足 …………456, 458, 485
保存費 ……………………………… 407, 408	予定公物 ………………………220〜222

【み】

民法（債権関係）部会 ……………………2, 3

【り】

立証責任 …………… 165〜167, 169〜171,
　　　　　　　198, 211, 212, 390, 453

【む】

無過失の占有 …………………………148

隣人関係 …………………………………552
里道 ……… 91, 218, 224, 228〜230, 234, 521

【め】

面積増減精算条項 ……………………609

【れ】

連帯債権 …………………………………… 5

【ゆ】

有益費 …………………………22, 407〜409

【ろ】

漏水 ………………………………………497

【よ】

要役地 ……………………………………418

条 文 索 引

＊は改正前

●民法

95条 ················28, 424
96条 ················29, 425
96条＊ ··············423, 424
99条 ····················389
101条 ················11, 164
144条 ················12, 248
145条·······12, 241〜243, 252, 253
146条 ··············12, 391
147条 ··········12, 362, 363, 365,
366, 373, 374, 388, 389
148条 ················14, 383
149条 ·········15, 363, 378, 383
149条＊ ··················374
150条 ················14, 379
150条＊ ·············373, 375
151条 ··········15, 57, 375, 394
151条＊ ··················375
152条 ·········16, 375, 387
152条＊ ··················375
153条 ·········13, 379, 380, 395
154条 ·········15, 383, 385
155条 ·········15, 367, 368
156条 ·············17, 388, 389
157条 ·········17, 374, 384, 386
157条＊ ··················374
158条 ················17, 397
158条＊ ··············57, 374
159条 ················18, 397
160条 ················18, 397
161条 ················18, 399
162条 ······· 18, 84, 94, 147, 149, 170, 177,

215, 216, 217, 262, 265, 280, 312
163条 ·········18, 85, 410, 411〜413
164条 ················19, 336
165条 ····················19
167条 ····················625
176条 ····················115
177条 ···············272, 274
180条 ·········19, 86, 92, 208
181条 ················19, 102
182条 ·········19, 115, 118
183条 ················19, 119
184条 ················19, 121
185条 ········20, 132, 142, 181〜183,
186〜188, 193, 195, 196, 198, 199, 204
186条 ········20, 132, 165, 168,
171, 198, 208, 238
187条 ········20, 173, 174, 176, 179, 180
188条 ·········20, 207, 209, 212
189条 ··········21, 401, 402
190条 ·········21, 143, 144, 403, 404
191条 ····················406
192条 ·····················84
196条 ··········21, 407, 408
197条 ················22, 340
198条 ·········22, 351, 352
199条 ················22, 351
200条 ········22, 340, 345〜347
201条 ········23, 347, 348, 355〜357
202条 ········23, 207, 358, 359
203条 ·········23, 336, 338
204条 ················24, 336
205条 ················24, 411

条文索引

210条 ················· 525, 528	544条 ······················ 38
252条 ····················· 395	545条 ······················ 38
282条 ··················· 24, 419	545条 ····················· 423
283条 ············· 24, 414～417	546条 ······················ 38
284条 ··················· 24, 419	547条 ······················ 38
289条 ··················· 25, 420	548条 ··················· 39, 423
290条 ··················· 25, 420	560条 ··················· 39, 428
295条 ····················· 409	560条＊ ················· 428, 429
395条 ····················· 408	561条 ··················· 39, 429
397条 ··············· 25, 249, 270	561条＊ ··················· 429
400条 ····················· 104	562条 ······················ 41
412条 ··················· 29, 422	563条 ······················ 41
412条の2 ················· 422	563条 ····················· 564
413条 ······················ 30	564条 ··················· 40, 626
413条の2 ··················· 30	565条 ········· 40, 442, 601, 602,
413条 ····················· 422	603, 607～619, 628
414条 ··················· 31, 422	565条＊ ················· 435, 600
415条 ··················· 31, 422	566条 ········· 45, 448, 577, 596, 621,
416条 ··················· 32, 422	624～626, 641, 642, 644
417条 ······················ 32	566条＊ ··················· 438
417条の2 ··············· 32, 422	567条 ··················· 43, 431
418条 ··················· 33, 422	567条＊ ··················· 430
419条 ··················· 33, 422	568条 ··················· 44, 433
420条 ··················· 33, 422	568条＊ ··················· 432
421条 ······················ 34	570条 ········ 43, 430, 446, 448～451, 459,
422条 ······················ 34	460, 464, 469, 486, 491, 495, 496, 522,
422条の2 ··············· 34, 422	529, 530, 532, 533, 544, 548, 550, 562,
432条 ····················· 253	572, 581, 588, 625, 626, 638, 641, 642
483条 ··················· 34, 426	570条＊ ················· 432, 435
533条 ······················ 34	571条 ······················ 45
534条 ··················· 35, 427	571条＊ ··················· 441
535条 ······················ 35	572条 ············· 46, 630, 632, 634
536条 ······················ 35	573条 ······················ 46
540条 ······················ 36	574条 ······················ 46
541条 ··················· 36, 423	575条 ······················ 46
542条 ··················· 36, 423	576条 ··················· 46, 433
543条 ··················· 37, 423	576条＊ ··················· 433

条文索引

577条·····················47, 434
　577条＊··················434
578条······················47
608条···············408, 409
634条······················601
709条······················403
1036条···············71, 404

●埋立法
2条＊·····················232

●河川法
2条·······················219
3条·······················219

●環境基本法
16条······················534

●建築基準法
2条················501, 506
6条·······················566
9条···············555, 556
12条······················567
19条······················472
22条······················501
23条······················501
28条の2··················533
42条2項···········561, 562
43条··············557～559

●建築基準法施行令
20条の5··················533
46条······················501

●国有財産法
3条·······················218

●裁判外紛争解決手続の利用の促進に関する法律
1条·······················371
2条·······················371
25条······················371

●自作農創設特別措置法
3条·······················222
15条······················161

●借地借家法
10条···········53, 644, 645
31条···········53, 644, 645

●消費者契約法
8条················54, 645

●商法
526条··········50, 442, 640～642

●宅地建物取引業法
14条の3··················556
35条··········51, 636, 644, 645
37条··········51, 644, 645
40条··········52, 644, 645

●仲裁法
29条······················371

●特別都市計画法
14条······················359

●土地区画整理法
25条······················588
40条······················588
103条······················94

675

条文索引

●土地台帳法
18条 ················· 259

●農地法
3 条 ·········· 244, 245, 254, 266
5 条 ················· 142, 244
16条 ··············· 54, 644, 645

●農地調整法
4 条 ···················· 141, 186

●不動産登記法
22条 ···················· 263
60条 ···················· 261
61条 ···················· 263
62条 ················· 263, 285
63条 ············· 261, 264, 314
74条 ················· 257, 335
105条 ··················· 259
123条 ··················· 370
131条 ··················· 370
133条 ··················· 370
134条 ··················· 370
135条 ··················· 370
136条 ··················· 370
140条 ··················· 370
142条 ··················· 370
143条 ··················· 370

●不動産登記規則
77条 ···················· 267

●不動産登記令
7 条 ················· 263, 264
16条 ···················· 264

●文化財保護法
57条 ···················· 574
57条の 2 ················· 575
57条の 5 ················· 574

●民事執行法
50条 ···················· 368

●民事訴訟法
159条 ··················· 334
179条 ··················· 334
196条＊ ················· 341
392条 ··················· 374
700条＊ ················· 385

●民事保全法
23条 ···················· 326

●民法の一部を改正する法律の施行に伴う関係法律の整備等に関する法律
39条 ···················· 371
44条 ···················· 371

判 例 索 引

大二民判明31・6・17 ·················415
大二民判明38・2・13 ·················105
大一民判明38・11・25 ················242
大一民判明39・3・8 ··················242
大判明39・10・4 ····················404
大二民判明39・12・24 ···············209
大一民判明42・3・18 ················· 99
大二民判明42・4・30 ··········378, 383
大一民判明43・1・25 ·················252
大一民判明43・5・7 ··················184
大二民判明44・4・7 ···········172, 178
大一民判明44・12・16 ················118
大一民判明45・5・23 ·················243
大判大元・10・3 ····················170
大二民判大元・10・30 ··········162, 411
大二民判大2・4・16 ·················159
大二民判大2・6・16 ·················149
大二民判大2・7・2 ··················156
大一民判大3・12・10 ················388
大一民判大4・4・27 ·················208
大三民判大4・6・23 ·················192
大一民判大4・7・13 ·················251
大二民判大4・9・20 ·················348
大三民判大4・9・29 ·················120
大一民判大4・11・19 ················157
名古屋地判大4・12・24 ··············124
大二民判大4・12・28 ················191
大一民判大5・2・8 ··················363
大一民判大5・3・24 ·················151
大二民判大5・7・22 ·················352
大一民判大5・11・28 ················143
大一民判大6・1・16 ·················384
大判大6・10・13 ····················379
大二民判大6・11・8 ·················174
大一民判大6・11・13 ················212
大三民判大7・3・2 ···········249, 270
大連判大7・5・18 ··················404
大三民判大7・7・6 ··················247

大三民判大7・10・9 ·················389
大三民判大7・11・2 ·················390
大二民判大8・2・24 ·················218
大一民判大8・4・1 ··················388
大一民判大8・4・8 ··················341
大判大8・5・5 ······················ 89
大二民判大8・5・12 ·················389
大三民判大8・5・31 ·················395
大一民判大8・6・24 ···········252, 256
大二民判大8・6・30 ·················380
大一民判大8・7・4 ··················391
大二民判大8・10・13 ······ 146, 169〜171
東京控判大9・3・3 ··················134
大一民判大9・5・7 ··················171
大二民判大9・7・15 ·················353
大一民判大9・7・16 ··········· 146, 216,
　　　　　　　　　　　　　249, 250, 270
大三民判大9・9・29 ·················363
大二民判大9・10・14 ················100
大二民判大9・12・27 ················116
大二民判大10・1・24 ················354
大一民判大10・2・1 ·················223
大三民判大10・2・2 ·················388
大二民判大10・2・17 ················151
大一民判大10・3・4 ·················389
大二民判大10・11・3 ···········103, 396
大一民判大10・12・9 ···········157, 171
大一民判大11・1・20 ················210
大阪控判大11・2・28 ················162
大一民判大11・4・14 ················247
大三民判大11・10・25 ·······105, 164, 180
大二民判大11・11・27 ···········103, 342
大二民判大12・3・26 ················247
大二民判大13・3・17 ···········270, 415
大一民判大13・5・20 ················384
大二民判大13・5・22 ················345
大連判大13・9・24 ··················405
大判大13・9・25 ··············208, 210

索引

677

判例索引

大民連判大13・10・7 ……………………215
大判大13・10・29 …………………270
大二民判大14・1・20 ……………401, 402
大二民判大14・3・13 ………………443
東京地判大14・3・14 ………………103
大連判大14・7・8 ……………………271
大判大14・12・12 ……………………93
大一民判大15・3・25 ………………384
大二民判大15・4・30 ………………286
大一刑判大15・10・8 ………………87
大判大15・10・12 ……………………407
大三民判大15・12・25 ………………149
東京地判昭元・12・27 ………………89
大一民判昭2・9・19 …………………415
大一民判昭2・10・10 ………………258
大判昭2・10・19 ……………………116
大判昭2・12・17 ……………………116
大判昭3・2・8 ………………………349
大三民決昭3・3・31 …………………398
大判昭3・5・9 ………………………131
大判昭3・6・11 ………………105, 342
大四民判昭3・12・12 ………………442
大三刑判昭4・4・10 …………………218
大判昭4・11・18 ……………………212
大三民判昭4・12・11 ………………219
大四民判昭5・4・16 …………………454
大判昭5・4・26 ……………………408
大三民判昭5・5・3 …………………346
大判昭5・5・6 ………………………93
大一民判昭5・6・12 …………104, 185
大二民判昭5・6・27 …………………364
大二民判昭5・7・4 …………………219
大四民決昭5・8・6 …………………354
大五民判昭6・3・31 …………100, 104
大判昭6・5・7 ………………………117
大判昭6・5・13 ……………………134
大判昭6・6・2 ………………………134
大二民判昭6・8・7 …………………193
大五民判昭6・11・24 ………………369
大判昭7・4・13 ……………………341
大判昭7・6・2 ………………………251

大判昭7・9・22 ……………………379
大判昭7・10・14 ……………………238
大三民判昭7・11・9 …………………353
大判昭7・12・9 …………………407, 408
大四民判昭8・1・14 …………………590
大判昭9・5・5 ………………………90
大一民判昭9・5・28 …………174, 216
大五民判昭9・10・19 ………………352
大判昭10・2・16 ……………………351
大一民判昭10・6・10 ………………107
大二民判昭10・9・3 …………………93
大判昭10・9・18 ……………………138
大五民判昭10・12・24 ………………246
大判昭12・4・30 ……………………389
大五民判昭12・11・19 ………………353
東京控訴判昭12・12・27 ……………402
大五民判昭13・2・4 …………………390
大五民判昭13・4・12 ………………177
大四民判昭13・5・11 ………………364
大判昭13・5・31 ……………………166
大一民判昭13・7・7 …………………125
東京控判昭13・11・10 ………………125
大一民判昭13・12・26 ………………346
大民連昭14・3・22 …………………364
大三民判昭14・3・29 ………………248
大三民判昭14・7・19 ………………272
大二民判昭14・12・12 ………………244
大三民判昭15・7・10 ………………372
大判昭15・9・9 ………………………342
大判昭15・9・11 ……………………154
大判昭15・10・24 ……………87, 90, 342
大判昭15・11・20 ……………………240
大五民判昭16・9・19 ………………384
大判昭16・12・12 ……………………90
大四民判昭17・1・28 ………………365
大五民判昭17・2・20 ………………151
大判昭17・4・22 ……………………178
大四民判昭18・6・19 ………………404
大判昭18・7・26 ……………………124
大二民判昭19・2・18 ………………347
広島高判昭23・7・21 …………102, 131

678

大阪高判昭24・2・16 …………… 90
水戸地判昭25・6・22 …………… 95
東京地判昭25・12・14 …………… 97
新潟地柏崎支判昭25・12・26……… 415
東京地判昭26・3・30 …………… 111
大阪地判昭26・6・16 …………… 111
最三小判昭27・2・19 ………93, 100
最三小判昭27・5・6 …………… 359
最一小判昭28・1・8 …………… 408
最二小判昭28・4・24 ……… 107, 190
最二小判昭28・7・3 …………… 120
大阪高判昭29・3・4 …………… 105
東京高判昭29・4・27 …………… 91
水戸地判昭29・5・18 …………… 112
東京高判昭29・11・15 …………… 409
最三小判昭29・12・24 …………… 149
東京高判昭30・2・4 …………… 135
広島高判松江支判昭30・3・18……… 137
最一小判昭30・6・2 …………… 120
最三小判昭30・7・19 …………… 117
東京高判昭30・9・19 …………… 107
東京地判昭30・10・27 …………… 95
最二小判昭30・11・18 …………… 338
東京高判昭30・11・25 …………… 96
最一小判昭30・12・1 …………… 363
最三小判昭30・12・26 …………… 416
東京高判昭31・2・13 …………… 219
福島地判昭31・3・30 …………… 125
東京高判昭31・4・27 …………… 147
最三小判昭31・10・23 …………… 107
東京高判昭31・10・31 …………… 117
最三小判昭31・12・18 …………… 104
最一小判昭31・12・27 …………… 108
最二小判昭31・12・28 …………… 242
最一小判昭32・1・31 ……… 402, 404
最二小判昭32・2・15 …………… 108
大阪高判昭32・3・1 …………… 112
大阪地判昭32・9・9 ……… 349, 357
東京高判昭32・9・11 …………… 112
東京地判昭32・10・3 …………… 360
最二小判昭33・2・14 …………… 416

東京高判昭33・3・10 …………… 342
仙台高判昭33・3・15 …………… 125
東京地判昭33・3・22 …………… 351
東京高判昭33・3・24 …………… 526
東京高判昭33・3・31 …………… 402
最一小判昭33・8・28 …………… 272
仙台地判昭33・10・15 …………… 236
最一小判昭34・1・8 …………… 210
最三小判昭34・4・15 …………… 91
大阪高決昭34・8・27 …………… 88
東京高判昭34・12・21 …………… 143
最三小判昭35・3・1 …………… 212
最一小判昭35・4・7 …………… 108
東京地八王子支判昭35・6・10 …… 126
最一小判昭35・7・27 ……… 239, 274
名古屋高判昭35・8・10 …………… 182
最二小判昭35・9・2 …………… 398
大阪地判昭35・9・5 …………… 160
東京地判昭35・9・14 ……… 108, 156
最一小判昭35・12・27 …………… 365
仙台地判昭36・1・24 …………… 126
東京高判昭36・2・27 …………… 390
最三小判昭36・2・28 …………… 122
東京地判昭36・3・24 …………… 96
福井地判昭36・4・10 …………… 122
最三小判昭36・6・6 …………… 342
最一小判昭36・7・20 ………91, 276
東京地判昭36・10・27 …………… 621
最二小判昭36・12・15 …………… 443
最二小判昭37・5・18 …………… 192
大阪高判昭37・6・21 …………… 539
東京高判昭37・7・5 …………… 97
最二小判昭38・1・25 …………… 343
大阪地判昭38・4・6 …………… 356
大阪高判昭38・7・4 …………… 98
東京地判昭38・10・4 …………… 348
最三小判昭38・10・15 …………… 213
最大判昭38・10・30 …………… 381
最二小判昭38・12・13 …………… 215
前橋地判昭38・12・26 …………… 163
最三小判昭39・5・26 …………… 119

判例索引

東京地判昭39・5・28 ………… 135
最一小判昭39・7・16 ………… 243
京都地判昭39・9・16 ………… 163
東京地判昭39・10・19 ………… 626
最三小判昭39・10・20 ………… 254
福岡高判昭39・12・9 ………… 127
東京地判昭39・12・17 ………… 555
熊本地判昭39・12・23 ………… 88
松山地判昭40・2・24 ………… 117
最一小判昭40・3・4 ………… 359
広島高岡山支判昭40・5・21 … 405
東京地判昭40・5・31 ………… 450
山形地判昭40・8・31 ………… 141
松山地判昭40・9・14 ………… 601
札幌地判昭40・9・24 …… 183, 188
大阪高判昭40・9・27 ………… 221
東京地判昭40・10・21 …… 450, 576
最三小判昭41・1・18 ………… 388
大阪地判昭41・1・26 ………… 141
最一小判昭41・4・14 ………… 571
最二小判昭41・4・15 ………… 144
最大判昭41・4・20 ………… 392
大阪高決昭41・7・6 ………… 109
東京地判昭41・7・29 ……… 88, 97
最二小判昭41・9・30 ………… 161
最一小判昭41・10・7 ………… 101
最三小判昭41・11・22 ………… 274
最二小判昭42・3・31 ………… 161
最二小判昭42・6・9 ………… 236
最三小判昭42・6・20 ………… 150
最二小判昭42・7・21裁判集民88号
　91頁 ………… 155
最二小判昭42・7・21民集21巻6号
　1643頁 ………… 217
最二小判昭42・7・21民集21巻6号
　1653頁 ………… 274
最二小判昭43・2・9民集22巻2号
　122頁 ………… 380
最二小判昭43・3・1 ………… 152
札幌高判昭43・3・5 ………… 194
東京高判昭43・3・13 ………… 109

最二小判昭43・3・29 ………… 384
名古屋高判昭43・5・23 ………… 352
大阪高判昭43・5・29 ………… 222
東京地判昭43・6・27 … 526, 530, 553
最三小判昭43・8・20 ………… 602
最二小判昭43・9・6 …… 161, 217
最一小判昭43・9・26 …… 251, 253
最三小判昭43・10・8 ………… 411
大阪地判昭43・11・4 ………… 96
最三小判昭43・11・5 ………… 603
最大判昭43・11・13 ………… 366
最一小判昭43・12・19 ………… 171
最二小昭43・12・20 ………… 603
最三小判昭43・12・24 … 145, 147, 150
最一小判昭44・5・22 …… 124, 222
東京地判昭44・6・30 ………… 357
最三小判昭44・7・8 ………… 412
最三小判昭44・7・15 ………… 253
大阪地判昭44・8・28 ………… 527
東京高判昭44・10・16 ………… 113
最一小判昭44・10・30 ………… 190
最一小判昭44・11・27 ………… 366
最三小判昭44・12・2 ………… 338
最一小判昭44・12・18民集23巻12号
　2467頁 ………… 217
最一小判昭44・12・18裁判集民97号
　785頁 ………… 366
岡山地判昭45・2・23 ………… 573, 618
宇都宮地判昭45・4・9 ………… 127
東京地判昭45・4・16 ………… 360
最一小判昭45・5・21 ………… 392
最一小判昭45・6・18 ………… 127
最一小判昭45・7・24 ………… 367
最一小判昭45・10・29 ………… 128
最一小判昭45・11・5 ………… 604
最三小判昭45・12・15 ………… 412
仙台高判昭45・12・16 ………… 150
最二小判昭45・12・18 ………… 94
東京地判昭45・12・19 …… 132, 253
東京地判昭45・12・26 ………… 560
最一小判昭46・1・21 ………… 343

680

判例索引

最三小判昭46・3・30 ·············· 86
最三小判昭46・6・29 ·············· 211
千葉地決昭46・7・14 ·········· 109, 110
大阪高判昭46・10・21 ·············· 596
名古屋地判昭46・10・28 ············ 442
最二小判昭46・11・5 ·············· 280
最一小判昭46・11・11 ·············· 171
最一小判昭46・11・25 ·············· 154
東京地昭46・11・29 ··············· 605
最三小判昭46・11・30 ·············· 195
宮崎地判昭47・1・24 ·············· 128
東京地昭47・1・26 ··············· 128
東京地昭47・2・29 ··············· 556
大阪地判昭47・3・21 ··· 572, 579, 585, 589
大阪地判昭47・3・28 ······· 447, 451, 571
札幌地判昭47・5・11 ·············· 254
東京地昭47・5・22 ··············· 606
大阪高判昭47・6・16 ·············· 606
仙台高判昭47・6・19 ·············· 153
大阪地判昭47・8・4 ··············· 617
最二小判昭47・9・8 ·············· 202
大阪地判昭47・9・14 ·········· 103, 339
東京地昭47・11・30 ·············· 504
東京地昭47・12・11 ·············· 451
最三小判昭47・12・12 ·············· 396
最二小判昭48・2・16 ·············· 367
東京高判昭48・2・27 ·············· 129
東京高判昭48・6・19 ·············· 113
大阪高判昭48・7・9 ·············· 277
最一小判昭48・7・12 ·············· 628
最三小判昭48・7・17 ·············· 409
東京地昭48・9・25 ·········· 448, 578
最二小判昭48・10・5 ·············· 272
鹿児島地鹿屋支判昭48・12・3 ········ 104
最二小判昭48・12・14 ·············· 251
仙台地判昭49・1・30 ·············· 225
名古屋高判昭49・2・28 ·············· 196
大阪高判昭49・3・26 ·········· 92, 225
東京地昭49・9・6 ··············· 568
札幌高判昭49・10・30 ·············· 219
最二小判昭49・11・22 ·············· 175

東京高判昭49・12・12 ·············· 152
東京高判昭50・2・19 ·············· 198
最三小判昭50・4・22 ·············· 153
東京高判昭50・4・23 ·············· 607
東京地昭50・5・14 ··············· 608
横浜地判昭50・6・6 ·············· 356
名古屋地判昭50・7・4 ·············· 349
広島地判昭50・7・18 ·············· 486
横浜地判昭50・7・30 ·············· 608
東京高判昭50・9・23 ·············· 138
最一小判昭50・9・25 ·············· 245
仙台高判昭50・10・6 ·············· 226
最二小判昭50・11・21 ·············· 367
東京高判昭50・11・27 ·············· 357
横浜地判昭50・12・19 ·········· 183, 187
東京地昭51・1・28 ··············· 416
横浜地判昭51・1・30 ·············· 129
東京高判昭51・2・9 ·············· 243
最三小判昭51・5・25 ·············· 254
最一小判昭51・6・17 ·············· 409
最一小判昭51・12・2 ·············· 186
最二小判昭51・12・24 ·············· 227
東京高判昭52・2・24 ·············· 203
最一小判昭52・3・3 ·········· 142, 186
札幌地判昭52・3・8 ·········· 527, 621
最一小判昭52・3・31 ·············· 154
金沢地判昭52・5・13 ·············· 227
札幌高判昭52・7・20 ·············· 609
最一小判昭52・9・29 ·············· 413
大阪高判昭53・1・31 ·········· 135, 204
東京地昭53・2・27 ·········· 451, 595
最二小判昭53・3・6 ·············· 178
釧路地帯広支判昭53・4・17 ········· 178
名古屋高判昭53・6・12 ·············· 130
札幌高判昭53・8・15 ·············· 491
東京高判昭53・9・21 ·············· 529
東京高判昭53・10・30 ·············· 262
札幌高判昭53・11・15 ·············· 588
広島地判昭54・3・23 ·············· 565
最三小判昭54・4・17 ·············· 205
福岡地判昭54・7・12 ·············· 228

681

判例索引

最三小判昭54・7・31 ………… 124, 166
最二小判昭54・9・7 ……………… 95
東京高決昭54・9・20 …………… 344
東京高判昭54・12・26 ………… 275
那覇地判昭55・1・22 …………… 220
最一小判昭55・3・6 …………… 597
大阪高判昭55・11・11 ………… 626
最三小判昭56・1・27 ……… 130, 147
東京高判昭56・3・13 …………… 610
最一小判昭56・3・19 …………… 347
大阪地判昭56・5・15 …………… 122
名古屋地判昭56・5・25 ……… 595, 623
東京地判昭56・6・15 …………… 561
最三小判昭56・9・8 …………… 575
仙台高判昭56・10・20 ………… 110
東京地判昭56・11・10 …… 452, 530
東京高判昭56・11・26 ………… 222
東京地判昭57・1・21 …………… 575
東京地判昭57・5・13 …………… 262
横浜地判昭57・8・31 …………… 224
東京地判昭57・9・17 ……… 105, 132
大阪地判昭57・10・27 ………… 595
浦和地判昭57・11・24 ………… 610
東京地判昭58・2・14 …………… 563
大阪地決昭58・3・22 …………… 345
最一小判昭58・3・24 …………… 166
東京地判昭58・3・25 …………… 618
東京地判昭58・9・27 …………… 206
最二小判昭59・1・27 …………… 96
名古屋地判昭59・2・20 …… 110, 344
京都地判昭59・2・29 …………… 575
最二小判昭59・3・9 …………… 385
宮崎地判昭59・4・16 …………… 92
最三小判昭59・4・24 …………… 385
横浜地判昭59・4・26 …………… 136
最二小判昭59・5・25 ……… 158, 160
神戸地判昭59・9・20 …… 473, 591
東京地判昭59・11・26 ………… 228
東京高判昭60・2・14 …………… 187
横浜地判昭60・2・27 …………… 468
最一小判昭60・3・28 …………… 130

大阪地判昭60・4・26 ……… 452, 518, 531
大阪地判昭60・11・15 …… 448, 452, 469
最二小判昭61・3・17 …………… 242
広島高判昭61・3・20 ……… 228, 234
長野地判昭61・4・30 …………… 232
京都地判昭61・8・8 …………… 235
新潟地新発田支判昭61・9・17 ……… 199
最三小判昭61・11・18 ………… 122
大阪地判昭61・12・12 …… 515, 591
大阪高決昭62・1・9 …………… 93
大阪高判昭62・6・4 …………… 612
東京高判昭62・6・30 …………… 557
千葉地判昭62・7・17 …… 567, 577, 580
最一小判昭62・9・3 …………… 389
新潟地長岡支判昭62・12・10 ……… 250
京都地判昭62・12・10 ………… 522
東京地判昭63・8・25 …………… 229
浦和地判昭63・9・9 …………… 417
東京高判昭63・9・22 …………… 220
最三小判昭63・12・6 …………… 159
東京高判平元・5・24 …………… 197
東京高判平元・8・10 …… 508, 567
横浜地判平元・9・7 …………… 540
最二小判平元・10・13 ………… 368
最二小判平元・12・22 ………… 175
大阪高判平2・6・26 …………… 419
東京地判平2・6・26 …………… 516
東京地判平2・7・20 …………… 229
東京地判平2・11・13 ………… 229
名古屋地判平3・1・23 …… 452, 597
東京高判平3・2・26 ……… 233, 235
大阪高判平3・2・28 …………… 197
最三小判平3・4・2 …………… 598
東京地判平3・10・14 ………… 612
福岡地判平3・12・26 …… 519, 591
仙台地判平4・4・8 …………… 459
仙台高判平4・7・24 …………… 101
最三小判平4・10・20 ………… 642
東京地判平4・10・28 ………… 475
東京地判平5・8・30 …………… 613
東京地判平5・9・7 …… 614, 619

682

千葉地判平 5 ・10・29 ················ 88, 338
東京高判平 6 ・ 5 ・25 ········ 495, 497, 499
最三小判平 6 ・ 6 ・21 ···················· 386
最三小判平 6 ・ 9 ・13 ···················· 182
最二小判平 6 ・12・16 ···················· 417
東京地判平 7 ・ 5 ・31 ···················· 541
東京地判平 7 ・ 8 ・29 ···················· 548
東京地判平 7 ・12・ 8 ··········· 475, 630
最二小判平 7 ・12・15 ···················· 139
大阪地判平 8 ・ 8 ・28 ···················· 233
最二小判平 8 ・ 9 ・27 ···················· 368
最三小判平 8 ・11・12 ··········· 167, 200
東京地判平 9 ・ 5 ・29 ···················· 631
東京地判平 9 ・ 7 ・ 7 ···················· 549
浦和地川越支判平 9 ・ 8 ・19 ······ 542, 632
神戸地判平 9 ・ 9 ・ 8 ··········· 499, 502
東京地判平 9 ・12・25 ···················· 558
東京地判平10・ 2 ・23 ···················· 168
最三小判平10・ 3 ・10 ··········· 113, 345
最二小判平10・ 6 ・22 ···················· 251
東京地判平10・10・ 5 ···················· 476
最三小判平10・11・24 ···················· 386
東京地判平10・11・26 ··········· 477, 643
最一小判平10・12・17 ···················· 381
大阪地判平11・ 2 ・18 ···················· 543
最三小判平11・ 4 ・27 ···················· 383
東京地八王子支決平11・ 7 ・19 ········ 111
神戸地判平11・ 7 ・30 ········ 490, 505, 580
東京高判平11・ 8 ・ 9 ···················· 642
大阪高判平11・ 9 ・17 ··········· 517, 591
大阪高判平11・ 9 ・30 ···················· 560
最一小判平11・10・21 ···················· 251
最一小判平11・11・25 ···················· 381
最二小判平12・ 1 ・31 ··········· 114, 345
東京高判平12・ 3 ・22 ···················· 131
東京地判平12・ 4 ・18 ···················· 615
東京地八王子支判平12・ 5 ・ 8 ··· 449, 569
大阪地判平12・ 9 ・27 ···················· 501
仙台高判平12・10・25 ···················· 460
東京地判平13・ 6 ・27 ···················· 470
最三小判平13・ 7 ・10 ···················· 256

最二小判平13・10・26 ···················· 142
東京高判平13・10・30 ··········· 97, 236
最一小判平13・11・22 ···················· 616
最三小判平13・11・27民集55巻 6 号
  1380頁 ································ 619
最三小判平13・11・27民集55巻 6 号
  1311頁 ································ 625
大分地佐伯支判平15・ 3 ・12 ··········· 230
東京地判平15・ 4 ・10 ········ 498, 509, 568
東京地判平15・ 5 ・16 ··········· 478, 633
大阪高判平15・ 5 ・22 ···················· 168
大阪高判平15・ 6 ・24 ···················· 231
静岡地富士支判平15・ 8 ・19 ··········· 634
福岡高宮崎支判平15・ 9 ・ 9 ··········· 231
東京高判平15・ 9 ・25 ········ 446, 488, 580
最二小判平15・10・31 ···················· 278
東京地判平16・ 4 ・23 ······ 491, 502, 506,
                583, 586, 639
高松高判平16・10・28 ···················· 281
東京地判平16・10・28 ··········· 478, 634
札幌地判平17・ 4 ・22 ··········· 480, 636
名古屋地判平17・ 8 ・26 ···················· 481
東京地判平17・12・ 5 ··········· 506, 593
最二小判平17・12・16 ···················· 232
最三小判平18・ 1 ・17 ···················· 282
東京地判平18・ 1 ・20 ··· 503, 556, 627, 639
最二小判平18・ 2 ・21 ···················· 98
福岡高判平18・ 3 ・ 9 ··········· 511, 586
東京地判平18・ 8 ・30 ···················· 509
福岡高判平18・ 9 ・ 5 ···················· 282
大阪高判平18・12・19 ···················· 545
東京地判平19・ 7 ・23 ···················· 481
横浜地小田原支判平20・ 3 ・25 ········ 513
東京高判平20・ 5 ・29 ···················· 553
東京地判平20・ 6 ・ 4 ··········· 492, 497, 503
東京地判平20・ 7 ・ 8 ··········· 464, 482, 532
東京地判平20・ 9 ・24 ···················· 449
東京高判平20・ 9 ・25 ···················· 533
東京地判平21・ 2 ・ 6 ···················· 485
福岡地小倉支判平21・ 7 ・14 ····· 447, 456,
                484, 581, 586

大阪地判平21・11・26 …………………546
横浜地判平22・1・28 …………………544
東京地判平22・3・9 …………………523
東京地判平22・5・27 … 497, 506, 533, 628
最三小判平22・6・1 ………446, 464, 534
東京地判平23・1・20 …………………641
最二小判平23・1・21 …………………273
東京地判平23・1・27 …449, 465, 535
福岡高判平23・3・8 …………………550
東京地判平23・6・14 …………………443
東京地判平23・7・11 …………………637
最二小判平24・3・16 …………………278
東京地判平24・5・30 …………465, 536
東京地判平24・6・8 …………………500
東京地判平24・9・25 …………………638

東京地判平24・9・27 …………465, 537
東京地判平25・1・31 …………486, 524
最二小判平25・3・22 …………………588
名古屋地判平25・4・26 ………………463
最一小判平25・6・6 …………………380
東京地判平25・7・3 …………………544
長野地松本支判平25・10・30 …………223
大阪高判平25・12・5 …………………638
東京地判平26・5・23 …………………453
東京高判平26・5・28 …………………221
東京地判平26・10・8 …………459, 461
東京地判平26・10・31 ………456, 459, 461
東京地判平27・8・7 …………466, 638
東京地判平27・9・1 …………………552
東京地判平27・12・25 …………………462

先 例 索 引

明44・6・22民事414号民事局長回
　答 ……………………………………258
昭11・11・30民事甲1499号民事局長
　回答 …………………………………259
昭27・8・23民事甲74号民事局長回
　答 ……………………………………308
昭29・1・18民事甲49号民事局長通
　知 ……………………………………259
昭30・10・15民事甲2216号民事局長
　電報回答 ……………………………319
昭37・3・8民事甲638号民事局長
　電報回答 ……………………………287
昭38・5・6民事甲1285号民事局長
　回答 …………………………………266

昭41・4・22蔵国有1315号大蔵省国
　有財産局長通達 ……………………259
昭41・11・22民三発1190号民事第三
　課長依命通知 ………………………258
昭46・4・28民事甲1453号民事局長
　通達 …………………………………259
昭57・4・28民三2986号民事第三課
　長回答 ………………………………303
平10・3・20民三552号民事第三課
　長通知 ………………………………335
平13・3・30財理1268号財務省理財
　局長通知 ……………………………260
平27・4・15第1906号財務省理財局
　長通知 ………………………………260

著者略歴

末光　祐一 （すえみつ　ゆういち）

司法書士，土地家屋調査士，行政書士（以上，愛媛県会）

昭和63年	司法書士試験合格・土地家屋調査士試験合格・行政書士試験合格
昭和64年	愛媛大学工学部金属工学科中退
平成元年	司法書士登録・土地家屋調査士登録・行政書士登録
平成3年	愛媛県司法書士会理事
平成7年	愛媛県司法書士会常任理事研修部長
平成8年	日本司法書士会連合会司法書士中央研修所所員
平成11年	愛媛県司法書士会副会長総務部長
平成12年	社団法人（現：公益社団法人）成年後見センター・リーガルサポートえひめ支部長
平成13年	日本司法書士会連合会司法書士中央研修所副所長
平成15年	日本司法書士会連合会理事
平成21年	日本司法書士会連合会執務調査室執務部会長
平成23年	国土交通省委託事業「都市と農村の連携による持続可能な国土管理の推進に関する調査検討委員会」委員（三菱UFJリサーチ＆コンサルティング株式会社）
平成24年	国土交通省委託事業「持続可能な国土管理主体確保のための検討会」委員（三菱UFJリサーチ＆コンサルティング株式会社）
平成24年	愛媛大学法文学部総合政策学科司法コース不動産登記非常勤講師
平成24年	松山地方法務局筆界調査委員
平成25年	司法書士総合研究所業務開発研究部会主任研究員
平成27年	日本司法書士会連合会空き家・所有者不明土地問題等対策部委員
平成28年	農林水産省委託事業「相続未登記農地実態調査　調査検討会」委員（公益財団法人日本生態系協会）
平成30年	日本司法書士会連合会執務調査室室委員 日本司法書士会連合会空き家・所有者不明土地問題等対策部委員

Q&A　不動産の時効取得・瑕疵担保責任に
　　　関する法律と実務
　　　　　―占有、援用、登記、売買、契約不適合、現状有姿―

平成30年8月31日　初版発行

　　　　　　　　　著　者　末　光　祐　一
　　　　　　　　　発行者　和　田　　　裕

発行所　日本加除出版株式会社
本　　社　郵便番号 171-8516
　　　　　東京都豊島区南長崎 3 丁目16番 6 号
　　　　　Ｔ Ｅ Ｌ　(03)3953 - 5757 (代表)
　　　　　　　　　　(03)3952 - 5759 (編集)
　　　　　Ｆ Ａ Ｘ　(03)3953 - 5772
　　　　　Ｕ Ｒ Ｌ　www.kajo.co.jp
営　業　部　郵便番号 171-8516
　　　　　東京都豊島区南長崎 3 丁目16番 6 号
　　　　　Ｔ Ｅ Ｌ　(03)3953 - 5642
　　　　　Ｆ Ａ Ｘ　(03)3953 - 2061

組版・印刷　㈱郁文　／　製本　㈱渋谷文泉閣

落丁本・乱丁本は本社でお取替えいたします。
★定価はカバー等に表示してあります。
Ⓒ Y. Suemitsu 2018
Printed in Japan
ISBN978-4-8178-4497-2

┌─────────────────────────────────────┐
│ [JCOPY] 〈出版者著作権管理機構　委託出版物〉
│ 　本書を無断で複写複製（電子化を含む）することは，著作権法上の例外を除
│ き，禁じられています。複写される場合は，そのつど事前に出版者著作権管理
│ 機構（JCOPY）の許諾を得てください。
│ 　また本書を代行業者等の第三者に依頼してスキャンやデジタル化することは，
│ たとえ個人や家庭内での利用であっても一切認められておりません。
│
│ 　〈JCOPY〉　ＨＰ：http://www.jcopy.or.jp/，e-mail：info@jcopy.or.jp
│ 　　　　　　　電話：03-3513-6969，FAX：03-3513-6979
└─────────────────────────────────────┘

事例でわかる 戦前・戦後の新旧民法が交差する 相続に関する法律と実務

家督相続人不選定・家附の継子の相続登記、
家督相続、遺産相続、絶家、隠居

末光祐一 著

2017年9月刊 A5判 344頁 本体3,200円+税 978-4-8178-4420-0 商品番号:40689 略号:新旧相

- 新旧民法の交差する相続に関する、判例・先例・実例を網羅した一冊。
- 具体的な94事例を収録・図表を多用し、相続開始時を基準に「誰が、どのように相続するか」がわかるよう、わかりやすく解説。
- 長期間相続登記がなされない放置不動産が増加している現在における必読書。

Q&A 隣地・隣家に関する法律と実務　相隣・建築・私道・時効・筆界・空き家

末光祐一 著

2016年7月刊 A5判 440頁 本体4,100円+税 978-4-8178-4322-7 商品番号:40636 略号:隣実

- 全250問で、関係する実務を網羅。先判例も多数収録。
- 相隣関係、建築基準、占有権、取得時効、筆界特定、空き家とともに、所有者の所在の把握が難しい土地・建物に関する探索、戸籍に関する知識も収録。空き家特措法対応。

Q&A 道路・通路に関する法律と実務　登記・接道・通行権・都市計画

末光祐一 著

2015年6月刊 A5判 584頁 本体5,300円+税 978-4-8178-4233-6 商品番号:40588 略号:道通

- 宅地、不動産取引に不可欠な道路、通路などの法的知識や実務のポイントを全205問のQ&Aで解説した一冊。判先例も多数収録。
- 登記実務にとどまらず、公道、私道の両面から様々な実務の疑問に有益な情報を紹介。

Q&A 農地・森林に関する法律と実務　登記・届出・許可・転用

末光祐一 著

2013年5月刊 A5判 616頁 本体5,600円+税 978-4-8178-4085-1 商品番号:40509 略号:農地森林

- 416例のQ&Aで、農地・森林に関する法律実務に必要な知識を網羅。
- 先例・判例や申請書・契約書のひな形を多数収録。
- 農地法・森林法の改正経緯、関連する旧民法の知識、その他「農地転用」、「開発行為」、「建築確認」、「接道義務」などついても解説。

〒171-8516　東京都豊島区南長崎3丁目16番6号
TEL (03)3953-5642　FAX (03)3953-2061 (営業部)
www.kajo.co.jp

日本加除出版